现代信息资源管理丛书

邱均平 主编

信息资源管理学

Information Resources Management

邱均平 沙勇忠 等 编著

内 容 简 介

信息资源管理显著地受到信息技术进步的推动和经济社会管理需求的牵引，目前已发展成为影响最广、作用最大的管理领域之一，成为一门引人注目的新学科。本书根据国内外最新研究动态，构建了信息资源管理学的理论框架，对其结构内涵和重要的分主题进行了系统深入的阐述。全书分为理论和应用两大部分，理论部分阐述了信息资源管理学的基本概念、基础理论、体系结构等问题，并从技术、经济、人文三个维度展开信息资源管理学的具体内容；应用部分阐述网络信息资源管理、知识管理两个重要分支领域，以及企业和政府两大应用领域的信息资源管理。

本书可作为高校信息管理与信息系统，工商管理，图书情报与档案管理，电子商务，以及经济学和管理学等相关专业的教学参考书，也可供信息管理部门、信息产业部门和信息职业者使用和参考。

图书在版编目(CIP)数据

信息资源管理学 / 邱均平，沙勇忠等编著 . —北京：科学出版社，2011
（现代信息资源管理丛书 / 邱均平主编）
ISBN 978-7-03-030877-1

Ⅰ. 信… Ⅱ.①邱… ②沙… Ⅲ. 信息管理－研究 Ⅳ. G203

中国版本图书馆 CIP 数据核字（2011）第 073251 号

责任编辑：李 敏 赵 鹏／责任校对：陈玉凤
责任印制：钱玉芬／封面设计：鑫联必升

科 学 出 版 社出版
北京东黄城根北街 16 号
邮政编码：100717
http://www.sciencep.com

铭浩彩色印装有限公司 印刷
科学出版社发行 各地新华书店经销

*

2011 年 6 月第 一 版 开本：B5（720×1000）
2011 年 6 月第一次印刷 印张：29 1/4
印数：1—3 000 字数：562 000

定价：48.00 元
如有印装质量问题，我社负责调换

总　序

　　信息资源管理（information resource management，IRM）是 20 世纪 70 年代末兴起的一个新领域。30 多年来，IRM 已发展成为影响最广、作用最大的管理领域之一，是一门受到广泛关注的富有生命力的新兴学科。IRM 对经济社会可持续发展和提高国家、区域、组织乃至个人的核心竞争力来说，都具有基础性的意义和独特的价值。

　　在国际范围内，受信息技术进步的推动和经济社会管理需求的牵引，IRM 理论研究和职业实践发展迅速，并呈现出一些明显的特征：①广泛融合了信息科学、经济学、管理学、计算机科学、图书情报学等多学科的理论方法，形成以"信息资源"为管理对象的一个新学科，在管理学知识地图中确立了自己的地位。②研究范式的形成和变化。IRM 的记录管理学派、信息系统学派、信息管理学派各自发展，以及管理理念、理论和技术方法的交叉融合，形成了 IRM 的集成管理学派。集成管理学派以信息系统学派的继承和发展为主线，吸收了记录管理学派的内容管理和信息管理学派的社会研究视角，形成了 IRM 强调"管理"和"技术"，并在国家、组织、个人层面支持决策和各自目标实现的新的研究范式①。③研究热点的变化。当前 IRM 研究在国家、组织、个人层面上表现出新的研究热点，如国家层面的国家信息战略、国家信息主权与信息安全、信息政策与法规、支持危机管理的信息技术等；组织层面的信息系统理论，信息技术（系统）的绩效、价值与应用，IT 投资，知识管理，电子商务，电子政务，IT 部门与 IT 员工，虚拟组织，IRM 技术等②；个人层面的人－机交互、My Li-

<hr>

　　① 麦迪·克斯罗蓬. 信息资源管理的前沿领域. 沙勇忠等译. 北京：科学出版社，2005
　　② Mehdi Khosrow-Pour. Advanced Topics in Information Resources Management（Volume 1-5）. Hershey：IGI Publishing，2002～2006

brary、个人信息管理（personal information management, PIM）框架、PIM 工具与方法等①。④职业实践的发展。IRM 的基础管理意义和强大的实践渗透力不断催生出新的信息职业、新的信息专业团体和新的信息教育。组织中的 CIO 作为一个面向组织决策的高层管理职位，正经历与 COO、CLO、CKO 等的角色融合与再塑；信息专业团体除信息科学学（协）会、图书馆学（协）会、计算机学（协）会、竞争情报学（协）会、数据处理管理学（协）会、互联网协会等之外，专门的信息资源管理协会也开始成立，如美国信息资源管理协会（Information Resources Management Association, IRMA）；同时，IRM 作为高等教育中的一个专业或课程，广泛渗透于图书情报、计算机、工商管理等学科领域，这种多元并存的教育格局一方面加剧了 IRM 的职业竞争，另一方面也成为推动 IRM 学科发展和保持职业生命力的重要因素。

随着 IRM 在中国的发展，中国的图书情报档案类高等教育与 IRM 的关系日益密切②，进入 21 世纪以后，出现了面向 IRM 的整体改革趋势和路径选择。在 2006 年召开的"第二届中美数字时代图书馆学情报学教育国际研讨会"上，与会图书情报（信息管理）学院院长（系主任）签署的《数字时代中国图书情报与档案学教育发展方向及行动纲要》中明确提出："图书情报档案类高等教育应定位于信息资源管理，定位于管理科学门类"，认为"面向图书馆、情报、档案与出版工作的图书情报学类高等教育是信息资源管理事业健康发展的重要保障"③，显示了面向 IRM 已成为中国图书情报档案类高等教育改革的一个集体共识。在这一背景下，图书情报档案类学科如何在 IRM 大的学

---

① William Jones. Personal Information Management. *See*：Annual Review of Information Science and Technology. Volume 41，2007

② 在我国目前的高等教育体系中，图书馆学、信息管理与信息系统、档案学、编辑出版学分别属于教育部高等教育司颁布的《普通高等学校本科专业目录和专业介绍》中的本科专业；图书馆学、情报学、档案学、出版发行学分别属于国务院学位委员会《授予博士硕士学位和培养研究生的学科专业目录》中的二级学科。但它们分别属于不同的学科门类（如本科专业中的管理学类、文学类）和一级学科（如研究生专业中的管理科学与工程，图书馆、情报与档案管理）

③ 数字时代中国图书情报与档案学教育发展方向及行动纲要. 图书情报知识，2007，（1）

科框架下发展，以信息资源作为对象和逻辑起点进行知识更新与范畴重建，并突出"管理"和"技术"的特点，已成为我国图书情报档案类学科理论研究和教学改革的新的使命和任务。毫无疑问，这将是中国图书情报档案类学科及其教育在新世纪所面临的一次方向性变革和结构性调整，不仅意味着理论形态及其知识体系的改变，也意味着实践模式的革新。《现代信息资源管理丛书》的出版就是出于对这一使命的认识和学术自觉。事实上，我国"图书馆、情报与档案管理"（或称"信息资源管理"）学科领域的教学和研究已经发生了深刻变革，其范围不断扩大，内容更加充实，应用面也在拓展。为了落实"宽口径、厚基础，培养通用型人才"的要求，很多学校的教学工作正在由按二级学科专业过渡到按一级学科来组织，而现已出版的信息管理类丛书仅针对"信息管理与信息系统"专业的需要，适用面较窄，不能满足一级学科的教学、科研和广大读者的迫切需要。因此，根据高等学校 IRM 类学科发展与专业教育改革的需要和图书市场的需求，为了建立结构合理、系统科学的学科体系和专业课程体系，创建符合 IRM 的学科发展和教学改革要求的著作体系，进一步推动本学科领域的教学和科研工作的全面、健康和可持续发展，武汉大学、华中师范大学、黑龙江大学、兰州大学、南京理工大学、中山大学、吉林大学、华东师范大学、湘潭大学、郑州大学、西安电子科技大学和郑州航空工业管理学院 12 所高校信息管理学院（系、中心）的多名专家、学者共同发起，在广泛协商的基础上决定联合编著一套《现代信息资源管理丛书》（以下简称《丛书》），由科学出版社正式出版。我们希望能集大家之智慧、博采众家之长写出一套有价值、有特色、高水平的信息资源管理领域的科学著作，既展示本学科领域的最新丰硕成果，推动科学研究的不断深入发展，又能满足教学工作和广大读者的迫切需要。

　　《丛书》的显著特点主要是：①定位高，创新性强。《丛书》中的每部著作都以著述为主、编写为辅。既融入自己的研究成果，形成明显的个性特色，又构成一个统一体系，能够用于教学；既是反映国内外学科前沿研究成果的创新性专著，又是适合高校本科生和研究生教学需要的新教材，同时还可以供相关学科领域和行业的广大读者学习参考。②范围广，综合性强。《丛书》涉及"图书馆、情报与档案管理"整个一级学科，包括图书馆学、情报学、档案学、信息管理与信息系统、编辑出版、电子商务以及信息资源管理的其他专业领域，体现出学科综合、方法集成、应用广泛的明显特点。③水平高，学术性强。《丛书》的著者都具有博士学位或副教授以上职称，都是教学、科研第一线的骨干教师或学术带头人，既具有较高的学术水平和雄厚的科研基础，又有撰写著作的经验，从而为打造高水平、高质量的系列著作提供了人才保障；同时，按照理论、方法、应用三结合的思路构建各著作的内容体系，体现内容上的前瞻性、科学性、系统性和实用性；在信息资源管理理论与信息技术结合的基础上，对信息技术和方法有所侧重；书中还列举了典型的、有代表性的案例，充分体现其实用性和可操作性；注重整套丛书的规范化建设，采用统一版式、统一风格，表现出较高的规范化水平。

《丛书》由武汉大学博士生导师邱均平教授全程策划、组织实施并担任主编，王伟军、马海群、沙勇忠、王学东、毕强、赵捧未、况能富、范并思、王新才、甘利人、刘永、夏立新、唐晓波、张美娟、赵蓉英、文庭孝、张洋、颜端武担任副主编。为了统一认识，落实分工合作任务，在《丛书》主编主持下，先后在武汉大学召开了两次编委会。第一次编委会（2005 年 11 月 27 日）主要讨论了选题计划，确定各分册负责人；然后分头进行前期研究、撰写大纲，并报给主编进行审订或请有关专家评审，提出修改意见。经过两年多的准备和研究，2007 年 12 月 23 日召开了第二次编委会，进一步审订了各分册的编写大纲、落实作者队伍、确定交稿时间和出版计划等，并商定在 2008 ~ 2010 年内将 18 本分册全部出版发行。会后各分册的撰著工作全面展开，进展顺利。在 IRM 大学科体系框架下，我们选择 18 个主题分头进行研究，其研究成果构成本套丛书著作。这些著作反映了 IRM 领域的重要分支或新的专业领域的创新性研究成果，基本上构成了一个较为全面、系统的现代信息资源管理的学科体系。参与撰著的作者来自30 多所高校或科研院所，有着广泛的代表性。其中，已确定的 18 本分册的名称和负责人分别是：《信息资源管理学》（邱均平，沙勇忠），《数字资源建设与管理》（毕强），《信息获取与用户服务》（颜端武），《信息系统理论与实践》（刘永），《信息分析》（沙勇忠），《信息咨询与决策》（文庭孝），《政府信息资源管理》（王新才），《出版经济学》（张美娟），《电子商务信息管理》（王伟军），《信息资源管理政策与法规》（马海群），《网络计量学》（邱均平），《信息检索原理与技术》（夏立新），《信息资源管理技术》（赵捧未），《信息安全概论》（唐晓波），《数字信息组织》（甘利人），《企业信息战略》（王学东），《竞争情报学》（况能富），《网络信息资源开发与利用》（张洋）。《丛书》各分册的撰写除阐述各自学科领域相对成熟的知识积累和知识体系之外，还力图反映国内外学科的前沿理论和技术方法；既有编著者的独到见解和新的研究成果，又突出面向职业实践的应用。因此，《丛书》的另一个重要特色是兼具专著与教材的双重风格，既可作为高校信息管理与信息系统、工商管理、图书情报档案、电子商务以及经济学和管理学等相关专业的教材或教学参考书，又可供信息管理部门、信息产业部门、信息职业者以及广大师生阅读使用。

　　《丛书》的出版得到了科学出版社的大力支持；同时还得到了各分册负责人、各位著者和参编院校的鼎力帮助；在编写过程中，我们还参阅了大量的国内外文献。在此一并表示衷心的感谢！

　　由于面向 IRM 的图书情报档案类学科转型是一个艰巨和长期的任务，我们所做的工作只是一次初步的尝试，不足和偏颇之处在所难免，诚望同行专家及读者批评指正。

邱均平

于武汉大学珞珈山

2008 年 6 月 8 日

前　言

信息资源管理（information resources management，IRM）兴起于20世纪70年代末、80年代初。经过30余年的发展，IRM已形成管理科学群中的一门以信息资源为研究对象的学科，并不断催生形成新的信息职业、新的信息专业团体和新的信息教育。由于信息是与物质、能源并驾齐驱的人类赖以生存和发展的三类基本资源之一，对经济社会可持续发展和国家、区域、组织乃至个人的竞争来说，IRM具有基础性的意义和独特的价值。

本书在内容框架上一定程度上继承了卢泰宏、沙勇忠所做的工作（卢泰宏和沙勇忠，1998），并面向学科建构有所发展，同时，突出了IRM研究范式的变化、研究热点以及最佳实践。全书共有10章，分别是绪论，信息资源管理：概念与框架，信息资源管理规划，信息资源的技术管理，信息资源的经济管理，信息资源的人文管理，网络信息资源管理，知识管理，企业信息资源管理、政府信息资源管理。除阐述各章内容外，还以"相关链接"的形式提供了一些重要素材和扩展阅读资料。

全书由邱均平、沙勇忠主编，首先提出编写大纲，然后参编人员分头撰写，最后由邱均平、沙勇忠统稿。各章节的编写分工如下：第1章，沙勇忠、孔令国、张华（兰州大学）；第2章，沙勇忠（兰州大学）、邱均平（武汉大学）、张华（兰州大学）；第3章，金燕、陈玉（郑州大学）；第4章，邱均平、瞿辉（武汉大学）、武庆圆（华中师范大学）；第5章，牛培源（上海立信会计学院）；第6章，苏金燕（中国社会科学院）；第7章，罗力（上海社会科学院）；第8章，程妮（华中农业大学）；第9章，马瑞敏（山西大学）；第10章，牛培源（上海立信会计学院）。在撰写本书初稿时，牛培源、苏金燕、罗力、程妮、马瑞敏、瞿辉、武庆圆都在邱均平教授指导下攻读博士学位。兰州大学管理学院硕士研究生郑玲、丁磊承担了技术校对工作。

　　本书在写作过程中参考了大量的国内外文献，谨对有关作者表示衷心的感谢。书中难免有疏漏错误之处，敬请批评指正。

邱均平　沙勇忠

2011 年 3 月

目　　录

第 1 章 绪 论

信息资源管理（information resources management，IRM）是 20 世纪 70 年代末 80 年代初在国外兴起的一个新领域。近 30 年来，IRM 已发展成为影响最广、作用最大的管理领域之一，成为一门受到广泛关注的新学科。学术界普遍认为，IRM 的兴起与发展对传统图书情报学（LIS）学科范式的变革与转型产生了重要影响。

1.1 信息资源管理的兴起

1979 年，戴伯德（J. Diebold）在《信息系统》杂志上发表《信息资源管理——新的挑战》（Diebold，1979a）和《信息资源管理：管理中的新方向》（Diebold，1979b）两篇研究报告，明确提出信息资源管理这一新领域，探讨了信息资源管理的发展方向及所面临的挑战，成为拉开信息资源管理研究序幕的重要文献（马费成，2004）。20 世纪 80 年代，IRM 的发展十分引人注目，有关文献和刊物的数量明显增加，富有权威的综述性刊物《美国信息科学与技术年度评论》（ARIST）在 1982 年和 1986 年曾两度出现 IRM 的专题综述，1988 年又发表了信息与技术的管理专题综述。这在严格挑选主题内容的刊物上是不寻常的。同时，IRM 的研究也从美国迅速扩散和影响到其他国家，进入 90 年代，相关的国际学术会议和国家级学术会议频繁召开，到 1999 年信息资源管理协会（美国）已经召开了 10 次专题学术会议，在 21 世纪也延续了每年一届的态势，IRM 从理论和实践两方面开始迅速向纵深推进。

IRM 的产生并非偶然，它反映出某种必然的趋势。卢泰宏先生关于 IRM 兴起背景的归纳（卢泰宏和沙勇忠，1998）如下。

1. 信息内涵的拓展和信息经济的崛起

V. 斯拉麦克（V. Slamecka）等著名学者指出，人们对信息的认识是不断深入的。信息的内涵不断的得到扩展和充实，在"消息"、"知识"等内涵基础上，信息又增加了两个新的内涵：信息是一种资源；信息是一种经济商品。物质、能源与信息并驾齐驱，成为人类赖以生存和发展的三类基本资源，构成人类社会和文明进步的三大支柱。信息构成一种新的经济资源，对经济发展的作用日益突出，信息被赋予的"商品"内涵也刺激了信息市场和信息产业的发展，同时也对信息资源的优化配置和管理提出了要求。

自20世纪60年代以来，美国著名经济学家马克卢普（F. Machlup）和波拉特（M. U. Porat）等人大力推进确立"知识产业"、"信息经济"的概念，并通过定量的测算证实了信息经济在一些发达国家的迅速崛起。贝尔（J. Bell）和奈斯比特（J. Naisibitt）等人都强调美国经济已从工业经济转向信息经济。信息经济的崛起再一次坚定了人们寻求合理有效利用信息资源的决心。由此，IRM不再是一个理论命题，而是经济发展的需要。

2. 信息技术的发展及其所提出的新问题

信息技术的迅猛发展为IRM提供了强有力的工具和手段支持，同时又对信息管理不断提出新的要求。以现在的眼光来看这些信息技术已显落后，但是在当时的条件下属于重大的进步。其主要表现在以下几个方面。

1）功能不断提高而体积不断缩小的信息装备（如微机、光盘、小型传真机和袖珍移动电话等）的问世，使信息技术的应用趋于大面积的分散使用，相应地提高了信息技术管理的复杂性和难度，出现了如何有效地对分散的技术进行有效管理的问题。

2）信息技术的发展使得有可能建立更高级的信息系统，包括建立面向机构的信息应用系统、面向决策的智能信息系统等，这些新的信息系统的开发和实现需要新的信息管理思想和新的信息架构（information architecture）。

3）随着新的传播手段和新的信息媒介的多元化快速发展，信息活动中产生了更复杂尖锐的矛盾和冲突，诸如知识产权纠纷、跨国数据流（TDF）问题、信息和信息系统安全问题、全球信息差距和国家信息主权问题等，由此引发信息法律、信息政策和信息伦理等多方面的管理问题。

4）单靠信息技术未能达到一些预期目标。基于许多组织和企业呈现出的对计算机及技术大量投资却没有提升生产率的现象，诺贝尔经济学奖获得者罗伯特·索罗（1987）将这种现象总结为"除生产率统计之外，你可以到处看到计算机"，即"IT生产率悖论"（Solow，1987）[①]。

---

① 索洛悖论（Productivity Paradox），又称"生产率悖论"。20世纪80年代末，美国学者查斯曼（Strassman）调查了292个企业，结果发现了一个奇怪的现象，这些企业的IT投资和投资回报率（ROI）之间没有明显的关联。1987年获得诺贝尔奖的经济学家罗伯特·索洛（Robert Solow）将这种现象称为"生产率悖论"（productivityparadox）："我们到处都看得见计算机，就是在生产率统计方面却看不见计算机（computers everywhere except inthe productivitystatistics）。"即虽然企业在IT方面投入了大量的资源，然而从生产率的角度看，收效甚微。此后，又有许多学者相继投入了"生产率悖论"的相关研究，并受到各方面的密切关注。

3. 更多的学科和职业领域介入信息领域的结果

近几十年来，信息资源管理领域逐渐成为多学科、多知识领域共同感兴趣的交叉领域。自 20 世纪 40 年代以来，经济学家对信息领域的极大关注和热情，促使信息经济学应运而生并快速发展，分别从宏观和微观层面上来研究信息产业、信息经济以及信息的成本和价格等，在理论探讨和实践应用中产生了一大批成果。其中，几位诺贝尔经济学奖获得者 G. J. Stigler, K. J. Arrow, R. H. Coase, J. Harsanyi, John F. Nash, R. Selten, J. A. Mirrlees, W. Vickey 等人的贡献，都涉及或直接与信息经济学有关。最近的 2001 年的诺贝尔经济学奖颁发给了乔治·阿克尔洛夫（George A. Akerlof）、迈克尔·斯彭斯（A. Michael Spence）和约瑟夫·斯蒂格利茨（Joseph E. Stiglize），这三名获奖者在 20 世纪 70 年代奠定了对充满不对称信息市场进行分析的理论基础。其中，阿克尔洛夫所作出的贡献在于阐述了这样一个市场现实，即卖方能向买方推销低质量商品等现象的存在是因为市场双方各自所掌握的信息不对称所造成的；斯彭斯的贡献在于揭示了人们应如何利用其所掌握的更多信息来谋取更大收益方面的有关理论；斯蒂格利茨则阐述了有关掌握信息较少的市场一方如何进行市场调整的有关理论。2007 年的诺贝尔经济学奖再次垂青信息经济学领域的学者，这次颁给了美国明尼苏达大学的莱昂尼德·赫维奇、美国普林斯顿大学高等研究中心的埃里克·马斯金和芝加哥大学的罗杰·迈尔森 3 名美国经济学家，以表彰他们在创立和发展"机制设计理论"方面所作的贡献。

传统的图书情报专业领域、计算机领域和管理领域的专家和学者凭借各自在原领域积累的特有知识和经验，以融合发展的姿态迅速介入信息领域并构成了信息管理领域的"三元鼎力"之势，使得 IRM 在职业和教育方面的竞争呈现出不断加剧之势（沙勇忠，2002）。图书情报界是从事信息工作的传统领域，一直以文献信息的管理为主，仅图书馆学正规教育已有一个多世纪的历史。20 世纪 80 年代以来，图书情报专业的传统受到了前所未有的巨大竞争和挑战，为适应强大的信息革命浪潮，从发达国家开始，世界图书情报教育开始全方位的变革，纷纷从"书籍世界"走向"信息世界"，向以信息管理为轴心的方向发展，培养适应信息时代需要的高层次信息管理人才。如美国 Kellogg 董事会在 1994 年提出"人力信息系统资源管理"（human resources for information system management, HRISM）计划，直接资助德雷克赛尔、密歇根等 4 所大学的图书情报学院进行教育改革，其中心举措就是加大计算机科学、工程学等学科知识在教学中的比重，强化图书情报教育对信息技术的反应。随着计算机技术的进步和普及，相关从业人员日益成为信息处理和管理的一支重要力量，构成信息职业中的一支庞大队伍，其专业教育带有浓厚的技术色彩，重视面向信息管理。经济管理界对于信息的敏锐出于对利益的追求，"网络经济"、"网络营销"和"电子商务"等教育课程炙手可热。电子商务的开展如火如荼，20世纪美国西海岸的"硅谷"促发了一批职业经理人和商业精英投身电子信息产业。各大门户网站悄然兴起，Google、百度的极大成功以及阿里巴巴上市，都说明了经济管理界是如何走入信息领域的。多学科交叉、多专业背景的学者和从业者促使信息资源管理朝新的方向不断发展。

4. 美国强化行政信息管理的政府行为也产生了直接的影响

美国政府部门向来有重视文书管理的传统，在20世纪初开始地方政府一体化和国际化进程，尤其是第二次世界大战期间临时增设的各种机构，导致了机构臃肿和文书数量剧增，对此，美国政府运用了行政和立法双管齐下的办法实施整治，其结果却意外地促成了信息资源管理的产生（孟广均等，2003）。1975～1977年，美国政府第二次成立"联邦文书委员会"，该委员会由联邦和各州的政府官员及来自商界、劳工界和顾客群体的代表组成，著名的信息资源管理学家霍顿就是该委员会的主要成员之一。此后，美国政府于1980年颁布的《文书削减法》（paper reduction act）成为信息资源管理发展的里程碑，它还是信息资源管理理论形成的标志，它与配套建立的管理和预算办公室一起确保了信息资源管理在美国各政府部门的实施。美国政府在1985年颁布《联邦政府信息资源管理》①（The Management of Federal Information Resources）即A-130通告（Circular No. A-130）进一步通过政策来倡导和实施政府部门的信息资源管理，这两项重要法案改善和加强了政府信息资源的传播和利用，发展出公共部门的IRM。

1.2 信息资源管理的发展阶段

1.2.1 信息资源管理发展阶段论研究

IRM的发展模型是对IRM起源、发展阶段与规律的理论概括。由于IRM发

---

① 该通告为联邦信息资源管理规定了一个总的政策框架，它规定联邦政府信息资源管理的总体目标是：最大限度地减轻公众的文书负担；在使政府信息得到充分利用的同时，降低政府信息活动的费用。A-130号通告首次从政府的角度将信息资源管理定义为"与政府信息相关的规划、预算、组织、指挥、培训和控制"，并且将信息资源的范围扩展到信息本身以及与信息相关的人员、设备、资金、技术等方面。1985年A-130号通告之后，美联邦政府实施了许多涉及电子化信息收集和电子化信息发布的新计划，国会也批准了一些与此通告相关的法律。1994、1996和2000年，A-130号通告进行了三次修订。因此，A-130号通告是在美国联邦政府有关信息管理和信息安全的法律法规以及预算局发布的许多相关通告的基础上制定的。

源于不同的领域，是多学科共同感兴趣的交叉地带，研究侧重点的不同使学术界对 IRM 的起源与发展有不同的看法，提出了多种 IRM 发展模型。本书主要从宏观和微观两个角度介绍不同学者提出的关于 IRM 发展阶段的学说，如图 1-1 所示。

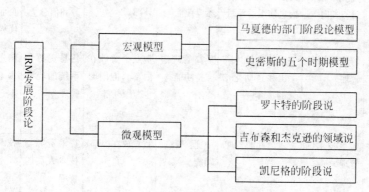

图 1-1　信息资源管理发展阶段论

在宏观层面上，主要有马夏德的部门阶段论模型和史密斯的五个时期模型，它们代表了关于 IRM 发展历史的主要认识。在微观层面上有罗卡特的阶段说、吉布森和杰克逊的领域说以及凯尼格阶段说。其中罗卡特的阶段说主要借鉴了管理理论，吉布森和杰克逊的领域说从受益的单位（如组织、个人等）来考量信息资源管理的发展，凯尼格阶段说则单纯从技术角度进行划分，可见这些观点都是从信息资源管理的某一个侧面来阐述的。

1. 马夏德的部门阶段论模型

1985 年，马夏德在《信息管理：转变中的战略和工具》（March and，1985）一文中考察了工商企业中信息管理职能的演变规律，提出了信息管理的"五阶段模型"。马夏德认为，信息管理理论始于 19 世纪末，从管理职能演进上经历了五个阶段，各个阶段是累积性的而非顺序性的，其演进过程体现了信息管理职能的密集化（management intensive）趋势（表 1-1）。

表 1-1　信息管理 5 个阶段的特征

成长阶段	重点问题	媒体与内容	组织地位	内部与外产观点	工具独立与人员独立	服务的经营目标
战略信息管理	公司战略与方向	集中于为战略使用的决策支持的内容	最高管理层的战略职能	重点放在内部和外部两个方面	人力资源管理	全企业业绩

成长阶段	重点问题	媒体与内容	组织地位	内部与外产观点	工具独立与人员独立	服务的经营目标
商业竞争分析与情报	营业单位战略与方向	关注情报分析和信息使用的质量	最高管理层参谋职能	重点主要放在外部	重视人力资源和信息	为营业单位和企业获取竞争优势
公司信息资源的管理	信息资源的管理	关注信息技术与手工和自动化信息的成本——效益管理	最高管理层支持功能	重点主要放在内部，但同时也兼顾外部	信息资源和系统的经营管理	信息资源和技术使用的成本——效益管理
公司自动化技术的管理	信息技术的管理	技术属性的管理	中层管理功能	重点放在内部	技术资源与技术人员的管理	技术效率
文书管理	基于纸张的资源和媒体的管理	物理属性的管理	监督的、文秘的和支持功能	重点是内部	物理资源的管理	程序效率

阶段 1：文书管理又叫信息的物理控制（the physical control of information）阶段，始于 19 世纪末。首要任务是在公司中建立一个对基于纸张的资源和媒体（记录、函件、指示、手册等）进行程序控制和物理控制的系统，以提高文书处理的效率。信息管理功能是一种出现在组织生活背后的、低层次的、面向支持的活动。

阶段 2：公司自动化技术管理出现于 20 世纪 60 至 70 年代。主要特征是电子数据处理（EDP）、电信、办公自动化技术在企业中的独立发展和应用；信息管理职能的战略目标是提高技术效率以及加强对新技术和可用资源的物理控制，大多数企业中的新技术管理活动限于中级管理层。

阶段 3：信息资源管理始于 20 世纪 70 年代至 80 年代早期。信息管理的目标和重点已发生了决定性转变：从主要是支持职能发展到管理职能，从主要重视效率发展到重视效益。为了有效地使用一体化的计算机和通信技术，必须强调信息资源和信息资产的经营管理；信息管理职能的战略目标已经从只重视文书的物理控制和支持电子技术转向把信息本身当作是像人员、材料和资本之类的战略资产一样需要管理的、重要的公司资产，并在组织中更高层次上为信息资源管理职责设立职位。

阶段 4：企业竞争分析与情报始于 20 世纪 80 年代中期。优先考虑的是公司战略中获取竞争优势的战略目标，而不仅仅是信息资源与信息技术的成本效益管理。其主要目标集中在公司战略与方向以及其内、外部环境上，主要依靠经理和参谋人员的情报收集、处理与分析，将被动的信息和生动的情报融为一体，建立企业的竞争能力。

阶段5：战略信息管理阶段又叫知识管理（knowledge management）阶段。重点是确定企业战略和方向，重视决策的质量和为实现改善全企业业绩和效益的目标而使用信息。为了获得尽可能多的整体经营业绩，战略管理不仅要有效地利用信息资源和技术，而且还要将信息资源有效地综合起来，以便支持企业的其他职能和经营战略。在此阶段，知识本身作为关键资源取代了数据和信息。

2. 史密斯的五个时期模型

史密斯和梅德利在1987年出版的《信息资源管理》（Smith，Mecley，1987）一书中，通过考察信息系统的发展及其在工商管理领域中的应用，提出了信息管理的"五个时期模型"。他们认为信息管理始于20世纪30年代，其标志是穿孔卡片会计系统的广泛使用。从20世纪30年代起，信息管理的发展大致经历了五个时期（表1-2）。

表1-2 信息管理的五个发展时期

时 期 \ 类 别	数据处理	信息系统	管理信息系统	终端用户	信息资源管理
系统类型	有限的财务系统	财务和操作系统	管理信息系统	决策支持系统集成系统	专家系统/战略系统
计算机信息系统管理者类型	非正式的督察员	受过计算机训练者	受过管理训练者	有广泛基础的公司	主管阶层
用户角色	信息处理者	项目参与者	项目管理者	小型系统建立者	全面的合作者
技术重点	批处理	应用	数据库/应用集成	第四代语言	第五代系统
信息存贮技术	穿孔卡片	磁盘	随机存取/数据库	数据管理/第4代语言	光盘/超级芯片

阶段1：数据处理。穿孔卡片在诸如会计、制造等领域得到应用，试图提高数据处理的速度和数量。

阶段2：信息系统。磁性存储和计算机的广泛应用促进了向信息系统时期的转变。随着计算机规模经济的出现和要求提供数据处理服务的职能部门增多，高度集中化的数据处理中心开始形成，信息系统领域的管理获得了和组织中大多数职能相等的地位。

阶段3：管理信息系统实际上是信息系统时期的延伸，只不过硬件与软件变得更高级。随着项目管理和人员知识的改善，系统开发技术得到了提炼，信息处理中心成为组织的一个实施独特职能的专门部门。

阶段4：终端用户及其战略影响，终端用户在信息系统的演变中发挥了重要作用。早期的信息系统给用户提供了大量的数据，却提供不了有实用价值的信息；而信息系统要真正发挥作用，就必须满足用户的决策要求。当信息存取成为应用系统设计的一个广泛目标时，将产生更为高级的面向决策的信息系统。决策支持系统即是这种代表。

阶段5：信息资源管理比管理信息系统更为复杂，可被视为一种集成所有学科（all disciplines）、电信和经营过程（business process）的管理哲学。在竞争中求得生存和发展的企业，是那些把信息视为组织所共有的资源加以管理的企业；信息资源的管理意味着要尽可能高效、有益地收集、处理、报告和存贮信息，并密切注意创新性技术和过程及组织需求的变化。

3. 其他关于信息资源管理阶段论的学说

（1）罗卡特（Rockart）阶段说

1984 年，美国学者 J. F. 罗卡特提出三阶段说，即

阶段 I：办公室工作和会计学阶段；

阶段 II：操作的阶段；

阶段 III：管理的阶段。

这种划分明显受到管理理论中关于管理职能的安东尼（Anthony）分类的影响，安东尼分类将管理分为三个层面：运动控制、管理控制和战略规划。

（2）吉布森和杰克逊（Gibson & Jackson）领域说

受罗卡特阶段论的影响和启发，C. F. 吉布森和 B. B. 杰克逊在 1987 年提出，从效益/受益人的角度将信息管理分为以下三个渐进的领域。

领域 I：职能单位的效率和有效性；

领域 II：个人操作的效率和有效性；

领域 III：组织与变换的效率及有效性。

（3）凯尼格（Koenig）阶段说

M. D. 凯尼格在 1985 年从技术的角度提出了另一种阶段假说。他分析了信息的运算、存储和传递这三种基本成分的增长情况，得出以下的发展阶段。

阶段 I（1971 年以前）：计算能力按摩尔定律（Moore's law）呈现指数增

长，而存储和传递则相对滞后的阶段。

阶段Ⅱ（1971~1989年前后）：计算与存储呈现指数增长，传递则相对滞后的阶段；

阶段Ⅲ（1989年后）：计算、存储和传递三个方面都呈指数增长。

后来凯尼格又提出在第三阶段之后，连续语言识别方面的进展将会开创第四阶段，有可能是运算、存储、传递的指数增长及连续语言识别。

1.2.2 信息资源管理发展的三个时期

将信息资源管理学发展自图书馆产生至现在划分为传统、技术和资源管理三阶段是国内多数学者的观点，如卢泰宏、马费成、孟广均等均持此说。尽管他们对信息资源管理发展的具体分期有不同的看法，但都认为IRM作为一种集成的管理活动，是传统信息资源管理不断演变和进化的结果，代表了信息资源管理发展的最新趋势。

1. 传统管理阶段（图书馆产生——20世纪50年代）

传统管理阶段以图书馆为特征。图书馆的产生标志着人类对文献信息的保存和管理成为一种专门的社会职业，其活动内容主要围绕对文献信息的收集、整理、加工、存储和利用进行，并强调事业的社会公益性质。

2. 技术管理阶段（20世纪50~80年代）

这一阶段以信息流的控制为核心，以计算机等信息技术为工具，以自动化处理和信息系统建造为主要工作内容。显然，这是在计算机等信息技术高度发展及广泛应用背景下发展起来的新的信息管理模式。

技术管理时期高效率地解决了信息管理中的许多问题，但随着信息系统的进化和信息管理作用范围和重心向战略决策层次演化（图1-2），出现了一系列复

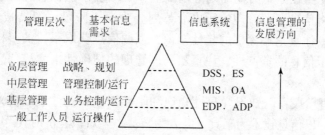

图 1-2 信息系统管理功能的发展

注：EDP—电子数据处理，ADP—自动数据处理，MIS—管理信息系统，
OA—办公自动化，DSS—决策支持系统，ES—专家系统

杂的技术—社会问题；同时，信息是一种经济资源和管理资源思想的确立，提出了从经济角度对信息资源进行优化配置和管理的要求。这样，技术主导的信息管理模式已难以适应新的社会信息环境的需要，迈向新的阶段成为一种必然的趋势。

3. 信息资源管理时期（1980 年至今）

IRM 是信息管理的新阶段，它所代表的资源时期的新特征是以下方面。

1）确立了信息资源作为经济资源、管理资源和信息作为商品的新观念。信息被视为五种经济要素（人力、原材料、资本、科技和信息）之一，深化了技术时期发展起来的信息经济思想。

2）强调信息管理不能单靠技术解决问题，必须重视人文社会因素，追求将技术因素和人文因素结合起来协同解决问题。这是与技术时期明显的不同之处。

3）突出了组织机构层次的信息管理或面向组织的信息管理，即非国家层次、个人层次的信息管理。这意味着信息管理的结构发生了变化：从公共的信息系统转向组织机构信息系统的完善；从集中型的信息基础结构转向集中与分散并存的结构。

4）重视信息在战略决策、战略管理中发挥作用，提出了信息管理与组织结构关系等一些新问题。

5）促使信息管理成为新的独立的管理领域，因此必将导致出现信息领域中新的职业方向。

上述三个时期的划分主要反映信息管理主体构架的不同和演变，"时期"的更替并不表明绝对的取代和前一时期的消失，而是主导成分及其地位的更替。此外，这三个主要时期的每一个时期本身，其发展也有若干阶段和不同层面，从而概括了信息管理中丰富多彩的内容。

马费成先生在三个时期的划分基础上，又增加了知识管理阶段和资产管理阶段，从而将信息资源管理的历史沿革划分为 5 个阶段（马费成，2009）。知识管理阶段更注重挖掘深层的隐性知识，强调信息获取手段的多样性；资产管理阶段突出了信息的资产性；注重从资产管理的精确性来实施信息资源的规划与管理。

知识管理阶段：以知识（显性知识和隐性知识）为主要研究对象，以创新为最终目标，以信息技术为工具，以人为核心。"知识经济时代"[①] 的到来使得

---

① "知识经济时代"一词起源于 1997 年美国财政部长萨默斯博士给联合国经济发展组织报告中提出的我们的时代已开始进入"基于知识的经济时代"，克林顿将这一提法直接改为"知识经济时代"，从而见证了"知识经济时代"的到来。

知识管理顺理成章，一般认为知识管理（knowledge management）的概念于 1989 年正式提出。1995 年，野中郁次郎和竹内弘高出版的《知识创造公司：日本如何建立创新动力机制》，被认为是知识管理产生的标志。20 世纪 90 年代中期，Internet 的普及促使知识管理理论和实践突飞猛进。

资产管理阶段：随着当代新技术革命与经济体制改革的深入发展，对信息的资产性认识越来越受到社会的关注，"信息资产"的概念也开始为社会普遍接受。信息经济学的奠基人施蒂格勒认为，信息是一项资本或资产，信息促使买卖双方的交易过程不断趋向于合理，无论是买主还是卖主，他们拥有的信息都具备资本或资产的价值。信息资产管理既有别于传统意义上的固定资产管理，也与 ERP（企业资源计划）、EAM（企业资产管理）等系统中资产管理的概念不同，它作为信息安全管理的一个基础部分，更关注对企业中的各项信息资产，包括信息系统、数据文档、通信协议等进行识别和集中管理，进而实施有效的 ISMS（信息安全管理体系）或 SOC（安全运营中心），以保证信息系统所承载的企业业务持续有效地发展。

在很大程度上来说，当前的信息资源管理进入了信息资源管理、知识管理、资产管理快速发展并相互融合的阶段，虽然各有侧重点但是很难界定其独立的管理内容，有一点可以肯定的是信息资源管理进入了前所未有的发展阶段，新兴技术的涌现和传统技术的进一步融合为信息资源管理学科和研究发展提供了良好的契机。

1.3　信息资源管理学：对象与研究内容

1.3.1　信息资源管理学研究对象

一个学科能否独立存在，要看它是否具有独立的研究对象。因此考察研究对象的独立性便是考察该学科的独立性，而不论该学科的理论体系是否完善、研究方法是否完备。也就是说研究对象的独立性是学科成立的必要条件。

任何学科都有自己的研究对象。IRM 是一门新兴学科，人们的认识还不统一，所以在讨论 IRM 的研究对象之前，我们首先考察几种有代表性的观点。

1）美国学者霍顿（Horton，1979）认为 IRM 是不同的信息技术和其他学科整合的产物，这些技术包括管理信息系统、记录管理、自动化数据处理、电子通信网络等。

2）美国学者史密斯（Smith，1987）和梅德利（Medley，1987）认为，IRM 是一般管理的一个子集，管理信息资源意味着尽可能高效率地收集、处理、报道和储存信息，意味着对新的技术和处理方法以及变化着的组织需求保持密切的关注。IRM 可以从两个层次上来理解和定义：在第一个层次上，IRM 将信息视同资本、人事那样的组织资源加以管理，在此，IRM 本质上是一种指导性的管理哲学；在第二个层次上，IRM 是传统意义上的信息服务，包括通信、办公系统、记录管理、图书馆功能、技术规划等的集合，在此，IRM 更多的是一种管理过程。

3）博蒙特（Beanmont，1992）和萨瑟兰（Sutherland，1992）认为，IRM 是一个集合名词，包括所有能够确保信息利用的管理活动。信息资源核心是由信息和通信技术组成的技术平台，信息资源管理构成企业所有活动的平台。信息资源管理包容的知识领域涉及商业知识、经济学知识、法律知识、社会学知识及技术知识。

4）英国学者马丁（Martin，1988）认为，"信息管理"与"信息资源管理"没有区别，人们之所以采用"信息管理"一词是因为它比较简短。信息管理是与信息相关的计划、预算、组织、指挥、培训和控制过程，它是围绕信息本身以及相关资源（如人力、设备、资金、技术等）而展开的。

5）德国学者施特勒特曼（K. A. Stroetmann）认为，信息管理是对信息资源与相关信息过程进行规划、组织和控制的理论，信息资源包括：①信息内容，既包括产生与信息服务或从外部信息源获取的信息，也包括与内部活动有关的理论和方法论信息、管理和操作信息、与决策相关的信息，还包括与外部活动有关的交易信息、用户信息和市场信息；②信息系统，其要素包括系统目标、操作人员、信息内容、软件、硬件、内部规则等；③信息基础结构，在此是指一个组织结构的信息基础结构，它由各种可共享的数据库、计算机硬件设备、数据库管理系统和其他软件、局域网等所构成。信息内容、信息系统、信息基础结构形成了一个组织的信息管理三位一体结构。

6）武汉大学胡昌平（1995）教授认为，信息管理科学是一门以普遍存在的社会信息现象为研究对象，在揭示其基本规律的基础上，围绕社会的信息服务，从社会的运行机制、信息需求与利用形态分析出发，研究信息资源与技术开发、信息的有序化组织以及社会信息活动控制的一门新兴学科。

7）符福峘（1995）先生认为，信息管理学的研究对象是特定的社会信息管理系统，即由各种信息管理要素组成的综合性信息管理系统。人是信息管理系统的主体，整个系统需要人来控制，因而该系统属于人工系统，是人、事、物构成的开放型系统，人、事、物是组成信息管理系统的关键要素，也是信息管理学研究的主要对象。

8）中山大学卢泰宏等（1998）认为，IRM 是一种集约化理论，所谓"集约化"，有两方面的含义：一方面是指信息管理对象的集约化，即 IRM 意味着信息活动中的信息、人、机器、技术、资金等各种资源的集约化管理；另一方面是指管理手段和方式的集约化，即 IRM 是多种信息管理手段的总和。概括地讲，IRM 是三种基信息管理模式的集约化，即信息的技术管理、信息的人文管理和信息的经济管理三者的集约化。

9）孟广均教授在《信息资源管理导论》（孟广均等，2003）一书中认为，信息资源管理学的研究对象是人类的信息资源管理活动。就其范围和性质而言，可划分为过程管理、网络管理和宏观政策管理三个层次。就其服务面向的活动而言，可划分为面向社会或市场提供信息资源的法人型信息资源管理活动和面向社会组织内部提供信息资源的依附型信息资源管理活动。无论哪一种信息资源管理活动，都是信息资源管理学的研究对象。

综上，信息资源管理学的研究对象是广义的信息资源（信息、信息技术、信息设备、信息人员、信息政策等）以及与其有关的一切活动（信息资源采集、存储、配置、评估等）。

1.3.2 信息资源管理学学科性质

通过对信息资源管理的形成背景以及信息资源管理学研究对象的研究，不难看出信息资源管理学具有交叉学科、管理学科、应用学科三个方面的学科性质。

交叉学科又称边缘学科，是指在某些学科领域之间的交叉处所产生的新学科，是科学发展过程中新学科的重要生成方式。信息资源管理是信息科学、管理学、信息技术科学等学科相互交叉而形成的学科。因此，在学习和研究过程中要注意吸收与 IRM 相关的各个学科的理论和方法，以促进信息资源管理理论体系的丰富以及实践水平的提高。

信息资源管理学起源于管理领域，在其发展过程中充分吸收了管理学多个分支学科的理论营养。管理学是一个庞大的学科群，包括众多的分支学科（如财务管理学、旅游管理学、行政管理学、人力资源管理学等），其研究领域往往侧重于人类社会生产活动的某一方面。信息资源管理学是其中的新成员，其研究领域侧重于与信息资源相关的管理活动。

开展信息资源管理理论研究的主要目的是为了利用先进的管理理念和管理方法来指导信息资源管理的实践活动，以确保信息资源管理目标的最终实现。信息资源管理产生于实践的需要，所以也必须服务于实践的需要，以解决信息资源管理实践过程中产生的各种问题。因此，信息资源管理学具有鲜明的应用学科性质。

1.3.3 信息资源管理学研究内容

信息资源管理学的研究内容是由其研究对象决定的，是人们对其研究对象认识的具体化和系统化。孟广均（2003）等认为，信息资源管理学的主要研究内容包括以下几方面：

1）信息资源管理学学科理论研究。主要研究信息资源管理学的研究对象、研究内容、体系结构、学科性质、相关学科、研究方法、学科史与未来发展问题、学科理论基础和技术基础等。当前，信息资源管理学学科理论研究还应重点探讨现有信息资源管理类学科的范围、关系与整合的可行性，整合中可能出现的问题与对策，如何减少相关学科之间的交叉重复和如何保持各学科的相对独立性等问题。

2）信息资源管理的基本理论研究。主要研究信息、信息资源和信息资源管理的基本概念、构成要素、类型、特征、功能与相互关系，信息资源管理活动的本质结构、一般规律和发展趋势，信息资源管理活动同其他社会活动之间的联系与制约等问题。

3）信息资源管理的一般过程研究。主要研究信息流的形成、运动与发展规律，信息资源管理过程的构成环节及其内容、方法与衔接。信息资源有序运行的条件、机制与障碍，围绕信息资源管理的计划、预算、组织、指挥、协调、控制和培训等活动。

4）信息用户研究。主要研究信息用户的分类、分析和教育，用户信息需求的决定因素、表现形式与满足方式，用户利用信息资源的行为与心理，用户潜在信息资源的开发等问题。

5）信息组织与信息检索。主要研究信息的序化和优化，信息组织方法与工具，信息检索方法与工具，新技术在信息组织与检索中的应用，网络环境中的信息组织与检索，咨询理论与方法等。

6）信息资源开发与利用研究。主要研究信息资源开发的原理、手段、程序与技术，信息产品的类型、结构、功能与编纂，信息服务的形式、内容与方法，潜在信息资源开发的新方法，信息资源的利用规律等。

7）信息系统与信息网络研究。主要研究信息系统的分析、设计、运行、检测、维护与更新过程，现有信息系统的评价与改造，网络环境中信息系统的运行与发展，网上信息资源的共享与开发，数据库的建设，网络管理体制的优化，信息技术和信息资源管理的应用与发展（包括电子政务、电子商务、电子社区等）。

8）信息产业与信息市场研究。主要研究信息的价值、价格、商品化、产业化与社会化，信息经济的一般理论，信息产业的形成、分类、发展、测度与管理，信息市场的培育、构成、运行、管理与发展走向，信息企业的内涵、类型、经营机制与市场竞争等。

9）信息资源管理的政策法规研究。主要研究战略信息资源的规划与布局，信息资源管理各大系统之间的分工与合作，信息政策、信息法规的制定与实施，国家级信息资源管理领导机构的建立和信息资源管理活动的集中统一管理等。

10）信息资源管理教育研究。主要研究信息资源管理实践对信息资源管理人才的新要求，信息资源管理人才的培养目标与教学计划，信息资源管理教育领域相关专业基础教学内容的统一，专业教学模式与特色的探索，信息资源管理人员的继续教育等。

信息资源管理学的研究内容非常广泛，除上述几个主要方面外，与信息资源管理活动相关的学科知识、文化背景、技术进展和实践活动等也可列入其研究范围。当然，无论研究范围多么宽泛，信息资源管理学的研究核心是不变的，其核心是过程管理、网络管理和宏观政策管理的研究。

1.4 信息资源管理学的体系结构

信息资源管理学的体系结构是一个多层次的体系结构。尽管国内学者对信息资源管理学的体系结构有多种不同阐释，但从影响范围上看，以孟广均教授的"三大板块"说和胡昌平教授的"学科结构"说最被学界认同。在本节，我们将对这两种体系结构作重点阐释。

1. 孟广均教授的"三大板块"说

孟广均（2003）教授认为，信息资源管理学是一个多层次的体系结构，就其生成而言，它主要是信息科学和管理科学相互交叉渗透形成的一门边缘性横断学科。由信息资源管理理论、信息资源管理技术、信息资源管理应用三大板块组成，其中，每一板块又分若干分支学科，分支学科下又有子学科（图1-3）。

信息资源管理理论主要研究信息资源管理活动的本质结构和发展规律等问题。它又可分为一般理论和应用理论两部分。一般理论从总体上研究信息资源管理活动的基本原理和一般规律，其分支学科主要包括信息资源理论、信息资源管理理论、信息资源管理学方法论、信息资源管理史、信息资源管理比较研究、相关学科理论与方法的应用研究等。应用理论研究信息资源管理活动某个环节或局部的结构与规律问题，其分支学科主要包括文献信息学、图书馆学、情报学、档案学、大众传播学、编辑学和出版发行学等。

信息资源管理技术主要应用信息资源管理学科的成果和相关领域的技术方法来研究信息资源管理工作的原则、程序、方法和技术等问题。它又可以分为软技术学科和硬技术学科两部分。软技术学科是指研究信息资源管理的程序与方法所形成的知识体系，包括用户需求分析技术、信息源分析技术、信息转换技术、信

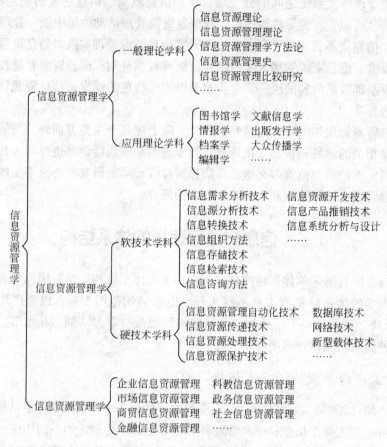

图 1-3　信息资源管理的体系结构

资料来源：孟广均等，2003

息组织方法、信息存储技术、信息检索技术、信息资源开发技术、信息咨询方法、信息系统分析与设计等。硬技术学科是指研究信息资源管理设备和工具的应用与开发所形成的分支学科，主要包括信息资源管理自动化技术、信息资源传递技术、信息资源处理技术、信息资源保护技术、数据库技术和新型载体技术等。

　　信息资源管理应用则是应用信息资源管理理论和信息资源管理技术解决某一行业领域的信息资源管理活动的具体问题所形成的学科体系。它主要包括企业信息资源管理、市场信息资源管理、商贸信息资源管理、金融信息资源管理、科教信息资源管理、政务信息资源管理、农业信息资源管理、交通信息资源管理、能源信息资源管理、军事信息资源管理、医卫信息资源管理、气象信息资源管理、社会（大众）信息资源管理等。

　　在上述体系结构下，信息资源管理的研究内容具体包括：①信息资源管理学学科理论研究；②信息资源管理的基本理论研究；③信息资源管理的一般过程研究；④信息用户研究；⑤信息组织与信息检索；⑥信息资源开发与利用研究；⑦信息系统与信息网络研究；⑧信息产业与信息市场研究；⑨信息资源管理的政策法规研究；⑩信息资源管理教育研究。

2. 胡昌平的学科结构说

胡昌平（2001）认为信息管理科学体系将随着理论研究和实际工作的进展不断完善，从目前情况看，该学科只是处于初期发展阶段，因而未能形成严格的层次结构，甚至在某些分支领域（如信息系统管理）往往难以将理论与实践问题严格区别开来，即二者具有某种程度上的向一性。事实上，信息管理科学及其分支都是在各类信息管理实践的基础上自然形成的，其分支领域的划分依据是信息管理的业务部门分类和由此而构成的研究课题的沿革。

就目前的学科发展而论，信息管理科学的学科结构可以概括为如图 1-4 所示

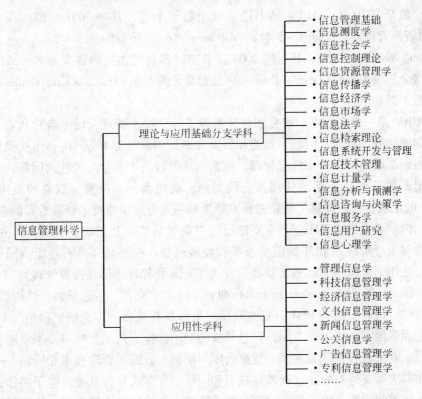

图 1-4　信息管理学科的分支学科[①]

---

① 卢泰宏和沙勇志，1998。

的体系。在图中所列的分支学科中，按照研究对象和内容可以分为两类分支学科领域：一是理论研究与应用基础学科；二是以解决各类专门化信息管理问题的应用性学科。值得指出的是，随着信息管理的社会实践与理论研究的发展与深化，上述学科体系必将发生变化，其总体趋势是上述的两个层次结构中的理论研究与应用基础学科将逐渐分化为理论和应用技术两类学科，形成三个层次结构。这一情况的出现符合学科产生与发展的一般规律。

1.5 信息资源管理学热点主题和发展趋势

1.5.1 热点主题

从 2001 年起，美国 IGI Group（2010）出版集团推出了《信息资源管理前沿领域》（Advances in Information Resource Management（AIRM）Book Series）系列丛书。截至 2010 年，AIRM 丛书已陆续出版了十卷，其中 2001 ~ 2006 年出版《信息资源管理前沿课题 1 ~ 5 卷》（Advanced Topics in Information Resources Management，Volume 1 ~ 5），其后的 2007 年开始以各卷的主题内容来命名，2010 年第一次分别由 Mehdi Khosrow-Pour 和来自葡萄牙的 Maria Manuela Cruz-Cunha 任主编出版了两卷。

AIRM 是一套实用性、研究型并且涵盖了信息技术管理领域学者和从业人员所遇到的挑战、机遇、问题、趋势和解决方案的国际性系列丛书。AIRM 强调管理和组织层面的信息技术资源管理。该系列丛书解决了大量受关注的问题，包括组织里面关于信息技术的使用、失败案例、成功案例、政策、战略和应用等。AIRM 的出版为我们提供了最新的研究结果和领先行业信息技术管理专家的意见。

国内学者也把 AIRM 作为重要的研究对象（马费成和王晓光，2007），或是以此为对象分析西方 IRM 的前沿成果和发展趋势，或是翻译推荐给国内同行共同学习之用，普遍认为这些文章都是发表在美国著名的《信息资源管理》（Information Resources Management Journal）期刊上的学术论文，主题新颖、结构严谨、方法科学，代表了西方 IRM 研究的最新成果，具有重要的理论研究价值。AIRM 的主题涵盖但不限于以下方面：信息科技的应用操作、人工智能与专家系统技术和问题、业务流程管理和建模、数据仓库与挖掘、数据库管理技术和问题、决策支持和群决策支持系统、远程教育技术和问题、分布式软件开发、电子协作、电子商务技术和问题、电子政府、新兴技术管理、最终用户计算问题、执行信息系统、全球信息科技管理、医疗信息技术、人与社会问题的 IT 管理、信息技术教育和培训问题、信息技术安全和伦理、IS / IT 教育、IT 治理问题、IT 创新与扩散、IT 管理公共组织、IT 管理研究与实践、IT 外包、中小型企业的信息科技与电子商务、知识管理、管理信息系统再造工程管理、移动商务、多媒体计算机技术和问题、面向对象的技术和问题、项目管理、软件过程改进、标准和标准化问题、战略 IT 管理、供应链管理、系统的研制与实例、电信和网络技术、虚拟组织、虚拟团队、Web 服务和技术。

同时，这些主题也代表了当今 IRM 研究的热点主题。马费成教授等（2007）曾就该丛书 2001~2006 年出版的前五卷阐述了当代信息资源管理领域值得关注的问题。从研究方向、研究热点、研究范式、研究方法等角度分析了西方 IRM 研究领域的前沿成果，并对其未来发展方向作了探讨，概括了 8 个研究热点和研究方向。

1）信息系统基础理论：指出研究者将新的方法论因素、用户因素、组织环境因素、文化因素纳入到系统规划、设计和开发模型研究中，致力于构建统一的信息系统管理模型。

2）信息技术和信息系统的绩效与价值：AIRM 给予此较多的关注，分别从信息技术与组织流程重组、信息技术与组织决策支持、特定环境中信息技术的角色、信息系统与组织竞争优势、信息系统的商业价值等角度进行了研究。

3）信息技术和信息系统的成功实施与应用：研究开始从用户角度探索信息系统成功实施的内在原因，具体的研究主题包括用户参与、用户感知、用户道德和用户态度等。

4）IT 投资：大量的案例证明，有效地管理战略 IT 投资是一个相当复杂而又重要的工作。为保证一个战略 IT 项目的成功，不仅仅需要有明确的决策评估流程，更要决策者对决策的概念特征有清晰的认识。

5）知识管理：研究主题包括知识管理的价值、信息技术与知识管理关系、知识管理系统设计与架构、知识共享问题、公司知识管理的实施与执行等。

6）虚拟组织：协同合作技术（synchronous collaborative technology）是虚拟组织研究关注的焦点。

7）IT 部门与 IT 员工：研究者不仅关注 IT 员工的 IT 素养对信息系统成功的影响问题，还关注于 IT 部门管理特殊性及 IT 部门的女员工管理问题。

8）电子政务：信息技术在特定领域的应用研究一直是 IRM 研究者关注的焦点。随着政府信息化的发展，电子政务逐渐引起了信息资源管理者的关注。

除上述 8 个外，马费成还指出互联网社会价值、供应链信息共享、电子学习中的多媒体技术等问题也是较为热门的研究课题。

2007 年以后该丛书的内容概述如下。

2007 年，《新兴的信息资源管理和技术》（Emerging Information Resources

Management and Technologies）提出了现代组织所面临的问题，并提供了克服不断发展的信息管理和行业利用障碍的最新战略。

2008 年，《信息资源管理的创新技术》（Innovative Technologies for Information Resource Management）汇集了信息系统领域人们较为关注的内容诸如 WEB 服务、电子商务、远程教育、医疗保健、业务流程管理和软件开发技术，其尤其关注在管理和组织层面应用创新技术进行信息资源管理，同时这也给学术研究人员和信息资源管理的从业人员提供了一个启发性的思路。其主题涵盖了应用信息技术业务、数据库管理技术和问题、分布式软件开发、电子商务技术和问题、新兴技术管理、医疗信息技术、信息系统和信息技术教育、信息技术创新与扩散、知识管理、移动商务、面向对象的技术和问题、软件过程改进、战略信息技术管理、供应链管理、系统开发、电信和网络技术、虚拟组织、虚拟团队和 Web 服务和技术等。

2009 年，《信息资源管理的最佳实践和概念创新：利用技术使得全球进步》（Best Practices and Conceptual Innovations in Information Resources Management：Utilizing Technologies to Enable Global Progressions）提供了信息资源管理最新发展中权威的见解以及这些技术是如何重塑全球商务模式、创新政策方式和组织实践形式。该书的章节主要钻研学科层面的内容诸如，知识管理、开源软件、系统工程、项目管理和 IT 治理等，为读者提供了组织功能的解决方案。其主题涵盖了信息资源管理的最佳实践、信息资源管理概念创新的、全球进步、信息资源管理、信息资源管理技术、IT 治理、知识管理、开放源码软件、项目管理和系统工程等。

2010 年，《新兴信息资源管理在全球、社会和组织层面的应用：概念与应用》（Global, Social, and Organizational Implications of Emerging Information Resources Management：Concepts and Applications）仍由麦迪·克罗斯蓬主编，聚焦于外包业务在现代商务中的重要角色、网络信息系统的发展以及信息社会的诸多社会问题，如以年龄为基础的薪资差异和工作压力等。其主体涵盖了关键成功因素和基于 Web 的系统开发、影响的信息技术时代、信息技术投资对生产力的作用、离岸和外包、医疗行业的外包业务、在线消费者互动、IS／IT 专业人士的技能集、软件质量管理、IT 专业人员的应激因素和外包相关的树索引数据等。

2010 年，《中小企业的企业信息系统集成：技术、组织和社会维度的思考》（Enterprise Information Systems for Business Integration in SMEs：Technological, Organizational, and Social Dimensions）由来自葡萄牙的 Maria Manuela Cruz-Cunha 任主编，讨论了信息技术对于组织和组织环境每个部分的影响、挑战、机遇和发展

趋势。其主题涵盖了中型企业适用模型、业务流程管理、中小型企业成功的关键因素、中小型企业的沟通问题、企业资源规划、多项目业务、产品生命周期管理、中小型企业资源规划、中小型企业应用软件和虚拟组织支持等。

可以看出，AIRM 系列丛书对于信息资源管理领域的各个维度均有所关注，并以学术和实践并重不断开展信息资源管理的前沿研究，为我们提供了不可多得的研究素材。

此外，国内学者对于信息资源管理的热点领域也有关注。陈兰杰（2009）利用信息可视化方法对 Web of Science 中 1986～2008 年收录的信息资源管理（IRM）论文的引文数据进行了文献共引分析，得出结论：management（管理）、system（系统）、model（模型）、information（信息）、conservation（保存）、resources（资源）、performance（绩效）、information system（信息系统）等成为国际 IRM 研究热点领域；information-system（信息系统）、resources-available（资源的可用性）、forest-management（林业经营）和 knowledge management（知识管理）等成为近年来国际 IRM 研究的前沿领域，同时代表着国际 IRM 研究的发展趋势。刘玉照等（2008）认为内容管理是信息资源管理微观层次上的重要进展，属于信息资源管理的前沿课题。2010 年武汉大学出版社出版的《信息资源管理研究进展》（胡昌平，2010）一书也探讨了当代中国信息资源管理的热点和核心领域，其主题涵盖了数字信息需求、信息资源共享、信息资源建设、信息资源开发利用、信息服务、信息计量、知识管理、信息资源整合以及竞争情报等。

1.5.2 发展趋势

近年来国外信息资源管理理论研究发展呈现如下特点：研究人员日益分散、研究主题日益分散、研究方法日益多样化以及研究内容日益深化和细化。主要表现为以下三方面。

1）研究人员：信息资源管理研究主要是从美国开始，后来蔓延到欧洲各国。从 AIRM 系列丛书可以看出，论文作者分布在世界各地。虽然仍是以美国为主，但世界各地的学者和从业人员逐渐参与进来是一个必然趋势。

2）研究主题：杨溢指出国外信息资源管理研究主题可以细分达到 22 个；而 AIRM 涵盖的主题也多达 41 个且正在扩展，从纯学术到实践应用无所不包；随着信息技术的发展，网络信息资源管理和知识管理的重要性日益凸显。

3）研究方法：运用定量方法、可视化方法等新兴方法和技术来研究信息资源管理已很普遍，并开始引入案例分析等管理学主流研究方法。传统的计量方法不断运用到网络信息资源管理的研究中。

相关链接1-1　IRM 的主要学术期刊表

刊　名	内容重点	备　注
Annual Review Of Information Science And Technology（ARIST）	图书馆与信息中心的管理；信息系统与服务；IRM；信息与信息技术管理等。综述性文章较多	年刊
Journal Of The American Society For Information Science（JASIS）	探讨 IRM、信息技术、信息政策等带总论性的问题，颇具深度和权威	双月刊
Bulletin Of The American Society For Information Science（ASIS）	对信息资源管理和政策进行评论	月　刊
Information Resources Management Journal（IRMJ）	强调信息技术资源管理和信息资源组织问题	季　刊
Information Technology Management	介绍信息资源管理领域的新兴技术和发展趋势	半年刊
Information Processing & Management	侧重信息处理、数据处理、信息系统、信息测度等，技术性很强	双月刊
International Journal of Advanced Pervasive and Ubiquitous Computing（IJAPUC）	涉及计算科学领域的大多问题，关注信息系统方面的最新问题	季　刊
International Journal of Agent Technologies and Systems（IJATS）	侧重计算科学智能代理系统和多媒体系统学习模式和方法的讨论	季　刊
International Journal of Ambient Computing and Intelligence（IJACI）	介绍计算科学和智能计算（IC）领域的最新进展	季　刊
Inforsystems	电子计算机化的信息系统所产生的管理问题；新闻较多	月　刊
International Journal of Web Services Research（IJWSR）	介绍网站服务，涉及网格技术、多媒体技术、信息交流等方面	季　刊
Information and Management	信息系统的应用设计、评价和管理	月　刊
Information Systems Research	数据库管理、数据服务管理	
Aslib Proceedings：New Information Perspectives	1927 年创刊，系被 JCR 收录的核心期刊，刊载信息业各种会议上发表的论文和探讨实际问题的论文。包括：信息科学、图书馆管理业务、新闻业、电子出版、通讯与因特网研究、新型传媒和数据健康等	双月刊

刊　名	内容重点	备　注
Journal of Global Information Management	刊载原始研究论文包括如下三个大类：商务中的全球信息系统；世界特殊区域中的信息技术；全球信息源与应用管理	季　刊
International Journal of Business Data Communications and Networking	涉及企业信息（包括数据、影像、声音等）通信与网络技术对企业的影响等方面	季　刊
Information Technology & People	为信息技术设计及应用中社会与组织问题的研讨提供跨学科国际论坛。读者对象为信息系统和计算机系统的设计与管理方面的科研及操作人员	季　刊
Journal of Management Information Systems	管理信息系统杂志是排名第一的审阅季刊，旨在提供一个完整的 MIS 系统集成领域的观点	季　刊
Program：Electronic Library and Information Systems	介绍计算机在图书馆和信息工作中的应用，包括计算机、网络、数据库的使用，硬件与软件的开发等。兼载研究进展报道、会议信息、书评等	季　刊

相关链接 1-2　美国信息资源管理协会 IRMA

信息资源管理协会（Information Resource Management Association, IR-MA）是一个致力于促进其成员提高自身专业水平的国际专业组织。信息资源管理协会汇集了一批研究人员、信息管理从业者、专家学者和政策制定者。来自世界范围内 50 多个国家和地区的专业人员组成了其多样化的成员，包括美国、加拿大、斯洛文尼亚、瑞士、挪威、荷兰、新西兰、德国、法国、西班牙、沙特阿拉伯、印度尼西亚、日本、新加坡、中国台湾、韩国的专业人士、澳大利亚、英国、希腊、比利时、丹麦、瑞典、中国香港和中国。

信息资源管理协会在 21 世纪初期及以后的主要目标是协助组织和专业人士提高对有效的信息资源管理的整体认知和理解。其具体目标可以概括如下。

1）在对信息资源管理领域感兴趣的个人中间推介信息资源管理协会。

2）提供资源、协助、鼓励和奖励给予那些为了促进和提高专业人士的知识或者信息资源管理问题和趋势的认识而从事或者计划从事信息资源管理领域的个人。

3）推动和出版信息资源管理领域的专业和学术期刊、连续出版物、报告和其他形式公开发行的出版物。

4）为从事信息技术管理相关事业的个人以比较低廉的会员费用提供专业性和教育性的服务。

这些目标的实现得益于协会的一系列出版物：它们是《信息资源管理期刊》（Information Resources Management Journal），《最终用户计算期刊》（Journal of End User Computing），《全球信息管理期刊》（Journal of Global Information Management），《数据库管理期刊》（Journal of Database Management），《信息技术年度案例》（Annals of Cases on Information Technology），《组织的电子商务期刊》（Journal of Electronic Commerce in Organizations），《远程教育技术期刊》（Journal of Distance Education Technologies），《信息和通信技术教育国际期刊》（International Journal of Information and Communication Technology Education），《知识管理国际期刊》（International Journal of Knowledge Management），《智能信息技术国际期刊》（International Journal of Intelligent Information Technologies），《技术与人机交互国际期刊》（International Journal of Technology and Human Interaction），《数据仓库与挖掘国际期刊》（International Journal of Data Warehousing and Mining），《电子协作国际期刊》（International Journal of E-Collaboration），《企业信息系统国际期刊》（International Journal of Enterprise Information Systems），《商业数据通信与网络国际期刊》（International Journal of Business Data Communications and Networking），《电子商务研究国际期刊》（International Journal of E-Business Research），《电子治理研究国际期刊》（International Journal of Electronic Government Research），《电子商务案例期刊》（Journal of Cases on Electronic Commerce），《语义网与信息系统国际期刊》（International Journal of Semantic Web and Information Systems），《基于网络的学习与教育国际期刊》（International Journal of Web-Based Learning and Teaching），《信息技术与网络搜索引擎国际期刊》（International Journal of Information Technology and Web Engineering），《医疗保健信息系统与信息计量学国际期刊》（International Journal of Healthcare Information Systems and Informatics），《信息技术标准和标准化国际期刊》（International Journal of IT Standards and Standardization），《信息管理》（Information Management）和信息资源管理协会年度会议文集和信息资源管理出版社的书籍。

第 2 章　信息资源管理：概念与框架

信息资源管理（IRM）兴起于 20 世纪 70 年代末 80 年代初，主要是研究管理科学、经济学、图书馆情报与档案管理学科间的相关问题，并基于相关学科规律，形成利于信息资源规划、组织、开发、利用与服务的理论。

2.1　信息资源管理的基本含义

2.1.1　信息资源

信息资源是人类社会在日常生活中开展社会活动的必需品，存在于人类社会的各个行业和领域中。把信息当做一种与物质和能源一样的资源来对待，已是学界和相关从业者的共识。哈佛大学信息政策研究中心主任欧廷格（A. G. Oettinger）（童天湘，1998）指出：没有物质就什么东西也不存在；没有能量就什么事情也不会发生；而没有信息就什么东西也没有意义。物质、能量、信息已成为人类赖以生存和发展的三类基本资源，一度"信息就是资源"，"信息就是财富"，"信息就是金钱"的论调甚嚣尘上，但是正如卢泰宏先生指出的"信息不会必然的、自动的、无条件的等于资源、财富，恰如奈斯比特所说，没有经过整理的信息不是我们的朋友，甚至是我们的敌人——当然更不是财富和资源"。信息成为真正资源的必要条件是信息管理。

1. 信息资源的概念

20 世纪 60 年代以来，信息经济学从微观和宏观角度对信息价值、信息成本、信息效率以及信息产业、知识产业等问题进行广泛的理论研究和实证分析，使信息是一种资源的观念得到普遍确立。

由于目前尚未解决信息的本质和计量这类基础性的问题，对信息资源这一概念，学术界有各种不同的认识。例如，美国部分学者将信息资源理解成文献资源、数据或者多媒体信息。美国著名信息资源管理专家霍顿在其 1979 年出版的著作中给出了信息资源的两种解释：单数概念的信息资源是指某种内容的来源，即包含在文件和公文中的信息内容；复数概念的信息资源是指支持工具，包括供给、设备、环境、人员、资金等。从 20 世纪 80 年代中后期起，中国学者开始关注和研究信息资源管理，先后给出了各自的定义。例如，国家信息中心总经济师乌家培教授认为："对信息资源有两种理解：一种是狭义的理解，即仅指信息内容本身；另一种是广义的理解，除信息内容外，还包括与其紧密相连的信息设备、信息人员、信息系统、信息网络等。狭义的信息资源实际上包括信息载体，因为信息内容不可能离开信息载体而独立存在。广义的信息资源并非没有边际地无限扩张。"又如，中国科学院的霍国庆博士认为："信息资源也就是可以利用的集合，换言之，信息资源是经过人类开发与组织的信息的集合。"信息是任何时期不同类型的信息活动必不可少的要素，而其他要素则会随信息活动的时空变化而变化，因此，信息是信息资源的核心要素，而其他要素则是支持要素；广义概念在狭义概念的基础上，将信息及其支持要素一起纳入了信息资源的范畴。

从狭义角度出发，有助于把握信息资源的核心和实质。因为信息资源之所以成为经济资源并备受人们的青睐，主要是因为其中所蕴含的有用信息能够消除经济活动中的不确定性、帮助人们进行选择决策、减少经济活动中的其他物质资源和能源资源的损耗、降低成本和节省开支，而信息生产者、信息技术只不过是信息生产的必备条件而已。从广义角度出发，有助于全面把握信息资源的内涵。因为按照系统论的观点，整体是部分之和。在广义信息资源的信息、信息生产者和信息技术等三要素中，任何一个要素都不可能单独发挥作用，只有将它们按一定的原则加以配置组成一个信息系统，才能显示出其价值，而这种价值的大小又在很大程度上受上述三要素的配置方式和配置效果影响。因此，如果放弃信息生产者和信息技术，单纯考虑信息这一资源要素，则无论是在理论上还是在实践中都难免出现错漏。

2. 信息资源的特征

信息资源作为一种为人类所利用的资源，与物质、能量等资源比较，具有如下特点。

1）稀缺性。稀缺性（scarcity）是经济资源的最本质的特征，信息资源的稀缺性是指相对人的需求来说，有用或可用的信息资源是稀缺的。

信息资源具有稀缺性的原因包括两方面：一是信息资源的开发需要相应的成本投入，在既定的时间、空间和其他条件约束下，某一特定行为者所拥有的信息资源总是有限的；二是在既定的技术和资源条件下，任何信息资源都有一固定的总效用，随着被使用次数的增多，总效用会逐渐衰减，当衰减为零时，该信息资源不再具有经济意义。这与物质资源与能源资源所表现出来的稀缺性相比，虽然在表现形态上不同，但本质上却非常相似。

2）不可独占性。从根本上来说，信息是一种"公共物品"（public goods），是不可独占的。传统的有形资源和有形商品通过所有权的转移（交换）是可以私人占有的，如水资源、矿产资源、资本资源等都可以通过买卖双方的交易而转移占有权，信息资源却只能通过买卖双方的交易，达到买卖双方共同占有的目的。阿罗（K. J. Arrow）对信息商品或资源的独占性持悲观的态度。他认为，信息的不可独占性导致了信息产权界限的模糊不清，对信息和知识产权的保护只能加重对违反产权保护的惩罚和加强对违反产权保护的管理，而不能彻底地使用法律或行政手段对信息的独占权利进行保护，即知识产权或信息产权只能有限度地得到保护。

3）不可分性。首先，作为一种资源的信息在使用中是不可分的，即信息不能像多少吨煤或多少单位货币那样可以任意计量，一组信息只能作为一个整体来看，而不能分成一个个的单位信息。只有完全的或系统的信息集合在使用中才有直接的使用价值，不完全信息在使用中极可能造成误解。其次，信息在生产中是不可分的，即信息生产者为一个用户生产一组信息与为许多用户生产一组信息相比，所花费的努力几乎是一样的。在理论上，信息生产是一种具有无限潜力的规模经济。如一种软件产品被开发后，可以按照生产者的意愿生产无数个拷贝，而所需工作量和费用是微不足道的。

信息资源的不可独占性和不可分性使其与传统的有形资源之间存在着根本的差别，由此动摇了依赖于商品或资源独占性和可分性的传统经济理论。传统的经济分析将不再适用于信息这一特殊资源或商品，由此导致信息经济学的异军突起，改变了传统经济学的格局。

4）不同一性。信息是一种抽象资源，这一点决定了它跟有形资源之间有一个重要差别，即任何两组信息都是不完全同一的，而任何给定类型的两组有形资源则是同一的。如每吨水泥（同种类型）与其他水泥一样具有相同的质量和数量，需要"更多的水泥"意味着更多数量的"一吨水泥"而已，已有的一吨水泥与需要的一吨水泥没有两样；而每一组信息与其他信息则不具有相同的"质量和数量"，需要"更多的信息"意味着需要另外不相同的一组信息，对原来的一组信息提供更多的复印件或拷贝将不能满足需要。

5）驾驭性。信息资源具有开发和驾驭其他资源的能力，无论是物质资源还是能源资源，其开发和利用都有赖于信息的支持。例如一台机器，若不具备使用方面的信息，它将是一堆废铁；一块油田，若不具备开采方面的信息，它将永远沉睡于地底。人类的认识过程从根本上来说是一个信息过程，在这个过程中，虽然每一个环节都离不开物质和能量，但始终贯穿全过程、支配全局的却是信息；

人类用信息来驾驭、控制物质流和能源流，推动经济发展和社会进步。正是在这一意义上，人们将信息资源视为一种战略资源。

3. 信息资源的类型

信息资源的内容十分广泛，人们根据自己对信息资源的不同认识和理解，可以将信息资源划分为不同的类型。有从不同的领域角度划分的；有从不同的载体与存储方式划分的；有从不同的加工深度划分的。

按领域信息资源可分为自然界信息资源、社会信息资源。自然界信息资源是指人类生存和发展所依存的自然界的各种既成的信息资源，主要涉及自然界的气象、生命、地理、太空等信息资源，主要内容涉及自然科学；社会信息资源主要是指的产生于人类社会活动过程中的信息资源，主要涉及政治信息资源、科技信息资源、人文信息资源、经济信息资源等，主要内容涉及社会科学。

按载体与存储方式，信息资源分为：人脑信息资源、实物信息资源、文献信息资源、网络信息资源等。

人脑信息资源是指的以人脑为载体的信息资源，人的大脑是一个资源非常丰富的容器，甚至人自身还未对"人脑资源"有足够的认识，人脑资源主要有两个方面的资源组成：人脑的未知资源、人脑的现实资源。对于人脑的未知资源，其包括了人脑自身的构成以及人脑的发展潜能，对于这些人类还没有做到全面的认识和了解；人脑的现实资源，是指的人类社会对人脑信息资源已有的掌握。

实物信息资源是指的以自然界以及人类自身创造的物品为载体的信息资源，包括了自然界的山川河流、人类社会的建筑物、雕塑、日常用品等。实物信息资源的信息内容有两方面：实物本身、实物承载的信息。实物本身也可以传递信息，如古代甲骨文自身的骨头的年份、类别等是实物本身的信息，而甲骨文是其自身所承载的信息资源。

文献信息资源指纸质版文献资源为载体的信息资源，这种信息资源通过文字、图像、符号等记录方式保存信息。这种资源在人类社会上曾长期是传播信息资源的主要载体形式。如今，人们对文献信息资源的内容加工深度可以分为零次、一次、二次、三次等信息资源，零次信息资源是无记录的信息资源是为人口头传播的；一次信息资源是人们通过自身的创新性科研活动而形成的论文、著作等；二次信息资源是指在一次信息资源的基础上进行加工，包括了审核、筛选、汇总、统计等得到的信息资源，有文件、评述等；三次信息资源是对二次信息资源的浓缩、编排、综合，有文摘、数目等。

网络信息资源是指以数字化形式记录的，以多媒体形式表达的，存储在网络计算机磁介质，光介质以及各类通信介质上的，并通过计算机网络通信方式进行传递的信息内容的集合。

2.1.2　信息资源管理

信息资源管理（Information Resource Management，IRM）的相关理论最初形成于 20 世纪 70 年代末 80 年代初的美国。同时，IRM 也是一个发展中的新概念，如莱维特所指出的："作为一个概念，IRM 的含义是十分广泛的。"目前，人们从不同角度对 IRM 进行了解释，尚未形成完全统一的定义或表述。

1. 信息资源管理的相关观点

从 20 世纪中叶以来，信息资源管理的内涵就一直是理论研究者和信息管理人员所关注的基本问题，不同领域的学者和研究人员，从本学科的自身特点和学术研究需要出发，对信息资源管理的本质和内涵进行了论述。

1）霍顿（Horton，1979）认为，IRM 是对一个机构的信息内容及支持工具（信息设备、人员、资金等）的管理。他强调 IRM 属于资源管理，是把资源管理的概念拓展应用于数据、信息和知识的管理。

2）怀特（White，1982）认为，IRM 就是高效率地确定、获取、综合和利用各种信息资源以有效地满足当前和未来的信息需求的过程。

3）伍德（Wood，1985）认为，IRM 是信息管理中几种有效方法的综合，它将一般管理、资源控制、计算机系统管理、图书馆管理以及各种政策制度和规划方法结合起来加以运用。他认为 IRM 并不是一种万能的药方，也还没有发展到完善的地步，但它是信息管理演变的新阶段。

4）博蒙特（Beaumont）和萨瑟兰（Sutherland）认为，IRM 是一个伞型术语（umbrella concept），它包括为确保在开展业务和进行决策时能得到可用信息所必需的所有管理活动。IRM 可被广义地解释成：商业——如何利用信息和通信技术来获取竞争优势；经济学——信息经济正在怎样改变市场；法律——信息和通信技术怎样影响控制公众、企业和国家行为的法律结构；社会——信息和通信技术正在怎样改变我们的生活方式和工作方式；技术——信息和通信技术的发展趋势和组织如何利用这些潜在的基础结构平台。

5）美国政府管理与预算局（OMB）从政府部门信息管理的角度认为，IRM 是指涉及政府信息的有关规划、预算、组织、指导、培训和控制等。强调 IRM 既包含了信息本身，也包含了与信息相关的各种资源，如人员、装备、经费和技术等。

鉴于各个研究者对于信息资源管理的确切含义有着不同的理解，孟广均等

（1998）将其归纳起来还形成了以下四种观点学说。

（1）管理哲学说

美国信息资源管理学家马尔香和克雷斯莱因认为："信息资源管理是一种对改进机构的生产率和效率有独特认识的管理哲学。"史密斯和梅德利也持有类似的观点，他们认为："信息资源管理比管理信息系统复杂得多，它可能被认为是整合所有学科、电子通信和商业过程的一种管理哲学。"

（2）系统方法说

美国信息资源管理学家里克斯等人认为"信息资源管理是为了有效地利用信息资源这一重要的组织资源而实施规划、组织、用人、指挥和控制的系统方法。"

（3）管理过程说

信息资源管理在英国等同于信息管理，英国信息管理学家马丁认为："信息管理就是与信息相关的计划、预算、组织、指挥、培训和控制过程。"美国的史密斯和梅德利也认为："在第一层次，信息资源管理就其本质是一种指导哲学。在第二层次，信息资源管理将传统意义上的信息服务包括信息传播、办公系统、记录管理、图书馆功能、技术规划等统一起来，并从而由一种哲学演变为一种管理过程。"霍顿也持类似的"管理过程说"观点。

（4）管理活动说

另外两位英国的信息资源管理学家博蒙特和萨瑟兰则认为："信息资源管理是一个集合名词，它包括所有能够确保信息被有效合理利用的管理活动。"

可以看出，尽管人们对 IRM 存在着从不同角度的理解和阐释，但基本上都认为 IRM 是一种综合性集成化管理。霍顿也指出："信息资源管理融合了诸如管理信息系统、记录管理、自动数据处理、电子通信网络等不同的信息技术和学科。"马丁则认为信息管理的范围涉及"数据处理、文字处理、电子通信、文书和记录管理、图书馆和情报中心、办公系统、外向型信息服务、所有与信息有关的经费控制活动"。马尔香和克雷斯莱因也曾进一步将信息资源管理分为 7 个模块，即数据处理、电子通信、文书和记录管理、图书馆和技术情报中心、办公系统、研究和统计信息管理、信息服务后公共信息机构等。

我们认为，这里的集成化（integrated）有两方面的含义：一方面指管理对象的集成化，即 IRM 是对信息活动中的信息、人、机器、技术、资金等各种资源的集成化管理；另一方面是指管理手段与方式的集成化，IRM 综合运用技术、经济、政策、法律等手段对信息资源实施集成管理，是各种管理手段与方式的总和。

2. 信息资源管理的定义

我们认为，信息资源管理理论的内涵应该从以下几个方面分析：信息资源管理的主要对象、信息资源管理的客观对象、信息资源管理的手段。

信息资源管理的主要对象是社会团体，其包括了社会组织、机构以及社会人。作为管理活动，必须明确管理的主体，即实施管理活动的人或机构。由于社会组织的性质不同，所需要的信息资源也被区分为政府信息资源管理、组织信息资源管理、社会信息资源管理等多种形式。根据不同的管理目标，信息资源所起到的社会作用和价各有区别。

信息资源管理的客观对象是信息资源。根据上文论述，可以了解到信息资源有狭义和广义之分，作为管理活动的客观对象，信息资源作用的发挥，在很大程度上与信息活动中其他要素的作用发挥是密切相关的。信息资源的产生、流通、使用、传播等都是信息资源管理需要开展管理活动的环节。

信息资源管理的手段是指对信息资源进行综合管理需要的外界资源，其包括了信息内容本身、信息技术、信息活动中的人员、信息设备、资金等诸多内容。信息活动涉及信息资源的建设、信息系统的开发、信息政策的制定和信息人员的管理。大体而言，信息资源管理的手段分为经济手段、技术手段、社会手段等。

因此，信息资源管理就是以社会组织的信息活动为目标，以信息资源为客体，通过技术、经济、政策、法律等手段和方法为社会的发展与进步而开展的管理活动。

3. 信息资源管理的特征

尽管信息资源管理思想和理论还存在着分歧，但信息资源管理作为信息时代组织管理的重要思想，为组织提供了一种全新的管理理论和方法。信息资源管理理论作为一种思想和理论，具有以下几个特征。

（1）复杂性

一是复杂的管理对象。信息资源管理的对象是信息资源，信息资源除了包含信息本身外，还包含了进行信息活动所需要的各种因素：信息人员、信息用户、信息技术、信息政策、资金投入等。

二是多样的管理模式。随着信息技术应用的深入，不同的信息资源、不同的管理目标、不同的信息环境、不同的信息技术决定了其不同的管理模式，而多样的管理模式也是信息资源管理的主要内容。但所有的管理模式，都必须重视信息资源的技术特性，强调用先进的信息技术改造传统的组织和管理模式；同时也要强调信息的资源性和经济性，注重对信息资源成本和效益的分析，讲求信息资源投入的经济效益，避免单纯追求技术的先进性。

三是综合的管理方法。在信息资源管理的实践环节中不同的管理方法普遍应用于不同的学科领域，包括了资源管理、系统管理、记录管理、文献管理、行政管理、人本管理等方法。

（2）技术性

信息资源管理的技术性特征是由信息资源管理在实际运用决定的，信息资源管理需要信息技术以及信息系统来实现组织的目标。同样，信息资源的发展及进步，都是伴随着信息技术的创新和发展的，只有通过信息技术在现实生活中的运用，信息资源管理才能真正实现其最终的目的和价值，才能更好地服务社会。

（3）双重性

信息资源管理的双重性表现在：其不仅是一种理论思想，更是人们在实践中总结的管理方法和管理模式。

首先，信息资源管理是一种崭新的管理思想。信息资源管理就是社会生产发展到一定阶段的产物，每一个阶段都依赖信息的支持，人类的管理思想是伴随着人的共同生产劳动而产生的，人类早期的生产活动都是集体进行的，需要有人协调不同成员的个体活动，管理由此而产生。19世纪初，人类的管理思想和理论得到发展，从那时起，科学管理、组织管理、行为管理、管理科学等管理思想和理论不断涌现。伴随着社会生产环境的变化，新的管理思仍在不断出现。

其次，随着社会组织规模日趋庞大，许多公司已发展为跨地区、跨国界的巨型企业，公司、企业内部大量的信息资源需要合理、高效的处理。由此，产生了基于实践出发的信息资源管理模式，不同的管理模式强调了不同的组织目标，同时，信息技术的发展也为信息资源的开发和利用提供了强大的工具，带来了革命性的变化，使得信息资源管理的模式实现成为可能。

由此可见，人类的管理思想和管理方法是一定生产力发展水平的产物。伴随着人类的生产实践活动，一个又一个的管理思想和理论逐渐诞生、发展和成熟，信息资源管理是社会信息化的客观产物，是信息时代指导组织实践的一种管理思想和理论。

4. 信息资源管理的理论基础

信息资源管理能够发展为一门独立的学科体系，主要依赖于其他相关学科的支撑，如信息论、系统论、管理科学等。

（1）信息论

信息论是应用概率论与数理统计方法来研究信息处理和信息传递的科学，它研究通信和控制系统中普遍存在的信息传递的共同规律以及如何最优地解决信息的获取、变换、存储、处理等问题，其主要任务是解决电子通信技术的编码和对抗等问题，从而提高通信系统的传输效率和可靠性。

（2）系统论

系统论是研究系统的一般模式、结构和规律的一门学科，主要研究各种系统的共同特征，用数学方法定量地描述其功能，寻求确立适用于一切系统的原理、原则和数学模型等基本理论问题。

（3）管理科学

管理科学的理论是在新的环境中利用科学技术和社会研究的系统成果研究管理的科学原理与方法。其认为管理是制定和运用数学模型与程序的系统，是用数学符号和公式来表示计划、组织、控制、决策等合乎逻辑的程序，求出最优解，以达到企业目标。

（4）传播学

传播学则是研究人类传播活动及其规律的科学。传播学的产生与发展基于一定的技术条件和学术条件。20 世纪以来，传播媒介以前所未有的惊人速度发展，20 年代出现了广播，40 年代出现了电视，60 年代出现了通信卫星，90 年代出现了网络媒介，不断地改变着传播现实，同时也吸引着人们对传播学的研究。

2.2　信息资源管理学派

现代信息资源管理是在传统信息管理、现代信息技术、现代管理理论和管理实践综合推动下逐步形成的。政府部门的文书管理和工商企业的信息管理是 IRM 生成的两个重要领域，二者在发展过程中形成了体现本领域特色的 IRM 理论，分别形成了 IRM 的记录管理学派和信息系统学派。在这两个学派的基础上，信息管理实践的发展和理论间相互融合，又形成了 IRM 的集成管理学派。

2.2.1　记录管理学派

记录是录存在多种媒体上的信息。从历史上看，最初系统地生产和保存记录的是政府，后来，工商企业、社团和各种社会组织也开始系统地生产和保存记录，并出现了图书馆、档案馆等专门保存和管理记录的社会机构。记录管理是指系统地控制各种记录，从它们的生产或接收，经过处理、分发、组织、存储和检索直至最终处理。记录管理系统（RMS）是记录管理理论的核心概念之一，它是针对一定的目标，由输入、处理和输出三大块所构成的有机体。记录管理包括对信息资源生命周期的各个阶段施加控制，从其产生和组织直到传播、使用和永久保存或销毁。

美国联邦政府的记录管理是 IRM 形成的直接来源之一。美国各政府部门向来有重视文书管理的传统，20 世纪初开始的地方政府一体化和国际化进程，尤其是第二次世界大战期间临时增设的各种机构，导致了文书数量和文书管理成本的激增，对此，美国政府运用行政和立法双管齐下的办法实施整治。1942 年，国会制定了《联邦报告法》（Federal Reports Act），规定通过控制政府文书的需求来控制公民和企业的文书负担。1943 年，国会通过了《记录处置法》（Records Disposal Act），授权国家档案馆在记录调查结束后制订处置计划。1966 年，美国政府颁布《信息自由法》（Information Freedom Act），规定任何人都有权利用联邦政府部门的记录，同时还授权公开这些记录。1975 年，国会授权成立联邦文书委员会（Commission on Federal Paperwork），该委员会对联邦政府文书工作进行了两年的调查研究，提出了一份含有 800 项建议的最终报告。其核心思想是政府官员不能再把数据和信息视为"免费物品"，强调应对联邦记录和文献中的数据和信息内容进行管理并提供有效的服务，而非仅仅是对物理文献的管理。为了推行这一思想，他们提出了"信息资源管理"的概念，强调记录是有"生命周期"的，应把对诸如资金、人员、设施等资源进行控制和管理的技能应用到信息上。这些思想在美国国会 1980 年颁布的《文书削减法》（Paperwork Reduction Act）中得到有效采纳和体现。因此，IRM 的诞生被视为联邦文书委员会工作的结果，《文书削减法》也成为 IRM 理论形成的标志。

图书情报部门的信息管理也是 IRM 的来源之一。图书情报的工作对象图书文献本身就是记录的一种形式，图书情报部门对文献信息的管理形成了信息工作的某些传统，其对信息进行组织、存取、检索、传播和利用的理论方法构成了 IRM 的理论资源。霍顿、施奈德曼（R. Schneiderman）等（1997）人均认为，在 IRM 出现之前，图书馆一直在从事着信息管理工作。

记录管理学派的代表人物主要有里克斯（B. R. Ricks）和高（K. F. Gow）、罗比克（M. F. Robek）、库克（M. Cook）等人。其理论学说具有如下特点（孟广均等，1998）。

1）将信息资源等同于记录，认为记录既是一种组织资源，也是一种组织资产，高效率的记录管理有助于实现组织目标。

2）注重记录的生命周期，即记录的创造、采集、储存、检索、分配、利用、维护、剔除和控制过程，这一过程构成了记录管理理论的内在依据（图 2-1）。

3）对记录生命周期的管理形成了记录管理系统，该系统由输入、处理和输出三个要素构成，其基本职能方法是规划、组织、调配、指挥和控制，它们共同作用以实现记录管理的目标。

4）虽然在理论上对信息技术关注不够，但在实践中大量采用了数据处理（DP）、办公自动化（OA）、信息系统（IS）和通信技术，并强调对其进行集成管理，注重信息技术规划在组织战略规划中的整合应用。

5）记录管理学派主要关注对信息媒体和信息本身的管理和利用，并吸收了

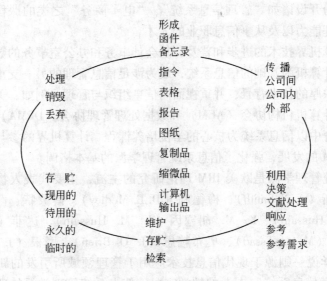

图 2-1　记录的生命周期

图书馆学、情报学、档案学等学科的理论方法，使其在信息内容管理方面显示出自身的特色。但由于其淡化信息资源观念和经济管理手段，以及对信息技术和组织的技术架构关注不够，其理论学说的视野和应用范围受到限制，这是记录管理学派的局限性所在。

2.2.2　信息系统学派

信息系统学派重视 IRM 的技术层面，即先进信息技术的引入、推广、更新和集成。重点研究的是建立内部的、基于计算机的信息网络系统，并试图将其作为组织信息的唯一提供者。工商管理界和计算机界是该学派的两支重要力量。

工商企业对信息管理的重视出于以下现实需要：①适应全球经济和市场的需要。跨国公司在地理空间上的扩散需要现代通信技术和工具的支持。②为适应市场竞争，企业多样化经营管理需要有高效的信息沟通。③组织机构扁平化趋势对采用新的信息架构（information architecture）产生了客观需求。④将信息看作是一种战略财富以及将信息管理与商业战略规划相联系的需要。在上述背景下，工商企业对新信息技术的引进和应用十分敏感和积极。以两本权威性的综合商业管理杂志《哈佛商业评论》（Harward Business Review）和《斯隆管理评论》（Sloan Management Review）为例，通过对所刊文章内容的主题分析，发现标题中含有"信息系统"、"信息技术"或相应的缩略词"MIS"、"IT"的文章总数，1981～1986 年是 1977～1981 年的 5 倍（Broadbent and koenig，1988）。文献数量的剧烈增长反映出工商企业界对信息和信息技术重视迅速增强的趋势。在教育中，商业管理院校纷纷开设诸如"管理信息系统"、"电子商务"之类的课程，以培养学生的信息管理能力以及从事信息职业的人才。

随着计算机界技术的进步和普及，从会计事务和办公室事务的数据处理，到建立各种以计算机为基础的信息系统，成为涉足信息管理的另一支重要力量。其专业教育有浓厚的技术背景，并重视面向信息组织与管理。例如，美国两大计算机协会——计算机机构协会（ACM）和数据处理管理协会（DPMA），在 1980 年都确立了教育中以信息系统为核心的学位培养课程。计算机界的参与有力推动了技术层面 IRM 的发展，强化了信息系统管理学派的基本格调。

信息系统管理学派是欧美 IRM 理论研究的主流，主要代表人物有霍顿、马夏德、史密斯（A. N. Smith）、梅德利（D. B. Medley）、博蒙特、萨瑟兰、D·胡塞因（D. Hussain）、K. M. 胡塞因（K. M. Hussain）、达菲（N. M. Duffy）、阿萨德（M. G. Assad）、奥布赖恩（J. O' Brien）、摩根（J. N. Morgan）等。其理论学说一则源于现代信息技术应用于管理领域所引发的新的综合，二则出于"管理信息系统"专业的教学需要。信息系统管理学派的理论学说具有如下特点。

1）注重信息的资源特性和财产特性，注重对信息资源进行成本管理和经济学意义上的优化配置和投入产出分析。

2）突出信息技术与信息系统的概念，将信息技术管理或信息系统资源的管理视为信息资源管理或 IRM 的核心。例如，达菲和阿萨德认为信息管理就是对 MIS 资源的管理，"虽然 MIS 支持任何组织规划过程，但它们本身作为一种公司资源（corporate resource）也必须进行规划、组织和控制"。戴维斯和奥尔森则指出，整个信息资源管理的职能由三大要素构成，即数据处理、电信和办公自动化（图 2-2）。

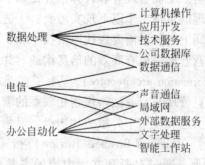

图 2-2　信息资源管理的职能成分

3）注重信息系统理论与管理理论的结合，一般以管理理论为纲，信息系统理论为内核。例如，在博蒙特和萨瑟兰所提出的信息资源管理范畴中，由信息通信技术所构成的技术平台是 IRM 的内核，这个平台用于获取、存储、处理、分配、检索和管理信息，企业的所有活动都是在这个平台上进行的。

4）强调 IRM 的战略性质及对 CIO 及其职责的研究，注重 IRM 在实践领域的应用，强调从信息资源中获得竞争优势和识别获利机会。马夏德和霍顿（1986）指出，工商管理界对信息管理有三方面的需要：将信息看做一种战略财富的商业需要；将信息管理与商业战略规划相联系的需要；将管理信息资源的责任作为公司高层管理者职责的需要。

5）注重案例研究和集体研究。通过案例分析架起理论与实践之间的桥梁；通过集体研究，尤其是教学研究领域和实践领域研究人员之间的合作，使其理论成果由于扎根于实践的土壤而获得生机和生命力。

6）信息系统学派面对的对象主要是工商管理领域的管理者、工商管理硕士、MIS 专业师生和一般信息管理者。

7）信息系统学派是 IRM 最有影响和有丰厚学术成果的理论流派，但由于其研究重心一直集中于信息技术及其集成与组织目标的实现，未能包括传统的信息管理学科（如图书馆学、情报学、档案学等学科内容），其理论视野和应用范围受到了一定的限制，表现出该学派的理论局限性。

2.2.3　集成管理学派

记录管理学派注重对信息内容的管理，并力求将组织中的传统信息部门，如文书和记录管理、图书馆、技术情报室、统计信息管理等职能集成起来；信息系统学派关注的是组织中的 DP、OA、通信、MIS、LAN 等信息技术部门的集成，强调通过信息技术的应用谋求组织的效率和竞争优势。但随着实践的发展，传统信息部门需要引入新的技术手段，信息技术部门也要将重点转向信息本身，更重要的是它们都认识到了必须把为战略管理提供服务乃至直接参与战略管理作为自己的目标，因而信息技术部门与传统信息部门向一体化方向发展，将组织中的所有信息资源综合起来为完成组织目标服务成为一种趋势。在这一背景下，记录管理学派和信息系统学派出现了合流的趋势，其管理理念、理论和方法正相互融合，并成为目前 IRM 的研究热点。我们将这种新的学术思潮所形成的理论流派称之为 IRM 的集成管理学派。

集成管理学派主张，IRM 是一种集成化的管理，这里的集成既包括信息要素的集成（文字的、声音的、图像的；组织内部的，组织外部的）和信息资源的集成（信息、技术、资金、人员、设备、机构等），也包括管理手段的集成（经济的、技术的、人文的）和管理职能的集成（计划、组织、指挥、协调、控制）；IRM 的目标、战略、规划、结构应与组织的目标、战略、规划与结构保持一致，为组织生产或获取、处理、存储优质、及时、准确的信息和数据建立必要的机制，以便能以最小的代价来支持组织的目标。为此，组织的内部结构、岗位和职责需要发生某种变化，一种新型的 IRM 领导者——CIO 将全面负责组织的信息资源管理（图 2-3），并在组织的战略层次发挥作用。

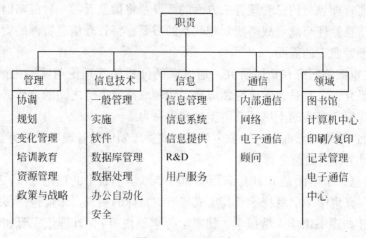

图 2-3　CIO 的职责

集成管理学派综合吸收了记录管理学派和信息系统学派的长处，并将其集成起来而至于大成，契合了信息时代人类解决信息问题从而使其发挥资源价值的社会需求和思想气质，代表了 IRM 发展的最新趋势。目前，围绕其理论主张的知识积累正处于展开过程中，可以预计，这一进程将会在很大程度上影响 IRM 的知识图景和学科发展未来。

2.3　信息资源管理的三维结构

2.3.1　MIS 的困境

1. 管理信息系统及其发展历程

管理信息系统（management information system，MIS）是属于第一维结构中的技术管理模式，管理信息系统是一个由人、计算机以及外围设备组成的能进行信息的生产、传送、存储、维护和利用并且能够实时监测组织各种运行情况的系统，其主要的任务是利用现代的信息技术、网络通信技术辅助组织进行决策，并通过利用组织拥有的物力、人力、财力等资源控制组织的行为，帮助组织实现管理目标和经济目标。

从 20 世纪 50 年代中期计算机用于管理领域以来，管理信息系统经历了从简单到复杂、从单机到网络、从功能单一到功能集成、从传统到现代的演化。

根据 MIS 发展的时序和特点，可以得知 MIS 经历了单项数据处理阶段——成熟的数据库建立阶段——科学决策管理阶段的发展。

（1）单项数据处理阶段

面向业务的办公系统是利用计算机处理代替人操作的计算机系统，如资金结算、报表统计等。特点是面向操作层，以单项应用为主，数据资源不能共享，以批处理方式为主。办公系统是较少涉及管理问题，它是管理信息系统发展的初级阶段。

该阶段的特点主要是：无数据管理及完全分散的手工操作。处理方式是分批处理程序和数据，数据是程序的组成部分，管理程序是较为简单的数据处理，一般不具有独立的非数值应用功能。

（2）数据综合处理以及数据库建立阶段

在这一件阶段，有完整的数据管理软件（数据库管理系统）；数据有完整的数据结构；数据可组织在数据库中并使数据能够快速处理、统一使用。有一个中央数据库和计算机网络系统是 MIS 的重要标志。

该阶段的特点主要是：定量化的科学管理方法，更强调信息处理的系统性、综合性，除要求在事务处理上的高效率外，还强调对组织内部的各部门以及各部门之间的管理活动的支持。

在这一阶段 MIS 相对发展较为成熟，在此过程中，MIS 的发展又分为 MRP、MRPⅡ、ERP 三个阶段，其中的 MRP 是指物料需求计划，其基本思想是指物料转化组织制造资源，实现按需要准时生产。一般加工装配式生产的工艺顺序是：将原材料制造成各种毛坯，再将毛坯加工成各种零件，零件组装成部件，最后将零件和部件装配成产品。如果要求按照一定的交货时间提供不同数量的各种产品，那么就需提前一定的时间加工所需要数量的各种零件，因此也就必需提前一定时间准备所需的数量和各种毛坯。实际上，物质产品的生产是将原材料转化为产品的过程。对于加工装配式生产来说，如果确定了产品生产数量和部件的生产周期，就可以按照产品的结构确定产品的所有零件和部件的数量，并且可以按照各种零件和部件的生产周期，反推出它们的生产时间和投入时间。MRPⅡ 是制造资源计划，其是 MRP 基于计算机工具发展而成的一种有效的管理方法，它是现代化的管理方法与手段相结合，对企业的生产汇总的人、财、物等制造资源进行全面控制，以最大的客户服务、最小的库存投资和高效的工厂作业为目的的集成信息系统。ERP 是企业资源计划，其是在 MRPⅡ 的基础上，向内、外两个方向的延伸，向内主要是以精益生产方式改造企业生产管理系统，向外则增加战略决策功能和供需链管理功能的系统。

（3）科学决策管理阶段

这一阶段以面向决策的决策支持系统（decision supporting system，DSS）的出现为代表，DSS 以帮助高层次管理人员制定决策为目标，强调系统的灵活性、适应性。决策者和决策分析人员可以充分利用系统的引导，详细了解和分析其决策过程中的各主要因素及其影响，激发其思维创造力，从而在 DSS 系统的帮助和引导下逐步深入地透视问题，最终有效地做出决策，即通过人机互助完成最终决策。DSS 作为一个独立的系统，不具有管理控制的功能，但是作为管理信息系统的重要部分时，它使 MIS 具有将数据库处理和经济管理数学模型的优化计算结合起来为管理者解决更复杂的管理决策问题的能力。它虽然不是管理信息系统，但是使得管理信息系统的发展更加完善。它与早期的 MIS 结合，成为管理信息系统发展的高级阶段。

2. MIS 的困境

企业是管理信息系统主要的应用领域，企业复杂的管理活动给管理信息系统提供了典型的应用环境和广阔的应用舞台。

20 世纪 70 年代中期，我国企业 MIS 的应用主要是以单机操作为主进行单项业务的数据处理辅助管理；70 年代末到 80 年代中期，许多企业都建立了诸如人事、工资、库存、生产调度、计划等管理子系统；80 年代后期尤其是进入 90 年代以后，随着系统集成和网络技术的发展，国内一些中小企业纷纷把过去独立存在的子系统集成起来，形成统一的管理信息系统，较好地解决了信息"孤岛"问题。

中国企业引入 MRP Ⅱ 开始于上世纪 80 年代中期，目前约有上千家企业建立了自己的 MRP Ⅱ 系统。近年来，国内很多大中小企业已开始实施 ERP。我国大中小企业应用管理信息系统的总体情况。

一是大型企业的应用情况要好于中小企业，大型企业的管理信息系统应用已逐渐从单项业务管理系统向集成的管理系统转变，而中小企业由于资金短缺、信息基础薄弱等原因，管理信息系统的应用情况不理想。

二是企业实施管理信息系统存在风险，由于企业个性的存在以及管理软件业务流程的固化，不是应用了管理软件就能实现有效的管理信息系统、就能为企业带来效益。企业应用管理信息系统离不开企业的环境和条件。

更为突出的问题是，MIS 最大缺陷是忽视人和社会因素（卢泰宏和沙勇忠，1998），归纳起来具体表现为：①对技术人员、管理人员和用户的背景相互交流沟通不够，导致用户需求不能很好地得到满足；②MIS 会引起一系列体制改革，包括权力关系转移、地位的改变和工作模式的变化，对这些后果和影响缺乏足够认识，导致 MIS 失败；③MIS 实施前未充分关注组织成员对 MIS 的态度和接受程度；④MIS 对组织外部的信息不够重视，只关注处理组织内部信息；⑤MIS 不能有效地支持高层决策；⑥MIS 本身无法很好地解决有关知识产权和利益相关者的协调问题。

通过对上述问题的思考，可以看出 MIS 主要是解决技术层面的问题，对于 MIS 应用过程中出现的各种非技术问题则束手无策，信息主管（CIO）的出现则是一种努力的结果。

2.3.2　信息主管——CIO 的兴起

通过对管理信息系统运用的了解，可以知道任何社会组织、机构、企业等团体想要科学合理地运用信息系统为自身服务，则必须立足自身特点及竞争力。在这样大的趋势环境下，信息主管（chief information officer，CIO）应运而生。

1. 信息主管——CIO

美国权威的杂志将其定义为"负责一个公司或组织信息技术和系统所有领域的高级官员"，其使命是为组织贡献技术远见和领导能力，主动开发和实施 IT 应用。CIO 通过谋划和指导信息资源的最佳利用来支持组织的战略目标。CIO 是负责制定企业的信息政策、标准、程序方法，并对企业的信息资源进行管理和控制的高级行政管理人员。

1980 年美国通过的《文书削减法》中提出了"信息资源管理"的概念，并对信息管理工作提出具体要求，这是 CIO 形成的初始期。

1995 年美国通过的《信息技术管理改革法》明确授权在政府部门设立负责信息技术的 CIO。CIO 出现之后有效改善和加强了一些单位部门的信息资源管理，其成功经验促使美国一些最大的公司和企业集团竞相仿效，企业 CIO 应运而生，这些企业 CIO 常被描绘成整合公司商业和技术的拯救者。CIO 概念的倡导者 Synnott 认为 CIO 应该是"商人第一，管理者第二，技术专家第三"。20 世纪 90 年代美国学者提出，CIO 应成为 CEO 职位的理想候选人，其必须承担 4 种角色：系统思想家、结构师、改革家和调配管理者。而哈佛大学教授 Rockart 和 Applegate 的研究报告指出，CIO 实际上已经冲破了技术管理者角色的限制，正在从战略实施层的技术主管逐渐向参与决策的高级经理人转变。CIO 作为信息系统的引入者，不但引入了技术系统，更引入了管理变革和组织创新。

1996 年 5 月，我国第一次召开了由各大部委高级主管参加的"CIO 国际研讨会"。1998 年前后，CIO 热潮慢慢地由火爆期进入缓慢期。随着"信息化带动工业化"的口号和中国企业信息化进程的加快，CIO 重新引起了新一轮的关注。加入 WTO 后，我国各行各业面临着来自国际、国内更加激烈的市场竞争。为应对和赢得经济全球化所带来的竞争，在全社会范围内培养一支既懂管理科学又懂信息技术的复合型、专业化、正规化的企业信息管理人才队伍已是当务之急。中国学者也对中国的 CIO 问题进行了研究。左美云（2004）教授分析企业 CIO 后，认为其最核心和本质的角色应该是 4 种：信息功能导领者、战略信息资源管理者、信息技术战略规划家、企业信息化或电子商务的推动者。CIO 的这些角色都有对应的职责和要求，由于信息管理工作处于不断演化的进程中，CIO 角色和职责也在不断变化，其主要驱动力来源于企业信息管理的应用、企业领导的态度和解决方案提供商的能力等。

2003 年 2 月，国家劳动和社会保障部适时制定并颁布了《企业信息管理师国家职业标准》，并定义企业信息管理师是"从事企业信息化建设，并承担信息技术应用和信息系统开发、维护管理以及信息资源开发利用工作的复合型人员"。这标志着我国企业信息管理人员的职业培训和资格认证有了统一规范和科学的依据。

2009 年 8 月《企业信息管理师国家职业标准》修订稿颁布施行，这从一定意义上促进 CIO 优秀人才的产生。

2. 信息主管——CIO 应具有的素质及其战略意义

由于 CIO 是一种兼具管理能力和技术能力的复合型人才，依据其职责所需的知识与技能，综合一些调查资料，结合我国的实际情况，归结 CIO 的综合素质：

一是合理的知识结构，具体包括组织与管理知识、法律外语知识、信息科学知识、专业知识、第二专业知识及对组织的充分了解等；

二是独特的个人特征，包括职业道德、工作经验、自信、影响力、身体条件、心理素质、与企业价值观的一致性、成就动机、思维方式等因素；

三是综合能力，包括沟通表达能力，经营头脑及具体经营能力，领导管理能力，协调应变能力，信息的搜集、分析、利用、创新能力，信息敏感度等。

从企业组织模式上说，CIO 已经不单纯是信息主管，而是企业全方位的管理和决策者之一。CIO 对企业具有战略上的意义：

首先，企业的决策能力取决于对信息的掌握能力，CIO 因对企业决策所需信息的了解，并从运作机制上保证企业决策者能够及时地获取这些信息，成为企业决策层的信息来源。

其次，CIO 是企业应用科学管理思想和先进信息系统正常有效运行的保障。经验表明，对信息系统的日常维护、对信息资源的挖掘利用、对信息网络和信息安全的保障是信息系统生命力的所在。

再次，CIO 是企业运作的精神中枢，它的存在可以有效协调各部门信息的共享。

最后，CIO 是企业学习、创新机制的重要组成部分。

总体来说，信息主管 CIO 的兴起意味着人们已经意识到 MIS 的困境，并试图通过设置这样一个兼具信息技术背景和信息管理知识的角色来缓解 MIS 发展的困境。同时，理解信息资源管理的三维结构也能更好地解决 MIS 困境和不断完善 CIO 的角色塑造。

2.3.3　信息资源管理的三维结构

卢泰宏等（1998）指出，MIS 困境和 CIO 的出现，从正反两方面指明了信息管理需求解决问题的新方向，最值得关注的是突破了原先信息管理主要依赖信息技术解决问题的框架，引入和强化了技术之外的两个新的信息管理手段，即从经济角度和人文角度实施信息管理，进而提出了 IRM 的三维架构（图 2-4）。

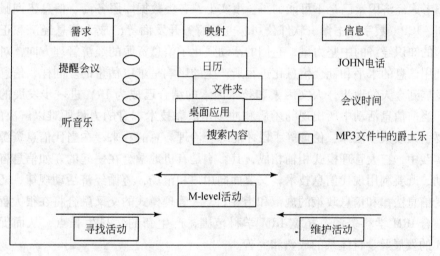

图 2-4　个人信息管理活动示意图①

IRM 是三种基本信息管理模式的集约化，即信息资源的技术管理、信息资源的经济管理和信息资源的人文管理，它们分别对应不同的背景，即信息技术、信息经济和信息文化，三者的集成构成 IRM 的三维构架。IRM 20 年的发展证明了这一理论的生命力和对实践的解释能力。当代信息资源管理的演进和知识积累从整体图景上考察，表现为三大管理模式沿各自方向的深化以及它们之间相互交叉

---

① 图中的 M-level 活动：即 the Meta-Level，被认为是需求和信息之间的映射活动。

融合所形成的新的学科知识范畴。这一趋势还将继续得到深入和强化。

从三大管理模式的深化方面看，沿着 IRM 的技术维方向，人类正在追求各种新的信息系统、新的信息媒介和新的信息利用方式，专家系统、知识库、知识工程、数字图书馆、新型信息网络技术、智能计算机等是发展热点。沿着 IRM 的经济维方向，信息商品、信息市场、信息产业和知识产业正迅速形成，信息经济、网络经济、知识经济正成为重要的经济活动，信息经济学和知识经济理论受到特别的关注。沿着 IRM 的人文维方向，信息政策、信息法律受到高度重视，成为国家对信息活动进行宏观调控的重要手段，信息伦理作为一种新的社会伦理得到强调，信息文化建设提上了国家和民族文化建设的重要日程。

从三大管理模式的交叉融合方面看，融合的范围正日益扩大，融合的程度日益加深。三大管理模式各自所秉承的管理理念和思想在新的信息资源管理实践中正融为一体。如果说以前在信息传播、信息生产和信息利用中可以忽略或不重视经济因素的话，那么，在信息经济崛起和知识经济时代来临的背景下，信息活动中不考虑经济因素已是不可能的了。事实上，各类数据库服务商、信息咨询服务公司、ICP、数字图书馆、软件公司、电子商务开发商等已成为信息经济和正在崛起的知识经济的中坚力量，它们的活动强化了信息资源的经济管理方向，对人类利用信息的水平和社会信息化进程所产生的影响是难以估量的。同样，信息技术发展到今天的地步，人文因素和技术因素的结合已成为 IRM 进一步发展的关键，当前信息活动中所出现的矛盾和冲突是依靠技术本身的力量所难以解决的，需要引入政策、法律、伦理等手段才能综合治理。总的看来，在当代信息资源管理实践中，三大管理模式相辅相成，其影响是有机地融合在一起的。如信息咨询活动，既要利用现代信息技术，又要面向用户和市场，遵循经济活动规律，还要接受信息法律和信息政策的规范和指导。三大管理模式的交叉融合将在很大程度上整合 IRM 学科资源，拓宽 IRM 学科范围，产生新的学科生长点，从而促进 IRM 的发展及学科体系的成熟和完善。

2.4　信息资源管理的目标与类型

2.4.1　信息资源管理的目标

IRM 的目标是多方面的，综合概括起来其实两个方面最为重要：一是充分开发利用信息资源；二是发展信息管理理论。卢泰宏在其《信息资源管理》一书中详细阐述如下。

1. 充分开发利用信息资源

20 世纪 60 年代以来，信息资源的地位得以确立。充分开发利用信息资源，促进经济社会发展成为了国际上竞争与发展的潮流。IRM 就是通过探索信息管理的最佳模式和方法，制定合理的信息资源开发策略，运用多种手段，最大限度地开发利用信息资源，发挥信息资源的经济效益和社会价值。如为战略决策提供信息支持、为科学研究提供信息保障、促进企业经营符合市场需求、加速信息产业和信息经济的发展、繁荣信息文化，尤其是 Internet 的迅猛发展使得网络信息资源海量涌现，日益凸显出开发利用信息资源的重要性。

信息资源的开发利用程度取决于信息管理水平的高低。信息资源的开发，就是把潜在的信息资源变成现实的信息资源；信息资源的利用，则是使现实的信息资源发挥作用、产生效益。开发的成果最终体现在利用的效益上，通过利用使得信息资源发挥其应有的作用。如果我们用信息效率（information efficiency，IE）来反映信息发挥作用的程度，近似的描述信息资源的开发利用程度，用信息管理效率（information management efficiency，IME）来反映信息管理的水平，用 P 表示除 IME 外影响信息效率的其他因素（如信息需求大小、信息人员素质、信息设备状况等），则可用下列关系式：

$$IE = f(IME, P) \qquad (2\text{-}1)$$

来表示信息效率决定于信息管理的效率。

信息管理的水平取决于信息资源的开发利用程度。影响信息管理水平的因素很多，如信息支持状况、管理者素质高低、管理对象的复杂程度、管理手段的先进程度等。但信息管理的因素是关键的，它不仅直接影响信息管理的效率，而且通过其他因素首先是管理者的素质对管理水平有间接影响。如果把 IE 之外影响信息管理效率的其他因素记作 Q，则可用下列关系式：

$$IME = f(IE, Q) \qquad (2\text{-}2)$$

来表示信息管理效率决定于信息效率。

由此可见，信息资源的开发利用程度与信息管理水平的高低互为因果，互相影响促进的关系。而且，充分开发和利用信息资源是 IRM 的首要任务和目标。

2. 发展信息管理理论

IRM 虽然是一个侧重于应用的实际领域，但它对"本身职务的理论方面"也给予了应有的关注。在"管理丛林"中，信息管理还是一个新兴的领域，其多学科交叉的特性决定了信息管理始终处在学术前沿领域。信息本身的特殊性和复杂性一方面使信息管理区别于其他管理，另一方面也使信息管理不像其他管理领域那样有相对成熟的理论和完整的发展轨迹。信息管理理论来源于实际，是长期积淀的结果，对于现实的关注超过对理论的探讨，因而尚有许多重大的问题需要从理论上加以明确和探讨。IRM 的诞生是信息管理实践发展的必然结果，但同时也是信息管理理论更新的必然要求。

20 世纪 60 年代以来，信息在原有消息、知识的含义基础上，获得了两个新内涵：信息是一种资源；信息是一种商品。于是导致了信息市场的出现、信息产业的崛起和信息经济学的诞生。20 世纪末，随着计算机技术、数据库技术的发展，互联网技术异军突起，在这个处处信息技术进步的社会，信息环境发生了翻天覆地的变化。网络环境的出现，导致了一系列新的问题，如计算机网络犯罪、知识产权保护、隐私信息保护等，也激发了新的研究领域如网络信息资源管理、网络计量学等的兴起。IRM 将发展信息管理理论作为自己重要的目标和追求，在很多方面对信息管理理论进行丰富和发展，包括从宏观上探索社会的信息需求和信息资源的社会意义；探讨信息管理的基本内容、原理和方法，以及社会不同部门或机构的信息管理问题；研究新技术在信息管理中的应用前景和有关问题；从经济学资源配置和管理中的高层战略需求的角度，发展出信息管理新的模式；将人文因素有效的引入信息管理，与技术因素相结合，发展出信息管理新的思想；从信息环境的角度思考信息管理问题；探索信息管理各子学科或分支领域的共同性课题。

2.4.2 信息资源管理的类型

IRM 在层次上可划分为个人 IRM、组织 IRM 和国家 IRM 三个层次（类型），不同的类型有其不同的侧重点、管理目标和管理内容，总结如表 2-1 所示。

表 2-1 IRM 的类型比较

内容 / 项目 / 类型	实施主体	关注点	管理目标	管理内容
个人 IRM	信息个人	个人的信息需求和信息活动状态，以及个人信息能力的建构	在对的时间、对的地点以对的形式得到正确适合的信息，以足够的完整性和质量来执行当前的活动（主要通过提升个人的信息素质和信息能力来完成和塑造）	一是对与个人生存有关的信息资源的管理；二是对与个人发展有关的信息资源的管理

续表

内容类型 \ 项目	实施主体	关注点	管理目标	管理内容
组织 IRM	组织机构	组织机构内部的信息资源管理	认清组织内各级各类人员对信息资源的真正需求，合理组织、协调信息资源的开发利用	组织的信息环境分析；信息架构（information architecture）问题；更有效支持战略决策的信息管理；信息资源与组织结构；知识管理与组织创新等
国家 IRM	国家政府	侧重在宏观层面上通过政策、法规和管理条例来进行 IRM	使信息资源按照国家宏观调控的目标，在不影响国家信息主权和信息安全的前提下得到合理的开发和有效的利用	通过制定信息法律和信息政策来进一步规范信息论理

1. 个人 IRM

如果说，在一种简单的、相对稳定的信息环境中个人无所谓信息管理的话，那么，在现代复杂多变的信息环境中，个人信息管理的引入就是十分必要的了。与个人信息管理相关的事务以及技术方面的助记符等被证实完全可以追溯到古代时期。信息管理的效果最终由用户使用信息的效果来体现，用户的信息需求和信息活动状态不仅关系到其个人信息能力（Information Capability）的建构，而且关系到组织层面和国家层面信息活动的规模、结构、质量、机制和发展变化状态。

个人 IRM 即信息人（Information Literate）对与其生存和发展有关的信息资源进行的管理。其主要任务是识别信息人的信息需求，充分开发与利用与其生存和发展有关的信息资源，满足信息人能力构建和职业塑造的需要。由于信息素质（Information Literacy）已成为信息人的最重要素质之一，个人 IRM 从某种意义上来说，其主要目的就是为了提升信息人的信息素质。个人 IRM 主要包括两方面的内容：一是对与个人生存有关的信息资源的管理，如对日历、联系人、备忘录、计划安排、时刻表、电子邮件、个人银行、医疗记录以及其他信息等的管理；二是对与个人发展有关的信息资源的管理，主要从职业需要或特定任务需要的角度来管理相关信息资源，获得职业成功和竞争优势。在网络环境下，建立基于 Internet 的个人信息系统或个人数字图书馆，不断开拓个人信息空间（Information Space），已成为"e"时代个人 IRM 的流行做法或模式（陈光祚等，2002）。

国外关于个人 IRM 的研究在 20 世纪初进入了一个高潮阶段。国外更多地使用个人信息管理（personal information management）的概念，与我们所说的个人 IRM 属于同一个范畴。个人信息管理（PIM）作为一个研究领域引起了越来越多的注意。在理想状态下，我们需要在对的时间、对的地点以对的形式得到正确适合的信息，以足够的完整性和质量来执行当前的活动，技术和工具可以帮助我们花费少量的时间应对繁琐和易错的信息管理（例如时间提醒），使得我们用更多的时间来进行创造性的、智能性的信息利用以便把事情做好。可以说个人信息管理就是为了达到人们在个人信息获取中更加简便易行的目标。

美国计算机协会（The Association for Computing Machinery，ACM）的计算机人机交互特别兴趣组（Special Interest Group on Computing Human Interaction，SIG-CHI）至今召开了 28 次国际会议（CHI'2010）[①]。其中，在 CHI'2004 年会上有 10 篇标准论文（full papers）、5 篇短论文（short papers）和 4 份张贴海报（posters）是与个人信息管理有关的主题。在 CHI'2005 年会上又有 9 篇标准论文、5 篇短论文和 1 篇博士论坛报告（doctoral consortium presentation）关注个人信息管理领域的主题。这么多计算机界、信息管理界的专家学者把目光投向个人信息管理领域，这在以往的 ACM 国际会议上是很少见的。2005 年，美国华盛顿大学的威廉·琼斯（William Jones）得到美国科学基金（NSF）的资助在华盛顿西雅图州召开个人信息管理（PIM）研讨会，这项研讨会于 2006 年，2008 年和 2009 年分别又召开了 3 次。威廉·琼斯教授在个人信息管理领域的研究久负盛名，《美国信息科学与技术年度评论》（ARIST）在 2007 年"信息组织和检索"（Organization and Retrieval of Information）专题中，收录了威廉·琼斯教授所著的《个人信息管理》（"Personal Information Management"）一文。该文章同样指出了理想状态下的个人信息管理需求和目标，但是同时又说明了这种理想状态是脱离绝大多数人实际情况的。大量的技术和工具被用来进行个人信息管理，但是各种差异导致了新的问题——信息碎片（Information Fragmentation）。在真实世界中，我们常常不能及时地找到需要的信息来应对当前的需要，也许必要的信息从来就找不到或者因时间延误不能起到作用。此外，信息常常不在正确的地方，威廉·琼斯教授用"The information we need may be at home when we are at work or vice versa"（当我们在工作的时候，需要的信息却在家里，或者恰好相反）来形容信息的这种错位给个人信息管理带来的困扰。在总结和概括已有的个人信息管理概念的基

---

① CHI'2010. http：//www.chi2010.org/ ［EB/OL］.

础上，在仔细观察诸如"我们日常处理、分类、获取信息的基础方法和步骤等"、"通过分类、置放和建立有序信息的形式使得需要时易于获取"等概念之后，他提出个人信息管理应该被看做是一个致力于建立、使用和维护需求与信息集合之间的映射活动。这个概念可以由图2-4来表示：

此外，他还提出"保持需要的东西能够被寻找到"即 KFTF 项目① （Keep Found Things Found）致力于个人信息管理的研究，旨在改善和克服数字世界到来造成的现有帮助人们管理信息的工具和技术落后于当前搜索和存储技术的发展状况。

关于个人数字图书馆，2005 年 Francisco 等在《Universal Access Architecture for Personal Digital Libraries》论文中提出了一个基于普遍存取（universal access）的个人数字图书馆系统，探索采用中间件、元数据收割等技术，试图让一切可用来访问的设备均能访问个人数字图书馆，进行了一些有意义的尝试。2006 年，Nicholas G 在《The Web Library：Building a World Class Personal Library with Free Web Re-sources》一书中详细地论述了如何利用因特网的免费 Web 资源，建立一个"世界一流"的个人数字图书馆。在众多的学术文献信息管理软件中 Endnote② 和 NoteExpress③ 得到了学术界科研人员和师生的认可并被广泛应用。此外，中国知网（CNKI）提供免费创建个人数字图书馆的平台和软件，极大地方便了研究人员和普通用户的个人信息资源管理。④

2. 组织 IRM

组织的 IRM 即机构层面的 IRM，包括政府部门、企事业单位、社会团体等机构内部的信息资源管理，其主要任务是认清组织内各级各类人员对信息资源的真正需求，合理组织、协调信息资源的开发利用。由于信息是一种经济资源和管理资源，已普遍渗透到组织设计、业务流程、战略和组织与外部的关系中，剧烈地改变了组织内部的操作与整个组织的机制，现代组织越来越信息化，德鲁克（P. Drucker）称之为"以信息为基础的组织"（information- based organization）（沙勇忠，2002）。因此，追求组织机构层面信息资源管理的完善和优化是 IRM 的重点。

20 世纪 90 年代初期英国信息管理学家多赛特（P. Dossett）在《90 年代的信息管理》一文中提到：信息管理（即信息资源管理）这一术语意味着信息如同

---

① http：//kftf. ischool. washington. edu/index. htm ［EB/OL］.
② http：//www. endnote. com/ ［EB/OL］.
③ http：//www. reflib. org/ ［EB/OL］.
④ http：//epub. edu. cnki. net/grid2008/index. htm ［EB/OL］.

人财物一样是一种需要加以管理的资源，它是一个概念而不是一种职业禁区，它是一种多学科活动，它也能够跨越部门的界限。在一个机构内部，信息管理功能的形式和种类很多，诸如会计（会计电算化）、数据处理人员、电子通信工程师、人事官员、计算机程序员、市场营销专家、战略规划者、记录管理者、档案馆员、图书馆员和情报专家等都是这些功能的执行者。在网络环境下，上述人员既是信息资源的提供者，又是信息资源的主要用户，同时还是不同程度的信息资源管理者。而将这些功能聚合起来实现集成，就会形成一个机构的信息资源管理部门，该部门的负责人也成为首席信息官（chief information officer，CIO），这是90年代国际性大公司中风行一时的管理职位。CIO 和 CKO（首席知识官，chief knowledge officer）的设置使信息资源管理者的行政地位提升到了最高决策层，这标志着组织机构层面 IRM 的地位与作用日益重要和关键。组织 IRM 所关注的重要主题有：组织的信息环境分析、信息架构（information architecture）问题、更有效支持战略决策的信息管理、信息资源与组织结构、知识管理与组织创新等。其中企业信息架构（enterprise information achitecture，EIA）的构建是目前组织层面信息资源管理尤其是企业信息资源管理最重要的研究内容和实践目标。

Ryan（1988）在"Experimenting with the envelope"一文中首次提出 EIA，认为信息系统所使用的信息技术会对信息系统的质量造成影响，大多数应用软件问题都发生在技术或软件的选择过程中。EIA 是用来评价不同信息技术影响程度的框架，该框架由七层模型组成：环境（environment）、功能需求（functional requirement）、数据设计（data design）、应用体系结构（application architecture）、交叉应用体系结构（cross-application architecture）、技术体系结构（technology architecture）和系统配置体系结构（configuration architecture）。这七个层次紧密联系，对任何一个层次产生影响的决策都将影响到其他所有层次，Ryan 认为必须严格控制模型中的每个层次以保证信息系统的质量。1993 年 Ryan 等（1993）在"Building an enterprise information architecture"中再次提出了 EIA，并对 EIA 的概念作了进一步深化。他分析了企业计算的七个方面：企业环境（environment）、业务目标（business objective）、数据体系结构（data architecture）、应用体系结构（application architecture）、基础设施（infrastructure）、系统软件（system software）、系统硬件（system hardware），将 EIA 描述为一种柔性设计方法，用以帮助企业建立新的信息系统，以快速响应经济全球化、分散化、业务重组、JIT 库存等挑战，并适应不断推陈出新的计算机平台与应用系统的需求，文中进一步描绘了未来信息系统的蓝图、框架和实现途径。

Hayley Carter 所著的"Information Architecture"一文中，首先强调的是组织商业战略目标的制定，他认为：EIA 将焦点集中在设计和制造信息系统的规范性和条理性来实现各种优先权、辅助决策并最终达到支持企业商业目标的结果；成功的企业是具有清晰并且一致的战略目标的，EIA 应该建立在这一目标基础之上，他认为 EIA 在企业中的级别非常近似于企业的 CIO 所考虑的问题。在这篇文章中他提出 EIA 的主要组成部分是数据体系结构（data architecture）、计算机体系结构（computer architecture）和系统架构（systems architecture）。

Richard W. Watson 所著的 "An Enterprise Information Architecture：A Case Study for Decentralized Organizations" 一文指出，随着企业逐渐向以信息为基础演变，优先改善企业信息活动将是其长足竞争的保证，并将 EIA 看作一个支持所有企业信息流程的多维相关元素的结构化集合。这篇文章以美国加州的劳伦斯利弗莫尔实验室为例，并将之扩展到分散性的组织结构的企业。文中强调了企业信息构建的时候建立 EIA 标准的重要性，认为 EIA 主要由 6 部分来构成，具体可以由一个立体金字塔（如图 2-5）来表示，分别是：重要元素层（layers），包括网络（network）、信息和中间件（messaging and middleware）、信息服务（information services）和用户接口或桌面（user interface/desktop）；应用领域（application domains）包括协作应用域（collaboration application domain）、信息管理应用域（information management application domain）和其他应用域（other application domains）；未分类安全控制（unclassified security），安全隐私控制层交互覆盖金字塔各个层面的应用和系统管理；系统管理（system management），同样需要从重要元素层以及与应用领域和安全控制的交互中获取服务。此外，作者认为人的活动是这个金字塔的基础，而信息和数据存在于这个金字塔的内部。

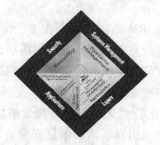

图 2-5　EIA 的立体金字塔结构示意图

在信息资源管理领域从业的 Paul Sturlis 认为①企业信息架构（EIA）是一个向架构环境（architecture environment）提供路径图（roadmap）的媒介体，EIA 是由三个子架构（sub-architectures）组成：分别是业务体系（business architecture），包括企业数据模型（corporate data model）、功能模型（function model）、

---

① http：//www.tdan.com/view-articles/4231.

交互模型（interaction model）和现行系统模型（current system model），技术体系（technical architecture）以及组织体系（organization architecture）。Paul Sturlis 强调映射（map or mapped）关系，例如通过现行系统模型就可以映射出企业数据模型、功能模型和交互模型，现行系统也可以被映射到技术组件等。如图 2-6 给出了企业信息架构（EIA）的细目。

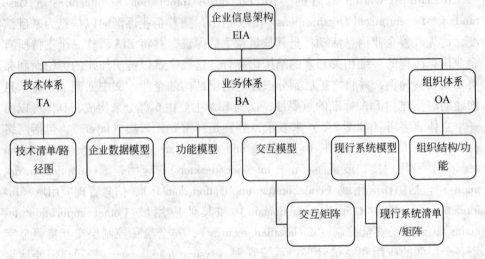

图 2-6　企业信息架构细目

3. 国家 IRM

国家的 IRM 是在宏观层次上，由国家通过有关政策、法规、管理条例等来组织、协调信息资源的开发利用活动，使信息资源按照国家宏观调控的目标，在不影响国家信息主权和信息安全的前提下得到合理的开发和有效的利用。随着信息技术的快速发展和广泛应用，尤其是 Internet 的全面介入突破了时空的限制，"全球信息化"、"地球村"等概念被频繁提到，信息活动广泛渗透到社会生活的各个方面，也引发了诸如信息安全、信息产业的垄断与竞争，信息市场的规范、计算机犯罪、知识产权保护、信息活动中的利益分配、跨国数据流（tran border data flow，TDF）等一系列复杂的社会问题，这些问题涉及国家安全和国家经济政治利益，需要在国家层次上综合运用法律、政策、伦理的手段予以协调解决。卢泰宏等（1998）曾提出信息法律、信息政策、信息伦理是信息资源人文管理的三种基本手段。信息法律是一种刚性管理，信息伦理是一种柔性管理，信息政策介于二者之间。三者相辅相成，共同构成了国家层次上信息资源管理的主要内容（沙勇忠，2002）。此外，我们认为公共信息资源管理也是国家层面上的 IRM 很重要的一个突破口。公共信息资源的概念在学术界尚未达成共识，美国《田纳西州公共信息法案》、保罗·乌勒（Paul Uhlir）给联合国教科文组织起草的《发展和促进公共领域信息的政策指导草案》以及美国《公共信息资源改革法案 2001》均给出了不同的说法，国内从事相关研究的学者指出国内外学者及行政机构等对于公共信息资源概念的界定大体分为两种：一种狭义的观点认为公共信息资源即是政府信息资源；另一种更加广义的观点认为公共信息资源的内涵大于政府信息资源，即包含政府信息资源在内的任何产生并作用于公共领域的信息资源都可视为是公共信息资源。公共信息资源普遍被认为是一种公共物品，其具有公共物品的属性，理应由国家作为主要参与主体来担负供给和管理的责任。公共信息资源如何得到有效的配置和管理仍然是学界的重大研究课题。

同时，国家 IRM 是一种战略管理，统筹规划国家信息基础的设施（national information infrastructure，NⅡ）建设，维护国家信息主权，保障本国信息安全，保证信息资源在国家层次上合理配置、充分开发和有效利用，协调信息产业的垄断与竞争，规范信息市场，加快国家信息化进程等，是国家层次的 IRM 着力解决的问题。在最近的 2010 年 5 月 26 日和 28 日，由国家信息化专家咨询委员会秘书处委托中国电子信息产业发展研究院分别发布的电子刊物《世界信息化信息》第 1 期（总第 1 期）和《国内信息化信息》第 1 期（总第 1 期）带来了世界各国以及国内信息化建设的相关战略、政策法律和报告等内容。美国发布"国家宽带计划"，提出 6 大发展目标；"数字战略"行动计划促进欧盟的繁荣与福祉；俄罗斯新的信息化战略将重点面向公民和企业；欧盟部长规划电子医疗（eHealth）2020 年远景；韩国政府拟定无线互联网产业振兴对策方案；澳大利亚政府启动国家宽带网络试点工程；新加坡政府计划 2010 财年公共部门信息通信照片项目达 11 亿新元等，无不显示出世界各国对于国家层面 IRM 的投入与信心。我国在信息化建设方面起步较晚，但是步伐很快。2010 年 1 月 13 日，国务院常务会议决定加快推进电信网、广播电视网和互联网三网融合，这是我国提出三网融合概念以来取得的最为明确的一次实质性进展。在此基础上一系列政策法规出台，《通信网络安全防护管理办法》施行、《关于推进第三代移动通信网络建设的意见》公布、《关于做好工业通信业和信息化"十二五"规划工作的意见》印发、《关于推进光纤宽带网络建设的意见》发布等都是国家在推动信息化建设和完善国家 IRM 的有力举措。

近年来，随着全球化进程的加快和跨国数据流的增加，出于国家安全和国家政治经济利益的需要，国家层次上的 IRM 得到了高度重视与强调，并且出现了与国际信息政策和国际信息法律相结合的新特点。

2.5 信息资源管理的教育

2.5.1 中美两国高校信息管理专业人才培养的现状

中美两国的信息管理专业高校建设有着各自的特点和差别，通过对其在培养的目标、层次、培养方向、教学模式、教学实习等方面的问题进行比较来发现中国信息管理专业建设的不足之处。

1. 中美高校信息管理本科专业培养目标

在美国，政府相关部门对信息管理与信息系统专业的培养目标没有给以一个总体的目标，而是由各个大学根据自身的教育背景和特色来确定。如：雪城大学信息管理与技术专业的培养目标则是"通过与信息产业有关的一系列课程的学习，使学生学会用宽广的眼光看待世界，了解信息用户需求、信息和技术的价值，培养符合 21 世纪工作需要的可以随时代变化的所需技能"；北卡罗来纳大学图书情报学院信息科学专业的培养目标是"使毕业生具备信息产业中多种职业所需的知识和技能，包括信息构建、数据库设计和实施、Web 设计和实施、网络支持和信息咨询，同时为以后的研究生学习做准备"；伊利诺伊大学厄巴纳－香槟分校的培养目标是"培养图书馆以及信息科学技术教学上、研究上以及实践上的领导者，培养具有可以帮助人们去管理信息以及可以利用信息资源和信息技术去达到其自身目的的专业人员，同时培养那些将要成为信息专业领域内的领导者，其塑造信息的生产、信息的分析、信息的观测。这些工作将会普及社会，从商业、卫生健康到艺术，从教育到政治，从个人信息管理到国际信息互动。"

在中国，《普通高等学校本科专业目录和介绍》对"信息管理与信息系统"专业的培养目标作出了明确规定。信息管理与信息系统专业主要是培养具备现代管理学理论基础、计算机科学技术知识及应用能力，掌握系统信息系统分析与设计方法，以及信息资源管理与开发利用等方面的知识与技能，能在国家各级管理部门、工商企业、金融机构、科研单位和教育文化等部门从事信息管理以及系统分析、设计、实施管理和评价等方面的高级专门人才。

通过上述例子，美国高校的信息管理与信息系统专业的培养目标比较具有针对性，一般是根据社会发展的脚步来相互协调的。

2. 中美高校信息管理专业培养层次及方向

根据 2010 年"美国新闻与世界报道（US News&World Report）"最新的报

告，2010 年美国信息管理专业排名前 10 所大学中，所有院系都拥有硕士和博士教育背景，具体名单如表 2-2，表 2-3 所示。

表 2-2　美国信息管理专业前十所大学排名

名次	学科英文名称	学校中文名称	研究生（硕、博）教学点
1	University of Illinois at Urbana-Champaign	伊利诺伊人学厄本那—香槟分校	硕、博
2	The University of North Carolina at Chapel Hill	北卡罗来纳大学 教堂山分校	硕、博
3	Syracuse University	雪城大学	硕、博
4	University of Washington	华盛顿大学	硕、博
5	UniversityofMichigan—Ann Arbor	密西根大学—安娜堡分校	硕、博
6	RutgersUniversity，New Brunswick	罗格斯大学新伯朗士威校区	硕、博
7	Indiana University，Bloomington	印第安纳大学伯明顿分校	硕、博
8	The University of Texas at Austin	德克萨斯大学奥斯汀分校	硕、博
9	Drexel University	德雷塞尔大学	硕、博
10	Florida State University	佛罗里达州立大学	硕、博

表 2-3　中国信息管理专业前十所大学排名

名次	学校名称	研究生（硕、博）士点	（图书馆、情报、档案专业博士）备注
1	武汉大学	硕、博	图书馆、情报、档案专业博士
2	北京大学	硕、博	图书馆、情报、档案专业博士
3	中国人民大学	硕、博	图书馆、情报、档案专业博士
4	南京大学	硕、博	图书馆、情报、档案专业博士
5	南开大学	硕、博	图书馆、情报、档案专业博士
6	中山大学	硕、博	图书馆学博士
7	吉林大学	硕、博	图书馆、情报学博士
8	华中师范大学	硕、博	情报学博士
9	安徽大学	硕士	情报学、图书馆学、硕士
10	湘潭大学	硕士	情报学 硕士

从上面两个表的比较可以看出，美国信息管理专业的高端教育资源较为统一和齐全，而中国的信息管理专业还处于一个发展时期。

3. 中美高校信息管理专业教学模式比较

美国信息管理院系的高等教学有侧重点，主要侧重信息管理、信息技术应用两种模式：

第一种模式侧重于信息的存储与组织，如美国的拉特格斯大学通信、信息和图书馆研究学院。

第二种模式的侧重于信息技术、计算机的应用，如伊利诺伊大学图书馆情报学研究生院、北卡罗莱纳大学情报和图书馆学学院、雪城大学信息研究学院、匹兹堡大学信息科学学院、密西根大学—安娜堡分校信息科学与技术学院。以密西根大学—安娜堡分校信息科学与技术学院为例，该院强调计算机的使用和专业信息系统技术的应用，其信息系统课程不仅仅包括在某一方面的应用，还包括人文和科学环境下的所有应用；其教学目标是使学生能准确确定信息需求，设计适当的信息系统、管理系统和评估系统。

中国信息管理院系的高等教学院校通过对原有的院系专业进行更名、调整、合并过程，大体有如下三种模式：

第一种模式是在原有的图书馆学、情报学基础上产生的，这类高校的教学重点侧重于图书馆等原有的教学重点，如北京大学、武汉大学、南京大学、中山大学、华中师大等。

第二种模式是从计算机或相关的信息学科转化而来，像西安交通大学、东南大学、南京邮电大学、苏州大学，其名称以"信息管理与信息系统"居多。

第三种模式是从管理学院、商贸学院或经济管理学院整合、调并形成，如浙江大学、哈尔滨大学等。

4. 中美高校信息管理专业课程设置比较

通过对美国高校信息管理学前十位高校的课程设置进行调研，可以发现美国大学的信息管理专业在课程设置上基本采用的是"核心课程＋课程模块"的方式，学生在完成核心课程的基础上，可从模块课程中任选一两门课程，而不必选修整个模块，并鼓励学生跨学科选课，最常见的是计算机科学、心理学、通信、工商管理、艺术设计等门类的课程。这种方式说明了信息管理学科的多维特色使学生既能掌握扎实的专业知识，又有较多的选择机会，从而拓宽了学生的就业渠道。

同时，美国大学信息管理专业本科生所开设的核心课程基本包括：信息检索、信息组织、信息环境和信息用户。除核心课程外，其他课程被设置为多个课程模块：文献资源模块、信息技术模块、信息服务模块、系统分析与设计模块、行为领域模块、研究方法模块、个人选择研究模块以及政策、法律与经济学模块。

在中国，大学教育方式也在不断地发展和调整，如武汉地区实行的"七校联合跨校辅修"中，武汉大学以及华中师范大学的信息管理院系的相关专业也入选其中，不同专业、不同学校的学生可以自主地参与辅修，同时，信息管理专业的学生也可以选择其他专业感兴趣的课程进行学习。但是给予自身以及外界专业学生选择学习的课程有限，学生通常只能学习制定的几门基本的辅修课程，而不能根据自身的兴趣进行自由的选择，这在一定的程度上限制了本专业向外延伸的可能。

5. 中美高校信息管理专业教育实习比较

信息管理是一门实践性、应用性很强的学科，实习是信息管理专业本科教育中一个重要组成部分。只有学以致用、理论联系实际，才能真正理解和掌握所学的知识，并在实践中学会综合利用各种知识和技能。在所调查的院系中，大多数都有明确的教学实习任务，其中有的学校还把实习作为必修学分。这些教学实习通常包括以下的方式：课程实习，如匹兹堡大学信息科学学院就提供了在学校图书馆媒体中心、地区性学校图书馆媒体中心的实习课程；拉特格斯大学通信、信息和图书馆学院的检索理论课也向学生提供利用各种检索系统、检索手段和搜索引擎进行联机检索的实习机会；合作项目中实习主要指在学校以外的、与公司企业合作的项目中进行实习，如北卡罗莱纳大学情报与图书馆学学院（SILS）则让学生们在环境保护部门或公司里参加各种实习，另外还在北卡罗来纳州以及美国各地的图书馆里向学生提供各种指导性的实习机会。这种实习方式有助于培养学生的综息管理能力，其学科建设也处于世界先进水平。

同样，中国信息管理专业的教育模式主要集中在课本理论学习上，但在近几年，一些高校开始为学生努力地提供各种实习机会和动手能力，如北京大学信息管理系利用寒暑假积极地为相关专业的学生提供实习机会，德勤事务所的咨询部对其本科、研究生进行暑期招募；并且有大量的项目实验为同学们提供动手能力，武汉大学信息管理院系也积极为其提供动手的能力，如建立实习基地，并在其中为学生提供课外实习，以及实习基地等。

但是总体而言，由于中国教学方式的限制，本科学生的教育方式和重点应该主要在课本知识上，只有到了硕士研究生才有更多的机会去参与项目的开发、暑期实习。

2.5.2　我国信息管理专业人才培养方法

通过以上与美国相应的信息管理院系人才教育进行比较，可以知道，我国信息管理专业的高等教育人才培养模式还有待进一步的提高和改进。

1. 明确信息管理人才的教学目标和指导思想

由于我国信息管理专业是由原来的信息学、科技信息、经济信息管理、林业信息管理和管理信息系统 5 个专业压缩合并而成，这给信息管理专业的总体定位带来了一定的困难。因此，国内各高校要依照自己的学科背景及办学特色制定具体的培养目标，把培养目标上升到信息与人类社会的高度进行专业教育，使专业能与社会需求同步发展。具体而言，培养目标和指导思想上：要培养出能很好地适应经济与社会发展的优秀人才；要培养出能适应世纪用人部门需要的、具有良好素质的应用型人才。要以信息资源管理和信息技术应用为中心，以信息交流全过程的规律和基本原理为基础来考虑专业设置，为国家信息化培养知识面宽、适应性强的发展型人才。

2. 提高信息管理人才教育的培养层次、培养体系

在我国，为了满足不同层次信息管理人才的需求，我们要形成职业技术教育、全日制本科教育、研究生教育和继续教育在内的多方位教育体系。目前，总体而言，我国信息管理与信息系统人才培养层次过低，以社会需求、职业需求、学生需要为导向，多层次、多规格地培养信息管理专业人才是摆在信息管理领域全体同仁面前的重要任务。

具体的方法有：

1）重视该学科前沿探索和学科交叉渗透，加强素质教育，拓宽知识面，提供多样化的教育计划（双学位、远程教育、继续教育合作学位教育计划等）；

2）大力发展研究生教育，逐步增加博士点和硕士点的数量，并扩大博士生、硕士生和双学士的招生规模；

3）形成本科、硕士和博士三位一体的完善的信息管理培养层次结构，以培养适应不同岗位、不同层次需要的信息管理人才。

3. 建设多样性的课程体系、实行联合办学

在课程设置上，我们可以借鉴美国大学的"核心课程＋课程模块"方式，即学生在完成核心课程的基础上可从模块课程中任选一两门课程，包括计算机科学、行为科学、数学和自然科学、艺术和人文科学等。通过对这些课程的学习，学生既能掌握扎实的专业知识，又有较多的选择机会，从而培养学生的综合素质和各方面才能。美国大学比较重视学生的职业发展，所以学校一般把实用性较强的课程放在不同的选修模块中供学生选择，以提高学生的实践技能。此外，还可

以借鉴美国的经验，为其他的专业领域开设信息管理方面的辅修课程，从多样性上完成学科建设。国内各院系应根据自身的办学优势及所在地区的经济发展需要，突出强化某一专门领域的。

对于信息管理专业人才的培养，我们可以采用建立统一主干课程＋X 的方案体系。具体而言：

1）通过主干课程体现本专业知识系统的内核，称为同类专业教育质量评估的基础；

2）各校信息管理专业按照本校的特点、社会环境、历史背景，进行个性化教学设置；

3）通过这种模式解决各校同类专业的共性和个性的矛盾，较好地处理学科稳定和与时俱进的矛盾；

4）为教育主管部门的宏观调控和教学单位自主创新提供条件，既有统筹规划、统一部署，又兼顾各地区院校的实际。

第 3 章　信息资源管理规划

3.1　信息资源管理规划的内容

信息资源管理规划是指对组织中信息资源开发、利用、管理等活动进行的全面规划，包括数据规划、信息资源规划、信息系统规划、信息资源网络规划等内容。

3.1.1　数据规划

自世界上第一台计算机 ENIAC 诞生以来，计算机在各种组织中得到了广泛的应用。几十年来，随着计算机的应用，数据库技术、软件工程方法也得到了普及和推广。然而，各种组织在开展计算机应用的同时，也形成了多种不同的数据标准和多种多样的数据环境。这些数据环境多种多样，数据标准也不统一，导致数据冗余混乱、数据接口繁多，给组织中数据的共享、利用和维护带来了困难，形成了数据处理危机。20 世纪 60、70 年代的发达国家的数据处理危机，类似于我们现在所说的信息孤岛问题。以马丁为代表的学者们总结了这一时期数据处理方面的正反经验。马丁在有关数据模型理论和数据实体分析方法的基础上，结合"数据类和数据之间的内在联系是相对稳定的，而对数据的处理过程和步骤则是经常变化的"这一数据处理基本原理，于 1981 年出版了《信息工程》（Information Engineering）一书，明确提出了信息工程的概念、原理和方法。第二年又出版了《总体数据规划方法论》（Strategic Data—Planning Methodologies）一书，对总体数据规划方法从理论上到具体方法上作了详细阐述。

数据规划就是针对这种数据混乱、数据标准不统一的状况，运用信息组织技术，建立起组织中稳定的标准的数据模型，将组织中多年来所积累的结构不合理、数据冗余、混乱的"数据库"进行规范化的重组织，取消或减少数据接口，实现基于高档次数据环境的系统集成。数据规划是建立在"以数据为中心"和"数据稳定性"的基本原理之上的，是实现组织内外信息的流动、共享和应用的最基本、最重要的问题，数据规划既是信息资源规划的重点内容，也是总体规划的主体。

数据规划是依托于信息工程的相关基本原理进行的，这些基本原理是（高复先，2002）：

1）数据位于现代数据处理系统的中心。

2）数据是稳定的，处理是多变的。可以通过有效方法建立稳定的数据模型，使应行政管理上或业务处理上的变化能被计算机信息系统所适应，这正是面向数据的方法所具有的灵活性。

3）最终用户必须真正参加开发工作。企业的高层领导和各级管理人员都是计算机应用系统的用户，正是他们最了解业务过程和管理上的信息需求，所以从规划到设计实施，在每一阶段上都应该有最终用户的参加。

单一的数据规划针对的是某个项目，但要实现整个组织的有效数据规划，就需要从组织全局和整体视角进行，这就是通常所说的总体数据规划。总体数据规划有助于建立结构稳定、信息丰富、更新及时的共享数据库，有助于建立组织的全域范围内的稳定的数据模型，在此基础上可以进行组织信息系统建设的总体规划。

进行总体数据规划时，通常要成立一个专门的工作小组，该工作小组由组织中的最高领导者直接领导，通常是由一名负责全面规划工作的信息资源规划员和一个核心小组构成，并通过一批用户分析员和广大最终用户联系。

总体数据规划的内容和步骤如下（高复先，2002）：

1）首先要得到最高层管理人员的赞成；

2）选择科学的方法论作为规划工作的指导，并坚持使用这套方法；

3）定义职能域，确定规划工作的范围，得到最高层管理人员认可；

4）成立核心小组，确定各职能领域的业务负责人，选拔用户分析员并进行培训；

5）分析每一职能域中的业务过程；

6）将每个业务过程分解为业务活动，对定义的业务过程和活动进行复查；

7）将每个业务过程和业务活动分析所需要的实体，利用一定的算法把所有实体划分成一些大组，这些大组的名称即是主题数据库的名称；

8）也可以通过建立活动与实体的对应，使用相关分析算法在实体所支持的活动的基础上进行实体聚集，并进行交叉检查，作必要的调整；

9）建立这些实体大组与业务过程的对应关系，形成逻辑子系统，并确定事务处理系统或决策支持系统等类型；

10）研究现有应用系统与规划的信息系统的关系，确定规划的数据库系统如何与现有系统相联系，制定转换策略和具体计划，解决新旧系统过渡问题；

11）通过与高级管理人员的交流，确认主题数据库与业务过程的对应关系，判断目前和将来的信息需求在这一阶段是否已作了尽可能充分的考虑，征求高级管理人员对信息系统开发的意见看法；

12）研究业务过程发生的地点及所对应的主题数据库，分析集中或分布存储的理由，制定数据机制或分布存储的策略；

13）由企业最高层管理人员复查主题数据库、信息系统体系结构和数据分布策略的报告，进行必要的修改调整；

14）研究系统实施的优先顺序，制定实现的时间进度表，确定与自上而下规划工具箱衔接的自上而上设计实现的工具；

15）确定能保证自上而下规划能够不断更新的职责；

16）准备提交一份最后的总结报告。

上述总体数据规划的"十六步法"是詹姆斯·马丁提出的，其中的一些基本思想和方法对今天仍然有指导意义。当然，在实践中这些内容和方法也在不断地改进，"总体数据规划"也在向"信息资源规划"发展。

3.1.2 信息资源规划

信息资源规划（information resource planning，IRP），是指对组织中信息的采集、处理、传输到使用的全面规划。

国内最早提出信息资源规划概念的是高复先教授（高复先，2002）。高复先教授认为，信息资源规划是在总体数据规划的基础上发展起来的。总体数据规划和建立数据管理标准都是重要的，二者的结合点在于——总体数据规划中的实体分析和主题数据库的建立，必须以数据管理标准的建立与实施为基础，否则总体数据规划的成果无法在集成化的系统开发中落实；数据管理标准的建立固然可以从某个具体的应用开发项目中启动，但要较快地改造企业低档次的数据环境，重建高档次的数据环境，必须具有全局的观点和整体的行动，这就是总体数据规划。而在进行总体数据规划的过程中进行数据管理的标准化工作（注意：是在总体数据规划过程中进行数据管理而不是先后关系），通过数据标准化工作使总体数据规划更为扎实，使总体数据规划的成果更能在集成化的信息系统中发挥作用，这就是信息资源规划。从这一角度讲，高复先对信息资源规划的定义和相关理论仅仅关注信息系统集成，并没有解决信息资源的全面规划问题，因为信息资源规划管理工作不仅仅包括信息系统规划，还包括信息网络规划、信息内容规划等。

从理论和技术方法创新的角度来看，信息资源规划的要点有（高复先，2002）：

1）在总体数据规划过程中建立信息资源管理基础标准，从而落实企业数据环境的改造或重建工作；

2）工程化的信息资源规划实施方案，在需求分析和系统建模两个阶段的规划过程中执行有关标准规范；

3）简化需求分析和系统建模方法，确保其科学性和成果的实用性；

4）组织业务骨干和系统分析员紧密合作，按周制订规划工作进度计划，确保按期完成规划任务；

5）全面利用软件工具支持信息资源规划工作，将标准规范编写到软件工具中，软件工具就会引导规划人员执行标准规范，形成以规划元库（planning repository，PR）为核心的计算机文档，确保与后续开发工作的无缝衔接。

3.1.3　信息系统规划

信息系统规划是将组织目标、支持组织目标所必需的信息、提供这些必需信息的信息系统，以及这些信息系统的实施等诸要素集成的信息系统方案，是面向组织中信息系统发展远景的系统开发计划[1]。信息系统规划实际上是信息化战略的执行过程，是战略体系下的具体系统的实现，是在战略的指导下，针对不同的业务特点、职能特点、功能特点、目标要求，规划出具体系统的实现目标、业务流程与功能要求，系统的技术路线，完整的系统设计方案、系统设施与服务的选择与评估标准，项目的实施计划、组织与管理，提出系统推动过程的方法论[2]。

信息系统规划通常分为战略计划制定、总体结构方案、资源分配规划活动三个阶段。

（1）制定信息系统的发展战略

主要是确定信息系统的目标与约束、当前的能力状况以及对影响计划的信息技术发展的预测。

（2）制定信息系统的总体方案

在调查分析企业信息需求的基础上，提出信息系统的总体结构方案，根据发展战略和总体结构方案，确定系统和应用项目开发次序及时间安排。

（3）制定信息系统建设的资源分配计划

组织内各部分信息系统建设的需求与条件是不平衡的，应该针对这些应用项目的顺序对有限的开发资源给予合理分配，这就是资源分配阶段的主要任务。

常用的信息系统规划方法主要有企业系统规划法（business system planning，BSP）、关键成功因素法（critical success factors，CSF）、战略目标集转化法（strategy set transformation，SST）。

---

[1]　http：//baike. baidu. com/view/1856005. htm/2010-05-25.

[2]　http：//www. enet. com. cn/article/2006/0303/A20060303508005. shtml/2010-05-06.

3.1.4　信息资源网络规划

信息资源网络，也可称之为信息资源网，是面向整个社会需求的信息资源及其开发利用的体系。具体而言，是指各相关经济信息提供部门和使用部门建立的各种数据库、信息中心和信息应用系统。与信息通信网络主要涉及信息传输环节不同，信息资源网络包括了从信息采集、信息加工直至信息利用的众多环节。把静态的、孤立凌乱的信息资源变成网络化的、可以共享和利用的信息资源是信息资源网络规划的目标。

信息资源网络是具备一定有序结构的信息资源整体，在丰富而庞杂的市场经济信息资源中，所有信息对象都应该按不同的属性归属于不同的门类或层次，从而组成具有科学结构的信息库，而不是简单的信息堆积。因而，从有利于信息资源开发利用的角度出发，为提高信息采集、处理、传输及存储的质量和效率，信息资源的组织就必须具有统一的标准和规范，这也是信息资源网络规划的重要内容之一。

信息资源网络中的信息有历史信息、当前信息和预测信息；有内部信息和外部信息；有实时动态信息和非实时静态信息；有计划信息、调整信息和统计信息；有操作层的信息、管理层的信息和决策层的信息；有结构化的和非结构化的信息等。这些大量类型各异的信息，都存储在数据库或数据仓库中，因此数据库和数据仓库是信息资源网络的主要载体。那么，信息资源网络规划的重要内容之一，就是对数据库和数据仓库进行规划。而这个内容，主要就是信息资源网络中的数据分布规划。

3.2　信息资源管理规划的技术方法

信息资源规划过程，是按照一定的方法步骤、遵循一定的标准规范、利用有效的软件支持工具进行各职能域的信息需求和数据流分析，制定信息资源管理基础标准，建立全域和各职能域的信息系统框架——功能模型、数据模型和系统体系结构模型。用这些标准和模型来衡量现有的信息系统及各种应用，符合的就继承并加以整合，不符合的就进行改造优化或重新开发，从而能积极稳步地推进企业信息化建设。

目前在信息资源规划领域主要采用的是以信息系统规划、业务流程规划为代表的规划方法，其中具有代表性的是战略数据规划、战略信息系统规划（SISP，Strategic Information Systems Planning）及日趋成熟的企业架构（EA，Enterprise Architecture）规划方法（马费成，2009）。

3.2.1　战略数据规划方法

　　战略数据规划方法起源于 20 世纪 60 年代和 70 年代的数据处理（DP，Data Processing）理论和方法研究。以美国为代表的一些发达国家在数据处理（DP）领域采用批处理（Batch Processing），后来引入日常数据处理，并逐渐在管理信息系统（MIS）和决策支持信息系统（DSS）中推广应用。由于当时采用结构化开发方法而导致数据处理危机，詹姆斯·马丁提出了加强数据环境的管理和从上而下的数据规划方法（马费成，2009）。

　　詹姆斯·马丁认为，数据环境管理主要是 4 类数据环境的识别和管理，即数据文件（Data Files）、应用数据库（Application Data Bases）、主题数据库（Subject Data Bases）和信息检索系统（Information Retrieval Systems）。而战略数据规划则是通过对总体数据进行规划，尽快地将现有数据环境转变成第三类或第四类数据环境，以保证高效率、高质量地利用数据资源。对于这一标准化的数据规划方法，詹姆斯·马丁也在他 1996 年出版的《生存之路：计算机技术引发的全新经营革命》一书中总结出相关模型，即"面向对象信息工程"（OOIE）的理论与方法，将大型信息系统的开发建设分为 4 个阶段，形成一个"OOIE 金字塔模型"来统一规划建设，如图 3-1 所示（马费成，2009）。

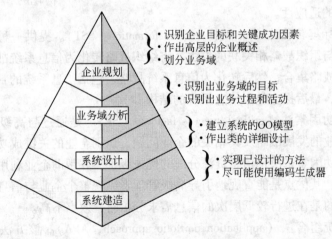

图 3-1　OOIE 金字塔模型

资料来源：杜海静，2004

　　OOIE 金字塔模型是一种从全组织范围的规划到业务域分析、系统设计，然后再进行建造的较严谨的开发方法论，其技术关键是集成化的元库（Repository）和基于它的 I-CASE 工具组。其思想的核心是强调系统工程的总体设计和规划。OOIE 金字塔模型是詹姆斯·马丁对信息工程理论的完整表述，体现了总体数据规划、企业模型和实体——活动关系等核心工具，形成了企业资源与技术的整合和规划的初步思想（马费成，2009）。

3.2.2 战略信息系统规划方法

战略信息系统规划（strategy information system planning，SISP），指的是从帮助企业实施它的经营战略或形成新的经营战略角度出发，寻找和确定各种信息技术在企业内的应用领域，借以创造出超越竞争对手的竞争优势，进而实现它的经营战略目标的过程。从该定义可以看出，不仅在传统的信息系统领域，而且在数据通信、用户终端计算、数据分配等领域也越来越重视规划问题，并且将信息系统的规划提升到企业的战略规划高度，从战略匹配和战略实现角度考察信息系统和信息资源的规划。从 20 世纪七八十年代起，专家们就开始提出典型的战略信息系统规划方法，比较有代表性的主要有以下几种（马费成，2009）：

企业系统规划法（business system planning，BSP）。是一种对企业信息系统进行规划和设计的结构化方法，20 世纪 70 年代由 IBM 公司提出，其基本思想是搜集信息以支持企业的运行。该方法通过自上而下地识别系统目标、企业过程和数据，然后对数据进行分析，自下而上地设计管理信息系统。该方法的优点在于利用它能保证管理信息系统独立于企业的组织机构，也就是能够使信息系统具有对环境变更的适应性。

战略目标集转化法（strategy set transformation，SST）。提供一种建立企业信息战略规划与组织战略相关联的方法，将组织战略转化为信息系统战略。它首先识别组织的战略集合，然后转化为信息系统战略，包括信息系统的目标、约束和设计原则等，最后提交整个信息系统的结构。

关键成功因素法（critical success factors，CSF）。是通过与高级管理者的交流，了解企业的发展战略及其相关的企业问题，识别企业的关键成功因素，根据这些关键成功因素来决定信息资源分配的优先级别，并帮助企业利用信息技术发掘新的机遇。其优点是能直观地引导高级管理者纵观整个企业与信息技术之间的关系；不足的是在进行较低层次的信息需求分析时，效率不高。

应用系统组合法（application portfolio approach，APA）。该方法着重强调在企业应用系统的分离和组合方面对信息系统项目进行风险分析和评估，是进行信息决策和项目成功的保证。APA 方法认为，企业在信息系统方面的经验和项目的大小与结构，是风险分析应该考虑的两个非常重要的因素。对企业应用系统进行合理的分离与组合，可以有效地降低风险。

信息工程法（information engineering，IE）。该方法首先利用业务分析来建立企业模型，然后进行实体分析建立主题数据模型，最后，进行数据的分布分析，结合数据的存储地点，确定主题数据库的内容和结构，制定数据库的开发策略。

战略栅格法（strategic grid，SG）。是一种诊断企业中信息系统作用的工具。该方法利用栅格表，依据现行的应用项目和预计将开发的应用项目的战略影响，确定出 4 种不同的信息系统战略规划条件，即战略、转换、工厂、辅助。栅格表中每一方格确定了企业中信息系统的位置，通过对当前应用项目和将开发应用项目可能产生的影响分析，以诊断当前状态和调整战略方向。

价值链分析法（value-chain analysis，VCA）。是由美国哈佛商学院教授迈克尔波特提出来的一种寻求确定企业竞争优势的工具。即运用系统性方法来考察企业各项活动和相互关系，从而找寻具有竞争优势的资源[①]。

战略系统规划法（strategic system planning，SSP）。是通过分析企业的主要职能部门来定义企业的功能模型；再结合企业的需求信息，生成数据实体和主题数据库，从而获取企业的全局数据结构；最后进行全局数据系统结构的识别，并提交信息系统的实施方案和计划。

不同规划方法在其走向、周期性、关注重点、主要目标和起点等方面都表现出不同特点，在应用时应结合具体情况加以考虑，如表 3-1 所示。

表 3-1　各信息系统战略规划方法的比较

方　法	走　向	周期性	关注重点	主要目标	起　点
企业系统规划法（BSP）	自下而上	长周期	内部需求	创建一致的系统框架	技　术
战略目标集转化法（SST）	自上而下	长周期	内部需求	保持系统与战略一致	管　理
关键成功因素法（CSF）	自上而下	短期持续性	外部需求	明确信息需求、支持需求变化	管　理
应用系统组合法（APA）	自下而上	中长期	外部发展	从战略引出信息系统划分优先级	管　理
价值链分析法（VCA）	自上而下	短周期	外部需求	标识关键值环节	市　场
战略系统规划（SSP）	自上而下	持续性	外部需求	创建竞争优势	组　织

资料来源：马费成，2009

3.2.3　EA 规划方法

企业架构（enterprise architecture，EA）规划方法起源于 20 世纪 90 年代的美国，EA 规划方法的雏形来自企业建模的理论和思想。在 20 世纪 80 年代早期，除了学术界，很少有人对企业再造或企业建模的思想感兴趣，而且使用的理论和模型通常被限于某个信息系统的设计和开发。EA 规划方法同样也经历了 20 世纪 80 年代的"数据处理危机"，并伴随着 90 年代初的"开放数据处理"、90 年代

---

① 百度百科：http://baike.baidu.com/view/292226.htm.

中期的"网络普及和政府应用"等，最终发展成为一种成熟的信息资源规划方法。

企业架构开发研究所 IFEAD 对 EA 规划方法使用的调查表明，企业或组织选择 EA 规划方法框架有如下益处：①支持管理决策（16%）；②管理 IT 设施（14%）；③描述 IT 变更路径（14%）；④支持系统开发（12%）；⑤管理复杂性技术环境（12%）；⑥提供 IT 和业务的总图（11%）；⑦支持 IT 和业务预算的优先级（11%）；⑧支持资源存取（5%）；⑨利于并购与采购（3%）；⑩其他（2%）。连续 3 年的调查表明，EA 规划方法在管理 IT 设施方面作用的认可度在逐年提高，并被定位为企业 IT 与业务整合的最佳方法（马费成，2009）。

因此，Popkin Software 直接将 Zachman 企业架构总结为以下 6 点（马费成，2009）：

1）EA 规划方法是简单的、容易理解的，是非技术的纯逻辑的描述工具；

2）EA 规划方法是综合性的，可以从整体上描述企业，任何问题都能映射到架构中；

3）EA 规划方法是一种语言，它能帮助思考复杂的问题（概念），并且能用准确的、极少的非技术词汇去表达思想；

4）EA 规划方法是一种规划工具，它可以改进决策过程，使决策者不可能凭空进行决策，可以将一个问题与其他企业问题关联起来考虑，并且可以看到各种可能的替代选择；

5）EA 规划方法是一个解决问题的工具，能够让使用者将工作抽象化、简单化，并且专心解决简单的问题而不失整体观；

6）EA 规划方法是中立的，所以任何工具或方法论都能映射到 EA 规划方法中。

EA 规划方法的出现，提供了业务和技术集成的机制，提供了从战略层向业务层、技术层扩展的规划模式，更主要的是提供了一种解决的思路和描述体系。目前，美国、英国、德国、澳大利亚和加拿大等发达国家都建立了政府层面的 EA 规划体系。例如，美国在推广 FEA 过程中，对 EA 规划方法的界定就是：以业务流程驱动方法论为基础，便于开展系统之间的集成和数据共享，促使政府信息资源使用更有效率的规划工具。

总之，EA 规划方法融合了第一阶段数据规划对数据稳健性的要求，也实现了战略信息系统规划中的战略匹配过程，是迄今体系功能最强大、最能体现信息资源规划需求的方法体系，也是业务和技术高度整合的方法体系。

综上所述，战略数据规划、战略信息系统规划、EA 规划三者在方法论、适用范围、实施环境、功能及规划形式上都存在差异，如表 3-2 所示。

表3-2　3种规划方法的比较

方法　比较项目	战略数据规划	战略信息系统规划	EA 规划
产生	20 世纪 80 年代早期	20 世纪 80 年代中期	20 世纪 80 年代末期
发展成熟	20 世纪 80 年代中期	20 世纪 90 年代初期	20 世纪 90 年代中期
标志性成果	1985 年詹姆斯·马丁的《信息系统宣言》	1993 年哈默和钱皮的《业务流程再造》	1995 年提出 TOGAF
解决的主要问题	数据规划、数据环境管理	战略与系统的匹配	信息资产描述和重组
规划目标	数据一致性	系统与业务集成	信息资产管理
适用阶段	系统建模阶段	系统规划和建模	系统生命周期
规划过程	自上而下规划	自上而下规划	多维展开，有效集成
适用范围	信息工程	战略规划	信息工程和战略规划
实施环境	边界和业务清晰	具有标准流程	全面兼容
实施准则	个性化或独立系统	具有伸缩性	开放环境
规划粒度	数据和功能规划	流程规划	数据、功能、流程、网络及人员等规划
规划与实施关联	实施完全依照规划	——	参考性规划
规划方式	项目小组、信息元库	ERP 等大型管理软件	参考模型、框架标准
不足	无法满足业务变更要求	技术专业性强、兼容性差	规划体系庞大

资料来源：马费成，2009

3.2.4　信息资源规划工具：IRP2000

信息资源规划工具 IRP2000 是国内开发研制的全面支持企业信息资源规划的软件工具，用于支持企业信息资源规划的需求分析、系统建模和信息资源管理基础标准的建立。其推广应用已被科技部批准为"国家级火炬计划项目"。

IRP2000 是信息资源网规划建设的高层软件工具，借助于该软件，可以进行业务梳理、数据分析、系统功能建模、系统数据建模、系统体系结构建模等规划。有关 IRP2000 工具软件的详细资料请参阅高复先的《信息资源规划——信息化建设基础工程》一书（高复先，2002）。

（1）IRP2000 的适用范围

信息资源规划工具 IRP2000 适用于三种水平的企业信息化情况：

1）计算机应用面较大，但数据环境质量较差、信息孤岛较多，需要建立共享的数据环境，整合提升已有的应用系统；

2）计算机应用面中等，数据环境质量中等或较差，既需要开发一些新的应用系统，又需要改善数据环境，使已有的应用系统与新开发的应用系统能实现信息共享；

3）计算机应用与数据环境建设都远未形成一定规模，基本上是处在信息化建设的初期。或者是新组建的企业，需要集成化地开发新一代的信息系统。

（2）IRP2000 的基本功能

IRP2000 有七大功能模块，分别是企业规划、业务功能分析、业务数据分析、系统功能建模、系统数据建模、系统体系结构建模、系统元库管理。

1）企业规划：企业规划的作用是将企业高层领导、信息主管和一些分析人员对企业当前和将要建设的信息系统的一些概要性、关键性的意见记录下来作为总体规划工作的指导。IRP2000 的企业规划功能包括企业—系统目标、价值流、应用系统等菜单。企业—系统目标是整个规划工作的指导方向，是根据企业生产经营目的或目标的描述，提出信息系统建设的目标。该菜单支持把调研得到的企业目标录入系统，也允许修改。价值流是一些对企业的生产经营有重要意义的业务流程，一般具有跨职能域和跨管理层次的特点。价值流的分析和识别对需求分析和系统建模过程有重要意义。该菜单能记录规划组对价值流的识别定义初稿和不断的精确化过程。应用系统菜单旨在记录、登记、查询和维护企业已开发或正在开发或即将开发的系统。

2）业务功能分析：业务功能分析是对企业的功能结构和业务活动进行分析，通常用"职能域—业务过程—业务活动"三层结构列表描述。

IRP2000 的业务功能分析菜单支持职能域/外单位、业务模型、业务过程定序分析和业务模型的打印。

3）业务数据分析：IRP2000 的业务数据分析菜单支持对用户视图、数据元素/项、数据元素/项在用户视图中的分布、数据流等功能的分析处理，且提供统一的标准规范。

4）系统功能建模：系统功能模型是系统的功能结构，用"子系统—功能模块—程序模块"三层结构表示。IRP2000 支持功能模型的建立、功能模块定序和功能模块打印。其中，功能模型的建立要先定义子系统，然后再定义功能模块和程序模块。

5）系统数据建模：系统数据建模是信息资源规划的核心。IRP2000 的数据建模功能支持主题数据库的定义、基本表的定义、全局数据模型的定义、子系统数据模型的定义、数据元素的查询、数据元素分布及相关打印功能。

6）系统体系结构建模：IRP2000 支持数据库存取关系的定义、子系统 C－U 阵、全域 C－U 阵的定义和相关打印功能。

7）IRP2000 系统元库管理：系统元库是全部信息资源规划的结构化信息存储。IRP2000 系统元库管理提供修改口令、初始化、升版管理、数据备份、数据恢复、数据合成、分散发布、冗余数据项、同义数据项等功能。

根据功能模块划分，IRP2000 可以分成 5 个工具软件，如下：

1）资源分析工具。包括 IRP2000 中资源分析模块的功能（系统目标、应用系统、应用系统模块、数据存储、应用系统使用的数据存储）和系统管理（修改用户口令、用户管理、用户权限选择），用于支持需求分析前期对企业现有应用系统、数据库应用系统的使用状况调研，从而支持后期系统建模中对原有功能和数据的抽取。

2）需求分析工具。包括业务需求分析工具和数据需求分析工具。支持业务功能分析、业务数据分析、数据项管理（基本词、类别词、数据项管理、数据项在用户视图中的分布）、系统管理（修改用户口令、用户管理、用户权限选择），用于支持需求分析阶段的业务分析（建立业务模型）和数据分析（用户视图录入、数据流的分析）工作，并提供了数据管理功能。具体功能界面如图 3-2 所示。

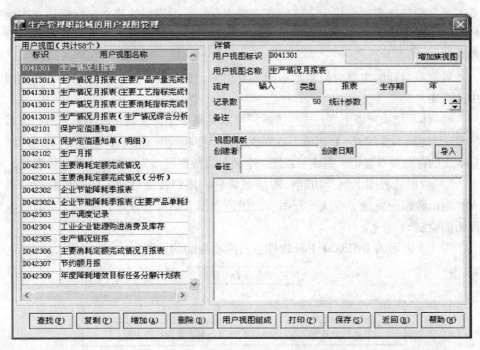

图 3-2　IRP2000 的需求分析功能示例

其中业务需求分析工具可以进行职能域管理、修改职能域描述、业务过程编辑、业务活动编辑、业务模型查询、系统管理（修改用户口令、用户管理、用户权限选择），用于支持需求分析阶段的职能域登记，职能域业务过程、业务活动登记，完成业务模型的建立。

数据需求分析工具有如下功能：职能域管理、用户视图登记、用户视图组成登记、外单位管理、输入数据流登记、输出数据流登记、数据流查询、系统管理，用于支持需求分析阶段的数据分析工作，用户视图及其组成、数据流登记，但不具有数据管理功能。

3）系统建模工具。包括系统功能建模工具和系统数据建模工具。支持系统功能建模、系统数据建模、体系结构管理、数据元素管理、系统管理，用于支持信息资源规划的系统功能建模（建立功能模型）和系统数据建模（建立数据模型），同时提供数据管理功能。

其中系统功能建模包括子系统管理、修改子系统描述、功能模块编辑、程序模块编辑、功能模型查询等，用于支持信息规划中系统功能模型的建立，包括建立子系统、子系统功能模块和程序模块。

系统数据建模是由主题数据库登记、基本表登记、子系统数据模型、子系统基本表几项功能组成，用于支持信息规划中系统数据模型的建立，包括建立主题数据库、子系统基本表登记、子系统数据模型和全域数据模型，但不具有数据管理功能。

数据项管理的主要对象是基本词、类别词、数据项管理、数据项在用户视图中的分布。

4）体系结构建模工具。支持子系统存取关系登记、全域存取关系生成、子系统 C—U 矩阵、全域 C—U 矩阵，在完成功能模型和数据模型后，通过对功能模块、基本表的存取关系登记，完成子系统、全域的以数据模型为基础的体系结构模型。

5）数据流程图工具。功能：职能域管理、用户视图登记、外单位管理、输入和输出数据流登记、一级流程图、二级流程图、系统管理等，用于支持数据流程图的绘制。

图 3-3 表示的 IRP2000 工具软件各功能模块间的关系。

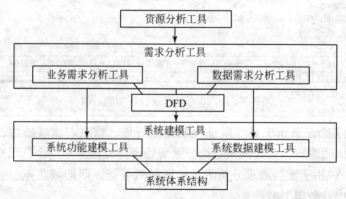

图 3-3　IRP2000 工具软件功能模块关系

相关链接 3-1　信息资源管理工具：IRA2000①

IRA2000 是信息资源开发系统（IRDS）的第四个产品，是信息资源管理的全程支持工具，用以支持全企业概念层、逻辑层和物理层的数据字典管理，以固化各种编码标准。

在信息资源规划过程中，概念层和逻辑层（一部分）的数据字典已作为规划元库（PR）和设计元库（DR）的子集被生成，在进入数据库设计和应用开发阶段，这些字典资源将被引用，发展为物理层的数据字典——建造元库（GR）的子集。信息分类编码的管理是与数据字典紧密相关的，但又有其特殊性：从编码对象的识别、编码规则的制定到编码表的创建、维护和分布，需要一系列规范化、标准化的管理。IRA2000 正是支持这些管理工作的一个工具。

IRA2000 的主要功能模块包括信息资源字典、信息资源分类编码、元库管理等。其中，信息资源字典包括概念字典、逻辑字典、物理字典等功能模块，用于支持概念层、逻辑层和物理层的数据字典的管理。信息资源的分类编码功能模块能够编辑存储有关信息分类编码的政策法规文件，备查用；能够对企业所有信息分类编码数据元素进行统一管理；能够对企业所有信息分类编码目录进行打印；能够对企业所有信息分类编码规则和编码表进行打印等等。具体而言，信息资源的分类编码功能包括编码体系、A 类编码、B 类编码、C 类编码等模块（A、B、C 三类编码的划分请参见后续章节 3.3.2 的内容），用于支持 A、B、C 类编码对象的登记、编码规则的记录、编码库表结构的定义与自动创建、编码表的编辑、录入、维护和查询、编码表的导入导出等。元库管理功能则基本与 IRP2000 的元库管理功能相同。

3.3　信息资源管理规划的基础标准

集成化、网络化的信息系统是开发利用信息资源的有效手段，而信息资源管理基础标准，则是信息资源开发利用、集成化网络化信息系统建设的关键技术基础，决定着信息系统质量的高低。所谓信息资源管理的基础标准，是指那些决定信息系统质量的、信息资源管理最基础的标准。这些信息资源管理基础标准的建

---

① 信息资源管理工具 IRA2000 简介：http：//bbs. topoint. com. cn/showtopic. aspx？ topicid = - 3908/ 2010-05-23。

立是组织信息系统开发建设的关键和基础，必须用正确的理论与技术指导，采取"自上而下"和"自下而上"相结合的策略，建立一套完整的机制和办法，保证信息系统建设的全过程都严格地贯彻执行这些标准，才能取得实际的成效。为此，要做好以下关键性工作（刘耀东和高复先，2004）：

1）建立全组织计算机化的数据字典。通过总体数据规划建立起来的数据元素、用户视图、概念数据库、逻辑数据库标准，都存储在计算机化的数据字典中，今后信息系统建设各阶段要严格贯彻执行这些标准。应制定相应的信息管理制度，与总体数据规划相衔接，在信息系统建设的各个阶段保证各项基础标准的定义、修改、增加、发布和使用都实现计算机化统一管理。

2）建立信息分类编码工作组，搞好信息分类编码标准的制定工作。信息分类编码是继总体数据规划之后一项极其重要的工作，信息分类编码标准绝不是短时间内一次就能完成的，它是一项长期艰巨的任务，应根据建立的编码体系表和应用系统开发顺序，分轻重缓急选定编码对象，组织力量打攻坚战和歼灭战，逐步建立起信息分类编码标准，并用计算机化的工具统一管理起来。涉及各应用系统的信息分类编码标准制定，要在系统详细设计和开发阶段同步进行，但这并不是各自为政的方式，编码队伍的组织、编码标准的制定、推广、更新和发布要由信息资源管理部门统一控制，制定的标准要做到全局共同遵守，彻底打破那种条块分割的局面。

3）建立信息资源库，实行一体化的信息资源管理。应采用统一的信息资源管理工具，建立信息资源管理基础标准。基础标准不仅在总体设计、应用系统设计和信息分类编码工作中运用，而且在采用第三方系统建设工具或外购应用软件时，也要在数据结构或数据接口方面严格控制其与已有基础标准的一致性。

3.3.1 信息资源管理的标准体系

信息化建设中的数据标准化体系，是指统一建立并执行的五项数据标准——数据元素标准、信息分类编码标准、用户视图标准、概念数据库标准和逻辑数据库标准。信息资源管理基础标准是进行信息资源开发利用的最基本的标准。这五项数据标准既是完全的，又是足够的，构成了信息资源管理基础标准化体系。

在信息化建设中，建立数据元素标准和信息分类编码标准的过程，与建立用户视图标准的过程、数据库标准的过程是一致的。从实例中可以看出，在建立用户视图（"教职员工登记表"）标准时，就包括数据元素标准化工作（"员工姓名"、"住址"等数据元素）和信息分类编码的标准化工作（"民族代码"、"部门代码"等）；在建立概念数据库标准和逻辑数据库标准时，必定包括数据元素标准和信息分类编码标准的使用。

　　信息资源管理标准体系的建立绝不是一项孤立的工作。这些标准的建立，始于信息资源规划的需求分析，伴随整个信息资源规划过程而逐步建立，在其后的数据库和应用系统的开发过程中执行并不断充实。

　　建立信息资源管理标准体系的具体策略方法包含如下几个方面：

　　1）在总体数据规划期间，提出数据管理目标，划定数据管理范围，研究并解决数据管理的基本方法，提出上述规范初稿，并实际地进行基础性建设工作；

　　2）责成职能部门（信息中心的专职数据管理人员）继续研制、修订上述规范，并有计划地试用、发布、组织监督实施；

　　3）各用户单位的应用系统建设，都要把本单位的数据管理基础建设放到首位来抓，确立整体观念，保证数据管理的有效性，避免自由发挥式的、分散无控制的开发；

　　4）全系统应该采用统一的计算机软件工具来辅助数据管理工作，建立计算机数据字典，以提高其标准化与自动化水平，并支持应用系统的开发。

3.3.2　信息资源管理的主要标准

　　信息资源管理标准体系包括五个基础标准：即数据元素标准、信息分类编码标准、用户视图标准、概念数据库标准和逻辑数据库标准。

　　（1）数据元素标准

　　数据元素（data elements）是最小的不可再分的信息单位，是一类数据的总称，是数据对象的抽象。对数据元素的准确识别和定义是数据管理工作最基础的工作，是保证系统中数据一致性的前提，是建立稳定良好的数据结构的关键。

　　数据元素标准包括数据元素命名标准、标识标准和一致性标准。

　　1）数据元素命名标准。数据元素命名的原则是用一简明的词组来描述一个数据元素的意义和用途。词组的一般格式是：

$$\boxed{\text{类别词——基本词——修饰词}}$$

　　其中，类别词（class word）是指能对数据对象作一般性分类的词，例如"时间"、"编号"等；基本词（prime word）是指能对数据对象作进一步分类的词，例如"设备"、"保险"等；修饰词（modifying word）一般是名词，而不是形容词或副词。类别词是数据元素命名中一个最重要的名词，用来识别和描述数据元素的一般用途或功能，不具有行业特征，条目比较少。基本词是对一大类数据对象作进一步分类（反映一小类数据对象），一般具有行业特征，条目比较多。把握类别词与基本词的定义和数目，就能控制数据元素的定义准确性和总体数目。例如，"社会保险号码"（SOCIAL-SECURITY–NUMBER）是一个数据元素，其结构是：

在这里，数据元素作为最小的不可再分的信息单位，其命名词组要说明抽象数据的逻辑属性，而不包括物理属性，即不得包括时间、空间和人员单位等属性。以"授课人数"这一数据元素为例，某天的授课人数、某教室的授课人数、某教授的授课人数等，都不再是数据元素。

2）标识标准。数据元素标识即数据元素的编码，是计算机和管理人员共同使用的标识。数据元素标识用限定长度的大写字母字符串表达，字母字符可按数据元素名称的汉语拼音抽取首音字母，也可按英文词首字母或缩写规则得出。如表3-3所示。

表3-3　数据元素标识标准示例

数据元素标识 （汉语拼音首）	数据元素标识 （英文缩略）	数据元素名称
KCZSS	CRS_ TM_ AMNT	课程总时数
SBSL	EQP_ QTY	设备数量

3）一致性标准。数据元素命名和数据元素标识要在全组织中保持一致，或者说不允许有"同名异义"的数据元素，也不允许有"同义异名"的数据元素。这里的"名"是指数据元素的标识，"义"是指数据元素的命名或定义。"同名异义"数据元素的出现是因为没有遵循数据元素标识规则，用两个字符来标识数据元素（过于简单）的结果。如果坚持汉语拼音或英文缩略的数据元素标识规则，就消除了"同名异义"现象。数据元素的"同义异名"是因为对同一个数据元素用了不同的标识的原因产生的。

数据元素标准的建立，始于正规的总体数据规划，在其后的应用系统开发或现有应用的集成过程中，贯彻执行已建立的数据元素标准，同时对发现的问题或新增加的数据元素，有组织地进行修订和管理。这样建立的数据元素标准才可能实现系统内的共享和与系统外部的信息交换。

（2）信息分类编码标准

信息分类编码是信息标准化工作的一项重要内容，已发展成了一门学科，有自身的研究对象、研究内容和研究方法。分类和编码是提高劳动生产率和科学管理水平的重要方法，它的质量决定着信息的自动化处理、检索和传输的质量和效率。在工业社会中，美国新兴管理学的开创者莫里斯 L·库克（Morris L Cooker）说："只有当我们学会了分类和编码，做好简化和标准化工作，才会出现任何真正的科学管理。"在信息化时代，信息的标准化工作越来越重要，没有标准化就没有信息化，信息分类编码标准是最重要的基础标准。

信息分类是指根据信息内容的属性或特征，将信息按一定的原则和方法进行区分和归类，建立起一定的分类系统和排列顺序。而信息编码则是指在信息分类的基础上，将信息对象（编码对象）赋予有一定规律性的、易于计算机和人识别与处理的符号，以便管理和使用信息。

应遵照《国家经济信息系统设计与应用标准化规范》和《标准化工作导则 – 信息分类编码规定》（国标 GB7026 – 86），按"国际标准—国家标准—行业标准—企业标准"的序列，建立全企业信息系统所使用的信息分类编码标准。

在总体数据规划进程中，结合数据建模工作可以识别定义信息分类编码对象，汇总形成全组织的信息分类编码体系表，在其后的系统开发建设中要继续完成各项具体的信息分类编码工作。

建立全组织的信息分类编码标准包括以下三个步骤：

1）首先要确定分类编码对象，它们是具有分类编码意义的数据元素的集合。跟一般的数据元素相比，它们是更为重要的一类数据元素，因为它们在基本表中通常都作为其主键或外键；

2）制定编码规则，即对每一编码对象要制定码长、分层和各码位的意义和取值规则；

3）编制代码表，即对第一编码对象按既定的编码规则编制出该编码数据元素的所有可能的取值表。

在有上级标准（如国际、国家或行业标准）的情况下，代码表应与上级标准相一致，尽量采用已有的上级标准；当已有信息分类编码标准与上级标准不一致时，为方便系统内部信息处理与共享并满足与系统外的信息交换，要制定与上级标准相对应的换码表；在既没有上级标准又没有自己的标准的情况下，编码工作要坚持"不等不靠"的原则，自行组织力量，把急需用的编码对象的规则和代码表制定出来。

另外，为方便信息分类编码的计算机化管理和支持数据处理与信息传输，根据研究和实践结果，我们可以将信息分类编码对象划分为 A 、B 、C 三种类型。

1）A 类编码对象。在信息系统中不单设编码库表，编码表寓于主题数据库表之中的信息分类编码对象，称为 A 类编码对象。这类编码表的记录，一般随主题数据库表记录的增加而逐步扩充，很难一次完成。虽然不单设编码库表，但其编码表可以从数据库表中抽取出来作为一个虚表（是数据库表的一个投影）在信息系统中使用。这类编码对象一般在具体的应用系统中使用较多，如身份证号码（国家标准）、教职员编码、学生编码、设备编码等，都是 A 类编码。

2）B 类编码对象。在信息系统中单独设立编码库表的信息分类编码对象，称为 B 类编码对象。这类编码表内容具有相对的稳定性，可以组织力量一次编制出来。这类编码表一般都较大，像一些数据库表一样，在应用系统中往往被多个模块所共享，作为一些单独的库表管理是方便的。如国家行政区划分编码、学科编码、职称编码、疾病分类编码等，都是国家标准的 B 类编码。

3）C 类编码对象。在应用系统中有一些编码表短小而使用频度很大的编码对象，如人的性别代码、文化程度代码和婚姻状况代码等等。如果都设立编码库表，不仅系统运行时资源开销大，还给系统管理带来一系列的问题，可以把这类对象统一设一个编码库表来管理。

（3）用户视图标准

用户视图是一些数据元素的集合，它反映了最终用户的信息需要和对数据实体的看法。通过建立用户视图标准，可以把系统中所有用户的信息需求表述清楚。

威廉·德雷尔认为，用户视图与外部数据流是同义词——用户视图是来自某个数据源或流向某个数据接受端的数据流，是数据在系统外部（而不是内部）的样子，是系统的输入或输出的媒介或手段。

常见的用户视图有输入的表单、打印的报表、更新的屏幕数据格式、查询的屏幕数据格式。

规范并简化用户视图，是信息系统内外信息交换所必需的，这就需要规范用户视图的命名、分类编码、登记和组成结构。

用户视图名称是用一句短语表达用户视图的意义和用途。

用户视图分类编码是采用一定的符号来划分用户视图输入、存储、输出类别和单证、报表、账册，是它的标识和分析处理的根据。

用户视图可以分为三大类："输入"大类代码为"1"，"存储"大类代码为"2"，"输出"大类代码为"3"；四小类："单证"小类代码为"1"，"账册"小类代码为"2"，"报表"小类代码为"3"，"其他"（屏幕表单、电话记录等）小类代码为"4"；为区别不同职能域的用户视图，需要在编码的最前面标记职能域的代码。例如，"教职员工登记表"编码根据编码规则可以编为 D021302。

用户视图登记是指对用户视图统一登记、建立用户视图目录体系。其规范格式是用户视图编码、用户视图名称、用户视图流向、类型、生存期、记录数（估计值）。

用户视图组成是指顺序描述其所含的数据元素，一般格式是：

> 序号—数据元素名称—数据元素定义

例如已登记的用户视图"教职员工登记表"的组成：

序号	数据标识	数据名称
01	EMP_ NO	员工号
02	ID_ CARD_CD	身份证号
03	EMP_ NM	员工姓名
04	SEX	性别
05	NATION_CD	民族代码
06	BIRTHDAY	出生日期
07	IN_ DATE	入校日期
08	DPT_ CD	部门代码
09	PST_ CD	职务代码
10	ADD	住址
11	TEL	电话
12	E-MAIL	电子邮件

对于用户视图组成的规范化表述，不是简单地照抄现有报表的栏目，而是要做一定的分析和规范化工作。一般来说，存储类用户视图在表述其组成时要规范化到一范式（1-NF），标出其主关键字。对复杂的报表，进行规范化的拆分建立规范的组成，需要根据管理要求和报表的结构，按不同的模式进行处理。

总之，建立用户视图标准，是指对所有的用户视图进行命名、分类编码、登记和规范化表达组成结构。

在建立了以上三方面的信息资源管理基础标准的基础上，就可以建立概念数据库标准和逻辑数据库标准了。

（4）概念数据库标准

概念数据库是最终用户对数据存储的看法，是对用户信息需求的综合概括。简单讲，概念数据库就是主题数据库的概要信息，用数据库名称及其内容的描述来表达。

概念数据库标准是对组织内所有主题数据库的界定——列出每一主题数据库的名称及其内容的描述。

（5）逻辑数据库标准

逻辑数据库是系统分析设计人员的观点，是采用数据结构规范化原理与方法，对概念数据库的进一步细化，分解成一组规范化的基本表。基本表是由企事业管理工作所需要的基础数据所组成的表，而其他数据则是在这些数据的基础上衍生出来的。基本表可以代表一个实体，也可以代表一个关系，基本表中的数据项就是实体或关系的属性。基本表一般要达到三范式（3-NF）。一个逻辑数据库就是一组三范式基本表的统一体。

逻辑数据库标准是指以基本表为基本单元，列出全部的逻辑数据库。具体而言，就是对组织内所有主题数据库分解出的基本表结构规范——按主题列出每组基本表，对每一基本表列出其主键和属性表以及基本表之间的结构关系。例如，港口生产管理系统的"船舶动态"逻辑主题数据库标准如下（高复先，2002）：

船舶动态基本信息（＊船舶航次编号，船舶动态码，船名，呼号，来自港……
……）

船舶动态——预报船（＊船舶航次编号，预计抵港时间，抵港时间，……）

船舶动态——锚地船（＊ 船舶航次编号，下锚时间，锚位，预靠时间，……）

……

其中，第一个基本表与气候的基本表错开排列，是因为它有特殊的、综合的性质，它对其后的基本表都有"一对多"的关系。每个基本表后边括号内的属性列表项，都是数据元素；其中前面加"＊"的，是主关键字。

3.4 信息化水平测度与国家信息化工程

3.4.1 国外信息化水平测度

随着信息技术的发展，"信息化"一词在当今社会生活中已被广泛使用，信息化这个概念最早是日本学者梅棹忠夫在 20 世纪 60 年代提出的，对信息化测度的研究也是由此开始的。关于信息化的内涵和外延，学术界比较统一的阐释为"信息化就是指在国家宏观信息政策指导下，通过信息技术开发、信息产业的发展、信息人才的配置，最大限度地利用信息资源以满足全社会的信息需求，从而加速社会各个领域的信息化发展进程"（刘凤勤等，2001）。信息化是指人类社会发展过程中的一种特定现象，在这种现象出现时，人类对信息的依赖程度越来越高，而对物质和能源的依赖程度则相对降低。社会信息化不是从来就有的，而是人类社会政治、经济、文化、生活发展到一定历史阶段后的必然产物。而信息化测度，是指从定量角度来考察一个国家或地区的信息环境、研究信息化现有水平和信息化发展潜力、反映一个国家或地区向信息化社会转变的进度，通常可以用信息化指数模型或波拉特测算模型等来表示。信息化的测度有许多方法，但国际上通用的主要是美国波拉特的信息化测度体系和日本小松崎清的信息化指数法。

1. 波拉特测度体系

1977 年，美国著名经济学家马克·尤里·波拉特（Marc U. Porat）在他的九卷巨著《信息经济》（The Information Economy）中提出了"信息产业"这一第四产业的概念，并在马克卢普信息经济论的基础上提出了波拉特测度模型，对信息经济进行定量测算。1981 年 OECD（经济合作与发展组织）成员国开始采用波拉特的理论和方法测算各国的信息经济规模和国民经济结构。

波拉特测度体系的核心就是将信息部门从国民经济的各部门中划分出来，将信息产业与农业、工业、服务业并列，称为第四产业，其识别的标准是根据各种经济活动与信息的形态转换的相关度而确定的。波拉特依据经济活动的结果——信息产品或服务是否在市场中直接出售将国家信息部门划分为一级信息部门和二级信息部门。如表 3-4 所示：

表 3-4　波拉特信息部门分类表

部　门	定　义	范　围
一级信息部门	直接向市场提供信息产品和信息服务的产业	生产知识和具有发明性质的行业；信息交流与流通产业；风险管理业；调查和协调业；信息处理与传递服务业；信息商品业；部分政府活动；基础设施等
二级信息部门	信息生产只供自身消费的大部分政府公共部门和一切私人企业的管理部门	政府公共部门 民间管理部门

波拉特对一级信息部门的测度主要采用两种方法，一种是最终需求法（也称支出法），主要是用来测定独立的商品化信息部门的产值，其计算公式为

$$GNP = C + I + G + (X - M) \tag{3-1}$$

式中，C（消费）为消费者对信息部门最终产品和服务的需求量和消费量；I（投资）为企业对信息部门最终产品和服务的需求量和消费量；G（政府购买）为政府对信息部门最终产品和服务的需求量和消费量；$(X - M)$（净出口）为信息部门产品和服务的国外销售额减去从国外的购买额。用最终需求法测定信息市场的产值时，C，I，G，$(X - M)$ 这 4 个指标分别代表信息产品的消费额、投资额、政府购买和净出口。其中，C 部分通常还要加上某些估算价值。

另一种是增值法（也称生产法），这种方法是将所有部门的销售额或营

业收入扣除从别的部门购买生产资料的支出之后的余额相加后求得一定时期内社会生产的新增价值总额的一种计算方法。用增值法可以在一定程度上避免 GNP 的重复计算问题，用这种方法测定信息市场的产值时，需要运用投入产出矩阵，并把其产品不采用商品形态的非独立的信息部门的增值也计算进去。

对于二级信息部门，波拉特将这类不直接进入市场的信息产品和服务的价值，看作是由这些产品和服务在生产时所消耗的劳动力和资本这两种资源的价值所构成。即二级信息部门的产值由以下两方面可测算的投入量构成，计算公式如下所示：

GNP = 在非信息部门就业的信息劳动者的收入 + 非信息部门购入的信息资本的折旧（如各种机器设备等固定资产的折旧） (3-2)

在非信息行业就业人员中识别抽取出信息劳动者是较困难的，波拉特从美国422 种职业中归纳出 5 类职业的信息劳动者。这 5 类信息劳动者可以属于一级信息部门，也可以属于二级信息部门，但是在这里只与二级信息部门的信息劳动者有关。这 5 种类型职业的信息劳动者是：

1）知识生产和发明者（包括科技人员、金融人员、律师、医生、法官、计算机专家、设计师等）；

2）知识的分配和传播者（包括教育工作者、艺术者、作家、记者、图书馆人员等）；

3）市场调查和咨询人员（包括信息收集人员、调查人员、计划管理人员等）；

4）信息处理和传输人员（包括秘书、邮递员、电影放映员等）；

5）信息设备劳动者（包括印刷工人、计算机操作人员、电信工作人员等）。

在测算二级信息部门信息劳动者收入时，波拉特利用美国劳动统计局的"产业——职业结构矩阵"数据库，将劳动力人数变换为劳动者收入，从而按产业逐步测算出二级信息部门的信息劳动者的总收入。此外，波拉特利用美国经济分析局"产业——资本流动矩阵"数据库，测算出二级信息部门信息资本折旧。然后将两项数据汇总，即可得到二级信息部门的总产值。该产值加上一级信息部门的总产值就得到了信息产业的国民生产总值。

波拉特测度模型具有无可取代的优点：一是首次把信息行业从国民经济部门中识别出来，并以定量方式对其进行测度；二是将信息部门划分为一级信息部门和二级信息部门两大类，将与信息有关的非完全信息产业归到二级信息部门中去，并能对其进行详细的分析。但该模型由于运算量较大，对统计资料和统计人员专业水平要求都较高。

2. 日本信息化指数模型

该模型是日本电信与经济研究所研究人员小松崎清于 1965 年提出的信息化指数模型测评方法，又称信息指数法，主要是依据某些综合的社会统计数字，汇总成一个总体指标，从衡量社会的信息流量和信息能力等来反映社会信息化水平。该模型包括信息量、信息装备率、通信主体水平、信息系数 4 个因子及其下的 11 个指标（表 3-5）。

表 3-5　日本信息化指数

信息化指数 I_d	信息量 I_1	人均年使用函件数
		人均年通话次数
		每百人每天报纸发行数
		每平方千米人口密度
		每万人书籍销售点数
	信息装备率 I_2	每百人电话机数
		每百人电视机数
		每万人电子计算机数
	通信主体水平 I_3	第三产业人数的百分比
		每百人在校大学生数
	信息系数 I_4	个人消费中除去衣食住外杂费的比率

测算时，先将基年各项指标的值指数定位 100，然后分别将测算年度的同类指标值除以基年指标值，求得测算年度的各项指标值的指数，再将各项指标值指数求算术平均，即得到测算期的信息化指数。

在测算过程中，也可以先测算出信息量指数、信息装备率指数、通信主体水平指数和信息系数指数，再求算术平均，即求得信息化指数。信息化指数模型表达为

$$I_d = \left(\sum_{i=1}^{4} I_i \right) / 4 \tag{3-3}$$

运用信息化指数衡量社会信息化水平有许多可取之处，首先该方法简便易操作，所用数据易取得且可靠性高。它既可用来测算国家或地区的信息化纵向历史进程，又可以横向比较不同国家和地区之间信息化程度的差别。但这种方法也有其不足之处：首先所采用的指数尚不合理，没有反映出人均生产方面的指标，也没有准确反映出信息产业发展的状况；其次在汇总计算上运用的是算术平均法，也不太合理，在信息化进程中，计算信息化指数的各指标对信息化的贡献是不同的，给予同样的比重是不合理的。可见，无论是指标体系还是计算方法上都需作

进一步的研究。

3. 中国的信息化水平测度

（1）中国信息化发展指数指标体系

信息化发展指数（information development index，IDI）从信息化基础设施建设、信息化应用水平和制约环境，以及居民信息消费等方面综合性地测量和反映一个国家或地区信息化发展总体水平。国家统计局测算信息化发展总指数的体系由5个分类指数和10个具体指标构成。指标体系见表3-6。

表3-6　信息化发展指数指标体系

总指数	分类指数	指 标
信息化发展总指数	一、基础设施指数	1. 电视机拥有率（台/百人）
		2. 固定电话拥有率（部/百人）
		3. 移动电话拥有率（部/百人）
		4. 计算机拥有率（台/百人）
	二、使用指数	5. 每百人互联网用户数（户/百人）
	三、知识指数	6. 教育指数（国外：成人识字率×2/3 + 综合入学率×1/3 国内：成人识字率×2/3 + 平均受教育年限×1/3）
	四、环境与效果指数	7. 信息产业增加值占国内生产总值（GDP）比重（%）①
		8. 信息产业研究与开发经费占国内生产总值（GDP）比重（%）②
		9. 人均国内生产总值（GDP）（美元/人）
	五、信息消费指数	10. 信息消费系数（%）

注：①用第三产业增加值占国内生产总值（GDP）比重代替；
　　②用全部研究与开发经费占国内生产总值（GDP）比重代替

信息化发展指数计算方法：先对10个具体指标数据进行标准化，加权平均计算出信息化发展指数的各分类指数值，再加权计算出总指数。计算公式为

$$IDI = \sum_{i=1}^{n} W_i \left(\sum_{j=1}^{m} \frac{1}{m} P_{ij} \right) \tag{3-4}$$

式中，n 为信息化发展分类指数的个数；m 为信息化应用水平第 i 类指数的指标个数；W_i 为第 i 类指数在总指数中的权重；P_{ij} 为第 i 类指数的第 j 项指标标准化后的值。

基础设施指数和使用指数直接反映信息化应用的状况，这两个指数的权重均为25%；知识指数、环境与效果指数制约信息化的发展，这两个指数的权重均为20%；信息消费指数反映居民支出中用于信息方面的消费，其权重为10%。

2000～2008 年，在信息化发展指数的五个分类指数中，除信息消费指数外，其余四个分类指数值都较上年有所上升，各分类指数的情况是：使用指数最高，为 0.887，比上年提高 0.040 个点；其次是知识指数，为 0.794，比上年提高 0.013 个点；环境与效果指数为 0.555，比上年提高 0.019 个点；信息消费指数为 0.516，比上年下降 0.033 个点；基础设施指数为 0.409，比上年提高 0.008 个点（表3-7）。

表 3-7　2000～2008 年中国信息化发展指数与分类指数比较

年 份　　指 数	2000	2002	2003	2004	2005	2006	2007	2008
总指数	0.478	0.534	0.560	0.576	0.591	0.612	0.630	0.645
基础设施指数	0.167	0.234	0.276	0.311	0.350	0.379	0.401	0.409
使用指数	0.595	0.705	0.738	0.757	0.775	0.799	0.847	0.887
知识指数	0.765	0.750	0.758	0.765	0.756	0.776	0.781	0.794
环境与效果指数	0.461	0.491	0.449	0.508	0.517	0.528	0.536	0.555
信息消费指数	0.425	0.507	0.554	0.538	0.551	0.569	0.549	0.516

1995～2008 年，中国信息化在五个方面呈现非均衡化发展的特点。由于互联网应用普及程度进一步提高，国民基础教育和文化素质稳步提升，使用指数和知识指数保持较高的发展水平，从 1999 年以来指数值均高于总指数；但环境与效果指数和基础设施指数的发展水平仍然较低、表现出目前中国经济实力较低，信息产业需要进一步加快发展、城乡信息化基础设施建设差距较大等严峻现状。同时，受世界金融危机的影响，近两年中国信息消费增长缓慢，信息消费指数较上年有较大幅度下降（图3-4）。

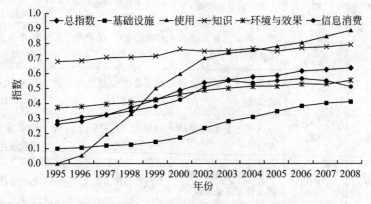

图 3-4　1995～2008 年中国信息化发展总指数及各分类指数比较

（2）全国信息化工作会议关于中国信息化水平测算的体系框架

1）指标体系。在世界信息化水平迅速提高、发达国家以信息产业为核心的新经济体系不断完善与壮大的背景下，中国信息化建设也在加快发展，正在成为经济增长的新动力。全国信息化工作会议根据国务院信息化工作小组于 1997 年提出的国家信息化的定义，并从我国信息化发展的现实水平、国家信息化指标体系研究和统计体系的现状出发，确定了中国信息化水平测算体系框架，包括信息资源、国家信息网络建设、信息技术应用、信息产业发展、信息化人才、信息化政策法规和标准 6 个方面。其制定原则为：符合国家信息化建设的方针政策；符合国情并适合国际的比较；要具有综合性和可操作性；要具有导向性。

这套指标体系设置了 6 个大类，共 25 个指标。该体系主要用于国家信息化发展水平地区间横向比较，并在此基础上拓展到纵向比较。指标的数据绝大部分在现有的统计数据中可以获得，个别没有的，作特定调查也比较容易获得，基本上可以反映一个国家、地区或部门的信息化水平与发展态势。中国信息化水平综合指数测算与评价的指标体系见表 3-8。

表 3-8　中国信息化水平综合指数测算与评价的指标体系

要素	序号	数据指标	指标名称	指标解释（或指标单位）	资料来源及说明
信息资源开发利用	1	X1	每千人广播电视播出时间（小时/千人）	传统声、视、频信息资源	广电统计
	2	X2	每万人图书、报纸、杂志总印张数	传统信息资源的规模	统计系统、邮电统计
	3	X3	每千人万维网站点数	信息资源联网使用规模，按域名统计	CNNIC 统计
	4	X4	每千人互联网使用字节数	互联网（现代信息资源）的数据流量	
	5	X5	人均电话通话次数	电话主线使用率	邮电统计、统计系统统计
信息网络建设	6	X6	每百平方公里长途光缆长度	皮长公里①/百平方公里（国土面积）	邮电统计、统计系统统计
	7	X7	每百平方公里微波通信线路	波道公里②/百平方公里（国土面积）	邮电统计、统计系统统计
	8	X8	每百平方公里卫星站点数	卫星站点/百平方公里（国土面积）	广电统计、统计系统统计
	9	X9	每百人拥有电话主线数（含移动电话数）	主线普及率	邮电统计

① 皮长公里：是广缆的长度计量方式。
② 波道公里：微波占有信道数，用来反映传统带宽资源。

续表

要素	序号	数据指标	指标名称	指标解释（或指标单位）	资料来源及说明
信息技术应用	10	X10	每千人有线电视用户数	有线电视的普及率	广电统计、统计系统统计
	11	X11	每千人局用交换机容量	门/千人	邮电统计、统计系统统计
	12	X12	每百万人互联网用户数	互联网的使用人数	CNNIC 统计、统计系统统计
	13	X13	每千人拥有计算机数	计算机指全社会拥有的全部计算机，包括单位和个人拥有的大型机、中型机、小型机、PC 机	统计系统统计
	14	X14	每百户拥有电视机数	包括彩色电视机和黑白电视机	统计系统统计
	15	X15	每千人拥有信用卡张数	银行信用卡是指金融系统信用卡	金融统计
信息产业发展	16	X16	每千人专利授权数	反映我国自有信息技术发展水平	科技统计、统计系统统计
	17	X17	信息产业增加值占 GDP 比重	信息产业增加值主要指信息技术产业，包括电子、邮电、广电和信息服务等产业的增加值	统计系统统计
	18	X18	信息产业从业人数占全社会劳动力人数比重	信息产业的口径与第（17）指标相同。信息产业劳动力人数为第（17）指标口径的信息产业中的劳动力人数。全部劳动力为全社会劳动人口总数	统计系统统计
	19	X19	信息产业出口额占出口总额比重	反映我国信息产业国际竞争力	外经贸部进出口司、信息产业部经济运行司
	20	X20	信息产业对 GDP 增长的直接贡献率	该指标的计算为：信息产业增加值中当年新增部分与 GDP 中当年新增部分之比	统计系统统计

要素	序号	数据指标	指标名称	指标解释（或指标单位）	资料来源及说明
信息化人才	21	X21	每万人大学生数	全社会累积大专以上毕业生数占全社会劳动力比重	统计系统统计
	22	X22	信息化相关者专业在校大学生数占比重		教育部统计
	23	X23	每万人拥有科技人员数	反映人口科学技术素质	科技统计、统计系统统计
信息化发展政策	24	X24	研究与开发经费支出占GDP比重	该指标主要反映国家对信息技术产业的发展政策	科技统计、统计系统统计
	25	X25	信息产业基础设施建设投资占全部基础设施建设投资比重	信息产业的口径与第（17）指标相同。全国基础设施投资指能源、交通、邮电、水利等国家基础设施的全部投资	广电统计、邮电统计、电子统计、统计系统统计

注：X_i 为能搜集到数据的指标，共计25个指标

2）测算方法。根据上述中国信息化水平测算与评价的指标体系，对信息化水平指数的测算主要采用综合评分分析法，其基本评价模型通常采用简单线性加权方法：

$$\text{II} = \sum_{i=1}^{n} P_i W_i \tag{3-5}$$

式中，P_i 为第 i 个评价指标无量纲化处理后的值，W_i 为 P_i 的权重，II（information index）为信息化水平总指数值。

我们采用综合评分分析法的具体测算过程为。

第一，对选择的指标进行相关分析，筛掉相关性极高的指标，避免相同因素在计算中占有过大的份额，以保证评价结果的合理性；

第二，对指标进行标准化处理以进行规范，使量纲不同的各类指标值转化为可以直接进行计算的数值；

第三，权重的确定采用德尔菲法，即专家评价与打分法。这个方法一般用问卷方式，请研究该问题的有关专家进行打分，将专家打的分数综合平均后作为权重。在信息化水平测算中，国家信息化体系六个要素的权重分别为：信息资源开

发利用 15%，信息网络建设 16%，信息技术应用 18%，信息产业发展 15%，信息化人才 20%，信息化发展政策和效果 16%。在这里，权重分为四个等级：第一级为"信息化人才"，体现人才是信息化时代知识经济发展的核心；第二级为"信息技术应用"，体现科学技术是第一生产力，是知识经济发展的推动力；第三级为"信息网络建设"与"信息化发展政策"，体现信息化发展的物质基础和国家支持力度；第四级为"信息产业发展"，体现信息化发展的产业形态和结果。

国家信息化水平测算的计算方法是：从具体的指标开始，逐项分层加权计算，最后汇总得出结果，其具体计算公式可表示为

$$\mathrm{II} = \sum_{i=1}^{n} \left(\sum_{j=1}^{m} P_{ij} W_{ij} \right) * W_i \tag{3-6}$$

式中，II 代表全国及各地区信息化水平总指数的得分，n 为信息化水平构成的要素个数，m 表示信息化水平第 i 个构成要素的指标个数，P_{ij} 为第 i 个构成要素的第 j 项指标标准化后的值，W_{ij} 为第 i 个构成要素的第 j 个指标在其中的权重（表 3-9）。

表 3-9　1998 年全国及各地信息化水平总指数和分类指数

地区 \ 指数	总指数	资源利用	网络建设	技术应用	产业发展	信息人才	发展政策
全国合计	25.89	33.18	17.26	36.71	46.39	10.29	18.07
北　京	89.87	77.58	56.88	123.40	103.17	96.51	75.84
天　津	48.04	44.00	42.33	66.61	87.36	41.55	19.73
河　北	19.95	23.18	25.35	33.22	36.53	4.48	4.68
山　西	29.23	46.35	31.39	36.12	38.60	16.88	10.58
内蒙古	22.83	41.24	3.43	31.53	35.54	8.09	11.98
辽　宁	36.02	60.30	38.48	42.46	40.28	22.86	19.56
吉　林	37.48	53.76	19.34	41.53	43.24	22.06	20.74
黑龙江	28.09	45.44	14.42	35.78	36.49	14.98	26.40
上　海	71.83	92.96	127.94	104.37	40.12	65.24	14.52
江　苏	32.47	45.18	35.80	37.71	29.85	17.06	30.09
浙　江	33.03	72.13	37.57	48.41	26.69	5.18	19.03
安　徽	19.58	18.48	23.28	30.56	34.11	4.53	14.62
福　建	40.14	64.95	37.97	39.96	59.13	4.07	49.06
江　西	26.38	14.83	29.83	32.62	55.07	4.46	31.67
山　东	22.66	20.94	29.50	36.91	21.48	10.10	14.26
河　南	22.33	25.91	31.15	31.59	34.35	4.72	12.64

续表

指　数 地　区	总指数	资源利用	网络建设	技术应用	产业发展	信息人才	发展政策
湖　北	26.64	25.62	57.87	34.20	25.17	9.03	18.66
湖　南	23.40	3.34	37.52	30.36	42.85	3.94	30.32
广　东	39.03	77.57	45.83	55.39	40.90	9.35	17.60
广　西	19.05	12.13	35.01	26.88	30.89	2.28	13.89
海　南	31.38	61.02	36.74	24.87	42.72	6.20	7.19
重　庆	30.18	8.30	71.02	42.27	41.37	9.20	20.00
四　川	21.31	13.43	21.03	33.59	28.53	7.84	26.13
贵　州	17.66	1.39	52.73	19.19	3.19	3.73	19.29
云　南	16.37	9.74	32.67	20.37	24.14	2.43	14.06
西　藏	13.03	34.65	0.09	1.88	52.95	1.21	2.80
陕　西	36.94	24.04	43.98	31.10	64.09	16.23	39.63
甘　肃	17.74	18.97	10.50	27.15	17.47	9.22	21.66
青　海	21.54	33.59	1.88	29.27	39.26	10.36	7.53
宁　夏	27.92	42.14	19.00	34.83	42.47	11.80	18.67
新　疆	22.78	24.32	3.42	34.35	75.41	15.27	8.66

　　而对于信息化水平指数增长速度，则采用物量指标增长速度加权平均计算方法来计算，即以选定的一年（基准年）为基期，计算信息化水平指数报告期与基期的增长速度，加权平均后逐层计算，得出比较年份信息化指数的增长速度，并以基准年为基础，计算出其他有关年份信息化水平总指数（表3-10）。

表 3-10　1998 年全国及各地区信息化水平总指数发展速度

指　数 地　区	总速度	信息资源 开发利用	信息 网络建设	信息技术 应用	信息产业 发展	信息化 人才	信息化 发展政策
全国合计	1.32	1.14	1.22	1.27	2.36	1.02	1.06
北　京	1.11	1.14	1.07	1.23	1.32	0.97	0.98
天　津	1.14	1.03	1.04	1.25	1.61	1.02	0.90
河　北	1.13	1.15	1.13	1.24	1.19	1.02	1.08
山　西	1.19	1.10	1.16	1.31	1.30	1.07	1.21
内　蒙古	1.01	1.06	1.10	1.25	0.66	0.99	0.94
辽　宁	1.19	1.22	1.34	1.29	1.26	0.96	1.11
吉　林	1.09	1.14	1.02	1.49	0.52	1.09	1.21

地 区 ＼ 指 数	总速度	信息资源开发利用	信息网络建设	信息技术应用	信息产业发展	信息化人才	信息化发展政策
黑 龙 江	1.18	1.11	1.17	1.23	1.26	1.04	1.26
上　　海	1.18	1.11	1.49	1.23	1.29	1.06	0.90
江　　苏	1.12	1.08	1.03	1.28	1.38	1.04	1.94
浙　　江	1.10	1.10	0.97	1.33	1.06	0.99	1.13
安　　徽	1.22	1.04	1.15	1.24	2.00	0.92	1.08
福　　建	1.09	1.15	1.06	1.25	1.09	1.00	0.98
江　　西	1.21	1.39	1.02	1.25	1.66	1.00	1.02
山　　东	1.03	1.10	0.79	1.30	0.78	1.06	1.07
河　　南	1.18	1.21	1.16	1.39	1.09	1.02	1.22
湖　　北	1.29	1.13	1.74	1.23	1.68	1.03	1.05
湖　　南	1.13	1.14	1.20	1.25	1.31	0.99	0.95
广　　东	1.09	1.22	1.15	1.26	0.83	1.06	1.01
广　　西	1.20	1.10	1.47	1.26	1.08	1.10	1.20
海　　南	1.10	0.94	1.25	1.33	1.74	1.10	1.17
重　　庆	1.22	1.21	1.52	1.11	1.24	1.07	1.25
四　　川	1.28	1.21	1.45	1.22	1.74	1.04	1.12
贵　　州	1.53	1.26	1.63	1.30	3.19	0.96	1.13
云　　南	1.14	1.16	1.11	1.24	1.25	1.01	1.08
西　　藏	1.21	1.19	1.12	1.08	1.38	1.21	1.30
陕　　西	1.20	0.99	1.93	1.28	1.03	1.03	0.97
甘　　肃	1.07	1.10	1.26	1.27	0.83	1.04	0.90
青　　海	1.22	1.40	1.82	1.19	•0.95	1.01	1.00
宁　　夏	1.13	1.17	1.26	1.31	0.92	1.15	1.18
新　　疆	1.21	1.15	1.02	1.24	2.02	1.06	0.87

3.4.2　中国国家信息化工程

总体来看，中国的国家信息化经历了一个漫长的发展历程。

1）计算机的初级应用阶段（20 世纪 70 年代末以前）。这一阶段由于国民经济条件的限制和计算机应用范围的局限性，计算机主要集中在国防、科研和重点高校，并没有与先进的信息技术和通信技术结合起来，也未发展计算机网络，因此此阶段并不算真正的信息化发展阶段。

2）计算机的扩大应用阶段（20世纪70年代末到80年代中期）。70年代末期提出的改革开放使计算机的应用逐渐走向市场，应用范围也开始扩大到政府领域和经济领域，计算机开始与通信技术相结合，网络的概念开始被提出。

3）信息化提出阶段（20世纪80年代中期到90年代初期）。1984年，邓小平同志提出"电脑要从娃娃做起"和"开发信息资源服务四化建设"两个重要思想后，我国就正式进入了信息化建设的阶段。1986年，国务院主持召开了全国第一次计算机应用工作会议，是中国信息化发展历程中的一个重要里程碑。1990年，国家提出要把信息化和工业化结合起来，以信息化推动工业化的发展，进一步促进了我国信息化的发展。

4）信息化大力发展阶段（20世纪90年代中期至今）。1993年7月，国家正式组织实施"三金工程"，即金桥、金关和金卡工程，建设中国的"信息准高速国道"，推进国民经济信息化，从此拉开了全面信息化的序幕，国家信息化建设进入了大力发展阶段，开展了一系列的"金字工程"，主要的有。

1）金桥工程。属于信息化的基础设施建设，是中国信息高速公路的主体。金桥网是国家经济信息网，它以光纤、微波、程控、卫星、无线移动等多种方式形成空、地一体的网络结构，建立起国家公用信息平台。其目标是：覆盖全国，与国务院部委专用网相联，并与31个省、市、自治区及500个中心城市、1.2万个大中型企业、100个计划单列的重要企业集团以及国家重点工程联接，最终形成电子信息高速公路大干线，并与全球信息高速公路互联。

2）金关工程。即国家经济贸易信息网络工程，可延伸到用计算机对整个国家的物资市场流动实施高效管理。它还将对外贸企业的信息系统实行联网，推广电子数据交换（EDI）业务，通过网络交换信息取代磁介质信息，消除进出口统计不及时、不准确，以及在许可证、产地证、税额、收汇结汇、出口退税等方面存在的弊端，达到减少损失、实现通关自动化并与国际EDI通关业务接轨的目的。

3）金卡工程。即从电子货币工程起步，计划用10多年的时间，在城市3亿人口中推广普及金融交易卡，实现支付手段的革命性变化，从而跨入电子货币时代，并逐步将信用卡发展成为社会的全面信息凭证，如个人身份、经历、储蓄记录、刑事记录等。

4）金智工程。与教育科研有关的网络工程。金智工程的主体部分是"中国教育和科研计算机网示范工程"（CERNET），1994年12月由国家计委正式批复立项实施。CERNET由教育部支持，清华大学、北京大学、上海交通大学等10所高校承担建设任务，包括全国主干网、地区网和校园网三级网络层次结构，网络中心设在清华大学。金智工程的最终目的，是实现世界范围内的资源共享、科学计算、学术交流和科技合作。

5）金企工程。由国家经贸委所属的经济信息中心规划的"全国工业生产与流通信息系统"的简称，于1994年底正式启动建设。

6）金税工程。与税务信息系统有关的信息网络工程。

7）金通工程。与交通信息系统有关的信息网络工程。

8）金农工程。与农业信息系统有关的信息网络工程。

9）金图工程。即中国图书馆计算机网络工程。

10）金卫工程。即中国医疗和卫生保健信息网络工程。

进入21世纪以后，信息化建设已成为我国的基本国策。江泽民曾指出："信息化建设在国民经济和社会发展中具有十分重要的作用，各级领导干部要高度重视信息化建设，大力推进国民经济和社会信息化。"朱镕基在2001年12月28日主持召开国家信息化领导小组第一次会议时，也强调指出，要坚持面向市场，扎扎实实推进中国信息化建设。

我国社会信息化建设中，主要涉及政府信息化、企业信息化、工业信息化、农业信息化、科技技术信息化、文化教育信息化、交通运输信息化、国防信息化以及城市信息化等。

1）政府信息化。政府信息化是指利用信息技术、通信技术、网络技术、办公自动化技术，对传统的政府管理和公共服务进行改革，建设统一的网络平台、统一的数据环境和重点业务系统，为社会发展和经济发展提供统一的信息化政治环境。

2）企业信息化。企业信息化是指企业以流程重组为基础，在一定深度和广度上利用计算机技术、网络技术和数据库技术，控制和集成化管理企业生产经营活动中的所有信息资源，实现企业内外部信息的共享和有效利用，以提高企业的经济效益和市场竞争能力。

企业信息化是国家信息化的重要因素，它不仅包括工业信息化，而且也包括商业和相应服务业的信息化。因此企业信息化建设是国家信息化建设中应该认真考虑和值得研究的问题。无论什么样的企业，不管是生产和提供产品的企业，还是提供劳务或服务的企业，其资源管理、技术管理、数据管理和客户管理的原理是相同的。对于现代企业来说，其效益如何取决于企业的资源配置的模式，关键看企业是以资本配置为核心，还是以能力配置为核心，或是以企业创新配置为核心，因为不同的资源配置模式决定一个企业不同的地位。因此，企业信息化模型主要是基于能力和创新为核心的信息化体系。

3）金融信息化。金融信息化是指在金融领域全面发展和应用现代信息技术，以创新智能技术工具更新改造和装备金融业，使金融活动的结构框架中心从物理性空间向信息性空间转变，从而引起金融理论与实务发生根本性、革命性变革的过程。

金融信息化是国家信息化建设的重要组成部分。早期提出的金卡工程就是金融信息化的具体体现，目前已取得较好的成绩，但同发达国家相比，在金融监管等方面还存在差距。具体表现在以下几个方面：①没有形成完整系统的金融监管指标体系和网络金融信息监管系统；②金融信息分析、金融风险判断和预警系统还很不完善，使得金融系统对于突发风险的处理能力较弱，尤其是基层金融系统表现更为突出；③金融风险规避的信息化程度确实还很低。这些均是我国金融信息化建设亟待解决的问题。为了实现这个目的，我们可以借鉴美国的成功经验，如建立完善的金融数据搜集和获取体系，包括现场和非现场搜集体系等，还可以建立金融数据信息的处理与分析系统，在这种前提下进行金融数据资源的共享。

4）农业信息化。农业信息化是指信息和知识越来越成为农业生产活动的基本资源和发展动力，信息和技术咨询服务业越来越成为整个农业结构的基础产业之一，以及信息和智力活动对农业的增长的贡献越来越加大的过程，同时也是培育和发展以智能化工具为代表的新的生产力并使之促进农业发展、造福于社会的历史过程。

根据发达国家农业信息化方面的经验，农业信息化的主要目标体现在两个方面，即农业信息的获取和处理与信息技术在农业上的应用。在美、英等国家的农业信息化网络中主要包括农业生产经营管理、农业信息获取及处理、农业专家系统、农业系统模拟、农业决策支持系统、农业终端网络系统等。

我国属于发展中国家，农业信息基础设施相当薄弱，因此要实现我国的农业信息化需要加强两方面的工作：一是加强农业信息基础设施建设，二是为农业发展提供最需要的市场信息和防灾、减灾等信息，以便让农业生产者更为积极、准确、完整地获得市场和相关信息，从根本上减少农业生产和经营方面的风险。

5）教育信息化。指在教育领域运用计算机、多媒体技术和网络信息技术，实现教学信息化，即教学手段信息化、教学方式信息化，实现教育的数字化、网络化和智能化。其特征是开放、交互、协作和共享。

金智工程提出以后，教育领域广泛应用信息技术、开放教育资源、优化教育过程、提高教育质量和效益，培养出了一批批适应信息社会发展和要求的创新人才，为我们国家在日益激烈的国际竞争中提升了实力。但同发达国家相比还有较大差距，如美国已实现政府资助全部中小学上网，在中小学的日常教学活动中，电脑已逐渐改变了学校单纯依靠教材和黑板的传统教学模式，形成了书本知识与各种社会知识相结合、教师传授与学生自我探索相结合的现代教学观念和模式，丰富了教学内容，拓展了教育空间。

　　总之，我国的信息化建设还面临诸多问题，还有相当长的道路要走。我国的信息化建设要一如既往地从基础入手，不同行业区别对待，首先作好信息基础设施的建设，然后提高信息技术与网络技术，同时还要普及信息化知识，提高公众的信息意识，最后辅以政府的正确指导和规划，根据不同情况制定不同的国家信息化发展策略。

第4章 信息资源的技术管理

在现代社会中，人类的信息资源管理活动离不开信息技术的支持，一方面信息技术为信息资源管理提供了创新手段，深刻地改变着信息资源管理的理念和工作方法；另一方面，信息技术的管理已成为信息资源管理的重要组成部分。信息技术管理的质量决定了信息资源管理的成败，信息技术的开发、应用进行有效的控制和管理已成为一项重要的工作。

4.1 信息技术的体系结构与热点技术

4.1.1 信息技术的体系结构

1. 信息技术的层次

所谓层次是指按照一定的次序划定的等级，信息技术和其他技术一样也是分层次的。通常把按照技术的功能区分出来的信息技术称为信息技术的主体层次（或称主体技术），主体技术包括感测技术、通信技术、计算机技术和控制技术。其中，通信技术和计算机技术是整个信息技术的核心部分，感测技术和控制技术则是该核心同外部世界的信源与信宿相联系的接口。由于采集、通信、计算机和控制4个词的英文第一个字母均为"C"，为了简便，人们便称信息技术为"1C"技术、"2C"技术、"3C"技术、"4C"技术。"1C"就是简单地把信息技术归结为计算机技术，显然，这是非常片面的。因为没有信息的来源和信息的流通，孤立的计算机作用是非常有限的。"2C"是指计算机技术和通信技术，由于人们认识到在未来社会里，计算机技术和通信技术将会紧密地结合在一起，因而便认为信息技术就是计算机和通信技术。为了描述计算机技术和通信技术的结合化趋势，法国的诺拉和孟克便创造了一个新词"La telematique"（英语中拼写成"Telematics"，含义为远程数据处理）。美国哈佛大学的奥廷格也创造了一个英语新词"compunication"，含义为计算机通信技术，用来表示运用数字电子技术将计算机、电话和电视结合起来形成一个具有不同功能的系统。但是"2C"这种说法同样也是不全面的，因为没有传感技术仅靠人自身的感觉器官，所获得的信息是十分有限的。"3C"是指计算机技术、通信技术和控制技术，不过有人认为控制技术不应单列为一项，因为它只是计算机技术的一项功能。但考虑控制本身的多样性和复杂性，把它单列为一项也未尝不可。事实上，控制是使信息发挥作用，完成人类改造世界活动的基本前提。现在又有一种新的说法，认为"3C"是指"computer"、"communication"和"content"，即计算技术、通信技术和内容分析技术。这种说法似乎为了突出"软"信息技术的重要性。不管"3C"指的是什么，它几乎都没有考虑到感测技术，因而也不完整。"4C"是指"收集"（即"感测技术"）、通信技术、计算机技术和控制技术。从我们人类自身信息器官所构成的功能系统角度来看，"4C"的说法应该是比较全面的。不过，如坚持认为控制仅是计算机的一项功能，那么把"4C"称为"3C"也是可以的。但是要注意，这时的"3C"指的是感测技术、通信技术和计算机技术。

　　信息技术的应用层次（或称应用技术）是指针对各种实用目的由主体技术繁衍而生的各种应用技术群，包括由主体技术通过合成、分解和应用生成的各种具体的实用信息技术。通常，它可泛指按主体技术的应用领域——农业、工业、交通运输、财政金融、图书情报、科学文化、教育卫生、文艺体育、行政管理、社会服务、军事国防和家庭生活等区分出来的信息技术，它们构成了一个完整的应用技术体系（图4-1）。

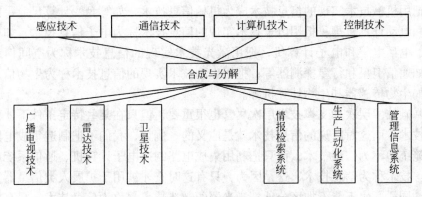

图4-1　信息技术衍生示意图

　　信息技术能够应用于各行各业，表明它具有强大的渗透力。从本质上来说，信息技术在各个领域的普及应用实际上是增强劳动资料的信息属性，使劳动工具自动化、智能化，即将信息技术同其他技术结合起来，使这些技术的潜能得到最大限度的发挥，而这正是各行各业信息化的基本前提。比如，在制造业中，由于信息技术的渗透，出现了数控机床、工业机器人、计算机辅助制造、计算机辅助设计和柔性生产系统，从而使制造业得以逐步实现信息化。在其他传统行业、产业中也都出现了类似情况。

按照通常的习惯，人们只把信息技术中的主体技术和应用技术层次称为信息技术，这就是狭义的"信息技术"。因为他们可以直接延长、扩展人类信息器官的功能。除此之外，还有形成广义信息技术的两个外围层次（图4-2）。一为基础技术层次，如新材料和新能源技术，信息技术在性能、水平等方面的提高依赖于这两项技术的进步。例如，电子信息技术从电子管向晶体管、集成电路、超大规模集成电路时代的迈进，归根结底是由于锗、硅、砷化镓、金属氧化物半导体等新材料的开发和利用；激光信息技术的发展则有赖于各种激光技术材料的开发和激光能量的利用。二为支撑技术层次，主要是指机械技术、电子技术、激光技术、空间技术和生物技术等。信息技术总是通过各种支撑技术才能实现的，这是因为表征事物的运动状态及其运动状态变化方式的信息都可通过机械的、电信号的、光信号的等物理参量表现出来，并且比较容易地为人们识别、控制、处理和利用。于是，人们便把用机械技术实现的信息技术成为机械信息技术，如算盘、计算尺、手摇计算机和电动计算机等；把用电子技术实现的信息技术称为电子信息技术，如广播电视、电话电报和电子计算机；把用激光技术实现的信息技术称为空间信息技术，如通信卫星和行星探测器等；把用生物技术实现的信息技术称为生物信息技术，如生物传感器和生物计算机等。

图4-2　信息技术层次的
文氏图（Venn diagram）

基础技术层次和支撑技术层次尽管也很重要，但只在某些特定条件下才称为信息技术，而这时所说的信息技术就是广义的。例如，我们不把制造集成电路的技术笼统地称为信息技术，而只把利用集成电路制造电子计算机、通信系统或传感器等技术称为信息技术，这是因为，只有这时它才被用于扩展人类信息器官的功能。同样，也不能不加区分地把激光器的制造技术都称为信息技术，只有当激光器被用作某种信息装置中的一部分时，才能称其为信息技术。当然，这种从功能角度对信息技术的划分也不是绝对的，事实上，如前所述，在某些情况下还要考虑人们的研究目的和使用习惯。例如，许多国家在制定产业政策时，都笼统地把电子技术作为信息技术的组成部分纳入信息技术产业中。

2. 信息技术的体系

弄清了信息技术的层次，即可以此为基础来构建信息技术的体系结构（图4-3）。

形象地说，一个完整的信息技术体系如同一棵大树，基础技术相当于大树扎根的土壤，支撑技术相当于大树发达的根系，主体技术好比是大树强劲的躯干，应用技术则类似于大树繁茂的枝叶（图4-4 和表4-1）。该体系可从纵向上揭示信息技术的内部结构，从横向上展示出信息技术同其他技术之间的关系。当然，这个体系中的信息技术是广义的，而严格意义上的信息技术只包括主体技术和应用技术两大部分。

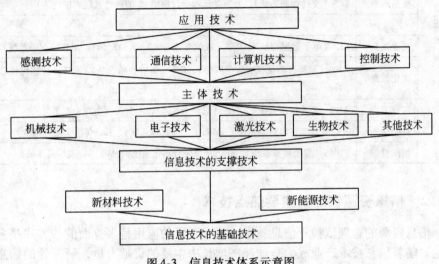

图 4-3　信息技术体系示意图

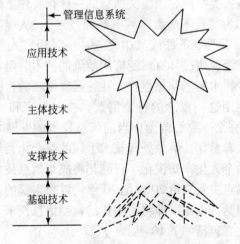

图 4-4　信息技术体系的树形结构

表 4-1　信息技术应用层

应用技术		
工　业	CAD（计算机辅助设计）、CAM（计算机辅助制造）、CIMS（计算机集成制造）
农　业	WFS（气象预报系统）、ORS（作业监测遥感系统）、AIN（自动化灌溉系统）
国　防	CCCI（指挥—控制—通信—情报系统）、SDI（战略防御系统）、ASIS（空间情报系统）
科学技术	IARS（情报自动检测系统）、MTS（机器自动翻译系统）、IRS（智能推理系统）
交通运输	TCS（交通控制系统）、TCN（远程会议网络）、TDN（远程调度网络）
	……
商业贸易	EDI（电子数据交换）、DSS（决策支持系统）、ASAS（自动出售—记账系统）
文化教育	AVN（远程自动化视听教学网络）、IEE（智能娱乐设备）、CAI（计算机辅助教学）
医疗卫生	ANS（自动护理系统）、TDS（远程会诊系统）、MES（医疗专家系统）
社会服务	AAS（自动订座订票系统）、HSS（家务操作系统）、EBS（电子银行系统）
组织管理	TDMS（智能决策系统）、OAS（办公自动化系统）、MIS（管理信息系统）

4.1.2　信息资源管理的主要热点技术

信息资源的管理依赖于信息技术，技术手段的应用是多方面的，方式是多样化的。随着信息技术产业成为全球经济增长中主要的贡献力量，新一轮的信息技术研究热潮正在展开。自从 20 世纪 80 年代以来，信息资源管理技术获得了飞速发展，其突出表现是人类在声、图、文信息的一体化管理上取得了许多突破，这里把这些突破姑且称为"技术热点"或"热点技术"。从理论上讲，所谓"热点技术"至少应符合以下两个条件或其中之一：一是研究人员竞相研究开发的技术；二是正被人们广泛应用或具有广泛应用前景的技术。但要精确界定哪些技术属于热点技术、哪些技术属于非热点技术往往是很困难的，因为这不仅取决于上述两点，还取决于使用这一概念的特定需要。技术专家和一般用户的"技术热点"，就未必是两个完全一致的概念。当前信息技术的发展方向主要集中在信息存储技术的高速、大容量化，信息处理技术手段的综合化，信息传输技术的数字化，信息服务技术的个人化，知识化、智能化将成为信息技术新的主导。这里所指的信息资源管理热点主要是指 20 世纪 70 年代以来兴起的，借助电子或光学手段的，面向信息管理的，正在或即将实用化的新型信息技术。具体来讲，信息资源管理的热点技术主要包括如下 10 类。

1. 搜索引擎（search engine）

搜索引擎是指根据一定的策略、运用特定的计算机程序搜集互联网上的信息，并对信息进行组织和处理，将处理后的信息显示给用户，是为用户提供检索服务的系统。包括以下几种技术形式。

（1）全文索引

全文搜索引擎从互联网提取各个网站的信息（以网页文字为主）建立起数据库，并能检索与用户查询条件相匹配的记录，按一定的排列顺序返回结果。根据搜索结果来源的不同，全文搜索引擎可分为两类，一类拥有自己的网页抓取、索引、检索系统（indexer），有独立的"蜘蛛"（spider）程序、或"爬虫"（crawler）、或"机器人"（robot）程序（这三种称法意义相同），能自建网页数据库，搜索结果直接从自身的数据库中调用，著名的 Google 和百度就属于此类；另一类则是租用其他搜索引擎的数据库，并按自定的格式排列搜索结果，如 Lycos 搜索引擎。

（2）目录索引

目录索引虽然有信息搜索功能，但从严格意义上还不能称为真正的搜索引擎，它实质上只是按目录分类的网站链接列表集，用户完全按照分类目录找到所需要的信息，而不是依靠关键词（keywords）向系统提交检索请求进行查询。目录索引中具代表性的有 yahoo、新浪分类目录搜索。

（3）元搜索引擎

元搜索引擎（META search engine）接受用户查询请求后，同时在多个搜索引擎上搜索，并将结果返回给用户。著名的元搜索引擎有 InfoSpace、Dogpile、Vivisimo 等，中文元搜索引擎中具代表性的是搜星（Soseen）。在搜索结果排列方面，有的直接按来源排列搜索结果，如 Dogpile；有的则按自定的规则将结果重新排列组合，如 Vivisimo。

（4）垂直搜索引擎

垂直搜索引擎是在 2006 年之后逐步兴起的一类搜索引擎。不同于通用的网页搜索引擎，垂直搜索专注于特定的搜索领域和搜索需求（如机票搜索、旅游搜索、生活搜索、小说搜索、视频搜索等），在其特定的搜索领域有更好的用户体验。相比通用搜索动辄数千台检索服务器，垂直搜索具有硬件成本低、用户需求特定、查询的方式多样等特点。

此外，还包括一些其他非主流的搜索引擎形式：

1）集合式搜索引擎。集合式搜索引擎类似于元搜索引擎，区别在于它并非同时调用多个搜索引擎进行搜索，而是由用户从提供的若干搜索引擎中选择，著名的有 Lycos 旗下的 HotBot 在 2002 年底推出的 HotBot Web Search。

2）门户搜索引擎。门户搜索引擎主要是指如 AOL Search、MSN Search 等由通用类门户网站提供的搜索服务，但自身既没有分类目录也没有网页数据库，其搜索结果完全来自其他搜索引擎。

3）免费链接列表。免费链接列表（free for all links，FFA）是一类只简单地滚动链接条目的信息搜索服务，少部分有简单的分类目录，不过规模要比 Ya-hoo! 等目录索引小很多。

2. 语义网（semantic web）

自 Tim Berners-Lee 提出了语义网（semantic web）的概念之后，就一直成为人们讨论与研究的热点。随着互联网的飞速发展和广泛应用，其缺陷也逐渐暴露，如搜索引擎智能程度低、网页功能单调等。语义网就是想弥补这方面的不足，为网页扩展计算机可处理的语义信息。互联网的创始人 Tim Berners-Lee 于 2000 年 12 月 18 日在 XML2000 的会议上正式提出语义网，他对语义网的定义如下：语义网是一个网，它包含了文档或文档的一部分，描述了事物间的明显关系，且包含语义信息，以利于机器的自动处理。语义网的出发点是通过改变现有互联网依靠文字信息来共享资源的模式，通过本体来描述语义信息，达到语义级的共享，提高网络服务的智能化、自动化。2001 年 Tim Berners-Lee 为未来的 Web 发展提出了基于语义的体系结构，在其体系结构中，第一层是 Unicode 和 URI，它是整个语义 Web 的基础，Unicode（统一编码）处理资源的编码，URI（统一资源标识）负责标识资源；第二层是 XML + 名空间 + XML 模式，用于表示数据的内容和结构；第三层是 RDF + RDF 模式，用于描述资源及其类型；第四层是本体词汇，用于描述各种资源之间的联系；第五层是逻辑，在上面四层的基础上进行逻辑推理操作；第六层是验证，根据逻辑陈述进行验证以得出结论；第七层是信任，在用户间建立信任关系。第二、三、四层是语义 Web 的关键层，用于表示 Web 信息的语义，也是现在语义 Web 研究的热点所在。其中 XML（extensible markup language）层作为语法层，RDF（resource description framework）层作为数据层，本体层（ontology layer）作为语义层。语义网的特征如下：

1）语义网不同于现在 WWW，它是现有 WWW 的扩展与延伸；

2）现有的 WWW 是面向文档而语义网则面向文档所表示的数据；

3）语义网将更利于计算机理解与处理，并将具有一定的判断、推理能力。

由于语义网本身的语义级操作的特性，使它在许多领域都有很大的发展空间。基于语义网技术的应用研究也越来越多，主要集中在几个方面：智能信息检索、Web 服务、P2P、基于代理的分布式计算、企业间数据交换与知识管理和基于语义的数字图书馆以及构建大型的知识系统等，并且一些系统已经相当成型，如雅虎网站、COHSE 系统、SHOE 系统、Onto-broker 系统、KAON 系统等。

3. 群件（groupware）

群体工作中，各工作者因为时间及所处地点的不一致，造成交流及协调的不便。群件就是针对群体工作而发展出来的技术产品，目的在于促进群体的交流合作及资源分享，充分提高群体的工作效率和质量。我们这样定义群件：以计算机网络技术为基础，以交流（communication）、协调（coordination）、合作（collaboration）及信息共享（information sharing）为目标，支持群体工作需要的应用软件。它允许个人和小组成员间进行有效的协同工作而不管他们的地理位置如何。群件的上述特征，称为 3CIS。

Lotus 公司也为群件给出了一个定义。它认为群件是这样的一类软件，即在功能上必须能满足用户的"3C"要求，即通信（communication）、合作（collaboration）和协调（coordination）要求。其中，通信是指用户个人或组织间的信息传递，合作即用户工作团队中的信息共享，协调指的是用户业务过程的自动化进行和协调地完成。在实践中鉴别一个软件是否属于群件，"3C"是一个的简便而合理的方法。

按照前面的群件定义，广义上，电子邮件（e-mail）、电子布告栏（computerized bulletin board）、电视会议（video conferencing）、工作流管理（workflow management）之类软件都可以视为群件。按主要功能来划分，群件产品大致有以下几类：

（1）支持信息传递（messaging passing）类

主要是指以电子邮件为代表，如 Lotus cc：Mail、Microsoft Mail 等。

（2）支持流程自动化（process automation）类

这类群件以工作流（workflow）以及电子表格（spreadsheet）为代表，还有公文自动化软件。工作流软件如 IBM Flowmark、Workflow、Floware、Open Workflow 等。

（3）强调增进群体合作的软件类

主要包括视频会议，共享、共同编辑文件数据库等类型的软件。

（4）综合性的群件开发平台类

这类产品提供多项功能，包括工作流管理、信息传递和集成的数据库功能，拥有集成的用户开发环境，具备高度安全性，代表了群件发展的方向。主要产品有 Lotus Notes、Novell GroupWise 以及 Microsoft Exchange 等。

但上述产品中，前三类只覆盖了群件的某部分功能，只有第四类才全面体现了群件的 3CIS 标准。因此狭义的群件仅指这类综合性群件开发平台。

4. 数据挖掘（data mining）

数据挖掘（data mining，DM）又称数据库中的知识发现（knowledge discover in database，KDD），是目前人工智能和数据库领域研究的热点问题，所谓数据挖掘是指从数据库的大量数据中揭示出隐含的、先前未知的并有潜在价值的信息的非平凡过程。数据挖掘是一种决策支持过程，它主要基于人工智能、机器学习、模式识别、统计学、数据库、可视化技术等，高度自动化地分析企业的数据，作出归纳性的推理，从中挖掘出潜在的模式，帮助决策者调整市场策略，减少风险，做出正确的决策。利用数据挖掘进行数据分析常用的方法主要有分类、回归分析、聚类、关联规则、特征、变化和偏差分析、Web页挖掘等，它们分别从不同的角度对数据进行挖掘。

5. 专家系统（expert system）

专家系统是一个智能计算机程序系统，其内部含有大量的某个领域专家水平的知识与经验，能够利用人类专家的知识和解决问题的方法来处理该领域问题。也就是说，专家系统是一个具有大量的专门知识与经验的程序系统，它应用人工智能技术和计算机技术，根据某领域一个或多个专家提供的知识和经验，进行推理和判断，模拟人类专家的决策过程，以便解决那些需要人类专家处理的复杂问题，简而言之，专家系统是一种模拟人类专家解决领域问题的计算机程序系统。图 4-5 为专家系统的基本结构：

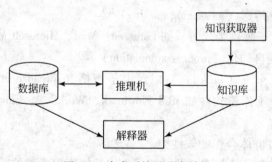

图 4-5　专家系统的基本结构

其中，知识库用于存放从人类专家处获取的知识和经验，推理机用于应用知识库中的知识对问题进行推理、分析和求解，数据库用于存放问题的信息、求解的过程和求解结果，解释器用于对求解过程进行解释，以使用户相信对问题的求解是正确的、合理的，知识获取器用于补充知识库中的知识和经验。

6. 智能检索

智能检索技术指采用人工智能（AI）的检索技术，最常见的自然语言检索就是一种直接采用自然语言中的字、词甚至整个句子作为提问式进行检索的方法，如当我们希望检索信息咨询的有关知识时，可以用"企业信息咨询的基本原则是什么？"这样的自然语言表达式作为检索提问式。这样的自然语言检索的代表有 Ask Jeeves、GoTo、InQuizit 和 LexiQuest 等搜索引擎。使用这种检索工具时用户可以提出像"What is Jamestown?"，"When did Web searching start?"等诸如此类的问题，但距离真正意义上的自然语言检索还很远，在目前的技术背景下，机器还无法像人一样"思考"。

4.2　信息技术战略与投资决策

4.2.1　信息技术战略

信息技术战略（IT strategy）是在诊断和评估企业信息化现状的基础上，制定和调整企业信息化的指导纲领，争取企业以最适合的规模，最适合的成本，去做最适合的信息化工作。首先是根据本企业的战略需求，明确企业信息化的远景和使命，定义企业信息化的发展方向和企业信息化在实现企业战略过程中应起的作用；其次是起草企业信息化指导纲领，它代表着信息技术部门在管理和实施工作中要遵循的企业条例，是有效完成信息化使命的保证；最后是制定信息化目标，它是企业在未来几年为了实现远景和使命而要完成的各项任务。

1. 信息技术战略的内涵

通常而言，信息技术战略规划（IT strategic planning）包括两个部分：信息技术战略（IT strategy）的制定和信息技术行动计划（IT action plan）的制定。前者偏重战略方向，后者是具体行动计划。

（1）信息技术战略

信息技术战略（IT strategy）是企业经营战略的有机组成部分，和财务战略、人力资源战略、运作战略等一样，是公司的职能战略。它是关于企业信息技术职能的目标及其实现的总体谋划。对于大的集团公司而言，子公司或大的业务单元（Business Unit）也会有其相对独立的信息技术战略。

信息技术战略由以下部分组成。

使命（mission）：阐述信息技术存在的理由、目的以及在企业中的作用。

远景目标（vision）：信息技术的发展方向和结果。

中长期目标（medium to long-term objectives）：远景目标的具体化，即企业未来 2～3 年信息技术发展的具体目标。

策略路线/战略要点（strategy point）：实现上述中长期目标的途径或路线。主要围绕信息技术内涵的四个方面展开，即应用（application）、数据（data）、技术（technology）和组织（organization）。

（2）信息技术行动计划（IT action plan）

信息技术行动计划（IT action plan）是落实信息技术战略（IT strategy）而制定的中长期的详细行动计划，它包括如下内容。

信息化项目进程：未来 2～3 年信息化项目的投资进程及项目之间的逻辑关系；

项目描述和投资分析：每个项目的具体描述和 ROI（投资回报率分析）；

信息化核心能力发展计划：为实现上述信息化进程，企业应相应具备的核心能力及其培养计划，同时也会涉及公司的 IT 资源策略，如外包策略、自主开发等。

2. 信息技术战略的目标

（1）信息技术战略目标的内涵

信息技术战略目标是对信息技术战略活动预期取得的主要成果的期望值。信息技术战略的制定是信息技术战略的展开和具体化，是信息技术战略目的、社会使命的进一步阐明和界定，也是信息技术战略所要达到的水平的具体规定。

信息技术战略目标与其他信息技术目标相比，具有宏观性、长期性、相对稳定性以及全面性等特点。

（2）信息技术战略目标的内容

具体来说，信息技术战略目标主要包含以下内容：

1）确保组织信息技术的投资支持自身的业务流程优化，进而实现组织的战略目标；

2）确保组织信息技术投资的各子系统的信息架构可以整体集成；

3）确保组织整体的信息技术架构在经营战略的指导下，应对业务流程和组织的变化；

4）避免组织在信息技术项目上的错误投资和重复投资，保证整体的投资回报。

但需要指出的是，并不是所有信息技术战略都包含以上目标，同时具体到特定的信息技术战略，其战略目标也可能并不局限于以上四个方面。

3. 信息技术战略规划步骤

根据战略规划的一般理论，信息技术战略规划始于对信息技术内外部环境（现状）的分析，核心是构建信息技术发展战略（未来状态），终极任务是搞清现状与未来状态之间的差距并制定实施策略或解决方案（从现状到未来状态的路径）。

现状分析、战略分析、差距分析和路径分析是信息技术战略规划的核心组成要素。就企业业务规划与信息技术规划的关联而言，信息技术战略规划始于对未来企业业务运作理念和目标的理解，这些业务运作理念和目标随后将构成信息技术使命、长远目标、战略和信息技术基础结构的基础，而业务运作理念和目标、信息技术使命、长远目标、战略和信息技术基础结构等都是信息技术战略规划的要素。具体而言，信息技术战略规划包括如下几个主要步骤：

（1）业务分析

业务分析的主要内容是理解业务部门的现状与未来可能的发展趋势，理解业务部门的政策，定义目标和优先权。

（2）评估现行系统

评估现行系统主要是检查当前的信息技术系统和信息技术体系结构，重点是评估信息系统支持业务部门的程度、信息系统计划是否适合业务部门、信息系统供应的效能与效率、指出信息系统能够提供的潜在业务机会。

（3）识别机会

重点是定义通过信息系统改进业务的机会、消除那些不能够带来投资回报或对业务目标贡献较小的信息系统。

（4）选择方案

主要任务是寻找和确定内在一致的机会和方案。

4. 信息技术战略规划方法

信息技术战略规划可使用多种分析方法，应用较广泛、具有代表性的战略规划方法主要有企业系统规划法（BSP）、战略组合转移法（SST）、关键成功因素法（KSF）、应用系统集合法（APA）、信息工程法（IE）、战略栅格法（SG）、价值链分析法（VCA）、战略系统规划法（SSP）等。可根据具体情况分析选用或综合选用。这里主要简单介绍关键成功因素、平衡计分卡以及企业系统规划这三种使用最多的方法。

（1）关键成功因素法（key success factors，KSF）

关键成功因素法是信息系统开发主要的规划方法之一，于 1970 年由哈佛大学教授 William Zani 提出。关键成功因素指的是对企业成功起关键作用的因素。关键成功因素法就是通过分析找出使企业成功的关键因素，然后再围绕这些关键因素来确定系统的需求，并进行规划。在该法中，首先通过与高级管理者的交流，了解企业的发展战略，再识别达成该战略的关键成功因素：即要达到这样的战略目标，其关键因素有哪些；然后再确定关键成功因素的性能指标，根据这些关键成功因素来确定信息化建设的优先级别，并帮助企业利用信息技术发掘新的机遇。因此，关键成功因素法主要包含以下几个步骤。

1）确定企业或信息系统的战略目标；

2）识别所有的成功因素：主要是分析影响战略目标的各种因素和影响这些因素的子因素；

3）确定关键成功因素：不同行业的关键成功因素各不相同。即使是同一个行业的组织，由于各自所处的外部环境的差异和内部条件的不同，其关键成功因素也不尽相同；

4）明确各关键成功因素的性能指标和评估标准。

关键成功因素法的优点是能够使信息技术的开发具有较强的针对性，能够较快地取得收益。应用关键成功因素法需要注意的是，当关键成功因素解决后，又会出现新的关键成功因素时，就必须再开发新的信息技术。

（2）平衡计分卡（the balanced score card，BSC）

平衡计分卡是 20 世纪 90 年代初由哈佛商学院的罗伯特·卡普兰（Robert Kaplan）等人提出的一种绩效评价体系。当时该计划的目的，在于找出超越传统以财务量度为主的绩效评价模式，以使组织的"策略"能够转变为"行动"而发展出来的一种全新的组织绩效管理方法。平衡计分卡自创立以来，在国际上，特别是在美国和欧洲，很快引起了理论界和客户界的浓厚兴趣与反响。

在企业信息技术战略绩效评价中，平衡计分卡的思想给出了一个将模糊的战略绩效进行分解和量化的方法。平衡计分卡方法突破了传统的仅对财务方面的关注，提出通过对一些关键驱动要素分析来把握对未来财务绩效的影响。平衡计分卡思想将企业战略与日常经营活动联系起来，提供了对战略绩效的评估方法。依此类推，将平衡计分卡应用于 IT 战略绩效评价也能够达到同样的效果；借助平衡计分卡的思想，信息技术的战略绩效需要从财务、过程、创新、客户满意四个角度进行评估，分析信息技术从可持续的角度对企业经营的战略影响。由于企业 IT 的建设最终通过对企业业务的促进来实现其绩效，因此，对企业信息技术的战略绩效从信息技术对财务、过程、创新、客户满意四个方面的促进的角度来评估比较合理（图4-6）。

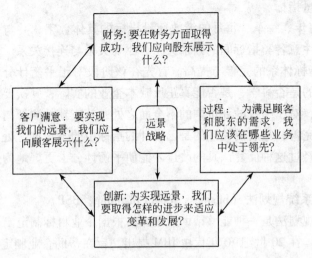

图 4-6 平衡记分卡框架

通过以上的分析，企业信息技术战略绩效将最终反映在投资回报率的持续提升、执行过程更有效、创新速度的加速、客户满意度的提高四个方面上，通过这四个方面的相互关联和驱动，最终实现信息技术对企业业务绩效的正向影响，并从战略上驱动企业经营目标的实现。在此基础上，从上述四个方面进行层次分解就能够对企业信息技术战略绩效具体化的度量。平衡计分卡法的主要优点在于它能克服信息战略规划中使用财务评估方法的短期行为，使整个组织行动一致，服务于战略目标，同时能有效地将组织的战略转化为组织各层的绩效指标和行动。

在实际应用过程中，企业需要综合考虑所处的行业环境、自身的优势与劣势以及所处的发展阶段、自身的规模与实力等。总结成功实施平衡计分卡企业的经验，一般包括以下步骤。

1）公司愿景与战略的建立与倡导。公司首先要建立愿景与战略，使每一部门可以采用一些绩效衡量指标去完成公司的愿景与战略；另外，也可以考虑建立部门级战略。同时，成立平衡计分卡小组或委员会去解释公司的愿景和战略，并建立财务、客户满意、过程、创新四个方面的具体目标。

2）绩效指标体系的设计与建立。本阶段的主要任务是依据企业的战略目标，结合企业的长短期发展的需要，为四类具体的指标找出其最具有意义的绩效衡量指标。并对所设计的指标要自上而下，从内部到外部进行交流，征询各方面的意见，吸收各方面、各层次的建议。这种沟通与协调完成之后，使所设计的指标体系达到平衡，从而能全面反映和代表企业的战略目标。

3）加强企业内部沟通与教育。利用各种不同沟通渠道（如定期或不定期的刊物、信件、公告栏、标语、会议等）让各层管理人员知道公司的愿景、战略、目标与绩效衡量指标。

4）确定每年、每季、每月的绩效衡量指标的具体数字，并与公司的计划和预算相结合。注意各类指标间的因果关系、驱动关系与连接关系。

5）绩效指标体系的完善与提高。首先在该阶段对于平衡计分卡应重点考察指标体系设计的是否科学，是否能真正反映本企业的实际；其次要关注的是采用平衡计分卡后，对于绩效的评价中的不全面之处，补充新的测评指标，从而使平衡计分卡不断完善；最后要关注的是已设计的指标中的不合理之处，要坚决取消或改进，只有经过这种反复认真的改进才能使平衡计分卡更好地为企业战略目标服务。

（3）企业系统规划法（business system planning，BSP）

企业系统规划法是一种能够帮助规划人员根据企业目标制定出 MIS 战略规划的结构化方法。在 20 世纪 70 年代由 IBM 提出，旨在帮助企业制定信息系统的规划，以满足企业近期和长期的信息需求，它较早运用面向过程的管理思想，是现阶段影响最广的方法。通过这种方法可以做到：确定出未来信息系统的总体结构，明确系统的子系统组成和开发子系统的先后顺序；对数据进行统一规划、管理和控制，明确各子系统之间的数据交换关系，保证信息的一致性。

用 BSP 制订规划是一项系统工程，其主要的工作步骤如下。

1）准备工作：成立由最高领导牵头的委员会，下设一个规划研究组，并提出工作计划。

2）调研：规划组成员通过查阅资料，深入各级管理层，了解企业有关决策过程、组织职能和部门的主要活动以及存在的主要问题。

3）定义业务过程：定义业务过程又称企业过程或管理功能组，是 BSP 方法的核心。这里的业务过程指的是企业管理中必要且逻辑上相关的、为了完成某种管理功能的一组活动。

4）业务过程重组：业务过程重组是在业务过程定义的基础上，找出哪些过程是正确的，哪些过程是低效的，需要在信息技术支持下进行优化处理，还有哪些过程不适合采用计算机信息处理，应当取消等。

5）定义数据类：数据类是指支持业务过程所必需的逻辑上相关的数据。对数据进行分类是按业务过程进行的，即分别从各项业务过程的角度将与该业务过程有关的输入数据和输出数据按逻辑相关性整理出来归纳成数据类。

6）定义信息系统总体结构：定义信息系统总体结构的目的是刻画未来信息系统的框架和相应的数据类。其主要工作是划分子系统，具体实现可利用 U/C 矩阵。

7）确定总体结构中的优先顺序：即对信息系统总体结构中的子系统按先后

顺序排出开发计划。

8）完成 BSP 研究报告，提出建议书和开发计划。

BSP 法的优点在于利用它能保证信息系统独立于企业的组织机构，使信息系统具有对环境变更的适应性。即使将来企业的组织机构或管理体制发生变化，信息系统的结构体系也不会受到太大的冲击。存在的问题主要包括：

1）BSP 方法的核心是识别企业过程，在识别过程阶段，由于过于注重局部，没有强调从全局上描述整个企业业务流程，不能保证功能的完整性和整体性。在定义数据类时，比较常用的是分析每一过程利用什么数据，产生什么数据，同样没有从全局上考虑整个数据流程，无法保证数据的一致性和数据流程的畅通性。

2）BSP 在需求分析阶段带有一定的盲目性，例如在识别过程时，它要求尽可能地列出更多的过程，不管这些过程是否符合逻辑，大小是否一致，而这一点正是后面合并和调整过程阶段浪费时间的原因，列出的过程过多过于琐碎导致分析矩阵过大而难以对其进行分析，也因此增加了对企业问题评价和对子系统划分的难度。

3）由于信息系统开发时间长，在此期间企业某些生产方式和管理方式可能会发生变化，原有的信息系统计划没有充分考虑到这一点，导致在系统开发阶段又反复修改需求计划，浪费大量的人力物力。

4.2.2　信息技术的投资决策

1. 信息技术开发投资决策

信息技术的开发通常被视为重大项目，与一般项目相比，信息技术项目具有投资巨大、收益不确定的特点。

（1）总体拥有成本（total cost of ownership，TCO）

总体拥有成本（TCO）最早出现于 1987 年，当时是为了评估拥有 PC 的可见成本和隐性成本。后来发展成为一组完整的方法、模型和工具，用来帮助企业更好地衡量和管理 IT 投资所产生的价值及其全部成本。在 IT 业界，TCO 的概念早在 1996 年由 IBM 首次提出。所谓 TCO 指的是信息技术项目在设计开发、维护、升级、推广、培训、技术支持、移植以及淘汰处理等生命周期的各个阶段所需的直接成本和间接成本的总和。其中，直接成本是项目费用的主要部分，包括硬件、软件的开发、推广、安装调试等费用；间接成本包括运行管理、技术支持、系统故障处理、系统维护、用户误操作引起的损失等费用。在 TCO 中，直接成本和间接成本所占的比重随时间的推移而变化。一般的，在项目开发初期，直接成本较高；在项目开发工作接近尾声时，间接成本逐步成为主要的成本投入。

1996 年，IBM 为 PC 和网络用户提出这个概念，同时，Intel 也提出了管理标准 WfM，两家公司还开发出一些进行 TCO 管理的解决方案。此外，IBM、Intel 与 HP 等公司携手制定了很多规范，如 DMI（桌面管理接口）以及 WfM（联网化管理）等，这些标准得到了业界的支持并逐渐成为厂商共同遵循的标准。

TCO 分析方法用途广泛，已被大量地应用于数据库、服务器、网络存储、MRPII、ERP 等领域的成本分析。图 4-7 显示的是 MRPII（manufacture resource planning，制造资源计划）的 TCO 组成，具有很强的代表性。

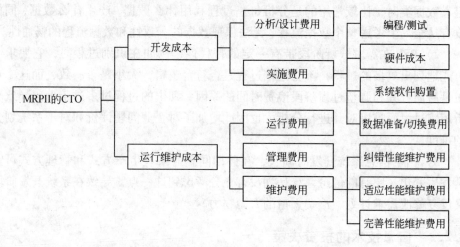

图 4-7　MRPII 的 TCO 组成

但随着信息技术的普及，TCO 方法暴露出其局限：它侧重于成本而较少关注效益，这与 IT 投资的实际需要不相适宜。因为对于大多数 IT 投资决策来说，经济效益一般摆在优先考虑的地位，而信息技术产品过于频繁的升级往往被认为是不稳定的标志。基于此，自 20 世纪 90 年代后期，传统的以经济效益和风险分析为主的投资回报（return on investment，ROI）方法开始重新被人们重视，并迅速成为信息技术投资决策领域的主流评估方法。

（2）投资回报率（return on investment，ROI）

投资回报率是指通过投资而应返回的价值，即企业从一项投资性活动的投资中得到的经济回报，它涵盖了企业的获利目标。投资回报率的计算公式为：

$$投资回报率（ROI）＝（年利润或年均利润/投资总额）×100\% \qquad (4-1)$$

从公式可以看出，ROI 并不把目标放在投资最少的信息技术方案上，而是寻求取得最好经济效益的途径和方法。在使用投资回报率进行信息技术项目评估时，总是遵循这样的基本准则：当投资相同时，取经济效益最好的信息技术投资方案；当投资不同时，取效益投资比最大的信息技术方案。因此，投资回报率能反映投资的综合盈利能力，且由于剔除了因投资额不同而导致的利润差异的不可比因素，而具有横向可比性，有利于判断各投资选择的优劣。此外，投资利润率可以作为选择投资机会的依据，有利于优化资源配置。

ROI 的基本步骤是：首先是识别信息技术项目影响哪些重要的商业过程，然后计算使用该信息技术方案造成的费用增长和获得的利润。下面简要介绍在使用 ROI 评估方法时，经常用到的三个指标系数。

1）投资回收期（payback period）。投资回收期（payback period）就是使累计的经济效益等于最初的投资费用所需的时间。投资回收期可分为静态投资回收期和动态投资回收期。静态投资回收期是在不考虑资金时间价值的条件下，以项目的净收益回收其全部投资所需要的时间。动态投资回收期（dynamic investment pay-back period）是把投资项目各年的净现金流量按基准收益率折成现值之后，再来推算投资回收期，这也是它与静态投资回收期的根本区别。动态投资回收期实质上是净现金流量累计现值等于零时的年份。求出的动态投资回收期也要与行业标准动态投资回收期或行业平均动态投资回收期进行比较，低于相应的标准认为项目可行。投资者一般都十分关心投资的回收速度，为了减少投资风险，都希望越早收回投资越好。因此，比起静态投资回收期，动态投资回收期是一个更有效的经济评价指标。而动态投资回收期弥补了静态投资回收期没有考虑资金的时间价值这一缺点，也使其更符合实际情况。

2）追加投资回收期。追加投资回收期又称差额投资回收期、追加投资返本期指标，是指用投资大的方案所节约的年经营成本来偿还其多花的追加投资（或差额投资）所需要的年限。

3）投资效果系数。投资效果系数也称投资效益系数，是指一定时期内单位固定资产投资所增加的国内生产总值 GDP。它反映了一定时期国民收入增加额与同期社会投资额之间的比例关系，表示单位投资增加的国民收入。用公式表示为

$$\text{投资效益系数} = \text{国民收入增加额} / \text{同期投资额} \tag{4-2}$$

在运用这一指标考察投资效益时，要注意价格的可比性，要注意影响 GDP 增加额的偶然因素，要注意投资规模对投资效益的影响。

2. 信息技术引进投资决策

信息技术引进泛指一切从发达国家或地区引进的信息技术的活动。信息技术引进的目的在于提高本国或者本地区的信息技术水平和开发能力，促进国民经济的发展。信息技术引进除了要注意遵循技术先进性、适用性等原则外，还要考虑其经济性。具体来讲，引进的信息技术项目的选择要符合市场导向的原则，要以尽可能小的成本换取尽可能大的经济效益。

在信息引进的实践中常用的经济指标有：

1）技术转让提成率，即引进方利用引进技术生成产品后，技术转让方从销售收入中提取的费用比率。一般来讲，技术水平高，产品处于生命周期的开始阶段，市场需求量大，提成率就高。

$$技术转让费提成率 = \frac{提成费}{总销售收入} \times 100\% \qquad (4-3)$$

2）技术转让方利润分享率，即引进期内技术转让费与总利润的比率。该指标过低，转让方无利可图，不愿转让技术；反之，引进方付出的代价过大，则不愿引进技术。

$$技术转让方利润分享率 = \frac{技术转让费}{总利润} \times 100\% \qquad (4-4)$$

3）投资回收期，它用来说明回收技术引进项目总投资额所需的时间长短。一般的，如果能够在项目合同期内收回投资，则表明技术引进的效果好。

$$投资回收期 = \frac{技术引进投资总额}{年新增利税} \qquad (4-5)$$

如果考虑资金的时间价值，则上式为：

$$投资回收期 = \frac{-\log\left(1 - \dfrac{技术引进投资总额}{年新增利税}\right)}{\log\,(1 + 年利息率)} \qquad (4-6)$$

4）净现值（Net Present Value），表示在引进项目的合同期内，年现金流入量与年现金流出量之差（即净现金流量）按选定的贴现率贴现到基准年度时的现值之和。NPV 大于 0，则表明引进项目所获得的收益率超过标准贴现率，引进项目经济效益好。

$$NPV = \sum_{i=1}^{n} \frac{NCF_i}{(1+r)^i} - I \qquad (4-7)$$

式中，NPV 为净现值，NCF_i 为净现金流量，r 为标准贴现率，I 为总投资额。

5）内部收益率，即项目存在期内净现值（NPV）等于 0 时的贴现率。若内部收益率大于贷款利率，则可考虑引进项目。

3. 信息技术应用投资决策

（1）信息技术应用的效益

信息技术应用的最终结果是对企业效益产生影响，它包括直接效益和间接效益两方面：

1）直接效益。企业运作过程会产生制造成本、销售成本、库存成本、管理成本、研究与开发成本等。信息技术应用可以有效地降低企业的成本，从而产生直接效益；信息技术应用还可以有效地促进企业效率的提高，效率提高直接体现为完成同一工作的单位时间缩短。

2）间接效益。成本减少，使可用现金流增加；效率提高占用资金周转周期缩短，资金可重复应用频率增加，资金占用的提前期也将产生新的时间价值。这些都是信息技术带来的间接效益。

（2）信息技术应用的经济效益评估

企业在选择信息技术产品或服务商时，往往会要求供应商从以下两种方法对信息技术应用的效益进行核算。

1）经验评估法。所谓经验评估，是指根据大量数据调查统计算出企业在应用信息技术后，对企业关键效益指标的提升比例。例如在 ERP 系统应用的经济效益评估中，经常得出以下一些普遍性的指标：库存资金降低 15%～40%，资金周转次数提高 50%～200%，短缺件减少 60%～80%，劳动生产率提高 5%～15%。

2）量化评估法。即将企业信息技术应用总效益划分为直接效益、市场效益和社会效益。其中：

$$直接效益 = 成本的降低 + 各种资金时间价值$$
$$市场效益 = 企业利润 \times A\% （根据企业的不同情况进行评估）$$
$$社会效益 = 市场效益 \times B\% （根据企业的不同情况进行评估）$$

4. 信息技术投资还需要考虑的其他因素

（1）信息技术的风险

信息技术项目通常投资巨大，风险特别高。以 ERP 为例，ERP 系统包含了许多先进的管理思想和管理理念（如精益生产、敏捷制造、并行工程、准时制、制造资源计划等），其成功实施有助于调配和平衡企业内外资源，对不断变化的市场需求作出敏捷反应，提高企业的市场竞争力。但是，企业实施 ERP，不仅需要投入巨额资金，还面临着新旧系统的转换、人员培训等问题。虽然在冶金、电子、电力、化工、交通、建筑、外贸、物流等领域都有一些企业涉足 ERP，但成功率很低。因此，ERP 的投入面临着巨大的不确定性和风险。

所谓风险，是指某种不利事件发生的可能性或投资亏本的可能性。风险来源于不确定的因素，对信息技术投资来讲这些因素包括技术条件、经济环境的变化情况、市场需求情况等许多方面。风险分析就是要分析客观状态中有哪些不确定因素会导致备选方案存在风险。风险分析的目的在于把握风险的实质和特点，建立一个风险清单，并通过资源的有效配置，控制、避免或化解项目开发和引进中的风险。从信息经济学的角度来看，就是通过获取信息，消除信息技术投资过程中的不确定性，降低成本。当然，这种不确定性的消除也是需要成本的。

对于信息技术投资中可能出现的风险的处理，一般有五种方法可供选择。

1）风险回避。风险回避是指在进行风险分析后，放弃那些风险太大的信息技术投资方案。它是对付风险的最彻底的方法，可以完全解除某一特定风险可能造成的损失；但这并不是在任何情况下都可以采用的，因为处处回避风险，可能使企业在市场上获利的可能性降为零，丧失从潜在的风险中获利的机会。另外，也并非所有的风险都是可以回避的。

2）风险抑制。风险抑制是指在不能避免风险时，设法降低风险发生的概率和较少投资损失的程度。它是信息技术投资在风险分析的基础上，力图维持其投资决策，实施风险对抗的积极措施。根据风险抑制措施的作用时间不同，风险抑制包括损失预防和损失减轻两种形式。其中，损失预防主要是从工程或行为管理上采取措施，预防风险损失的出现；损失减轻是指在风险发生时或发生以后采取补救措施，以将风险损失降到最小。

3）风险自留。风险自留是指当某种风险不能避免或冒该风险可能获取巨大利润时，企业自己将这种风险保留下来，自己承担风险可能所致的损失。其常用方法有将风险损失计入成本、建立风险损失基金、组织和经营专业的自保公司等。

4）风险分散与集中。风险分散是指将企业所面临的风险单位进行空间、产业和时间层面的分离。而风险集中则是指通过增加风险单位的数量来提高企业预防未来损失的能力。例如，对于大型的信息技术项目投资，可以采取政府搭建平台、多家企业联合介入的"政府协作"解决方案，从而降低初次单位投资，缩短实施周期，增加灵活性和消除退出成本，达到降低实施风险的目的。

5）风险转移。风险转移是指风险承担者通过若干技术和经济手段将风险转移给他人承担，它包括保险转移和非保险转移两种情形。保险转移是指企业向保险公司投保，以缴纳保险费为代价，将潜在的风险转移给保险公司去承担。当风险发生后，其损失将由保险公司按约补偿。非保险转移是指企业不是向保险公司投保，而是利用其他途径将风险转移出去（如项目承包商等）。

（2）信息技术的选择

技术选择就是选择技术发展方向，明确采用什么技术、发展什么技术、限制什么技术、淘汰什么技术。衡量的标准是从实际出发，在促进国家整体技术进步的前提下，对技术的先进性与经济、社会上的合理程度作出综合的社会效益和经济效益评价。

现代信息技术内容复杂，开发成本高、难度大，对应用环境有较高的要求。对于某个国家或地区的特定历史时期，一种信息技术，究竟是引进还是开发；如果选择信息技术引进，那么引进什么、如何引进、怎么引进、先引进什么后引进什么；如果选择信息技术开发，那么开发什么、怎么开发、先开发什么后开发什么；如何防止信息技术开发或引进过程中的盲目投资、重复投资和浪费以最大限度地获取社会效益和经济效益。在信息技术选择时，必须认真加以思考。

信息技术的开发和引进两条途径并非在任何情况下都可以替代。涉及的领域不同、面临的成本和收益不同，则作出的选择往往也是不同的。从目前我国的实际情况来看，引进和消化外来信息技术是首选；但从国家安全和主权战略高度来看，扶持具有国际竞争力的信息技术研发和生产，鼓励开展信息技术的自主创新和开发活动，形成具有自主知识产权的核心技术和产品，具有十分重要的作用。

4.3　信息技术价值评估与组织绩效

人们期望信息技术的应用可以改善组织的绩效，具体体现为降低成本，提高产品、服务或决策的质量，增加组织的灵活性、适应性和竞争力，提高客户满意度，全面提升组织的业务能力等方面。信息技术对组织绩效的改善称为信息技术的价值或信息系统的价值。目前有关信息技术价值的研究，不同研究者采用了不同的价值度量指标和评估方法，导致研究结果缺乏通用性和可比性，有些研究结论甚至是相互矛盾的。如一些研究认为信息技术可以提高组织的生产力，而另外一些研究则认为信息技术会降低组织的生产力，即所谓的"生产力悖论"。产生这一现象的一个重要原因，是对信息技术价值理解的不同。

4.3.1　信息技术价值评估的主要方法

信息技术价值评估可分为实施前评估和实施后评估两种。实施前评估属于信息技术投资决策范畴，在项目可行性分析阶段对信息技术投资产生的效益、费用及风险进行预计，通过计算净现值（NPV）、投资回报率（ROI）等指标判断项目是否可行。实施后评估则是在项目实施后，对项目产生的效益进行测量，通过费—效分析判断项目是否成功。

一方面，目前各种信息技术价值评估方法一般只考虑信息技术的明显价值。无形价值、间接价值和战略价值，要么难以辨识，要么难以量化，故很难纳入评估框架，导致对信息技术价值的低估；另一方面，信息技术价值是系统—用户—商业多维因素相互作用的结果，价值形态复杂多样，不可能一一考虑。因此，无论采用哪种财务分析方法，准确计算实施前后信息技术的绝对价值是不可能的。由于上述原因，对信息技术价值的经验研究受到了越来越多的关注。经验研究是在信息技术项目实施后所开展的跨组织甚至跨行业研究，它将信息技术当作影响组织绩效的变量之一进行考察，收集来自不同组织的相关数据，通过数学模型或认知模型，定量分析信息技术对组织绩效的普遍或一般的影响，从而间接评估信息技术的价值。经验评估方法主要有如下三种。

（1）回归分析（regression analysis，RA）

回归分析建立在生产函数基础上，在生产要素投入中考虑了信息技术。根据不同的研究目的，生产函数涉及的投入变量数目和类型可能不同，最基本的形式为

$$Q = F(L,C,K) \tag{4-8}$$

式中，L 表示人力投入；C 表示 IT 资本投入；K 表示信息技术以外的资本投入；Q 表示产出，可以是销售量、产值、收入、利润等指标。回归分析普遍采用如下 Cobb-Douglas 生产函数的对数线性方程：

$$InQ = \beta_0 + \beta_1 InL + \beta_2 InC + \beta_3 InK \tag{4-9}$$

式中，β_0 表示行业平均产出水平；β_1，β_2，β_3 是各项投入对产出的弹性系数。通过收集行业内不同组织投入和产出数据，利用式（4-9）进行回归分析，得到各 β 的值，并对回归方程进行统计检验。β_2 的正负反映了信息技术对组织绩效的积极或负面的影响，而其大小则反映出影响的强度。

（2）数据包络分析（data envelopment analysis，DEA）

数据包络分析通过评价不同组织产出与信息技术投入的相对效率，对各个组织信息技术价值的发挥程度进行比较。DEA 与回归分析相比，可以同时考虑多项产出，不需要对投入—产出生产函数的具体形式进行假定。假定在 n 个组织间进行比较，每个组织都有 m 项与信息技术有关的投入（如资本、人力）以及 s 项产出。令 X_{ij} 表示第 j 个组织的第 i 项信息技术投入的度量值，Y_{rj} 表示第 j 个组织的第 r 项产出的度量值，V_i 表示对第 i 项输入的权重系数，U_r 表示对第 r 项产出的权重系数。则第 j_0 个组织的相对效率 E_0 通过选择适当的权重系数，求解如下的数学规划问题得到：

$$\max E_0 = \sum_{r=1}^{s} u_r y_{r,j_0} \bigg/ \sum_{i=1}^{m} v_i x_{i,j_0} \tag{4-10}$$

满足

$$\sum_{r=1}^{s} u_r y_{yi} \bigg/ \sum_{i=1}^{m} v_i x_{ij} \leqslant 1 (i = 1,2,\cdots,n) \tag{4-11}$$

$$v_i > 0 (i = 1,2,\cdots,m)$$

$$u_r > 0 (r = 1,2,\cdots,s)$$

式（4-8）～（4-11）构成一个非线性、非凸的分式规划问题，它可以转化为更容易求解的线性规划形式。

采集不同组织各产出量指标和信息技术投入量指标的数据，形成分析样本。反复执行以上规划问题，可计算各个组织的相对效率，从而对各个组织信息技术

价值的发挥程度进行比较。相对效率的最大值限制为 1。如果 E_0 的最优值 $E_0^* = 1$，则表示在选定的权重下，没有组织比第 j_0 个组织利用信息技术的效率更高；如果 $E_0^* < 1$，那么第 j_0 个组织不是最有效率的。对于效率低的组织，应采取措施调整改进投入和产出。

（3）结构方程模型（structural equation modeling，SEM）

SEM 是一种非常通用的多元线性统计建模技术，旨在解释存在于一组潜在变量之间的因果关系，允许自变量和因变量存在测量误差，非常适合评估信息技术对组织绩效的影响。

图 4-8 给出了评估信息技术对组织绩效影响的一种结构方程模型。圆圈代表潜在变量，方框代表测量变量。潜在变量通过一个或多个测量变量间接测量，而测量变量可通过数据采集方法得到。图 4-8 的潜在变量为信息技术投入和组织绩效。x_1，x_2，…，x_n 为信息技术投入的测量变量，如信息技术预算、人力等；y_1，y_2，…，y_m 为组织绩效的测量变量，如收益、利润等；λ_i（$i = 1$，2，…，n）和 β_j（$j = 1$，2，…，m）为因子负载；γ 为路径负载。

采集不同组织信息技术投入和组织绩效的各测量变量的值，形成样本。SEM 利用该样本，透过特定的估计程序，得到 γ，λ，β 等参数的估计值。λ 为正说明信息技术投入可以改善组织绩效，λ 为负说明 IT 投入会降低组织绩效，而 λ 绝对值的大小说明信息技术投入对组织绩效影响的强度。图 4-8 只是一种最简单的评估模型，事实上，组织绩效的影响因素很多，信息技术只是其中之一。因此，很多情况下信息技术与其他因素一起，被纳入一个更广的 SEM 框架来评估多个变量对组织绩效的影响。根据研究需要，评估模型可能很复杂，包含更多的潜在变量，而 SEM 可以同时分析存在于多个潜在变量之间的多重因果关系。

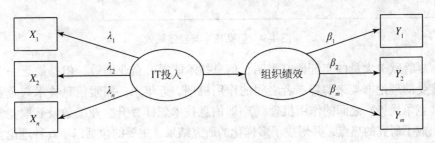

图 4-8　结构方程模型

4.3.2　信息技术投资价值与组织绩效

组织绩效是指在某一时期内组织任务完成的数量、质量、效率及盈利情况。随着人们对信息技术价值的逐步认同，企业中信息技术价值如何影响企业绩效并为企业带来竞争优势成为近年来的研究重点。

1. 信息技术对组织绩效的作用机理介绍

20世纪80~90年代，美国企业的信息技术投资曾遭遇"生产率悖论"问题，学者们提出了解释"信息技术生产率悖论"的六个假说，分别是：统计不当假说、时滞假说、利润再分配假说、不善管理假说、资本存量假说、替代效应假说。到了20世纪90年代，美国经济强劲复苏，美国企业对信息技术进行了大量投资，同时期学术界的实证研究发现，"信息技术生产率悖论"开始消失，信息技术对全要素生产率（total factor productivity）增长的贡献日益显著（Jorgenson，2001）。

自20世纪90年代中期起，欧美学者就信息技术与企业绩效的关系，基本达成了共识，即信息技术与企业绩效正相关（图4-9）。

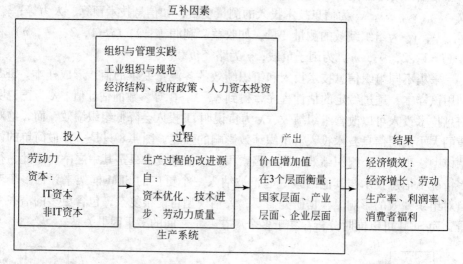

图 4-9　信息技术与经济绩效

尽管欧美大量的实证研究表明，信息技术能提升企业绩效，但是缺乏一个广泛接受的理论框架来解释二者之间的作用机理。近年来，探索信息技术与企业绩效（竞争优势）之间的作用机理（亦即信息技术怎样提升企业绩效及获取竞争优势）成了研究的热点，并形成了多样化的研究结果，主要的包括以下6种理论。

（1）信息技术互补机制假说

Milgrom 和 Robert 提出了信息技术互补机理假说，认为信息技术、互补型组织变革、技术变革与人力资本之间构成一个互补系统，共同作用于企业绩效。信息技术对企业绩效的作用机理主要体现在直接作用和间接作用两个方面，由此产生直接效应、间接效应和乘数效应。

根据信息技术互补机制，信息技术的直接作用机理表现为：快速的信息技术创新，导致信息技术产品价格快速下降，促进企业增加对信息技术资本的需求，其直接效应是降低了企业内部的交易成本（沟通/协调/信息成本）。信息技术的间接作用机理表现为：企业信息技术资本的增加和交易成本的降低，导致企业生产、采购、营销、客户服务等活动方式的改变，由此导致企业产品/服务的进一步创新，而这些伴随型创新进一步引发企业人力资本需求的增加，引发伴随型的组织创新和技术创新的出现，由此形成正反馈，推动企业绩效的提高。

信息技术在企业的应用和扩散，还会进一步体现乘数效应，产生正反馈循环：伴随型组织创新将改善企业使用信息技术的组织环境，降低伴随型技术创新的成本，提高人力资本的作用；伴随型技术创新同样会增加企业信息技术资本积累，促进伴随型组织创新及人力资本绩效提高，人力资本绩效的提高又会促进信息技术应用，进一步降低伴随型组织创新和技术创新的成本，促进企业生产、采购、销售等管理模式创新，进而降低产品/服务创新成本。信息技术的作用机理与乘数效应相结合，使企业信息技术资本、伴随型组织创新、伴随型技术创新和人力资本相互作用、相互补充，引发企业的组织变革、管理变革和技术变革，最终引发产品/服务的进一步创新，从而提高企业绩效。

（2）信息技术价值链模型

20 世纪 80 年代，欧美大多数关于信息技术战略价值的研究，侧重分析信息技术如何降低成本和提高产品/服务差异化来增加公司的经济价值，例如沃尔玛利用信息技术来降低成本，GE 和 Otis 利用信息技术来提高产品和服务的差异化。90 年代，随着互联网和电子商务的兴起，信息技术通过网络对企业价值链和产业价值链产生了日益深远的影响。

Porter 以竞争力理论和价值链模型为基础，提出了信息技术价值链模型。他认为，信息技术通过企业内网和因特网来改变价值链的价值创造活动方式，进而降低成本和提高差异化，从而提升企业绩效，获得竞争优势。图 4-10 列出了信息技术价值链模型的一部分。

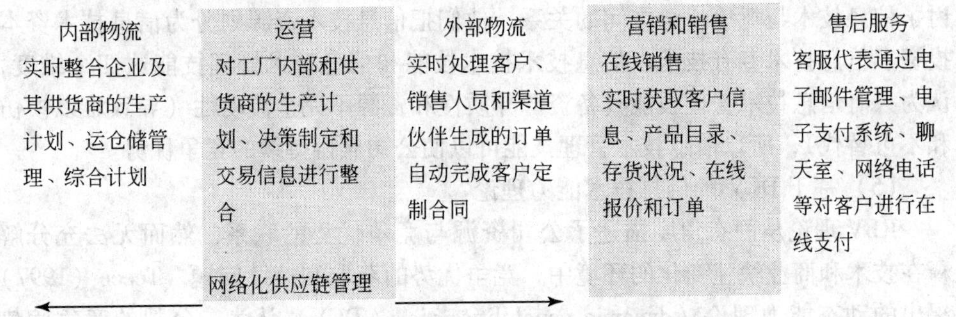

内部物流	运营	外部物流	营销和销售	售后服务
实时整合企业及其供货商的生产计划、运仓储管理、综合计划	对工厂内部和供货商的生产计划、决策制定和交易信息进行整合	实时处理客户、销售人员和渠道伙伴生成的订单自动完成客户定制合同	在线销售实时获取客户信息、产品目录、存货状况、在线报价和订单	客服代表通过电子邮件管理、电子支付系统、聊天室、网络电话等对客户进行在线支付

网络化供应链管理

图 4-10　信息技术对价值链环节活动的作用

（3）基于 D&M 模型的信息系统成功模型

自20世纪90年代以来，很多西方学者从不同的角度，提出不同的理论模型和指标体系来评价信息技术系统并取得成功，形成了百家争鸣的局面，其中 De-lone 和 Mclean 提出的 D&M 模型（1992）以及改进的 D&M 模型（2003）获得了广泛认可（图4-11）。D&M 模型是信息系统（IS）成功评价的里程碑式成果，欧美学术界后续许多关于信息系统成功评价的理论模型和实证研究，大多遵循D&M 模型确立的理论框架和指标体系。

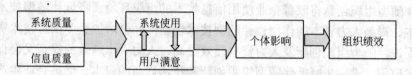

图4-11　Delone 和 Mclean 的 IS 成功评价模型

D&M 模型把信息系统成功视为一个过程，其包含六个主要的信息技术系统成功指标，这些指标之间具有时间和因果关系：系统质量和信息质量共同而又单独地影响系统使用和用户满意；系统使用和用户满意互相影响（这种影响可能是正面或负面）；系统使用和用户满意直接影响个体，个体则影响组织绩效。

（4）基于 RBV 的信息技术资源理论

20世纪90年代初期兴起的资源基础理论（resource-based view，RBV）基于资源异质和资源不完全流动这两个假设，认为公司是资源的集合体，公司的竞争优势来源于公司内部的资源和能力。RBV 理论不仅承认公司特定资源和能力的重要性，同时也重视竞争环境的影响。RBV 理论的代表人物 Barney（1991）认为，公司的资源若同时具备有价值、稀缺、难以模仿、不可替代这四个特征时，公司就能获得持续的竞争优势。

20世纪90年代初，随着 RBV 理论的兴起，许多学者开始基于 RBV 理论来研究信息技术与竞争优势的关系（Barney，1991），并以 RBV 理论为基础深入探讨了信息技术与竞争优势之间的关系，他们把信息技术资源划分为信息技术资本投资、信息技术专有技术、信息技术技术技能和信息技术管理技能这四个维度，认为只有信息技术管理技能具备资源异质性和资源不完全流动性（导致难以模仿和不可替代），所以信息技术管理技能可以使公司获得持续的竞争优势。

（5）基于 DCV 的信息技术能力理论

RBV 理论从静态角度描述了公司资源与竞争优势的联系，然而无法充分解释在技术和商业快速变化的环境中，竞争优势的获取和持续问题。Teece（1997）提出的动态能力理论（dynamic capabilities view，DCV）认为，公司的竞争优势根源于独特的组织管理过程、资产地位和演化路径，而协调/整合（静态概念）、学习（动态概念）、再配置（转化概念）是组织有效实现管理过程的三项关键能力。

DCV 理论提出后迅速获得了广泛认可，随后许多学者基于 DCV 理论研究动态信息技术能力，探讨如何利用信息技术能力获取竞争优势。Feeny 和 Willcocks（1998）把信息技术能力划分为三个维度：商业愿景和信息技术愿景构建能力、信息技术服务交付能力、信息技术架构设计能力，其具体又包含九个方面的能力，分别是信息技术治理能力、业务系统思考能力、关系建设能力、信息技术架构设计能力、信息技术运作能力、信息技术采购能力、信息技术合同促进能力、信息技术合同监控能力、信息技术供货商开发能力。

（6）信息技术融合机制假说

融合机制假说认为，信息技术与公司的战略和业务融合，信息技术能为企业创造更高的用户价值和盈利能力。IBM（2007）提出的信息技术融合理论认为：业务和信息技术融合成为一个统一的、互相交织的整体；业务和信息技术的融合创造更高的用户价值和盈利能力；业务和信息技术的融合使信息技术投资为企业带来倍增的回报。IBM（2007）提出的融合理论可以用模型简单表示为

$$E = bt^2 \qquad (4\text{-}12)$$

式中，E 为创新与成长的动力，b 为业务投资，t^2 表示信息技术的倍增效果。基于大量的信息技术项目咨询经验，IBM 进一步提出了实现业务和信息技术融合的五个要素（图4-12），提出了衡量融合程度的成熟度模型，提出了实现融合的战略路径。

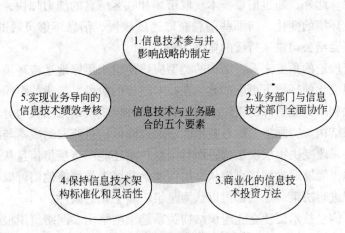

图 4-12　实现融合的五个要素

2. 信息技术投资对组织绩效的影响途径

（1）信息技术通过对企业产生战略性影响来影响企业绩效

信息技术投资并不一定会通过它本身就能够产生预期的收益，它还必须根据组织的目标建立或者调整与之匹配的信息技术战略。从静态的角度来看，信息技术战略和业务战略的关系是：业务战略决定信息技术战略，信息技术战略服从业务战略。信息技术目标需要与业务目标相匹配。具体来讲，信息技术目标支持业务目标，主要包括：支持业务过程和竞争优势，感知业务需求的变化并作出快速的反应，更快、更经济地发展和改进各种应用。发展适应业务需求变化的灵活系统，以最小的成本满足业务层的目标，提供有效的业务性能测度和分析，从信息技术研究和开发中获取最大的投资回报，提供并运行成本合理的和灵活的技术体系结构。而业务目标在于改进顾客满意度、获取市场份额、降低成本、增加利润、发展新产品、开拓新市场等。所以信息技术对企业战略的影响主要通过信息技术目标支持业务目标来实现。

（2）信息技术通过促进组织结构的改变来影响企业绩效

首先，信息技术是促使企业组织结构日趋扁平化的一个重要因素。在知识经济时代，企业所面临的是迅速变化的环境。信息技术的发展不仅能够为组织内的决策提供有效信息，而且能够避免信息的失真和延误，从而取代部分中层管理人员，因而会促使企业组织结构日趋扁平化。组织结构逐渐扁平化，可以使高层管理人员对企业实际信息与宏观信息的把握更加准确，因而决策失误的可能性也就会逐步减少。此外，通过信息技术获取市场和顾客信息的能力加快，这将使公司更能够适应环境的变化，与那些信息获取速度较慢、信息不够灵通的公司相比，这种能力将会给公司带来持续的竞争优势。

从权变理论的角度来看，结构的类型应该使组织更好地适应环境的变化，特别是在剧烈变化的环境下更应如此。在技术过渡的阶段，最优的组织结构模式是能够最大化利用企业资源的组织结构。其中一种模式就是采用权力分散式的、扁平化的组织结构。实际上，信息技术能够通过降低信息获取的成本与扩大信息发布的范围，来改变决策层次结构；而且信息技术还能够直接将信息从基层传递到高层，同时也能够通过网络直接从高层传递给基层人员，使他们可以根据信息和自己的知识进行决策。这些都可以认为是组织扁平化的条件。

其次，信息技术促使企业组织结构关系趋于网络化。网络组织根据它的范围可以分为内部网络化和外部网络化。内部网络化也就是组织内部各个分单元之间的相互联系和沟通；外部网络化是组织间的相互联系和沟通。在现代信息社会，单个企业为了强化自己的核心业务，往往没有足够的经济实力，独自介入产品价值链的各个阶段。特别是在今天的多品种、小批量而且生命周期很短的情况下，传统的阶层等级结构就越来越不适应目前的情况。很多情况下需要越来越多的创造性活动、需要基层决策与协调，需要跨专业的团队式的工作。在这种情况下网络型组织就比等级式的组织更能够适应组织和环境的需要。与此同时，在很多情况下还需要企业间的合作与介入，这样就渐渐形成了企业间的网络结构。信息技术强大的处理能力和传输能力不仅大人地便利了信息的流通，减少了层级制带来的内部沟通和内外沟通的障碍，而且还增强了相互协作的联系。当然这种关系需要在相互信任的前提下才能建立和巩固。

（3）信息技术通过改变企业业务流程来影响企业绩效

信息技术通过改变企业业务流程，主要是为了在成本、质量、服务等方面取得显著改善的成效，使得企业能够最大限度地适应顾客、竞争和变化（3C）为特征的现代企业环境。业务流程再造（BPR）与信息技术是天然的合作者。但是他们之间的联系还没有完全探究出来。随着信息技术日新月异的发展，BPR 与 IT 已经有潜力创造更富有弹性的、团队导向的、合作的以及基于沟通的能力。

从信息技术与业务流程设计的关系来看，一方面信息技术能力应该支持业务流程，另一方面业务流程也应该根据信息技术所能够提供的能力来进行设计。信息技术可以通过五种形式来促进组织变革：局部开发、内部集成、业务流程再设计、经营网络再设计以及经营范围再设计。局部开发是指信息技术单独地应用到组织的各个部分，而各个应用部分却是相互隔离的。这种功能对业务流程的影响不大，而且很容易被竞争对手模仿，因而不会影响企业的竞争优势。内部集成有两层含义：技术上的互联和业务过程的相互关联。对业务流程再设计的理解，自从哈默提出之后就有不同的定义，但着眼点都是希望通过流程再造与再设计来提高企业的绩效与顾客满意度。当实行企业网络的再设计时，就需要从流程跨越的多个组织所形成的网络整体来考虑信息技术的应用。在这种情况下，需要从深层次考虑信息技术的各种用途，而不仅仅是信息的沟通和文件的传递。当企业的经营范围也有所扩大或者调整时，就需要考虑第五种形式——经营范围再设计。

事实上，信息技术对业务流程再造的影响主要体现在流程设计前、设计中以及设计后三个方面：

第一，在流程设计前，信息技术能够使公司有效地利用更新、更好的技术来开发战略前景，从而在流程设计之前就能够达到改善业务流程的目的。在理解公司的优势、劣势以及市场结构和机会方面，信息技术能够跟踪信息并打破地理与组织等方面的障碍。同时，信息技术使企业联盟和公司之间的协作也越来越普遍。

第二，在流程设计的过程中，信息技术能够收集和分析有关绩效和流程结构的信息，这是识别和选择流程再设计的重要一环。由于系统中的数据库能够在不同的职能部门之间相互共享，因此信息技术不仅能提高内部组织的合作与协调，还允许组织建立一个数据库来跟踪客户的满意度和分析其抱怨程度。

第三，在流程改造之后，信息技术能够促进用户和企业进行及时的沟通，克服地理和组织上的障碍。而且，信息技术将大量有用的信息带入流程，决策者就可以将这些信息与决策支持系统或者专家系统结合起来进行定性或者定量的分析。

（4）信息技术能够通过促进组织的学习来间接提高企业绩效

组织学习的本质是组织对变化了的环境进行再教育，并适应新环境过程。组织学习能力影响着组织对环境的适应性，从而也会影响组织的生存能力。随着信息技术的不断发展，不论是组织对环境的适应能力、组织内部之间与内外部之间的信息共享与沟通、决策制定的速度与质量等方面，还是在提高个人和团队学习方面，信息技术都起着举足轻重的作用。

组织学习主要由信息的获得、信息的传播、信息的解释以及组织记忆的发展四个部分组成。第一，从信息的获得方面来看，信息技术能够有效地获取行业信息、市场信息、客户信息以及公司内部的运营信息。这些信息主要包括通过计算机系统收集和分析有关客户的市场信息、从外部数据库获得市场的信息、在线收集客户的信息、利用计算机系统有效地分析市场与客户的信息、利用决策支持系统来分析客户信息以及通过计算机系统获得储存并处理客户信息等。第二，从信息传播角度来看，信息技术加速了信息的共享和信息传播的速度，打破了地理上、时间上和组织上的边界障碍。而且，局域网成员之间的数据、资料以及知识经验等信息的共享也可以进一步促进组织群体的学习。第三，从信息解释的角度来看，信息技术的迅猛发展使得信息解释的手段越来越多样化。例如使用多媒体会议系统来代替面对面的会议，可以使得组织成员越过时空的限制而进行项目的合作和讨论。此外，会议系统出现之后，匿名的参与者可以在虚拟空间开放地讨论组织中最具有争议性的问题，有助于平等的参与和客观地解决问题。第四，从组织记忆方面来看，信息技术或信息系统为组织提供了更优、更快的存储功能和检索途径。信息系统可以提高组织记忆的准确性、可回顾性、完整性和高反馈性，大大优于原来的记忆系统。

在今天国际化的企业经营环境中，获得组织学习能力对企业的重要性与日俱增，为了确保学习的速度与适应环境快速变化的能力，学习应该深入企业的各个层面。只有拥有了学习能力才能够更快地吸收别人的新构想，才能更好地理解企业的政策和战略决策，才能融合过去的经验，并抢先在竞争对手之前将好的想法付诸行动。而且信息技术的出现不仅可以为其提供一种交流的平台，同时也是企业员工快速学习的工具，信息技术的迅猛发展可以通过各种方式跨越组织进行交流，让企业和顾客、供应商联结在一起，使得新的想法能够实现顺利地沟通，而且通过学习还可以提升公司的企业文化，从而达到提高企业绩效的目的。根据上述分析，我们可以得出信息技术影响组织绩效作用模型（图 4-13）。

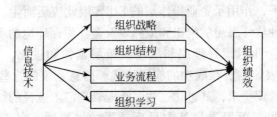

图 4-13　信息技术影响组织绩效作用模型

4.4　信息技术的集成管理

所谓的集成管理就是一种效率和效果并重的管理模式，它突出了一体化的整合思想，管理对象的重点由传统的人、财、物等资源转变为以科学技术、信息、人才等为主的智力资源，提高企业的知识含量、激发知识的潜在效力成为集成管理的主要任务。集成管理是一种全新的管理理念及方法，其核心就是强调运用集成的思想和理念指导企业的管理行为实践。也就是说传统管理模式是以分工理论为基础，而集成管理则突出了一体化的整合思想，集成并不是单个元素的简单相加。集成与集合的主要区别在于集成中的各个元素是互相渗透互相吸纳而成的一种新的"有机体"。马克思谈到管理时就指出，管理不仅提高了个人能力，而且还通过管理把许多单个独立的劳动整合起来，从而融合成一股新的力量，而且这股新的力量的效力要远远大于元素个体的简单相加。

4.4.1　信息系统进化的集成规律

20 世纪中后期，人们逐渐认识到信息是一种重要的企业资源，各类企业也越来越重视对信息资源的开发和组织管理，信息资源管理作为一门独立的学科由此应运而生。在其后短暂的几十年中，企业信息资源管理理论逐渐成为信息研究和组织资源管理的"热点"问题。在 IRM 领域的诸多流派中，集成观是国内外较有影响的理论之一。运用集成的观点，从信息功能集成、信息资源集成和信息处理集成三个方面分析了信息资源集成管理的机理，率先把集成的观点引入 IRM 领域。美国信息管理学家霍顿（Horton，1985）也有类似的认识："信息资源管理是一个集成概念，它融合不同的信息技术和领域为一体，这些技术和领域包括管理信息系统、记录管理、自动数据处理和电子通信网络等。这些领域和职业在20世纪60年代和70年代是相互隔离和分散的，但它们必定会重新聚合在一起。"

20世纪50、60年代，计算机的出现和企业管理数据计算的复杂化要求不断提高企业管理水平，作用于企业操作层的EDPS因此应运而生。随着计算机性能的不断提高、各种软件思想的提出和成熟以及企业生存环境的不断恶化，信息系统的应用不断向企业组织管理层和战略决策层延伸和进化，先后出现了MIS、DSS和ERP为代表的典型和成功的应用形式。信息系统的这些应用形式适应了企业不同层次的管理要求，其进化过程是企业管理需求选择的结果。分析信息系统的进化过程，我们可以看出其中呈现较强的规律性，主要表现在以下4个方面。

1）实现的功能由处理企业组织单个部门的局部数据逐渐发展为集成管理企业功能，由对信息的简单处理逐渐演变为企业集成信息处理和分析，EDPS/TPS主要完成企业操作层单项业务数据计算和静态信息处理工作。MIS一方面按照预先定义的格式和规范完成EDPS/TPS的数据计算和处理任务，另一方面支持管理者对大量的数据和信息进行查询和统计工作，并以报表或其他方式输出，使管理者能有效地掌握职能部门内的关键数据和综合信息，为管理层作出结构化和程序化决策提供信息支持。DS整合企业的EDPS/TPS和MIS形成自身的数据库，通过友好的用户界面引导企业战略管理层对企业中的非结构化和半结构化问题进行描述后，利用模型库和专家知识库进行运算，产生特定决策问题的支持信息。ERP则整合企业的EDPS/TPS、MIS和DSS，实现了对企业产、供、销、人、财、物等各个方面的集成化管理。

2）信息技术基础由单机计算和文件系统管理数据逐渐向网络化、多种操作系统平台和多种数据库技术管理数据的技术集成方向发展。EDPS的硬件设备是小型机、工作站和大型机等单机设备，采用文件系统来管理运行中的数据。MIS的硬件设备在EDPS的基础上，又增加了性能/价格比较高的微机系统，可以说微机的出现推动了MIS的普及。早期的MIS仍然使用文件系统管理数据，但随着数据库理论的提出以及数据库管理系统应用软件的开发，数据库很快就成为MIS的主要数据处理工具。DSS的硬件基础包含计算机网络技术，通过网络把DSS的基础数据库、模型库和专家知识库互联起来。Internet则成为ERP系统的主要信息技术基础。Internet一方面把物理上分散的企业内部网和广域网联为一个逻辑整体，另一方面通过SCM和CRM系统把企业的供应商、分销商、消费者和合作伙伴连接起来，形成适应Internet时代快速竞争的企业动态联盟。

3）对"三流"（物流、资金流和信息流）的支持度由支持企业操作层的局部业务集成发展到 ERP 对"三流"的全面集成。EDPS 仅能实现企业职能部门内的局部数据计算和处理，MIS 则能对企业职能部门中主要业务活动进行集成化管理。DSS 则实现了企业中跨职能部门的"三流"的集成管理。ERP 系统更对企业中的物流、资金流和信息流实施统一的集成化管理。

4）信息集成深度不断提高，集成范围由企业内部逐步扩展到企业外部。信息系统一般通过分类、归并和汇总等操作实现信息和数据的深度集成，数据仓库的数据深度集成技术还包括切片（slice）、钻取（dirll）和旋转（rotate）等，而关联分析、聚类分析、系列模式分析等都是信息深度集成的高级应用技术。信息的深度集成目的是为了得到对企业管理者和决策者有价值的信息。信息集成广度一般可以从集成的时间、地区、职能部门等多个侧面进行描述。对信息适度范围的集成可以保证信息的可靠性和权威性。EDPS/TPS 主要对企业业务过程中的原始数据进行计算和处理，信息的集成度很低。MIS 将信息的集成范围扩展到企业的职能部门，实现了企业职能部门内部的信息集成。

为了支持企业管理层的决策，MIS 还必须通过分类、归并、汇总等步骤综合数据和信息，实现信息的深度集成。但是 MIS 的缺点在于缺乏对职能部门之间的信息集成管理，如财务 MIS 和人事 MIS 通常是两个独立的系统。虽然 MIS 的高级应用形式 MRP 把生产和库存两个部门的信息集成到了一起，MRPII 在 MRP 的基础上还增加了财务部门的信息集成管理，但二者对信息的集成还没有扩展至整个企业组织，仍然属于跨部门的信息集成管理。DSS 在信息集成的深度和广度方面都较 MIS 有了较大的提高。第一，DSS 通常把与决策相关职能领域的 MIS 数据库集成一个多维的数据仓库，通过联机分析处理和数据挖掘等技术的应用，把数据仓库中的数据抽象成为对决策支持有用的信息；第二，DSS 的模型库和知识库还必须集成专家知识、管理者经验以及企业边界外的相关信息等，也就是说 DSS 是在更大范围上实现了信息的集成管理。ERP 是面向全社会的信息集成管理，它一方面强调对企业内几乎所有的信息进行集成化的管理，实现了全企业的信息集成；另一方面不断融合企业边界外的供应商、分销商和客户的信息，实现了跨供应链的信息集成。这样 ERP 系统在信息集成管理方面达到了前所未有的高度。

综合信息系统的进化过程，我们可以用图 4-14 来描述信息系统进化的不同应用形式在信息集成度方面的变化。从图中可以看出，EDPS 对信息的集成深度很低且范围都很小，而 ERP 系统的信息集成深度最高且范围最广。

信息系统自 EDPS 开始就在不断地进化着，这种进化趋势还将继续下去。根据信息系统进化规律预测，我们可以描述信息系统进化的未来：在企业内部，一方面以局域网为基础，以 ERP 为基础应用平台，把计算机辅助设计（CAD）、计算机辅助制造（CAM）、计算机辅助工艺设计（CAPP）和产品数据管理（PDM）

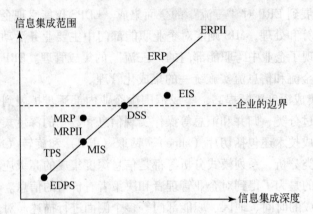

图 4-14　信息系统的进化与信息集成度的变化

集成为一体化的生产制造系统；另一方面把知识管理（KM）和办公自动化（OA）融合形成企业管理一体化系统，从而实现企业综合资源集成管理。在企业边界以外，以 Internet 为技术和交流平台，以电子商务为交易平台，整合供应链管理、客户关系管理、企业信息门户等企业应用集成系统，把优势互补的企业构成战略联盟式的虚拟企业。

4.4.2　信息技术集成模型

从信息技术在企业中的应用过程来看，企业信息技术管理总体上主要包括信息技术基础（实施及其结构）、信息技术功能（服务）以及企业业务应用这三个层面上的内容。

1. 信息技术元素集成模型

（1）基于 Internet 的集成技术

20 世纪 90 年代，可把用于传统的应用软件移植到 Internet 上，从而摆脱硬件平台、操作时间、操作地点等方面的限制，达到信息共享的目的。目前，这种集成技术迅速发展到以支持应用互操作的需求为核心，以面向对象技术为主要特征的分布对象技术，在分布对象环境中实现信息资源的重用、重构与共享，实现面向协同应用的信息共享与应用互操作。

（2）分布式对象集成技术

分布式对象的实质是将应用服务分割成具有完整逻辑含义的独立子模块，各个子模块可放在同一台服务器或分布在多台服务器上运行，模块之间通过远程调用及消息传递进行交互。其目的是为了降低主服务器的负荷、共享网络资源，平衡网络中计算机业务处理的分配，提高计算机系统协同处理的能力，使得应用系统的实现更为灵活。分布式环境下，组件是一些灵活的软件模块，它们可以位置透明、语言独立和平台独立地互相发送消息，实现请求服务。传统的分布式应用解决方案用到的技术主要有 DCOM（distributed component object model），CORBA（common object request broker architecture，公共对象请求代理体系结构），RMI/EJB（remote method invocation/enterprisc java bean），但是这些都有其不足之处。DCOM 和 CORBA 是目前两种使用比较广泛的分布式计算实现方案，都能提供一种面向对象的 RPC（pemote procedure call）调用机制。两种系统都提供了透明的存储机制，用户在编写程序时不需要担心组件的具体物理存放位置。组件把如何找到组件的信息提供给对象请求协调器。当程序需要某个组件的时候，它会到对象请求协调器去查询特定的组件或者组件类型，而对象请求协调器作为核心，在分布异构环境中的不同应用之间提供互操作性，并可实现多个对象系统之间的无缝连接；但是这两者都是适合服务器到服务器的通信协议，对于客户端到服务端的通信存在明显的弱点。RMI 是 JAVA 语言的远程调用机制，也是构建分布式应用系统时常用的一种技术。RMI 的数据封包非常简单，可以和防火墙较好地搭配工作。但是 RMI 有一个比较大的缺陷即是 RMI 局限于 JAVA 语言，执行效率低。EJB 技术出现比较晚，使用 STUB/SKELETON 的机制让客户端和服务端通信，同时低层的通信协议使用 TCP/IP，可以整合多种应用程序。但是 EJB 中的通信也是使用了自己定义的数据封包格式，而且每一家 EJB 厂商的实现不同，因此在 Internet 上使用 EJB 时，会出现每一组件模型的架构和封装数据的标准不一样的情况。

（3）面向服务的集成技术

面向服务的体系结构的思想，具有较强的可复用性和灵活性。用定义好的机构封装应用，将一个单一的应用加入到一个服务的集合中。封装的过程创建了一个抽象层，屏蔽了应用中复杂的细节，对于调用者来说，不需要关心用哪一种编程语言，什么操作系统，应用程序用的是什么数据库产品等。唯一需要知道的就是服务所描述的接口。相关的技术有 WEB SERVICE，WEB SERVICE 是一种新的面向服务的体系结构，随着异构计算环境的不断增加，各种系统间的互操作性就显得愈加必要，要求系统能够无缝地进行通信和共享数据。WEB 服务主要解决在互联网环境下资源共享和信息集成问题。该技术的一个很大的优点就是实现真正意义上的平台独立性和语言独立性。GRID SERVICE 技术是在开放网格体系结构 OGSA 中提出来的，它是对 WEB SERVICE 的扩展，实际上就是一种 WEB SERVICE 和网格技术融合的产物，是一种编程模型，可以提供在可缩放的、松耦合的和非特定平台的环境下交换信息的能力。在数据集成中使用 GRID SERVICE 的目的就是将服务功能以接口的方式提供给用户，数据库访问操作则通过中间件平台完成。用户不需要了解后台的实现过程，仅需调用功能接口就可以完成对数据库的操作。网格数据库访问与集成中间件是随着网格相关技术的发展而不断发展的。因此集成中间件也存在一定程序上的局限，比如缺少节点的数据库自动注册服务功能、不支持异构数据库的数据集成、缺少良好的数据库连接性能。

2. 信息资源管理功能集成模型

从企业信息需求及其规模来看，信息技术集成的基本框架可以描述为图 4-15 所示的概念模型。

如图 4-15 所示，企业信息技术功能集成总体上主要包括两个方面，一是信息技术功能的纵向集成，主要是对企业中处于信息资源管理的不同功能层次的信息系统或功能模块进行有机的整合；二是信息技术功能的横向集成，这主要是指对为企业经营管理的各个领域提供信息支持与服务的信息系统或功能模块的有机整合。显然，通过纵向和横向的集成，不仅可以促进对信息资源进行更加深入的开发和利用，而且也可以更加有效地为企业经营管理提供信息支持与服务，从而充分、有效地开发信息资源的潜能，发挥信息资源的作用。

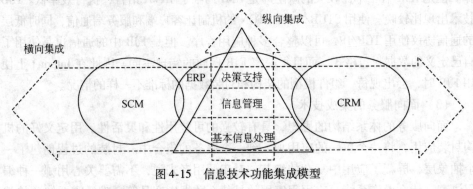

图 4-15　信息技术功能集成模型

3. 信息技术与企业业务集成模型

信息技术与企业业务集成的本质在于实现企业的信息技术应用活动要素与企业业务活动要素之间的协同。根据信息技术在企业中的扩散以及应用过程（Nagy Hanna，1994），结合企业信息技术活动的实际过程，信息技术与企业业务的集成模型如图 4-16 所示。

如图 4-16 所示，在信息技术与企业业务的集成过程中，存在两种驱动机制：一方面，企业业务需求驱动着信息技术应用的进程；另一方面，信息技术的趋势和能力又影响着企业业务活动的展开。正是这两种力量的作用，信息技术与企业业务才得以实现匹配和协同，形成一个有机体。

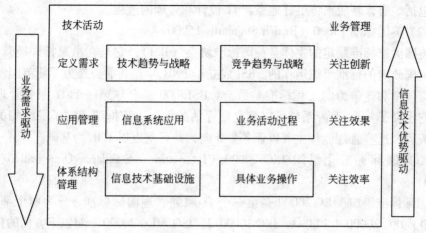

图 4-16 信息技术与企业业务集成模型

从企业业务管理与信息技术活动的目标和过程来看，信息技术与企业业务的集成主要包括三个层面的内容：一是通过信息技术与企业业务操作的集成，以实现提高业务活动的效率，通常表现为利用相应信息技术来替代或改进原有业务工具和手段，如利用信息技术改造的数字车床、生产流水线等；二是通过信息技术与业务活动过程的融合，提高企业业务活动的管理效益，如通过 MR-PII、MIS 的使用，有效地为业务活动提供信息资源的支持与服务，从而更好地对业务实施管理、提高业务的效益水平；三是利用信息技术的优势促进企业业务活动及其管理模式的转型与创新，从而更加有效地实现企业的目标，通常这需要实现企业业务与信息技术之间战略性的整合。当然，信息技术与企业业务之间的集成是一个已形成协同作用的动态过程，由于集成是在变化的环境中进行的，因此必须做好合理的规划，根据业务的需要以及自身的信息技术能力与优势确定集成的内容和方式，这样才能充分发挥信息技术集成的作用，促进企业业务活动的价值创造。

4. 其他代表性的信息技术集成模型简介

（1）信息技术基础设施库（information technology infrastructure library，ITIL）

信息技术基础设施库（ITIL）是一个旨在促进高品质 IT 服务的最佳实践框架，其建立在一个基于 Edwards Deming 提出的 IT 业务控制和管理过程模式之上，以应对社会对信息技术越来越强的依赖。英国政府认为，如果缺乏通行的标准，会导致政府机构和私营部门将各自独立开发他们自己的 IT 管理框架造成重复工作和社会资源的浪费。于是英国中央计算机和电信局（CCTA）于 20 世纪 80 年代制定出统一的信息技术框架模型，即 ITIL。目前，ITIL 正在修订，ITIL 的第 3

版将包括 5 册，新版本将更好地强调 IT 设计和管理的过程。

（2）英国标准 15000（British Standards 15000）

英国国家标准制定的主体是英国标准协会（BSI），它是在皇家特许经营下，作为英国政府的标准组织运作的。BSI 成立于 1901 年，其前身是为了使英国制造商更有效率和竞争力的工程标准委员会。BS15000 是全球第一个 IT 服务管理标准。它定义了一个程序/系统可以建立或评估的框架。该框架规定了一组相关的管理流程，这些管理流程主要以业务为导向，并且重点以 ITIL 为基础。

（3）国际标准化组织/IEC 20000（International Standards Organization/IEC 20000）

国际标准组织/ IEC 20000 是第一个 IT 服务管理国际标准，分为两个部分，即 ISO／IEC 20000-1 和 ISO／IEC 20000-2。ISO /IEC 20000-1 对以下方面的标准进行了定义：

1）范围；

2）术语和定义；

3）规划和实施服务管理；

4）管理体系要求；

5）规划和实施新的或变更的服务；

6）服务流程；

7）关系流程；

8）过程控制；

9）进程解决；

10）过程发布。

ISO/IEC 20000-2 是一个工作守则，介绍了配套于 ISO／IEC 20000-1 中所定义的服务管理的最佳实践指导方针 ISO/IEC 20000-1。

（4）微软操作框架（microsoft operations framework，MOF）

微软操作框架（MOF）提供业务指导，帮助企业实施 ITIL。MOF 是由几个基础元素组成：

1）过程模型；

2）团队模型；

3）风险管理模型。

比起诸如 ITIL 等模型，微软操作框架更注重 IT 运营，而不是管理。此外，它提供了更具体的规范和流程来改进建议和支持对微软产品的改变。

关于 IT 管理的模型还有 IBM 信息技术流程参考模型（IBM process reference model for IT，PRM-IT）等，这里不再赘述，详细内容可具体参考相关文献（Finden-Brown，2005）

4.5　IT 项目管理

项目是指一系列独特的、复杂的并相互关联的活动，这些活动有着一个明确的目标或目的，必须在特定的时间、预算、资源限定内，依据规范完成。项目参数包括项目范围、质量、成本、时间、资源。项目管理（简称 PM），就是项目的管理者，在有限的资源约束下，运用系统的观点、方法和理论，对项目涉及的全部工作进行有效地管理。即从项目的投资决策开始到项目结束的全过程进行计划、组织、指挥、协调、控制和评价，以实现项目的目标。项目管理是基于被接受的管理原则的一套技术方法，这些技术或方法用于计划、评估、控制工作活动，通过按时、按预算、依据规范达到理想的最终效果。

市场的需要是 IT 项目产生的根本。企业信息化、政府信息化工作产生了许许多多的信息化项目——IT 项目。IT 项目可能因为信息化需要而产生，也可能是由 IT 企业根据市场情况和趋势分析，从市场利益出发，研究投资的机会，自己指定 IT 项目。

一般 IT 服务厂商所说的项目是指承接的外部客户的项目，例如系统集成厂商为客户定制解决方案，负责硬件安装、应用开发、维护服务等。如今越来越多的企业将内部的组织调整、流程变革也作为项目来运作。

虽然 IT 项目的产生是由于各种不同的原因，但是关于 IT 项目我们可以这样简单理解，即建设一个信息系统的工程就是 IT 项目。其中，"建设"是手段，"信息系统"是目标。从我们讨论的信息系统的构成来看，构建一个信息系统将涉及五个方面的工作。具体包括以下内容。

1）硬件系统环境设计，这包括网络环境的设计方案、施工方案、设备选型、采购计划、兼容性等方面的内容，根据实际的需要搭建硬件平台；

2）为客户设计软件系统的方案，选择系统软件，更重要的是选择或开发应用软件系统；

3）帮助客户规划和整理它的数据资源并应用于其软件系统中；

4）与客户一道，建立其信息系统的运行规则，并组织知识体系；

5）为了建设一个让使用者满意的信息系统，项目的实施者与项目的使用者之间要进行不断的沟通，从项目开始到项目结束；

IT 项目同其他大多数项目一样都具有这样一些特征。

1）有一个明确界定的目标。一个项目的目标通常依照其工作范围、进度计划和成本来定义。

2）项目的执行要通过完成一系列相互关联的任务，也就是许多工作任务以一定的逻辑顺序和时间顺序完成，以便达到项目目标。

3）项目需要运用各种资源来执行任务。资源可能包括不同的人力、组织、数据资源、知识、硬件设备、辅助管理工具等。

4）项目有具体的时间计划或有限的寿命。它有一个确定的开始时间和结束时间，项目的目标应该在这一时间段内被实现。

5）每个项目都是独一无二的、一次性的努力。

6）每个项目都有客户或者潜在的目标客户。一般而言，项目的资金主要由客户提供，以实现目标。项目的客户可能是一个人、一个组织。

7）项目包含一定的不确定性。一个项目开始前，应当在一定的假定和预算基础上准备一份计划。假定和预算的组合产生的不确定性，可能影响项目目标的成功实现。

另外，信息系统的开发特别是软件开发渗透了人的因素，带有较强的个人风格。为高质量地完成项目，必须充分发掘项目成员的智力才能和创造精神，不仅要求他们具有一定的技术水平和工作经验，而且还要求他们具有良好的心理素质和责任心。与其他行业相比，在信息系统开发中，人力资源的作用更为突出，必须在人才激励和团队管理问题上给予足够的重视。

由此可见，IT项目与其他项目一样，也需要在范围管理、时间管理、成本管理、质量管理、人力资源管理、沟通管理、采购管理、风险管理和综合管理这九个领域进行管理。这当中，人力资源管理尤其重要。

4.5.1　项目立项管理

项目立项是项目正式实施之前不可缺少的程序，一般要先经过项目机会研究、项目可行性研究、项目论证与评估等阶段。

1. 项目的机会选择

项目机会研究是项目立项的第一步，其目的是选择投资机会、鉴别投资方向。国外投资者一般从市场和技术两方面寻找项目投资机会，但在国内必须首先考虑到国家有关政策和产业导向。

2. 项目的可行性分析

为避免盲目投资，在决定一个信息系统项目是否应该立项之前，需要对项目的背景、意义、目标、开发内容、国内外同类产品和技术、本项目的创新点、技术路线、投资额度与详细预算、融资措施、投资效益，以及项目的社会效益等多方面进行全面的评价，对项目的技术、经济和社会可行性进行研究。

信息系统项目可行性分析的目的，就是用最小的代价在尽可能短的时间内确定以下问题：项目有无必要？能否完成？是否值得去做？

（1）项目的必要性分析

首先应确定信息系统项目的目标，即本项目想解决哪些问题。信息系统目标明确之后，如果目前已经有一个（或几个）信息系统正在被人使用，就需要认真分析现有的信息系统。显然，如果现有的信息系统是完美无缺的，完全可以实现新系统的目标要求，谁都不会提出开发新系统的要求。通常情况下，现有系统必然存在某些缺陷，无法完全实现新系统的目标要求。但这一点并不能成为开发新系统的理由，我们还应仔细分析现有系统对于新系统目标的实现的程度如何，不能实现某个具体目标的原因是什么，经过改进性维护能否实现这些目标。如果现有的信息系统经过简单的改进性维护就可以实现新的系统目标，就没必要重新开发一个新系统。但在以下情况下，有必要开发新的信息系统。

1）原有系统开发不规范，缺少必要的技术文档，原开发人员跳槽，新接手的开发人员很难维护原有系统，维护成本可能会接近甚至超过新开发的成本；

2）原系统采用了落后的设计技术或因设计人员的水平所限，系统架构设计不合理，难以扩充和修改；

3）原系统设计虽然合理，也考虑到了日后的扩充，但由于因业务发展太快，远远超过原来的设想，量变引起质变；

4）原系统开发工具已过时，用落后的开发工具继续维护还不如用新的开发工具重新开发；

5）原系统所基于的硬件或软件平台已过时，在原有平台继续维护已无必要，需要开发基于当前流行平台的新系统。

在分析新系统项目开发的必要性时，一定要注意识别是真的"必要"还是假的"必要"。某些开发单位，由于重开发，轻维护，新系统开发人员的地位和待遇远远高于现有系统的维护人员，维护人员考虑到开发新项目的高待遇和成就感，为尽快转入新项目的开发，极力夸大原有系统维护的技术难度和工作量，主张开发新系统，他们所提出的对比分析结果往往是有倾向性的。因此，应选择那些与项目本身无利害关系的技术专家进行项目必要性分析。当然，更重要的是，要缩小现有系统维护人员和新系统开发人员的收入差距。另外，某些信息系统开发商往往利用客户（用户）"喜新厌旧"的心理，出于宣传和经营的需要，每隔几年，即使没有太大的功能性和技术性突破，也要策划开发新的系统。有时当竞争对手推出或即将推出新系统时，为保住自己的市场份额，即使条件不具备，也要迅速推出新的系统。这些问题，应属于市场运营策略的范畴，在此不再阐述。

（2）项目的可能性分析

项目的可能性分析主要研究能否利用现有的或可能拥有的技术能力、资金、人力资源和物资等方面的条件来实现信息系统的目标、功能、性能和其他指标，能否在规定的时间期限内完成整个项目。由于项目的可能性分析以技术分析为主，因此也称为技术可行性分析。项目可能性分析的主要内容如下。

1）企业能力分析。主要包括企业研发能力、生产及营销能力、资金管理能力和其他特殊能力的分析。研发能力，包括企业的研发队伍和资金投入，以及近年来取得的研究开发成果。生产及营销能力，包括企业具备的生产条件、经营模式和市场策划能力、销售渠道等。资金管理能力，包括应收账款、应付账款的管理策略和回收及支付能力，是否得到过银行贷款并能够按期偿还，是否有银行颁发的资信等级证书等。其他特殊能力，包括已获得的质量认证、高新技术企业认证，以及其他特殊资格或证明等。

2）项目技术来源分析。项目技术来源主要包括以下几种情况：①自主开发，指在产品规划、产品的概念开发、产品的系统设计、产品的详细设计、产品的测试与改进、产品试用中以自身企业为主体进行考虑，拥有完全的决策权；②产学研合作开发，应明确合作方式（委托开发还是技术入股），以及技术成果的所有权与使用权；③使用国内其他单位或个人技术，成果的所有权是否转移等；④引进国外技术本企业消化创新（但必须明确是技术转让还是技术入股，并在此基础上消化、吸收，再创新）。

高新技术产业化项目还应明确其技术来源的科技计划（基金）类别，如国家科技攻关计划、国家高技术研究发展计划（863计划）、国家重点基础研究计划（973计划）、国家自然科学基金、国家级其他科技计划（基金）、国务院各部委科技计划（基金）、地方科技计划（基金）、民间基金、海外基金。

3）与项目相关的专利分析。应仔细研究相关专利的全部信息，如：

——专利号码；

——专利名称；

——专利类型；

——专利权人，包括申请人名称和申请人性质（单位、个人），如果专利申请人是一个单位，应明确专利申请单位与项目承担单位的关系（同一单位、是项目承担单位的主管单位、存在股权关系、不存在股权及主管关系、合作关系），如果专利申请人是自然人，应明确专利申请人与项目承担单位的关系（法定代表人、技术负责人、股东、非股东）；

——专利进展情况（申请、已签发受理通知书和专利申请号公告申请文件、已颁发专利证书）；

——专利范围（国内专利、国际专利及申请地）。

4）项目负责人及技术骨干的资质分析。应仔细分析项目负责人及技术骨干的相关信息，如：

——学历；

——专业（包括所学专业和目前从事的专业）；

——职称；

——技术经历；

——近期主要科技成果；

——近期主要论文与专著；

——近期获得的主要科技类奖励；

——目前与项目承担单位之间的关系（如全职还是兼职）。

5）项目总体技术方案分析。应着重分析如下信息。

——项目所依据的技术原理；

——主要技术与性能指标；

——项目拟执行的质量标准类型、质量标准名称。

6）项目创新点分析。按创新点分条目分析，主要包括：

——创新类别（理论创新、应用创新、技术创新、工艺创新、结构创新）；

——创新内容（新旧对比）。

7）项目技术可行性分析。应主要从以下几个方面进行分析。

——国内外相关技术研究开发现状分析；

——项目研究内容分析；

——项目涉及的关键技术分析；

——项目技术指标分析；

——项目技术路线分析；

——项目技术实现依据分析（文献、专利、发明、研究成果）；

——项目技术实现主要面临的风险分析；

——项目风险应对措施分析。

8）项目技术成熟性分析。应主要从以下几个方面进行分析。

——关键技术成熟性分析（包括采用的现有成熟关键技术、已攻克的关键技术、待研究的关键技术等）；

——项目采用的关键技术是否通过技术鉴定（已鉴定、尚未鉴定）、鉴定单位、鉴定意见、鉴定时间；

——项目采用的关键技术是否获得国家、部门或地方科技计划的支持（已获得、尚未获得）、计划的名称、获得支持的时间。

9）项目产品化分析。主要包括以下几项内容。

——项目产品形态分析（消费产品、工业产品、工业中间产品、技术服务产品、其他）；

——项目产品用途分析；

——项目产品性能、比较优势分析；

——项目产品生产方式分析（自我加工、委托加工）；

——项目产品生产条件分析；

——项目产品目标分析（样品、中试、批量生产、规模生产）；

——项目产品化实施计划的进度分析（项目产品化的阶段目标及内容）；

——项目产品拟执行的质量标准类型分析（国际标准、国家标准、企业标准、其他）；

——项目产品应取得的相关许可认证证书分析；

——通过本项目实施企业新获得的相关资质证书分析。

（3）项目投资及效益分析

明确了项目的必要性和可能性之后，还要从投入产出的角度分析项目值不值得去做。项目投资及效益分析，也称经济可行性分析，主要对整个项目的投资及所产生的经济效益进行分析。

1）项目投资预算分析。项目资金可分为固定资金和流动资金，也可分为一次性支出的资金和非一次性支出的资金，还可分为研发资金和非研发资金。无论采用哪种分法，一般都包括以下几项。

——研发费用；

——设备、仪器、软件购置费用；

——原材料费用；

——会议、差旅、调研费用；

——技术合作费用；

——能源动力费用；

——资料、印刷、光盘制作、论文专著出版费用；

——设备、仪器、实验室费用；

——样机（系统）试制费用；

——测试费用；

——中试费用；

——鉴定、验收费用；

——不可预计的其他费用。

2）项目投资来源分析。通常，一个信息技术项目的投资可来自以下几个方面。

——国家（或部委、省、市）科技计划资金；

——地方（或部门）匹配资金；

——企业（单位）自筹资金；

——客户（用户）的委托开发资金或系统定金；

——银行贷款。

如果项目可行性分析的目的是申请国家（或部、省、市）科技计划资金，一般应要求地方（或部门）匹配资金和企业（单位）自筹资金达到一定的比例。例如，申请信息产业部电子发展基金时，企业自筹资金（包括银行贷款）应不低于所申请的基金数额；申请科技部科技型中小企业技术创新基金时，地方匹配资金应不低于所申请基金数额的 50%，企业自筹资金（包括银行贷款）应不低于所申请的基金数额；申请国家高技术研究发展计划（863 计划）项目（应用类）时，地方匹配资金一般应不低于所申请的基金数额，企业自筹资金（包括银行贷款）一般应不低于所申请基金数额的两倍；申请国家科技攻关计划项目（应用类）时，申请额度控制在总投资额的 10% ~ 30% 比较合适；申请国家发展和改革委员会国家高技术产业化项目时，申请额度控制在总投资额的 10% ~ 20% 比较合适。对于没有明确规定资金构成比例的各种科技计划或基金（应用类），建议企业自筹资金（包括银行贷款）不低于所申请基金数额的两倍。至于企业自配资金与银行贷款的比例，一般不作具体要求。如果企业流动资金比较紧张，可以多贷一些，但贷款额不能大于企业固定资产（除非有其他单位担保）。如果企业流动资金比较充足，可以少贷一些，也可以不贷。

3）市场需求与产品销售额分析。项目效益分析主要涉及产品销售额、盈亏平衡点、利润、投资回收期、投资收益率等经济指标。所有指标均建立在市场分析的基础上。市场分析的关键因素是对项目产品在其生命期内的市场需求量作出估计。可以从以下角度进行分析。

——市场的地区范围；

——产品面向的行业；

——同类产品的竞争。应仔细分析目前市场上同类产品的生产厂家，以及他们所占的市场份额，如果项目承担厂商也有产品（项目的前一代产品）在市场上销售，原有产品所占的市场份额是确定新产品市场份额的重要依据。如果有可能的话，还应了解竞争对手正在开发什么样的新产品，什么时间推出。如果项目开发者同时也是项目产品的生产者，还应分析其生产能力。分析项目产品的生产规模和销售额时，应从项目完成之日起逐年分析。根据信息系统的特点，产品生命期一般可确定为5年。通常第1年的销售额稍低一些，第2~3年达到高峰，随后开始下降，5年之后将被更新的产品所取代。某些软件产品的生命期可能更短，甚至只有3年的时间。对于某些销售比较平稳的产品，可以直接分析其年平均销售额，而不必进行逐年分析。

4）产品成本、利润与盈亏平衡点分析。销售额确定之后，还应分析产品成本的构成。一般来讲，产品成本分为固定成本和动态成本。固定成本与销售额无关，如广告宣传费、固定资产折旧费、管理费等。动态成本与销售额成正比，如原材料费等，动态成本与销售额的比例称为动态成本率。

$$产品利润 = 售额 \times （1 - 动态成本率）- 固定成本 \qquad (4-13)$$

扣除各种税金之后的利润称为税后利润或净利润，与此相对应，未扣除税金的利润称为税前利润或利税总额。由于固定成本的存在，如果销售额达不到一定的额度，利润就是负的。使利润为0的销售额称为盈亏平衡点。盈亏平衡点的计算公式如下：

$$盈亏平衡点 = 固定成本 \times （1 - 动态成本率） \qquad (4-14)$$

进行可行性分析时应注意，如果预期销售额与盈亏平衡点过于接近（预期销售额小于盈亏平衡点的两倍），该项目将是十分危险的。

5）投资回收期、投资收益率分析。

$$项目投资回收期（税前） = 投资总额 \div （年平均税前利润 + 年折旧）$$
$$\qquad (4-15)$$

$$项目投资回收期（税后） = 投资总额 \div （年平均税后利润 + 年折旧）$$
$$投资收益率 = 总收益/总投资 \qquad (4-16)$$

对于国家全部或部分投资的项目，税前和税后利润的两种投资期均应计算；对于完全由企业投资的项目，只计算后一种就可以了。另外一种基于净现金流量的投资回收期算法：

$$项目投资回收期 = （累计净现金流量开始出现正值年份数 - 1）+ （上年累计净现金流量绝对值/当年净现值） \qquad (4-17)$$

6）社会效益分析。社会效益分析就是从国家的角度，评价项目对社会的实际贡献。例如，某些少数民族文字处理软件，经济效益不一定太高，但对于促进少数民族地区的文化教育和社会进步有着重要的意义。对于申请国家拨款的项目，应充分分析其社会效益。

（4）项目论证与评估

项目论证与评估是项目立项前的最后一关，"先论证（评估）、后决策"是现代项目管理的一项基本原则。

1）项目论证与评估的基本概念。项目论证是指对拟实施项目技术上的先进性、成熟性、适用性，经济上的合理性、盈利性、实施上的可能性、风险性进行全面科学的综合分析，为项目决策提供客观依据的一种技术经济研究活动。根据论证执行主体的不同，项目论证可分为内部论证和外部论证。内部论证的执行主体为项目承担单位内部没有参加过项目可行性研究的技术专家、市场专家和财务专家，必要时可邀请客户（明确的或潜在的）代表和单位外有关专家参加。外部论证一般由项目投资者（如国家各类科技计划或基金的管理机构、银行或投资公司）或其委托的第三方权威机构（如科技计划或基金的评审机构、投资咨询公司）执行。项目论证可以是一个连续的过程，贯穿于可行性研究的整个阶段，也可以在可行性研究完成之后才开始执行。由于在可行性研究阶段的项目论证可以看做是项目可行性研究的一部分，我们在此只介绍可行性研究完成之后的项目论证。

项目评估是指在项目可行性研究的基础上，项目投资者、项目主管部门（如国家各类科技计划或基金的管理机构、银行或投资公司）或其委托的第三方权威机构（如科技计划或基金的评审机构、投资咨询公司）根据国家颁布的政策、法律、法规、标准和技术规范，对拟开发项目的市场需求、技术先进性和成熟性、预期经济效益和社会效益等进行评价、分析和论证，进而判断其是否可行的过程。项目评估是项目立项之前必不可少的重要环节，其目的是审查项目可行性研究的可靠性、真实性和客观性，为行政主管部门的审批决策和投资机构的投资决策提供科学依据。

项目论证与评估可以分步进行，也可以合并进行。实际上，项目论证与评估的内容、程序和依据都是大同小异的，只是侧重点稍有不同，论证的对象可以是未完成的或未选定的方案，而评估的对象一般需要正式的"提交"；论证时着重于听取各方专家意见，但评估时更强调要得出权威的结论。

与项目可行性研究类似，项目论证与评估也要从必要性、可能性和投资效益等方面对项目进行综合分析。但项目可行性研究一般是项目承担单位的主观性分析，往往是"不识庐山真面目，只缘身在此山中"，而项目论证与评估则是第三方的客观性分析，可以从"横"、"竖"、"远"、"近"、"高"、"低"等各种角度对项目的可行性进行评价。

2）项目评估报告。项目论证与评估完成之后，应编写正式的项目评估报告，项目评估报告一般应包括以下内容：项目概况、评估目标、评估依据、评估内容、评估机构与评估专家、评估过程、详细评估意见、遗漏的重大问题、潜在的风险、评估结论、进一步的建议。因评估机构并无决策权，评估结论一般以建议的方式给出"不立项"、"建议补充材料，重新评估"等意见。

4.5.2 项目进度与费用管理

1. 项目进度管理

（1）项目进度管理的含义与内容

项目进度管理即项目时间管理，包括保证项目按时完成的各过程，即定义活动——识别为完成项目可交付成果而需采取的具体行动的过程；排列活动顺序——识别和记录项目活动间逻辑关系的过程；估算活动资源——估算各项活动所需材料、人员、设备和用品的种类和数量的过程；估算活动持续时间——根据资源估算的结果，估算完成单项活动所需工作时段数的过程；制定进度计划——分析活动顺序、持续时间、资源需求和进度约束，编制项目进度计划的过程；控制进度——监督项目状态以更新项目进展、管理进度基准变更的过程。

1）定义活动。定义活动是识别为完成项目可交付成果而需采取的具体行动的过程。创建工作分解结构过程已经识别出工作分解结构（WBS）中底层的可交付成果，即工作包。项目工作包通常还应进一步细分为更小的组成部分，即活动（为完成工作包而必须开展的工作）。活动是开展估算、编制进度计划以及执行和监控项目工作的基础。本过程意味着对进度活动进行定义和规划，以便实现项目目标。

2）排列活动顺序。排列活动顺序是识别和记录项目活动间逻辑关系的过程。活动按逻辑关系排序，除了首尾两项，每项活动和每个里程碑都至少有一项紧前活动和一项紧后活动。为了使项目进度计划现实、可行，可能需要在活动间加入时间提前量或滞后量。排序可使用项目管理软件，也可通过手工或自动化技术来实现。

3）估算活动资源。估算活动资源是估算每项活动所需材料、人员、设备或用品的种类和数量的过程。估算活动资源过程与估算成本过程紧密相关。例如：建筑项目团队必须熟悉当地的建筑法规。这类知识常可从当地卖方获取。但如果当地的人力资源也缺乏处理某些特殊问题的经验，那么支付一笔额外费用聘请咨询人员，可能就是了解当地建筑法规的最有效方式。汽车设计团队需要熟悉最新的自动装配技术，可以通过聘请咨询人员，派设计人员出席自动化技术研讨会，或者把制造人员纳入设计团队等方式来获取所需的专业知识。

4）估算活动持续时间。估算活动持续时间是根据项目总体资源的估算结果，估算完成单项活动所需工作时段数的过程。它需要依据活动工作范围、所需资源类型、所需资源数量以及资源日历等，进行活动持续时间估算；应该由项目团队中最熟悉具体活动的个人或小组，来提供活动持续时间估算所需的各种输入。对持续时间的估算是渐进明细的，取决于输入数据的数量和质量。例如，随着项目设计工作的推进，可供使用的数据越来越详细，越来越准确，持续时间估算的准确性也会越来越高。所以可以认为，持续时间估算的准确性和质量会逐步提高。首先要估算出具体活动的工作量和计划投入该活动的资源数量，然后再据此估算出为完成该活动而需要的工作时段数（活动持续时间）。应该把每个活动持续时间估算所依据的全部数据与假设都记录在案。对工作时间有特殊要求的资源，通常会提出备选的资源日历，列出可供选择的工作时段。大多数项目进度管理软件都可以利用项目日历与这些资源日历，进行活动持续时间估算。此外，除了遵循逻辑顺序，活动还需要按项目日历与适当的资源日历实施。

5）制定进度计划。制订进度计划是分析活动顺序、持续时间、资源需求和进度约束，编制项目进度计划的过程。使用进度计划编制工具来处理各种活动、持续时间和资源信息，就可以制定出一份列明各项目活动的计划完成日期的进度计划。编制可行的项目进度计划，往往是一个反复进行的过程。这一过程旨在确定项目活动的计划开始日期与计划完成日期，并确定相应的里程碑。在编制进度计划过程中，可能需要审查和修正持续时间估算与资源估算，以便制订出有效的进度计划。在得到批准后，该进度计划即成为基准，用来跟踪项目绩效。随着工作的推进、项目管理计划的变更以及风险性质的演变，应该在整个项目期间持续修订进度计划，以确保进度计划始终现实可行。

6）控制进度。作为实施整体变更控制过程的一个组成部分，控制进度是监督项目状态以更新项目进展、管理进度基准变更的过程。进度控制需要：

——判断项目进度的当前状态

——对引起进度变更的因素施加影响

——确定项目进度是否已经发生变更

——在变更实际发生时对其进行管理

（2）进度管理的工具与方法

1）进度网络分析。进度网络分析是制定项目进度计划的一种技术。它通过多种分析技术，如关键路径法、关键链法、假设情景分析和资源平衡等，来计算项目活动未完成部分的最早与最晚开始日期，以及最早与最晚完成日期。某些网络路径可能含有路径会聚或分支点，在进行进度压缩分析或其他分析时应该加以识别和利用。

2）关键路径法。关键路径法在不考虑任何资源限制的情况下，沿着项目进度网络路径进行顺推与逆推分析，计算出全部活动理论上的最早开始与完成日期、最晚开始与完成日期。由此得到的最早开始与完成日期、最晚开始与完成日期并不一定就是最终项目进度计划中的日期，但它们能指出，在给定的活动持续时间、逻辑关系、时间提前量、时间滞后量和其他制约因素下，可开展各项活动的时间段。

对最早开始与完成日期、最晚开始与完成日期的计算，可能受活动总浮动时间的影响。活动总浮动时间使进度计划富有弹性，它可能是正数、负数或零。在任何网络路径上，进度安排的弹性大小由最晚与最早日期间的正差值决定，该差值称为"总浮动时间"。关键路径的总浮动时间为零或负数。关键路径上的进度活动称为"关键活动"。正常情况下，关键路径的总浮动时间为零。网络图中可能有多条次关键路径。为了使路径总浮动时间为零或正值，可能有必要调整活动持续时间、逻辑关系、时间提前与滞后量或其他进度制约因素。一旦计算出路径的总浮动时间，也就能确定相应的自由浮动时间。自由浮动时间是指在不延误任一紧后活动最早开始日期的前提下，某进度活动可以推迟的时间量。

3）关键链法。关键链法是一种根据有限的资源来调整项目进度计划的进度网络分析技术。首先，根据持续时间估算、给定的依赖关系和制约因素，绘制项目进度网络图；然后，计算关键路径。在确定了关键路径之后，再考虑资源的可用性，制定出资源约束型进度计划——该进度计划中的关键路径常与原先的不同。

资源约束型关键路径就是关键链。关键链法在网络图中增加作为"非工作进度活动"的持续时间缓冲，用来应对不确定性。放置在关键链末端的缓冲称为项目缓冲，用来保证项目不因关键链的延误而延误。其他的缓冲，即接驳缓冲，则放置在非关键链与关键链接合点，用来保护关键链不受非关键链延误的影响。应该根据相应路径上各活动持续时间的不确定性，来决定每个缓冲的时间长短。一旦确定了"缓冲进度活动"，就可以按可能的最晚开始与最晚完成日期来安排计划活动。这样一来，关键链法就不再管理网络路径的总浮动时间，而是重点管理剩余的缓冲持续时间与剩余的任务链持续时间之间的匹配关系。

4）资源平衡。资源平衡是对已经过关键路径法分析的进度计划而采用的一种进度网络分析技术。如果共享或关键资源的数量有限或只在特定时间可用，或者为了保持资源使用量处于恒定水平，就需要进行资源平衡。如果已出现资源过度分配（如同一资源在同一时间被分配至两个甚至多个活动，或者共享或关键资源的分配超出了最大可用数量或特定可用时间），就必须进行资源平衡。资源平衡往往导致关键路径的改变。

5）假设情景分析。假设情景分析就是对"如果情景 X 出现，情况会怎样？"这样的问题进行分析，即基于已有的进度计划，考虑各种各样的情景，例如，推迟某主要部件的交货日期，延长某设计工作的时间，或加入外部因素（如罢工或许可证申请流程变化等）。可以根据假设情景分析的结果，来评估项目进度计划在不利条件下的可行性，以及为克服或减轻意外情况的影响而编制应急和应对计划。可以基于多种不同的活动假设，用模拟方法计算出多种项目工期。最常用的模拟技术是蒙特卡洛分析①。它首先确定每个活动的可能持续时间概率分布，然后据此计算出整个项目的可能工期概率分布。

6）进度压缩。进度压缩是指在不改变项目范围的前提下，缩短项目的进度时间，以满足进度制约因素、强制日期或其他进度目标。进度压缩技术包括：

赶工。通过权衡成本与进度，确定如何以最小的成本来最大限度地压缩进度。赶工的例子包括批准加班、增加额外资源或支付额外费用，从而加快关键路径上的活动。赶工只适用于那些通过增加资源就能缩短持续时间的活动。赶工并非总是切实可行的，它可能导致风险和/或成本的增加。

快速跟进。把正常情况下按顺序执行的活动或阶段并行执行。例如，在大楼的建筑图纸尚未全部完成前就开始建地基。快速跟进可能造成返工和风险增加。它只适用于能够通过并行活动来缩短工期的情况。

2. 项目费用管理

项目成本管理包括对成本进行估算、预算和控制的各过程，从而确保项目在批准的预算内完工。主要包括估算成本——对完成项目活动所需资金进行近似估算的过程；制定预算——汇总所有单个活动或工作包的估算成本，建立一个经批准的成本基准的过程；控制成本——监督项目状态以更新项目预算、管理成本基准变更的过程。

（1）估算成本

估算成本是对完成项目活动所需资金进行近似估算的过程。成本估算是在某特定时点，根据已知信息所作出的成本预测。在估算成本时，需要识别和分析可用于启动与完成项目的备选成本方案；需要权衡备选成本方案并考虑风险，如比较自制成本与外购成本、购买成本与租赁成本以及多种资源共享方案，以优化项目成本。通常用某种货币单位（如美元、欧元、日元等）进行成本估算，但有时也可采用其他计量单位（如人时或人日），以消除通货膨胀的影响，便于成本比较。在项目过程中，应该根据新近得到的更详细的信息，对成本估算进行优化。在项目生命周期中，项目估算的准确性将随着项目的进展而逐步提高。因此，成本估算需要在各阶段反复进行。例如，在启动阶段可得出项目的粗略量级估算（rough order of magnitude，ROM），其区间为 ±50%；之后，随着信息越来越详细，估算的区间可缩小至 ±10%。某些组织已经制定出相应的指南，规定何时进行优化，以及每次优化所要达到的准确程度。本过程的输入信息来自其他知

---

① 蒙特卡洛分析（Monte Carlo Analysis）是指从可能的成本或持续时间的概率分布中随机选取数值，作为输入，来计算或迭代计算项目成本或工期的一种技术，从而得到项目可能的总成本或完工日期的分布情况。

识领域中相关过程的输出。一旦得到，所有这些信息都可作为全部3个成本管理过程的输入。进行成本估算，应该考虑项目收费的全部资源，包括（但不限于）人工、材料、设备、服务、设施，以及一些特殊的成本种类，如通货膨胀补贴或应急成本。

（2）制定预算

制定预算是汇总所有单个活动或工作包的估算成本，建立一个经批准的成本基准的过程。成本基准中包括所有经批准的预算，但不包括管理储备。项目预算决定了被批准用于项目的资金。将根据批准的预算来考核项目成本绩效。

（3）控制成本

控制成本是监督项目状态以更新项目预算、管理成本基准变更的过程。更新预算需要记录截至目前的实际成本。只有经过实施整体变更控制过程的批准，才可以增加预算。只监督资金的支出，而不考虑由这些支出所完成的工作的价值，这对项目没有意义，最多只能使项目团队不超出资金限额。所以，在成本控制中，应重点分析项目资金支出与相应完成的实体工作之间的关系。有效成本控制的关键在于，对经批准的成本绩效基准及其变更进行管理。项目成本控制包括以下内容。

——对造成成本基准变更的因素施加影响

——确保所有的变更请求都获得及时响应

——当变更实际发生时，管理这些变更

——确保成本支出不超过批准的资金限额，包括阶段限额和项目总限额

——监督成本绩效，找出并分析与成本基准间的偏差

——对照资金支出，监督工作绩效

——防止在成本或资源使用报告中出现未经批准的变更

——向有关责任人报告所有经批准的变更及其相关成本

——设法把预期的成本超支控制在可接受的范围内

4.5.3 项目人员管理

项目人员管理也可以理解为项目人力资源管理，主要是指包括组织、管理与领导项目团队的各个过程。项目团队由为完成项目而承担不同角色与职责的人员组成。随着项目的进展，项目团队成员的类型和数量可能频繁变化。项目团队成员也被称为项目员工。尽管项目团队成员各有不同的角色和职责，但让他们全员参与项目规划和决策仍是有益的。团队成员尽早参与，既可使他们对项目规划工作贡献专业技能，又可以增强他们对项目的责任感。

1. 制定人力资源计划

制定人力资源计划是识别和记录项目角色、职责、所需技能以及报告关系，

并编制人员配备管理计划的过程（图4-17）。

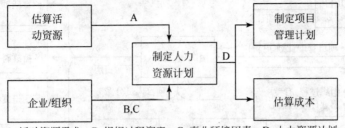

A: 活动资源需求　B: 组织过程资产　C: 事业环境因素　D: 人力资源计划

图4-17　制定人力资源计划流程图

通过编制人力资源计划，识别和确定那些拥有项目所需技能的人力资源。在人力资源计划中，应该包含项目角色与职责记录、项目组织机构图，以及带人员招募和遣散时间表的人员配备管理计划。它可能还包含培训需求、团队建设策略、认可与奖励计划、合规性考虑、安全问题以及人员配备管理计划对组织的影响等。

应该特别关注稀缺或有限人力资源的可得性，或者各方面对这些资源的竞争。可按个人或小组分派项目角色。这些个人或小组可来自项目执行组织的内部或外部。其他项目可能也在争夺具有相同能力或技能的资源。这些因素可能对项目成本、进度、风险、质量及其他方面有显著影响。编制人力资源计划时，必须认真考虑这些因素，并编制人力资源配备的备选方案。

2. 组建项目团队

组建项目团队是确认可用人力资源并组建项目所需团队的过程，见图4-18。因为集体劳资协议、分包商人员使用、矩阵型项目环境、内外部报告关系及其他各种原因，项目管理团队对选择团队成员不一定拥有直接控制权。在组建项目团队过程中，应特别注意下列事项。

——项目经理或项目管理团队应该进行有效谈判，并影响那些能为项目提供所需人力资源的人员

——不能获得项目所需的人力资源，可能影响项目进度、预算、客户满意度、质量和风险，可能降低成功概率，甚至最终导致项目取消

——如因制约因素、经济因素或其他项目对资源的占用等而无法获得所需的人力资源，在不违反法律、规章、强制性规定或其他具体标准的前提下，项目经理或项目团队可能不得不使用替代资源（也许能力较低）

在项目规划阶段，应该对上述因素加以考虑并作出适当安排。项目经理或项目管理团队应该在项目进度计划、项目预算、项目风险计划、项目质量计划、培训计划及其他相关计划中，说明缺少所需人力资源可能造成的影响。

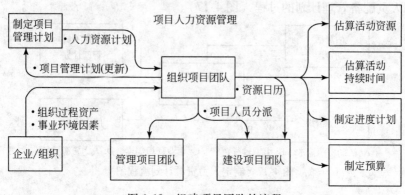

图4-18　组建项目团队的流程

3. 建设项目团队

建设项目团队是提高工作能力、促进团队互动和改善团队氛围以提高项目绩效的过程。项目经理应该具有建立、建设、维护、激励、领导和鼓舞项目团队的能力，以实现团队的高效运行，并实现项目目标。团队协作是项目成功的关键因素，而建设高效的项目团队是项目经理的主要职责之一。项目经理应创建一个促进团队协作的环境。项目经理应通过提供挑战与机会，提供及时反馈与所需支持，以及认可与奖励优秀绩效，来不断激励团队。通过开放和有效的沟通，在团队成员中建立信任，以建设性方式管理冲突，以及鼓励合作型的问题解决和决策制定方法，可以实现团队的高效运行。项目经理应该要求管理层提供支持，并对相关责任人施加影响，以便获得建设高效项目团队所需的资源。

今天，项目经理在全球化的环境和富有文化多样性的项目中工作。团队成员经常来自不同的行业，讲不同的语言，有时甚至会在工作中使用一种特别的"团队语言"，而不使用他们的母语。项目管理团队应该利用文化差异，在整个项目生命周期中发展并维护项目团队，并在相互信任的氛围中充分协同工作。通过建设项目团队，可以改进人际技能、技术能力、团队环境以及项目绩效。在整个项目生命周期中，团队成员之间都要保持明确、及时、有效（包括效果和效率两个方面）的沟通。建设项目团队的目标主要包括以下内容。

——提高团队成员的知识和技能，以提高他们完成项目可交付成果的能力，并降低成本、缩短工期和提高质量

——提高团队成员之间的信任和认同感，以提高士气、减少冲突和增进团队协作

——创建富有生气和凝聚力的团队文化，以提高个人和团队生产率，振奋团队精神，促进合作，并促进团队成员之间的交叉培训和辅导，以分享知识和经验

4. 管理项目团队

管理项目团队是跟踪团队成员的表现、提供反馈、解决问题并管理变更，以优化项目绩效的过程。项目管理团队应该观察团队行为、管理冲突、解决问题并评估团队成员的绩效。管理项目团队可以提交变更请求、更新人力资源计划、解决问题、为绩效评估提供输入，以及为组织增加经验教训。

管理项目团队，需要借助多方面的管理技能来培养团队协作精神，整合团队成员的工作，从而创建高效团队。进行团队管理，需要综合运用各种技能，特别是在沟通、冲突管理、谈判和领导力等方面的技能。项目经理应该向团队成员分配富有挑战性的任务，并对优秀绩效进行表彰。

4.5.4 项目质量管理

项目质量管理包括组织确定质量政策、目标与职责的各过程和活动，从而使项目满足其预定的需求。它通过适当的政策和程序，采用持续的过程改进活动来实施质量管理体系。包括：规划质量——识别项目及其产品的质量要求和标准，并书面描述项目将如何达到这些要求和标准的过程；实施质量保证——审计质量要求和质量控制测量结果，确保采用合理的质量标准和操作性定义的过程；实施质量控制——监测并记录执行质量活动的结果，从而评估绩效并建议必要变更的过程。上述过程不仅彼此相互作用，而且还与其他知识领域中的过程相互作用。基于项目的具体要求，每个过程都可能需要一人或多人的努力，或者一个或多个小组的努力。每个过程在每个项目中至少进行一次，并可在项目的一个或多个阶段（如果项目被划分为多个阶段）中进行。

1. 规划质量

规划质量是识别项目及其产品的质量要求和标准，并书面描述项目将如何达到这些要求和标准的过程。规划质量应与其他项目规划过程并行开展。例如，为满足既定的质量标准而对产品提出变更建议，可能会引发相应的成本或进度调整，并可能需要详细分析该变更给相关计划带来的影响。

2. 实施质量保证

实施质量保证是审计质量要求和质量控制测量结果，确保采用合理的质量标准和操作性定义的过程。实施质量保证是一个执行过程，它使用实施质量控制过程所产生的数据。质量保证部门或类似部门经常要对质量保证活动进行监督。无论其名称是什么，该部门都可能要向项目团队、执行组织管理层、客户或发起人，以及其他未主动参与项目工作的相关人员提供质量保证支持。实施质量保证过程也为持续过程改进创造条件。持续过程改进是指不断地改进所有过程的质量。通过持续过程改进，可以减少浪费，消除非增值活动，使各过程在更高的效率与效果水平上运行。

3. 实施质量控制

实施质量控制是监测并记录执行质量活动的结果，从而评估绩效并建议必要变更的过程。质量控制工作贯穿项目的始终。质量标准既包括项目过程的质量标准，也包括项目产品的质量标准；项目成果既包括可交付成果，也包括项目管理成果，如成本与进度绩效。质量控制通常由质量控制部门或名称相似的组织单元来实施。通过质量控制活动，可识别造成过程低效或产品质量低劣的原因，并建议采取措施来消除这些原因。项目管理团队应具备质量控制方面的实用统计知识，尤其是抽样与概率知识，以便评估质量控制的结果。另外，了解以下术语之间的差别，对项目管理团队也是有用的。

——预防（保证过程中不出现错误）与检查（保证错误不落到客户手中）

——属性抽样（结果或为合格，或为不合格）与变量抽样（在连续的量表上标明结果所处的位置，以此表明合格的程度）

——公差（结果的可接受范围）与控制界限（显示过程是否失控的临界值）。

【相关链接4-1】 中国 CIO 最关心什么？

2009 年，不少企业的 IT 建设规划因金融危机或调整、或搁浅。好在，中国经济开始好转，企业重新焕发活力，CIO 们也重新基于企业长远发展来思考战略性 IT 工具，在岁末年初之际，我们梳理了 2010 年值得 CIO 们去关注的几大技术和应用，它们要为企业解决的，无非是降低成本、提升效率、适应未来发展趋势等核心问题。

1）云计算：过去有不少企业认为云计算是 IT 厂商用来宣传的噱头，如云杀毒、云存储等。但经过这次金融危机后，采取云构架或者云战略，已不再是要不要的问题，而是怎么去实施的问题。云计算的好处在于，通过这种新的计算方式，企业可以建立灵活而且可拓展的 IT 构架，从而适应快速发展和业务，同时也降低了 IT 投资。

2) 绿色IT: 绿色IT是指可以降低能耗和碳足迹的任何技术。应对气候变暖是全球关注的大热点, 企业实现低碳经营将是必然趋势。IT是否绿色将成为企业构建IT环境中很重要的一个环节, 在追求IT架构性能的同时, 也要注意减少能耗, 减少企业的IT投入成本等。比如, 一般服务器的利用率仅为30%~35%, 效率提高将减少服务器的物理数量, 从而降低能耗。

3) 移动应用: 进入3G时代, 现代管理向移动平台延伸的趋势非常明显。特别在金融危机时期, 不少企业领导者明显感觉到, 移动解决方案能够带来个人及团队效率的快速提升, 从而提升了企业响应客户的速度和决策的速度, 间接降低企业运营成本。RIM公司中国区市场总经理李彤认为, 在后危机时代, 效率提升将至关重要, 移动解决方案是对企业已有IT系统的补充和优化。

4) 商务智能: 金融危机让很多企业意识到, 如果能快速了解产品成本和利润的构成, 竞争对手的状况、市场需求、客户盈利能力, 预测未来发展趋势, 将会为企业带来更大的盈利。因此, 商业智能在2010年将成为CIO关注的重点。比如把企业的采购系统、库存系统、生产系统、物流系统、财务系统、销售系统、客户服务系统的数据整合起来, 分析它们之间的关系, 进行生产调整, 尽量减少库存, 将客户的订单和生产以及采购紧密联系起来, 只要客户一下订单, 企业马上可以获得库存分布、生产的周期、采购自动下单, 以保证客户的满意度, 降低企业的成本。

5) 虚拟化: 金融危机中, 企业靠"节省成本、缩减开支"来御寒, 甚至大幅裁员, 其实这些都是不得已的做法。主动寻觅IT武器应对危机这才是聪明企业该做的。虚拟化被评为十大战略技术之首, 它不仅仅与我们常说的绿色企业、绿色数据中心、云计算等关系相关, 更重要的是虚拟化真正帮助客户实现了节省成本、缩减开支、提升企业竞争力的目标。前面我们讲到服务器一般的利用率非常低, 虚拟化技术将大大提升服务器效率, 从而降低服务器的物理数量, 进而降低企业IT成本和能耗。

6) 泛电子商务: 电子商务帮助不少中小企业度过危机, 即便是那些大型家电及零售企业, 也利用电子商务这条新渠道来增加销售。但是, 传统的电子商务如企业网站、B2B/B2C等模式已经无法满足现在企业的要求, 力求发展的企业必须向更高层次的电子商务阶段发展, 譬如把企业内部的管理流程信息化与传统电子商务阶段的信息发布、产品展示结合。通过电子商务将传统的商务流程电子化、数字化, 减少了大量的人力、物力。同时, 突破时间和空间限制, 使交易更为方便快捷, 效率大大提升。

第 5 章　信息资源的经济管理

从经济学的角度来看，信息网络是一个巨大的社会经济系统，这个系统将计算机、通信网、信息资源网、信息生产者（提供者）、信息消费者（用户）融为一个有机的整体，从根本上改变了人类信息生产、分配、流通和利用的模式，引起了整个信息产业革命。以高速信息网络为基础的信息活动具有与经济活动相同的特征、过程和媒介，存在着供求关系、投入产出关系和费用效益等方面的问题，有必要按照经济规律，运用经济杠杆，对信息资源与信息活动进行经济管理，使信息资源实现最优配置，获得最大限度的利用，发挥最佳效益。

5.1　信息成本与信息产品定价

5.1.1　信息成本及其结构

1. 信息成本的成因

信息成本首先是一个经济学概念。1961 年，美国著名经济学家、诺贝尔经济学奖获得者乔治·约瑟夫·斯蒂格勒（George Joseph Stigler）发表了信息经济学领域的奠基之作——《信息经济学》，斯蒂格勒从信息不对称的角度提出，信息就像其他商品一样有成本，获取信息是要付出代价的，自此激发了对信息成本问题的研究。信息之所以有成本，取决于以下几个方面。

（1）信息成为经济要素

信息在早先并不被认为是经济要素。新古典经济学的完全竞争理论的前提条件之一是信息完全与信息充分，即信息作为免费物品为全体社会成员所分享，获得信息无需支付成本，而且信息分布是对称的，因而在成本研究方面表现为非常重视物质的生产成本研究。然而现代信息经济学发现，现实经济是不完全竞争的，这就打破了信息充分和信息完全的假设，而且劳动和专业分工又进一步使得信息在经济主体之间呈不对称分布。信息经济学认为，信息是生产不可缺少的要素，一方面通过物化渗透到生产力的客体要素（生产资料，包括劳动对象和劳动资料）中；另一方面则通过人化渗透到主体要素（劳动者）之中，使生产力的质量迅速提高，从而加速生产力发展；再一方面，市场活动中经济主体之间所有权、使用权等交换以及经济运行管理也越来越依赖信息，支付信息费用已经成为生产总成本的一部分。

（2）信息是稀缺的经济资源

经济行为中的信息是一种社会信息，是由不同的经济主体通过劳动生产出来的经济物品，而不是像空气那样无需通过人类劳动就能自由取用的免费物品。对于特定的、理性的经济主体来说，它须通过劳动才能获取所需的信息，因而，获得信息要付出成本。由于信息泛滥、良莠不齐，再加上一度正确的信息也会因过时而不准确，经济主体必须从众多的信息中甄别选择有用信息，增加了信息搜寻成本。社会分工和专业化的进一步发展加剧了不同行业、不同专业经济主体之间的信息不平衡，处于信息劣势的一方将更加依赖有用信息作出理性选择，处于信息优势的一方在必要的时候也会通过信号显示使自己获利，双方为了获取和发送信息都要付出一定的成本。

（3）信息不对称理论

著名经济学家乔治·阿克勒夫（George J. Akerlof）于 1970 年提出的信息不对称理论认为："市场上买卖双方各自掌握的信息是有差异的，通常卖方拥有较完全的信息，而买方拥有不完全的信息。"即市场活动的参与人对市场特定交易信息的拥有是不相等的，有些参与人比另一些参与人拥有更多的信息，而且双方都不知道这种信息分布状态。其实在任何市场中都存在信息不对称现象，随着计算机技术、现代通信技术、信息技术的高速发展，信息成倍增长，信息不对称现象更加明显。因此，信息拥有劣势一方为了提高工作效率和减少决策的风险，就要想方设法去搜索和获取信息，减少信息的不对称，这不仅需要花费时间和精力，还要借助各种手段而花费财力，付出越多信息成本就越高。

2. 信息成本的构成

（1）信息教育投入成本

现实世界里，信息无时不在无时不有，但直接有用的信息却需要人们分析鉴别与消化吸收，这是一种借助先进工具进行脑力劳动的过程，需要较高的劳动力素质。在信息时代，信息能力已成了劳动力素质的重要标志，信息教育（如计算机硬件与软件、数据库、信息处理、信息存储和信息检索等技术的学习、研究与应用）成了当今教育不可缺少的内容与热点，其教育投入是成本投入之一。

（2）信息固定成本

由于高科技的发展，无论是信息生产，还是信息传递、信息获取都需要购置和建立相应的通信系统，计算机硬件系统以及程序、数据库和其他软件系统。随着信息化的广泛渗透，各行各业科技和知识含量将日益增加，经营管理复杂程度也将不断加大，经济主体运行稳健与否、效率高低、效益好坏在很大程度上取决于信息固定成本投入的高低。信息固定成本成为信息成本上升的主要因素。

（3）信息的注意力购买成本

管理大师赫伯特·西蒙（Harbert A. Simen）曾说："信息的丰富产生注意力的贫乏。"当今信息问题不在于信息的获得困难，而是信息的过量和超载，注意力成为稀缺资源。要在无数的信息中将人们的注意力吸引到自己特定产品上，以获得产品的最高效益，产品销售主体不仅在产品的设计、文字和印刷上增加成本投入，而且还要大力借助大众传媒来宣传自己产品，因而，花费了大量的不断增加的注意力购买成本。

（4）信息获得成本

面对如此复杂的需要和大量信息，早期最简单的收集方式仅靠个人的看、听、读早已不再适用，机器系统虽能满足对速度、批量和准确性的要求，但非仅此就够了。信息不对称从本质上是无法消除的，何况知识门类和深度都有着前所未有的发展。随着大科学时代的到来，许多人尽管是某一方面的专家学者，但难成为熟知各方面的通才，而从事某行业多年的一般是该行业的行家里手。于是经济主体之间便因为分工和高效率的要求，产生了委托与代理的关系，信息委托方为节省时间、提高工作效率和减少决策的风险，一般会委托信息代理方搜索、获取和分析信息。在信息这样获得的过程中，不仅要付出交易成本还要付出相应的信息获得成本。

3. 信息成本的特征

（1）高度集中于原始拷贝

这是信息成本最显著的特征，如一本学术期刊中的论文需要作者花费数月甚至数年的时间，投入大量的智力、体力劳动乃至不菲的资金，有时还要借助某些设备才能完成，而期刊的印刷则在很短时间且花费较少的费用即可完成。一旦第一本杂志被印刷出来，生产另一本杂志的成本就很低了。又比如耗资数千万元的电影巨片，其成本也大部分花费在第一份拷贝产出之前。而且随着信息技术的快速发展，信息传递的成本在不断降低，这使得信息的原始拷贝成本占总成本的比重更大了。显然，信息产品的生产成本很高，但是它的复制成本很低。也就是说，信息产品的固定成本很高，复制的变动成本很低。这种成本结构产生了巨大的规模效应：生产量越多，生产的平均成本越低。

另外，信息的原始拷贝成本中的绝大部分是沉没成本（sunk cost），即在信息原始拷贝成本中已经付出且不可收回的成本。举例来说，如果你投资一项实物资产比如汽车，后来又改变主意不要它了，可出售汽车挽回部分损失。但是，如果拍了一部电影失败了，那么就没有市场把影片卖出去。信息产品的沉没成本必须在生产开始之前预付。

（2）具有价值发现功能

信息越隐藏就越有价值，公开则无价值。在市场经济中，竞争可产生价值和价格，但这是对一般实物产品而言的。对于实物产品，人们通过基本的会计知识和经济学常识就可推算出产品的成本和利润。信息的价值和价格与实物产品不同，对其成本的估计会因人而异。信息能够资本化并因使用者不同而产生不同的价值，其在于使用者与供应者之间信息不对称的程度，这是信息成本价值发现功能的根本。正因为如此，人们都千方百计地提高信息意识，极为留心地吸收、搜寻信息并降低其代价。信息成本由使用者搜寻成本，购置使用成本，供应者生产成本，传递、发送或转移成本等构成。不难看出，企业只有降低信息成本，强化信息资本的专用性，同时不断地更新信息，才可能使信息保持资本化状态，提高信息资本的价值贡献率。

（3）与使用规模无关

由于信息具有可传递性和共享性，不像其他生产要素那样在使用过程中被消耗掉，付出一次信息成本后，信息可以多次用于不同规模的有形和无形商品的生产及市场交易中。也就是说，信息成本的大小只取决于信息的生产过程而不是其使用规模。

（4）在不同方向上各不相同

在不同领域、不同行业中的信息成本各不相同。人们在未知领域中获得信息，要比在较为熟悉的领域中获得信息花费更多的成本；具有共同经验或同一行业中的个人之间交流信息，比没有共同经验或不同行业的个人之间交流信息要简单得多，也有效得多。

（5）具有转嫁性

许多类型的信息产品和服务（如教育、图书馆、气象信息）具有公用性和共享性，其成本由公民共同承担；但同样的纳税者所享有的信息产品和信息服务不同，甚至不享有也要交费，或者某些享有者可以不交税或不交费。

5.1.2　信息产品定价

对信息产品的生产商而言，如何在经济学价格理论指导下，根据信息产品的特殊性制定出一个合理的、有效的价格是一个非常迫切的问题。信息产品是一种特殊的商品，它在成本构成上具有高固定成本和低可变成本的显著特征，这种特点使信息产品的定价遇到了困难。因为依据传统经济学理论，厂商定价依据是边际成本等于边际利润。但由于信息产品的边际成本通常都很低，如果信息产品采用边际成本的定价方法，那么生产信息产品所耗费的前期高额固定成本就难以得到补偿，生产者为减少损失只得将产量缩减至远小于均衡产量的水平，从而导致供不应求并造成社会效率的损失。因此，信息产品的定价遇到了一个难题：即如何确定一个合理的价格，在能对生产者提供激励和对消费者提供保障的同时，又能尽可能地实现社会效率。

1. 信息产品的分类

从狭义上说，信息产品是经过具有一定科学知识和工作经验的信息人员对科技成果或知识进行劳动加工而成的劳动产品。从广义上说，信息产品是由 IT 产业的信息产品和信息服务业提供的劳务组成。从本质上说，任何可以被数字化的事物都是信息，如考试成绩、书报杂志、数据库内容、软件、电影、音乐、股票指数、电子音像制品、网页内容、电子邮件等，这些产品是能够被数字化或数字模拟化的。现代信息产业的信息产品一般可分为如下两大类：

硬件信息产品，由信息工业生产制造的产品，包括计算机设备、通信和网络设备、其他信息设备；

软件信息产品，包括由信息服务和信息开发业生产的产品。前者有信息咨询、图书出版、邮政、电信服务，更多地与传统信息产业相对应；后者包括软件业、数据库业、电子出版业和网上其他信息资源所开发生产的软件产品，即数字信息产品，主要有软件产品、数据库产品、电子出版物、网上信息资源等。

2. 信息产品定价策略分析

信息产品定价的方法有很多，限于篇幅，这里重点介绍单一定价、捆绑销售定价及差别化定价三种较为典型的定价方法。

（1）单一定价

单一定价又被称为个人化定价，就是根据顾客的地理位置、人口特征、收入特征以及顾客对产品的价值认同为某一顾客群制定一种价格，这一策略也被称为"一对一营销"。在实际中多是指利用互联网的互动性和消费者的内在个性化需求特征来确定商品价格。像管理软件、财务软件等为解决特定种类的问题而定向开发的软件，如服务收费系统、证券交易系统等都适合这种定价方式。下面分析在这种定价方法下采用什么样的定价策略能够获得最大的效用。

为了简化分析，首先假设某一信息产品厂商只生产一种产品，并且以统一的价格销售产品。

令 $q = D(p)$ 为单一产品的需求函数。$C(q)$ 为厂商的制造成本。如果需求函数是可微的，并且边际需求递减（即 $\text{profit}_{\max} = \pi_{\max} - C\ (q^m)\ = \dfrac{\alpha^2}{4\beta} - C$），成本也是可微的，且随着产量递增。利润最大化的垄断价格 p^m 应该满足函数 $p \times D\ (p)\ - C\ (D\ (p))$ 的一阶导函数条件为零的条件：

$$p^m \times D'\ (p^m)\ + D\ (p^m)\ - C'\ (D\ (p^m))\ \times D'\ (p^m)\ = 0 \tag{5-1}$$

由于信息产品边际成本非常小，进一步假设厂商的边际成本为零。所以一阶条件变为

$$p^m \times D'\ (p^m)\ + D\ (p^m)\ = 0 \tag{5-2}$$

所以，厂商利润最大化的时候定价

$$P = p^m = -\frac{D\ (p^m)}{D'\ (p^m)} \tag{5-3}$$

假设客户的需求函数为线性函数，满足如下的代数形式：

$$D\ (p)\ = \alpha - \beta \times p \tag{5-4}$$

求导可得一阶导数为：$D'\ (p)\ = -\beta$ $\tag{5-5}$

于是有 $p^m = -\dfrac{D\ (p^m)}{D'\ (p^m)} = -\dfrac{\alpha - \beta p^m}{-\beta}$，解此式可得：$p^m = \dfrac{\alpha}{2\beta}$ $\tag{5-6}$

厂商的收入为：$\pi_{\max} = p^m q^m = p^m\ (\alpha - \beta p^m)\ = \dfrac{\alpha^2}{4\beta}$ $\tag{5-7}$

厂商的最大利润为：$\text{profit}_{\max} = \pi_{\max} - C\ (q^m)\ = \dfrac{\alpha^2}{4\beta} - C$ $\tag{5-8}$

需要说明的一点是，如果计算得出收益小于厂商的固定成本，即 $p^m q^m < C$，厂商可以选择不生产产品。除非从长期角度可以提高总收入，比如范围经济效应、学习效应、规模经济性带来成本的降低。

（2）捆绑销售定价

捆绑销售定价是指将两个或更多的商品按一定的比例包装在一起进行销售的定价方法。捆绑销售就是要求顾客购买某件商品时必须一起购买另一件产品。捆绑销售定价与其他定价策略不同，捆绑销售策略通过降低顾客感觉中的价值差异，提高企业的经济效益。厂商通过精心选择组合产品的组成成分，使顾客感觉中的组合产品的价值差异小于他们感觉中的各个产品成分的价值差异。顾客的支付意愿会从某个产品成分转移到捆绑后的产品。因此，企业可采用捆绑销售方法向顾客销售相关产品和服务。

捆绑销售定价是一种对于信息产品销售很有用的差别定价的方式，特别是当产品间的估价互不相干的时候。在网络信息经济中，捆绑销售定价主要表现为根据一种特殊的版本划分形式，不同的信息产品被打包以一个价格出售。信息产品搭配销售的好处有以下几个方面。

1）节约时间成本和搜寻成本；

2）捆绑商品之间可以实现互补；

3）避开管制；

4）保持质量；

5）暗中给予价格折扣；

6）厂商获利增加。

为什么在采用这种销售方式时厂商的获利会增加呢？因为厂商开展业务的运作成本（包括网络、数据传输以及信息存储）跟提供产品的数量没有太大关联。也就是说，厂商提供一种产品跟提供 10 种产品的捆绑没有太大的成本差异。可见，这种成本优势激励厂商将产品捆绑销售，从而降低成本和进行歧视定价。

例如：假设厂商提供两种产品 A 和 B，定价分为 10 元和 8 元。而客户甲和乙对两种产品的效用分别为［9，8］和［10，7］。那么，如果厂商单独定价的话，它的收益只有 18（甲只购买 B，乙只购买 A）。但是，厂商把 A 和 B 捆绑销售的话，定价为 17 元，收益则变为 34。所以，捆绑销售给厂商带来了巨大收益。比如瑞星杀毒软件，就采用安全组合套装的形式，将瑞星个人防火墙与瑞星卡卡上网安全助手捆绑销售，既为用户提供了完整的安全方案，又降低了销售成本。

（3）差别化定价

差别化定价是指根据不同的顾客需求提供不同版本的信息产品，并为不同版本制定不同价格。不同顾客对同一产品的价值认同是不一样的，通过版本划分满足每位顾客的需求，可使企业获得最大收益。信息产品的一些价值对某些客户极有意义，而对其他客户则没有什么重要性，这些价值就是划分版本的关键。微软公司的 Windows 产品被划分为个人版、专业版、服务器版等不同版本，不同版本之间价格各异，就是信息产品差别化定价的极好例子。

1）实施差别化定价的前提条件。信息产品的生产者运用差别化定价能使其利润最大化，因而差别化定价能成为一种有效的价格策略。但是，要有效地实施多重价格定价还必须具备两个基本的前提条件：

一是准确的市场细分和消费者甄别。市场细分是根据消费者的特征将市场划分为不同的细分市场过程。只有准确地对市场进行细分，才能有效地区别出各种需求各异的消费者群体，也才能制定针对不同细分市场的多重价格，并避免某一细分市场的顾客转向其他市场，而导致该细分市场所提供的消费品不能被目标顾客有效购买和消费。

二是要避免消费者套利。即避免消费者在低端市场上以低价购买产品后，转而在高支付意愿的高端市场上转卖，以谋取利润。为防止消费者套利，要么降低高端市场的产品价格使之更具吸引力；要么降低低端市场的产品质量使之吸引力减小。此外，还要确保用户不能将低端产品转换为高端产品。

由于信息产品普遍具有版权保护等特点，信息产品供应商有一定的市场力量。由于这种市场力量的存在，产品厂商不会接受市场定价而存在觅价行为，从而决定价格。而由于信息收集的便利，信息产品供应商可以较以往更轻松地辨别出消费者类型及其对信息产品的支付意愿，同时能够低成本地对信息产品进行差别化和限制消费者之间的转卖套利。

2）依据产品特性进行差别化定价。信息产品是一种特殊的商品，与一般商品不同的是它在成本构成上具有高固定成本和低变动成本的显著特征，这是由信息产品的生产所决定的。信息产品的生产通常分成两个阶段：在第一阶段是智力的创造性劳动阶段，需要大量的投入才能创造出第一个信息产品。这一阶段所投入的高固定成本是一种沉没成本，布鲁斯·金格马（Bruce R. Kingma）形象地称之为"首稿成本"。生产的第二阶段则主要是机械性复制阶段，由于复制信息的成本很低，因此只需很低的边际投入便可以通过复制生产出大量的同类信息产品。因此与高额的首稿成本相比，信息产品的边际成本几乎为零。例如，开发一个软件程序可能需要上千万美元，而刻录（复制）一张光盘却花费不到 1 美元。有别于传统产品的平均成本先下降后上升，这使得信息产品的转售成本极低，为差别化定价提供了可能，且具有很强的规模经济性，甚至具有"自然垄断"（normal monopoly）的性质。

3）依据市场结构进行差别化定价。经济学一般把"纯粹竞争市场"（purely competitive market）定义为有多个竞争者同时生产同类型、无差异商品的市场，而"垄断竞争市场"（monopolistic competition market）则是指不存在大量相同产品，但各种产品间存在替代性的市场。显然，纯粹竞争市场更接近于完全竞争市场，市场上的单个生产者没有决定价格的实力；而在垄断竞争市场上，由于产品差异性存在，单个生产者拥有一定的决定产品价格的权力。对信息商品市场的商品形态、生产商数量、竞争和垄断状况进行分析可以发现，它更像一个垄断竞争市场。事实上，正是由于信息商品生产过程的特殊成本结构带来的自然垄断特性和消费过程中的体验性，使得生产商都具有一定的垄断势力。而且信息商品的体验特性带来的产品个性化和顾客感受加大了顾客被锁定的力度，降低了产品间的替代率。由此看来，信息商品市场接近于张伯伦的垄断竞争市场模型，表现为一种存在多个垄断厂商的有限竞争状态。

5.2 信息资源的优化配置

从整个社会经济的角度看，资源的优化配置即意味着包括信息资源在内的所有资源的优化配置。如果我们把信息产业看作一个"黑箱"，信息资源配置所考虑的应当是信息产业的投入（包括投入的数量、方式和结构）和产出（包括产出的数量、质量、形式和品种），因此信息资源优化配置的含义即为在整个社会资源优化配置条件下对信息产业投入与产出的安排。其着眼点在于"优化"，在于能够带来高效率的信息资源使用，它既包括信息系统内部的人、财、物、科技等资源的使用和安排的优化，也包括社会范围内人、财、物资源配置的优化。信息资源配置是否优化，其标准主要是看信息资源的使用是否带来了生产的高效率和企业经济效益的大幅度提高。

信息资源的配置是指信息资源在时间、空间和数量等三个方面的分布。时间上的配置是指信息资源在过去、现在和将来三种时态上的分布；空间上的配置是指信息资源在不同部门和不同地区之间的分布；数量上的配置则包括存量与增量两个方面。信息资源在时间、空间和数量上配置后的结果，就形成各种各样的信息资源结构，最终影响着信息资源共享的状态。因此，信息资源优化配置也从时间、空间、数量这三个方面展开，其主要方式有市场配置、政府配置、产权配置等。

5.2.1 信息资源的市场配置

1. 市场配置是信息资源最主要的配置模式

首先，市场经济最明显的特征是各个经济主体都是独立、平等、受法律保护的，可以在自身利益的驱动下自由进入市场，自由地开展竞争与合作。其次，市场经济就是通过市场来配置资源的。在价格的自发调节下，企业追求利润的最大化，信息生产要素在不同产业之间以及产业内部不同生产者之间进行配置；消费者追求效用的最大化，信息商品资源在全社会进行配置，市场手段是调节信息资源共享效率的一种基本的自组织手段。由此可见，市场配置是信息资源配置最基本的一种模式，它通过市场的供求机制、风险机制、价格机制、竞争机制等对信息资源进行配置。

供求机制和风险机制的共同作用可以提高信息资源配置的质量。市场的供需变化，可以使信息资源流向最能发挥效益的地方，从而避免信息资源的闲置与浪费。运用风险机制将使信息资源提供者更加慎重地考虑投资、营销等问题，在一定程度上克服了市场经济必然存在着的信息不对称所带来的问题。因此，运用市场供需机制和风险机制的共同作用，可以提高信息资源的使用效率和信息资源配置的质量。

价格机制能够引导信息资源配置的方向。价格是市场供需变化最灵敏的信号。市场信息资源供需矛盾通过价格信号反映出来，并通过价格体系对资源配置进行优化。信息资源在价格体系的作用下，被最能实现其价值的需求者所利用，就能实现效益的最大化。可以说，价格配置机制是市场经济条件下最有效的资源配置机制。

竞争机制可以实现信息资源最适度的配置。竞争是市场有效配置资源的原动力。在利益的驱使下，竞争机制使得信息资源提供者最大限度地提高产出与投入的比例或最大限度地降低投入与产出的比例，同时满足整个社会对经济福利最大化的追求，做到"最优配置与最优消费"，从而实现信息资源的有效配置。

我国先后出现了中国全文期刊数据库（CNKI 工程）、中文科技期刊数据库（重庆维普资讯有限公司）、万方数据资源系统（万方数据公司）、超星数字图书馆等大量专业数据库，在市场竞争机制的作用下，各数据库的功能和效率不断提高。这正是得益于企业面向市场、在市场中求生存和发展的机制。

2. 信息资源市场配置的影响因素

（1）供求机制

供求关系就是公共信息资源的可供量与社会有支付能力的公众信息需求量之间的比例关系，是公共信息资源的生产和消费关系在市场上的集中反映。公共信息资源管理的最终目的是促进信息资源充分共享，提高信息资源的效用价值，最大限度地满足社会不断增长的信息需求。这就决定了开发建设公共信息资源的立足点和着眼点在于公共信息需求，而公共信息需求也是市场配置公共信息资源的起点和终点，供需关系促使各类公共信息资源管理主体要关注、了解和调查信息市场的供求变化，组织信息商品的生产和销售，使信息商品的规模、结构、档次、质量、数量、销售、服务内容和替代商品等与市场的需求大致平衡，并随市场的变化而变化。为保持竞争优势，管理主体还要有超前意识，准确预测信息市场的变化趋势，最大限度地引导市场，满足多方面的需求，以获取尽可能高的利润。

（2）价格机制

价格机制是公共信息资源配置过程中最灵敏最有效的杠杆。在信息市场上，公共信息产品的价格上升，可能会降低公众的信息消费，供给大于需求，生产者就不得不减少投入，资源配置的速度和数量就会降低，信息资源也会流向其他能够实现其效用的信息产品生产中。价格信号的变动是价格机制对公共信息资源流向及需求量与潜在供给量变动的灵敏反应，是供求机制的作用结果。西方经济学认为，资源价值确定的依据是资源的效用。以此标准，公共信息资源价格的确定应由公共信息资源的供求关系和开发利用成本来决定。但在现实中，公共信息的价格确定是十分棘手的事情，公共性的本质决定了公共信息产品是一种特殊的商品，其价格确定的前提应该是有相当多的用户可以并愿意消费，若完全以成本（信息的生产设备、人员、资金投入等）加利润的方法定价，必然导致信息产品价格过高，无人购买。为鼓励公共信息的传播，公共信息价格在市场交换过程中就不一定真正实现其价值，其价格的确定要受到多种外在因素的制约，如公共信息资源的稀缺性情况、社会信息化程度、信息基础设施普及情况以及用户的信息消费能力等。也正因如此，一些西方国家的政府信息收费只收取复制费和发行费，其余费用仍靠国家财政扶持解决。值得注意的是，部分公共信息资源的免费使用同样也是价格机制发挥作用的特殊形式，如美国的堪萨斯信息网就是由一个私营的、营利性的信息社团所管理，但网站上80%的信息都是免费获取的，剩下的信息仅需支付50美元的年费外加一个交易费即可获取。还有一些信息经营性组织也会加入到城市公共建设信息的免费发送行列，除了提供城市公共基础设施信息，如交通、商业、旅游等，还会掺杂一些相关的商业性广告，如演艺广告、房地产广告、餐饮服务广告等，免费发送信息的成本被广告收入抵消。在图书馆，争取免费使用或充当数据库生产商的经销者已成为图书馆网络信息资源配置的一种新形式，尽管是以公益性行为出现，但其最终目的仍然是谋取企业经济利益。

（3）竞争机制

竞争机制主要作用于市场机制的主体之间，竞争关系的展开形成了资源的配置过程，反过来又调节供求关系，使资源在组织内部及组织间进行合理配置。在公共信息资源的国家宏观调控下，公共信息资源的生产者、投资者可以通过与政府合作建设，瞄准信息市场需求，密切注视竞争对手的市场行为，并随行情变化而调整自己的信息生产经营策略，使得资本、信息、劳动力等要素在生产者内部实现效用的最大化。但公共信息市场的竞争并不完全，政府及其所属的国有企事业单位组织凭借其身份优势、设备优势、专业优势等优先获得公共信息资源的市场经营资格乃至垄断经营特许。一般而言，竞争主要集中在三个层面：一是政府系统内部不同部门之间的竞争，即改变原来的集中配置信息资源的做法，缩小政府信息部门控制信息资源的权限，赋予用户自由选择公共信息提供者的机会，促使政府信息部门为赢得用户而展开竞争；二是国有企事业信息机构与私营信息企业之间的竞争；三是私营信息企业之间的竞争。后两者通过政府招标的方式将一些公共信息资源的开发建设和提供等业务承包给不同信息机构，形成不同主体的竞争，以提高公共信息服务的供给质量和效率。

需要指出的是，市场机制存在众多先天性的缺陷，这只"看不见的手"几乎在任何地区任何时候都不存在绝对不失灵的情况。除了市场手段之外的其他非市场手段（如政府调节）有着不可替代的作用。通过市场之外的手段弥补市场配置方式的不足，也是信息资源配置不可或缺的有效方式。

5.2.2 信息资源的政府配置

1. 信息资源实行政府配置的必要性

市场是资源配置的主要手段，价格变化反映了市场信息资源的供求变化，也引导市场信息资源配置的变化，但市场不是万能的，信息市场在借助于其自身内在的运行机制配置信息资源、维持市场正常运行的同时，经常会出现信息资源配置和市场运行偏离预期结果的情况，即存在着"信息市场失灵"这一缺陷。市场失灵使得政府干预变得十分必要。

政府是一种非常独特的机构，在人力的作用下，它可以在很多方面出人意料地担当起重任。美国康乃狄格大学经济学教授麦克伊奇（W. A. McEachern）曾从一般市场的角度将政府在纠正市场失灵方面所扮演的角色归结为以下七个方面：一是建立和实施经济活动的"游戏规则"；二是促进竞争；三是管制自然垄断行为；四是提供公共物品；五是处理外部效应；六是在收入分配上提供更多的公平；七是通过财政政策促进充分就业、物价稳定和适当的经济增长速度。政府的上述角色同样可以在信息市场中扮演。为了消除某些人为的市场障碍、规范信息经济行为、鼓励和促进市场竞争，政府机构常常会使用公共管制、税收、直接投资或补贴、教育、法律、舆论、道德宣传等手段出面对信息市场施加影响。由于政府干预多半是为解决市场失灵问题而启用的，因此在选择政府干预手段时，通常需要注意考察市场失灵的起因和表现形式，根据市场失灵的起因和表现形式选用合适的政府干预手段。

基于外部效应的政府干预。在出现外部效应时，无论是负的还是正的，只要不进入经济决策，都会导致产出过度或不足的市场倾向，从而引发市场运行的低效率或无效率。因此，政府干预应当遵循这样一个基本原则，即将全部外部效应返还到市场中来，使其成为经济决策的一部分。按照这一原则，当外部效应为负时，经济行为者由于不必承担外部收益，因而有可能过度地进行生产，结果使其产出超过了有效率的水平，资源不能达到有效的配置。为了恢复效率，政府可以通过公共管制、税收、教育等手段来矫正市场机制的作用，强迫经济行为者接受"溢出"的外部收益，从而使产出降低到有效率的水平。当外部效应为正时，情形相反，政府应当考虑采取直接投资、补贴或者其他补偿或激励措施，将"溢出"市场的外部收益补还给经济行为者，从而使产出提高到有效率的水平。

基于公共物品属性的政府干预。政府在对由信息的公共物品属性引起的市场失灵进行干预时，应注意考察该公共物品属性是非排他性的还是排他性的。对于非排他性公共物品信息，由于它对社会有益，而信息提供者通常又无法或难以控制消费行为和从用户那里收费。因此，这类信息应当主要由政府采取直接投资或补贴的做法予以资助。当然，如果信息提供者另有所图（如希望借机扩大所拥有信息资源的名声），则可以考虑让一部分开支由信息提供者的广告收入或其他商务活动的收益来填平补齐。对于排他性公共物品信息，由于信息商品的大部分甚至全部生产和成本可以由信息提供者直接通过收费体系向用户征收，政府干预的作用主要不是采取直接投资或补贴的做法子以资助，而是要建立和健全知识产权法等法律，帮助市场建立适度的排他性机制，使市场一方面能够有效地阻止某些不愿意交费或交费额明显不合适的"搭便车"行为；另一方面又能够防止某些信息提供者滥用排他权。当然，对于明显对社会公益事业有益的排他性公共物品信息，政府也可以考虑适当地给予投资或补贴。

基于垄断性的政府干预。在市场出现垄断性行为的地方，政府干预一直被认为是变更市场结果的有效措施。对于自然垄断市场，政府可以直接进行操纵和管制，如限定信息商品的价格或规定允许的资金利润率等，从而使市场接近社会有效的产出水平。另外，也可以通过反垄断的立法，防止个别经济行为者独霸市场，鼓励其他经济行为者进入市场参与竞争。对于非自然垄断市场，由于垄断行为本身是由法律行为引起并受法律保护的，因此，政府干预的主要手段是调节现行法律对垄断行为保护的力度，使垄断者的行为从较长时期来看不会偏离社会有效的产出水平。例如，在知识产权法中，可以调节知识商品受保护的期限、范围和认定条件以及知识创造者可以享受的权利和应当履行的义务，从而使知识创造者获得与其创造性贡献相称而不是相背离（过度或不足）的垄断权。也就是说，有效率的知识产权法应当在其生效期里体现出这样一条权利平衡原则，即以法律手段人为制造的短期效率损失应当小于由于提高了知识再生产和再创新的积极性所产生的长期收益，这种权利平衡状态不应该被打破。不仅如此，在调节现行法律的过程中，政府还应当明白，给予知识创造者一定量的补偿或者一定时期的垄断权只是手段，真正的目的是促进知识持续而有效的共享。

基于不完全信息的政府干预。不完全信息的存在，意味着经济决策中所需要的信息无法得到。因此，政府干预的作用应当是设法为信息及时而有效的供给创造条件，如去掉或者减少信息的不完全性，提高获取信息的可能性，减少信息传递过程中的障碍，充当市场调解人等。在进行政府干预时，很多手段都可以奏效。例如以法律的形式对某些信息（如商品的性能、质量、安全及使用说明、广告宣传等）的披露作出硬性的规定，可以规范某些经济行为者不合理的市场行为，使一些应公开而市场行为又难以使之公开的信息公之于众。当市场上的某些经济行为者存在着明显的信息获取不公平优势，或者信息供给条件很差且存在着严重的信息不对称情况时，以法律手段进行干预，通常可以非常有效地化解市场风险，提高市场运作的效率。通过宣传和教育，可以使经济行为者学会识别决策过程中所需要的信息，并能通过正当的渠道获取这些信息。此外，政府也可以通过直接投资或补贴的方式，例如通过政府网站进行"信息补偿"，将一些可以和应该"公知公用"的信息向公众发布。这些手段各有特点，在实际操作中常常是多手段并用。需要说明的是，现实的信息市场普遍存在着信息不完全性，政府干预仅仅是弥补该市场缺陷的一种手段，不可能使市场上的信息变得像完全竞争市场假设的那样完美。

2. 信息资源政府配置的方式

政府对于信息资源配置的作用主要表现在运用其行政的强制力和影响力对信息资源的流动和共享进行一种有效的管理，使其在不同的部门和领域发挥作用。

政府信息资源的配置方式可归纳为以下几个方面。

（1）制定信息化发展战略

信息化的一个最基本特征，就是它所具有的广泛渗透性，它会影响到一个国家的政治、经济和社会的各个领域，直至所有社会成员的日常生活。同时就信息化发展的过程来看，任何一个国家的信息化建设都不可能是一蹴而就的，需要一个长期的发展过程。其发展的快慢和程度既受到经济社会发展水平的制约与影响，又与一个国家或者地区政府的作为有关。信息化发展的这些规律决定，在整个信息化发展的历程中，制定一个好的发展战略，将会对一个国家或者地区的信息化发展产生深远的影响。在这方面，政府责无旁贷地要承担起重要职责。这就是说，提供一个好的信息化发展战略，制定出符合本国国情的信息化发展规划，并使其具有适度的超前性，就成为政府在信息化进程中首要的责任。需要注意的是，在制定信息化发展战略或规划中，一方面要对国家信息化发展的指导思想、方针、原则、目标、任务，以及实现的路径、方法、策略等作出整体性的筹划；另一方面还要对信息化涉及的主要领域，如政府信息化、企业信息化、社会信息化等的具体战略以及它们之间的相互关系等，作出整体性的安排。只有对这些重大问题有一个比较清晰的理解和规划，才能保证信息化发展过程的连续性和有序性，减少盲目性，更好地发挥国家在信息化建设中的主导作用。我国《2006—2020 年国家信息化发展战略》所总结的我国发展信息化的基本经验之一就是："坚持站在国家战略高度，把信息化作为覆盖现代化建设全局的战略举措，正确处理信息化与工业化之间的关系，长远规划，持续推进。坚持从国情出发，因地制宜，把信息化作为解决现实紧迫问题和发展难题的重要手段，充分发挥信息技术在各领域的作用。"

（2）制定信息化的法制框架，为信息化提供良好的法律环境

任何一个国家的信息化发展，都离不开法律法规的支撑。在这方面，政府同样扮演着十分重要的角色。政府之所以要在信息化的发展中，承担起提供信息化法律环境的重要责任，规范信息化的发展，主要基于两方面的原因：一是信息化本身的发展对法律法规的建设提出了一系列新的要求；二是在国家的法制建设中，政府扮演着关键的角色。就信息化本身的发展对法律法规提出的要求来看，信息化的一个重要特征就是由于信息的重组、信息传递手段的改变，必然会对传统的社会活动过程产生广泛影响，这种影响的一个直接后果就是，靠传统的法律法规调节的某些社会行为活动出现了法律空白。如果法律法规的建设不能及时跟进，就会对社会活动过程产生一定的负面影响或阻滞作用。比如在信息社会，信息的公开透明，就成为一个十分关键的问题，哪些信息必须公开，哪些信息不能公开，必须有法律的界定，否则，信息公开就无法操作。因此，制定信息公开的相关法律或者法规，就成为必须解决的问题。另外，如电子签名法、信息安全法、电子交易法以及与信息化相关的标准和规范等，也都属于此列。以电子签名法为例，如果我们的国家不能及时制定和实施这部法律，就意味着我们的企业、公民个人没有在网上参与各种活动的合法证件——"网上身份证"，这种现象不改变，就会直接影响电子商务、电子政务的发展。

（3）发挥带头作用，协调信息化的全面发展

除了制定信息化发展战略和法律法规之外，政府在信息化进程中的另一个重要作用，就是要按照需求导向或者应用导向的原则，突出重点，运用组织、协调、宣传、动员、试点示范、普及等各种手段，大力促进信息化在各个领域的广泛应用，推动信息化的全面发展。我国信息化的实践，在一定程度上也证实了这一点。1994年6月8日启动的"三金工程"（金桥工程、金关工程和金卡工程）以及1999年1月22日启动的"政府上网工程"，都已经取得了很好的效果。一个重要原因就是政府在推动信息化的进程中，发挥了重要的作用。一方面政府利用自身的号召力，通过宣传、动员等手段，宣传、普及信息化的知识，增强社会成员的信息化意识；另一方面通过一定的资金投入，以及组织、协调、示范、推广等手段，大力促进国家信息化的发展。同时，信息化也离不开社会成员的广泛参与，只有通过政府的宣传、动员、示范和推广，才能整合各方面的力量，总结成功的经验，为推动加快信息化建设的步伐服务。

政府应当发挥带头作用，率先实现信息化，带动企业和社会信息化的发展。政府在信息化进程中，除了要组织协调整个信息化的发展之外，还有一个极为重要的任务，就是要通过自身的信息化，提高办事效率，降低行政成本，为社会提

供优质、高效的信息和电子化服务，改善政府的公共服务，从而带动企业和社会信息化的发展。在一个国家或者地区的整个信息化发展进程中，政府自身的信息化建设，始终处于主导地位。另外，从信息化的结构来看，信息化的全部内容包括政府信息化、企业信息化和社会信息化三个部分。在这三者之间，社会信息化主要反映广大社会成员的信息化意识以及信息产品、信息工具的使用等，如电话、手机、计算机的普及率、上网人数、社会成员的文化素养、经济能力，信息化应用对社会成员日常生活和工作影响的程度等；企业信息化则是企业内部信息化水平的高低以及企业利用网络的程度以及电子商务在整个企业交易活动中所占的比例等；而政府信息化，既包括政府内部办公自动化的程度、水平，更主要的是政府利用门户网站为企业和社会成员提供的各种信息服务。这就意味着，在这三者之间，只有政府的信息化是与企业和广大社会成员有着更为密切的联系的，也就是说，政府作为凌驾在社会之上的一个最具权威的公共机构，它担负的职责几乎与所有社会成员和组织都有密切的联系。如果政府在公共管理和公共服务活动中，能够率先运用信息化的手段，为社会提供有效的管理和服务，特别是利用政府的门户网站为社会提供大量的信息化服务和一站式在线服务，就能在全社会产生广泛的影响力，逐步吸引企业、其他组织和社会成员利用这些新的服务手段，接受政府的服务和管理，从而带动企业信息化和社会信息化。

我国目前还没有一个负责统一规划和协调全国信息资源配置的权威机构，导致全国信息机构各行其是，使得我国信息资源配置表现出条块分割和低水平重复的落后现象。在这方面，我们可借鉴其他国家的成功经验。比如针对网络信息资源，美国政府就专门成立了行政管理和行政预算局（OMB）。我国也应该尽快建立一个负责统一规划和协调全国信息资源配置的权威机构，负责规划全国信息资源的开发与布局，同时使其成为信息市场运作的行政监管机构，从而为整个信息市场创造良好的外部环境。

5.2.3　信息资源的产权配置

在任何一个社会中，资源相对于人类的需求而言总是有限或稀缺的，任何社会都必然会发生争夺资源的竞争和分享现有资源所引起的利益冲突。如果这种竞争没有合理的产权制度加以约束或规范，即如果不建立合理的产权制度以明确界定资源的所有权以及在资源使用中获益、受损的边界和补偿的原则，并且规定产权交换的规则来解决在资源稀缺条件下人们竞争性利用资源发生的利益冲突，那么就难以实现资源的合理配置、有效利用和经济的增长，反而会由于竞争秩序的混乱而造成资源的严重浪费，甚至导致资源的消散。由此可见，产权制度对一个经济社会的资源配置有着决定性作用，产权的产生是由于资源的有限性与需求的无限性引起的。

1. 信息资源的产权问题

产权是法学和经济学中的一个重要概念，指的是由于物的存在及其使用而引起的人与人之间相互认可的行为关系，即在资源稀缺的条件下，人们使用资源的适当规则。产权安排确定了每个人相应于物的行为规范。产权理论研究如何通过安排、配置和变更产权结构，处理和解决人对利益环境的反应规则和经济组织的行为规则，降低或消除市场机制运行的社会费用，提高运行的效率，改善资源配置，加快技术进步，增加社会福利，促进经济增长。产权制度不仅明确与经济活动有关方面的权利、责任和义务，而且保障这些权利、责任和义务的有效实施。

产权配置和管理是信息资源管理的基础与前提。信息资源具有复杂的经济和社会属性，但在我国长期计划经济条件下形成的具体的产权关系却十分模糊，责任权利不够明确；国家所有权受到条块的多元分割，国家作为国有资源所有者代表的地位模糊；各个利益主体之间的经济关系缺乏协调，造成权益纠纷迭起；各个行为主体为了自身利益，一哄而上，盲目开发，常常是用使用权挤压所有权，用使用者的权益挤占所有者的权益，用地方或部门利益挤占国家利益，从而造成信息资源浪费现象的产生。人类对信息资源需求是多方面的，信息资源开发利用的外部效应很大，开发利用方式不同，对社会经济影响也不同。在国家所有的前提下，不进一步仔细分解和配置各项权利，就不能有效管理，既不能发挥政府宏观调控的作用，也无法发挥市场配置资源的基础作用。

2. 信息资源产权配置的原理

为了合理配置信息资源、促进生产力发展和国民财富有效增加，在保障社会公众利益即国家利益的前提下，兼顾不同地区、部门、行业及个人的利益，保证信息资源可持续利用，必须加强信息资源产权配置和管理。由于信息资源具有共享性、时效性、累积性、可再生性等与其他资源不同的特殊属性，信息资源产权配置要比其他资源配置更加复杂。产权配置是将产权体系中各项权利逐层分解，并把与信息资源开发利用和管理相关的行为主体进行角色定位，然后将各项权利落实到相应的行为主体身上，并使之明确化、具体化和法制化。

有效的产权结构应具备以下几个方面的特征：

第一是产权的明确性。明确规定财产权利当事人对信息资源的各种权利、义务和责任，以及保障这些权利、义务和责任实施的措施。

第二是产权的排他性。在侵犯财产所有者及使用者的权利、责任和义务时，纠正及处罚的措施。

第三是产权的灵活性和可转让性。本着自愿的原则，在一定条件下，产权可以出售和转让，从而使信息资源从效率低的使用者手中转让到效率高的使用者手中。

信息资源产权配置应该遵循效率与公平并举、政府宏观调控与市场机制相结合等原则。其基本原理大致为：

首先要坚持国家或集体的所有权。信息资源属于国家所有，即全民所有。国家所有权指国家对信息资源具有占有、管理、使用、收益或处置的权利，其中包括国家对信息资源统一规划、统一调度和支配等权利。所有权是终极权利，权利拥有者可以按照一定程序依法改变其他行为主体所拥有的相关权益。

其次是要做到所有权和使用权相对分离。由于信息资源功能多样性、利用方式多元性和影响的广泛性，为了满足各方信息需求、提高开发利用的效率，使用权与所有权可以相对分离，即任何团体和个人在保障社会公众利益的前提下，都有依法使用信息的权益，并拥有相应的收益权。

再次，所有权与使用权相对分离后，由于开发利用方式、影响不同，其相应的收益权、经营权和转让权也不相同。所谓收益权指在不损坏他人的情况下可以享受从信息资源开发利用中获得的各种利益的权利，经营权指为满足社会需要或市场需求对信息资源进行开发、加工和供给、营销的权利，转让权指可以把所有权或使用权让渡、出售给他人的权利。

最后，各种权利及其责任主体明确后，根据一定程序，使之合法化。

3. 产权制度对资源配置的决定作用

最早认识到产权制度在资源配置中决定性作用的是罗纳德·科斯（Ronald H. Coase），他在 1960 年发表了开拓性论文《社会成本问题》（The Problem of Social Cost）第一次讨论了在交易成本为零的假设条件下，最终结果（生产的价值最大化）与法律制度（即产权制度）无关，这就是著名的"科斯定理"。然而，科斯认为这是一个非常不现实的假设，在现实生活中，是存在着交易成本的，即交易成本是大于零的。因此"科斯定理"与其说是得出了在交易成本为零的条件下资源配置与产权无关的结论，勿宁说反过来证明了在存在交易成本的情况下，产权制度对资源配置的效率或经济制度的运行起着极为重要的作用。"科斯定理"更为重要的贡献是将该定理引申到交易成本的情况，一旦考虑到市场交易成本，那么对资源的重新安排引起的产值增加超过交易成本时，这种重新安排才能进行或才有必要。在这种条件下，合法权利的初始界定的确影响到经济体制的运行效率。

因此"科斯定理"的现实含义是：在交易成本大于零的情况下，不同的权利界定会带来不同效率的资源配置。也就是说，由于交易是有成本的，在不同的产权制度下交易成本不同，从而对资源配置的效率有不同影响。所以，为了提高资产配置的效率，对产权的初始安排和重新安排的选择是重要的。根据这一定理，我们可以得出一个相反结论：如果产权没有得到明确的界定，则资源就不可能得到最佳配置和最优利用。正因为存在交易成本，界定产权才成为经济学的一个重要问题。其实，市场商品交换并不是简单的资源或商品交换，而是这些资源或产品的产权的交换。即不同的人所拥有的对资源或商品的不同的权利的交换，要使市场交换得以进行，资源或商品的产权界定就必须非常明确清楚。人们既不能用产权不属于自己的资源或商品去同产权属于别人的东西相交换，也不会用产权属于自己的资源或商品去交换产权不知属于谁因而得到后随时都可能失去的东西。这说明交换如果不是产权的交换，那么，这种交换是没有任何意义的。

基于上述分析，明晰的产权界定是产权交易的前提条件，也是整个经济活动和经济运行的基础，更是资源进行配置或重新配置的根本，或者说，产权的明晰度达到最优也是资源配置效率最优的根本。产权的明晰度要达到最优，其基本途径就是要按照普遍性、排他性和可转让性的原则进行产权界定。普遍性强调产权界定必须是涵盖全社会资源及这些资源的相关用途；排他性强调在产权界定后，资源的所有权和支配权应当是相互排斥的，不能既属于 A 者又属于 B 者；可转让性强调资源可以自由地从一个所有者转移到另一个所有者，或者是从原始所有者转移给其他所有者。一旦建立了这样的产权制度，就会实现一系列经济增长的效率价值。

5.3　信息市场组织与管理

信息市场是市场体系的重要组成部分，但又有别于传统市场。从市场的角度看，信息市场有两种含义，一是狭义的，指信息商品进行交换的场所；另一种是广义的，指信息商品交换关系的总和，也就是信息商品的买卖或流通。从信息的角度看，信息市场也有两种含义，一种是指信息服务作为商品的交换；另一种是还包括信息设备制造业产品作为商品的交换。由于信息商品的特殊性，信息市场的研究内容也具有特殊性。

5.3.1　信息市场结构及其运行机制

1. 信息市场的体系结构

信息市场是一个系统，任何系统都有一定的结构，系统的结构是系统保持整体性以及具有一定功能的内在依据，其完善与否直接影响和决定着系统功能的正常发挥。信息市场也必然是一定的主客体在时间和空间的维度上相互作用而形成的。主体、客体、时间和空间是信息市场的主要构成要素，这四大要素构成了信息市场的基本结构。

（1）信息市场的主体结构

信息市场的主体构成较为复杂，由信息商品的需求者、供给者、信息市场管理者及信息市场中介组成。信息商品需求者是指信息商品的购买者和消费者，他们广泛存在于各个行业的不同层次中；信息商品供给者是指提供信息产品与信息服务的信息企业，他们生产并经营信息商品；信息市场管理者是信息市场的监督者和执法者，常由政府主管部门和相关行业协会组成，协调交易行为，制定交易规则，调解仲裁纠纷等；信息市场中介则是信息市场中的经纪人，他们不直接生产信息产品，但参与信息产品开发决策，主要业务为接受用户委托、代为寻求和购买某些信息商品，并辅之其他配套服务等。

需要指出的是，对于信息市场，管理者及中介的作用比其对传统市场更加重要。管理者能以法律、行政、经济等各种手段维护交易各方的合法权益和市场正常秩序，中介则可以减少供需双方的信息不对称，克服供需双方在时间、空间上的障碍，提高信息商品交换成功的概率。

（2）信息市场的客体结构

信息市场的客体是指信息市场当事人进行法权让渡的媒介，是市场交换的对象和客观载体。各类不同的信息商品，包括以服务形式出现的信息商品等都属于信息市场的客体。信息市场的客体结构也是复杂多样的，它的特征决定了信息市场的特征和功能。现在数据库市场、信息咨询市场日趋活跃，加上信息技术的不断发展和社会信息化程度的不断提高，人们对信息产品的需求会出现新的特点，信息市场的客体结构也会出现相应的变化。

（3）信息市场的时间结构

信息市场的时间结构是指市场主体支配交换客体运行轨迹的量度，它总是表现为交换过程的连续性和间断性的有机统一。在实际的市场活动中，市场不同主体之间的权利让渡与交换客体的位置移动，可以有不同的时间结合方式，从而形成了市场运行的不同轨迹，产生了现货市场、期货市场、贷款市场等三种市场形式。

1）现货市场。又称为即期交易市场，即进行信息商品交易的各方成交后立即或在极短期限内进行交割的交易，是"一手交钱，一手交货"，反映了主体和客体在运动时间上的同步性，市场主体之间的权利让渡和交换客体的空间易位同时进行，同时结束。现货市场能真实地反映市场供求关系，但具有较大的随机波动性。

2）期货市场。即先达成交易契约，然后在未来某一时期实现银货两清的交易。是"成交在先，交割在后"，反映了市场主体的权利让渡和交换客体的空间易位在时间上的分离。这种交易需要信息商品交易的各方具有一定的信用，并履行一定的义务，但具有投机性，如到期无法交割等。

3）贷款市场。即通过借贷完成商品交换的模式。多用于定价较高的信息商品交换，如笔记本电脑的分期付款。交易双方达成交易契约，买方当期支付少量首付费用或零首付，然后以分期付款的方式按交易契约定期向卖方支付剩余的本金和利息，是"先使用，后付款"。此种方式能刺激消费者的超前消费，但卖方具有较大的投资风险。

（4）信息市场的空间结构

信息市场的空间是指市场主体支配交换客体的活动范围，因其扩散和吸引作用的大小而分为不同的范围等级。信息市场的空间结构就是指各种市场活动范围等级所占的比重及其相互关系。从地理范围结构来看，可分为地方性信息市场、全国性信息市场、世界性信息市场三大类。地方性信息市场是指信息商品交易地区以地区为活动空间范围的信息市场，是一种局部性的信息交易市场，反映了市场主体支配交换客体运动的空间局限性，一般是以地方行政区划为划分基础，以地方利益最大化为目标。全国性信息市场是指信息商品交易以全国范围为活动空间，反映了市场主体支配交换客体运动的空间广泛性。一般是以中心城市为依托，辐射周边，进而形成覆盖全国范围的信息商品交易网络。这种市场突破了地域的限制，信息商品在全国范围内流通。世界性信息市场是指信息商品交易以全世界范围为活动空间，反映了市场主体支配交换客体运动的空间全球性。此种市场有两种形态，一是以跨国性的一定地域为覆盖范围的信息商品交易场所；一是以基于互联网络跨国交易的信息市场。这类市场格局依赖于互联网络的建立以及电子商务的发展与成熟。

2. 信息市场的运行机制

市场机制就是市场运行的实现机制。它作为一种经济运行机制，是指市场机制体内的供求、价格、竞争、风险等要素之间互相联系及作用机理。信息市场的运行机制则可以狭义和广义两个层面来理解。从狭义上讲，信息市场的运行机制是指信息市场上信息商品供求关系和信息价格变动时对信息商品的交换，从而对信息商品的生产和消费所发生的刺激或抑制作用；从广义上讲，信息市场的运行机制可表述为：它是信息商品经济运行的内在规律，它是商品经济规律（包括价值规律、竞争规律、货币流通规律）互相作用形成的对经济过程的有机制约功能。具体表现为信息商品货币关系中的价格、供求、信贷、利率等要素间相互制约、相互联系的关系。通过信息商品供求的变化、自由竞争、价格波动实现社会劳动在各信息部门之间按比例的分配。

根据对信息市场运行机制作用的分析，我们可以将其运行机制具体分为供求机制、价格机制、竞争机制、激励机制、风险机制、利润机制、控制机制等类型。

（1）信息市场的供求机制

供求机制是指通过商品、劳务和各种社会资源的供给和需求的矛盾运动来影响各种生产要素组合的一种机制。它通过供给与需求之间在不平衡状态时形成的各种商品的市场价格，并通过价格、市场供给量和需求量等市场信号来调节社会生产和需求，最终实现供求之间的基本平衡。

在信息市场中，信息供给与信息需求相互联系、相互对应、相互制约，共同构成信息市场存在的前提条件和信息市场运行和发育的决定性因素。信息需求是指信息用户对信息的内容、数量、质量以及形式的需要和需求。按需求性质和层次的不同，信息需求可分为客观信息需求，如用户的工作、环境等决定的信息需求；现实信息需求，如用户通过口头或书面形式表达出来的信息需求；潜在信息需求，如未被用户表达出来的信息需求等。信息市场的需求受用户信息商品观念、经济收入水平以及信息商品价格水平等因素的影响。信息商品化程度与信息共享性的影响使得信息需求的满足途径多种多样，因此，信息需求与传统的市场需求不同。信息供给也与传统的市场供给不同，传统的市场供给是把产品以商品的形式在市场上向用户提供，但信息供给是指向社会提供信息产品，包括非市场供给在内的任何产品提供形式。信息供给与信息产品生产在品种、数量、质量等方面有一定的差异，从品种来看，信息市场供给品种少于信息产品生产品种，因为信息产品由于保密等种种原因不可能全部进入信息市场进行交换；从数量来看，同一信息商品可以重复、多次供给，导致信息市场供给量大于信息产品生产量，但受信息商品化程度和信息市场发育程度的影响，也可能出现信息市场供给量大于信息产品生产量的情况；从质量来看，由于信息传递中存在着衰减、失真、污染等情况，可能导致信息产品生产时的质量高于信息供给时的质量。

传统的市场总是出现供过于求、供不应求、供求平衡等三种形式，供求平衡是最理想的市场供求形式，因为它可以实现市场的整体福利最大化，从而达到帕累托最优（Pareto Optimum，即在给定的资源条件下，如果没有替代的资源配置方案使得一部分人比在原有配置下得到更多的福利，而又不减少其他人的福利，则原有的资源配置即为帕累托有效配置）。现实中这三种供求形式不是一成不变的，而是交叉、反复、动态出现的。在信息市场中，由于信息商品的共享性和非消耗性，某种信息商品一旦生产出来，就可以满足多次的、反复的消费需求。而且，信息商品的使用价值与价值的转让过程可以穿越时空的限制，能在短时间内或实时实现。因此，其供求关系的演变比传统的市场供求关系演变更为迅速。另外，信息市场中"供过于求"不是指信息商品过剩而造成积压，而是指某种信息商品没有消费者购买；"供不应求"也不是指某一信息商品不够卖、市场脱销，因为信息商品可以通过复制满足消息者的多次消费需求。所以，在信息市场中，"供不应求"和"供过于求"都反映了市场缺乏适销对路的信息商品，即"供需分离、产销脱节"。信息市场的这种供求特征，作为信息消费者必然会明确、及时地向市场提出需求，而信息生产者也必然会以市场需求为导向和动力进行生产。只有这样，信息需求者才能及时得到高效益的信息商品，信息生产者才能获得较高的利润回报，这种现象就是信息市场供求机制的体现。

（2）信息市场的价格机制

价格机制是指在市场竞争过程中，市场上某种商品市场价格的变动与市场上该商品供求关系变动之间的有机联系的运动。它通过市场价格信息来反映供求关系，并通过这种市场价格信息来调节生产和流通，从而达到资源配置。另外，价格机制还可以促进竞争和激励生产，决定和调节收入分配等。

价格机制对信息市场运行的作用是多方面的，在不同的作用层次上价格机制有不同的功能。价格机制对生产同种商品的企业来说是竞争的工具，因为生产同种商品的企业为了在市场上占据更多的有利地位，必须在保证质量的前提下尽量压低价格，以商品的价廉物美取胜。价格机制对生产不同商品的企业来说，是调整生产方向和生产规模的信号，从而促使信息生产各部门大体地按比例协调发展。

价格并非一成不变。信息商品的价格在流通中必然随着市场的供求变化而涨落。当信息市场某种商品卖不出去时，就应当适当降价，以便压缩生产量，扩大需求；当信息市场中某种商品"无货供应"时，就应当适当提高价格，以刺激企业扩大生产，增加供给量，满足需求。运用价格机制，不但要考虑商品的供求关系，还要考虑商品的需求弹性。所谓需求弹性，简单地说就是指需求对价格的感应性。需求弹性提供了衡量价格下降或上升一定比率所引起的需求增加或减少比率之间关系的数据。对不同商品来说，价格变动所引起的需求量变动幅度是不同的。信息商品的需求弹性较小，其价格与总收益成同方向变化，即价格上升，总收益增加；价格下降，总收益减少。

（3）信息市场的竞争机制

竞争机制是指在市场经济中，各个经济行为主体之间为自身的利益而相互展开竞争，由此形成的经济内部必然的联系和影响。它通过价格竞争或非价格竞争，按照优胜劣汰的法则来调节市场运行。它能够形成企业的活力和发展的动力，促进生产，使消费者获得更大的实惠。

信息市场竞争可以使信息产品生产者和经营者的生产、经营活动经常保持相对的局部平衡。这种平衡是通过信息市场竞争的自我选择机制实现的。信息市场竞争所形成的优胜劣汰，是商品经济运行的一种最重要的强制力量，它要求信息产品的生产者和经营者依据用户的需求动态调节自己的生产、经营，这种信息市场竞争的自我选择机制，不断地扩张或收缩着某些类型的信息产品的生产、经营，从而保证信息产品生产与消费的统一，促进着信息产品生产者与消费者的自我协调。

在市场经济中，竞争是信息产业发展的必不可少的外在动力，这应该是毫无疑问的。首先，它可以促进信息生产者不断挖掘潜力，节约消耗，降低成本，提高工作效率，以便实现最佳的经济效益。其次，它可以促进信息供需之间的平衡。竞争关系到信息生产者的物质利益，因此，每个生产者都必须去注意市场动向，调查社会需要，掌握需求状况和预测市场，从而保证生产出来的产品不仅质量好，而且效用大。这样，根据消费、需要以及消费结构的不断变化来组织生产，并且通过竞争、市场价格的作用，达到信息市场的供需平衡。再次，它可以促进物质利益原则更好的贯彻。竞争直接关系到生产者和经营者的物质利益，哪些生产者生产的产品质量好，效用大，经营者经营得好、盈利大，上缴的税金就越多，企业的利润也就越高，职工所得的物质利益也就越多。这就促使生产者从切身的物质利益上关心自己的劳动成果，从而更好地调动起信息生产者的积极性。信息商品的经营者即信息市场经纪人对信息商品的交换起着十分重要的中介作用，他们的收入将随着完成的交易额的增加而增加，这就必然形成竞争。这种竞争促使信息经纪人广为交际，频繁活动，收集、存储紧俏的信息商品，掌握更多的供需信息，以达到对信息交易的垄断。信息经纪人由于不受信息生产和消费过程的条件限制，可以跨行业、跨学科、跨地区组织商品，联结供求，实现交易。

信息市场的竞争机制，既有其刺激功能的一面，也有其约束功能的一面。刺激机制和约束机制的同步与对称是保证信息机构采取合理信息行为的前提，并规定着信息机构的决策和行为。如同缺乏刺激的约束会窒息信息机构的生命和活力一样，没有有效约束的刺激也会导致信息机构行为的紊乱。经济利益的刺激有助于增加信息机构和信息人员的活力，激发他们的积极性、创造性，从而使生产出的产品或提供的服务在市场竞争中处于有利地位，以获取更大的经济效益。而信息商品质量的提高、效用的增大又进一步刺激了信息市场的繁荣。

（4）信息市场的风险机制

风险机制是市场活动同企业盈利、亏损和破产之间相互联系和作用的机制。

由于信息的不完全性和非对称性，所有信息市场参与者都面临一定的不确定性。因此供给者在生产、经营、销售以及用户在利用、开发信息产品的时候，都在承担一定的风险，这也就直接影响到信息在市场中的交换，以及在交换中的价格等。下面从各市场参与者的角度分别论述他们所要承担的风险。

1）信息供给者承担的风险。①信息商品本身不能直接体现效用。信息商品的需求与社会经济发展水平密切相关，对它的需求一般都是潜在的、间接的，因此这就给信息生产者对市场的预测带来障碍，往往影响预测的准确性。预测失准对产品销售将产生三种不同影响。第一是预测完全错误，也就是市场对该信息产品需求几乎为零，这将可能导致生产者严重亏损甚至破产；第二是预测过低，包括需求量过低和产品档次过低，这都将使市场需求得不到满足，生产者也无法得到最大利润；第三是预测过高，包括需求数量过高和产品档次过高。由于信息商品可以经过多次转让，所以需求数量过高不会影响生产者，而产品档次过高会使产品价格昂贵，从而影响产品销售数量，导致产品积压，使生产者资金无法正常周转。由此可见，市场预测作用大，风险也大。②信息研究方法本身的误差。信息工作最基本的功能在于从已知信息推测未来的发展，从而为决策提供必要的依据。但是任何预测都不可能是百分之百可靠的。从技术上说，任何的预测手段都是有条件的、有误差的。如有的预测方法需要大量的、完备的、准确的基础数据；也有的方法，特别是数理统计诸方法本身就规定了其误差范围，也就是说其准确度只能保持在某个范围内。③信息商品投资收益的不确定性。信息商品在开发过程中，往往需要投入大量的资金和智能，这些都属于沉没成本。信息商品需要慎重考虑其投入风险。理论上来讲，无论信息供给方如何努力，都不可能获得全面而准确的市场信息，这就加大了投入的风险和收益的不确定性。

2）信息需求者承担的风险。一般需求者都追求最大效益，但效用大的信息商品价格也高。这就使购买信息商品给需求方带来风险。风险因素包括：信息商品本身质量，即效用；需求者本身能否吸收利用该信息商品；需求者对某信息商品的垄断性等。如前所述，信息商品的效用是隐形存在的。这就要求需求者自身具有较高的专业知识水平，能够判断该信息商品对于自己的效用大小。也就是说，如果需求者没有相应的技术和水平，可能对信息商品内涵中所涉及的高技术内容不能理解和运用，致使该信息商品不能完全、甚至根本不能发挥作用，或者因资金不足，效用延缓发挥或发挥不充分，这些都将给需求方带来损失。生产者对自己产品的估价也可能有一定程度的误差，所以价格高的产品其效用不一定大，甚至有些重复开发的产品同样也会以高价出售，这就要求需求方有较强的鉴别能力，在鱼龙混杂的情况下购买真正高效用的产品，否则将造成损失。

信息商品具有共享性，这与需求者要求的使用权的垄断是矛盾的。这就形成了同一信息商品在不同需求者之间取得使用权后，在发挥其效用方面进行竞争，竞争总有失败者，这就给需求者带来风险。需求者应尽快发挥信息商品的效用，尽可能保持自身的垄断性。

3）信息商品中介方承担的风险。信息中介方在信息市场中起到疏通营销渠道，将信息交易活动由现实可能性转化为必然性。中介人的利益与交易成交额息息相关。因此，他们在经济活动中承担风险。中介方承担的风险来自供给方和需求方。中介方在供求双方之间既要为供给方负责，也要为需求方负责。在对需求方负责的时候，风险是由供给方带来的。因需求方从中介方购得信息商品以期发挥作用，如质量不高、效益不好，将会使需求方追究中介方责任，这就要求中介方有较高的知识水平和良好的职业道德，才能使自己在交易中保持不败。在对供给方负责时，风险是由需求方带来的。因需求方不一定将信息商品使用费一次付清，而是在该信息商品发挥效用、取得经济效益之后才付清。因此，当需求方因某种原因不能从信息商品中取得预期效益或无资金，往往拒付费用，使中介方不能及时回收资金，也就不能向供给方付款。信息商品转让与使用是受一定法律约束的。中介方也可能要承担一定的法律责任。这样看来，中介人的风险是与其参与的交易活动的交易额成正比的。

（5）信息市场的激励机制

激励机制是通过一套理性化的制度来反映激励主体与激励客体相互作用的方式。信息市场的激励机制是指通过各种有效的管理方法来调动信息市场各参与方的积极性和创造性，使之努力去实现各自的组织目标。在系统结构的层次上与信息市场相适应的激励机制主要有以下三方面的内容。

1）需求约束型的总量波动机制。它是指在一个中长期的时间序列中，宏观经济总量在需求小于供给的态势中波动，并给生产者的进步以现实的压力。简单地说，是宏观上的买方市场的波动对生产者进步的影响作用。显然，它是生产者进步的宏观市场环境。这种环境对生产者进步的推动作用主要表现在：

①在需求收缩时期，生产者之间争夺有限市场的竞争加剧，低质量、低效用企业的产品生存下去的唯一途径，便是改变方向、提高效率。

②在市场成长的繁荣阶段，资产调整的主要方向是趋向于增加产量的变革，以最大限度地抓住市场机遇和获取利润。需求约束型的总量波动与生产者进步之间的关系分析说明，市场经济中的周期波动，是促进企业技术进步和更新产业素质、调整产业结构的有效机制。

2）产业市场的自由进入或退出机制。这是激励企业进步的中观机制，任何一个特定的信息企业，总是在某一或某些特定的信息市场中活动的。就某一特定的信息市场来说，信息产业内所有企业之间的竞争和垄断关系，构成了某一企业进步的中观市场环境。在经济增长中，中观层次的进步机制，必须在大规模生产和市场的竞争之间寻求适度的平衡模式，而这一模式的形成则以产业市场的自由进入或退出为前提。

①某一信息产业市场的自由进入，意味着该市场中不存在行政壁垒，而只有与经济效益有关的经济性壁垒。任何一个企业，只要它具有潜在的经济优势，都可以随意进入该产业。这种进入自由，一方面对现有产业中的企业来说是一种潜在的竞争威胁，促使其提高效率、提高质量、加快进步的步伐，以竖起更高的竞争壁垒；另一方面也有利于生产集中和大规模生产。因为无论对产业中的现有企业来说，还是对新进入企业来说，都必须使自身趋向于最大最佳规模，才有可能取得经济效益上的优势地位，否则就有被挤垮的危险。

②与产业市场的自由进入一样，自由退出某一产业也是企业进步机制完善和健全的表现。主要体现在：自由退出某产业，可以使仍滞留在该产业中的企业提高市场集中度，自由退出某产业，是资源投向上的效率改善和企业进步的集中体现。

3）产权市场、经理市场、劳动力市场三位一体的利益激励机制。这是促进企业进步的微观动力和机制。产权市场对所有者行为的约束，经理市场对经营者行为的约束，劳动力市场对劳动者行为的约束，分别从不同的角度形成相互制约的利益机制。其市场的健全程度，直接关系到具体企业的进步方向及速度。

①作为企业资产的所有者，其行为目标函数不外乎是追求自身资产的不断增殖。在产权市场的竞争约束下，资产所有者只有不断地加强对资产使用效率的监督和管理，才有可能保证自身资产的增殖和安全。

②作为企业内部的劳动者，其行为目标不外乎是取得劳动收入最大化。劳动收入最大化的要求，在一定时期内并不是无限制的，它会受到许多社会因素和经济因素的制约。其中一个重要方面，是劳动力市场的约束存在，追求劳动收入极大化的目标会受到劳动力市场供给的明显制约。

③资产收益最大化目标与劳动收入最大化目标之间存在此消彼长的矛盾。在其他条件不变的前提下，资产收益扩大有利于积累和技术进步。但要超过一定限度，则会损害劳动者利益，反而造成企业发展不稳定；劳动收入扩大有利于从分配上调动劳动者积极性，但超过一定限度，则会损害企业积累和技术进步的目的。在现代市场经济中，劳资双方的这种矛盾，是由企业经营者在协调的。大量实证研究表明，经营者的具体行为标准，是沿着"资本价格/劳动价格的比率"进行选择的。当资本市场中的资本价格上涨率持续地超过劳动价格上涨率时，经营者倾向于用劳动力来代替机器；当后者持续地大于前者时，经营者会毫不犹豫地用机器生产代替劳动力。这样，劳资双方的基本矛盾就得以解决。

（6）信息市场的利润机制

利润是指企业销售产品的收入扣除成本价格和税金以后的余额。在不同的社会条件下，利润的内涵不同，也体现着不同的社会关系。利润不仅是企业从事生产经营的动机，也是企业评价生产经营的标准，不仅影响整个社会的信息资源利用，也影响到整个社会的收入分配。正是由于预期利润的刺激，才使企业从事创新和冒险，促进总投资和总产量，这对社会是有利的。利润机制是指利润变动与生产者经济利益变动之间的相互制约的联系和作用，它是信息经济的动力源。它激励着信息商品的供给方和中介方不断提高产品质量、降低成本、改进服务，得到更多的投资回报。

在社会主义信息市场经济中，平均利润率规律在起作用，不同的生产部门投入等量的资金要取得等量的利润。这个规律是通过部门之间的竞争，使资金由利润率低的部门转移到利润率高的部门而实现的，也就是通过资金的转移，最终使得各个部门高低不同的利润率平均化。所以这里讲的利润机制是以平均利润为基础的。运用利润机制可以实现生产者生产规模的最优化，即实现利润最大化的生产规模。生产者追求自身经济利益，是立足于总收益的绝对值最大，还是立于利润的绝对值最大，或者利润率最高，关键取决于对利润机制的灵活运用。

由于利润是构成价格必不可少的一部分，所以利润势必影响价格，从而影响供求双方。当利润增加，刺激生产者的生产积极性，同时利润增加引起的价格升高必然限制需求，当供需双方达成一种平衡时，成交的可能性最大。因此，任何信息商品的生产，都需要找到一个合适的利润平衡点。

（7）信息市场的控制机制

信息市场控制是指查核交易行为的发生是否和已采用的计划、原先的指标和原有的原则相一致。它的主要目的为指出弱点和错误以便加以改正和避免重蹈覆辙。把信息市场看成一个控制系统，主要包含以下三个方面。

1）目标与标准。根据经营的目标，设立适当的标准，是计划程序中的第一个步骤。标准设定的目的在于对信息交易中将来与实际的行动互相比较，以作为将来是否要管制及如何予以管理的基础。

2）衡量、比较与评价。通常标准的设立必须明确，而且是可以衡量与比较的。实际上顾及成本的因素，控制工作不可能对每一件工作、每一个进度都作周密详细的衡量，所以通常都选择几个重点（即重要的参数），予以定期及不定期的确认。比较与评价的目的，在于将原来的计划数值与实际结果数值予以相减，再将此差异作为检讨与采取校正行动的基准。由于计划数值与实际数值间完全相等的可能性是少之又少的，一般均设立一个允许误差，只要差异值在允许误差范围之内，我们均承认其是合理的，而只对那些超过允许误差的参数，予以特别的检讨与控制。

3）校正行动的控制决策。信息经营者就如同船长一样，比较自己的航向与标准间的差距，然后深入分析差异产生的原因，并对症下药，提出改正的行动，并予以实施校正。就整个控制程序而言，前述的设立标准、衡量、比较与评价等，只是发现偏差之所在，提供我们一个问题的信号，而只在采取校正行动后，才能真正显示控制程序的价值。在采取任何校正行动前，必须先要深入探求偏差发生的原因，研究一下，到底是当初计划的不正确、方法不适当、组织的不合理，还是人为因素所造成的问题，才不致盲目地从事行动。原因一经确定，我们便需迅速采取校正性的调整措施，有时甚至要事先预期问题可能产生的方向，从而在事先予以补救。校正行动的优劣，可由比较其所花费的成本与校正结果的功效判断，两者予以比较，以决定选用最高效率者。

在实际应用的信息市场控制系统中，我们常常进行系统分析，找出与所希望控制的项目有关的任何项目，以及这些项目对所要控制项目的交互作用，然后藉此对此系统的预测或此系统所发生的征兆而对所欲控制的项目加以控制。

需要说明的是，信息市场的上述七种机制不是孤立地存在着，而是相互作用、相互影响和相互制约的，共同构成信息市场的运行机制，成为信息市场运行和发展的基础与依据。它们之间的关系如图 5-1 所示。

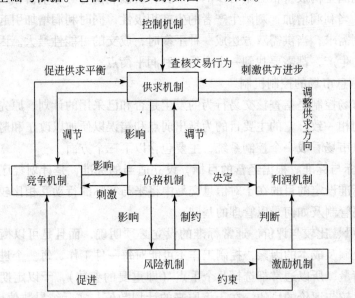

图 5-1　市场机制相互作用模式

在商品经济情况下，信息商品的价格受供求关系的影响，当信息市场的商品供过于求时，就应适当降价，以便压缩生产量，扩大需求；当信息市场中某种商品"无货供应"时，就应适当提价，以刺激企业扩大生产，增加供给量，限制需求。同时价格的上下波动也会对信息商品的供给和需求起到一定的调节作用，某种信息商品的价格越高，就会吸引更多的生产者来生产、开发这种产品，而价格的提高又限制了需求，这种调节最终导致供需平衡。信息市场竞争可以使信息产品生产者和经营者的活动经常保持相对的局部平衡。市场竞争的结果就是"优胜劣汰"，这种结果要求供给方不断按照市场的需求来调整自己的生产方向和生产规模，从而保证信息产品生产和消费的统一。同时，信息市场的供求机制对市场竞争也有一定的调节作用。供求之间的矛盾越激烈，开辟市场、占有市场的可能性越大，市场竞争也越激烈；供求之间的关系越平衡，竞争越弱。激励机制对供求关系的影响主要表现在对生产者进步的影响作用上，它是促进企业技术进步和更新产业素质、调整产业结构的有效机制，促进企业不断发展自己、完善自己，从而表现出更大活力以适应不断变化的市场需求。利润机制发生作用，使得资金由利润率低的部门向利润率高的部门转移，最终使得各个部门高低不同的利润率平均化。运用利润机制可以实现生产规模的最优化，促进企业不断更新与改造，增加总投资与总产量，从而使供方市场更为丰富和繁荣。控制机制主要是对供求双方在交易过程中的行为发生进行检查、控制，防止交易行为与已采用的计划、指示、指令、原则等相抵触。它的主要目的是指出交易过程中的弱点和错误，以便采取有力措施加以改进和避免重蹈覆辙。在价格机制与竞争机制的作用关系中，竞争会引起价格的波动。竞争越激烈，价格波动越大，市场越不稳定。反过来，价格的上下波动也会刺激市场的竞争。价格上涨，会使生产者之间的竞争加剧；价格下跌，则需求者之间的竞争更为激烈。利润机制通过价格机制起作用，价格中主要包含成本和利润两部分，因而价格的高低决定了利润的多少。而所获的利润可以刺激生产者调整生产方向、生产规模等，从而影响到整个市场的供求关系。价格机制和风险机制的作用关系表现在，价格的高低会影响风险的大小。产品如果卖不出去，生产者和经营者所遭受的损失越大，所以生产者、经营者所承担的风险越大。而如果产品被需方买到，由于价格较高，则效益与成本的比率较小，所以风险较大。对于供方来说，风险越大的产品，希望价格越高；而对于需方来说，风险越大的产品，希望价格越低。所以风险制约着产品的价格。激励机制发生作用，促进企业不断进步，市场中商品的供给量不断增多，质量也不断提高，于是竞争加剧，因而激励机制促进了商品竞争。激励机制促使企业与市场紧密联系，从而使其自身的发展表现出更大活力，以便取得最大的利润，这就是激励机制对利润的刺激作用。无论是生产、经营，还是使用信息商品，都要承担一定的风险，这样，风险就会在一定程度上约束新产品的开发、经营、使用等，于是也就约束了激励机制的作用。

5.3.2 信息市场失灵及其规避

1. 信息市场失灵的概念

分析、比较资源配置的经济效率时，一个基本的标准就是"帕累托最优"（Pareto Optimum）或"帕累托有效"（Pareto Efficiency）。这样，资源有效配置就把生产和消费结合起来了，它不仅指用最优的可能性进行生产，而且要求生产出来的产品能最好地满足消费者的需要。帕累托有效为评价一个经济制度的效率提供了一个基本的标准。如果一种资源配置方案不是帕累托最优，就存在着某种方法来改进现有的资源配置，使得一些人的利益增加而不损害其他人的利益。也就是说当经济运行已达到有效时，一部分人进一步改善处境必须以另一些人处境恶化为代价。反之，如果资源配置是低效率的，那么通过改变现有的资源配置，至少一部分人可以提高福利水平，同时不减少其他人的福利。完全竞争市场能以最低的成本自动导致资源的有效配置，但完全竞争市场只能是一种"理想"，在实际的经济活动中，市场机制常常无法有效地自动配置资源，从而使得放任的自由市场均衡偏离帕累托最优，这在经济学中被称为"市场失灵"。信息市场在借助于自身内在的运行机制配置信息资源、维持市场正常运行的同时，也会出现资源配置和市场运行偏离预期结果的情况，信息资源的市场配置也存在着一些缺陷，这就是"信息市场失灵"。

2. 信息市场失灵的原因

在信息资源配置过程中，信息市场失灵的原因主要表现在以下几个方面。

（1）信息的外部效应

信息的外部效应是指信息在生产或消费中对他人或组织产生额外的成本或收益。由于外部效应的存在，成本和收益不对称，因此影响了信息资源的配置及其效率，引起了市场失灵。例如，据中国互联网协会反垃圾邮件中心的调查，2008年第一季度，全球垃圾邮件发送量持续增多。从发送垃圾邮件的源头上看，主要分布在美国和俄罗斯，其垃圾邮件主要通过僵尸网络发送，土耳其明列第三，中国首次退出前三名，排在第四位。中国网民平均每周收到的垃圾邮件比例为55.65%，达17.64封，这种现象迫使用户不得不花费时间和网络使用费来浏览和删除这些垃圾邮件，这些都是信息的负效应。反之若这些垃圾邮件里有用户感兴趣的内容，那就是信息的正效用；有些网上信息发布者往往凭借自己的信息优势宣传对自己有利的信息而把对自己不利的信息加以遮蔽。以上种种现象说明，网络上很多信息鱼龙混杂，如果政府不加以管制，会给网络用户带来很多的负外部效应。

（2）信息是公共物品

大部分信息商品的初期生产成本很高，但开发后的复制成本几乎可以忽略不计，多一个消费者或少一个消费者几乎不会影响成本的变化。这就与"路灯"等公共物品非常相似，信息具有"公共物品"的特点。由于公共物品具有非竞争性、非排他性、收费困难、规模效益大以及初始投资量大等特点，信息生产者的成本无法通过市场机制取得有效的补偿，从而导致信息生产不足。例如信息在网络上有极强的可复制性和扩散性，很低的复制成本使得产权得不到有力的保护，生产者很难从每一个受益者收取费用，进而导致私人资本对信息产品的投入不足。因此，国家不仅要立法保护信息产品的知识产权，还要尽可能使得信息的使用者向提供者付费。另外有些政府的信息资源是比较特殊的一种公共物品，例如由中央及各级地方政府的统计部门发布的数据及调查资料，就是典型的公共物品。这类信息的收集需要付出极大的社会成本，但是知情权却是纳税人的基本权利，因此在其公开时又不适合收费。由此也会造成资源配置社会效率低下，产生市场失灵。因此，针对政府、公共部门的信息资源，应主要由政府资助提供为主。

（3）信息市场的垄断

完全竞争是实现帕累托最优的必要条件，然而垄断却削弱了市场的竞争性，限制了价格机制的作用。网络经济中存在一个重要的现象，那就是"赢者通吃"的现象，这在网站竞争中表现得尤为突出。当网络信息产品、信息服务形成一定规模后，后来的企业想进入同样的市场难度就很大。因为，存在极高的一次性固定成本，而且固定成本绝大部分是沉没成本（sunk cost）。原来的企业在面临竞争对手时，它可以把信息产品或服务价格降到接近于零，最终的结果就是原有企业将竞争对手赶出市场，这样原有的企业规模越来越大，形成"垄断"企业。在网络经济时代，垄断是竞争过程中出现的市场现象，贯穿整个竞争过程，它和竞争交替出现，两者统一于创新。网络经济研究表明，当商家拥有73.9%的市场份额时，就成了垄断厂商。根据艾瑞咨询集团（iResearch）推出的网民连续用户行为研究系统（iUserTracker）的数据显示，2007 年第一季度腾讯 QQ 的月度覆盖用户数占即时通信软件月度全部覆盖用户的96.1%。可以看出，腾讯公司在即时通信市场处于垄断地位。此种现象在网络环境下是不可避免的。

（4）信息不对称

不对称信息是市场上买方与卖方所掌握的信息不对称，一方掌握的多，另一方掌握的少。在物品和生产要素的市场上，卖方掌握的信息比买方多，买的不如卖的精。如照相机的卖者一般比买者更了解照相机的性能，劳动力的卖者比买者更了解劳动力的生产率等。在保险信用市场，卖的不如买的精，买方掌握的信息多于卖方，如医疗保险的购买者显然比保险公司更了解自己的健康状况，信用卡的购买者当然比提供信用的金融机构更了解自己的信用状况。经济学理论认为，信息不对称会导致市场交易效率的低下，减少信息不对称意味着减少用于搜寻信息的时间、精力和财力，意味着社会运行成本的降低和社会净剩余的增加。网络虽然可以减少交易双方信息不对称的程度，但信息市场主体不可能占有完全的市场信息，买卖双方不能同时掌握相同的信息。网络环境下由于信息生产商、信息服务提供商与信息用户在空间和时间上存在阻隔，信息市场的交易活动存在着很大的盲目性，价格无法准确传递信息资源的稀缺程度，于是导致市场失灵。另外，如果经济决策以不完备的信息为依据，就会导致决策失误，引起信息资源配置不合理。例如，政府掌握着 80% 以上的具有权威性的信息资源，但政府的信息资源开发利用尚不够充分，限制了企业、科研人员、个人对这部分网络信息资源的利用，影响了社会生产效率。《中华人民共和国政府信息公开条例》的颁布实施为克服这一类的市场失灵、缩小信息差别提供了有力的法制保障。

3. 信息市场失灵与政府干预

信息市场的失灵为市场外部组织力量的干预发出了需求信号，通过市场外部组织力量的干预，弥补市场自组织手段的缺陷。但市场作用与政府干预在提高信息市场运作效率问题上都既有积极的一面，也有自身无法避免和克服的消极的一面。那么，对于一个既定的市场，究竟应该选择哪种或哪些手段呢？市场手段总是一个必选的手段，是不依人的意志而转移的。事实上，市场手段的作用不仅表现在自我调节市场行为方面，而且还表现在能动地改善政府干预行为和弥补政府失灵方面。例如，在政府干预的作用下，信息市场中某些信息可能只存在唯一的生产和提供者。如果真是这样，那么，垄断性生产和提供，以及随之而来的资源配置低效率甚至无效率就无法避免。市场手段的注入可以有效地缓解这一问题。将市场手段的力量渗透到政府干预领域中，至少有以下几个潜在的好处：可以减少政府干预对整个社会和官僚化的需要；可以减少政府对信息以及详细的、经常出错误的成本—收益分析的需要；促使政府改革，使政府干预向社会所期望的方向努力。既然市场手段是必选的手段，那么，前面的问题就可进一步归结为是否有必要再选择政府干预的问题。一般的，是否选择以及如何选择政府干预手段，应该顺序地思考以下问题：①市场手段所引发的市场失灵究竟有何表现？②市场失灵是如何影响信息市场运行效率的？③政府干预能不能或者能在多大程度上解决市场失灵问题？④政府干预需要投入多大的成本？⑤政府干预会引发哪些政府失灵？⑥政府失灵对信息市场运行的效率有何影响？⑦政府干预是否比不干预更好?

如同市场手段是不可缺少的手段一样，政府干预手段一般也是不可缺少的。一些极度自由化的市场经济发达国家的实践早已证明了这一点。一般说，政府干预是作为解决市场失灵问题的对策而提出来的，通常只尝试用于解决那些市场手段做不了或做不好的棘手事情。其市场促进作用主要体现在弥补市场失灵方面。在信息市场运行过程中，资源配置手段的选择极其困难和复杂。在具体地进行市场和政府干预决策的时候，应该全面并合理地进行不同程度搭配的比较和选择，包括市场手段应该在哪些领域发挥作用，政府干预应该从哪些角度、在哪些领域、哪些时段、以何种方式和原则进行，不同的手段应该如何做到合理搭配和相互弥补，等等。对于每一个问题，还应该注意要在实事求是的基础上通过调查和研究的方式来回答。例如对于政府干预的角度问题，决策者应该考虑是依靠政府的力量推行体制方面的调整和改革以促使市场机制日趋完善，还是在某些方面直接对市场进行功能上的替代；是以激励的方式进行干预，还是以惩罚的方式进行干预，等等。总之，要使"看不见的手"和"看得见的手"保持一种合理的结构，并做到双管齐下。当然，在实际操作时要真正做到这一点很困难。在进行政府干预决策时，决策者都会普遍感到无从下手。但不管怎样，这是必须努力的方向。

5.4　信息产业组织与管理

产业是指在生产活动中具有同类性质的若干生产部门所形成的综合体。20世纪 20 年代，国际劳工局最早对产业作了比较系统的划分，即把一个国家的所有产业分为初级生产部门、次级生产部门和服务部门。信息产业是一个与现代信息技术息息相关的新兴产业群体，其内涵和外延都在不断地发展和扩大。

5.4.1　信息产业的内涵与结构

1. 信息产业的内涵

信息产业的概念，是在知识产业研究的基础上产生和发展起来的。最早提出与信息产业相类似概念的是美国经济学家、普林斯顿大学的马克卢普（F. Machlup）教授。他在 1962 年出版的《美国的知识和分配》一书中，首次提出了完整的知识产业（knowledge industry）的概念，分析了知识生产和分配的经济特征及经济规律，阐明了知识产品对社会经济发展的重要作用。尽管马克卢普没有明确使用"信息产业"一词，并且在所界定的范围上与现行的信息产业有所出入，但不可否认它基本上反映了信息产业的主要特征。

1963 年，日本学者梅棹忠夫首次提出了"信息产业"的概念，认为信息产业是为一切与各种信息的生产、采集、加工、存储、流通、传播和服务等有关的产业。

随后，1977 年，美国斯坦福大学的经济学博士波拉特（M. U. Porat）出版了题为《信息经济》（The Information Economy）的 9 卷本内部报告，提出"信息产业"、"信息经济"等概念，并首创了四分法，把社会经济划分为农业、工业、服务业、信息业四大类，为信息产业结构方面的研究提供了一套可操作的方法。并以信息产品或信息服务是否进入市场交易为标准，将信息活动分为市场信息活动和非市场信息活动，将"所有在市场上出售信息产品与信息服务的信息行业"称为一级信息部门，将"政府或非信息企业中为内部消费而创造出的一切信息服务"称为二级信息部门。

信息产业作为一个新兴的产业部门，其内涵和外延都会随着该产业的不断扩大和成熟而扩大与变动。自马克卢普首次提出知识产业的概念以来，各国学者都先后对信息产业的概念和范围等问题进行了广泛的理论探讨。但是由于人们处于不同的研究目的和角度，关于信息产业的概念问题目前仍然是众说纷纭。目前国际上关于界定信息产业范围的几种观点如下。

美国商务部按照该国 1987 年《标准产业分类》，在其发布的《数字经济 2000 年》中给出的信息产业的定义是：信息产业应该由硬件业、软件业和服务业、通信设备制造业以及通信服务业四部分内容组成。美国信息产业协会（AIIA）则认为：信息产业是依靠新的信息技术和信息处理的创新手段，制造和提供信息产品、信息服务的生产活动的组合。北美自由贸易区（美国、加拿大、墨西哥三国）在其于 1997 年联合制定的《北美产业分类体系》（NAICS）中，首次将信息产业作为一个独立的产业部门规定下来。该体系规定，信息产业作为一个独立而完整的部门应该包括以下单位：生产与发布信息和文化产品的单位；提供方法和手段，传输与发布这些产品的单位；信息服务和数据处理的单位。其具体包括出版业、电影和音像业、广播电视和电信业、信息和数据处理服务业等四种行业。

欧洲信息提供者协会（EURIPA）给信息产业的定义是：信息产业是提供信息产品和信息服务的电子信息工业。

日本的科学技术与经济协会认为：信息产业是提高人类信息处理能力，促进社会循环而形成的由信息技术产业和信息商品化产业构成的产业群，包括信息技术产业及信息产品化。信息产业的内容比较集中，主要包括软件产业、数据库业、通信产业和相应的信息服务业。

我国信息产业发展的时间不长，对于信息产业的定义和划分，由于分析的角度、标准不同和统计的口径不同，也形成了许多不同的观点。

我国数量经济学家和信息经济学家乌家培教授认为：信息产业是为产业服务的产业，是从事信息产品和服务的生产、信息系统的建设、信息技术装备的制造等活动的企事业单位和有关内部机构的总称。同时，他认为信息产业有广义和狭义之分，狭义的信息产业是指直接或者间接与电子计算机有关的生产部门；广义的信息产业是指一切与收集、存储、检索、组织加工、传递信息有关的生产部门。

我国学者曲维枝认为：信息产业是社会经济生活中专门从事信息技术开发、设备、产品的研制生产以及提供信息服务的产业部门的总称，是一个包括信息采集、生产、检测、转换、存储、传递、处理、分配、应用等门类众多的产业群。基本上主要包括信息工业（包括计算机设备制造业、通信与网络设备以及其他信息设备制造业）、信息服务业、信息开发业（包括软件产业、数据库开发产业、电子出版业、其他内容服务业）。

尽管有各种不同的观点，但是概括起来大致有广义、狭义和持中间学派三种不同的观点。广义的观点是在马克卢普和波拉特等人的理论影响下，认为信息产业是指一切与信息生产、流通、利用有关的产业，包括信息服务和信息技术及科研、教育、出版、新闻等部门。狭义的观点是受日本信息产业结构划分的影响，认为信息产业是指从事信息技术研究、开发与应用、信息设备与器件的制造以及为经济发展和公共社会需求提供信息服务的综合性生产活动和基础机构，并把信息产业结构分为两大部分：一是信息技术和设备制造业；二是信息服务业。持中间学派观点的学者认为信息产业就是信息服务业，它是由以数据和信息作为生产处理、传递和服务为内容的活动构成，包括数据处理业、信息提供业、软件业、系统集成业、咨询业和其他等。

综上所述，信息产业的外延总在不断地扩大，是一种演进的概念。总的来看，信息产业是以信息为资源，以新兴信息技术为基础，专门从事信息资源和信息技术的研究、开发和应用，以及对信息进行收集、生产、处理、传递、储存和经营活动，为经济发展及社会进步提供有效服务的综合性的生产和经营活动的产业部门的统称，是一个包括信息采集、生产、检测、转换、存储、传递、处理、分配、应用等门类众多的产业群，主要包括信息工业、信息服务业、信息开发业等几部分，是国民经济结构的基本组成部分。

2. 信息产业的结构

根据以上关于信息产业内涵的界定，可以清晰地看到信息产业大致可划分为信息工业和信息服务业两部分。

（1）信息工业

信息工业包括计算机设备制造业、通信设备制造业、网络设备制造业、家庭电子信息产品制造业及其他信息设备制造业。它们的产品用来进行信息的采集、传输、加工和存储，是信息产业赖以存在及不断发展的物质基础。

（2）信息服务业

信息服务业是指服务者以独特的策略和内容帮助信息用户解决问题的社会经济行为。从劳动者的劳动性质看，这样的行为包括生产行为、管理行为和服务行为。信息服务业是信息资源开发利用，实现商品化、市场化、社会化和专业化的关键。信息服务业包括系统集成、增值网络服务、数据库服务、软件开发、咨询服务、维修培训、电子出版、展览等方面的业务。信息服务业是信息产业中的软产业部分，是从事信息资源开发和利用的重要产业部门，属于第三产业。它也是连接信息设备制造业和信息用户之间的中间产业，对生产与消费的带动作用大，产业关联度高，发展信息服务业有助于扩大信息设备制造业的需求和增加对信息用户的供给。

信息服务业的发展不仅仅是一个行业、一个产业的问题，它关系到国民经济与社会发展的全局。信息服务业已成为当今世界信息产业中发展最快、技术最活跃、增值效益最大的一个产业。

5.4.2　信息产业的成长规律

信息产业作为一个新兴的产业类别，与传统产业相比，其成长与发展显现出独特的特点与规律。

1. 信息产业的特点

（1）信息产业是具有战略意义的带头产业

信息资源已成为现代社会的第一战略资源，是经济社会发展的重要基础，是优化资源配置、发展社会生产力的催化剂和倍增器。它的开发和利用直接关系到个人、企业和国家的发展，从而使以信息资源为基础的信息产业成为具有战略意义的产业。信息技术在现代高新技术产业群中已成为核心技术和领头技术。在一些发达国家，信息产业正在逐步替代钢铁、石油、汽车、造船等传统产业的战略地位，信息产业的投资额也越来越大，成为当代社会的经济发展的带头与主导产业。如美国于 1994 年提出"国家信息基础结构"（National Information Infrastructure，NII）的行动计划，在未来 20 年内将投入 4000 亿美元建成世界上最庞大最完备的信息高速公路系统；欧盟为实现"欧洲信息空间"，在 5 年计划期内拟投资 1500 亿欧元；英国 1994 年宣布信息化计划，10 年内投资 380 亿英镑建设信息高速公路；德国在 1996 年提出"2000 年信息—德国迈入信息社会之路"的计划。日本计划在 2010 年建成覆盖全日本所有家庭和单位的光纤通信网；新加坡制定了"信息技术 2000 年计划",拟投资 12.5 亿美元建设"国家信息基础设施",使新加坡成为"智能岛";韩国投资 533 亿美元在 2015 年建成"超高速信息通信网"。我国的信息产业也处于高速发展之中,"十五"时期,信息产业新增投入人民币 1 兆元,其中通讯业超过 5000 亿元、邮政业 500 亿元、电子信息产业超过 4000 亿元,信息产业增加值完成 1.13 万亿元,占 GDP 的 7.7%,到 2010 年,信息产业增加值完成 2.26 万亿元,占 GDP 的比重将达到 10%。

(2) 信息产业是知识、技术、智力密集型产业

信息产业的产业活动对象是信息,以信息资源的采集、存储、传播和开发利用为目标,投入的主要是知识、技术和智力资源,在产业形态上高于劳动密集型产业和资本密集型产业,其整个产业活动的过程是人类知识、技术与智力的活动过程。信息产业的劳动力构成也不再像传统产业那样主要依靠体力劳动或依赖物质与能源的消耗进行生产,而是以科学家、工程技术人员、软件设计人员等脑力劳动者为主体,对劳动者的智力素质要求很高。从信息产业的产出来看,信息产品是高知识、高技术和高智力的结晶,其知识信息的含量要远大于其他产业产品的知识含量。今后人类社会的知识和技术大都要集中和出自于信息产业。

(3) 信息产业是高投入、高风险、高效益产业

信息产业的知识、技术、智力高度密集,也就使其成为一种高投入的产业,这里的高投入,一是智力的高投入,二是资金的高投入。智力的高投入是为了满足信息产业对高素质人才的需求,因为无论是信息的开发研究,还是信息的咨询服务,都需要较高智力素质的专业人员来承担。资金的高投入是指无论是信息产业中"硬件"设备的制造,还是信息的生产、服务和流通,均需要大量的资金投入。如通信设备制造业、集成电路业、计算机业,其研发投入均为巨额资金,如一条先进的集成电路生产线就需要投入 5000 万甚至上亿美元;美国开发 360 系列计算机,总投资达到了 50 亿美元。

随着信息产业规模的不断扩大,竞争也愈发激烈,投入的风险也迅速增加,如果决策成功,则可获得可观的利润;若决策失误,则会导致惨重的损失,并有可能贻误发展的历史时机。1997 年,美国摩托罗拉公司利用 66 颗人造卫星,组建了铱星移动通信系统,它通过使用卫星手持电话机,透过卫星可在地球上的任何地方拨出和接收电话信号,但价格不菲的"铱星"通信在市场上遭受到了冷遇,用户最多时才 5.5 万,而据估算它必须发展到 50 万用户才能赢利。由于巨大的研发费用和系统建设维护费用,铱星背上了沉重的债务负担,14 年后,铱星一颗一颗地被销毁,摩托罗拉公司为此付出了超过 100 亿美元的代价。再如波音公司于 2000 年 4 月创办的波音联结公司(Connexion by Boeing,CBB)空中无线网络接入服务,累计投入约 10 亿美元,最后也以"终止"的命运收场。

但是信息产业产品能直接或间接地节约物质资源和人力资源，对资源和环境的影响相对于工业来说几乎是微乎其微，具有高增值和高效益。如50公斤玻璃纤维制成的光纤所能传送的信息量与1吨重的铜缆相当，消耗的能源只是后者的5%；1公斤集成电路的价值超过1辆豪华轿车。

（4）信息产业是更新快、受科技进步影响大的产业

信息产业是基于现代科技基础之上的产业，每一次科技的重大进展都会给信息产业的发展带来重大影响，使信息技术的发展和科学技术的飞速进步紧紧相连。信息产业的更新换代速度之快是其他任何产业所无法比拟的。从计算机芯片技术的发展速度大体可了解整个信息产业的发展速度，从产品研制到形成批量生产，4Kb存储器用了5年时间，16Kb用了3年，64Kb用了2年，265Kb和1Mb则各用了3年。

（5）信息产业是高催化型、高渗透型与独立型相结合的产业

信息产业的高催化性体现在其渗透性可以进一步促使劳动资料的机械要素、物理要素、化学要素和其他要素有机地结合，综合发挥科学技术转化为生产力的作用。信息产业一方面以其独立的产业形态、职业形态和产出形态与其他产业相区别，与其他产业相分离自成产业系统，另一方面又高度渗透融合到其他产业的结构和形态中，使其他产业的产品形态和社会价值都包含有信息产业的价值。信息产业辐射与服务于社会经济的各个领域，从而提高了社会经济发展的整体水平。此外，传统产业的改造也离不开信息技术的应用，当今社会各个产业的市场价值和产出中无不包含着信息产业的价值。

（6）信息产业是增长快、需求广、高就业的产业

信息产业自20世纪50年代开始，在短短的几十年间，就形成了巨大的规模，现在仍以平均年增长达20%以上的速度向前发展，像计算机业、软件业、电信业、数据库业、信息服务业等平均年增长达20%～30%。

信息产业的迅猛增长，创造了广泛的社会需求和许多新的就业机会。带动了文化教育、服务产业的发展以及信息服务业、信息流通业、软件业等信息新行业部门的产生与发展，创造了许多新的职业和就业机会，形成对就业的更大需求。同时由于信息产业的高渗透性，使传统产业的就业结构发生了变化，现代企业需要更多的辅助生产经营和科学决策的信息管理人才，比如许多公司的领导组织结构中就增加了一个首席信息官（CIO）的职位。

2. 信息产业的发展规律

（1）信息产业比重增大规律

信息产业在国民经济中所占的产值比重和就业比重随国民经济发展水平的提

高而增大，是世界范围内普遍存在的现象。目前，发达国家信息部门的规模达40%~65%，新兴工业化国家达25%~40%，发展中国家在25%以下。据文献报道，1970年美国信息产业产值已达到国民生产总值的42%，1980年增至54%。美国信息劳动者占总就业人口比重，1950年为30.8%。1960年为42.0%，1970年为46.4%，1980年达55.1%，1985年又增至60%。自20世纪80年代以来，世界上主要工业国的信息产业以30%~40%的增长速度逐步扩大，发展中国家信息产业的比重也保持着持续上升的势头，到2005年，我国信息产业增加值占国内生产总值的比重达到7.2%，对经济增长的贡献度达到16.6%。这些事实和数据反映了信息产业比重增大规律。

信息产业比重上升的必然性表现在以下两个方面：

1）在物质资料生产和服务产业内部就业结构的移动趋势，是以经济效益为基准，逐步由低技术部门转入高技术部门。从长期趋势看，就业结构将持续地由农业转向工业，再从工业转向服务业，然后从服务业转向信息产业，完全取决于四大产业结构之间的技术梯度比较。从当代来讲，信息产业的技术是最高、最新、最富有创造性的技术群体的代表，必然极大地提高就业需求强度。

2）与四大产业总体规模相适应的就业结构、现时分布状态方面，表现为部门和产值比重的变化。信息产业这一技术水平较高的产业部门，其在整个国民经济中所占的份额在增大，而其他物质生产部门和服务部门的份额在逐步减少。

（2）信息产业结构高度化规律

随着国民经济和信息产业自身的发展壮大，信息产业内部构成将增强先进性因素，向高层次性变迁。具体来说，信息产业结构高度化是指在一定的经济发展总量下，信息产业结构本身的经济效益高度化，它表现为信息资源在各部门之间的分配比例和信息产品或服务在各大产业之间的配置比例，从而不断实现信息产业整体经济效益，提高产业结构的变化频率。信息产业的结构高度化内容可以基本概括为以下几个方面：①产值结构高度化；②资产结构高度化；③技术结构高度化；④就业结构高度化。信息产业结构的演化过程实际上是相互联系、相互制约的有机整体。产值结构高度化实际上是产出结构高度化的价值表现，它是信息产业结构高度化的直接结果，是由资产结构、技术结构和就业结构的高度化共同决定的。资产结构高度化是产业结构高度化的中心，它推动产业结构高度化，并带动技术结构和就业结构的高度化；技术结构高度化是产业结构高度化的动力，是产品结构高度化过程的保证，也是联系资产结构与就业结构高度化的纽带；就业结构高度化则是产业结构高度化的基础，它能否适应资产结构与技术结构高度化的进程，关系到产业结构高度化能否不断地实现。

（3）信息产品价格总水平上升规律

市场的价格水平可以用销售价格指数的变动来反映，它包括单个产品价格水平、相对价格水平、分类产品价格水平和全社会产品价格总水平。信息产品价格水平，除相对价格水平之外，主要是以分类产品价格构成总水平，成为全社会物价总水平的一个组成部分。在信息产品价格总水平之中，又包括各种类型的信息产品价格相对水平，它们相互联系、相互影响，构成一个整体。它不仅仅反映了信息产品各类价格之间的关系，而且也反映了信息产品价格与其他物质产品价格之间的比例关系。因此，它是综合反映国民经济状况，特别是信息产业价格变动状况的重要参数。

在现实经济生活中，信息产品价格总水平将不断上升，其必然性表现在以下5个方面。

1）信息产业的发展必然会使信息产品分类价格总水平上升。随着信息产业的迅速发展，许多相关产品价格的变动，如房地产、劳动力和其他生产资料价格的上升，必然会使许多信息产品的生产和流通需要较大的投资。无论是采用现代化设备，还是培训教育专门人才，都必须增加一笔不小的投资。作为信息市场的层次和分布，各行各业、各个部门要建立一定规模的信息机构或企业，也需要相当数量的基建投资。如果国家的产业政策调整，对信息产业的投资比重一旦超过其他产业，就势必使信息产品的价格总水平有上涨的可能。这种价格水平的上涨趋势是由低到高发展的。

2）科技进步使信息的流通与消费普遍化，促使信息产品价格总水平上升。在科技发展日新月异的同时，信息产品化的进程也逐渐加速，人们开始重视信息，运用信息服务于生产、流通和消费的各个领域，需要信息的人或生产部门越来越多。信息使用面的拓宽，加剧了信息产品的供求矛盾，从而也通过信息市场的供求关系变化，反映了信息产品价格总体上有上升的趋势。有些信息产品价格水平虽然相对于产品功能和用途来讲是下降了，但绝对水平是上升的。特别是专利性、垄断性信息的非再生生产性，在申请专利的费用不断上升的同时购买信息的价格水平也会急剧上升。此外，各部门相互购买信息，加剧了重叠性，必然使价格总水平上升。科技进步使发现信息、利用信息的能力大大提高，必然会造成从事信息开发的个人或机构急剧增加。信息无处不在，从而使专门从事信息开发管理的人员和机构增加，必要的开支又无形中增大了信息产品价格总水平的上升。

3）随信息传递和利用地区与时间的差异有一个递远递增的趋势。随着各地区、各部门的信息开发和运用，人们在时间和空间上对信息的传递费用将逐渐增加，特别是其他物质产品加快流通，利用市场机制的作用，使物质产品随不同的地区和不同的季节有不同的差价。信息产品也根据其传递和流通的时间和空间差异，有一种价格差异。由于这种价格差异的扩大，使信息产品价格总水平也相应上升。从沿海城市获得国际市场信息，要慢于从经济特区获得，从经济特区获得的信息又慢于在香港、纽约、东京等地获得的信息。总之，内地的信息价格水平要比沿海、特区等地高得多。

4）随货币价值的变动，信息产品价格水平也呈上升趋势。由于国民经济比例失调，或消费基金增长过度，生产结构和消费结构不相适应，从而使国家财政收支不平衡，出现严重赤字，被迫向银行透支，增发货币，造成社会购买力与产品总量之间不平衡，必然引起货币贬值。反映货币与产品价值之间比例关系的价格总水平上升，物价上涨使信息产品价格也随之变化。据统计，近 100 年来，世界各国由于货币贬值的原因，物价普遍上涨 150%。信息产品价格水平同样要用货币形态来表现，通货膨胀也使购买信息的价格水平有增无减。据统计，目前国际数据检索终端和外汇行情咨询收费标准都上涨了近一倍。在技术贸易和专利文献检索中的价格水平也由于通货膨胀、增加信息工作人员的工资而不得不提价 50%。

5）信息工作人员工资水平的上涨带动信息产品价格水平上升。当今世界，国际市场上从事信息生产和流通的产业和信息职员越来越多，脑力劳动占据主要成分，劳动力价格上涨已构成信息产品价格水平上升的原因之一。

5.4.3　信息产业管理

信息产业管理，就是对信息产业发展进行规划、决策、组织、调节和监督的社会活动的全过程。加强信息产业管理，对于保证信息产业的持续健康发展，逐步提高社会信息化水平，具有十分重要的意义。

1. 信息产业管理的体制与模式

（1）信息产业管理体制

信息产业管理体制是包括管理机制、管理机构、管理制度等方面的统一体。管理机制可以理解为信息产业的运行机理，是指推动信息产业发展的各种社会动力和约束力，包括运用何种社会动力，采用何种方法或手段，来推动信息产业各部门活动的进行并协调它们之间的关系；管理机构是指管理信息产业活动的各级组织机构及其架构，包括设置信息产业管理机构的原则、设置哪些层次的机构、各层次各机构之间的关系及各自的权利和责任等等；管理制度一是指管理机构在运用一定的管理机制时方式方法的规范化和法制化，二是指信息产业各部门运行规则的规范化，其核心就是规范，它包括在什么范围内，对什么样的问题采取什么样的程序来实施管理，以及对信息产业活动必须遵守的准则所做出的规范化措施。信息产业管理体制是实现信息产业发展目标的重要组织保证，它决定着信息产业运行的有效方式，制约着信息产业的管理水平，是合理组织信息产业发展所需要的人力、物力、财力资源，保证信息产业系统正常运转的主要手段。

（2）信息产业管理模式

信息产业管理体制的模式大体可分为集中式、分散式、复合式 3 种类型，每种模式各有利弊，各有特点。

集中式的管理体制是指由国家按照既定计划对信息产业的发展进行控制和协调，对信息产业内各行业、各部门的发展进行统一规划、分工和管理，使全国的信息产业形成一个有机的整体。这种体制从中央到地方都有专门的职能管理机构，在行政与业务上进行统一领导，信息产业各部门的发展方向和工作任务，甚至工作范围都由政府根据对社会需求的预测来严格规定。集中式管理体制利于统一调动信息生产要素，实现信息资源的合理开发和充分共享，尤其是一些全国性的大型信息工程容易实施。但这种体制需要政府投入大量的管理成本，也容易导致管理体制的僵化，难以对不断变化的信息环境做出及时积极有效的反应。而且，也存在着行政垄断、条块分割、扼杀公平竞争等不利于信息产业发展的种种可能。

分散式的管理体制是指信息产业的发展受市场需求的调节，政府一般不作干预。这种体制是在信息产业的发展历程中根据市场需求的变化自发形成的，并非是政府有意的规划与安排。国家对信息产业的发展并无统一的规划和管理，各级政府部门中也没有专门的信息产业管理机构。在这种模式下，信息产业各部门的发展方向和工作任务，完全是根据自己对市场的预测自由选择。选择的标准是效益与市场需求，并由此形成激烈的市场竞争，通过竞争取得信息产业各部门的相对平衡。分散式的管理体制最大的好处是能对市场变化作出迅捷的反应，及时满足不断变化的市场需求，但难以在国家层面统筹安排和全面规划，从而影响信息产业的平衡发展，有时产业内各行业的过度竞争也会导致重复建设和资源浪费。

复合式的管理体制是将集中式与分散式相结合的管理体制，因而可以避免上述两种模式的弱点，充分发挥两种模式的优势，所以为许多国家所采纳。只不过在不同的国家，实施时有不同的侧重。有些国家偏重集中，如日本的中观产业干预模式；有些国家偏向分散，如美国的宏观管理与自由放任模式。

一个国家的信息产业实行什么样的管理体制，需从该国的国情和信息产业现状出发进行设计，因为信息管理产业管理体制在很大程度上受到国家的政治经济体制、社会经济和信息产业发展水平、信息化程度及资源条件的影响和制约。

（3）我国信息产业管理模式的变革

我国实行的是社会主义市场经济制度，决定了对信息产业活动的调节既需要采用计划手段，又需要利用市场机制，达到宏观调控与市场调节相结合。市场经济条件下的市场调控，是以指导性计划为主的间接调控，主要是利用产业政策和经济杠杆，实现信息产业的结构优化和各部门之间的平衡，保证信息产业持续、稳定发展和良性循环。因此，应该建立国家层面的信息产业管理机构，制定信息产业政策与规划，实现全国性的协作协调。市场调节机制作为推动信息产品生产要素流动和促进信息资源优化配置的基本运行机制，对于组织、调控信息产品的生产与流通也是重要的手段。因此，要培育和发展信息市场体系，完善信息商品市场政策和相关信息法律法规，使市场调节在法制的轨道上运行，逐步形成有序的信息市场体系，为信息产业的持续发展和良性循环奠定基础。

我国国家层面的信息产业管理机构——信息产业部，成立于中国信息产业发展速度最快的时期——1998 年 3 月。它是在原邮电部、电子部的基础上组建的，其主要职责在于推动政企分开、转变职能，以及破除行业垄断、保护竞争。在此后的电信市场改革中，信息产业部扮演了重要角色，使得我国的通信产业完成了市场化转型。值得注意的是，1998 年的政府机构改革，是以撤并产业部门为主要方向的。比如机械部、纺织部等都在当年被撤销，以使政府职能转向宏观调控与管理，而不涉及具体的产业管理。当年，设立信息产业部的目的，除了推动电信市场改革外，也体现了国家对信息产业的重视。

2008 年新成立的"工业和信息化部"宣告运行整整 10 年的信息产业部完成了历史的使命。现在，国务院组成机构中已经很难看到微观产业管理部门的影子，而信息产业仍然被保留在工业和信息化部中，体现出信息产业对于国家未来发展的重要地位。然而，在该部门名称中，已经看不到"信息业"或"信息产业"的字样，而是代之以"信息化"。这表明国家对于信息产业，更主要是从推动和提高信息化水平这个角度来进行管理，而不是直接管理信息产业本身。

工业化与信息化的融合，已经成为国家的既定政策。十六大报告提出"坚持以信息化带动工业化，以工业化促进信息化"。十七大则这样表述："大力推进信息化与工业化融合，促进工业由大变强"。从这种变化可以看出，目前更强调信息化是手段、是工具，加强信息产业的目的在于提高信息化应用水平。这一转变，对信息产业从业者提出了更高的要求，由此将把我国的信息产业发展带到一个新的高度。

互联网、电信网、有线电视网的三网合一被认为是信息产业的发展趋势。当年信息产业部的成立，有效地解决了前两者合一的问题，而与有线电视网的整合则进展缓慢。2008 年机构改革并没有从部门设置上解决这一问题，仍分属不同部门对口管理。然而，新的工业和信息化部在一定程度上提高了解决这一问题的能力，使得未来仍值得期待。

2. 信息产业管理政策体系

信息产业政策是实现信息产业有效管理的重要手段，也是政府对信息产业宏观调控作用的具体体现。它的主要功能是指导信息产业健康发展，实现产业资源的优化配置，保护民族信息产业，强化信息产业管理。

信息产业政策是一个完整的政策体系。从信息活动的层次范围上看，有国家级的信息产业宏观调控政策，有各级地方政府的信息产业发展规划，也有各行业、各领域的信息产业政策。从信息产业的特点出发，考虑其在国民经济中的地位和作用，信息产业的政策体系大致包括如下内容。

信息产业发展政策：信息产业的发展方向、发展战略、战略目标、战略重点、战略规划部署等。

信息产业投资政策：有关信息产业的投资、融资、引进外资的政策以及国家为扶持信息产业而采取的优惠贷款、税收、补贴、产业发展基金等政策。

信息产业技术政策：信息产业的技术创新、技术转让、技术引进以及推动信息产业发展的关键技术选择等政策。

信息产业人才政策：信息专业人员的培养、考核、定级、聘用制度及人才流动政策。

信息产业市场政策：信息产品、信息服务质量规范与标准以及信息商品市场交易活动的管理办法，信息产业内反不正当竞争与制止行业垄断等政策。

信息基础设施政策：作为社会公益事业的信息基础设施建设发展政策，特别是信息网络设施的统筹建设与维护安全措施等。

信息贸易政策：信息产品、信息服务的各种进出口规范与限制，如对于国外信息服务提供者的市场准入及限制政策，对越境数据流的控制措施等等。

其他相关法律法规：与信息产业相关的法律法规，如电信法、信息公开法、知识产权法、数据保护法、新闻法、出版法等。

随着信息产业的飞速发展，信息产业政策也要进行及时的调整，信息产业政策措施的内容和范围也将不断得到扩展和充实，经过一定的实践后，一些较为成熟的、还需要进一步贯彻执行的政策措施将被加以规范化和定型化，即演变成为信息产业法律和法规，这就是信息产业政策的法制化。所以说信息产业政策是信息产业立法的基础，而信息产业立法则是信息产业政策体系的必然延伸。

第6章 信息资源的人文管理

6.1 信息资源管理中人的因素

6.1.1 信息人与信息管理

信息管理需要解决五个中心问题，存（存储）、理（整理）、传（传递）、找（查找）和用（利用），信息人在信息利用中具有重要作用。

1. 信息人

（1）信息人内涵

国内外学者及机构对信息人的内涵从多个角度进行了界定。

1）美国图书馆协会（American Library Association，ALA）下属的"信息素养总统委员会"曾于1989年对"信息人"作了如下定义，"作为信息人，必须能够认识到何时需要信息并且能够有效地查询、评价和使用所需要的信息。信息人最终是指这样一些人：他们懂得如何学习，这是因为他们知道知识是如何组织的，知道如何找到信息，知道如何利用信息"。

2）我国学者卢泰宏认为，"回顾社会的发展进程以及人的演变就可以知道，追求与不追求信息，追求信息的强烈程度，是现代人与传统人的基本区别之一。广义地说，传统的人与现代的人在追求信息上有根本的不同"。信息人是"在信息时代和信息环境的生态环境下，人逐渐形成某些共同性的信息行为和信息心理，它们构成了现代人的一种后天性的特质。当我们撇开人的其他方面而专门谈这种特质时，我们把人视为或抽象为'信息人'（卢泰宏，1992）"。农业社会造就了"传统人"，工业社会造就了"现代人"，而信息社会造就了"信息人"。

3）还有的学者指出："'信息人'应当具有敏锐的信息意识、良好的信息能力以及合理的知识结构，这是'信息人'的三个基本要素。"

4）张雨声将"信息人"这一概念界定如下（张雨声，1998）：①"信息人"不是指现实中的某一个人或某一类人，而是对所有人的本质属性的提炼与概括。

即"信息人"不是一个具体概念，而是一个抽象概念。②尽管现代人更多地凸显出"信息人"的本质，但无疑人与信息的关联是与生俱来、伴随始终并不断发展的。故"信息人"不是一个自然的、即时的概念，而是一个社会的、历史的概念。③"书人"、"电影人"、"电视人"、"广告人"等社会群体，均可被视为"信息人"的具体形态与特定表征。故"信息人"不是一个狭窄的下位概念，而是一个宽泛的上位概念。

总之，"信息人"这一概念源于人的信息需求、生产、传递、接受与利用的所有行为与过程的抽象与概括，它更强烈地要求现代人要具有能动的信息意识、充分的信息能力、科学的信息技术与合理的信息行为，以适应信息浪潮的冲击、迎接信息社会的来临。

（2）信息人素质

信息人素质，即通常所说的信息素质或信息素养，它包括两个基本内容：一是信息意识，即信息人的信息敏感程度，是人们对自然界和社会的各种现象、行为、理论观点等，从信息角度的理解、感受和评价；二是信息能力，即信息人获取信息、加工信息、处理信息、吸收并创造新信息的能力。强烈的信息意识和良好的信息能力是现代"信息人"必须具备的素质（肖希明，1997）。

2. 信息人模型

模型是现实世界部分化、简单化和抽象化的代表，通过模型进行思维是人类思维的一个典型特征。模型突出了原型的本质特点，忽略了次要因素，使错综复杂、变化纷繁的现实世界便于人们把握。模型作为研究原型的中介，也是一种重要的方法，它有助于人们分析和理解研究的对象，有助于人们解释和阐述研究的问题。

（1）信息人要素模型

1974 年，P. Zurkowski 在美国图书馆与信息科学委员会的一份名为"The Information Service Environment，Relationships and Priorities"的报告中首次使用"信息素养"一词。他认为，信息素养是个人应用信息工具与信息源解决问题的一种能力。在报告中 Zurkowski 提议制定一个国家信息素养计划以在未来 10 年内实现信息素养化。

1998 年，美国图书馆协会和教育传播协会制定了九大信息素养标准，概括了信息素养的具体内容。这九大标准是：①具有信息素养的学生能够有效地和高效地获取信息；②具有信息素养的学生能够熟练地和批判地评价信息；③具有信息素养的学生能够精确地、创造性地使用信息；④作为一个独立学习者的学生具有信息素养，并能探求与个人兴趣有关的信息；⑤作为一个独立学习者的学生具有信息素养，并能欣赏作品和其他对信息进行创造性表达的内容；⑥作为一个独立学习者的学生具有信息素养，并能力争在信息查询和知识创新中做得最好；⑦对学习社区和社会有积极贡献的学生具有信息素养，并能认识信息对民主化社会的重要性；⑧对学习社区和社会有积极贡献的学生具有信息素养，并能实行与信息和信息技术相关的符合伦理道德的行为；⑨对学习社区和社会有积极贡献的学生具有信息素养，并能积极参与小组的活动探求和创建信息。

在我国，岳剑波曾经提出信息意识、信息能力、知识结构是信息人的构成三要素，沈海云则认为信息人应该具备五个方面的素质：信息意识、信息素养、获取信息能力、分析信息能力和信息管理能力（沈海云，1997）。另有学者认为："信息人的基本构成要素是信息素质，而信息素质是在当今社会信息化、网络化和全球化发展过程中公民所应具备的基本素质，也是社会对其成员的基本要求（肖莉虹，2004）。"

我们认为，在构建信息人构成要素时不仅要考虑信息人的能力，更要体现信息人的伦理道德问题，所以信息人应主要由信息意识、信息能力和信息伦理道德三个基本要素构成：①信息意识。信息意识包括信息社会意识、信息主体意识、信息需求意识（即能清晰、准确地表达自己的信息需求）、信息获取意识、信息搜集意识、信息处理意识、信息加工意识、信息整合意识、信息创新意识、信息利用意识、信息传播意识等，信息意识是做一名信息人的前提。②信息能力。信息能力是使信息需求得到满足的重要途径和手段，包括信息理论知识和信息操作技能。信息能力是信息人的重要组成部分。③信息伦理道德。信息伦理道德是引导信息活动朝着健康方向发展的有力保证。完整意义的信息人在具有信息意识和信息能力的同时还应具备高尚的信息伦理道德。信息人三要素相互作用的过程如图 6-1 所示。

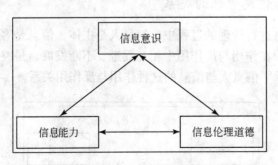

图 6-1　信息人三要素相互作用过程

从图 6-1 中可以看出，人们首先具有强烈的信息意识，然后在意识的支配下进行有目的地学习，即信息能力的掌握；而且，在由意识向能力的实现过程中信息伦理道德起到制约、规范和指导的作用；信息意识的不断增强要求信息能力的不断提高，反过来，信息能力的提高又促进信息意识的增强；信息意识和信息能力又促进信息伦理道德的不断净化和升华。三者相辅相成、相互促进构成和谐统一的信息人整体。

（2）信息人技术模型

基于技术的信息人模型共包含八个方面：

1）运用信息工具，即能熟练使用各种信息工具，特别是网络传播工具；

2）获取信息，根据自己的学习目标有效地收集各种学习资料与信息，能熟练地运用阅读、访问、讨论、参观、实验、检索等获取信息的方法。

3）处理信息，即能对收集的信息进行归纳、分类、存储记忆、鉴别、遴选、分析综合、抽象概括和表达等。

4）生成信息，在信息收集的基础上，能准确地概述、综合、改造和表述所需要的信息，使之简洁明了、通俗流畅并且富有个性特色。

5）创造信息，在多种收集信息的交互作用的基础上，迸发创造性思维的火花，产生新信息的生长点，从而创造新信息，达到收集信息的终极目的。

6）发挥信息的效益，善于运用接受的信息解决问题，让信息发挥最大的社会和经济效益。

7）信息协作，使信息和信息工具作为跨越时空的"零距离"的交往和合作中介，使之成为延伸自己的社交手段，同外界建立多种和谐的协作关系。

8）信息免疫，浩瀚的信息资源往往良莠不齐，需要有正确的人生观、价值观、甄别能力以及自控、自律和自我调节能力，能自觉地抵御和消除垃圾信息及有害信息的干扰和侵扰，并且完善合乎时代的信息伦理素养。

3. 信息人与信息管理的关系

信息人对信息进行管理的过程中，信息人是主体，信息是客体，主客体两者通过信息管理过程在作用与反作用中相互促进、不断发展，最终形成一个统一有机体。图6-2揭示了信息人与信息的这种作用与反作用关系。

图6-2　信息人与信息的作用与反作用关系

（1）信息人是信息管理的实施者

在对信息进行管理的三大方法中，无论是经济管理方法、技术管理方法还是人文管理方法，都离不开人在其中起到的主体作用。在信息产业、信息市场、信息商品和信息中间商、信息零售商、信息批发商及异常活跃的信息服务业等经济管理方法适用的领域，信息人的主导地位亦十分明显；在信息系统、数据库、通信网络、检索、专家系统、人工智能等信息的技术管理领域，信息人充分发挥了自己的主观能动性；在信息的人文管理领域，信息人不仅是信息政策、信息法律的制定者，更是它们的实施者、遵守者。

（2）信息人是信息管理结果的应用者

信息管理的成果，如信息数据库、信息管理系统等无不提高了信息人获取信息的效率和效果。正是这种信息通过信息管理对信息人的反向作用，更促进了信息人对信息的管理，从而促进了信息人与信息之间作用与反作用的良性循环。在整个信息管理过程中，信息人既是信息管理的实施者，也是信息管理结果的应用者，信息人是信息管理过程中的重要因素。

6.1.2 人文管理的三种手段

信息政策、信息法律与信息伦理是信息资源、人文管理的三种手段。三者之间关系如下。

（1）信息法律与信息政策

信息政策和信息法律同属于信息资源的社会管理手段（顾微微和袁卫芳，2000），两者常被通称为"信息政策与法规"，因此有必要对信息法律与信息政策的关系加以讨论。信息法律与信息政策是既有区别又有联系的两个概念，它们之间地位、效力的高低，作用的强弱，受人们重视程度的大小均有所不同。

1）信息政策与信息法律的区别。①两者制定的机关和程序不同。信息法律是由国家专门的立法机关即全国人民代表大会及其常务委员会或者拥有立法权能的机关如国务院及其各部委等依照法律程序而创制的，其立法权限和创制程序均有严格而复杂的规定，而信息政策的制定则没有信息法律严格。②两者的表现形式不同。在我国，信息法律通常采用制定法律的形式，主要有民法通则、一些单行法律和一些单行法规。而信息政策则经常以国家机关制定和颁布的决定、决议、命令、规则、规定、意见以及通知、领导人讲话、会议纪要、号召等形式出现。③两者调整的范围、方式不同。从范围上看，信息法律所调整的往往是那些在信息活动中对国家、社会有较大影响的社会关系领域。从方式上看，信息法律一般调整较为稳定的社会关系。④两者的稳定性程度不同。信息政策要不断地修正、补充和完善，而信息法律一般都是在信息政策长期实施以后取得一定经验的基础上确立下来的比较具体的行为规范，时效较长，具有相当的稳定性。⑤两者的本质属性和功能不同。信息政策不具备强制力的属性，而信息法律代表的是国家的利益和意志，具有强制力的属性。信息政策的基本功能是"导向"，而信息法律的基本功能是"制约"。

2）信息法律与信息政策的联系。信息法律与信息政策又是紧密联系着的，由国家或政治组织制定的信息政策和由国家制定的信息法律之间没有本质上的矛盾，它们作为上层建筑的组成部分均建立在一定的经济基础之上。它们的制定和实施，既体现了国家的意志，也是统治阶级和执政党的意志反映。信息法律与信息政策作为社会信息环境管理的手段，均承担着各自的职能，发挥着各自不可替代的作用。同时，它们之间又相互依存、相互配合、相互作用。①信息政策对信息立法有指导作用。信息政策对一切社会信息活动进行指导，信息立法作为社会信息活动的重要组成部分，当然也离不开信息政策的指导。同时，信息政策又是信息法律制定的依据。②信息政策需要依靠信息法律贯彻实施。信息法律是实现国家信息政策和执政党信息政策的最为重要的手段，信息法律对信息政策的贯彻落实也有很大的作用。

（2）信息伦理与信息法律

信息伦理与信息法律表现为一种彼此渗透、相互补充的关系。很难设想，在道德风尚良好的社会出现法律秩序混乱的情况；也很难设想，在法律秩序良好的社会出现道德水准低下的情况。

首先，信息法律要求信息伦理的奠基和支撑。一是信息伦理为信息法律的制定奠定了广泛而坚实的社会心理、道德习俗等方面的基础。立法者在制定法律规范时必须考虑道德原则与道德要求，信息法律所要调节和处理的关系首先是信息道德所要调节和处理的关系，如网络诈骗行为，不仅违法，而且违反道德。二是信息法律的实施不仅靠国家强制力的保证，更重要的是要靠社会大众在道义上、舆论上的支持。法不服众，信息活动中风气败坏，再强制的法律也会失去效力；从执法的角度来说，信息法律的有效实施不仅取决于法官的法律素质，也取决于其道德素质，如刚正无私，秉公执法等。三是信息法律有其特定的边界和效力范围，并在本质上是反应性的，因此它有顾及不到的地方。对网络环境下跨越国界、发展异常迅速且新问题层出不穷的现代信息活动来说，尤其如此。斯皮内洛指出，就许多隐私问题的呼吁而言，法律体系的反应太慢，根本无法解决由于技术进步引起的侵犯隐私问题。对跨国信息活动来说，民族国家基于领土主权的法律在处理超出国界的信息问题时显得无能为力。而信息伦理恰恰在这些地方有发挥作用的广阔空间。

其次，信息伦理准则的实施需要法律的强制保障。一是用立法手段将信息活动中的一些道德观念和道德规范转化或确认为具有国家强制力的法律法规，通过道德法律来规范并提高人们的道德水平，如隐私法、知识产权法、信息安全法等。二是从作用的方式来看，法律为信息规则的实施提供最终保障。法律是最低限度的道德，信息行为突破了这一道德底线，就会受到法律的强制性惩罚，从而使法律以其威慑性提醒和促使人们将信息行为至少保持在不触犯法律的水平之上。

6.2 信息政策

信息政策是以信息领域发生的各种经济关系和社会关系为主要调整对象而形成的一系列规定和规范的总和。本小节在揭示信息政策理论模型的基础上阐述了发达国家、发展中国家以及我国的信息政策并进行了比较分析。

6.2.1 信息政策的理论模型

1. 信息政策概念

关于信息政策的概念，学术界做了不少探讨（廖声立，2000），较具代表性的有以下几种观点。

1）美国 F·W·温格顿（Weingarten）认为，一切用以鼓励、限制和规范信息创造、使用、存储和交流的公共法律、条例和政策的集合即为信息政策。

2）美国赫伦和雷耶（Hernon and Relyen）认为，信息政策是一个由信息的生命循环圈的监视和管理的指导原则、法令、指南、规则、条例、手续而构成的相关政策群体。

3）T·J·卡温（Kalvin）也认为各项信息政策的目标、目的、习惯、计划和活动之间，有着一个长期的基本矛盾，要使矛盾的各方都处于最佳位置几乎是不可能的。

4）东京大学洪田纯一教授认为，信息政策是包含了通信政策、信息通信政策、传播政策的全部内容，并且具有广泛射程的发展性的概念。

5）卢泰宏教授提出信息政策是指国家用于调控信息业的发展和信息活动的行为规范的准则，它涉及信息产品的生产、分配、交换和消费等各个环节，以及信息业的发展规划、组织和管理等综合性的问题。

6）我国有些学者认为，信息政策是一个国家或组织在某段时间内为处理信息和信息产业中出现的各种矛盾而制定的具有一定强制性规定的总和。

7）我国还有些学者认为，信息政策是着重解决信息总供给与总需求的平衡问题和信息产业结构优化问题，从而实现信息产业协调发展的政策。

8）另有学者认为，信息政策是据以调控信息生产、交流和利用的措施、规范和准则的集合。

以上研究者从不同角度对信息政策概念作了不同的解释，但从中可以看出信息政策的一些本质特征，这就是信息政策具有复杂性、多样性、灵活性和动态性的特点。我们认为，信息政策是指国家或相关组织为实现信息资源管理的目标而制定的有关调控信息和信息活动的行为规范和准则，是信息资源的一种社会管理手段，涉及信息和信息活动的每一个领域。

2. 信息政策等级模型

罗兰（Ian Rowlands）认为，不存在无所不包的信息政策，信息政策是由多个政策组成的政策体系。信息政策不仅能规划信息活动（能动的信息政策），而且能对信息活动做出反应（被动的信息政策）。他提出了等级式信息政策体系，如图 6-3 所示。

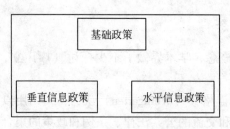

图 6-3　等级式信息政策模型

1）基础性信息政策：适用于整个社会的法律、法规、规定和报告，对信息单位有直接或间接的影响，并为其活动提供一个社会、经济和政治背景，如税法、职业法、教育政策等。

2）水平信息政策：对所有信息机构都适用和有影响的政策，如数据库保护法、版权法等。

3）垂直信息政策：适用于某一类型信息机构的政策，如公共图书馆法等。

3. 信息政策二维矩阵模型

N·摩尔（Moore）在 1993 年设计了一个二维矩阵图，用以确定信息政策的范围和不同信息政策之间的联系，如表 6-1 所示。在这个信息政策矩阵中，摩尔将信息政策划分为产业、组织和社会 3 个层次，在每一个层次的信息政策研究中，又必须考虑信息技术、信息市场、人力资源和法律规章 4 个要素。在产业层次上，研究信息政策如何规范信息服务部门的发展；在组织层次上，研究信息政策对组织内信息利用的影响；在社会层次上，则要研究作为平常生活的一个组成部分，人们是如何利用信息的。而在每一个层次上，都要研究决定信息利用方式的信息技术问题，研究影响信息服务的市场问题，还要涉及人力资源和法律、法规等的研究。

表 6-1　信息政策矩阵

	产业	组织	社会
信息技术			
信息市场			
人力资源			
法律规章			

4. 信息政策分析模型

1990 年，兰卡斯特（Lancaster）和伯格在《宏观信息学、微观信息学和信息政策》一文中提出，应从宏观和微观两个角度来看待信息政策问题。其中宏观角度主要涉及规模现象，如宏观经济、社会价值、国家政策、教育事宜等；微观角度则与个体及其各种活动、价值等有关，包括用户、信息人员、个人计算机和个人的价值、动机等。采用宏观、微观两个角度的方法，可把注意力集中在分析小单位和大规模集成现象之间的关系上。这样，两个角度就可交织在一起，而不是彼此孤立。因此，信息政策是关于宏观层面和微观层面相互关联，文化、组织和技术相互作用的一个专门研究领域。

在上述框架基础上，克里斯蒂安松（Kristiansson）和拉杰伯格（Rajberg）发展了一个信息政策模型，如图 6-5 和图 6-6 所示。该模型欲明确各种现象之间相互影响的方式所形成的模式，如信息密集的全球经济发展如何影响微观层面的组织的各个方面，如技术、文化、教育、结构等。此外，该模型还要揭示信息政策研究和信息政策制定所应考虑的有关政治行动的各种问题和范围。因此，信息政策的制定要考虑到与信息和信息技术有关的一切方面，如信息技术的革新、用户界面的设计、信息密集计划（包括教育、培训、国家信息政策、地区信息政策或控制政府文件政策）等。

图 6-4 和图 6-5 从整体上描述了信息政策体系。图 6-4 勾勒出评价、制定信息政策或进行信息政策研究时所应考虑的各个方面和角度（层面），图 6-5 对资源和信息处理过程进行了划分。

方面		角度/层面
空间		全球
技术		国际
经济		国家
社会		地区
文化		产业
组织		组织
管理		个人
教育		信息系统
政治		
法规		

图 6-4　信息政策的分析框架

资源		处理过程	
信息技术		信息密集计划:	
信息基础设施		·学习	·信息生命周期
信息系统		·教育	—生产/创造
人力资源		·研究	—采集
		·革新	—处理
		·采集的发展	—综合
		·决策的判定	—分析
		·信息控制	—传播
		·信息经济	—分配/传播
		—生产和发明	·存储
		—分配和交流	·检索
		—风险管理	·利用
		—查找和协调	·处置
		—处理和传播	·失效
		—商品生产	
		—政府活动	

图 6-5　信息政策起作用的资源领域和处理过程

　　由于该模型是一个方面分析工具，方面和角度（层面）下所列举的各种不同要素可以融合起来。同时，资源（信息实体）和信息处理过程也可区分开来。通过区分有形信息（如数据、文件、记录下来的知识、数据处理、文件处理、知识工程等）和无形信息（如正被口头传播的知识），该模型还可扩展到另一维度。

5. 信息政策要素模型

（1）摩尔的信息政策要素模型

1991年，摩尔在《信息政策》一书中提出信息政策应包括四个方面：法规方面，包括个人隐私权、版权、其他知识产权、法律义务、信息保护、信息自由等；宏观经济方面，包括信息产业发展、信息经济测度、信息基础设施建设、人力资源投资等；组织方面，包括信息处理过程和信息技术发展等；社会方面，包括个人的信息获取能力（如读写能力）和计算能力（即信息处理能力）、信息富有者和信息贫穷者之间的差距等。

（2）希尔的信息政策要素模型

1994年，希尔（M. W. Hill）在《国家信息政策和策略》一书中提出信息政策由以下要素构成：政府对信息的获取，政府中的信息管理，政府对信息和传播技术的利用，信息技术产业，电信和网络，信息经济，工业、农业和商业，科学和技术信息，信息产业，图书馆和档案馆，公共部门和私营部门问题，向公众发布官方信息，出版、媒体，跨国数据流，隐私权和数据保护，社会事件，健康和消费者信息，教育和工作，信息自由与国家安全和犯罪预防，法律方面，知识产权和工业产权，质量和可靠性研究，信息的生产。

（3）赫尔农和雷利的信息政策要素模型

1991年，赫尔农（Hernon）和雷利（Relyea）在他们合作的《信息政策》一文中构造了一个信息政策分类表，其主要要素包括：与信息政策有关的联邦组织，联邦政府和信息部门之间的关系，信息技术，政府信息经济学，公众获取政府信息的能力，信息自由和隐私保护。

（4）伯格信息政策要素模型

1993年，伯格（Burger）在其《信息政策——评价和政策研究框架》一文中采用恰特兰德（Chartrand）和米勒夫斯基（Milevski）设计的分类方法，提出信息政策的主要要素：联邦信息资源管理，用于教育、革新和竞争的信息技术，电信、广播和卫星转播，国际交流和信息政策，信息泄露、机密和隐私权，计算机法规和犯罪，知识产权，图书馆和档案馆政策以及政府系统、票据交换所和传播。

6. 信息政策交叠式模型

曼斯尔（Mansell）和温恩（When）认为，信息政策体系由国家一体化信息、通信技术（information and communication technology，ICT）战略与四个特定领域（技术、产业、电信、媒体）的政策相交叠而成，ICT政策居于核心地位，如图6-6所示。

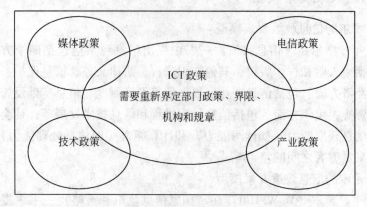

图6-6　曼斯尔和温恩的交叠式信息政策模型

该模型说明，应为ICT政策的制定和实施提供整合机制，确保所有相关的政府部门、受ICT影响的利益集团、对ICT政策有影响的利益集团之间建立起高水平的合作关系。该模型的缺陷在于过于强调ICT政策的重要性，从而忽视了信息政策的其他功能。

6.2.2　发达国家的信息政策

我国学术界对国家信息政策的概念作过多种表述，归纳起来主要有以下几种观点：从管理的角度出发，认为国家信息政策是国家根据需要规定的有关发展与管理信息事业的方针、措施和行动指南；从决策的角度出发，认为国家信息政策是政府或组织为实现一定的目标，如信息自由流通、信息资源共享而采取的行动准则；从信息活动出发，认为国家信息政策是调控社会信息活动的规范和准则。

按照联合国发展计划委员会规定的标准，可将世界上所有的国家和地区划分为三类：以美国、加拿大、日本为首的30多个发达国家，以中国、印度、俄罗斯为首的130多个发展中国家和以阿富汗、老挝、缅甸为首的50个最不发达国家。不同国家之间经济发展水平的巨大差异使得每个国家的信息政策也不尽相同。在全球范围内，发达国家有关信息政策的讨论和研究进行得比较多、比较早，有关的文献数量也比较丰富。发达国家的国家信息政策制定可粗略地分为四种类型如下。

1）将科技信息政策作为国家的科学技术政策的一个组成部分加以考虑和制定，如加拿大、日本、西班牙等。

2）由国家其一部门制定某一信息专门领域的专项政策，这种专门领域与其他部门也有很大的关系，如奥地利、德国等。

3）已授权内阁委员会制定信息政策，如荷兰、澳大利亚等。

4）内阁成员对制定国家信息政策或国家科技情报政策在主要问题上还未取得一致的意见，如法国、英国和美国等。

这种基本状况表明，这些发达国家信息政策制定的一些主要方面，诸如由何种机构负责制定及其权限、对信息政策的范围理解和划分等还没有形成统一的做法或模式。

1. 美国信息政策

美国是世界上最大的信息拥有国。因此，其对信息重要性的认识更加深刻，并从国家政策法律层次上规范相关的信息活动，出台了一系列有助于信息事业发展的信息政策法规。

（1）美国信息政策的发展过程

美国是最早制定信息政策的国家，其主要出发点是适应日新月异的技术进步，谋求新的经济和政治利益。美国信息政策的制定要追溯到 20 世纪 50 年代末至 60 年代初，1958 年出台的著名的《贝克报告》，主张建立联邦政府科学信息局。此后，美国政府相继出台了一系列法案，特别是 1976 年的《洛克菲勒报告》，主张在白宫设立信息政策办公室，使政府的信息集中化。1990 年 6 月美国国家图书馆与信息科学委员会制定了一套指导政府信息政策的原则，称为"1976 年洛克菲勒报告以来国家的第一份关于信息原则的声明"。1991 年 7 月，在美国第二次图书馆和信息服务白宫会议上，国家信息政策被列为十大专题之首，加以讨论并草拟了建设提案作为 90 年代美国国家信息政策的框架。1993 年 9 月美国又制定并颁布了举世瞩目的《美国国家信息基础设施：行动计划》。为了贯彻这一行动计划，成立了"美国国家信息基础设施顾问委员会"以及信息基础设施特别工作小组，下设信息政策委员会，由此可见美国对信息政策问题的重视。

（2）美国信息政策的原则与方向

美国在没有统一的国家信息政策的情况下，政府通过各种政策活动介入信息管理，并作出了不同方向的信息政策规定。在政策思想上，美国一直坚持两个基本原则：信息的自由流动和企业在（信息）市场的自由竞争。美国克林顿政府在遵守上述原则的基础上还坚持数字经济原则、税收减免原则、有限管理原则、催化剂原则、保护知识产权原则和普遍服务原则。美国具体政策主要包括四个方向：①国会从立法的角度将建立方便的公共信息渠道作为重要的政策目标之一。②联邦政府重视信息安全、个人隐私以及知识产权保护。③加强信息传播与利用政策。④在信息市场上，以竞争政策为主、规制政策为辅。鼓励和保护信息技术市场，主要利用司法手段反垄断，保护竞争，只在极为有限的领域（如通信、电信、有线电视、计算机操作系统）采取规制政策，并逐步取消。

（3）美国信息政策的主要特点

美国坚持其自由的资本主义传统，这与其他国家坚持制定统一国家信息政策形成鲜明对比。综观美国的信息政策研究，其特点是：联邦政府有一整套全面的信息政策，其政策体现在影响信息领域的各种准则、规章和法律之中；信息体制分散，形成一种不协调的多元结构；重视信息立法，其信息政策常常具有法律效用；强化自由市场，鼓励竞争；信息工作向商业化方向发展；保持自由信息流与个人和公众在独占、安全及道德上的权利和平衡；政府在信息政策上的介入水平不断提高；图书馆与信息工作联系密切。

2. 日本信息政策

众所周知，二战后日本在"废墟"上一跃成为世界"科经大国"。探究其中原因，我们不难发现，这与日本制定实施的一系列国家信息政策紧密相关。日本以"科技立国"为国策，将科技信息作为研究和开发的基础，非常重视开发和利用信息资源，其信息政策是其科技政策的一部分。

（1）日本信息政策的发展过程

日本的信息政策经历了三个发展时期：①国家信息体系的形成时期（20世纪50年代后期~70年代初期）。日本最早的与信息有关的法规是1957年4月颁布的《日本科学技术中心法》，而日本比较系统的国家信息政策是进入了60年代经济高度增长期以后才形成的，是从科学技术信息政策的制定和实施开始的。②全面发展信息产业时期（20世纪70年代~80年代）。日本国家信息政策在此时期内的重点在于大力促进本国信息产业的发展，颁布了一系列促进信息产业振兴的政策法规，在振兴信息产业的各种政策中，值得注意的是日本尤其注重推进数据库和信息网络的建设。③国际接轨与交流时期（20世纪80年代中后期~今）。随着日本科技和经济实力以及国际地位的不断提高，日本科技经济信息的国际要求日益高涨，日本的对外信息交流的保守态度也引起了国际关注。在这种情况下，日本开始注意信息交流的国际化问题。

（2）日本信息政策的原则与方向

日本建立国家信息政策有四个基本原则：提高人的福利、利用信息促进生产、开发尖端技术和开发信息资源。日本具体的国家信息政策包括四个主要方向：①在政策导向上重视科学技术信息，尤其是专利信息；②高度重视国家信息资源的开发，促进民间企业信息产业的生产和发展；③注重国际信息交流，强调单方面地吸收和利用他国的信息资源，而不是双向交流；④扶植企业信息系统的发展，通过优惠政策促进信息服务业的发展，鼓励企业参与市场竞争。

（3）日本信息政策的主要特点

日本国家信息政策主要有三个特点：①以连续的立法措施努力缩小与美国在信息化和信息产业方面的差距，大力推进本国信息化进程，促进本国信息产业的发展；②高度重视政府对信息资源的开发，特别是在科学技术领域，起主导作用的是日本政府所开发的信息系统；③建立了多位一体的信息政策研究体系，定期对信息政策进行探讨和修改。

3. 新加坡信息政策

（1）新加坡信息政策的发展过程

新加坡的信息政策经历了三个发展阶段：1980～1985年为第一阶段，强调政府部门信息化；1986～1990年为第二阶段，实现全国电脑化；1990年至今为第三阶段，以实现信息化社会为发展目标。

（2）新加坡信息政策的方向

新加坡以发展信息产业为重点，积极建设信息基础设施，围绕"智能岛"计划制定信息纲要，积极推进电子商务和电子政务，实行许可证制度和电子签名制度等。

（3）新加坡信息政策的主要特点

新加坡在信息管理体制方面实行集中制，加强国家对信息事业的集中管理和控制。其重点侧重于如何尽快缩短与发达国家的信息差距、解决好引进先进信息技术同保护本国主权和文化的关系等问题。

4. 欧盟信息政策

欧洲联盟（简称欧盟，European Union- EU）是由欧洲共同体（European Communities）发展而来的，是一个集政治实体和经济实体于一身、在世界上具有重要影响的区域一体化组织，它的成员国中有许多是发达国家。

（1）欧盟信息政策的主要方向

欧盟的信息政策所包含的内容纷繁复杂，从因特网、网络安全、个人隐私、知识产权、电子商务和电子政务、信息社会，到卫星通信、无线频率、电信与信息服务市场等方面都属于欧盟的信息政策组成部分。

（2）欧盟信息政策的主要特点

欧盟的信息政策具有三个明显的特点：①二重性。《马斯特利赫特条约》的签署，标志了欧盟不仅是一个区域国家间的合作组织，更是一个经济、政治、外交、防务等全方位迈向一体化的"大国家"。这样的性质也就决定了它的信息政策既具有区域合作组织的特性，又带有国家信息政策的特征。②合作性。欧盟的特殊性质，决定了其在制定和执行信息政策的时候必须更多地考虑国家间的协调与合作，只有这样才能更好地促进整个欧洲地区的信息化和信息社会建设。③人本性。相比于美国人经常把"信息技术"挂在嘴边，欧洲人则更喜欢使用"信息社会"这个概念。社会是人的集合，信息社会的概念反映出欧洲人在进行信息化建设的过程中的一种以人为本的思想。

6.2.3 发展中国家的信息政策

发展中国家信息政策的研究和制定比发达国家一般要晚一些，从总体上也不如发达国家那样活跃，但发展趋势也是向上的。在国家信息政策领域，发达国家先行一步，但相对发达国家的情况，发展中国家的信息政策有自己特殊的一面，这些特殊的问题对发展中国家而言又基本是共同和普遍的。归纳起来，发展中国家信息政策的主要问题有三个：资金短缺的问题、正确利用信息技术的问题、国家信息系统建设及维护本国主权的问题。

1. 印度的信息政策

印度作为世界人口较多、社会经济较为落后的国家，在进入 20 世纪 90 年代以后，以软件业为代表的信息产业成为印度经济的新增长点，印度已被公认为世界信息技术大国。

（1）印度信息政策的目标

印度信息政策的目标概括起来主要包含以下几方面：①加强信息基础设施建设，保证信息能够有效、低耗地传输；②鼓励工商业界利用信息资源提高产品附加值，积极参与全球市场竞争；③发展教育和培训，提供训练有素的信息人才和信息用户；④支持信息服务机构的发展，满足日益增长的社会信息需求；⑤制定更大范围内的社会、文化和政治政策，以适应未来的信息社会。

（2）印度信息政策的原则

为保障信息政策目标的实现，印度政府提出了信息政策的六项原则：①务实性原则。信息政策要充分考虑经济和社会发展的需要，从而确保促进信息产业的发展，信息政策与社会信息化之间形成良性互动。②利益平等原则。国家信息政策必须兼顾信息活动的所有参加者的利益，无论对个人或者国家，政策必须是同等的。③系统性原则。信息政策是一个体系，在制定和实施任何一项单一的政策时必须与其他政策保持协调一致。④本国信息产品生产者优先的原则。在同等条件下，优先扶持有竞争力的本国信息与电信设施、产品和服务的生产者和提供者。⑤国家支持的原则。国家财政优先支持用于社会领域内发展信息化的信息政策措施的落实。⑥法律优先的原则。在解决信息领域的问题时，法律的经济的手段优先于任何形式的行政手段。

（3）印度信息政策的主要内容

印度政府一系列的信息政策概括起来主要有以下几个方面内容：①财政支持。印度政府把信息产业作为重点财政投入行业。②税收优惠。降低进口计算机系统的配件和软件关税，免除进入高科技园区的公司进出口软件的双重赋税，免征全部产品用于出口的软件商的所得税。③鼓励外商投资信息行业。简化外国企业对信息技术产业的投资手续，允许外商控股100%。④吸引信息人才。制定吸引留洋人才回国创业与留住本国优秀人才的政策与措施。

2. 俄罗斯的信息政策

俄罗斯国家信息政策是在前苏联科技情报政策基础上的扩展和延伸。俄罗斯的科技情报体系和前苏联虽然一脉相承，但在私有化和向市场经济转轨过程中，俄罗斯对科技情报的体系和功能进行了重要改革，逐渐形成了以建立信息化社会为核心的国家信息政策。

（1）俄罗斯信息政策的原则

俄罗斯国家信息政策建设提出了七项原则：①政策公开性原则。信息政策的所有基本措施交由全社会公开讨论，国家必须考虑到社会上的意见。②政策利益平等原则。国家信息政策必须兼顾信息活动的所有参加者的利益，无论对个人或者国家，"游戏规则"必须是同等的。③系统性原则。在实施一项子政策时，必须考虑到它对其他子政策和整体政策状况的影响。④本国信息产品生产者优先的原则。在同等条件下，优先扶持有竞争力的本国信息与电信设施、产品和服务的生产者和提供者。⑤社会优先的原则。国家信息政策的基本措施应该优先保障俄罗斯公民的利益。⑥国家支持的原则。国家财政优先支持用于社会领域内发展信息化的信息政策措施的落实。⑦法律优先的原则。在解决信息领域的问题时，法律的经济的手段优先于任何形式的行政手段。

（2）俄罗斯信息政策的主要内容

俄罗斯信息政策的核心内容包括三个方面：①为俄罗斯进入信息社会创造必要的前提条件，即拥有丰富的信息资源、发达的信息通信基础设施以及先进的信息技术和强大的信息产业。②促进俄罗斯信息网络与世界信息网络的联合，加强国家在信息领域的安全保护措施，将信息安全问题提升到战略高度。③大力扶持民族信息产业，提高俄罗斯信息产品和服务的国际竞争力。从另外一个角度看，俄罗斯国家信息政策可分为八项子政策：信息资源政策、信息与电信技术基础设施政策、信息与电信技术以及实现它们的方式和系统的政策、信息与信息化服务和产品需求与生产政策、大众信息政策、信息法律政策、信息安全保障系统政策、俄罗斯信息与电信技术基础设施和全球信息网络关系的政策。

（3）俄罗斯信息政策的主要特点

俄罗斯信息政策具有三大特点：①十分关注信息安全问题。俄罗斯"联邦国家信息政策纲要"在"建设俄罗斯信息社会的现实问题"一项中强调解决信息安全问题是当前的俄罗斯联邦国家信息政策的特征之一。②重视同欧洲国家的信息合作。尽管俄罗斯国家信息政策认为俄罗斯具有连接欧洲和亚洲太平洋地区的地缘空间优势，也有意成为连接欧洲和亚洲太平洋地区的信息桥梁，但是，俄罗斯国家信息政策更为强调同欧洲国家的信息合作，强调俄罗斯作为欧洲委员会成员之一，必须同欧洲委员会成员国的信息政策保持一致，以便形成统一的欧洲信息社会。③走自己的信息化发展道路。首先在公共社会体系和专业教育中实现信息化，其次是建立和发展信息与通信服务产品的工业化生产，再就是保障俄罗斯文化历史传统方面的信息服务。

6.2.4 中国的信息政策

我国信息政策的建设始于 20 世纪 50 年代，我国立法机关、信息管理部门在科技信息、社科信息、信息技术、信息高速公路建设等方面制定并颁布了一系列政策，取得了巨大的成就。这些信息政策对各时期的信息工作起了重要的指导作用，促进了信息事业的发展。

1. 我国信息政策的研究历程

我国信息政策的研究历程分三个阶段。

（1）局限于科技情报政策探索阶段（1980 年以前）

新中国建立后，我国政府即开始致力于科技情报体系的建设，并于 1956 年由国务院科学规划委员会编制了《十二年科学技术发展远景规划》，规定了科技情报工作的主要内容。1958 年，第一次全国科技情报工作会议提出了我国科技情报工作的任务和机构设置。在国家科技情报政策的指导下，我国初步建立起了科技情报系统，对科技创新和发展提供了有力保障。但是，这个时期对情报政策的研究与制定主要是针对科技情报系统的建立和体制的改革，研究层次较低较分散。

（2）科技情报政策的全面研究与制定阶段（1980～1992 年）

此时，在国家一系列科技情报政策的推动之下，科技情报系统迅速进入文化大革命后的恢复、重建阶段，不断参考、引进和吸收国外经验，研究我国情报政策的理论体系和内容框架，研究层次高，理论性强。此阶段的主要标志是，1991

年 2 月原国家科学技术委员会以"中国科学技术蓝皮书（第 6 号）"形式发布了我国第一个国家信息政策，即《国家科学技术情报发展政策》。

（3）国家信息政策研究的全面铺开（1992 年至今）

这个阶段，我国信息政策进入一个新的发展阶段，信息政策突破了科技情报政策的狭窄范围，扩展到经济信息政策、信息产业政策、信息技术政策等各个领域，一系列信息化政策陆续出台。此阶段的主要标志是，1993 年 9 月，主题为"面向 21 世纪的中国信息政策与战略"的国际信息管理研讨会在北京召开。会上，众多的中外专家建议将信息产业的各个服务部门及信息产品逐步纳入政策、法制管理的轨道上来。20 世纪末，随着以电子商务和电子政务为核心的信息化的推进，我国在这些方面也开展了活跃的政策实践。

2. 我国信息政策的体系结构

黄先蓉认为我国的信息政策体系结构主要由以下五部分组成（黄先蓉，2002）。

1）科技信息政策。我国从建国初期开始就制定科技信息政策，1956 年国务院科学规划委员会编制的《十二年科学技术发展远景规划》即是典型代表。1991年《国家科学技术情报发展政策》的出台，标志着我国科技信息政策研究步入了一个新的发展阶段。

2）社科信息政策。我国的社科信息工作始于 1957 年，但到 20 世纪 80 年代初随着国家确立以经济建设为中心的国策，我国的社科信息活动才开始发展起来，有了比较具体的社科信息政策。根据中共中央、国务院于 1992 年 6 月发布的《关于加快发展第三产业的决定》，信息服务业被列为我国第三产业的发展重点。

3）信息技术政策。我国《信息技术发展政策要点》于 1990 年出版，总体政策主要包括：以市场和效益为目标，大力发展信息技术的商品生产；在国际竞争的环境中，发展信息技术和产业；选择信息技术和产业的优先发展目标，集中力量，快速推进；统筹兼顾，做到微电子、通信、计算机和软件技术的协调发展；加强信息技术的研究开发，推动技术创新；应用信息技术，促进经济和社会发展；积极发展信息技术服务业；普及信息技术知识，加强人才培养等。

4）"信息高速公路"发展政策。1993 年美国政府提出"信息高速公路"计划，我国提出建设"信息高速公路"两步走策略：第一步是到 2000 年初步建成国家高速信息化的骨干网；第二步是到 2020 年基本建成覆盖全国的国家高速信息网。目前，我国已经超过美国成为世界上网民人数最多的国家。

5）知识产权、信息安全以及电子商务等法律法规。

3. 我国与美国、日本信息政策的比较研究

作为发展中国家，我国与发达国家在信息政策的制定目标、主要内容、政策环境等方面均有所不同，下面对我国与美国、日本信息政策的异同点进行比较分析。

从战略目标来看，美国信息政策战略目标主要体现在适应信息技术日新月异的变化，谋求新的政治和经济利益；日本信息政策的目标是发展信息技术，扶持信息产业，利用信息促进生产，为实现"科技立国"的目标服务。中国的信息政策战略目标是争取和平与发展。

从政策内容来看，美国采用大信息政策观，日本国家信息政策内容有科技信息政策、信息产业政策、信息流通和利用政策，我国则采用小信息政策观。

从管理体制来看，美国国家信息政策管理体制具有明显的分散性和多元化特点，日本采用的是属于分散与集中并存的方式，我国的信息政策采用的是计划、集中管理体制，推行按行政隶属进行管理的方针。

从政策环境来看，美国、日本与我国在经济基础、法律、法规建设及大众的信息意识和信息理论方面存在很大的差距。

从政策国际兼容性来看，美国和日本的信息政策法规建设，以全球一体化观念为指导，积极参与国际信息法规制定，重视信息政策法规建设的国际合作，注重维护主权和自身利益。我国信息政策法规与国际接轨不够，缺乏兼容性。

通过我国与美国、日本信息政策的比较分析，我们应该看到我国与发达国家在信息政策方面存在着巨大的差距。我们应该加快国家信息政策建设的步伐，尽快缩短这一差距，逐步建立起有利于我国信息资源开发的信息政策。设立专门的信息管理机构，进行专门的信息管理研究；改变原有的僵化信息管理体制，采取一切有益的信息管理形式；加快经济建设，加强法制建设，加强国家信息政策的理论研究、学习；建立信息政策的咨询和研究体系；政府引导与市场驱动相结合；积极参与国际信息活动，吸取各国有关国家信息政策方面的经验；加强信息人才的培养与信息素质教育。

6.3 信息法律

随着信息技术的广泛应用，尤其是因特网的快速发展，全球社会与经济的信息化程度不断提高，信息活动已广泛渗透到社会生活的各个方面，也引发了诸如信息产业的垄断与竞争、信息市场的规范、计算机犯罪、网上知识产权保护、信

息公开与隐私保护、信息安全、跨国数据流等一系列复杂的社会问题，这些问题必须借助信息法律来加以规范。因此，世界各国纷纷着手信息立法，加强信息法律体系的建设，以适应信息化发展的需要，保障信息产业的健康发展。

6.3.1　信息法律及其体系结构

1. 信息法律概述

信息法律的概念

"信息法律是指对信息活动中的重要问题进行调控的法律措施，这些措施涉及信息系统、处理信息的组织和对信息负有责任的个人等（孟广均，2003）"。马海群则认为，"信息法是信息法律冠以现代表述后的形式（马海群，2002）"。还有的学者认为，"信息法律是信息环境（信息生产、转换和消费环境）中产生并受国家力量保护的社会规范，是国家为管理和规范信息活动而制定的一系列法律规范的总和（王素梅，2005）"。对于国家法律，胡昌平提出，"国家信息法律系指国家制定的，调整在信息的取得、使用、转让和保护等过程中所产生的各种利益问题和安全问题的全部法律规范，而不只是其中的某一部分或某一方面的法律规范（胡昌平，2001）"。在信息社会中，不可避免地存在着信息不足与信息泛滥的矛盾、个人使用信息与社会共享的矛盾，以及由此产生的经济效益与社会效益的矛盾。正如马费成对信息法律的定义："信息法律是指在调整信息活动中产生的社会关系的法律规范的总称（马费成，2002）。"也就是说，信息法律就是解决上述诸多矛盾的法律规范。

2. 信息法律的体系结构

信息法律体系就是由各种信息法律、法规按照一定规则组成的一个有机整体（王素梅，2005）。在我国，法律体系这一用语，通常是指一国的全部现行法律。按调整的领域不同，分别组合为不同的法律部门。一个法律部门的法律，又可按调整的方向不同，分别组合为若干法律制度，如民法中的物权制度、债权制度等。我国在信息发展的过程中非常重视相应的法制建设，近几年来不断地颁布了一些关于信息化建设的法律规定，开始构筑起我国关于信息活动的法律法规体系。这些法律法规主要可分为三种类型。

第一，在现有的国家信息法律中作相应的修改和补充，使其适应信息化发展的需要；

第二，在我国现有的法律法规的基础上另行制定的专门法规；

第三，我国还颁布实施了一些有关的政策性文件和政府规章，对已经发生的但是由于种种原因目前暂时没有通过立法来调整的现实问题予以规范。

我国信息法律的主要内容包括知识产权法（专利法、著作权法、商标法等）、信息安全法、信息公开法、新闻出版与传播法、电信法、电子商务法（电子签名与数字认证法等）、有关计算机犯罪的法律等。

6.3.2 知识产权法

1. 知识产权法概述

（1）知识产权法的概念

1）知识产权。"知识产权"系来自对英文 Intellectual Property 的意译，英文原意指"知识财产权"或"知识所有权"。追溯"知识产权"的语源，则认为"知识产权"一词源于 17 世纪法国，由法国学者卡普佐夫创造，法文原意指"精神产权"或"智力成果权"。在我国，法学界曾长期使用"智力成果权"一词，直到 1986 年颁布《民法通则》中明确采用"知识产权"一语，自此以后，我国法学界开始统一使用"知识产权"代替以前使用的"智力成果权"。

2）知识产权法。关于知识产权法，在法国和菲律宾因为颁布了知识产权法典，所以知识产权法在这些国家就有两层含义（陶鑫良，2005）：狭义的知识产权法，即仅指像《法国知识产权法典》之类的，以知识产权为其名称的具体特定的法律，是谓形式上的知识产权法。广义的知识产权法，即指涉及知识产权法律关系的各种法律规范，是谓实质上的知识产权法。

在我国，知识产权法的称谓虽然频繁现身报端，但其并非具体法律之名称，而是一些法律的集合，即专利法、著作权法、商标法等特定范围的法律的总称。在我国，虽然有很多学者讨论知识产权法典化的问题（李雨峰，2005；胡开忠，2003），但在我国，知识产权法的称谓仅仅是指实质上的知识产权法。

（2）知识产权法的体系结构

我国知识产权法经过二十多年的发展，相关的法律法规已经数量可观。面对规模庞大的法律法规，我国知识产权法体系结构如图 6-7 所示。

（3）TRIPs 协议与主要知识产权国际公约

在知识产权保护方面，已经通过了很多重要国际公约，如《保护工业产权巴黎公约》（Paris Convention on the Protection of Industrial Property，PCPIP）、《保护文学和艺术作品的伯尔尼公约》（Berne Convention for the Protection of Literary and Artistic Works，Berne Convention）、《与贸易有关的知识产权协议》（Trade-Related Aspects of Intellectual Property Rights，TRIPs）、《世界知识产权组织版权条约》（WIPO Copyright Treaty，WCT）和《世界知识产权组织表演和录音制品条约》

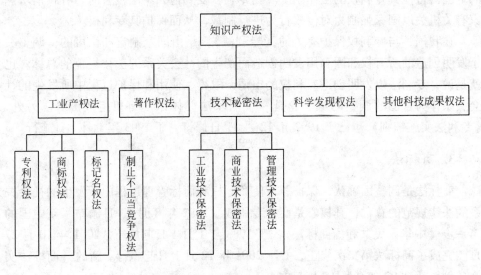

图 6-7　我国知识产权法体系结构图

（WIPO Performances and Phonograms Treaty，WPPT）等。上述 5 个公约，除了 TRIPS 是由世界贸易组织（WTO）管理以外，其余 4 个公约都是由世界知识产权组织（WIPO）管理。

　　1994 年 1 月 1 日签定的《与贸易有关的知识产权协议》是 WTO 一揽子协议中的一个重要组成部分，并对各国的知识产权保护发挥着举足轻重的作用。TRIPS 协议分七个部分，共有 73 条。TRIPS 协议的宗旨是：期望减少国际贸易中的扭曲与障碍，促进对知识产权充分、有效的保护，同时保证知识产权执法的措施与程序不至于变成合法贸易的障碍。TRIPS 协议的基本原则是：关于 TRIPS 协议的基本原则有不同说法，较为一致的有三条，即国民待遇原则、最惠国待遇原则、透明度原则。国民待遇原则的基本出发点在于：确保各成员国在知识产权保护上对其他成员之国民提供的待遇，不得低于基本国国民。最惠国待遇原则的目的在于平等对待所有的外国人，这一原则尤其可用于某些外国人在一国享有不同于或超出于当地人的特殊待遇时，其他外国人也想获得同样的待遇。透明度原则实际是所有原则的基础，只有相关的法律和司法或行政裁决可以获得和知悉，其他国家的国民或企业才可能享受相应的优惠，才有可能规避不必要的风险，才有可能发现不合理的要求，才有可能防止和解决争端。

2. 专利法

　　专利权的保护，是指国家通过行政程序和司法程序保障专利权人在法律允许的范围内行使其专利权的法律制度。当专利权受到他人不法侵害时，有权请求国家有关机关以国家强制力对侵权行为进行制裁，从而保护其专利权。

在我国，与专利权保护有关的《专利法》，是由国家制定和认可的，调整关于发明创造的所有权和因利用发明创造而产生的社会关系的法律规范的总称。也就是说，专利法以发明创造专利权的申请、取得、使用和保护过程中所发生的社会关系作为自己的调整对象。它是一个国家法律体系的有机组成部分。另外，《专利法实施细则》也已于 1992 年 12 月 21 日修订，于 1993 年 1 月 1 日施行。

3. 商标法

商标法是调整因确认、保护、行使商标权和商标管理过程中所发生的社会关系的法律规范的总称，其核心是商标专用权。1982 年 8 月 23 日颁布了新中国的第一步《中华人民共和国商标法》，于 1983 年 1 月 1 日起施行。2001 年 10 月 27 日，完成了商标法第二次修正，并于 2001 年 12 月 1 日起施行。新的《商标法实施条例》于 2002 年 9 月 15 日起施行。

4. 著作权法

著作权法又称版权法，是为了调整在创作、利用或传播文学、艺术和科学作品活动中而产生的社会关系的法律规范的总称。1990 年 9 月，我国通过了《中华人民共和国著作权法》，于 1991 年 6 月 1 日起实施，开创了我国著作权保护制度的新纪元。而后，我国加入了《保护文学艺术作品尼泊尔公约》、《世界版权公约》、《罗马公约》、《唱片公约》和《集成电路知识产权公约》等一系列国际公约。这意味着我国著作权制度正式与国际有关法规接轨，标志着我国著作权制度进入一个良好的发展时期。

5. 网络知识产权法

信息网络推进了信息资源的开发利用，同时也对现行知识产权制度提出了挑战。部分法官和学者对王蒙等六位作家诉世纪互联通信技术有限公司侵犯著作权纠纷案，以及对有关抢注域名的 KELON 案、PDA 案、IKEA 案、SAFEGUARD 案及 DUPONT 案的评析，无不透露出一股强烈的否定知识产权的倾向。但是，即使在网络环境中，知识产权法也是具有法律效力的。

所谓网络环境中知识产权法的法律效力，从广义上说，泛指网络环境中知识产权法的法律约束力和法律强制力。从狭义上讲，指知识产权法的生效范围或适用范围，即网络环境中知识产权法对什么人、在什么地方和什么时间适用的效力（相丽玲，2000）。按照目前对知识产权保护的国际惯例、国际保护公约，以及我国有关知识产权保护法律，网络环境中的知识产权法的法律效力，主要可从以下三个方面来看：

（1）网络环境中知识产权法在时间上的效力

知识产权法在时间上的效力，是指有关的知识产权法律规范的生效、失效的时间，以及生效后的智力成果关系是否具备溯及既往的效力问题。目前网络环境中的知识产权法的新法正在运作之中，并主要是针对网络环境下智力成果新的权利客体（电子数据库、多媒体作品等）的权利归属所作的规定，且都放在原著作权保护范围之内，至于商标权、专利权在网络环境中出现的新法律问题，目前世界各地的司法实践仍以现行的相关知识产权法为准，故网络环境下现行知识产权法在时间上仍具法律效力。

（2）网络环境中知识产权法在空间上的效力

知识产权法在空间上的效力，是指各国有关的知识产权法在什么空间内有效，即发生在什么空间范围内的智力成果关系适用什么知识产权法来调整。现行的域名注册制度受知识产权制度的制约，现行知识产权法在空间上仍具法律效力。

（3）网络环境中知识产权法对人的效力

知识产权法对人的效力，是指知识产权法适用于哪些人之间发生的智力成果关系。网络环境中的知识产权法在对人的效力方面依据知识产权法空间上的法律效力和国际条约的缔约及国际惯例的存在而存在。

6.3.3　信息安全法

在 2010 年 3 月的十一届全国人大三次会议期间，有人大代表提出网络信息安全问题日益突出，通过网络破坏信息系统，传播淫秽、色情、赌博、暴力等信息，窃取信息、名誉侵权等行为屡禁不止，严重扰乱社会秩序，影响国家信息安全，建议制定互联网法、网络信息安全法、国家信息安全法。当前规范信息安全的法律法规有宪法、刑法、国家安全法、保守国家秘密法、治安管理处罚法、电子签名法、《全国人民代表大会常务委员会关于维护互联网安全的决定》以及数十部部门规章等，2010 年 11 月工业和信息化部完成《信息安全条例（报送稿）》，其中对信息网络环境下法律主体的权利、义务，以及各种危害网络与信息系统安全的行为等内容作出了规定。

1. 信息安全法概述

（1）信息安全的内涵

人们对信息安全的认识，经历了一个由浅入深、由此及彼、由表及里的深化过程和由肤浅到深入、由片面到全面、由离散到整体的历史过程。在计算机问世以前，信息安全并没有引起太多的关注，各个国家只是从信息保密的角度来规制信息安全（杨义先等，1999）。随着计算机的问世和通信技术的迅速发展，信息安全逐步引起人们的重视。这个时期，信息安全的内涵就是通信保密，针对专业化的攻击手段，采用的保护措施就是加密，这个时期被称为通信保密时代。到20世纪90年代前后，随着信息技术和互联网的发展与应用，人们意识到数字化信息除了有保密性的需要外，还有信息的完整性、信息和信息系统的可用性需求，因此明确提出了信息安全就是要保证信息的保密性、完整性和可用性（崔光耀，2005）。这一时期被描述为网络和信息安全阶段。

（2）信息安全法的概念

20世纪90年代后期，我国学者开始信息安全法方面的探索和研究。在研究过程中，除运用"信息安全法"这一概念外，还用到"网络信息安全法"、"信息网络安全法"、"国家信息安全法"、"网络安全法"等相关概念，它们主要是从网络与信息系统安全、信息内容安全、信息安全系统与产品、保密与密码管理、计算机病毒与危害性程序防治、个人隐私及数据保护、金融等特定领域的信息安全、信息安全犯罪制裁等方面进行研究。因此，李小霞结合信息时代信息安全内涵，认为信息安全法是调整信息在采集、存储、处理、传播和利用过程中所产生的各种与信息和信息系统的保密性、完整性、可用性、可控性和不可否认性等安全问题有关的全部法律规范，包括信息安全监管、信息安全标准等与信息安全有关的具体法（李小霞，2006）。

2. 信息安全法的体系结构

法律法规的制定和实施，对保障和促进我国信息安全起到了积极作用。我国现行的信息安全法律体系可以分为以下三个层次。

（1）法律

由全国人民代表大会制定的法律，主要包括《中华人民共和国保守国家秘密法》、《中华人民共和国国家安全法》、《中华人民共和国电子签名法》、《全国人大常委会关于维护互联网安全的决定》等。

（2）行政法规

由国务院颁布的行政法规，如《中华人民共和国计算机信息系统安全保护条例》、《商用密码管理条例》、《关于加强信息安全保障工作的意见》、《计算机软件保护条例》、《互联网信息服务管理办法》等。

（3）部门规章及规范性文件

由最高人民法院、公安部、信息产业部、国务院国有资产监督管理委员会、教育部、国家广电总局、新闻出版署、国家保密局、国家证监会等中央各部、委、局等颁布的管理自己业务领域的有关信息网络的司法解释、部门规章，以及由地方人大制定的地方性法规和地方人民政府发布的地方性行政规章，如《计算机信息网络国际联网安全保护管理办法》、《金融机构计算机信息系统安全保护工作暂行规定》、《计算机病毒防治管理办法》等。

6.3.4　电子商务法

1. 电子商务法概述

（1）电子商务的概念

电子商务（electronic commerce 或 electronic business），又称电子商业，顾名思义，可以简单地被认为是利用电子手段来进行的商务活动（梁成华，2000）。有的学者提出从广义、中义和狭义三个方面理解电子商务（刘德良，2002）。广义上的电子商务，泛指一切通过电子手段进行的商务（活动）。从这种意义上讲，电子商务并非是新的商务（交易）形式，因为通过电话、电视、电传、传真等电子手段进行的商务（交易）也符合这种要求。中义的电子商务，是指以计算机网络包括互联网、内联网、外联网及其他广域网、局域网为平台而进行的商务（活动），它是电子商务发展的第二阶段。狭义上的电子商务，仅指以互联网为平台而进行的商务（活动），它是现代和将来电子商务的主要模式。

（2）电子商务法的概念

关于电子商务法，张楚认为，电子商务法有广义和狭义之分（张楚，2000）。其中，广义上的电子商务法是与广义上的电子商务概念相对应的范畴，它包括所有调整以数据电信方式进行交易的商事活动的法律规范。狭义上的电子商务法，是指调整以数据电信为交易手段而形成的因交易形式所引起的商事关系的规范体系。田文英则认为，电子商务法是调整电子商务信息流、物质流和货币流三个环节活动中所产生的社会关系的法律规范的总称（田文英等，2000）。我们认同刘德良关于电子商务法的定义，他认为电子商务法是以电子商务过程中平等主体之间所发生的权利义务关系为调整对象的法律规范的总称。与电子商务一样，电子商务法也有广义、中义和狭义之分（刘德良，2002）。其中，广义上的电子商务法是调整广义上的电子商务（一切通过电子手段进行的商务活动）过程中所发生的平等主体之间的权利义务关系的法律规范的总称；中义上的电子商务法是调整中义上的电子商务过程中所发生的平等主体之间的权利义务关系的法律规范总称；狭义上的电子商务法仅指调整狭义上的电子商务即通过互联网而进行的商务过程中所发生的平等主体之间的权利义务关系的法律规范的总称。

2. 电子商务法的体系结构

目前，我国学界对电子商务法的体系认识不一。根据上述对电子商务法的定义，电子商务法的体系结构可以从九个方面进行构建（高富平，2002）。

1）网络服务和网络管制立法。网站建设和运营不仅关系着整个电子商务运行"基础设施"的建设，而且本身也是电子商务的重要组成部分，因此有关网站设立、网络安全管制、网络技术或信息服务合同责任、侵权责任等的法律构成电子商务的基础性法律规范。

2）电子商务主体立法和市场管制定位。有关在线经营活动开展的条件、主体公示要求或者在线企业的管制、在线企业商业行为的控制、法律责任也需要专门的立法规范。

3）电子商务交易法。电子商务最突出的特征是交易信息无纸化、电子化、网络化，因此要确立电子签字、数字认证等的安全措施，使电子合同具有可操作性和安全性。

4）在线电子支付立法。在新的电子支付推行过程中，不仅要对新型的支付法律关系中各方当事人权利义务作出界定，还要对电子货币的发行、网上银行的管制等制定法律。

5）网上商业行为的规制。对于网上进行的广告、拍卖、证券等商业领域也要有专门的法律来规范其行为。

6）电子商务税收立法。目前国际社会和国内对电子商务过程中的计税手段、计税项目等还没有统一的说法。

7）消费者权益保护法。

8）客户资料利用规范与个人隐私的保护立法。

9）电子商务争议解决机制。

6.4 信息伦理

6.4.1 信息伦理理论

1. 信息伦理概述

"信息伦理"这一概念出现的时间并不长，国内学者吕耀怀认为，"所谓信息伦理，是指涉及信息开发、信息传播、信息管理和利用等方面的伦理要求、伦理准则、伦理规范，以及在此基础上形成的新型的伦理关系（吕耀怀，2002）"。从敬军认为，信息伦理是社会信息现象中的伦理道德，是一定的社会道德和道德因素在社会作用下的综合体。它可以指导和纠正个人的信息行为，又可以指导和纠正团体的信息行为，使其符合信息社会基本的价值规范和道德准则，从而使社会信息活动中的个人与他人、个人与社会的关系变得和谐与完善（从敬军，2002）。沙勇忠认为，"信息伦理就是信息活动中以善恶为标准，依靠人们的内心信念和特殊社会手段维系的，调整人与人之间以及个人与社会之间信息关系的原则规范、心理意识和行为活动的总和（沙勇忠，2004）"。英国露西安纳·弗劳瑞迪（Luciano Floridi）认为，"从哲学角度上讲，信息伦理指计算机伦理的哲学构筑。信息伦理可能不会即刻解决具体的计算机问题，但它为解决计算机问题提供了道德依据（刘彦尊，2004）"。

从研究的视野、范围和问题域来看，信息伦理学与计算机伦理学、网络伦理学具有密切关系。

1）计算机伦理学（computer ethics）。按照美国计算机伦理学家摩尔（James Moor）的经典定义，计算机伦理学是"研究计算机技术的本质及其社会影响，制定计算机伦理应用的政策和为这些政策的正当性进行辩护（Moor，1985）"的应用伦理学科。萧成勇和张利认为，计算机伦理学"是对计算机技术的各种行为（尤其是计算机行为）及其价值所进行的基本描述、分析和评价，并能阐明这些分析和评价的充足理由和基本原则，以便为有关计算机行为规范和政策的制定提供理论依据的一种理论体系（萧成勇，1996）"。我国学者蔡连玉认为，计算机伦理学是指"调整与计算机活动相关的人与人之间关系的规范和准则，作为计算机伦理作用对象的人际关系是必须存在于与计算机相关的活动中（蔡连玉，2007）"。他们从政策和人际关系两个角度对计算机伦理进行了阐述。

2）网络伦理学（intemet ethics/net ethics）。这一概念是学界使用较为广泛的概念。李伦认为，网络伦理学有广义和狭义之分。狭义网络伦理学以研究计算机网络中的伦理问题为己任，广义网络伦理学则不仅研究计算机网络中的伦理问题，也研究计算机网络引起的社会伦理问题（李伦，2002）。作为一门完整的学科，网络伦理学是研究计算机网络中的伦理问题以及计算机网络引起的社会伦理问题的一门应用性学科。史云峰认为，网络伦理学是一门全新的、以网络道德为研究对象和范围的学科，即关于网络道德的学说。而网络道德则是探讨人与网络之间的关系，以及在网络社会（虚拟社会）中人与人之间的关系问题的（史云峰，2002）。在网络社会中，网络道德主要依靠一般的善恶观念和个人的内心信念为行为标准，确定其内涵和外延，关系到这门学科的未来和发展。我国学者吴潜涛和葛晨虹认为："网络伦理是随着国际互联网的出现而产生的一门应用伦理，主要研究计算机网络中的伦理问题以及计算机网络引起的社会伦理问题（吴潜涛，2003）。"可以看出，史云峰所指的网络伦理学是狭义的网络伦理学，吴潜涛和葛晨虹所指的网络伦理学则是广义的网络伦理学。

3）信息伦理学（information ethics）。信息伦理学被罗格森（Simon Rogerson）和贝奈姆（TerrellW. Bynum）视为第二代计算机伦理学。信息伦理学也有广义和狭义之分。狭义的信息伦理学是指信息技术伦理学（information technology ethics，IT ethics；information and communication technology ethics，ICT ethics），世界科技知识与技术伦理委员会信息社会伦理分委员会（COMEST）、斯皮内洛（Richard A. Spinello）早期的工作基本上可归为这一范畴。广义的信息伦理学则探讨与信息相关的所有方面的伦理问题，而不局限于信息技术的范围。美国国际信息伦理学中心也认为，信息伦理学有广义和狭义之分，但是他们的看法与上述观点不同。他们认为，广义的信息伦理学是研究一对多等级结构的大众传媒（媒体伦理学，media ethics；新闻伦理学，ethics of journalism）、计算机科学（计算机伦理学，computer ethics）和作为平等媒体的因特网（网络伦理学，cyber ethics）中的伦理问题的应用伦理学科。狭义的信息伦理学是研究因特网（网络伦理学，cyber ethics）、信息和知识管理（与管理伦理学有关）以及图书馆、档案领域里的伦理问题的应用伦理学科。不难看出，我们所理解的广义信息伦理学既包括美国国际信息伦理学中心的广义信息伦理学的研究范围，也包括其狭义信息伦理学的研究范围（沙勇忠，2007）。

4）三者的关系。信息伦理学的研究范围最广，涵盖了计算机伦理学和网络伦理学的研究范围。计算机伦理学与网络伦理学的研究范围有所重叠，也有所差异。网络伦理学一般不论及人工智能、专家系统等方面的伦理问题，但计算机伦理学却不能回避这些问题。信息伦理学的研究对象不仅包括计算机伦理学、网络伦理学研究的问题，也包括一切信息传播技术，如电信技术、卫星技术、网络技术等带来的伦理问题，还包括大众传媒、新闻、图书馆、档案等领域的伦理问题。就目前的研究现状而言，计算机伦理学、网络伦理学、信息伦理学三者所研究的对象、问题域和内容基本相同。因此，如果不需特别区别的话，我们可以将三者视为同一学科。因为信息伦理学的研究范围最广，所以文章统一使用"信息伦理"这一称谓。

2. 信息伦理的决策模式

信息伦理决策的着力点在于，当信息活动中面临道德问题时，如何选择一种符合道德的信息行为，实现道德的信息生活，或者说至少远离不道德的信息生活。信息伦理决策机制的核心是：建立信息伦理问题的有关事实，以及信息伦理理论与原则框架，然后将二者进行比较，得出基本的信息伦理判断（图6-8）。建立信息伦理问题的有关事实是明确"实然"或"存在的"是什么，建立信息伦理理论与原则框架是明确"应然"或"应有的"是什么。有效的信息伦理决策在很大程度上依赖于对"实然"和"应然"的正确区分，藉此发挥伦理理论和原则的矫正功能，使信息活动中"存在的"符合"应有的"（沙勇忠，2004）。伦理学家威廉·F. 梅尔（William F. May）认为"伦理学提供了一种典型的矫正视镜（correc-five lens）"正是在这一意义上指称的。

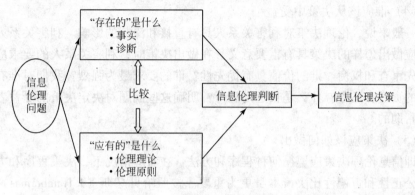

图6-8　信息伦理决策机制

具体来说，完整的信息伦理决策需要进行6个方面的思考。

（1）事实是什么

即明确信息伦理问题的有关事实。首先，需要界定问题的范围，确定其处于信息生命周期中的哪些相关信息领域，并识别关键的决策过程。其次，识别关键的行为主体（如信息提供者、信息利用者，信息组织者）与利害关系人，明确其信息行为，弄清其价值观、动机及有关个人、组织和社会方面的历史。也就是说，当我们界定了信息伦理问题所处的信息领域（信息生产、信息组织、信息传播、信息利用），考察了关键行为主体与利害关系人信息行为的伦理状况之后，我们可以说建立了信息伦理问题的有关事实。

（2）哪些伦理理论、原则与规范应得到应用

即明确什么是应然或应有的信息行为。首先，伦理理论、伦理原则、伦理规范是一个层次体系，共同构成信息道德判断的依据。伦理理论是信息伦理判断的基础，其内容抽象且形式化，具有普遍适用的性质；信息伦理原则是信息领域比较概括和抽象的普遍性准则；信息伦理规范大多以信息伦理守则的形式出现，是针对特定信息领域的具体的行为准则。其次，对已建立的信息伦理问题事实来说，哪些伦理理论、原则与规范是我们应该遵守的。对同一伦理问题，运用不同的伦理理论进行判断有时会得出完全相反的结论。

（3）谁应该做决策

即谁应该为促成应有的信息行为采取行动。显然，信息行为主体是最直接的决策者，除此之外，应关注以下两方面的问题：一是信息方面的，即让所有利害关系人参与讨论的同时，还应倾听来自社会其他方面的声音，他们的意见也是决策的依据之一。二是工具方面的，在现代信息活动中，处于不同层次管理职位的人都具有义务和责任处理经过思考的伦理问题，其他拥有解决问题所需资源的团体，也有必要成为决策过程的组成部分。

（4）谁应该从决策中受益

一般来说，伦理决策对利害关系人具有直接和深刻的影响。利害关系人的意见对应做出怎样的决策具有重要意义。在做出决策时，利害关系人的要求应该得到优先审查和权衡。谁的价值具有优先性？谁的要求最为强烈？我们对谁有不可推卸的责任和义务？什么是长远的思考？明确这些问题对决定决策的受益者显然是有帮助的。

（5）决策应该如何做出

即信息伦理决策应遵循何种程序和方法。在有些情况下，决策程序和方法本身的公正性和道德性比决策本身更为重要。按照哈贝马斯（J. Hambermas）等人的商谈伦理（discourse ethics）理论，在冲突面前，通过无暴力的对话求得共识是一项最基本的伦理原则，道德规则或对冲突的合理的解答是从一共同体内所有成员的赞同中产生出来的，只有能够通过每一当事人的理性赞同的东西才是合法的。也就是说，基于对话，理性的有效协商是解决伦理问题的一种重要方式，它在保证程序公正的同时，保持了对决策者和利害关系人观点和利益的尊重，因而可以作为信息伦理决策程序的一种重要内容而加以确立。

（6）应采取什么步骤防止类似道德问题再次发生

我们所做的所有决策都成为社会历史记录的一部分，它们应该作为先例对后来的决策提供帮助。在医疗实践中，医生能够清楚地区别紧急治疗与预防性治疗，紧急治疗旨在处理当下的危机，而预防治疗旨在类似的危机不再发生。信息伦理决策具有同样的特征。我们所遇到的伦理问题类似于紧急治疗，需要我们尽快找到解决办法，但在解决的过程中，以往的先例是重要的参考。需要思考的是：我们已经建立了怎样的先例？它对处理这类伦理问题是有效的吗？如果是有效的，需要怎样的程序，使我们在未来处理这类问题时更加富有成效？需要重构我们的制度以防止类似道德问题再发生吗？总之，思考的目的是面向未来，以便我们能经济有效地在信息活动中做出合理的伦理决策。

上述6个方面的后4个方面具有同样的特点，即要求伦理决策者不仅仅就眼前的伦理问题进行思考。它们拓宽了具体伦理决策的范围，使我们将伦理决策当作一个整体进行关照。这 6 个方面的思考在个人、组织和社会层面上均可得到应用，并且其顺序一般是从个人到组织再到社会，因为个人通常先遇到伦理问题，再将问题延展到组织和社会。基于以上分析，可将信息伦理的决策模式用图 6-9 更清晰地表达出来。

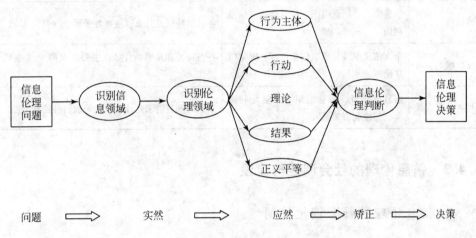

图 6-9　信息伦理决策模型

3. 信息伦理的四维构架

为了从总体上认识和把握信息伦理，沙勇忠提出信息伦理的四维架构理论（沙勇忠，2004）。四维架构的四个坐标分别为：要素维，即构成信息伦理的基本要素；领域维，即信息伦理的发生和应用领域；层次维，即信息伦理的范围或层次；利害关系人维，即信息伦理所涉及的主要利益主体。任何一项具体的信息活动所面临的伦理问题，都涉及以上四个维度，都由以上四个维度或基本参数所限定和制约，或者说，不同的信息伦理问题对应四维架构中的不同位置。

四个维度各有理论上需要研究和解决的问题，它们相互依存、紧密结合，不仅标示了信息伦理的基本知识范畴，也为具体的信息伦理分析提供了一个理论框架。信息伦理的四维构架是在信息与伦理双重领域的交叉结合中建构起来的关于信息伦理的认识框架，说明信息伦理是由信息与伦理及其各自的背景学科——信息科学与伦理学——交叉塑造而成的一个新的领域。四维架构显示了信息伦理的一些基本知识规定，粗线条地勾勒出了信息伦理的核心知识范畴。信息伦理四维架构中的要素维体现了伦理学的基本知识规定，利害关系人维是其应用意义上的延伸；领域维体现了信息科学的基本知识规定；层次维则是其应用意义上的延伸。信息伦理四维架构的主要内容和问题如表 6-2 所示。

表 6-2　信息伦理四维架构的主要内容和问题

坐标维	内容	问题
要素维	信息道德意识、信息道德活动、信息道德规范	何种信息道德意识何种信息行为，应遵哪些信息道德规范
领域维	信息生产、信息组织、信息传播、信息利用	各自的特征是什么、主要处于哪个（些）领域
层次维	个人信息伦理、组织信息伦理、国家信息伦理	各自特征和差别是什么，主要涉及哪个（些）层次
利害关系人维	信息提供者、信息组织者、信息利用者、其他利害关系人	个人的利益需求是什么，应采取何种伦理态度

6.4.2　信息伦理的社会调控与建设

1. 信息伦理的社会调控机制

（1）信息伦理社会调控机制的基本原则

1）自律与他律相结合原则。"道德是由社会道德的行为规则与个体道德的美德所构成的完美统一体，道德的作用机制是主体自觉与社会调控、自律和他律的统一（肖群忠，1999）"。信息行为的控制，需要通过自律和他律两种基本方式来进行。信息行为问题上的自律，是指信息人将合理的社会规范和价值观念内化为自己的道德意识并形成相应的人格特征，从而自觉适应信息社会所要求的正常行为规范和秩序的过程。信息行为问题上的他律，是指通过各种手段和措施来控制、化解和消除信息活动中的行为失范和犯罪行为，从而维系信息社会的正常秩序。

2）技术与人文相结合原则。信息技术活动作为一种特殊的认知活动，作为人的创造能力的一种社会表现和运用人的创造力的一个领域，是现代人类文化的重要组成部分，信息技术的发展对当代整个人类文化的内容、结构、形式以及发展方向都有着重大的影响。信息技术迫切要求与信息伦理之间形成一种相互作用、相互影响的关系，从而实现技术和人文的统一。

3）现代与传统相结合原则。信息伦理是一种新伦理，但不能与传统道德彻底决裂，而是传统伦理在以信息技术为基础的现代社会中的发展。信息伦理作为一种道德体系，其形成过程同时也是一个对传统伦理道德的整合过程，包含了对传统道德精华与糟粕的分辨以及对中国道德发展的历史性把握。信息伦理在一定程度上体现着历史的内在逻辑关系，体现着现代与传统的统一。

4）民族性与国际性相结合原则。信息伦理的民族性与国际性是相互依存、协调发展的。信息伦理的民族性是指世界各民族在伦理道德的产生、发展过程中，各自的环境、文化传统以及生产实践的差异，形成了具有各自特殊的价值观念、不同民族特色的信息伦理。各个民族在发展信息伦理过程中，都想形成具有民族自主性的信息伦理及其体系，以便形成自己的特色并引领世界潮流。信息伦理的国际性是指信息伦理作为全人类的财富，在世界的任何地方、任何时候其基本内容都具有共同性，以及世界各民族的信息伦理具有交往性。由于国家之间、地区之间存在着信息伦理水平的差距和利益关系，信息伦理会在不同民族之间进行转移，进行大量的信息伦理输出、输入活动。

总之，信息伦理社会调控手段的选择和运用需要自律与他律相结合、技术与人文相融合，信息伦理规范的制定需要传统与现代相结合、民族性与国际性相融合。只有这四条基本原则有效结合、协同作用，才能建构完善的、具有可操作性的信息伦理社会调控机制，从而提升全社会信息活动的道德水平。

（2）信息伦理社会调控机制体系结构

1）信息伦理规范，它是信息伦理社会调控机制的基本骨架，由信息伦理原则、信息伦理守则以及网络礼仪等构成。

2）传统习俗、社会舆论及道德感，它们是信息伦理发挥作用的内在维系力。

3）调控方式与手段，包括信息法律、信息自律与防范技术、信息伦理教育和信息伦理管理与监督。

2. 信息伦理规范

（1）信息伦理原则

信息伦理原则是构成信息伦理规范体系的核心的、最为概括和抽象的普遍性准则，是信息伦理关系的最集中的体现。尽管信息活动中存在着复杂的信息关系，存在着各种相互冲突的信息行为，不同的人具体可能有不同的认识和评价，但信息伦理原则无疑反映了人们对社会信息道德关系的基本认识和信念，为社会信息活动指示了符合人类道德需要的总的方向，是社会信息道德判断、选择和评价的根本依据和标准。

由于信息伦理原则在信息伦理规范中具有更基础的意义，本书提出一组基于信息权利的信息伦理原则体系。所谓信息权利，指人在信息活动中合理地生产、组织、拥有、传播和使用信息的权利，具体包括信息发布权、信息获取权、隐私权、知识产权、信息安全权等。信息权利有消极权利和积极权利之分。积极权利指自由从事或自由信仰某种事物而不受干预的权利（自由权），消极权利指从他人处接受具体的行为、福利或服务的权利（受益权）。本书提出的这组信息伦理原则兼具规范意图和明确责任的功能。一方面，要求行为人在事前审慎考虑其意图是否合乎这些原则；另一方面，以这些原则为参照，反思和判断有关行为的实际后果是否合乎道德，并明确界定行为人所应有的责任。其具体内容为：

1）无害原则。任何信息权利的实现应尽可能避免对他人造成不必要的伤害。无害原则是任何伦理体系都必须严格遵守的最低道德要求（moral minimum），是一种"无论如何不要伤害"的强制命令。杰特（Bernard Gert）指出，不伤害"可以说是道德的核心"，借此，复杂的道德理论与规范体系便简化为一种硬核，也正是依靠这一硬核，才使得"在理性的生物之间对于所有的道德问题都可以达成几乎完全的一致"成为可能。无害原则要求行为者在事先存有无害他人的意图，由此意图出发，审慎考虑其行为可能对他人造成的伤害，并以此及时调整自身的行为（甘绍平，2002）。据此原则，多数黑客在事先并未仔细考虑其行为后果对他人的危害，其行为在意图伦理层面违反了无害原则。同时，无害原则也是一种完全责任原则，可据这一原则由结果（或可能性）判断出那些明显的不道德行为，如在信息发布权中，色情信息显然会对未成年人造成伤害，发布色情信息的行为即为不道德的行为。

2）公正原则。信息权利的分配应体现社会平等，这是判断信息权利的实现是否合理的根本标准。现代信息活动知识权力结构主宰下的信息权利实现中的不平等，必须依靠基于权利的公正原则对之加以规范。罗尔斯所提出的两个正义原则——自由平等原则和差别原则——对消解现代信息活动知识权力结构在信息权利分配中的主宰性具有重要的意义：自由平等原则为不同的人改善其在信息活动知识权力结构中的地位提供了新的可能性；差别原则则兼顾了公正和效率，一方面使那些处境最不利者从其所处的不平等地位中获得好处，另一方面则使那些处于最有利地位的人，虽然有所损失，却又因处境最不利者的合作而得到补偿，如果没有这种合作，他们所享有的相对特权反而会受到威胁。

公正原则是基于现实信息活动中的不平等所提出的伦理原则，是在不平等中寻求正义。公正原则的推行事实上有十分具体的内容。例如，依据公正原则，在信息发布权中，如果不是故意伤害、欺骗和诱导他人，任何人自由发布信息的权利都应该得到尊重和保护；在信息获取权中，政府部门的信息封锁以及图书馆对读者的随意设限都是对公众信息获取权的一种剥夺，目前国内居高不下的上网和通信费用也是一种只顾企业利益而加大数字鸿沟的不公正行为；在隐私权中，商家应更多地关注和保护那些处境最不利者（缺乏隐私意识和隐私保护能力）的个人隐私，政府不能实行"老大哥"（big brother）式的全盘监视[①]；在知识产权

[①] "老大哥"是奥威尔的著名政治讽刺小说《1984》中的人物，后来成为一个无所不在的监视者的隐喻和象征。

保护中，无差别的版权保护门槛不再是对社会负责任的行为，社会应强调知识产权的拥有者降低对教育程度和收入较低的社会成员的收费；在信息安全权中，非法入侵对那些处境不利者（如掌握初步计算机和网络技术的人）显然也是不公正的。从责任伦理的角度来看，公正待人是每个人的社会责任，受到公正的对待是每个具有独立人格的人的权利，因此，为保障公正原则的正确实施，还须进一步引入自主原则。

3）自主原则。个人能够自我决定如何支配其合法的信息权利。自主原则是康德伦理学的一个重要原则，其实质是应以什么态度对待人。康德绝对命令的第二条给出了答案：你的行动在任何时候都要把任何人同样看成目的而不能只看成手段。因此，自主原则所体现的伦理态度是在尊重人的前提下尊重人的自我决定权。康德的绝对命令虽然具有理想性，但强调尊重人、把人当成目的使其绝对命令获得了永恒的生命力，对现实政治经济生活中占主导地位的功利主义产生了重要的制衡作用。

自主原则在理论上面临来自技术自主论的挑战。按德国社会学家埃吕尔的技术决定论思想，技术是自主的，它以自身为目的，为自己开辟发展道路；在技术系统中，人的判断、选择、决策都服从于技术目的，都在技术体制内部活动，连价值标准也逐渐由技术决定。技术自主论很容易在现代信息活动发达的"技术支持系统"中找到市场，为现代信息活动之知识权力结构的不平等性辩护。但从根本上来说，技术自主论的解释是腐蚀性的，它使那些应该为制约公众的自主权负责任的知识精英得以逃脱责任。自主原则所体现的是广大公众的消极权利，它要求人们特别是知识精英在信息活动中充分尊重公众，尊重他们的自主权。

自主权虽然在理论上是神圣的，但在实践中往往与知识权力结构达成某种折中，即通过契约安排全部或部分转让其自主权。以隐私权为例，人们为了得到某种服务，在交易中往往会默许或自愿放弃部分隐私权；在网络用户注册中，一些网站常会利用抽奖等手段诱惑用户透露真实姓名、地址或身份证号码。在此情况下，如果网站一次性使用这些信息并为用户保密，则可视为遵循了自主原则；如果还用作他途，则须征得用户同意，否则就违反了自主原则。可见，自主原则的正确实施是以当事人是否掌握与其自决行为后果相关的信息为前提，由此需要进一步引入知情同意原则。

4）知情同意原则。人们在行使自己的信息权利时，应该使受到影响的利害关系人充分知晓其信息行为及可能的后果，并自主地做出决策。知情同意原则对现代信息活动之知识权力结构中居于弱势地位的普通公众具有更为重要的意义。因为与居于优势地位的知识精英相比，他们在知识信息的占有数量以及搜索和理解知识信息的能力方面都是不对称的，知识精英出于利益和效率的需要，在很多情况下可能会故意封锁其行为的相关信息，从而使公众的知情同意权受到侵犯。例如，据美国南加州大学安妮伯格信息学院和加州大学伯克利新闻研究生院（USC/UC Berkeley）对美国媒体网站收集和对待用户信息诚信度的调查，68%的媒体网站利用 Cookie 文件追踪用户在网站的活动情况，而绝大多数网站没有说明他们利用 Cookie 文件的情况；在利用 Cookie 文件的网站当中，82%的网站不仅自己生成 Cookie 文件，还采用第三方——如独立的网站分析公司或广告网络公司——提供的 Cookie 数据，但这些网站绝大多数同样没有向用户说明这一情况。这样，网站对用户隐瞒了其应该"知情"的信息，用户的"同意"是在欺诈的情况下做出的，因而是无效的。

在现实信息活动中，知情同意原则的落实从根本上有赖于公众对其知情同意权的认真追究。如某企业采集并存储了许多个人的敏感信息，那么这些人就有权知晓他们的信息是如何被利用的，以及是否会遭到非法入侵。在公众的推动下，该企业就有可能向公众通告有关情况，并接受公众的质询和监督。莲花公司曾取消了其涉及隐私的 Marketplace：Household 软件产品，即属此例。当知情同意原则的遵守成为企业赢得用户、增强竞争力的一种手段时，广大公众的知情同意权利才可能会受到真正的重视。当然，由于知识精英和普通公众之间信息不对称的存在，该原则的实施可能不像我们想象的那样乐观。

5）同情和合作原则。人们在实现信息权利时应作出一定程度的努力，同他人在情感和行为上合作，使他人尤其是那些处境最不利者受益。根据汤姆·L·彼切姆的解释，"一定程度的努力"是指"当我们只冒着最小的风险或最小的不利而能如此做时"（汤姆·L·彼切姆，1990）。显然，这是所讲的"同情"并非怜悯，而是对他人所处情境心意的沟通和关心；"合作"首先是与他人平等相处的态度，是在可能的条件下对他人和社会付出代价的品质。社会越进步，就越需要社会成员之间的关心和协作，也就越需要强调同情与合作精神。正是同情与合作的倾向使人类优越于其他族类，如梯利所说："正是那同情的欢乐首先给生活以价值和意义，正是通过联合和利他主义，通过情感和行为上的合作，人才开始在这个世界上变得强而有力（弗兰克·梯利，1987）"。同情与合作原则是一种弱伦理原则：从意图伦理的角度，同情具有一定的超越性意图（一定程度的努力使他人受益）；从责任伦理的角度，同情是一种不完全责任。在现代信息活动之知识权力结构中，那些受益最多且最有能力帮助他人的知识精英，有责任使那些处境最不利者在信息活动中能够受益。鉴于所有福利都根源于社会，不同利益群体中的人应该共同拥有他们，同情与合作原则对知识精英应该具有一定程度的强制性。

　　上述伦理原则为我们提供了使信息权利的行使更加符合基本伦理精神的理想化规范，其主要作用是反思批判功能，而不具有强制性的约束功能（无害原则例外）。在信息活动实践中，信息权利的伦理协调主要是在各个具体的微观情境中展开的，各利害关系人或利害关系人群体通过伦理反思（对明显有悖于上述几项伦理原则的行为提出质疑）、磋商（与侵犯权益的相关群体磋商伦理反思中揭示出的问题，使其认可上述伦理原则）和制衡（以其对市场交易行为的自主权等权利的实现形成一种产生式权力，通过抗议和不合作等非暴力手段对对方形成一种制衡力量），达成对各自信息权利的维护。事实上，这是一个基于现实利益的博弈过程，其均衡状态是各方讨价还价和妥协的结果，也是一种局部的、暂时的均衡。

（2）信息伦理守则

　　信息伦理守则是职业信息团体或社会机构所制定的较为具体的信息行为准则，事实上是信息领域的职业伦理规范。约翰逊（Deborah Johnson）在其《IT 从业人员是否需要伦理守则？》一文中指出，IT 职业人员对信息技术产品和服务承担责任，需要一种专门的职业精神（professionalism），作为促进职业精神的众多措施的一个组成部分，伦理守则可以帮助 IT 职业人员形成关于责任和诚信的强烈意识。按约翰逊的理解，伦理守则是一种职业符合道德地运用专门化知识和实践职业技巧的一种承诺，体现了某一职业所积累的智慧。它在两个方面发挥作用：一方面，它告诉消费者和公众，其职业成员有确定的理想和价值并坚持特定的标准；另一方面，它告诉职业成员，什么是他们所期望的行为（Johnson，D，1999）。韦克特（John Wecket）和爱德尼（D. Adeney）认为信息职业和职业道德具有特殊性，IT 专家并非再是传统意义上的职业人员（professionals），他们对于社会上的其他成员有特殊的职责。"一个真正的计算机职业人员，不仅应当是自我领域的专家，而且也应当使自己的工作适应人类文明的一般准则，具有多方面的自律能力和渴望"（Wecket，J and Adeney，D，1997）。因此，制定伦理守则是业界自愿规范其从业行为、提升职业活动之道德水准的重要举措。

　　目前，很多计算机协会、因特网服务提供商、图书馆学会、信息科学学会、新闻传播协会等都制定了自己的行为守则。美国伊利诺伊理工学院职业伦理研究中心在其网上就提供了数十家机构的信息伦理守则。美国计算机协会（The Association of Computing Machinery）与美国计算机伦理协会（Computer Ethics Institute）的伦理守则是具有广泛影响的伦理守则。中国互联网协会也制定了《中国互联网行业自律公约》。

　　美国计算机协会（ACM）于1992年10月通过并发布了《伦理与职业行为准则》，其内容包括"基本的道德规则"与"特殊的职业责任"两大部分。"基本的道德规则"包括：①为社会和人类的美好生活作出贡献；②避免伤害其他人；③做到诚实可信；④恪守公正并在行为上无歧视；⑤尊重包括版权和专利在内的财产权；⑥对智力财产赋予必要的信用；⑦尊重他人的隐私；⑧保守机密。"特殊的职业责任"包括：①努力在职业工作的程序和产品中实现最高的质量、最高的效益和高度的尊严；②获得和保持职业技能；③了解和尊重现有的与职业工作有关的法律；④接受和提出恰当的职业评价；⑤对计算机系统和它们包括的可能引起的危机等方面作出综合的理解和彻底的评估；⑥重视合同、协议和指定的责任。

中国互联网协会作为我国互联网业的全国性行业组织，也于 2002 年发布了《中国互联网业自律公约》（附录 1）。该公约共由四章组成。第一章总则，指出互联网行业自律的基本原则是爱国、守法、公平、诚信。第二章自律条款，是公约的主体，共有 13 条，内容包括遵守国家法律、公平竞争、保护用户秘密，履行不发布有害信息的义务、尊重知识产权、不用计算机侵犯他人、加强信息检查监督、行业合作与交流等。第三章公约的执行，规定了公约成员发生争议或违反公约时的处理程序与办法。第四章附则，说明公约生效、加入或修改等方面的情况。可以看出，《中国互联网行业自律公约》是一个比较全面且富于实践操作性的行业自律守则，与美国计算机协会伦理守则相比较，自律条款的内容大多一致（比较明显的不同是后者对信息产品和信息服务的质量作了强调），并增加了违约处罚方面的内容（如内部通报或取消公约成员资格），从而使其在促进行业自律方面更具有约束力。国际信息处理联合会（International Federation for Information Pressing）伦理特别兴趣小组主席柏留尔（Jacques Berleur）曾对当前各种伦理准则的实践效果组织进行了一次专项调查，结果显示，设有违规处理条款与监督机制的伦理准则，其实践效果往往会更好。《中国互联网行业自律公约》设立执行条款，显示了中国互联网协会企图通过制度建设提高公约自律效能的一种努力。当然，具体效果如何，还有待在实践中观察。

（3）网络礼仪

网络礼仪是人们在网络信息活动中"约定俗成"的信息交往方式与表达格式，是一种固定下来适合和便于网络交往、判定行为者是否文明和礼貌的行为标准。由于互联网正处于发展过程中，网络礼仪也必然随着互联网功能的完善和网络社会的进步不断更新和发展，目前人们还难以确定一个完整成熟的网络礼仪体系和规范标准。尽管如此，在互联网最流行的一些服务领域，如电子邮件、聊天室、网上新闻组等，已形成了一些为大家所公认的通信和交流行为格式，构成当前网络礼仪的重要内容。

1）电子邮件礼仪。①输入信件所需的头部信息。通常，电子邮件软件会自动填写发信人的地址和日期，发信人只要提供收信人和主题信息即可。自动填写发信人的地址既是一种礼貌的行为，又增加了伪造电子邮件行为的困难，同时为收信人提供了方便。输入主题信息可以让对方迅速了解信件的信息类型，简洁的主题内容对收信人决定是否阅读它很有帮助。有的电子邮件软件并不能拒绝发信人的做假行为，真实填写头部信息应作为通信行为道德规范的一项内容。②无目的地随意发送电子邮件。人们只应该在必要的时候给他人发信。如果收信人迟迟不答复或明确回信表明不愿意继续通信，或拒绝再对某一问题进行讨论，最好不要再给他发电子邮件。连续不断地给不愿意与你进行邮件往来的人发送邮件应视为不道德不礼貌的举动和骚扰行为。此外，还可以运用一些表情符号加强交流的实时性。

2）网上互动交流行为礼仪。BBS 为人们提供了十分方便的交流意见的场所。以下一些规范是网上互动交流应遵循的基本礼仪。

——让文件和信息简明扼要

——每条信息都集中于一个主题

——你对别人说的话要格外小心，不要从自己的观点出发对信息发布者的社会身份作过多猜测，最好就事论事

——不要用学术网从事商业或赢利活动

——你的签名应包括你的姓名、职业、单位和网址，但不要超过四行

——不得不经原作者的允许而把个人电子函件寄往电子公告板

——慎用讽刺和幽默，在没有直接交流和必要表意符号的情况下，你的玩笑也许会被人认为是一种批评

——尊重版权和出版条例，必要时采用缩写式

——你所提的问题和发表的评论要与讨论组的主题相关

——应使用自己的电子函件个人账号，不要使用分摊的办公账号

此外，互联网还有诸如文件传输、远程登录、信息浏览服务、高级浏览服务等服务内容，随着网络进一步的发展，服务内容会越来越多，功能也越来越强大，不可能逐一规定这些网络行为的具体规范。每个人必须认识到，你在接近网络服务器、地址、系统和人时，你的行为最终是要负责任的，任何网络行为必然涉及道德问题，因此必须遵守一定的礼仪和道德规范。

6.5　信息文化

6.5.1　社会基础结构的变化

丹尼尔·贝尔（D. Bell）认为，人类社会的存在，依赖于社会中各成员之间

都能进行贸易和交往的各种渠道，这些渠道使社会构成了一个整体。他把基本的连通渠道和联系方式称之为社会的基础结构，并指出存在三类社会基础结构：交通网、能源网和通信网。

第一类基础结构是交通网，包括公路、水运、铁路和航空。这些交通设施打破了不同地区之间的封闭和分割，使人员和商品、货物得以交流和流动。世界上早期的城市、古老的文明和初始的商品经济，几乎都是首先在靠近江河的区域发展起来的，其主要原因是可利用便利的水运。随后，更多地依靠铁路和公路，新兴的大城市、大工业都在铁路枢纽和公路干线上生长出来。现代航空的威力和大型空港的建立，使航空网的作用日益显要，其结果是经济社会的发展更少依赖于自然地理的交通因素和地域的限制。这一类基础结果最早的形态，是由商队和通商之路构成的某些渠道，中国古代的丝绸之路就是一个突出的特征，它将中国和罗马等国连通起来。

第二类基础结构是能源网，包括水力、电力、天然气和输油管道等。这些公共能源设施为现代社会提供一刻也不能缺少的动力和照明。开始是武装起城市，随后乡村和边远地区也因电力的输送而迅速改变了面貌，并因而与城市连为一体。随着科技和能源工业的不断发展，能源网的容量、范围和规模都越来越大。

第三类基础结构是通信网。开始有邮政和报纸，接着是电报、电话、广播和电视，现在又有了卫星通信、光纤通信等。通信网突破了人类交往之间的空间和时间屏障。1866 年，英国物理学家开耳芬指挥"大东方号"船成功铺设第一条大西洋海底电缆，把北美洲和欧洲联系起来，而 20 世纪 60 年代发明的激光技术导致出现了"光通信"的概念。

贝尔认为，20 世纪内第一类基础结构发生重大进展的可能性很小。第二类基础结构即能源的输送方式可能有变化，但能源在社会中的地位不大可能有巨大提高。未来真正的大变动将发生在第三类基础结构中。这是因为，电话、计算机、传真、电缆电视、卫星通信和光盘技术等技术的融合，将引起人与人之间交流方式的巨大改变。

事实正是这样，现代信息技术以及依靠信息技术所形成的全新的社会基础机构不仅带来人类生产方式、生活方式、流通方式、工作方式、教育方式、决策方式、管理方式等各方面的改变，而且进一步引起思维方式和观念的变革，引起社会文化发生结构性变异。概括地说，是诞生了一种新的文化——信息文化。

6.5.2　信息文化的层次结构

信息文化的层次结构由相互联系、相互影响的四个层次子系统构成：信息文化的物质形态子系统、信息文化的精神观念子系统、信息文化的制度规范子系统和信息文化的行为方式子系统，如图 6-10 所示。

信息文化层次结构
物质形态子系统：信息技术、网络、赛博空间、信息经济等

精神观念子系统：信息世界观、信息价值观、信息崇拜、科学技术文化、大众文化等

制度规范子系统：网络社区的规范 信息伦理、信息法律等

行为方式子系统：交往方式、交流对象等

图 6-10　信息文化层次结构

1. 信息文化物质形态子系统

（1）信息技术条件是信息文化的物质基础

信息技术是人类对数据、文字、声音、图画和影像等各种信息进行生产、采集、处理、储存、传输和检索的经验、知识及其手段、工具的总和。现代信息技术包括现代计算机技术、电子通信技术、数据处理技术、微电子技术和日用电子技术等。

（2）网络是构成信息文化环境的基础要素

网络，是将各自独立的电脑处理节点，通过通信线路连接而成的计算机通信系统。通过网络，可以连接分散于各处的信息系统，使各种资源（包括人、计算机和信息等）实现全社会共享，人们也可以克服地理位置的局限实现协同工作。

（3）赛博空间将成为人类新的信息文化空间

赛博空间的产生与"虚拟现实"技术有密切的联系。"虚拟现实"是由计算机创造的模拟实在景象的虚幻世界，它是一个与真实情景相逼近的人造环境。赛博空间是数字化的网络空间、虚拟空间、概念空间、符码空间，而不是物质空间。赛博空间是以计算机及现代网络通信技术、虚拟现实技术等信息技术的综合运用为基础，构筑起来的与现实物理空间相对应的人工虚拟的用以信息交流的空间。

（4）信息经济生产和再生产着信息文化的物质形态子系统

在信息时代，一个全新的"财富创造体制"正在出现。"这个财富创造新体制，完全依赖于即时的通信，即时的数据、思想、符号和象征体系的传送。我们将看到这是一个不折不扣的超级信息经济"。

2. 信息文化精神观念子系统

信息社会中信息文化的精神观念子系统是信息技术在社会意识形态方面影响的产物。在信息时代，产生了新的时空观念，新的世界观和价值观。科学、艺

术、宗教等也出现了新的特点。

（1）信息世界观的确立

传统的物质意识二分的世界观被信息世界观所取代，信息与物质、能量被视作是共同构成世界的要素，对于人们所生存的世界，信息更具有了无可取代的崇高地位，其地位超过了物质和能量。

（2）信息价值观的确立

信息价值观得以确立是由信息的特性所决定，信息在价值增值中的作用日益突出。从事信息与知识生产、传播和消费的部门不断增加，就业人员数量激增；在国民生产总值中，信息产业及服务行业超过了制造业；即使在传统的农业领域和工业制造业领域，信息作为一种生产要素也发挥着日益重要的作用；信息拥有者在竞争中占据有利地位，权力"从资本占有者手里转移到职业官吏和技术治国论者，即信息提供者手里"。"信息经济"、"知识经济"都是信息价值的体现。

（3）信息崇拜

计算机、通信及网络等信息技术，原本是人类处理和利用信息技术的一个发展阶段，但计算机及其相关技术的强大能力，造成了社会成员对计算机及其相关技术的神秘化倾向，信息崇拜支配着社会成员及其思维、行为。

（4）信息时代的科学技术文化

科学和技术是文化的一个特殊的子系统，近代工业化以来，科学技术对社会信息的积累与文化进步产生了日益深远的影响。科学和技术既能导致文化的逐步分崩离析，反之亦能导致发展新型的文化，特别是今天，科学对文化的影响更为突出。

（5）信息时代的大众文化

大众文化产生于印刷、照相、电影、录音、录像等可以机械复制的信息技术及其产品。大众文化实际上是文化工业的产物，大众文化日益具有意识形态特征，导致人的异化，大众文化使艺术沦为非艺术，大众文化与传统的精英文化相互渗透，界线逐渐模糊，大众文化的流行使文化日益粗鄙化，互联网则增加了文化传播渠道。

（6）图像信息在信息传播中主流符号地位的确立

电影、电视，特别是多媒体技术的发明，使得图像信息的传播变得容易，信息量的增大又使得人们更愿意接受直观、易理解的图像信息，而放弃需要进行深度思考的文字信息。

3. 信息文化制度规范子系统

（1）网络社区的规范

信息社会，围绕着网络，形成了网络社区。从信息文化的角度来看，因特网不仅是一种计算机技术和通信技术的结合而形成的技术集合体，而且更是当代社会小的"至关重要的结构功能实体"，它包含了一整套新型的技术、制度乃至价值观念，构成了网络社区的基本框架。网络社区成员的活动，要遵守虚拟社区的行为规范和礼仪，这些规范和礼仪有的是对传统的继承，有的则是虚拟社区所特有的。

（2）信息伦理及信息法律

伴随着网络技术而来的信息活动中的道德失范与违法犯罪行为失控，给社会造成了严重的经济损失和巨大的危害。因此，与信息活动相关的法律以外在强制的手段，信息伦理道德以内在自觉自律的手段，共同构成约束社会成员信息行为的规范体系，同时，信息伦理规范也是制定有关法律的重要基础。信息活动中的人际关系、利益关系、行为方式，以及道德失范和违法犯罪，是信息伦理与信息法律所调整的对象。信息法律构成信息社会中调整人们活动及其关系的规范，其中，信息伦理处于核心地位，是信息法律制定的内在依据，信息法律则是社会信息伦理观念及原则在法律上的集中体现。

（3）信息时代的知识权利

信息技术的进步，使得权力的状况发生了变化，具体表现在：①文字信息的主导地位被多媒体信息取代，由于图像信息、影像信息、声音信息比文字信息更易掌握，使更多的社会成员能够参与到文化活动中来，导致信息权力的分散；②在网络上，类似传统社会中信息生产者的权利受到削弱；③现代信息技术对什么是知识的观念，对获取和保存知识的种种观念和方法产生了极大的冲击；④计算机专家和供应商获得了无与伦比的权利地位和话语权；⑤知识与权力的整合，知识（主要是科技知识）成为一种权力话语，一种压迫、排斥、控制的权力形式，人们在为信息的控制权而战；⑥文化多元化、信息杂多导致独白式的中心话语霸权的瓦解；⑦信息权力所产生的信息鸿沟和信息歧视；⑧信息权力在社会不同阶层和集团间的重新分配导致政府权力的弱化；⑨信息权力机制使绝对信息自由理想破灭。

4. 信息文化行为方式子系统

信息社会中，信息技术与信息活动渗透到社会生活的各个角落，涵盖了人们生活的方方面面。信息活动成为人们日常生活的重要内容，存在于每个机构及每个社会群体之中，人类的各种活动纷纷采用新的信息技术与设备。

信息社会中人的交往方式发生了很大的变化，特别是产生了网络化的交往方式。在网络上，人们可以建立社会联系，构成共同的世界。网络上的交往形式与传统的交往形式交织在一起。个人在网络上选择交流对象变得十分容易，相互之间可以根本不认识。另外，网络信息使用者和提供者的界线模糊不清。

6.5.3 信息文化的基本特征

信息文化是信息时代的特征文化，其支撑点是现代信息技术，是信息技术发展到高级阶段所产生的一种新的文化形态。它具有不同于其他文化的显著特征，主要有以下几个方面。

（1）信息文化是开放和多元的

信息流通与开放环境两者互为条件、相互依存、不可分割。在信息文化的形态中，社会是开放的社会，人是开放的人。因此，信息文化与传统的社会、封闭的人是相抵触而不相容的，它使得文化的国际化和全球性正在成为一种必然的潮流和趋势。信息文化又是多元兼容的。由于信息流通障碍的排除和信息流程的消失，各种思潮、传统、行为和观念都将不再闭锁在一个小范围内，单一化被多样化取代。

（2）信息文化突出选择

信息的基本含义就是排除不确定性。信息的剧增和快速变化迫使人们重视选择、学会选择、适应选择和不断提高选择的本领。追求信息是为了选择、选择是为了更加有效地生活。经济学的"机会成本"概念说明了"没有选择就没有效率"。一个人掌握的信息越多，可供选择的机会越多；有效率的选择是机会成本最小的选择。

（3）信息文化树立了新的价值观念、时间观和未来观

丹尼尔·贝尔首先指出，信息和知识已成为新社会的重要战略资源（重要的自然资源曾被看成是战略资源），也成为新社会的"关键变量"（资本和劳力曾长期是社会的主要变量），由此提出了"知识价值论"的概念。由于信息时代的变化、流动、更替、创新比过去的时代要明显得多、频繁得多、影响大得多，人们已不能再像农业时代那样，面向过去，过分依赖过去的经验和习惯与缓慢的节奏；也不能像工业时代那样，只注重眼前和现在，过分地实用主义和凡事都急功近利；而必须面向未来，预见未来，掌握变化的趋势，立足长远，免于被动。

（4）信息文化有其与以往不相同的主旋律

农业文化的主旋律是人与大自然竞争以谋求生存，工业文化的主旋律是人对大自然的开发，谋求向外部世界的发展，而信息文化的主旋律是人对其自身——大脑的开发，谋求智力的突破和智慧的发展。

第 7 章　网络信息资源管理

7.1　网络信息资源的类型、特点与评价

20 世纪 90 年代以来，随着信息技术和全球互联网的飞速发展，"网络"、"网络时代"、"网络社会"的概念逐渐被人们接受。互联网为我们提供了便利的信息传输与获取的渠道，互联网上的信息资源迅速膨胀，这使得一个新的专用名词"网络信息资源"越来越频繁地出现在各种刊物中，同时对网络信息资源概念的表述也是五花八门，迄今为止还没有完全统一且明确的定义。

有学者认为，网络信息资源作为网络时代的产物，它是以数字化形式记录，以多媒体形式表达，存储在网络计算机上，并通过计算机网络通信方式进行传递的信息内容的集合；还有学者认为，网络信息资源是以数字化的形式存储于网络节点中，借助网络进行传播和利用的信息产品和信息系统的集合体；而大多数学者倾向于把网络信息资源简单地理解为通过计算机网络可以利用的各种信息资源的总和（黄纯元，1997）。

一般的，我们认为网络信息资源从属于信息资源的大范畴，其概念与传统文献型信息资源相并列。

7.1.1　网络信息资源的类型

人们从不同角度对网络信息资源进行了分类，比如按照网络信息资源的组织方式，可以分为文件、数据库、主题目录和超媒体 4 种类型；按照网络信息内容，可以分为科技、政治与法律、商业与经济、文化教育、娱乐等多种类型；按照网络信息内容的表现形式和用途，可以分为全文型信息（电子期刊、网上报纸等）、事实型信息（天气预报、火车车次信息等）、数值型信息（各种统计数据、产品或商品的规格及价格）、数据库型信息（传统数据库的网络化，如中国期刊网、重庆维普等）以及其他类型信息（博客、bbs、聊天室等）等。不过更为常用的是按照信息交流方式划分，因为这种划分方法较充分地揭示了网络信息资源的特征，同时兼顾到网上信息资源和网下信息资源的密切关系，是较为全面和合理的一种划分方法。笔者就沿用这种划分方法对网络信息资源的类型进行划分。

1) 正式出版信息，指受到一定产权保护、信息质量可靠、利用率高的信息，如各种电子杂志、网络数据库、电子图书等。

2) 半正式出版信息，是指受到一定产权保护但没有正式出版的信息，又称"灰色"信息，如各学术团体、企业、机构等单位宣传自己或产品的信息等；

3) 非正式出版信息，是指流动性、随意性较强的，信息量大、信息质量难以保证和控制的动态性信息，如电子会议、电子邮件、电子公告栏等（郭丽芳，2002；蓝曦，2003）。

7.1.2　网络信息资源的特点

网络信息资源有别于以往任何环境下的信息资源，它以数字形式记录，分布存储在网络中某个节点上，并且可以在任何需要的时候通过四通八达的互联网络传向任何合法的网络终端。了解网络信息资源的特点，有助于人们对其利用和管理。网络信息资源主要具有以下特点（马费成，2002）：

（1）数量巨大、增长迅速

互联网是一个联结各国、各机构成千上万计算机网络的通信网，是一个超级巨大的信息资源网。互联网本身的开放性和互动性使得政府、机构、个人都可以在网上发布信息，因此它成为无所不有的海量信息源。同时据中国互联网中心的统计报道，截至 2007 年 12 月，中国域名总数达到 1193 万个，比 2006 年同期增长了 782 万，年增长率达到了 190.4%；网站数量已达 150 万个，比去年同期增长了 66 万个，增长率达到 78.4%；网页数为 84.7 亿个，年增长率达到 89.4%。由此可见，网络信息资源的增长速度非常迅猛。

（2）变化频繁、动态性高

网络信息资源不仅增长迅速，而且变化也极为频繁。受信息时效性等因素影响，新闻、广告等总是不断更新着各自的页面内容，地址、链接信息、访问记录等也时刻处于动态变化中。任何网络信息资源都有可能在短时间内建立、更新、更换地址或者消失，这使得网上的信息资源瞬息万变。同时随着时间的推移，网络信息资源的利用频次也在发生变化，出现了热门资源和冷门资源，这类似传统文献信息资源中的老化特性。

（3）表现形式多样性

从网络信息资源的分类可以看出，网络信息资源具有多样性的特征，在网络上可以以文本、图像、音频、视频、软件等多种形式存在，涉及领域从经济、科研、教育、艺术到具体的行业和个体，并以文件、数据库、主题目录和超媒体等方式组织。

（4）高度共享性，使用成本低

互联网的开放性、通用性的特点使得网络信息资源具有高度共享性，同时大多数资源都是免费的，这是它优于传统物质资源和能源资源的重要特征，同时这也使得网络用户获取和使用网络信息资源的时间和空间范围得到了最大限度的延伸和扩展，从而实现更高水平的资源配置。

（5）质量参差不齐

互联网的开放性以及目前政府较少的干预，网络用户在发布和使用信息时有很大的自由度，导致大量冗余、粗制滥造甚至虚假的信息在网络上迅速传播，使得有价值的信息和无价值的信息混在一起，总体质量出现参差不齐的特征，这给网络用户的信息利用带来了诸多不便。

7.1.3　网络信息资源的评价指标

网络信息资源数量空前庞大且急剧增加，同时信息来源分散，缺乏必要的组织与控制，质量参差不齐，这严重影响了用户获取和使用网络信息资源。因此，从 20 世纪 90 年代开始，人们便开始了网络信息资源评价研究。

（1）网络信息资源评价的对象

虽然网络信息资源有多种不同角度的分类，但是在网络信息资源评价对象的确定上，国内外学者一致认为要对网站信息资源和网页信息资源进行评价，其中网站信息资源又包括网站结构（不包括站内所含的具体信息）和站点信息（即网站所发布的具体信息）；网页信息资源包括页面结构（不含具体信息内容）和网页信息。因此，评价的对象，一是具体的网上信息（即网络信息的内容属性），二是网站和页面（即网络信息的载体）。具体的网上信息是评价的最主要的对象，因为用户需要的最主要是具体信息。而对网站和页面进行评价，是因为网上信息量大，人们无法搜集所有信息并对它们逐一进行评价，同时网站和页面所有者对于其发布的信息来说，就如同出版社、杂志社、报社、电台、电视台等传统新闻媒介机构与它们所传播、发布的文献信息、模拟信息的关系一样，对于信息的版权保护、内容更新和修改等具有毋庸置疑的责任和义务，网站或页面所有者自身的组织方式、运作模式、管理水平、人员素质等因素对于其所发布的信息的质量水平、数据准确性、可靠性等有着极大的影响，所以通过对网站进行评价来代替对具体信息内容的评价是有效的（陆宝益，2002）。

（2）网络信息资源的评价方法

1）定性评价方法。定性评价方法是指按照一定的评价标准对网络信息资源进行评估，一般根据评价目的和服务对象的不同需求，确定相应的评价指标体系，建立评价标准及赋值标准，再让用户进行评定或打分，给出网络信息资源的评价结果。定性评价法一般采用用户问卷调查和专家评议等方式。国内外很多学者致力于网络信息资源定性评价方法的研究，目前已取得了很大的进展。定性方法侧重于评价网络信息资源内容以及表现形式，但其主观性较强，操作性较差，评价的结果往往会受到网络环境、评价人员衡量标准等客观条件的制约。

美国南加州大学 Robert Harris 教授提出了网络信息评价的 8 条标准：①有无质量控制的证据，如专家编审或同行评论；②读者对象和目的；③时间性；④合理性；⑤有无令人怀疑的迹象，如不实之词，观点矛盾等；⑥客观性，作者的观点是受到控制还是得到自由表达；⑦世界观；⑧引证或书目。同时还提出了"CARS 检验体系"，即可信度（credibility）、准确性（accuracy）、合理性（reasonableness）和支持度（support）。

黄奇和郭晓苗提出 5 个方面的评价指标：内容（正确性、权威性、独特性、内容更新速度、目的及目标用户、文字表达）、设计（结构、版面编排、使用界面、交互性、视觉设计）、可用性和可获得性（链接、硬件环境需要、传输速度、检索功能）、安全、其他评价来源。

董小英在其博士论文《网络环境下的信息资源管理》中总结出了网络信息资源评价的 9 项标准，即信息的准确性、信息发布者的权威性、提供信息的广度和深度、主页中的链接是否可靠和有效、版面设计质量、信息的时效性、读者对象、信息的独特性、主页的可操作性。（蒋颖，1998；孙瑾，2005）

2）定量评价方法。定量评价法是按照数量分析方法，利用网上自动搜集和整理网站信息的评估工具，从客观量化角度对网络信息资源进行的优选与评价，是网络信息资源评价的一个发展方向。定量评价方法使用方便而快捷，可以从技术指标上对网站进行评价，所得的评价结果比较客观而公允，但是由于无法对信息内容进行深入的考察，且指标设置过于简单，指标数据可能会受到广告、网站免费服务、浏览器设置等因素的影响，所得结果难免偏颇。

3）综合评价方法。顾名思义，综合评价方法是定性评价方法和定量评价方法的综合，既克服定性方法主观性较强、操作性较差的不足，又弥补定量方法难以深入到内容层面、指标过于简单的缺陷。左艺等人提出的关于网络信息资源的评价体系，就是应用综合评价方法的典型例子。其中，定量模块包括利用各种搜索引擎、各站点提供的链接统计数据来选择常用站点，借鉴引文分析法统计电子期刊的被引频次、影响因子等；定性模块则包括范围（广度、深度、时效及格式等）、内容（准确性、权威性、通用性、时效性、独特性与其他资源连接的有效性及精炼性等）、图形和多媒体设计、目的及对象、评论（其他评论服务关于这一站点如何评论）和可使用性等（左艺和赵玉虹，1999）。

（3）网络信息资源的评价指标体系

1）内容指标。

① 准确性：指信息内容符合被认为正确的标准。评价时主要是看这些数据

或事实是否有前后矛盾之处、是否经得起推敲和验证、是否有专人校对等。

② 权威性：指网络信息资源的影响程度。信息提供者能否清晰识别，网站主办者是否具有专业背景，信息是否能够经常被其他权威网站摘引、链接与推荐，是否来自于权威机构或公开、合法文献等。

③ 客观性：指作者提供的信息是否科学、公正，作者对待事物的态度是否有偏见或带有某种倾向性。

④ 独特性：指网络信息资源所独有的特征，具体包括网页信息内容是否具有自己的特色，是否有从别的资源中无法获取的信息资源，信息的来源是否有特色等。

⑤ 时效性：指网页内容的更新频度（速度、周期），包括网络信息资源是否定期更新，是否标明日期（写作日期、上网日期、修改日期）等。

⑥ 内容范围：指信息内容的深度和广度，其中深度主要反映某主题信息的深入程度，广度主要反映某主题涉及本领域及相关领域的范围。

⑦ 定位：一个好的网站在建立之初就应确定存在的目的及潜在用户，因为这决定了网站信息的定位，也决定了用户能否获取自己需要的服务。

⑧ 稳定性：指网站相关信息资源的某些性能和指标保持不变的特性，包括网站是否不间断地提供网络信息服务、网站资源是否可被稳定地访问等。

⑨ 获得性：某些信息的获取只能是特定人群，或者只供内部人员使用，在 IP 范围上进行限制。

2）设计指标。

① 结构：网站信息组织结构是否清晰、组织层次设计是否合理。一个好的站点应有良好的结构，使访问者容易找到自己所需的信息。同时组织层次也不能过多，否则用户检索起来比较麻烦。

② 外观设计：包括导航系统、图案、色彩等方面。导航系统是人们进入网站查找信息的指示性工具，它反映该网站是如何组织和分类信息的。良好的图案色彩搭配，可以使人们在查询信息时得到美的享受、减轻上网疲劳。

③ 交互性：指网站是否提供多种交互界面，如数据库查询（是否既可分类浏览查找，又可使用关键词检索），是否设有留言板，方便用户交流。

④ 链接：既包括从该网站到别的网站的链接，又包括从别的网站到该网站的链接。网站的维护人员是否定期检查网站链接并根据变动情况作出调整。

⑤ 响应速度：浏览网站的目的是获取所需要的信息，如果响应速度太慢，一个网页即使有独特的内容、美观的设计，用户往往也会大倒胃口，使资料变得毫无价值。研究表明，如果 20～30 秒还不能打开网页，一般人就会没有耐心。

3）数量指标。

① 电子文件量：一个站点的电子文件量是指 word、excel、ppt、pdf 等文件的总量。一般说来，这些资源量越多，越受用户欢迎，对网络信息资源的评价自然就高。

② 访问下载量和链接量：一个站点（页面）的访问下载量越高，被其他站点链接的次数越多，一定程度上可以说明它的影响力越大、越受用户重视。

7.2 网络信息资源的技术管理

网络信息资源的技术管理就是从技术层面对网络信息资源进行管理。最新网络技术的合理应用，可以促进互联网的正常和高效运行，为网络信息资源的开发和利用提供便利。目前网络信息资源管理的技术主要包括网络信息组织技术，网络信息安全技术，信息过滤技术和网络信息计量技术等四个方面。

7.2.1 网络信息组织技术

信息组织是信息资源管理的基本范畴之一，是信息资源建设的中心环节，也是开展信息服务的有力保证，它是指利用一定的科学规则和方法，通过对信息外在特征和内容特征的描述和序化，实现无序信息流向有序信息流的转换，从而保证用户对信息的有效获取和利用及信息的有效流通和组合。信息组织实质上就是一个信息序化和优化的过程（尚克聪，1998），在这一过程中，信息在被描述、揭示的基础上，组织生成一个有序的、可利用的系统。

1. 网络信息组织的方法

（1）分类法

分类是根据对象的属性或特征，将对象集合成类，并按照其相互关系予以系统组织。分类法是一种按照事先规定好的学科或体系范畴，依据类别特征组织排列信息的方法，它以分类号作为检索标识，按学科性质进行系统排列，具有很好的层次性和系统性。网络信息分类法是以主题为中心或主题与学科相结合设类，并通过层层划分，按照从总到分的原则逐级展开，如国内外一些著名的搜索引擎都不约而同地采用了分类目录，如 Sohu、Yahoo 等，并获得了较高的声誉。美中不足的是，由于分类目录多是由非专业人员制定的，因而从科学分类的角度来看有些不合理之处，对该方法必须要采取一些取舍和改进的措施，才能充分适应网络信息环境的需要。

（2）主题法

主题法是根据文献论及的事物或概念为标引对象，直接用语词作这种对象的标志，按字顺排列，并用参照系统显示概念之间相互关系的一种索引方法或文献处理方法。该方法直观性强，是一种普遍使用的信息组织方法。传统的主题法包括标题词法、单元词法、叙词法及关键词法。文献信息组织时代，由于手工信息组织条件和技术的限制，主题组织法的应用范围比较有限。网络环境下，超文本链接技术使得主题法利用词汇关系链揭示相关知识的最大优势得以充分显示，在网络信息资源组织中发挥了十分显著的作用。目前在网络环境下，关键词法得到较大的应用。网站、网页中的自然语词都可被选作关键词来建立索引数据库，用户通过检索系统的关键词检索功能获取指向相关网络信息的超链接。

（3）分类主题一体化

单纯使用词语或分类的方法组织信息，均满足不了网上信息查询的复杂需求，只有把上述两种方法整合起来，才能满足用户不同层次的需求，因为该方法会将分类表和叙词表结合在一起，建立统一控制的分类主题一体化词表，一般以分类表作主表，保留完整的分类等级体系，通过参照系统反映概念之间错综复杂的关系，满足多种检索的要求。分类主题一体化的完善的关系网络可满足互联网的超文本链接特性，用来设计和管理超文本链路（胡冰，2003）。

2. 网络信息组织的技术

目前，网络信息组织的技术有以下几种。

（1）文本技术

用文件技术组织网络信息资源的优势是简单方便，因为计算机有一整套文件处理的理论与技术。网络也提供了专门的协议来帮助用户利用那些以文件形式保存和组织的信息资源，如 FTP。但随着网络的普及和信息量的不断增多，以文件为单位共享和传输信息会使网络负载越来越大；文件系统只涉及信息的简单逻辑结构，当信息结构较为复杂时，就难以实现有效的控制和管理；在网络环境下，网络信息的半结构化特征，使得文件技术只能是网络信息组织的辅助技术。

（2）超文本技术

它按照信息之间的内在联系非线性地存储、组织、管理和浏览信息，将自然语言文本和计算机交互式地转移或动态显示线性文本的能力结合在一起，它的基本特征就是在文档内部和文档之间建立关系。这种技术是网络信息组织的基础。超文本是由存放信息的节点和描述信息之间关系的链数据单元。节点是表达信息的一个单位，可以看作是对单一概念或思想的表达。节点表达信息的方法可以用文、图像、音频、视频、动画，甚至可以是一段计算机程序。链是超文本系统中表现信息之间关系的实体，表示概念之间的语义关系，通常隐藏在信息背后、记录在应用系统里，如果不刻意做一些标记，用户只有在从一个节点转向另一个节点时，才会感觉到链的存在。超文本有了链才有了非线性，有了链用户才能沿着链找到相关信息。

（3）数据库技术

数据库是对大量的规范化数据进行管理的技术，主要用于处理结构化的数据，将所有获得的信息按照固定的记录格式存储组织，用户通过关键词及其组配查询就可以找到所需要的信息线索，再通过信息线索链接到相应的网络信息资源。这种技术利用数据模型对信息进行规范化处理，利用关系代数理论进行数据查询的优化，从而大大提高了数据操作的灵活性。以数据库技术为基础已建立了大量的信息系统，形成了一整套系统分析、设计与实施的方法，为人们建立网络信息系统提供了现成的经验和模式（蔡红，2004）。

（4）搜索引擎技术

该技术是数据库技术在网络信息组织中的发展，其原理是利用能够从互联网上自动收集网页的 WebCrawler 系统程序，自动访问互联网，并沿着任何网页中的所有 URL 爬到其他网页，重复这过程，并把爬过的所有网页收集回来；由分析索引系统程序对收集回来的网页进行分析，提取相关网页信息（包括网页所在 URL、编码类型、页面内容包含的所有关键词、关键词位置、生成时间、大小、与其他网页的链接关系等），根据一定的相关度算法进行大量复杂计算，得到每一个网页针对页面文字中及超链接中每一个关键词的相关度（或重要性），然后用这些相关信息建立网页索引数据库；当用户输入关键词搜索后，由搜索系统程序从网页索引数据库中找到符合该关键词的所有相关网页。网上已有成百上千个搜索引擎，较著名的有 Google、Yahoo、Altavista、百度等。

（5）元数据技术

元数据是关于数据的数据，用来描述网络信息的属性，促进网络信息资源的组织和发现，帮助定位、搜寻、评估、选择信息。元数据的主要来源是资源的提供者（如创作者或出版者），由他们编制描述他们自己资源的元数据。元数据格式一般通过三层结构完整定义（张晓林等，2002）。

1）内容结构：对元数据的构成元素及其定义标准进行描述，其构成元素包括描述性元素（如题名、作者）、技术性元素（如扫描分辨率、压缩方法、使用软件等）、管理性描述（如有效期、使用权限等）、复用元素（指该元数据集从其他元数据集中复用的元素）。

2）句法结构：定义元数据格式结构以及如何描述这种结构。句法结构包括元素的分区分层分段组织结构、元素结构描述方法（一般用 XMLDTD 来定义）、DTD 描述语言、元数据复用方式。此外，句法结构还可以定义元数据与被描述数据对象的捆绑方式。

3）语义结构：定义元数据元素的具体描述方法，主要包括四个层次，元素定义（对元素本身有关属性进行明确定义）、元素内容编码规则定义（确定在描述元素内容时应该采用的编码规则）、元素语义概念关系、元数据版本管理。

（6）本体技术

本体的概念最初起源于哲学领域，它关心的是客观现实的抽象本质。在计算机领域，最早对本体进行定义的是 Neehes 等人："给出构成相关领域词汇的基本术语和关系，以及利用这些术语和关系构成的规定这些词汇外延的规则的定义。"Studer 于 1998 年将本体定义为"共享概念模型的明确的形式化规范说明"。后来越来越多的人研究本体，并给出了许多不同的定义，但是从内涵上来看，不同研究者对于本体的认识是统一的，都把本体当作是领域内部不同主体（人、机器、软件系统等）之间进行交流（对话、互操作、共享等）的一种语义基础，即由本体提供明确定义的词汇表，描述概念和概念之间的关系，作为使用者之间达成的共识。本体的用途包括交流、共享、互操作、重用等。在网络信息组织领域讨论本体，主要是讨论如何利用本体表达信息，也就是概念的形式化问题，这涉及本体的描述语言、本体的建设方法等内容。其中本体描述语言有很多种，基于XML、不同层次的网络本体逻辑描述语言 RDF、RDF-S、OIL、DAML、OWL、XOL 等，它们之间有着密切的联系。建设本体的方法分为手工的、半自动的和自动的生成方法。信息组织领域的研究者主要讨论基于手工和半自动的方法居多，主要原因在于不同领域的技术沉淀和知识背景不同而造成采用的方法不同。对于较小领域的本体可以采用手工方式创建，对于规模很大的领域甚至是通用的顶层本体的构建则要采用完全自动和半自动的方法（邓志鸿，2002；堪章俊，2004）。

（7）XML 技术

标记语言是说明性的语言，用来表现信息，使得信息能被程序正常地存储、交换和处理。元标记语言是制定标记语言时所用的共同规则，是定义标记语言的语言。SGML 是一种元标记语言，它非常灵活，足以定义无数的标记语言，但是不具有基于 Web 的信息传递机能，不适于网络环境下直接应用。在 XML 出现之前，HTML 是在 SGML 基础上开发出来的最成功的 Web 应用语言，弥补了 SGML 不适于在 Web 上直接利用的遗憾，但是 HTML 在资源描述和链接功能方面具有一定的局限性，并且语法定义不够严密。XML 是 SGML 一个优秀的子集，同SGML 一样，XML 也是元标记语言。XML 最具魅力的是标签的可扩展性，可以根据不同的应用目的来自定义标签，同时还允许使用者按照内容，创建自己的标记语言，以确定地对信息进行描述。在 XML 中，数据内容和格式相分离，其中XML 被用来描述内容，XSL 和 CSS 用来提供适合用户的格式表示。由于 XML 是非专有的、普遍适用的数据格式，并易于阅读和编写，人们可以使用任何一种理解 XML 的工具来操作数据，因此很适合作为不同应用之间交换数据的标准。另外，XML 和 Java 技术的紧密结合，使得数据通过网络更加容易移植。二者的结合是网络系统上交换信息的最适宜选择。（Hyun-Hee & Chang-Scok，2000；卢巧云，2003）

7.2.2 网络信息安全技术

随着网络的迅猛发展，众多用户借助网络信息的共享性极大地提高了工作效率，但是由于网络本身所具有的开放性也必然存在着极大的安全隐患，使网络极易受黑客、恶意软件和计算机病毒的攻击。近年来，发生在互联网上的安全事故频频发生，如网上信息被泄露、篡改和假冒，黑客入侵，计算机犯罪，病毒蔓延和不良信息传播等严重危害了网络的信息安全。因此，在网络化进程不可逆转的形势下，如何最大限度地减少或避免因信息泄漏、破坏所造成的损失，是摆在我们面前亟须妥善解决的一项具有重大战略意义的课题。

1. 影响网络信息安全的因素

在正式探讨网络信息安全技术前，笔者认为有必要对影响网络信息安全的因素进行探讨。经过归纳，主要有以下几个因素（张爱华，2006）。

（1）技术因素

互联网的共享性和开放性使网上的信息安全存在先天不足，因为其赖以生存的 TCP/IP 协议缺乏相应的安全机制，而且互联网最初的设计没有考虑安全问题。此外，随着软件系统规模的不断增大，系统中的安全漏洞或"后门"也不可避免地存在。现在使用的操作系统几乎都或多或少存在安全隐患，各类服务器、浏览器、一些桌面软件等都曾发现存在安全隐患，这也是影响网络安全的主要原因之一。

（2）计算机病毒

计算机病毒是在计算机程序中插入的破坏计算机功能，影响计算机软硬件正常运行并且能够自我复制的一组计算机指令或程序代码。计算机病毒可经电子邮件、互联网下载文件、浏览网页等方式传播，并能够渗透到计算机软件与硬件系统中，成为计算机逻辑炸弹或直接攻击硬件系统，造成主板损坏，致使网络系统瘫痪。随着计算机网络的发展，计算机病毒的种类不断变化，扩散速度大大加快，破坏性和受感染范围也越来越大，而且新型病毒正向着更具破坏性、更加隐秘、感染率更高、传播速度更快、适应平台更广的方向发展。

（3）网络黑客

黑客是指利用网络技术中的一些缺陷和漏洞，对计算机系统非法入侵的人。

黑客攻击或入侵行为分为两种：主动方式和被动方式。主动方式即通过网络主动发送违规与恶意请求，达到令目标系统失去响应或者获得目标系统的控制权，从而达到进一步破坏的目的；被动方式即利用互联网可交互的特点，在网上发布给客户一些含有恶意代码的网页、软件、电子邮件，当其他用户浏览网页、运行软件、打开电子邮件时，恶意代码在用户计算机中发挥作用，破坏系统或者安装"后门"，使用户对计算机失去控制。

（4）来自网络内部的安全隐患

现有网络安全既得考虑来自网络外部的攻击，也得慎重对待来自网络内部的安全威胁，后者的威胁甚至会更大。内部人员对内部流程非常了解，知道业务的漏洞所在，了解内部的网络、主机和应用系统的结构，拥有系统的一定的访问权限，可以轻易地绕过许多访问控制机制，特别是出现问题之前，如果有熟知信息网络系统结构和运行方式或掌握重要密码的内部人员，在系统中植入病毒或改变某种程序设置，那么就有可能引发很大的混乱。

2. 网络信息安全技术研究

网络信息安全是一个涉及数学、物理、计算机技术、网络技术、通信技术、密码技术等多种技术的综合交叉学科。目前在网络信息安全领域较多使用的技术表现为对信息和信息系统进行全面保护，以及做到信息安全技术与密码技术的紧密结合，主要有以下 5 种。

（1）数据加密技术

数据加密技术是为提高信息系统及数据的安全性和保密性，保护网内的数据、文件、口令和控制信息，保护网上传输的数据，防止秘密数据被外部破析所采用的主要技术手段之一。根据加密的范围不同，可分为链路加密、端点加密和节点加密三种（吴海燕等，2005）。链路加密的目的是保护网络节点之间的链路信息安全；端点加密的目的是对源端用户到目的端用户的数据提供加密保护；节点加密的目的是对源节点到目的节点之间的传输链路提供加密保护。用户可根据网络情况选择上述三种加密方式。按加密密钥与解密密钥的对称性可分为对称型加密、不对称型加密、不可逆加密和 PKI 四种技术（McGraw& Morrisett，2000；李彦旭等，2002）。

1）对称型加密有时又叫传统型加密，就是使用单个密钥对数据进行加密或解密，其中加密密钥能够从解密密钥中推算出来，反过来也成立。发信人用密钥将某重要信息加密后，通过网络传给收信人，收信人再用同一密钥将加密后的信息解密。这种方法的优点是计算量小、加密效率高，即使传输信息的网络不安全，被别人截走信息，加密后的信息也不易泄漏。对称型加密依赖于密钥，泄露密钥就意味着任何人都能对消息进行加解密。对称型加密可分为两类，一类是只对明文中的单个位（有时对字节）运算的算法称为序列算法或序列密码。另一类算法是对明文的一组位进行运算，这些组位称为分组，相应的算法称为分组算法或分组密码。

2）不对称型加密：为了解决传统加密体制中密钥的管理问题，1976年，Diffie 和 Hellman 发表了题为"密码学的新方向"，导致了密码学上的一场革命。不对称型加密中有两个密钥：一个称为公用密钥，另一个称为私有密钥，其中公用密钥在网上公布，为数据源对数据加密使用，而用于解密的相应私有密钥则由数据的收信方妥善保管。只有二者搭配使用才能完成加密和解密的全过程。公开密钥加密体制为信息安全提供了坚实的理论基础。它最主要的特点就是加密和解密使用不同的密钥，每个用户保存着一对密钥—公开密钥和私有密钥，从其中一个很难推断出另一个。因此，这种体制又称为双钥或非对称密钥密码体制。

3）不可逆加密：加密过程不需要密钥，且经过加密后的数据无法被解密，只有同样的输入数据经过同样的不可逆加密算法才能得到相同的加密数据。这种算法的特点决定其不存在密钥保管和分发的安全问题，但是其加密计算工作非常复杂，所以通常仅用于数据量较小情况下的加密。

4）PKI：即公开密钥基础设施（李明，2007），是一种新的安全技术，利用公钥加密技术提供一套安全基础平台，用户可利用 PKI 平台提供的服务进行安全通信。使用 PKI 系统的用户建立安全通信信任机制的基础是：网上进行的任何需要安全服务的通信都是建立在公钥基础之上的，私钥只掌握在通信信任的另一方。信任的基础是通过公钥证书的使用来实现的。公钥证书就是一个用户的身份与他所持有的公钥的结合，在结合之前由一个可信任的权威机构 CA 来证实用户的身份，然后由其对该用户身份及对应公钥相结合的证书进行数字签名，以证明其证书的有效性。PKI 系统由公开密钥密码技术、数字证书、证书权力机构（CA 和系统安全策略）等基本成分组成，是一种验证持有密钥的用户身份的综合系统。一个 PKI 系统由 CA、策略和技术标准、必要的法律组成。它的建立将推进公钥密码体制在 Internet 中的广泛使用。

（2）访问控制技术

访问控制技术是网络安全防范和保护的主要技术，它的主要任务是保证网络资源不被非法访问和使用，这也是维护网络系统安全、保护网络资源的重要手段（何露，2006）。它包括三个部分。

1）入网访问控制为网络访问提供了第一层访问控制。它规定了哪些用户能够登录到服务器并获取网络资源，监控用户入网的时间和准许他们在哪台工作站入网。用户账号是所有计算机系统中最基本的安全形式。用户账号只有系统管理员才能建立。用户口令是用户访问网络所必须提交的"证件"、用户可以修改自己的口令，但系统管理员可以控制口令的以下几个方面：最小口令长度、强制修改口令的时间间隔、口令的唯一性、口令过期失效后允许入网的宽限次数。

2) 网络的权限控制是针对网络非法操作所提出的一种安全保护措施。用户和用户组被赋予一定的权限。网络管理员指定用户和用户组可以访问哪些目录、子目录、文件和其他资源，并指定用户对这些文件、目录、设备能够执行哪些操作。受托者指派和继承权限屏蔽可作为其两种实现方式，其中受托者指派指定用户和用户组如何使用网络服务器的目录、文件和设备。继承权限屏蔽相当于一个过滤器，可以限制子目录从父目录那里继承哪些权限。

3) 目录级安全控制是指网络应允许控制用户对目录、文件、设备的访问。用户在目录一级指定的权限对所有文件和子目录有效，用户还可进一步指定对目录下的子目录和文件的权限。用户对文件或目标的有效权限取决于以下三个因素：用户的受托者指派、用户所在组的受托者指派、继承权限屏蔽取消的用户权限。一个网络系统管理员应当为用户指定适当的访问权限，这些访问权限控制着用户对服务器的访问。

(3) VPN 技术（虚拟网络技术）

VPN 技术发展至今，已不再局限于某种技术，而开始代表一个广泛的技术概念（蔡智澄，2006）。我们可以将 VPN 理解为依靠 ISP（网络服务提供商）在公用网络中建立专用的数据通信网络的技术。在虚拟专用网中，任意两个节点之间的连接并没有传统专网所需的端到端的物理链路，而是利用某种公众网的资源动态组成的。虚拟专用网络允许远程通信方、销售人员或企业分支机构使用 Internet 等公共互联网络的路由基础设施以安全的方式与位于企业局域网端的企业服务器建立连接。虚拟专用网络对用户端透明，用户好像使用一条专用线路在客户计算机和企业服务器之间建立点对点连接，进行数据的传输。

目前 VPN 主要采用以下四项技术来保证安全：隧道技术，类似于点对点连接技术，在公用网建立一条数据通道（隧道），让数据包通过这条隧道传输；加解密技术，通过一定的算法和密钥对数据进行加密和解密；密钥管理技术，利用 ISAKMP/OAKLEY 等管理技术安全地在公用数据网上传递密钥而不被窃取；身份认证技术，能够验证用户是否是能访问 VPN 的授权用户的身份。由于运用了以上技术，在公共网络上仅能看到各个 VPN 端口，隐蔽了内部网，保证了通过公用网络平台传输数据的专用性和安全性。

主流的 VPN 主要有两种技术——IPSec VPN 和 SSL VPN（张亮等，2007）。IPSec VPN 使用 IPSec 技术保证 VPN 隧道安全，它是目前主流的 VPN 实现技术。但 IPSec 常常过于复杂，因此采用 IPSec 技术的 VPN 产品在管理和部署上成本都比较高。由于 IPSec 工作在操作系统内核，IPSec VPN 导致的任何安全问题都可能对信息安全造成严重威胁。SSL VPN 是一种新兴技术，与传统的 VPN 技术不同的是 SSL VPN 是一种工作在用户空间的 VPN 技术。由于工作在用户空间，它的适用范围更广、成本更低，同时也可以方便地与现有应用进行集成。SSL VPN 使用 SSL/TLS 技术构建 VPN 隧道，从而保证通信安全。SSL/TLS 是工业级的安全通信标准，它是一个框架协议，框架中加密算法的实现是开放的，因此基于 SSL/TLS 的 VPN 技术也是一种可扩展的 VPN 技术。

（4）蜜罐技术（honeypot）

该项技术是一个故意设计为有缺陷的系统，专门用于引诱攻击者进入受控环境中，然后使用各种监控技术来捕获攻击者的行为，同时产生关于当前攻击行为、工具、技术的记录，甚至可以通过对应用程序中存在漏洞的数据分析，进一步提高系统和网络的安全性能，从而降低攻击者取得成功的可能性，有效地减少攻击对重要系统和网络信息的威胁（Richards，1999；樊萍，2004）。

Honeypot 系统根据工作目标的差异，可分为初级、中级和高级三种类型。

1）初级 Honeypot 系统对外仅提供一些特定的虚假服务，而且这些服务主要是通过在特定端口实时监听来实现。在系统中，所有进入系统的信息都会很容易地被识别和存储，加之没有实际操作系统，最大限度地降低了系统被攻击的可能性。但是该系统也有明显缺点，即它不能观测到黑客对系统的破坏过程，因此这种系统更像是一种单向通信，通过它我们只能被动地监听，而不能提出主动请求。

2）中级 Honeypot 系统中，通过相互之间的对话，入侵者的行为会被记录下来，以供事后分析和研究。这种系统提供了较为丰富的外部服务。但是对入侵者来说，这种系统中仍然不存在实际操作系统。随着系统伪装复杂性的提高，系统的不安全性随之增加，黑客寻找系统漏洞的机会也相应增加，因此对安全人员的要求也相应提高。在中级 Honeypot 系统，黑客可能采用更复杂的攻击，所以对攻击过程的记录和分析也就相应的更为重要和有效。建立一个中级的 Honeypot 系统需要对所有协议和各种服务详细了解，而且还要很长时间进行监测。由于该系统的主要目的是记录攻击的过程，因此保存数据尤为重要。

3）高级 Honeypot 系统是一种建立在真实操作系统上的系统。由于具有实际操作系统，系统的复杂度和危险性迅速增加，但同时系统被黑客注意的可能性和收集攻击信息的能力也随之增加。由于提供了操作系统，黑客就可以从网上下载、运行新的程序。高级 Honeypot 的优势就是可以完整记录和分析黑客的所有行为。但是该系统也有缺点：因为提供了一个完整的操作系统，所以必须确保该系统一直处于管理员的控制之下，这使得维护和监控系统需要很多的时间。而且一旦 Honeypot 系统被黑客攻陷，它不但丧失了采集数据的功能，还很可能成为黑客攻击其他目标的手段。

（5）防火墙技术

防火墙技术成为近年来新兴的保护计算机网络安全技术性措施。它是一种隔离控制技术，在某个机构的网络和不安全的网络之间设置屏障，阻止对信息资源的非法访问，也可以使用防火墙阻止重要信息从企业的网络上被非法输出。目前防火墙产品中采用的技术有如下几种（李彦旭等，2002）。

1）包过滤技术：通常安装在路由器上，根据网络管理员设定的访问控制清单对流经防火墙信息包的 IP 源地址、IP 目标地址、封装协议（如 TCP/IP 等）和端口号等进行筛选。

2）代理服务器技术：代理服务器通常由服务端程序和客户端程序两部分构成，客户端程序与中间节点（proxy server）连接，这样，从外部网络就只能看到代理服务器而看不到任何的内部资源。因此，采用代理服务器技术要比单一的包过滤技术更为可靠，同时还会详细地记录下所有的访问记录。

3）复合型技术：它是将上述的包过滤和代理服务器两种技术结合起来，从而互相弥补了对方技术上的不足。

4）审计技术：通过对网络上发生的各种访问过程进行记录并产生日志文件，这样网管就能对日志文件进行统计，从而对资源的使用情况进行分析，如发现非法入侵，还可进行追踪监视。

5）状态监视器技术：通过检测模块（一个能够在网关上执行网络安全策略的软件引擎）对相关数据的监测后，从中抽取部分数据（即状态信息），并将其动态地保存起来作为以后制定安全决策的参考。检测模块能支持多种协议和应用程序，并可容易地实现应用和服务的扩充。采用状态监视器技术后，当用户的访问到达网关操作系统之前，状态监视器要对访问请求抽取有关数据，并结合网络配置和安全规定进行分析，以作出接纳、拒绝、鉴定或给该通信加密等的决定。一旦某个访问违反了上述安全规定，安全报警器就会拒绝该访问，并向系统管理器报告网络状态。

7.2.3　网络信息过滤技术

互联网开放与自由的特性决定了网络信息资源具有数量庞大、增长迅速、内容丰富、类型多样等特征。然而网络也让用户感受到了它不便利的一面，即用户需要花费大量时间在浩如烟海的信息资源中逐步发现他们需要的信息，同时用户还需要面对大量的垃圾信息如 Email 用户收到的垃圾邮件、垃圾新闻以及大量非法站点上的色情反动信息等。面对如此复杂的信息，用户变得越来越无所适从。

信息时代的这种"信息超载"现象让人们对传统的信息服务方式产生了质疑，也产生了如何在最短的时间内可以找到最需要的信息，并去除掉不需要信息的服务需求。在这个背景下信息过滤技术（information filtering）应运而生，并得到越来越多的关注。

1. 信息过滤定义

尽管国内外已有许多学者对信息过滤问题展开研究，但迄今为止尚没有一个统一的定义。学者们在不同的研究阶段曾从不同角度对信息过滤进行了定义：如1994 年美国学者 Canavese 从系统的角度对信息过滤进行定义，认为信息过滤是针对某一用户的信息需求，采用系统的研究方法，从大量的信息中抽取最符合用户需求的信息的一个领域。1997 年美国学者 Shapira 从用户模型角度来定义信息过滤，认为所有的信息过滤模型及系统都是基于表述用户信息需求的用户模型上进行的，当前更多学者从文本过滤的角度出发给出定义，认为信息过滤是给定一个主题描述（即用户需求），建立一个能从文本流中自动选择最相关文本的过滤模板（filtering profile）。随着文本流的逐渐进入，过滤系统自动地接受或拒绝文本，并得到反馈信息（由 TREC 的组织评估单位提供），根据反馈信息自适应地修正过滤模板（Shapira B. 1997；刘伟成等，2002；宋媛媛，2005）。

2. 信息过滤的研究层次

根据目前国内外针对信息过滤展开的研究来看，可以将其分为两个层次：一种是初级信息过滤，即人们通常提及的针对网络不良信息（如垃圾邮件、色情网站等）的过滤，也就是网络信息安全过滤；另一种则是较高级的信息过滤，即可以为用户提供个性化信息服务的网络信息质量过滤。其中前者目的是为了维护我国信息安全，同时也是保障公民身心健康的必要手段。这种过滤的对象主要指网上非法的以及会对人们的身心健康造成伤害的信息，系统将根据一定的标准、利用一定的工具从动态的网络信息流中选取或剔除相关信息（黄晓斌等，2004）。而后者则针对特定用户的信息需求，在动态的信息源中过滤掉不相关信息，然后按照相关度法则把信息推送给用户。相对于前者而言，后者更加强调服务的主动性、灵活性、针对性、高效性，对系统的智能性要求也更高。

3. 信息过滤、信息检索以及本文分类的区别与联系

美国计算机专家 Belkin 和 Croft 于 1992 年在著名的《Communications of the ACM》上发表的一篇很有权威的文章中指出："信息过滤与信息检索就如一枚硬币的正反面"。它们虽有相似之处，但也有各自的特点。主要表现在：①信息过

滤主要关注用户的长线信息需求（指在一定的时间内比较固定的信息需求），而信息检索则主要关注用户的短线信息需求；②信息过滤的处理对象是非结构化（如网页）或半结构化（如电子邮件）的数据，主要用来处理文本信息，而信息检索主要处理结构化的数据（如数据库的记录）；③信息过滤主要是去掉与用户的信息需求不相关的信息，信息检索则是检出与用户的信息需求相关的信息；④信息过滤针对的是相对动态变化的信息源，而信息检索则是相对静止的信息源。不过把信息过滤技术用于 Web 信息检索是非常重要的研究方向，它对于解决网络信息的个性化、动态化以及提高被查询信息对用户的可用度有很大作用（Belkin & Croft，1992；宋媛媛，2005）。

文本自动分类是指在给定分类体系下，根据文本内容自动确定文本类别的过程。信息过滤与文本分类非常相似，文本分类的技术多数都可用于信息过滤。从文本分类角度来看，信息过滤就是要求将文档分为有用信息和无用信息两类中的一类，是一个二值分类问题。但事实上，两者之间还存在一定的区别：①对文本分类而言，每个类别的内容一般不会经常改变。如一个文本现在是体育类，将来也还属于体育类。而对信息过滤，信息是否有用是和用户密切相关的，更注重个性化，用户对有用的判别准则会随时间改变，而且信息本身的内容形式也在不断地变化。因此在信息过滤中要给用户提供自学习、反馈的机制，以适应新情况。②无论对信息过滤服务器还是用户客户端，信息过滤都对实时性要求比较高。因此要尽可能地采用计算简便、速度快的文本分类算法。③在分类效果上，人们最不希望将有用信息误判为无用信息而过滤掉，因此对信息过滤系统来说类别的分类准确性要求较高。

4. 信息过滤系统

从图 7-1 中我们可以看出，信息过滤系统由信息分析器、过滤处理、用户需求信息获取以及学习过程四个模块组成。信息分析器从信息源处收集数据项（包括文档、消息），并将数据项进行分析，以系统特定方式表示，例如以一个以特征项表示的向量。然后，数据的这种表示作为输入传送到过滤处理组件中去。过滤处理组件是信息过滤系统的核心部分，主要是用数据的表示来匹配用户模板，并决定数据项是否与用户有关。需要获得相关数据的用户是数据是否相关的最终决定者，他们的评价提供给学习组件进一步的反馈。用户需求获取模块获得有关用户信息需求，并利用这些信息来形成用户模板，并送到过滤处理组件，作为过滤依据。学习组件在提高过滤效果时显得至关重要。一般来说，用户模板的最初构建都不完善，过滤系统的最初效果也不是很好，而且用户信息需求可能发生改变，因此过滤系统必须包含一个学习组件，用来监测用户的兴趣改变，修改并逐步完善用户模板以达到一个理想的过滤效果（柳胜国，2005；马金刚，2006）。

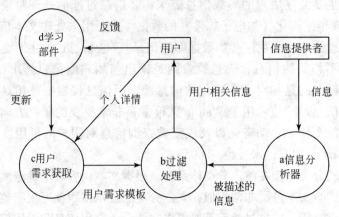

图 7-1　信息过滤系统的一般模型

5. 信息过滤系统的分类

信息过滤系统按照不同的分类标准，有着不同的分类方法，主要有以下几种。

1）根据过滤方法的不同，可分为认知（cognitive）过滤和社会（social）过滤。认知过滤系统的用户需求文档的形成及相关度的计算仅依靠信息的内容，因而又叫做基于内容的过滤（content - based filtering），这是目前最主要，也是研究最多的过滤技术，主要采用自然语言处理、人工智能、概率统计和机器学习等技术，根据信息资源与用户兴趣相似性来过滤信息，每个用户都独立操作，不需要考虑别人的兴趣爱好。社会过滤又称为协作过滤，通过掌握一个用户群体的诸个体间的相互联系及组织关系，并根据其他用户的推荐或者评注选择文本。

2）根据系统操作是否主动，可分为主动过滤系统和被动过滤系统。前者是用户主动搜寻相关的信息。该系统依靠用户模板来搜索信息源，收集发送相关信息给用户。后者是当输入数据流到来时，被动执行，负责删除无关信息，主要应用在邮件服务器或网络新闻组中。在这些地方，数据是自动流入的，无需花工夫去收集。此类过滤系统的作用就是按照用户模板，选择有关数据项给用户。

3）根据获取用户知识的不同方法，可分为明确式过滤系统、隐含式过滤系统和混合式过滤系统。明确式过滤系统通常要求用户去填写一个描叙他们兴趣领域的表或提供给用户一系列预定义模板，由用户从中选择。隐含式过滤系统并不要求用户主动地参与到知识获取任务中来，它通过系统记录下用户对每个输入数据项的反应，从中了解每个用户对数据的实际相关度。混合式过滤系统获取知识的方法介于明确式和隐含式之间，因此称之为混合式。

4）根据过滤操作的位置不同，可分为信息源过滤、服务器端过滤和用户端过滤。在信息源过滤中，用户将过滤模型提交给一个信息提供者，他为用户提供与过滤模型匹配的信息，这一类过滤称为剪辑服务。在服务器端过滤中，用户一方面将用户模型提交给服务器，另一方面，信息提供者将信息传递给那些服务器，服务器过滤并将相关信息分发给各个用户，并为不同地理位置的或特定兴趣主题小组进行服务。Kay 和 Kummerfeld（1995）已经为这种过滤系统设计了一种结构。其中信息提供者（供应商）将信息传递给发布中心，发布中心将对用户相关的信息进行评估并传递给用户。基于用户模型建立的用户代理程序，在信息到达时对其进行检查，并决定每一条信息对哪些用户来说是合适的。在用户端过滤中，本地的过滤系统对进来的信息流进行评估，并将不相关的删除或是按照相关度进行排序。用户端的过滤实行的是被动过滤，只是对流过的信息进行评估（黄晓斌等，2004；宋媛媛，2005；柳胜国，2005）。

6. 信息过滤系统中的关键技术

通过对用户信息需求和原始文档进行对比，获取所要的结果是信息过滤的基本问题。过滤的效果通常取决于原始文档和信息需求匹配的效果，这也是信息过滤系统的关键技术。

文档表示是信息过滤中的重要技术，其根本目的是要获取原始文档中有效的文本信息，常用的表示方法有布尔模型、向量空间模型、概率模型等。

用户需求的表示是指用户需求的结构化表示，是通过从传统的布尔模型到目前流行的向量空间模型，以及还有诸如神经网络、层次概念集、示例文本等多种方式加以表达。用户信息需求模型的表示可以分为逻辑表示和物理表示。用户信息需求模型的逻辑表示为用户信息需求模型的外部表示形式，一般称为用户模板。文档匹配技术同样包括布尔模型、向量空间模型、概率模型等。

布尔模型或向量空间模型是当前大多数的信息过滤系统的核心，其基本原理都是使用关键词集合或者关键词向量表示文档和用户的信息需求，再按照索引术语进行检索，并利用向量间的距离来计算相似度。这两种模型都将表示文档的词条视为相互独立的项，忽略了词条间的关联性，而概率模型在进行信息过滤的过程中考虑了词条与文档间的概率相依性，把信息过滤看成是文献表示和查询之间匹配程度的概率估计问题。

7. 信息过滤的技术标准及典型系统

信息过滤技术领域已形成了有广泛影响的技术标准—因特网内容选择平台

（PICS），基于 PICS 的分级系统和过滤软件应用是信息过滤技术的主要内容（沙勇忠，2004）。

因特网内容选择平台（PICS）是万维网联盟（W3C）开发的关于分级与过滤的技术标准。PICS 是一种用来过滤的机器语言，这种过滤语言使得过滤法则更容易被传送到搜索引擎、代理服务器或其他为用户服务的软件上。PICS1.1 作为 W3C 推荐文件于 1997 年 12 月 20 日发布。该标准出台的目的在于既要保证儿童免受网络上不良信息的侵害，又要保证成人正常获取各类信息的权力，即让家长、老师来控制未成年人对因特网的存取。PICS 的实现机制是将网络信息资源加上一个元数据标签，计算机在后台进行处理，过滤掉用户不需要的资料，它只是关于各种分级软件与服务协调工作的一系列技术规范，可以为其他分级服务和过滤软件提供一个平台。分级服务商选择自己的分级标准，用户可以选择适合自己的分级服务商。PICS 本身不是分级系统，也不进行任何分级，而是一系列针对因特网的协议，阐明如何描述、分发和分析分级制度。PICS 构成了一些工具的技术基础，这些工具可用以制作和发布标签，并使过滤软件和其他工具能够识别它们。

根据 W3C 联盟在 1997 年 12 月发布的 PICS 规则，PICS 的过滤技术结构主要由基于 URL 的过滤、基于 PICS 标记的过滤和基于 PICS 标记的获准进入等三个方面组成。

PICS 技术标准最常用的功能表现在分级过滤产品中，即通过过滤软件的应用来屏蔽与标记有关的内容。RSACi、SafeSurf、NetShepherd 是 PICS 最普及的三种分级系统，有相当的用户群。

RSACi（RSAC on the Internet）是美国的一个非赢利性组织 RSAC（The Recreational Software Advisory Council）开发的一个系统，它以 W3C 的 PICS 所规范的分级格式为基础，能够针对网页内容进行分级评分，使大众，特别是教师和家长，能够根据一个公开的、客观的评分系统所提供的信息来选择他们想要的电子媒体，如电子游戏和网站。随着分级观念的普及与服务需求的扩大，RSAC 后来改名为 ICRA（intenet content rating association），以网页内容分级研究及推广为其主要目标。ICRA 的分级标准主要针对暴力、色情、语言及其他四类项目，网页作者或网站管理者可以经由浏览器连接到 ICRA 在线评分系统对他们的网页进行评分。微软浏览器 Explorer3.1 以后的版本已经整合了 ICRA 标准。用户在 IE 浏览器"工具"栏里点击"选项"里的"内容"就能够看到"分级审查"，再点击"启用"就出现分级审查窗口，在该窗口中用户可按需要选择适合自己的类目和级别，之后按"确定"键即完成基于浏览器的分级选择。

SafeSurf 是一个互联网分级系统，意思为"安全冲浪"。该系统可以给网站评级，生成一个"SafeSurf Rating META Tag"。包含这个 Tag 作为网站 HTML 的一部分，使它无需审查而满足网络安全的需要。一旦分级，"家庭安全"网站会被仅列出已分组网站的搜索引擎列出，过滤软件可以据此更好地保护儿童。网站通过 SafeSurf 系统标明适合哪个特定年龄组的用户。另外，网页可以包含多至十个标签来描述它们的内容，每个标签又有九个等级。最低是 1 级，意味着页面仅包含极少的标签所指的内容；最高的等级是 9 级。用户通过设置决定接受哪些内容。

8. 信息过滤系统的评价

从有效性角度评估信息过滤系统是一项复杂的工作，至今还没有标准的方法。这是由多方面原因造成的：第一，信息检索界更加关注检索结果的正确性、检索系统的查全率和查准率；第二，对于自适应过滤系统如何评估至今还没有达成共识（大多数过滤系统都是自适应的）；第三，信息检索领域的方法只能用于基于内容和协同的过滤系统的评估，因为它们都依赖于内容分析，只考虑信息的内容，而不考虑社会参数，故不能用于评估包含其他属性的过滤系统。由于信息检索不能忽视这些要求，所以新的信息过滤评估很可能采取将查准率和查全率相结合的方式（程妮等，2005）。

（1）简单的查准率和查全率

评价信息过滤系统主要还是用查全率和查准率，尽管研究人员怀疑其适用性。由于计算查全率必须基于完整的数据集，而实际的过滤系统都自动地略去了不相关的数据，因此完整的数据集合是未知的，所以不能在真正的过滤系统上应用这种方法（Belkin&Croft，1992）。

（2）统计手段

这类方法中最流行的是相关性（最常用的是 Pearson 相关性）尺度。其中的用户评价和系统评价是相关的。例如，SIFTER 就是使用这种方法通过模拟实验评价的。还有一个原型系统是通过实验评价和模拟评价相结合的手段评价系统的有效性。他们让十个用户评价收到的电子邮件的相关程度（每个用户评价 200 个信息，使用 7 分制）。然后，系统计算使用不同过滤策略的相同信息的相关程度，通过比较系统评价和用户评价之间的相似性来确定过滤策略的有效性（Mostafa et al．，1997）。

（3）基于集合的评价方法

一个信息过滤系统必须接受或拒绝一个被评价的数据项，这应该与数据输入的次序无关，而只是与相关程度有关。这意味着，基于一套分级排序的输入数据的评价手段是不准确的（如平均查准率）。实际上，TREC 的设计者建议使用两种基于集合的方法：效用和平均集合查准率。

（4）面向用户的手段

评价过滤结果是主观的。由于不同用户对"相关"有不同的认识，查准率和查全率并不总能反映用户的满意度。为了解决这个问题，人们提出了覆盖率。R 是相关文档，I 是查询，A 是结果集合。我们定义 U 是 R 的一个子集，是用户知道相关的文档数量。文档集合 Rk，是 A 和 U 的交集，表示检索结果中知道与用户需求相关的。覆盖率被定义为用户知道的文档被实际检索出来的比例：覆盖率 ＝［Rk］/［U］。当系统有一个高覆盖率的时候，用户检索出了更多他期望的文档。并且还考虑检索出来的用户不知道的相关文档的新颖度。我们定义 Ru 是检索出来的用户不知道的相关文档。新颖度 ＝［Ru］/（［Ru］＋［Rk］）。高的新颖度代表着系统检索出许多用户以前不知道的新文档。

7.2.4　网络信息计量技术

互联网在其发展之初，是作为学术交流的目的发展起来的全球性的文献网络，如今成为了文献计量学、科学计量学和信息计量学共同关注的对象。自从 20 世纪 90 年代中期以来，关于这方面的研究术语有很多，比如，Bossy 在 1995 年提出了 Webmetrics，Abraham 在 1996 年提出了"Webometry"，Almind 和 Ingwersen 先在 1996 年提出了"Internetometics"，又在 1997 年提出了"Webometrics"，而"Cybermetrics"则是由 Isidro Aguillo 在 1997 年提出的，后来还有一些学者提出了网络文献计量学的概念（Bjorneborn et al，2004）。虽然这些概念纷繁复杂，但是他们均是采用数学、统计学等定量分析方法，对网上信息的组织、存储、分布、传递、相互引证和开发利用等进行定量描述和统计分析，以便揭示其数量特征和内在规律。网络信息计量主要是由网络技术、网络管理、信息资源管理与信息计量学等相互结合、交叉渗透而形成，是信息计量学的一个新的发展方向和重要的研究领域，具有广阔的应用前景，其根本目的主要是通过网上信息的计量研究，为网上信息的有序化组织和合理分布存储、为网络信息资源的优化配置和有效利用、为网络管理的规范化和科学化提供必要的定量依据，从而改善网络的组织管理和信息管理，促进其经济效益和社会效益的充分发挥（邱均平，2000）。

1. 网络信息计量的研究对象

从研究现状来看，其研究对象十分广泛，主要涉及以下 3 个层次。

1）网上信息的直接计量问题，如对集文字、图像、声音为一体的多媒体数字信息的计量方法研究，对以字节为单位的信息量和流量的计量研究等。

2）网上文献、文献信息及其相关特征信息的计量问题，如网上电子期刊、论文、图书、报告等各种类型的文献，以及文献的分布结构、学科主题、关键词、著者信息、出版信息等的计量，既涉及网上一次文献的计量，又涉及网上二次文献、三次文献的计量问题。

3）网络结构单元的信息计量问题，网络结构单元包括站点、布告栏、聊天室、讨论组、电子邮件等，对以上网络结构单元中的信息增长、信息老化、学科分布、信息传递，以及各单元之间的相互引证和联系等的计量研究，将是网络信息计量研究的重要组成部分（赵蓉英等，2007）。

2. 网络信息计量研究的数据来源

在我们进行网络信息计量研究过程中，如何有效地获取研究数据至关重要。根据不同的研究目的和研究内容，获取数据的途径大致有以下几种。

（1）搜索引擎

对网络信息计量研究来说，搜索引擎主要有两个用途，一是直接用于查找所需信息，探寻有价值的信息线索。这时搜索引擎的搜索结果可以直接作为抽样的依据，进而作相关的统计分析。二是专门用于网络链接分析，这方面的研究是目前网络信息计量研究的热点，应用较多的搜索引擎有 AltaVista、AllTheWeb、Google、Yahoo 等，而 AltaVista 又是这几种搜索引擎中使用较多的一种，因为 AltaVista 能够提供关于网站链接的搜索功能，可为网络信息计量研究提供有效的数据源。

（2）在线文献数据库

它主要是将传统纸本文献进行适当标引和数字化后，用数据库和超链接加以组织，并提供商业化的网络服务而形成的。按其提供的内容可分为全文库、文摘库、目录库、索引库等，例如常用的中国知网（CNKI）数据库、重庆维普中文科技期刊数据库、人大报刊复印资料数据库等。

（3）在线引文数据库

它是为进行引文分析，对传统纸本文献进行引文标引、加工后得到的一类特殊的数据库产品。美国科学情报研究所（ISI）推出的 ISI Web of Knowledge 是个典型，它是基于网络的学术信息资源体系，整合了传统三大引文数据库和国际会议录、德温特专利、生物科学数据库、化学数据库等其他数据库。引文数据库的出现大大提高了搜集、统计引文数据的效率。

（4）统计网站与统计数据库

统计数据一般来源于国家政府机构或特定机构对其自身状况的统计。因特网上专门的统计网站和统计数据很多，且都是一些可信度较高的"硬"数据。常用的统计网站有中国国家统计局、中国统计年鉴、中国互联网络信息中心等。

3. 网络信息计量的研究方法

网络信息计量的研究方法是跟其研究对象紧密相关的，目前的研究方法大致有以下 3 种。

（1）网络链接分析法

网络链接分析法是指运用搜索引擎、数据分析软件等工具，利用数学（主要是统计学和拓扑学）和情报学方法，对网络链接自身属性、链接对象、链接网络等各种对象进行分析，以便揭示其数量特征和内在规律，并用以解决各方面问题的一种研究方法。其思想主要来源于文献计量学中的引文分析法，网络链接结构类似于传统文献之间的引用结构。已有许多研究者将文献计量学中的引文分析法应用于网络信息计量研究中，由此产生了网络链接分析法（link Analysis），可以说，网络链接分析法是和网络信息计量研究相伴而生的，它也是目前网络信息计量研究的主要方法。网络链接分析法主要应用于以下几个方面。

1）链接的数量分布规律研究。比利时学者 Loet leydesdorff 等人使用链接计数分析，研究了大学—产业—政府三者关系密切程度的历史演变（Loet leydesdorff，2000）。比利时学者 Rousseau 对网址的分布模式和进入网页的链接作了分析，发现在他所研究的 343 个网址中最高层域名服从洛特卡分布，而且对这些网址的引用也符合洛特卡分布，自引比例约为 30 %（Rousseau R，2000）。

2）网络影响因子研究。1998 年，丹麦学者 Ingwersen 受文献计量学中的期刊"影响因子"（impact factor）的概念启发提出了网络影响因子（web impact factor，WIF）的概念，用以分析一定时期内某些网站或网页平均被引情况，以此来评价网站在网上的影响力。目前国内外已有多位学者进行该领域的研究，并取得一定的研究成果，不过链接数据获取工具有待完善（Ingwersen P，1998）。

3）核心网站的确定。同网络影响因子相类似，核心网站反映的也是网站影响力，所不同的是，网络影响因子是对特定网站或网页的研究，而核心网站测定的是数量较多的一组网站。目前对核心网站的测定主要是从确定的样本网站中利用搜索引擎抽取每个网站的站外链接，根据这些站外链接出现的频次，按照一定规则，将频次最高的一组网站确定为核心网站。这种方法所面临的问题与目前网络影响因子研究所面临的问题相同，主要是链接数据获取工具不完善。

4）网站同引分析研究。将文献计量学中同引（co-citation）概念和聚类（clustering）研究应用到网站或网页的链接分析中，亦是网络信息计量学的研究主流之一，这种方法叫做网络共链分析法（co-link analysis），是网络链接分析法的一个发展分支，目前已有学者利用共链分析方法考察企业的竞争关系。

5）研究机构科研能力的评价。由于网络已成为科学信息交流的重要媒介，一些研究者推测，科学研究机构的网络信息获取和发布情况与该机构的科研能力可能存在着某些关系，目前已有多位学者展开研究，比如段宇锋发现，网站的被链接数和网络影响因子与大学科研能力排名具有一定的相关性。他考察了广东管理科学院 2002 年最新排名前 100 名的国内大学的网站，利用 AltaVista 获取各网站的网页数和被链接情况，并以此计算网络影响因子。结果显示，大学网站的总链接数和外部链接数均与各大学的排名得分有显著的相关关系。

网络信息资源覆盖范围广、动态性强，具有信息量巨大、不确定性、缺乏合理组织、难以预测等特点，信息过载和信息污染现象严重，引用与被引用关系也变得十分复杂，网站的被链接数量还与它的商业推广有着密切的联系，因此链接分析法作为评价方法在某种程度上缺乏客观性，其适用范围是有限的。链接分析中数据获取工具过多地依赖商业搜索引擎，而商业搜索引擎本身并非针对计量研究开发使用的，且其搜索覆盖范围有限，对不同文化和语言的适应力较差，同时不同搜索引擎的搜索结果差别较大，比如我们经常使用的 altavista、alltheweb 这两大搜索引擎，其对中文网页的覆盖范围非常有限且稳定性较差，故搜索得到的网页差别较大（张洋等，2004）。

（2）网络内容分析法

网络信息计量研究目前所做的工作基本集中于对网络信息资源的外在表现特征的计量分析，尚未深入到网络信息的内容层次，而传统内容分析法是对文献内容进行系统的定量分析的方法，其目的一般是弄清或测度文献中本质性的事实和趋势。网络内容分析法则是把内容分析法应用到网络信息计量研究中逐渐发展而成的一种方法，不过该方法目前在学术界研究较少，进展较缓慢。

网络内容分析法具有传统内容分析法的基本特征，但又不是该方法应用范围的简单扩大，它可以描述网络信息的内容与变化趋势，比较网络信息与社会现实，推断网络信息发布和传播者的态度，并评价网络传播的效果。

根据分析要素的不同，网络内容分析法可分为词频分析法、网页分析法、网站分析法。词频分析法是分析网络文本内容的常用方法，它以词汇作为分析要素，统计其出现的频次，分析和推断网络传播的内容。网页分析法是以网络上某一 URL 所标识的 Web 页面为分析要素，对网页的内容进行分析。网站分析法是以具有独立域名的 Web 站点作为基本分析要素，可从网站规模、内容、访问人数等方面展开分析。

网络内容分析要以大量且无序的网络信息作为分析的基础，数据收集、分类、统计分析等工作若单靠人工操作，不仅会耗费大量人力和时间，甚至可能达不到目的，因此要尽量借助一些软件和工具，比如搜索引擎，它利用自动收集网页的 Spider 程序，收集了大量网页，并建立了索引数据库，我们可直接对索引数据库进行分析。在文本统计分析中，我们需要进行词频统计分析、类目频次统计分析，其中前者是指软件提供一个文本中出现的所有词语及其出现次数的列表，后者是允许用户指定"字典"，可将一系列词或短语映射到一个词，从而形成一个类目，方便统计分析，现有可以阅读任何文本并归纳出主要内容的文本分析软件（CATPAC），可将共同发生的词语指向类似母体，并且有聚类和多维度分析功能（HAMLET）的软件等。

由于内容分析法本身的局限性和网络媒体的特殊性，网络内容分析法在应用中表现出一些问题及局限性。传统内容分析法对原始资料的依赖性强，对分析对象的要求严格，而网络是新兴事物，尚无有效的约束和监管机制，信息的真实性无据可考，很难保证来源的准确性和可靠性。网络信息的发布时间不明确，更新周期较短且不定，使分析样本的起讫时间成为一大难题，回溯分析和历史比较分析便很难完成，而且传统内容分析法所经常采用的简单随机抽样、连续日期抽样或构造周抽样三种时间抽样方法，已很难在网络环境下实现（周黎明等，2005；任立肖等，2005）。

(3) 网络数据挖掘法

网络数据挖掘是对包括网站结构、网页内容、用户访问信息等在内的各种网络数据，应用数据挖掘方法以发现有用的知识来帮助人们从网络中提取知识。由于网络上的每一个站点就是一个数据源，每一站点之间的信息和组织都不一样，这就构成了一个巨大的异构数据库环境。网络数据挖掘不仅要利用一般和标准数据库里数据挖掘的全部技术，还要针对网络数据的特点，采用更加特殊的方法。

网络数据挖掘包括网络结构挖掘、网络内容挖掘以及网络使用信息挖掘三个方面，前两个方面类似于网络链接分析和网络内容分析，鉴于前文已详细介绍过这两种方法，笔者只对网络使用挖掘进行介绍。

网络使用挖掘，主要用来了解用户的网络行为。网络结构挖掘、内容挖掘的对象是网上的原始数据，而网络使用挖掘面对的是在用户和网络交互的过程中抽取出来的第二手数据，包括网络服务器访问日志记录、浏览器日志记录、用户对话或交易信息、用户提问式等。个人浏览 Web 服务器时，服务器方会产生日志文件，用于记录用户访问和交互的信息，本方法正是对日志文件进行分析，从而发现用户的访问模式、相似用户群体、频繁路径等知识。服务器日志还记录了服务器接收请求以及运行状态的各种原始信息。通过对这些信息的统计、分析与综合，就能有效地掌握服务器的运行状况、诊断差错事故、了解访问分布等，加强系统的维护和管理。

由上述介绍可得，网络数据挖掘也存在着一定的局限性，比如网络结构挖掘中的链接数据获取工具的不完善、网络内容挖掘中的原始信息变动较快，不便于抽样等，不过网络使用挖掘已慢慢地在电子商务经营中得到应用，比如通过发现用户浏览使用偏好和个性化需求，正确识别用户，并开发个性化推荐服务系统，满足用户在电子商务交易中的潜在需求。

7.3　网络信息资源的经济管理

7.3.1　网络经济的几个基本原理

1. 网络经济的定义

网络经济有多种英文表述方式，包括 Webnomy、Cybermomy、Internet Economy、Network Economy 等。Webnomy 是 Web Economy 的简写，意为网站经济，即通过网站开展经营活动的经济形式，提供信息或知识以及信息服务的新型网站是 Webnomy 的典型形式。Cybemomy 是 Cyber Economy 的简写，Cyber 表示"计算机，计算机的"之义，中文可译为基于计算机的经济。Internet Economy，即互联网经济，包括基于互联网的经济形态、应用互联网的经济形态等。Network Economy，即网络经济，基于网络的经济，所说的网络既包括以互联网为代表的现代信息网络，也包括传统工业社会必须依赖的网络。

笔者认为，Webnomy 与 Cybemomy 两者含义接近，却包含在 Internet Economy 里面，而 Network Economy 的含义最为广泛，四者的关系如图 7-2 所示，其中网络经济（Network Economy）可以从以下三个层面认识。

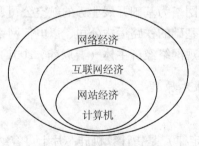

图 7-2　网络经济关系图

（1）宏观层面

网络经济是对现代经济宏观层面的一个侧面描述。从不同角度去认识现代经济，可衍生出多个经济名词，比如信息经济、知识经济、数字经济、虚拟经济、新经济等。从不同的角度去研究，有助于我们更深刻地认识现代经济。

在现代经济中，各个经济主体通过多种网络直接或间接联系，并且是若干个网络系统的节点，比如一个企业可能需要通过金融网络来融资，通过媒体网络招聘职员，寻找合作伙伴，向消费者介绍产品或服务，通过电网获得所需能源，通过交通网络获得原材料、半成品，并将产品传送给经销商或最终用户等。两个经济主体之间，有着直接或间接连通的多种不同性质的网络通道。现代经济就成了一个由众多经济主体通过密如蛛网的通道相互连接形成的立体的网络空间，信息、资金、商品等所有经济资源通过网络通道在不同主体之间有序流动。

（2）中观层面

网络经济是对依赖特定网络的行业描述。中观层面的网络经济依赖于某种或某几种特定网络。互联网经济是典型的中观网络经济。互联网的出现激发了一类新的商业模式，包括 B2B 模式、网上金融、网络拍卖、网络软服务业、网络硬服务、数字商品提供者、技术创新、内容服务、网络门户等 12 类 77 种。互联网经济网罗了众多的企业、社会组织、家庭和个人，形成了其独特的经济主体群。笔者认为，除了互联网经济以外，电力经济也是一种中观网络经济。电力经济依赖于覆盖面最广的电力网络，通过金属通道将几乎所有的企业、家庭联系到一起，电能以光速在网络上传输。从某种意义上讲，在经济价值方面现在的互联网经济还远远不能与电力经济相提并论。同样，以航空运输网络为基础的航空运输业、以铁路网络为基础的铁路运输业、以电信网络为基础的电信业等也是中观层次上的网络经济。

（3）微观层面

对网络经济微观层面的考察将落脚到各经济主体行为的描述。在互联网经济中可以找到典型的微观网络经济主体，如新浪、搜狐、阿里巴巴等，是中国互联网经济的代表。以航空网络为基础开展业务的航空公司、以电力网络为基础的电力公司、以铁路网络为基础的铁路运输公司、以电信网络为基础的电信公司均可在某种意义上称之为微观网络经济主体（曹联养，2001）。

2. 网络经济的三大原理

（1）摩尔定律

摩尔定律（Moore 定律）是指计算机硅芯片上可容纳的晶体管数目约每隔 18 个月便会增加一倍，性能也将提升一倍。摩尔定律是由英特尔（Intel）名誉董事长戈登·摩尔（Gordon Moore）经过长期观察发现得之。这个定律的作用从 20 世纪 60 年代以来已持续 30 多年，其所阐述的趋势一直延续至今，且仍不同寻常地准确。人们还发现这不光适用于对存储器芯片的描述，也精确地说明了处理机能力和磁盘驱动器存储容量的发展。该定律可以反映信息技术功能价格比，对信息技术发展趋势的分析预测具有实际意义，预计在将来一段时间内这一规律还会持续下去，它揭示了信息技术产业快速增长和持续变革的根源。近年来，国内 IT 专业媒体上又出现了"新摩尔定律"的提法，则指的是我国 Internet 联网主机数和上网用户人数的递增速度，大约每半年就翻一番，而且专家们预言，这一趋势在未来若干年内仍将保持下去（冯磊，2007）。

（2）梅特卡夫法则

梅特卡夫（Metcalfe）法则是指网络的价值等于网络节点数的平方，即网络效益随着网络用户数量的增加而呈平方指数增长。这个法则告诉我们：如果一个网络中有 n 个人，那么网络对于每个人的价值与网络中其他人的数量成正比，这样网络对于所有人的总价值与 $n \times (n-1) = n^2 - n$ 成正比。如果一个网络对网络中每个人价值是 1 元，那么规模为 10 倍的网络的总价值等于 100 元；规模为 100 倍的网络的总价值就等于 10000 元。网络规模增长 10 倍，其价值就增长 100 倍。互联网的用户大概每半年翻一番，互联网的通信量大概每百天翻一番，这种爆炸性增长必然会带来网络效益的飞快高涨。互联网企业概念股市值连续上扬的原因就与人们的这类预期有关。

梅特卡夫法则的经济学描述是网络外部性。以购买办公软件为例，随着使用微软 OFFICE 软件用户的增多，该产品对原有用户的价值也随之增大，因为你可以通过与其他用户的信息共享和兼容，增大办事效率。之所以会产生网络外部性，是因为网络自身的系统性和网络内部组成成分之间的互补性。首先，无论网络如何向外延伸，也不论增加多少个节点，它们都将成为网络的一部分，同原网络结成一体，因此整个网络都将因网络的扩大而受益。其次，在网络系统中，信息流的流动不是单向的，网络内的任何两个节点之间都具有互补性，这就保证了网络外部性的普遍意义（卡尔·夏皮罗等，2000）。

（3）马太效应（Matthews Effect）

《圣经》中"马太福音"第二十五章有这么几句话："凡有的，还要加给他叫多余；没有的，连他所有的也要夺过来。"1973 年，美国科学史研究者莫顿用这句话概括了一种社会心理现象："对已有相当声誉的科学家作出的科学贡献给予的荣誉越来越多，而对那些未出名的科学家则不承认他们的成绩。"莫顿将这种社会心理现象命名为"马太效应"。

网络经济发展过程中"马太效应"较为明显的是操作系统市场的竞争，微软之所以能在操作系统市场占据统治地位，这跟网络经济的边际收益递增和锁定特征紧密相关。在信息活动中由于人们的心理反应和行为惯性，在一定条件下，优势或者劣势一旦出现，就会不断加剧而自行强化，出现滚动的累积效果。因此，某个时间内往往会出现强者越强、弱者越弱的局面，而且由于名牌效应，还可能发生强者统赢、胜者通吃的现象，最终呈现自然垄断的结果。

7.3.2 网络信息产品定价及价格规制

随着经济与技术的迅速发展，信息逐渐实现了市场化、商品化。全球互联网的发展使信息商品可以在网上进行销售，使信息商品的交易更为迅捷和方便。在目前，网络不仅仅是一个信息共享和传播的平台，对于以信息内容为核心价值的信息商品来说，更是一个新兴的、条件良好的市场。信息服务也逐步瞄准网络这个平台，传统的线下信息服务纷纷在这个崭新的平台上寻找市场。由于商品的价格问题直接影响到该商品经营的成功与否，因此有必要对网络信息商品和网络信息服务的定价问题展开研究，而网络信息商品和网络信息服务统称为网络信息产品。

1. 网络信息产品内涵

网络信息产品分为网络信息商品和网络信息服务两种类型。信息商品是被数字化的商品，是用来交换的信息产品，它是人们通过收集、加工、传递和存储所形成的，用来满足人们信息需求的进行了商品化的产品。随着互联网技术的进步，信息商品更多地通过互联网进行销售。因此，网络信息商品就是通过互联网进行销售和传播的数字化商品，包括各种通过网络下载或销售的工具软件、集成软件和以内容为主的信息产品，如 RealOne 软件、数字电影、电子期刊等。而网络信息服务是指利用网络平台为他人提供的以信息、知识为内容的服务，它的实质也是为满足客户的需求而进行的信息收集、处理、加工等工作，只是这种服务只能通过互联网进行销售或传播，并且强调服务提供者和服务购买者之间的互动关系，如网络检索和参考咨询服务、网络教育、网上银行服务等。表 7-1 给出了网络信息产品的主要分类与具体形式。

表 7-1　网上信息产品的主要分类和具体形式

主要类别		具体形式
网络信息商品（online information goods）	工具软件	工具（文档编辑、图形处理、计算机编程等）、集成软件（ERP 系统、SAS 数据处理系统）、搜索定位（各种搜索引擎）
	信息与娱乐产品	基于文本的信息商品（报纸、杂志等）、网上产品信息（产品说明、用户手册等）、视频（电影、电视等）
网络信息服务（online information service）	符号形象	票和预约（电子票据、旅店等）、金融工具（电子支票、电子货币等）
	流程和服务	政府服务、电子音讯（邮件、传真等）、在线拍卖和电子评分、远程教育、在线专家咨询系统等

2. 网络信息产品的定价策略

由于网络信息产品的复杂性，目前学术界对于信息产品如何定价还没有形成统一的认识，但是许多学者针对信息产品的种种特性作出了策略上的研究。网络信息产品定价策略可分为网络信息商品定价策略和网络信息服务定价策略两方面。

（1）网络信息商品的定价策略

1）捆绑定价策略。捆绑定价是指生产者将一种商品与其他产品组合在一起以一个价格出售，它采用一价通用的方式，不像单独出售需要对每种商品分别定价，这种策略有利于销售者更大地获得消费者剩余（曹洪等，2004；孙思，2007）。不是所有的产品都可以进行捆绑定价的，产品之间需要具备一定的互补性，且产品的目标市场应具有一定程度的交叉重叠现象。这并不是一种新的定价策略，但是由于网络技术的发展为产品进行捆绑销售提供了极大的发展空间，生产商可以以极低的成本进行信息产品的捆绑销售，微软的 Office 软件就是一种典型的绑定商品。

对于企业来说，由于捆绑定价是将产品作为组合进行销售，因此，企业可以通过操纵产品组合中的不同产品价格，以实现自己的利润，扩大自己的盈利空间。同时由于信息产品的边际成本近于零，且始终不会随着经济规模的扩张而上升，因此企业获得比一般销售更高的规模效应。而对于消费者来说，产品组合降低了消费者的搜寻成本，尤其是在基本品和捆绑产品之间互补性非常强的时候，这种交易费用的节省就更加突出，同时捆绑定价还可以降低消费者的交易费用，因为通过产品组合，消费者只通过一次交易就完成了购买。

2）价格歧视策略。价格歧视是庇古于 1930 年提出的一种定价方法，就是向不同消费者出售同一种产品索取不同的价格，或者根据消费者购买量的大小对消费者索取不同的价格，以便获取更多的消费者剩余的定价策略。范里安在研究信息产品定价时将价格歧视分为三种类型：个人化定价、群体定价和分版定价。①个人定价又称为个人化定制或"一对一营销"，它是根据所掌握的消费者信息为每个消费者制定每种商品不同的且刚好愿意支付的价格。如果不考虑采取这种定价方式的成本，个人定价可以带来厂家利润最大化。但这种策略在实际中却难以实现。虽然由于网络数据挖掘、信息监控等计算机技术的发展，信息产品厂商比以前任何一个时期更有可能把握消费者的消费偏好，但是这些技术的运用增加了厂商的销售每一件产品的边际成本，有时可能会得不偿失。②群体定价是根据消费者的习惯、偏好、经济承受能力等对消费者进行分类，针对不同类别的消费者进行差别定价的方法。群体定价可以减少了解每个消费者支付意愿的搜寻成本，常常为销售者所使用，是一种实际且收益颇丰的定价方式。互联网的广泛应用使消费者之间交流信息和搜寻信息的成本大人降低，使愿意购买同一信息商品的消费者形成购买集体成为可能，否则在一般市场中要将许多具有相同购买意愿的消费者集合起来，其成本之高昂难以想象（卡尔·夏皮罗等，2000）。③分版定价就是根据不同的顾客需求提供不同版本，为不同版本制定不同价格。不同顾客对同一产品的价值认同是不一样的，通过版本划分满足每位顾客的需求，可使企业获得最大收益。信息产品的一些价值对某些客户极有意义，而对其他客户则没有什么意义，这些价值就是版本划分的关键。如在软件工业中，软件往往按方便程度、容量、技术支持等划分为不同版本。其实，不同档次的产品成本相差并不大，因为企业往往是先开发高阶产品以满足愿出高价的顾客，然后稍加改变成为低阶产品，虽然在成本上相差极少，但价格相差极大，这可为企业带来巨额利润。版本定价适合各类通用软件（卡尔·夏皮罗等，2000；欧阳效辉，2004；许春芳等，2007）。

（2）网络信息服务的定价策略

1）按使用量定价。按使用量定价是指根据消费者对网络信息服务的用量确定价格的方法，如按使用流量划分不同等级收费、按上机时间付费、按数据库使用量付费等，这种定价策略在互联网发展早期采用较多。按使用量收费往往会使消费者过高地估计使用量，容易使消费者产生巨大的心理落差，另外，按使用量收费容易使消费者由于控制使用时间而导致焦虑因素的产生。总的说来，按使用量收费的定价模式抑制了消费者的使用动机。目前该策略并不多见，不过还存在着这种策略与其他策略的结合使用。

2）固定费用定价。固定费用定价就是消费者在支付固定费用后可以没有限制地使用信息产品，这实际上也是一种组合定价，信息产品的成本结构使得固定费用的定价模式更加可行。移动电话网络在不发生"拥塞"的限度内，消费者对网络的使用对厂商来说成本消耗没有区别；网站的浏览人数也不会影响到网站的运营成本，甚至会更加有利。研究表明，与按使用量来收费的传统定价方式相比，消费者更偏爱固定费用。固定费用能避免突发性的大额缴费，增加使用频率的保险性；而考虑到信息产品的规模经济性、网络效应和锁定效应等因素，固定费用显然比按使用量收费更具吸引力。

3）平坦式服务定价。平坦式服务定价是网络服务最早使用且至今仍有许多使用的服务定价方法。采取两段收费的方式，即厂商先向消费者收取一笔购买权费，后再收取每单位的使用费。该方法的服务价格由两部分组成，用户一次性支付的费用，包括入网时的一次性成本和用户设备的成本；固定的连接成本，即根据用户占用的最大带宽等资源或发送接收的字节数定价。如美国 PSINET 公司、

Sprint 公司即采用这种定价方法，而 BBNPlanet 公司、UUNET 技术公司则采用该定价法的一种变形。国内外广泛使用的按小时、月或年方式定价，本质上也是平坦式定价，如电话公司通常按月收取使用费，然后再按用户通话次数收取电话费。但是由于对所有用户平等，从而无法利用价格杠杆调节用户的资源要求，这不利于资源的有效利用，从而容易导致网络拥塞；拥塞时，无法对用户进行控制和重新分配网络资源，以减轻拥塞；定价未考虑到用户的不同服务质量需求，收费不尽合理。

4）拥塞定价策略

拥塞定价策略是指确定网络信息服务的价格时应该考虑消费者使用网络给其他消费者所带来的机会成本，是 Mendieson 首先提出来的，其价格由固定连接成本和根据网络被使用时的状态所进行的动态定价两部分组成，其中网络使用时的动态定价价格称为拥塞价格，这得视网络拥塞情况而定。在网络信息服务中，当消费者人数或者他们总的消费量过多，将会造成一些消费者不能享受信息服务或信息系统所提供的服务质量下降，这即网络负的外部性。只有当对某种资源的需求量超过该资源的最大容量时才附加一项费用。在网络传输状态未达到某一阈值时，拥塞价格被定义为一较低的数值：当超过该阈值时，所传输的每个数据包将根据网络的拥塞情况、用户所要求网络提供的服务质量等因素，对网络传输数据包所经过的有关路径上资源的使用情况进行计算，以用户总体满意度最大和资源利用率最优等为目标，计算出相应的拥塞价格。其定价模型可以是优先级模型、灵活市场模型或基本服务模型。拥塞定价关注消费者自身行为对其他消费者所带来的影响，其定价原理是通过价格手段协调消费者的消费行为，使系统性能能够得到最大限度的发挥，从而保证信息服务的利润最大化。其优点是网络资源的利用率较佳，可以实现公平性。智利、新西兰以及美国 MCI 通信公司即采用这种定价法（许春芳，2007）。

5）优先定价策略。由于在消费网络信息服务过程中存在着排队现象，而每个消费者由于排队所引发的机会成本存在差别，这样，某些消费者就有了优先享受信息服务的需要。优先定价策略是网络信息服务提供中的重要定价策略，是指信息服务提供商根据消费者对消费信息服务的紧迫程度进行定价的一种方法。比如有的用户对时间因素敏感，要求网速达到一定的标准，那么在提供服务时需要考虑其优先性，在价格上确定较高的收费标准。

优先定价的核心思想是最小化消费者的等待成本，其实质上是对信息服务本身进行分级，优先等级高的消费者将优先享受服务而不用排队或服务提供商向其提供额外的消费通道，亦即优先定价关注的是如何激励消费者为其优先得到服务支付相应的成本。在具体操作中，可以根据先到先服务原则和后到先服务原则下优先定价设计。优先价格应该与消费者的自身行为给其他消费者所造成的延迟成本成正比，这种定价方法与拥挤定价方法类似，因此，这种方法有人称之为内部转移定价。随着网络技术的发展，有学者建议信息服务的优先权可以通过在线拍卖实现（张宇等，2006）。

3. 价格规制

"规制"一词来源于英文"Regulation"，意为以法律、规章、政策、制度来加以控制和制约。西方权威的《新帕尔格雷夫经济学辞典》解释如下："规制，指的是政府为控制企业的价格、销售和生产决策而采取的各种行动，如控制定价水平、规定产品和服务质量标准等。这些行动是要努力制止不充分重视社会利益的私人决策，它包括政府为改变或控制企业的经营活动而颁布的规章和法律。"国内外学者从不同角度对"规制"给予了许多不同的解释。日本学者植草益认为："规制是指依据一定的规则，对构成特定社会的个人和经济活动主体的活动进行限制的行为。实施规制行为的主体一般有私人和社会公共机构两种形式。由私人进行的规制，譬如父母约束子女的行为，称之为私人规制；由社会公共机构进行的规制，如政府部门对私人以及其他经济主体行为的规制，称之为公的规制或公共规制（public regulation）（植草益，1992）。"我国学者余晖认为："规制是指政府的许多行政机构，以治理市场失灵为己任，以法律为根据，以大量颁布法律、法规、规章、命令及裁决为手段，对微观经济主体（主要是企业）的不完全公正的市场交易行为进行直接的控制或干预。"

综上所述，尽管对规制的概念和内涵众说纷纭，但归纳起来，规制通常是由特定的行政机构依据有关法律规定，通过许可和认可手段，对企业的市场活动施加影响的行为。价格规制，就是规制者以资源有效配置和服务的公平供给为出发点，以限制垄断企业的垄断价格为目的，对价格水平和价格体系进行规制。价格规制最重要的目的是保证资源配置效率、维护消费者利益、维持企业的生存和健全经营（财务稳定性）（植草益，1992）。价格规制的目的是在一定程度上恢复价格的本性，使它能够确实反映资源的稀缺程度，使其能够真正成为一种激励因素，成为沟通经济活动参与者信息的有效方式并切实地反映市场关系。价格规制与实现资源配置效率的经济政策有着直接的关系，而且与维持原有企业的生存和健全经营有着直接的关系。

网络信息产品的价格规制包括价格结构规制和价格水平规制。价格结构是与产品用户的需求结构相对应的。由于不同类型的顾客有不同的需求，企业根据需求结构，针对不同的需求索取不同的价格，这些不同的价格水平就构成了企业的价格结构。价格结构规制的实质就是监督企业如何把许多共同成本合理地分摊到各种产品或服务之中，由不同类型的顾客来承担，即差别定价。对于自然垄断行业而言，价格水平的高低不仅影响着企业的生产经营行为和效果，也直接关系到资源配置效率和社会分配效率。因此，价格水平规制即是以优化资源配置、促进社会分配效率、激励企业生产和保障企业利益为目的，对网络信息产品价格水平的高低进行的规制。

7.3.3　网络信息消费及经营策略

随着网络信息时代的到来，人们的消费方式和消费行为也发生了很大变化，网络信息消费作为一种新的消费方式，越来越普遍地进入了人们的消费领域。法国学者让·雅克认为，工业社会的信息化就如同农业社会的工业化一样不仅根本改变生产方式和消费方式，而且根本改变生活方式。信息消费是指在某种社会关系中，消费者在可获增值期望收益的驱动下，结合自身的支付能力和智能素质，运用可能的技术装备，获取和使用信息及信息产品的过程。信息的有用性及信息本身成为商品时所具有的价值和使用价值，是信息消费的理论依据。而网络信息消费则是信息消费的子集，是现代信息消费的主要形态，是指消费者以互联网为工具而实现的满足自身对网络信息产品需求的过程。网络信息消费离不开互联网这个平台，其消费目标非常明确，直指网络所提供的商品和服务。

根据中国互联网信息中心历次关于网民的消费行为的统计调查报告显示，网民上网的目的主要有（中国互联网信息中心，2008；中国互联网信息中心，2007）：获取信息、获得各种免费资源（如个人空间主页、下载免费资源等）、对外通信、联络（包括电子邮件、即时通信）、登录论坛进行情感交流、休闲娱乐（包括网络游戏、在线点播等）、学习与知识浏览、交流个人观点和看法、网上金融、网上购物与售物、其他商务活动等。基于以上上网目的的表现形式，笔者把网民的网络信息消费概括为以下四种类型：信息获取、通信交流、休闲娱乐、生活助手，并逐一介绍针对每种网络信息消费类型的企业盈利模式。

1. 信息获取

互联网本身就是一个信息载体，从某种意义上来说，任何网络消费行为都伴随着信息获取行为的发生。信息获取这一功能已被中国网民广泛使用。76.3%的网民的主要信息渠道是互联网，互联网位居网民信息来源的第一位。网络新闻是各类信息需求中需求量最大的。新闻网站吸引了大量网民，有1/5的网民上网的第一落脚点即是看新闻。中国网络新闻的发展不逊于互联网普及率高的国家，而大量的休闲娱乐信息和生活服务信息近年来增长趋势非常明显。关于计算机软硬件信息以及科技、教育信息的需求（包括电子书籍）也有较大的市场，这表明消费者越来越倾向于利用互联网这个工具来获取所需的知识。

针对网络消费者的信息需求，企业可以采用的盈利模式主要有三种：提供信息内容服务的专业网站、提供信息查询的搜索引擎服务以及其他信息服务软件工具的提供。

（1）提供信息内容服务的专业网站

目前针对网络信息内容的提供，主要有无偿信息服务与有偿信息服务两种模式。很久以来，互联网上的信息提供都是免费的，众多信息内容提供商依靠网民的"注意力"来获取利益，或依靠点击率换取广告收入，或通过注册会员建立数据库挖掘消费者个性化信息作为产品来出售。从 2002 年开始，网络信息服务开始了收费的尝试。国外一些知名媒体如华尔街日报网站（WSJ. com）等已经在网上内容收费方面进行了成功的尝试，并且逐渐受到用户认可；国内的一些网站也在悄悄地酝酿内容收费运动，《财经》2002 年在其网站中推出了电子版收费浏览制度，给国内媒体在网络版的收费阅读中开了个好头。在人们已经习惯了的免费信息服务面前，如何才能让消费者在你的网站中花钱付费？为用户创造值得付费的信息内容成了重中之重。《财经》之所以能够实行内容收费制度，是因为该媒体具有非常专业和相对权威的财经报道实力和堪为精品的文字内容。我们可以把这种值得付费的内容划分为四大类：稀缺、独家的内容；专业、权威的内容；不可或缺、赖以生活或者工作的内容；精品的授权内容或某一领域的汇总整合内容等。

总体来看，网站在现阶段的任务不仅是要尝试转变消费者的内容使用习惯，最终促成从免费使用到付费使用的转变过程，而且更需要我们的网站能在内容上不断创新，当具备比免费时更精深独家、更具吸引力和"可买性"的内容提供能力时，不同网站在内容上的错位和定位中的差异即可实现，消费者对内容的购买欲望才有望达到火热的程度。这类网站的崛起，虽然从盈利模式上可以理解为互联网经济和传统经济的融合。但是从信息的角度则可以看做是，以更多、更专业信息的提供，来满足人们对信息量和更合理的分类信息的需求。潜台词是现在网络上的信息太乱、重复信息太多、权威信息太少、专业性关联和分类不够，不能满足人们对信息更高的需求。

（2）搜索引擎服务

由于目前互联网上的信息已是海量，搜索引擎则是通过技术手段帮助网民在互联网这个汪洋中以最快的速度寻找到自己所需的内容，这是互联网上不可或缺的工具和基础应用之一。目前中国 2.1 亿网民中使用搜索引擎的比例是 72.4%，即已有 1.52 亿人从搜索引擎获益，半年净增加 3086 万人。搜索引擎用户与网民的网龄相关性很强，网民上网历史越久，则搜索引擎使用率越高。

在强大的搜索业务的需求面前，搜索引擎业务的老大 Google 绝大多数的收入来自付费搜索业务，付费搜索业务已经成为一种非常重要和稳定的盈利模式。在最近的数年中，百度、雅虎和微软也投入重金开发搜索引擎技术，希望在快速增长的付费搜索广告市场上分一杯羹。搜索营销的付费业务主要是竞价排名模式，这是一种按效果付费同时可以竞价搜索引擎里的排位的推广方式，主要是企业在搜索引擎购买关键词，当用户搜索这些关键词信息时，企业的推广内容就会出现在用户面前。提供这类产品的服务商国内主要是百度，Google 提供类似的产品叫"Adword"。

（3）其他信息服务软件工具

除上述两项外，博客是其他信息服务软件工具中较为火热的。经过了多年的推广，博客在 WEB2.0 到来后也迅速升温，包括新浪、和讯、中国博客网、Blogbus、Donews 等众多门户、专业网站都提供了各具特色的博客服务系统，目前已有超过 1000 万的个人博客，由此诞生出一大批聚集了不少人气的个人博客网站，也引出了新的网络营销方式——博客营销。博客带给互联网用户的是更广、更专业的信息交流，是一种自我形象的展示和价值的实现，但是要想对博客用户实行收费恐怕不现实。可行的商业模式应该是聚集知名用户形成网站的品牌效应，通过广告、增值服务来盈利，或者利用丰富的创作资源在稿件中介服务上做文章。因此，博客营销作为新的网络营销方式所依托的依然是浏览量和人气指数。博客营销不同的是因为博客是用户自身主动的行为，博客群体在讨论一个话题时会吸引其他博客成员参与，信息会得到更加广泛的传播，这种讨论又比较容易形成更加强大的影响力，使传播效果得到极大的提升。博客的这种发展状况显示，大众化、平民化和极高的人气给博客带来的营销商机已经显露，博客走出了商业化的第一步。

2. 通信交流

互联网沟通工具按照通信双方是否要同时在线，可以把在互联网通信交流分为：非即时通信交流和即时通信交流两种。

（1）非即时通信交流

电子邮件是典型的非即时通信交流工具。随着电子邮件越来越成为最受网民青睐的一种交流方式，电子邮件营销也受到企业的追捧。来自 Jupiter Research 的数据表明，2003 年美国的电子邮件营销市场支出是 21 亿美元，在市场稳定持续发展的前提下，到 2008 年美国电子邮件营销市场支出将达到 61 亿美元，市场前景普遍看好。

（2）即时通信交流

即时通信是一种即时的在线信息沟通方式，可以随时得到对方的回应，是一种集声音、文字、图像的跨平台、多终端的低成本高效率的综合型的"通信平台"。目前中国网民的即时通信使用率已经达到81.4%，超越搜索引擎与电子邮件，成为仅次于网络音乐的第二大网络应用，有1.7亿使用者，主要有腾讯QQ、MSN、雅虎通等。当询问网民上网做的第一件事时，有39.7%的网民选择了即时通信，这是互联网第一落脚点中网民人数最多的一项。与2007年6月份相比，中国即时通信使用率提高了11.6个百分点，增长迅速。

不过到目前为止，即时通信还没有公认的盈利模式。无线增值、搜索、社区、网络硬盘、在线游戏等服务还不能大规模将用户拉到消费的层面上来，能带来大量现金流的增值服务仍然在探索中。不过这几种互联网应用目前不断扩大用户规模，其用意在于谋划未来。在"眼球经济"的市场法则下，对于互联网企业来说，用户规模和点击率是潜在的利润源泉，一旦商业模式成熟，产生的经济效益是不可估量的。

3. 休闲娱乐

互联网的各种功能中，娱乐功能的应用很普遍。网络游戏、网络音乐和网络影视这三项代表性网络应用使用率都很高，玩过网络游戏的网民也已经接近一半（47.0%），平均每月花费金额达到84元。大约2/3（68.5%）的网民都收听或下载过网络音乐，网络音乐收听率居中国各项网络应用之首，半年内已有86.6%的网民收听过网络音乐，网络已经成为音乐重要的传播渠道。目前网络影视观看比例达到76.9%，1.6亿人曾经通过网络欣赏过影视节目。社会发展的多种因素造成了网络影视的迅猛发展。宽带点播的普及，视频网站的兴起都是网络影视扩散的动因。

目前网络娱乐休闲类的盈利模式主要有以下三种：销售游戏充值卡、提供视频（音频）点播或下载服务、利用注意力经济开展广告营销等。

1）销售游戏充值卡这种盈利方式是目前绝大多数网游企业普遍采取的一种盈利模式，它为网游企业带来了滚滚的财源，也是目前知名网游企业，如盛大、网易等的主要资金源。这种营销模式有些类似于电信运营商的营销模式，消费者在游戏中投入的时间越多，所支付的货币也就越多。

2）视频（音频）点播或下载服务是将传统媒体移植到网络上的一种经营方式。许多网络企业在网络带宽不断增加的情况下，开始利用互联网这个平台为网民提供视频（音频）点播或下载服务，通过这种途径，网民可以非常方便地获得自己所需要的服务，企业也可通过这种方式获得盈利。但我们也必须看到在利益驱动下，今天涌现出的众多提供音视频节目的网站，其内容或为色情、新奇、刺激，或为侵犯版权，这种网站的出现在很大程度上搅乱了互联网上的部分市场。

3）利用注意力经济开展广告营销这种方式可以说是目前互联网上最为普遍的盈利模式。休闲娱乐类网站有着自身得天独厚的优势，它可以利用提供休闲娱乐服务为网站聚集大量人气。企业可以利用这种注意力经济在网站上开展营销，以广告为主的模式是这种注意力经济最常用的盈利模式。

4. 生活助手

生活助手功能是进一步延伸的互联网功能，可以给网民带来更多的便利。一些代表性功能包括网络购物、网络销售、网上求职、网上教育、网上旅行预订、网上银行和网上炒股等。目前较受大家关注的是网上购物和网上销售。

网上购物和网上销售既是互联网功能的进一步延伸，也是作为商务平台工具的重要体现。网民和商家可以通过互联网平台，各取所需，共同获益，是值得政府和社会大力倡导的网络应用。2007 年 12 月，中国网民网络购物比例是22.1%，购物人数规模达到4640 万。而美国2006 年 8 月网上购物的比例则已经达到了71%。

网上购物的网民是一群相对比较高层次的人群。学历越高，网上购物比例越高。硕士及以上的网民的网上购物比例已经达到 56.5%。这些购物者超过80%居住在城镇，在合资和外资企业工作的较多，属于相对高收入的网民群体，并且上网历史越长，购物比例越高。1999 年以前就开始上网的网民网上购物比例为42.4%，2007 年新增网民的网上购物比例仅有 5.7%，即资深网民网上购物的比例要高一些。

不过事实上，尽管网络零售的市场在不断扩大，但网络零售企业的盈利状况却不容乐观。目前国内很多网络购物的商家都是从传统企业转型过来，有些则是通过风险投资的方式进入到互联网行业，经过几年的考验后，有些被淘汰出局，有些勉强活着，有些却越做越好，究其根本还是各自在经营模式、经营理念上的差别。而在网络购物日渐规范的今天，很多做得很成功的购物网站又开始注重网络与传统的结合。网上零售属于 B2C，主要有两种模式：传统零售企业开展电子商务和纯网络型零售企业。

传统零售企业开展电子商务业务，具有多方面的优越条件：完善的供应链、快速的物流、使顾客放心的售后服务等。因为大型传统的零售企业同时经营传统销售业务，所以订货量比较大，因此价格低廉，具有强大的竞争力。大型传统零售企业似乎成为电子商务的大势所趋。而很多纯网络型零售企业只懂得"电子"，不懂"商务"，简单以为建个网站就可以经营。目前他们渐渐认识到"商务"的重要性，开始走由虚拟到实体之路，或者是建立自己的实体店，或者与传统连锁店结盟等。虽然影响网络零售发展的因素有很多，但是笔者认为是否有一个成功的盈利模式是网络零售的成功关键因素。亚马逊公司依靠其成功的产品定位和低廉的价格吸引了数以千万计的客户资源，并已经开始盈利（褚征，2006）。

7.4 网络信息资源的人文管理

7.4.1 网络信息政策

1. 网络信息政策的定义

目前关于网络信息政策的定义有很多，下面列举几个具有代表性的观点。

付立宏认为，网络信息政策是国际组织、国家机关、政党、政治团体、网络中心或 ISP 在特定时期为鼓励、限制和规范网络信息生产、传输和消费活动，所采取的政治行为或规定的行为准则，它是一系列谋略、法令、规划、办法、条例的总称（付立宏，2001）。

马费成认为，网络信息政策是国家信息政策的有机组成部分，是针对网络的特殊性而制定的有关规范、管理和发展网络信息活动的行为准则指南。由于网络信息政策可灵活地随着国家的发展目标、政策、经济、文化等状况和条件的变化而改变，因而特别适合当前互联网迅速发展变化的客观实际（马费成等，2001）。

沙勇忠认为，网络信息政策是针对互联网的特殊性而制定的有关规范、管理和发展网络信息活动的行为准则和指南。网络信息政策的兴起标志着国家信息政策进入了一个新的发展阶段，显示出国家信息政策的新方向和侧重点（沙勇忠，2002）。

燕金武认为，网络信息政策是在某个特定条件下，政府机构、社会团体或部门为实现一定的信息管理目标而制定的网络信息管理活动的行动方案或准则，用以规范和指导机构、团体或个人的网络信息行动，其表达形式有法律规章、行政规定和命令、国家领导人口头或书面的指示、政府大型规划、具体行动计划及相关策略等（燕金武，2005）。

综上所述，笔者认为，网络信息政策是国家信息政策的有机组成部分，它是国际组织、国家机关、社会团体在特定时期为鼓励、限制和规范网络信息生产、传输、消费等网络信息活动，所采取的一系列规划、办法、条例等的总称。

2. 构建网络信息政策体系

网络信息政策体系的构建必须直面国家信息化建设中出现的各种社会矛盾和

问题，并对应建立起数个结构模块和一系列政策群，使网络信息政策体系的建设充分体现系统性、关联性、科学性和完整性，同时网络信息政策的目标应能反映不同时期的国情和实际需求，体现出不同时期努力发展的方向和战略重点，而且能为规范网络信息社会行为提供一个指南，并能与网络信息法律相互依存、相互配合、相互作用。从当前和今后一段时间看，网络信息政策体系可以从如下角度进行构建，力图指导网络信息化建设和发展的全部实践活动（黄纯元，1998；沙勇忠，2002；罗曼，2005）。

（1）从网络信息政策的层次性角度构建，可分为战略性网络信息政策、网络信息技术与产业政策和行业网络信息政策（燕金武，2005）

1）战略性网络信息政策：包括国家信息事业发展战略，国家对信息基础设施的建设方针，国家网络信息管理部门的设立与管理办法，有关网络信息资源共享和公共信息服务的文件，对外信息交流政策等。

2）网络信息技术与产业政策：技术政策是指导一国技术开发、应用和发展的指导性文件，也是衡量政府对技术投入的决策依据。网络信息技术政策在促进网络信息技术开发和信息产业的发展上起着重要的作用。信息产业政策是关于国家信息产业的发展目标和发展战略的政策，包括信息产业结构政策和信息产业组织管理政策，这些政策对于优化产业结构、鼓励信息产业投资、调整信息机构组织、协调信息部门关系、引导信息企业竞争与协作等发挥着重要的作用。实际上，技术政策与产业政策是密切相关的，信息技术政策的作用要在信息产业发展中体现出来，信息产业政策不能脱离信息技术。

3）行业网络信息政策：各行各业的行政主管部门或政府机构制定的关于某一行业网络信息发展的指导性文件，涉及行业信息化策略、行业网络信息管理办法、网络信息活动规范和网络信息工作标准化、行业人才网络信息能力资格认定、行业网络信息发展规划等。包括科技网络信息政策、经济网络信息政策、文化网络信息政策、军事网络信息政策等。

（2）从网络信息政策的作用内容角度构建，可分为网络系统建设发展以及国际合作政策、网络信息资源建设政策、网络信息产业政策和网络信息市场政策（马费成等，2001）

1）网络系统建设发展以及国际合作政策：包括本国互联网建设和发展的模式、目标、战略、步骤、重点以及与其他国家、国际组织在国际化、全球化背景下的合作内容和模式，反映了各国政府建设和发展因特网总的计划和基本观点，具体又包括网络信息服务、网络安全和防卫、网络基础设施等系统的建设、发展与合作战略。

2）网络信息资源建设政策：包括网络信息内容政策、网络技术政策、网络人才政策、网络投资政策。

3）网络信息产业政策：包括网络信息产业结构政策和网络信息产业组织政策。前者致力于网络信息产业结构的协调，解决如何扶植有潜在优势的、能够带动整个结构升级换代的产业部门和转移或限制正在衰退的、缺乏发展潜力的产业部门的问题；后者要解决的是如何建立一种更高级的组织结构，以形成一种既有利于正当竞争又不会招致竞争过度的网络信息产业组织结构。

4）网络信息市场政策：包括网络信息市场的兴建和改造、网络信息商品的定价和交易规则、网络信息市场公平竞争环境的建立和维护、网络信息市场收入的分配、网络信息中介的组织和规范、网络信息用户的挖掘和教育培养等政策。

3. 各国网络信息政策扫描

(1) 美国

美国政府高度重视信息化建设，把互联网发展战略作为国家总体发展战略的重要组成部分，合理地对信息环境实施管理、调控和指导，充分开发和有效利用信息资源，促进信息事业的快速发展，同时希望通过占据信息技术研发和应用的制高点，提高信息占有、支配和快速反应的能力，从而主导未来世界的信息传播和扩大信息化方面的整体优势。

美国政府自 1993 年 9 月制定并开始实施"国家信息基础设施"（NII）战略以来，为了保证因特网的有效发展前景，接着出台了"全球信息基础设施（GII）计划"、"下一代网络计划"（NGI）、"Internet2 计划"等一系列宏伟计划。随之又制定了相关的《公共信息准则》、《知识产权和信息基础设施》、《商务网计划》、《全球电子商务框架》、《美国政府保护重要基础设施白皮书》、《域名注册规则》等信息政策，使因特网在美国取得了令世人瞩目的迅猛发展，并使美国在进入下一个网络经济时代继续保持世界的领先地位。

美国的网络信息政策连续性强、环环相扣，比如先后出台的 NII、GII 和 NGI三大网络基础建设的政策形成一条相互衔接的链；同时政策内容覆盖的面较广，但又不是没有重点，而是有点有面，比如当美国政府认识到电子商务将是未来经济发展的一个重要推动力时，其注意力聚焦到电子商务方面，连续发布了 1997年"全球电子商务纲要"、1998 年"浮现中的数字经济"和"2000 年数字经济"等一系列报告，同时号召联邦政府机构的全部经费开支实行电子化付款，并且规定凡是 25 万美元以上的联邦政府各部门项目采购，必须使用统一的电子采购门户平台，逐步使电子采购成为联邦政府的采购标准。（李贤民，2000；罗曼，2004；杨绍兰，2005；徐荣花，2007；彭晨曦等，2007）

（2）日本

日本的经济发展取得举世瞩目的巨大成功，这与日本极其重视信息化建设是分不开的。进入 20 世纪 80 年代以后，由于日本的国际地位及其国内信息环境的新发展要求，日本科学技术会议在其政策委员会下设立科学技术信息委员会，以加强对科技信息政策研究的指导。2000 年 7 月，为了推进"IT 立国"这一目标的实现，日本政府在内阁设置了"信息通信技术战略总部"，并成立了由 20 多名有识之士组成的"IT 战略委员会"，以汇集官方和民间团体的综合力量进行战略性的重点研究。2001 年 3 月 29 日制定了"电子日本重点计划"，该计划明确了为形成高度信息通信网络社会，政府应当重点且迅速地实施的各项具体措施。2001 年 11 月 27 日又制定了"IT 基本战略"，并从 2001 年 1 月 6 日开始实施于 2000 年制定的《高度信息通信网络社会形成基本法》。

日本的网络信息政策目标明确，希望随着政策的实施，能切实推进经济结构改革，提高产业国际竞争力，比如"电子日本重点计划"为电子商务的发展指明了方向，到 2002 年之前，改革阻碍电子商务的现存规则，完善电子合同法和消费者保障等法律规则，整顿电子商务的制度基础和市场规则，提高参与电子商务的安全性，促进电子商务的发展（刘承瑞等，2005；陈建宏，2006；徐荣花，2007；彭晨曦等，2007）。

（3）中国

我国的信息化建设起步比较晚，20 世纪 90 年代正式提出建设"信息高速公路"分两步走的策略：第一步是到 2000 年初步建成国家高速信息网的骨干网；第二步是到 2020 年基本建成覆盖全国的国家高速信息网。1997 年 4 月，国务院信息化工作领导小组在全国信息化工作会议上，作了关于国家信息化"九五"规划和 2010 年远景目标纲要编制说明的报告，首次给国家信息化下了一个明确定义，提出了构成国家信息化建设的"六要素"概念，并提出了今后 15 年我国信息化工作的指导思想。2006 年正式颁布了由信息产业部、国家发展和改革委员会联合编制的《信息产业"十一五"规划》，并把新一代移动通信、下一代互联网、数字视听、宽带通信、网络与信息安全等 12 个重大工程的实施提上日程。

我国目前的网络信息政策中关于宏观层面的政策较多，但微观规划不够，受一些因素的制约，规划缺乏整体性、连续性，甚至会有一些矛盾，且在具体落实和信息反馈上也还有待进一步深化，比如由于信息政策制定主体单一，而实施信息政策的主体众多，再加上实施主体自身素质的差异，造成政策执行过程中出现或多或少的问题，但这些问题不能及时反馈到政策制定机构，而政策制定机构又没有及时进行政策评估，提出应变措施并及时修改，便使得政策运行达不到预期目标，也不能为修订和制定新的信息政策提供依据（徐立春等，2004；何建中，2004；刘承瑞等，2005；华丽，2006；徐荣花，2007）。

7.4.2 网络信息法律

1. 网络信息法律的定义

信息法是在调整信息活动中产生的各种社会关系的法律规范的总称，其调整对象是在信息活动中产生的各种社会关系。这些社会关系包括以信息为中心进行的一系列活动中由于人们之间的交互行为产生的与信息有关的各种社会关系，包括信息获取关系（或称采集、收集）、信息加工处理关系（或称整理）、信息传播关系（或称传递、传输）和信息存储（或称保留、储存）关系等（周庆山，2003）。

在法律界和信息管理界有一个与"信息法"相类似的概念，那就是"网络法"。它是20世纪90年代后期随着国际互联网的广泛应用及电子商务的迅速发展而产生的一种新的法学概念。国外从1997年起，已出版了一批有关"网络法"的学术著作，多数发达国家及一部分发展中国家也已实施了"网络法"的制定和完善，如1997年6月13日，德国联邦议员通过了世界上第一部全面调整信息时代新型通信媒体Internet的法律——"多媒体法"，并于1997年8月1日起实施。在国外，"网络法"的叫法很多，如"Law of Internet"，"Law in Cyberspace"、"Law of Net"等；在我国，也有学者称之为"计算机信息网络法"，并将其定义为调整网络建设、网络经营和网络应用中的社会关系的法律规范的总称（颜祥林等，2005）。

笔者认为，网络法有广义与狭义之分，前者除了调整网络信息活动中产生的各种社会关系外，还需要调整诸如网络建设、网络经营等社会关系，而后者着重强调调整网络信息活动中涉及的各个主体以及主体间产生的各种社会关系，即本书将要讨论的网络信息法律。网络信息法律并不是，也不可能是一部像"刑法"、"民法"、"专利法"那样独立的基本法或单行法，没有任何国家制定或准备制定这样的单行法，其实质是现有法律在网络空间上的新的组合，它的对象只是指与网络信息活动有关的法律问题，是以往法律所不及或不能很好解决的有关法律现象（游振辉，2000）其作用主要体现在以下几个方面：规范网络信息主体的信息活动，这是网络信息法规范的直接体现；保护网络信息主体的信息权利，协调和解决信息矛盾。可以说，网络信息法律是网络社会的法律基础。

2. 网络信息法律关系主体及其权利和义务

网络信息法律关系主体主要是由政府、互联网信息服务提供者、社会团体及个人等组成，其中政府主要起监督、管理作用，互联网信息服务提供者主要是指网络运营商、服务提供商，同时还包括各政府部门、企事业单位及个人网站或网页拥有者，社会团体及个人主要指广大网络利用者（刘建立，2001）。

网络信息法律关系主体的权利和义务，即网络信息法律关系的内容，是指网络信息法律关系主体所享有的权利和应承担的义务（齐爱民，2006）。

（1）政府的权利和义务

1）管理、监督的权利。政府部门具有对网络进行管理、监督的权利，其内容非常丰富，从信息立法、信息安全、域名注册、网络环境保护、技术规范和实施、网络著作权保护、电子出版物管理等进行全程、全方位的管理和监督。其手段多种多样，人民代表大会可以通过制定法律、国务院可以制定行政法规等。

2）处决网络犯罪，解决网络纠纷的权利。网络犯罪是指以计算机网络为犯罪工具或犯罪对象而实施的严重危害（网络空间安全）社会的行为，针对网络犯罪，公安部门、人民法院等具有制裁犯罪分子的权利。而网络纠纷一般是指涉及互联网的民事纠纷，主要包括网络著作权纠纷、网络隐私权纠纷、网络域名纠纷等，面对网络纠纷，公安、工商等部门具有处理纠纷的权利。

3）发展互联网事业的义务。促进互联网事业更好更快的发展是政府部门应尽的义务。比如制定有利于网络发展的宽松、健全的政策法规及规章制度，为网络的发展提供法律保障；投入足够多的经费，支持网络的基础建设和尖端技术攻关等。

（2）网络运营商、服务提供商的权利和义务

1）对营运网络进行管理的权利。网络运营商、服务提供商为了保证网络能正常运行，对各种危害网络的行为，有权予以阻止，比如设置防火墙、开发防毒软件等，禁止违法信息进入网络。《互联网信息服务管理办法》第15条指出，互联网信息服务提供者发现其网站传输的信息明显属于本办法第十五条规定所列内容之一的，应当立即停止传输、保存有关记录，并向国家有关机关报告。这既是政府赋予的权利，也是网络服务提供者应尽的义务。

2）对用户适当收取费用的权利。网络运营商、服务提供商是注册的法人单位，不可能一直做赔本生意，赚取一定的利润也是目的之一。当向用户提供了网络信息产品后，收取一定的费用也是我国有关法律法规允许和支持的。

3）保护网络用户隐私权的义务。《计算机信息网络国际联网安全保护管理办法》第7条规定，"用户的通信自由和通信秘密受法律保护。任何单位和个人不得违反法律规定，利用国际互联网侵犯用户的通信自由和通信秘密"。《互联网电子公告服务管理规定》中规定，"电子公告服务提供者应当对上网用户的个人信息保密，未经上网用户同意，不得向他人泄露"。用户为了享受各个网站提供

的服务，不得不把个人一系列的信息提供给互联网服务提供者，后者有义务保护网络用户的隐私权。

4）禁止传播违法信息的义务。不在网络上传播违法信息是网络服务提供者应尽的义务。《计算机信息网络国际联网管理暂行办法》第13条规定，"从事国际联网业务的单位和个人，应当遵守国家有关法律、行政法规，严格执行安全保密制度，不得利用国际联网从事危害国家安全、泄露国家秘密等违法犯罪活动，不得制作、查阅、复制和传播妨碍社会治安的信息和淫秽色情等信息"。

（3）网络用户的权利和义务

1）登录网络，浏览、使用网络信息的权利。任何一个合法公民，均可向服务提供商申请注册成为其用户，并缴纳相关费用。任何组织或个人都无权剥夺其上网浏览、使用信息的权利。

2）禁止传播违法信息，维持网络秩序的义务。不在网络上传播违法信息，这不仅是互联网信息服务提供者的义务，而且也是普通用户的义务。同时为了保证网络事业健康发展，维护网络秩序更是每个公民的应尽义务（徐绍敏，2007）。

3. 各国网络信息法律扫描

（1）美国

美国是世界上网络立法最早的国家，其针对自己的国情，从联邦和州两个层次入手，进行机构设置和立法管理，其关于互联网络的信息法规，涉及面相对来说较为全面和广泛，管理体系已经较为成熟，既有针对因特网的宏观的整体规范，也有微观的具体规定。

1978年8月，美国佛罗里达州第一个通过了《佛罗里达州计算机犯罪法》，这一法规包括侵犯知识产权、侵犯计算机装置和设备、侵犯计算机用户等项犯罪以及惩处的规定，以及关于同其他法律不相抵触的规定、本法案的生效日期的规定等。1990年联邦政府公布了《电子通信秘密法》，1991年公布了《高性能计算机及网络法案》。1995年9月5日，美国信息基础设施专门工作组下属的知识产权工作小组，提交了一份关于"知识产权和国家信息基础设施"的白皮书，主要论述了著作权法及其对信息高速公路的应用与影响。1997年制定了《电子信箱保护法案》，其立法宗旨是促进电子商务和通信发展，保护消费者和网络服务提供着免受垃圾邮件的骚扰。同年还制定了网络免税法案，旨在确立统一的联邦政策，反对州和地方政府干预电子商务和计算机互联服务，由国家统一管辖电子商务。1998年颁布了《儿童在线隐私保护法案》，1999年颁布了《互联网保护个人隐私的政策》，2000~2003年，又相继颁布了国际与国内商务电子签章法、电子基金转账法、网络安全研究和发展法、网络空间安全强化法、禁止垃圾邮件法等一系列法律。2005 年颁布的《个人数据隐私与安全法》旨在预防和减少对个人信息的窃取行为、确保隐私权、加大对犯罪的惩罚力度及法律执行的力度等（张光博，2004；王静静，2006）。

（2）日本

日本在最近十年，有关网络管理及法律制度的成果众多，除内阁外，大藏省、通产省、邮政省以及法务省均有举措，比如法务省在民事局设置"电子交易法制研究会"，研究如何建立一套既安全又确实可行的电子交易及电子申请制度，并从民法、商法等民事基本法的角度审视实体法的问题。2000 年 5 月 31 日日本颁布了《数字签名及认证法》，并于 2001 年 4 月 1 日起正式实施，该法律对于促进日本电子商务发展起到了很大的作用。该法律规定，数字签名与现实生活中的手法和印鉴具有同等的功能和效力。2001 年 1 月日本颁布实施《构建先进信息和通信网络社会基本法》，提出构建"先进信息和通信网络社会"的基本政策，该法认为，尽管私营部门在构建先进的信息和通信网络社会方面将发挥主要作用，但政府仍有责任确保建立一种公平竞争的环境，并应努力缩小因地理、年龄、身体状况和其他方面因素所导致的在使用信息和通信技术方面的机会及技能方面的差距（数字鸿沟）。2001 年 12 月 25 日，又颁布了《电子消费契约法》，规定网络商家必须在消费者点击"购买"或"申请"按钮前，就在页面醒目的位置提示消费者点击等于订购或该项服务是付费服务，而在消费者点击后，必须提供可让消费者再次确认输入的订购或申请内容的画面等。该法律可有效地保护消费者，避免其陷入电子商务陷阱。2002 年颁布了《反垃圾邮件法》、《特定电子邮件传输调整法》、《特定电信服务提供商损害责任限制及要求公开发送者身份信息法》以及 2003 年颁布了《个人信息保护法》和《行政机关信息公开法》等（杨德明，2000；侯放，2007）。

（3）中国

我国对信息网络的立法工作一直十分重视，从 20 世纪 90 年代中期以来出台了一大批专门针对信息网络安全的法律、法规及行政规章。属于国家法律一级的，由全国人大常委会 2001 年 12 月通过的"关于维护互联网安全的决定"。属于行政规范的，已有 1994 年的《计算机信息系统安全保护条例》，1996 年的《计算机信息网络国际联网管理暂行规定》、《中国公共计算机互联网国际联网管理办法》以及《计算机信息网络国际联网出入口信道管理办法》，2000 年的《电信条例》等法规。属于部门规章与地方性法规的，则已有上百件。此外，我国 1998 年在起草合同法的最后阶段，增加了有关网络电子合同的规范内容。我国 1999 年在制定预防未成年人犯罪法中，规定了"任何单位和个人不得利用通信、计算机网络等方式"提供危害未成年人身心健康的内容与信息。2001 年 10 月 27

日，信息网络传播权成为修订后的《中华人民共和国著作权法》的新条款，这使得网络环境下的著作权保护有法可依。

2000 年是我国网络立法相当活跃的一年，专门针对网络的立法，包括最高人民法院的司法解释，达到几十件，超过以往全部网络立法文件的总和，其调整范围涉及网络版权纠纷、互联网中文域名管理、电子广告管理、网上新闻发布、网上信息服务、网站名称注册、网上证券委托、国际互联网保密管理等许多方面。过去进行网络立法的部门主要是公安部、信息产业部等少数几个部门，2000年则快速增加，文化部、教育部、国家工商总局、中国证券监督委员会等，以及一些省、市地方政府均在各自职权范围内颁布了有关网络的立法文件。这些立法及管理活动对推进我国网络健康发展总的来讲是有益的（张光博，2004；胡荣，2008；周丽霞等，2008）。

7.4.3 网络伦理

1. 网络伦理的内涵

多数学者认为，"网络社会"有广义和狭义之分。前者与农业社会、工业社会相对应，实际上是指网络时代的整个社会，后者是指社会化的赛博空间（cyberspace），即"虚拟社会"。因而建立在网络社会基础之上的"网络伦理"也应当有广义和狭义之分。前者的现实基础是广义的网络社会，后者的现实基础是狭义的网络社会。有研究者认为网络伦理的内涵应包括由浅到深的三个层次的内容：第一层为网络礼仪，是指在网络上通过电子媒体而体现的规定的社会行为和方式；第二层为网络规范，是指在网络社会中，人们约定俗成或明文规定的行为标准；第三层即最高层为网络原则，包括全民利益原则、平等互利原则和自律原则（杨莉，2005）。另有学者将网络伦理定义为：基于网络信息技术的人类社会所表现出的新型道德关系，以及对人和各种组织提出的新型伦理要求、伦理标准、伦理规约（黄寰，2003）。笔者更倾向于广义的网络伦理概念，因为基于目前世界网络发展水平和影响程度，当我们将广义的和狭义的概念置于同一社会空间和时段时，可以说广义的网络社会本身就包含着狭义的网络社会，我们应该在网络时代的社会背景下讨论网络伦理问题。

2. 网络伦理的理性构建

（1）网络活动主体的自律

网络活动主体的自律主要是加强网络伦理主体自身的道德修养，在行为选择上形成道德良心和道德义务感。要充分发挥道德良心对个体行为的监督和保障作用，使网络活动主体的行为在一定的道德范围内不发生任何偏离，使其能够自觉地运用良心对自己的行为所产生的道德后果进行评价，达到行为选择上具有道德义务感，从而减少或杜绝网络应用中出现的伦理道德问题。

1）在道德意识层面，树立网络活动主体的责任意识和规范意识。责任意识是主体对自身所担负的义务、职责、使命的意识，它是主体自主地从事道德活动的内在动力。网络活动主体自身的道德修养和伦理规范对人的行为的约束是有机统一的，这是道德功能得以实现的重要保证。网络活动主体之间的关系是人与人之间的关系，无论何种网络行为都必须遵守一定的伦理规范和网络法律法规。规范既是对网络活动主体的约束，也体现了网络活动主体的权利。

2）在道德实践层面，不断进行自我约束、自我保护。第一，自我约束。网络活动主体进入互联网空间后，要自觉遵守道德规范，约束自己不恰当的情感和欲望，使自己的行为符合网络规范和道德自律的要求，做到网上和网下的言行一致。网络活动主体的任何行为都不应有损于他人和网络，这是伦理道德的底线。因此，网络活动主体应该遵循基本的网络伦理原则和网络伦理规范，如"计算机伦理十戒"、信息网络法律、规章制度等有关规定等。第二，自我保护。网络上大量的"垃圾信息"对网络活动主体精神上的侵害是严重的。所以，增强网络活动主体自我保护能力，使其避免掉进"网络陷阱"，是道德实践中不可或缺的方面。

3）倡导网络活动主体"慎独"。在网络空间，许多空洞说教、规范约束，可能会失去效力。那么依靠他律性的道德规范和法律制度，肯定无法全面维护网络社会的正常秩序。建设一种自主型的道德，形成自觉的道德规范和道德约束机制，已成为网络伦理构建中的重大课题。网络活动主体"慎独"是在他律的伦理指引下不断进取和超越自我，将外在的准则化为自己的自觉的道德意识，他律也便转化为自律。"慎独"是自律性伦理发展的最高阶段。网络为"慎独"提供了环境与条件，它唤起人的自觉责任和义务意识的觉醒，自主意识和品质、品格的提升。"慎独"既是网络活动主体提高自身修养的方法，又是网络社会有序化的终极目标。

（2）建立网络行为伦理标准和法律规范

要彻底解决网络社会中出现的问题，需要一个漫长的过程，且需要多方面的共同努力。谁也不可能预先制定各种规则解决网络社会中可能出现的问题。但随着网络的普及和应用，我们不能对网络社会出现的各种问题熟视无睹，任凭各种不规范行为泛滥成灾。因此，我们要加强建立网络行为伦理标准和法律规范，来管理和引导人们的网络行为。

一般性的行为规范，大多由行业协会、网站管理与经营者、群众性团体组织等来制定。这种规范虽不具有强制性，但对大多数网络行为主体而言，仍是有约束力的。网络行为主体起码能根据这些规范辨别出哪些是对的，哪些是错的；哪些是允许的，哪些是禁止的。一般需要依靠舆论监督或主体自律来执行。我们应该结合当前所面临的网络不规范行为，吸取他国经验，研究制订出切实可行的网络行为伦理标准。从 20 世纪 60 年代后期起，许多国家的计算机和网络协会、组织根据各自的实际情况，为其用户或成员制定了一系列相应规范和协议。其中美国计算机伦理协会为计算机伦理学所制定的十条戒律比较著名，其具体内容是：①你不应用计算机去伤害别人；②你不应干扰别人的计算机工作；③你不应窥探别人的文件；④你不应用计算机进行偷窃；⑤你不应用计算机作伪证；⑥你不应使用或拷贝没有付钱的软件；⑦你不应未经许可而使用别人的计算机资源；⑧你不应盗用别人的智力成果；⑨你应该考虑你所编的程序的社会后果；⑩你应该以深思熟虑和慎重的方式来使用计算机。国外有些组织还明确指出了被禁止的网络违规行为，如南加利福尼亚大学网络伦理协会指出的六种网络不道德行为类型：①有意造成网络交通混乱或擅自闯入网络及其相连的系统；②商业性或欺骗性利用大学计算机资源；③偷窃资料、设备或智力成果；④未经许可而接近他人文件；⑤在公共用户场合做出引起混乱或造成破坏的行动；⑥伪造电子邮件信息（严耕等，1998）。我国在 2001 年 11 月 22 日，由共青团中央、教育部、文化部等联合召开网上发布大会，向社会发布了《全国青少年网络文明公约》。《公约》提出"五要五不要"的网络文明公约：要善于网上学习、不浏览不良信息；要诚实友好交流，不侮辱欺诈他人；要增强自护意识，不随意约会网友；要维护网络安全，不破坏网络程序；要有益身心健康，不沉溺虚拟时空。我国互联网行业组织中国互联网协会，于 2002 年发布了《中国互联网业自律公约》。它是一个比较全面且富于实践操作性的行业自律守则，与美国计算机协会伦理守则相比较，自律条款的内容大多一致，并增加了违约处罚方面的内容，从而使其在促进行业自律方面更具有约束力。2004 年 6 月 10 日中国互联网协会还发布了《互联网站禁止传播淫秽、色情等不良信息自律规范》。

法律作为最低层次的道德规范，是由国家立法机关或法律法规授权的国家机构进行制订的，法律具有强制性，违反法律，是对国家尊严的挑战，会受到国家法律的制裁。我国网络立法工作开始于 20 世纪 80 年代。1994 年 2 月国务院发布了《中华人民共和国计算机信息系统安全保护条例》；1997 年 12 月公安部发布了《计算机信息网络国际联网安全保护管理办法》；2000 年 1 月国家保密局发布了《计算机信息系统国际联网保密管理规定》；2000 年 2 月公安部下发了《关于执行＜计算机信息网络国际联网安全保护管理办法＞中有关问题的通知》；为了规范互联网信息服务，国务院于 2000 年 10 月颁布了《互联网信息服务管理办法》；2005 年 5 月国家版权局、信息产业部颁发了《互联网著作权行政保护办法》；2006 年 5 月国务院通过了《信息网络传播权保护条例》。

（3）网络自律与防范技术

网络自律与防范技术涵盖面比较广，主要包括网络信息安全技术、网络信息过滤技术和知识产权保护技术等方面。鉴于在网络信息资源的技术管理中已详细介绍过网络信息安全技术和信息过滤技术，本节仅对知识产权保护技术进行探讨（沙勇忠，2004）。

知识产权保护技术是信息安全技术在知识产权保护中的应用。为了防止版权等知识产权被他人擅自访问、操纵、散发、传播，并保护其完整性，方便授权和监督管理，人们研发、应用了各种旨在保护知识产权的技术。按照功能，可把这些技术划分为访问控制技术和使用控制技术两大类。

访问控制技术一般在服务器层次上实现，对用户访问设置权限或口令（通常是浏览器提示输入口令），使未经过授权的用户不能进入网络或信息系统。目前几乎所有的网上服务器都对用户访问进行或多或少的控制，像万方、Nexis-Lexis 等数据库，未经授权的用户根本无法访问其任何信息。有些网络允许用户自由访问它的信息内容，但限制非版主进入信息编辑系统。

使用控制技术的内容非常丰富，并正处于迅速发展过程中。主要有信息机密、电子水印、身份认证、制裁性技术措施等。

1）信息加密。如 Cadilla 公司在知识产权保护中就应用了 IBM 的密码信封技术，信息下载者开启密码信封，就会自动地引发网上付款行动；为了解决信息再次分发和出售的问题，密码信封的设计允许信息购买者作为代理人将信息再次出售，而且给予待售者一定的佣金，这样就鼓励了信息的合法传播。

2）电子水印。与钞票水印相类似，电子水印是将特制的不可见的数字标记隐藏在包括图像、声音、文档、视频等行成的数字产品中，用以证明原创作者对作品的所有权，并作为起诉非法侵权者的证据，从而保护知识产权所有人的合法权益。数字标记可以是著作权管理信息，也可以是特定的图像标记，由于其处于隐藏状态，无论怎么样编排、修改以及转化文件格式，数字标记都不能被消除。盗版产品一旦出现在网络上，版权人就能凭借辨别水印的方法将其识破。一些信息服务商在数字标记中加上具有自己特色的序列号或关键词，并在主要搜索引擎中予以注册，当盗版产品出现时，版权人可以利用搜索引擎找到盗版者的网站。

3）身份认证。合法用户可以通过向版权控制机构申请而获得 CA 证书，从而确认该用户与作者建立信任关系。如果该用户利用 CA 认证进行非法复制，则 CA 机构将在计算机范畴之外运用法律手段对其进行调查和起诉。

4）制裁性技术措施。一般通过在版权作品内暗藏一定的程序，当发生侵权使用或侵权使用超过某一阀值时，该程序开始运行，对侵权者的计算机造成一定程度的影响。制裁性技术措施在一定程度上类似于逻辑炸弹，在知识产权保护中应当有严格的使用限制。

(4) 网络伦理教育

网络伦理的运作需要网络行为主体的良知来保障。但人们的良知并非与生俱来，它需要通过一定的伦理教育逐步培养起来。因此，网络伦理教育是网络伦理构建的一项重要内容（刘海涛，2006）。

1）充分利用网络载体，深化网络伦理教育内容。互联网对人们日常生活的影响越来越大，已经逐渐发展成为社会主义精神文明建设的重要阵地。党的十六届四中全会也指出："互联网站是先进文化的重要阵地，要高度重视互联网等新型传媒对社会舆论的影响。"要充分利用网络载体，建设有吸引力、说服力、大面积覆盖率的红色网站，以生动活泼的形式弘扬社会主义主旋律。要用马克思主义的、正确的、科学的、文明的、健康的内容来占领网络阵地，保持文化的社会主义性质和文化的民族性。我们要把社会主义荣辱观作为网络伦理教育的核心内容，增强广大人民特别是青少年自身的责任感，提高他们的政治理论素养水平，增强他们的网络道德自律能力、网络伦理素质和理论素养，积极倡导文明上网，抵制不文明行为，形成健康向上的网络文明行为。同时要重视信息资源的开发建设，增加网络科学、教育、文化的内容；要充分利用网络手段，特别是政府网站要有所作为并作出应有的贡献。

2）借助网络社区，开展网络伦理教育。网络社区是由具有共同目标和共同价值观的人们组成的。人们通过网络行动来实现各自的目标、兴趣和情感需要，彼此的价值观念在互相交流中得到认同和强化。网络社区的作用较之现实社区的教育作用更为强烈。首先要重视网络社区的发展和投入，给以技术上的扶持、管理和引导，使网络社区朝着服务和教育的功能发展。还要对网络社区内容的加强管理，有效制止信息垃圾的蔓延，鼓励、支持积极向上的信息内容开放和传播。同时要加强网络创办人的社会道德和社会责任的教育，采取先进的技术手段将不健康内容拒之门外，形成文明上网、文明建网的社会氛围。

3）结合计算机课程传播网络伦理观念。在进行计算机和网络知识教育的同时，传播网络伦理观念，这是进行网络伦理教育的有效途径。它能将技术教学与道德教育融为一体，更为人们乐意接受。所以，我们要充分利用课堂传授网络信息和网络伦理观念，以自由、开放和民主的教学与交流，有针对性地进行教学，以渗透的方式促进人们形成道德观念，培养出网络技术与网络品德俱佳的公民。教育部门要对各级学校网络伦理道德教育的目标、方向、内容进行规定，在计算机和网络知识的教育中加入伦理道德的内涵，通过对网络伦理原则、礼仪、规范和网络法律的教育学习，促使人们能够以道德理性地约束、规范自己的网络行为。

4）加强网络德育工作队伍建设。要培养一批具备较高的思想政治水平，善于进行思想政治工作，具有一定网络技能、通晓网络专业知识的德育工作者，以便充分重视和运用信息网络技术，把网络德育和思想政治工作结合起来。目前，我国从事网络道德工作的人员大多缺乏网络技术知识，我们应该倡导更多的德育工作者要努力掌握网络使用技术，熟悉网络法律、道德、文化等知识，能够对网络道德失范的原因进行及时研究，并提出相应的预防与控制对策。

（5）网络伦理监管

网络伦理监管主要包括社会监管和法制监管（刘湘宁，2005）。网络伦理的社会监管是一种外部监管，其实质是公民从国家权力主体的地位出发，行使法定的权力，对各种网络行为所实施的监管，具有广泛性、经常性、普遍性和有效性等特点。它主要包括网络伦理的舆论监管和群众监管：①舆论监管。社会舆论是道德评价的主要形式之一，社会舆论反映整个社会对网络行为的监管，具有明显的行为约束的优势。它表现着社会发展对网络行为的客观要求，表达着社会和集体中绝大多数人的愿望和意志。社会舆论是一种广泛的权力，是一种并列于立法、司法和行政权力的"第四权力"。这种权力虽不是正式的权力，但却对国家和社会生活产生极大的影响，并对网络主体的行为构成直接的制约。网络伦理的舆论监管是运用新闻传媒改善网络社会生活质量，特别是监管、改进和提高网络行为的政治性活动。随着社会的发展和进步，舆论监管日益成为社会关注的热点，成为调控网络主体行为关系的重要手段。②群众监管。健全和完善民主制度，充分发挥人民群众的监管作用，是实现网络民主管理的一条重要途径。在我国，提高广大社会成员对于人民群众监管的正确认识，并使之付诸实践，是一个长期而艰巨的任务。因此，必须逐步建立群众监管的运行机制，充分发挥人民群众在网络伦理监管中的作用。

网络伦理的法制监管也是一种外部监管，它包括立法监管和司法监管。网络伦理立法，是把伦理行为上升为法律行为。随着社会网络化进程，越来越多的网络伦理规范被纳入到社会的法律规则体系当中。伦理与法律是联系最为密切的两类社会现象，在特定意义上，网络伦理涵盖了与网络行为有关的法律内容。奥地利生态行为学家洛伦兹指出：在决定个体行为方面，"道德只是一种力量非常有限的补偿机能"。因此，要对网络行为进行有效的监管和控制。近年来，中国也相继颁布了一系列关于网络行为的法律规范。网络伦理的司法监管是形式最特殊、惩罚力度最大的一项监管，主要是指人民法院和人民检察院依法对组织和个人的网络违法行为进行审判、检察，以纠正、惩戒违法和犯罪行为，保护公民的合法权益的法律制度。

第8章 知 识 管 理

知识管理作为知识经济发展的依托和知识创新的手段，已成为图书馆界关注的焦点，也成为管理学、经济学、情报学、信息管理学等学科研究的新课题。由于知识与信息的天然联系，许多信息管理研究者已将知识管理视为本学科领域新生的重要研究对象，大有从信息管理过渡到知识管理，甚至以知识管理取代信息管理之势。

8.1 知识资源与知识管理

随着知识经济时代的到来，知识资源成为一种重要资源。对知识资源进行的管理是知识管理活动的重要内容之一。

8.1.1 知识资源与知识资源管理

知识资源（knowledge resources）是人类通过智力劳动而发现和创造的进入经济系统的知识。知识经过物化后可以为人类带来巨大财富，促进物质生产，产生市场价值，也可以直接作为精神消费品。组织的知识资源指的是组织拥有的可以反复利用的，建立在知识和信息技术基础上的，有助于组织增长财富的一类资源。组织的知识资源包括三方面：一是组织创造和拥有的无形资产，涉及组织文化、品牌、信誉、渠道等市场方面的无形资产、专利、版权、技术诀窍、商业秘密等知识产权以及技术流程、管理流程、管理模式与方法、信息网络等组织管理方面的资产；二是组织的信息资源，包括通过信息网络可以收集到的与企业生产经营有关的各种信息；三是组织的智力资源，涉及组织可以利用的、存在于组织人力资源中的各种知识以及创造性运用知识的能力（任皓等，2003）。

1. 知识资源的特点

（1）知识资源是无限的

由于知识资源是人类智力创造和发现的成果，而人的智力和创造力是无限的，所以知识资源也是无限的。

（2）知识资源可以重复使用

知识资源是一种特殊资源，有的知识资源的使用是不会磨损的，甚至有时会因为人类的创造活动而得到增值。

（3）知识资源是无形资产

知识资源是知识形态存在的一种表现形式，是无形资产，必须把知识资源从意识形态转化为物质形态才能帮助人类创造巨大的财富，获得无穷的力量。

（4）组织的知识资源是赋予并表现组织的个性的资源

不同的组织拥有不同的知识资源，不同组织的知识资源形成各自独有的文化氛围，表现出不同的组织个性和特征。

（5）知识资源是市场交换性较低的资源

由于知识资源往往为某个组织所独有，这些知识资源存在于组织的显性知识（explicit knowledge）、隐性知识（tacit knowledge）、信誉、运作模式、员工素养之中，表现出各组织的独特之处，因此，知识资源以整体形式进入市场进行交换的可能性较低。知识资源是市场交换性较低的资源。

（6）知识资源可以增值

知识资源可以不断地增值，并与原来已有的知识资源进行重新整合，从而产生新的资源。知识资源具有动态性，有利于激励组织成员积极利用已有的知识资源，同时努力发掘那些未知的资源。知识资源的价值可以转化为物质财产，也可以进入经济领域进行投资生产。知识资源具有价值和使用价值，但只有与实物相结合时才能体现其使用价值。

要想有效地对知识资源进行管理，就必须了解目前所拥有的知识资源，从而有针对性地进行重点管理。

2. 知识资源的分类

知识资源按照属性分类，可以分为隐性知识资源和显性知识资源。继波兰尼（Polanyi）于 1966 年提出了隐性知识的概念之后（Polanyi，1966），野中郁次郎（Ikujiro Nonaka）提出将知识划分为两种不同的类型：显性知识和隐性知识（Nonaka，1994）。显性知识是指那些可以用规范化和系统化语言进行表达和传播的知识。而隐性知识是一种主观的、基于长期经验积累的知识，包括直觉、思维过程、诀窍、信仰等。显性知识与隐性知识存在诸多不同：显性知识是规范系统的，而隐性知识往往是难以规范的、零散的；显性知识内容和表现形式稳定、明确，而隐性知识却难以捉摸、不甚明了；显性知识通常可以通过编码处理后以公式、定理、规律、制度等形式表述出来，而隐性知识由于尚未编码和格式化而以诀窍、习惯等形式呈现出来；显性知识由于内涵明确稳定而容易存储、传播和分享，而隐性知识却因其高度个人化而难以存储、传播和分享。相应的，显性知识资源和隐性知识资源的特征也就分别与显性知识和隐性知识的特征相同。

组织的知识资源按照内容可以分为信誉资源、技术资源、信息资源、客户资源、人力资源、基础结构资源等。信誉资源包括组织的形象、品牌、商标等无形资产。技术资源包括产品的工艺、专利等。信息资源包括组织所掌握的内部和外部的数据、信息和知识。客户资源也指关系资源，是组织在与其他团体的联系和交往过程中所产生的资源。人力资源指的是体现在组织成员身上的才能，包括他们的专业技能、创造力、解决问题的能力、管理能力以及心理能力。基础结构资源指的是与组织的管理哲学、组织文化、基本管理制度等相关的资源。基础结构一旦运作起来就会形成一定的管理模式，对组织的业绩将产生直接影响。

知识资源按照层次可以分为狭义的知识资源和广义的知识资源。狭义的知识资源仅仅指知识本身。而广义的知识资源除了包括知识本身之外，还包括知识产品、知识资本、知识人员和知识产业。

3. 知识资源管理

知识资源管理的主要任务就是对知识资源实施有效的组织以便发挥知识资源的效用。

（1）知识产品及其管理

知识产品指的是人们在科学、技术、文化等精神领域中所创造的凝结了知识价值的产品以及服务。知识产品主要有两种表现形式：一种是基于知识的物质产品；另一种是基于知识的研究开发与服务。前者中的知识是作为一种重要的生产要素而隐含在物质产品的生产加工过程中，这种知识产品往往有较高的知识含量，如新材料产品、信息技术产品等。基于知识的研究开发与服务是通过基础研究或者整合以往的知识来实现知识创新。

知识产品价值的实现主要源自两部分：一部分是知识的创造；另一部分是知识的使用和复制。有些企业主要侧重于知识的创造进而开发出相应的知识产品，这一过程中就涉及新技术、新理念、新方法等，需要发挥人的创造力、想象力。例如，微软（Microsoft）、谷歌（Google）等企业就是锐意进取、不断创造知识产品的成功典范，而也有些企业通过复制和使用知识产品而实现价值，如麦当劳以特许经营进行全球扩张。

对知识产品的管理包括知识产品的生产、包装和销售等环节。知识产品的生产可以有两种方式：一种是在已有知识的基础上将其转化为产品，也就是对知识进行提炼、包装而后进行销售。例如，美国联合后勤公司就是采取这种生产方式。另一种是在产品中增加知识含量。而知识产品的包装过程有时其实就是卖产品的"经营知识"（Know-how）。

【案例8-1】

美国联合后勤公司的总裁比尔·哈贝克曾在一家货运公司工作，其间开发了一种能跟踪北美地区铁路和联运状况的信息系统，称为"司令部"，可以提供运输时间、地点、延误记录、货运量、维修记录等多方面数据。比尔·哈贝克到美国联合后勤公司后，在此基础上开发了名为"REZ1"的系统，从而预定康州铁路集装箱、诺福克南部铁路公司、太平洋联合铁路公司和一些较小的铁路运输机构的铁路集装箱，总共约占北美大陆铁路集装箱的20%。公司从运输公司的客户那里收集、核对和组织信息，并运用这两个系统进行加工，从而提供跟踪货物、预定集装箱、计费、预报车队的需要量、查明集装箱空置时间等服务，并对道路阻塞进行分析。正是依赖这些知识产品，这家小型私营公司的年销售额达到600万~1000万美元。

销售知识的战略. http：//www. yesky. com/Enterprise/218729146648363008/20000420/50269. shtml

不同的知识产品经过包装会产生不同的经济效果。在美国赫尔辛基技术大学，安蒂·克依拉教授率领一个项目小组从事团队建设方法的咨询活动，以前收取的咨询费是每小时80美元，现在他们把这一方法变成一种称为"TCP"的软件产品，实际上就是一个装在盒子里的顾问，结果开发这一软件所花的时间，平均每小时的收益是5000美元。这就意味着知识产品可以采取不同的战略。

对于知识产品的销售和管理，可以参照有形的物质产品的管理战略，制定知识产品的销售战略。正如麻省理工学院"全部数据质量管理项目"首席专家理查德教授在《知识力量》一书中提出的管理信息产品的四个基本原则：了解客户的信息需要；制定一个明确的生产工序；掌握信息产品的寿命周期；任命产品的管理人。这些原则适用于一切知识产品.

（2）知识资本及其管理

目前，学术界对于知识资本（knowledge capital）尚无统一的定义。该领域的实践先驱、瑞典的第一大保险和金融服务公司Skandia公司的首席知识资本执行官爱德文森（Leif Edvinsson）对知识资本的定义为：知识资本是所有对企业的市场竞争力作出贡献的专业知识、应用经验、组织技术、客户关系和职业技巧（程书华，2002）。知识资本有时也被称做智力资本、无形资产等，是组织知识管理的重要因素之一。最早系统地定义智力资本的内涵与内容的是美国学者托马斯·斯图尔特（Thomas A. Stewart），他认为智力资本是公司中所有成员所知晓的能为企业在市场是获得竞争优势的事物之和（许晓东，2006）。英国学者安妮·布鲁金（Annie Brooking）提出一个等式：企业＝有形资产＋知识资本，知识资本是使企业得以运行的所有无形资产的总称。尽管对于知识资本的定义不一，但其本质是一样的。知识资本其实涵盖了知识创造能力与条件和知识成果（Brooking，1996）。

知识资本主要包括人力资本（human capital）、结构资本（structural capital）、市场资本（market capital）。

人力资本指的是人员的知识水平、经验、学习能力、解决问题的能力。结构资本指的是组织结构、规范制度、组织文化、组织结构形式等，是支持人力资本的基础。市场资本指的是客户资本、信誉等，是人力资本和结构资本发挥作用的主要条件。在知识资本的三个组成部分中，人力资本是核心，结构资本是激励人力资源进行创造性活动的环境基础，市场资本保证了人力资本、结构资本所创造的知识的价值的实现，使其市场化。通过这三部分的相互作用和整合，知识资本成为创造收益的推动力。

对知识资本的管理是组织获得竞争能力、保持竞争优势的战略手段，已成为知识管理研究的重要内容之一。早在 20 世纪 80 年代，日本学者伊丹（Hiroyuki Itami）围绕"不可见资产"（invisible assets）对组织的价值展开了研究。瑞典学者斯威比（Karl Erik Sveiby）系统地研究了知识资本及其计量问题，提出核算知识资本的"不可见平衡表"（the invisible balance sheet），开创了知识资本会计的研究与实践工作。艾文森（L·Edvinson）和苏利文（P·Sulliven）提出要促进企业人力资本的创新活动，将结构资本与创新相结合促进创新的商品化，提高企业利用其他企业的知识产权的能力。斯图尔特在《知识资本：组织新的财富》一书中讨论了在信息时代企业如何将未编码的组织知识转化为企业竞争力，如何实现潜在资产的价值，如何在员工、顾客忠诚和蕴涵在企业文化、制度和经营流程中的集体知识中发现和培育知识资本。哈德森（William J. Hudson）认为知识资本的建立、加强与使用，应重视创造性思想的培养与传递，重视企业的沟通网络、组织网络的建设，营造良好的环境以保证企业的创造性。格拉汉姆（Ann B. Graham）和文森特（G Vincent）在对知识企业知识管理进行实际调查的基础上，提出对知识资本的管理涉及流动的领域和制度化的领域，前者是创造知识的保证，后者是转化价值的基础，要平衡创造性活动和纪律约束，使知识创新要求的流动性与开放性制度化相适应。

知识资本对组织有重要影响，主要体现在以下几个方面。

1）知识资本的拥有量决定着机构的可持续发展优势。可持续发展优势是由组织拥有资源损耗的速度和竞争对手模仿的速度共同决定的。不可再生的自然资源会随着不断采掘而减少，必然导致以自然资源为核心资源的组织竞争优势减少。但知识资源可以重复使用、不断增值，一旦掌握和创新知识，其再生产的成本就会降低，使其后的项目不断受益，组织的可持续发展优势就会不断增加。而知识资本中所蕴含的隐性知识，是竞争对手难以模仿的，为保持竞争优势提供了条件。

2）知识资本给组织带来的制度差异会给组织的竞争优势带来深刻而持久的影响。迈克尔·波特（Michael E Porter）在《竞争优势》一书中指出，产品的差异化会给组织带来竞争优势。但这种竞争优势是短暂的，制度的差异化所带来的竞争优势是长远的。组织的结构资本特别是信息技术的应用对组织运作流程、规则以及有效性有直接影响。良好的组织制度是组织调整内在结构、有效应对市场考验的保证。知识资本所涉及的组织制度、文化基础、价值体系、能力等方面是组织管理的深层要素，是决定组织竞争优势能否持久的根本。

3）知识资本能够大大提升产品和服务的附加值。在信息经济时代，人们买卖变换的主要是"凝聚的知识"。一张光盘就其物质成本来说微乎其微，但人们需要支付的、价值最大的是光盘中所承载的知识。而掌握品牌资源的组织，在不必支付大量财力和物力的基础上就可以获得高额的利润，这就是知识的优势。

由于知识资本在组织发展、保持竞争力等方面有重要地位，知识资本的运作管理需要从以下几个方面着手。

1）管理知识资本时需要首先从观念上接受知识资本。要认识到知识资本是比物质资本、货币资本更重要的生产要素。知识资本能够为组织带来经济利益，理应取得"剩余索取权"。知识的资本化是产权制度的一次重大变革，需要相应的法律法规为其运作提供实施支持和保护。

2）将智力资本纳入组织总资产。现在世界上许多大企业的市场价值往往大大高于其实际的资产总额，大部分高速增长的公司如英特尔、微软等，其价值更远远背离账面价值。比如微软公司的市场价值约5000亿美元，其总资产仅相当于其市场价的10%，市场价与资产价差体现的就是智力资本的价值。正是由于智力资本的价值，才使比尔·盖茨以1000亿元位居世界个人总资产的榜首。在名牌产品企业和高新技术企业中，智力资本在企业总资产中所占的比例将会越来越高。所以公司应当改变过去组织总资产的计算方法，把智力资本列入组织资产的一部分。

3）建立知识管理制度。技术创新和管理创新是知识资本的重要源泉。企业应建立技术创新机制，增加组织技术研究和开发投入，努力提高组织的研究开发和创新能力；鼓励开展群众性的技术革新活动；加强对引进技术的消化吸收和创新工作，以推动组织的技术进步；同时要促进组织的管理创新，鼓励员工参与知识共享，全面提高组织知识资本的拥有量。

4）确定知识资本的利润分享形式。知识资本的利润分享形式有两种，一种是现金方式，另一种是股份方式。后者是当今全球组织竞争中的共同做法，能有效地吸引人才，增加公司的凝聚力。在知识经济的热土——美国加州硅谷，股份分配已成为吸引管理人才与高技术人才的常规做法。在进行人才的知识资本量化时，一定要兼顾知识资本的高低和产出。一方面，将知识资本的量化与其自身价值挂钩，通过员工受教育的程度、工作年限、职务、技能高低等体现出来，这可在知识资本形成之前确定；另一方面，把知识资本的量化与其产出挂钩，要遵循市场交换原则，这可在知识资本运作之后加以确定。

5）设立知识主管。知识主管（chief knowledge officer, CKO）全面负责组织知识资本经营的实施，是具有各种知识、技术、管理能力和创新思维的复合型高级人才，又称知识总监。其职责就是创造、使用、保存并转让知识；负责组织技术开发、教育培训、市场分析决策等方面的工作，其使命就是要运用集体智慧，来提高企业知识创新和经营能力。

（3）知识人员及其管理

知识人员是在知识产业或知识管理活动中从事知识工作的人员。由于知识产业的不断发展壮大，从事知识工作的知识人员越来越多。随着知识管理的产生和发展，知识人员在社会中的比例越来越高。在发达国家，知识工人占工人的比例超过50%。达文波特（Thomas Davenport）在其《领导层的未来》（The Future of Leadership）一书中指出，未来的管理人员仍扮演着重要角色，虽然其角色已经完全不同。促使管理人员承担角色发生变化的唯一最重要的因素，就是知识工作的兴起和盛行。

1）知识人员的分类。随着知识管理的发展，知识人员在知识管理中所发挥的作用日益明显，已经成为知识资源中最重要的一部分资源，即人力资源。人力资源管理是组织在日趋激烈的竞争中取胜的关键。在知识管理活动中需要一系列知识人员来组成知识管理团队，共同完成知识管理工作：

①知识主管（chief knowledge officer, CKO）。CKO 是企业内部负责知识管理的高级行政官员，其主要负责知识分类、知识系统、知识密集业务及管理、知识交换、知识分享及知识保护政策的制定等工作。CKO 要创建和管理知识库系统，并对其进行监督确保知识库内容的质量以保证知识库设施的正常运行。在开发新的信息资源、知识资源的同时，CKO 及时更新过时的信息，注意知识库的深度和广度的统一，促进知识的共享和运用。CKO 要制定相关的知识政策来保障知识的创造、收集、加工、存储、利用等活动。

CKO 除了要促进知识的传播、交流和共享外，还要使员工理解、接受知识管理的理念，使之认识到知识管理、知识共享的价值，在组织内部逐渐形成有利于知识共享的价值观和组织文化，使组织成员自觉、主动地投入到组织的知识管理活动中，并将员工的隐性知识挖掘出来，从而推进知识共享、知识创新的进程。CKO 还要明确组织成员的知识基础，并为之提供宽松的环境，允许他们参与相关的讨论和决策活动，给予他们充分表达自己观点、意见、建议的机会，使员工积极主动地投入组织的各项管理活动中。为了使积极参与组织管理的各成员对管理层产生信任感，CKO 还要建议管理层向组织成员解释决策的制定和原则情况，使各成员相信管理层在做出最终决策时考虑了其建议，即使那些建议未被采纳，他们也不会感到灰心或气馁，而是期待为今后的决策中能提出更好的建议，实现其自我价值。在执行新决策时，CKO 要向组织成员明确新的规则和职责，激发组织成员之间的信任感和责任感。

②知识官员（knowledge officer）。知识官员负责制订知识管理策略方向，旨在决定搜集、储存及传递知识的方法并确定其他相关策略，利用 IT 建构的组织基础技术环境，来营造知识架构，负责确保知识架构有足够的资金支持，并经过适当的设计、建立与管理；依据组织的策略目标拟定组织智能资本结构；建立管理知识的组织，以满足顾客、提高获利及降低成本；发挥知识的价值；在现有技术、组织文化下，构建一个可行的知识管理基础结构。

③知识工程师（knowledge engineer）。知识工程师需要熟悉 IT 技术，掌握一些知识管理理念，对知识管理系统的开发、培训和利用非常熟悉。知识工程师的职责在于为组织知识管理提供技术支持，设计、创建和维护数据库、文档、培训教材等，使文档集中成为组织内部程序和政策手册，并组织一些交流和培训活动。知识工程师往往可以作为知识共享的中间人而将领域专家的知识抽取出来，借助技术平台将知识以一定的形式存放或展现出来，供更多的人分享。设立知识工程师这一职位，并聘用合适的人选将为组织知识共享提供有力的技术支持。

④知识分析师（knowledge analyst）。知识分析师需要熟悉组织各个工作流程，观察并分析组织在进行知识管理过程中的各个知识领域的知识需求，对组织知识进行审计，并根据审计结果来提出对组织知识管理的相关技术和流程的正确评估，并且提出对该领域知识的内容管理、共享、传播计划，考核组织成员在各知识领域中的知识共享活动。知识分析师将对组织知识共享活动中明确知识需求和考核组织成员的知识共享效率与效果大有帮助。

⑤知识经理（knowledge manager）。知识经理需要整合知识工程师与知识分析师的工作，利用先进的信息技术帮助组织成员有效地获取知识，通过定位、评价、过滤等手段从组织内部和外部知识中提炼出有用的知识，建立良好的沟通联系机制，指导组织中各个部门或工作小组的工作，防止各自为政。而且，知识经理还负责评估组织成员无形的知识成就，这将有助于鼓励组织中各成员积极参与

知识共享活动，防止知识垄断的蔓延。

⑥信息服务工程师（information service engineer）。信息服务工程师要定期整理分类知识库中的知识，以便知识库的使用者能方便、快捷地获取自己所需的知识，及时更新知识库中过时的信息，减少知识库使用者时间的浪费，并维护知识库系统。

⑦网络专家（network expert）。信息技术是知识共享体系的基础，组织的 Internet 更是必不可少的交流媒介，通过 Internet，组织内部的联系可以遍布全球。联系越广、越有效，信息就能得到越多和越好的共享，而这反过来又促进知识的不断发展，帮助消除组织内部障碍，使其成为一个不断更新的知识网络。例如，爱立信公司为了使自己成为一种全球同步的研究整体，已将分布在全球 20 个国家的 40 个研究中心的 17 万名工程师联入一个单一的网络。网络专家的职责就在于维护组织的 Internet，只有维护组织 Internet 的良好运转，知识共享才能发挥更大的效力。

⑧知识工人（knowledge worker）。知识工人最大的特点是他们拥有丰富的、先进的知识。在知识型组织中，由于知识将成为具有生产力的生产要素，知识工人作为知识的载体在组织中的作用也越来越明显。知识工人与传统的操作工人最大区别在于前者具有丰富的知识和较强的创新能力，因此知识共享对知识工人更为重要。

⑨知识著作者（knowledge author）。知识著作者是前线信息提供者，负责处理日常信息的发布及监控自身专业领域的信息。知识著作者负责制作通过网络传播的信息内容、维持它们的正确性，并提供这些信息领域的专门知识。

⑩知识供应商（knowledge supplier）。组织内部的信息来源是有限的，必须还从组织外部识别和收集信息，这便是知识供应商的职责。他们应该知道何时何地能获得组织所需的信息，并如何加以运用。在知识经济时代中，知识组织只有充分地掌握有用的、前沿的知识资源，才能在激烈的竞争中立于不败之地。

⑪知识记者和编辑。他们的主要任务是通过各种媒介和直觉吸收他人的外部知识和内部知识；将吸收的知识整理成可为任何员工所利用的外部知识；实时地对组织的知识进行更新和编辑；为组织雇员建立存入知识库环境。

以上几种角色将在组织的知识管理活动中发挥重要作用，并且对消除组织知识共享障碍也有帮助。知识工程师可以帮助解决组织知识共享中的技术支持不足的问题；知识分析师可以帮助对知识共享活动进行考核评估以便及时发现其中所存在的问题；知识经理帮助建立良好的沟通机制以促进知识共享的发生，消除知识垄断可能造成的不良影响；知识主管从组织全局出发，将对支持知识共享的组织文化的形成、组织中成员之间的信任感的增加有积极影响。另外，在知识工人、知识著作者、知识供应商、知识记者和编辑等知识人员的共同努力下，组织才能最大限度地共享知识并进行知识创新活动，从而提升组织的竞争力。

2）知识人员管理。从知识管理的角度来看，组织对知识人员的管理应该按照两条思路进行：一是使组织员工所知道的知识越用越多，即在组织中人力资本的结构与存量一定的情况下，组织更有效地提高现有人力资本利用率，在开发人力资本过程中改变组织管理行为，达到减少组织中人力资本的浪费、释放组织中已有的人力资本潜能的目的。二是使员工对组织所需知识越用越多，即在组织人力资本利用率不变的情况下，引导员工个体自身人力资本的结构向有利于组织的方向转换。它所强调的是在开发人力资本过程中员工学习行为的改变，其结果是在员工的能力构成中，一般人力资本所占比例下降，组织特殊人力资本的比例上升。

戴夫·乌尔里克（Dave Ulrich）指出，组织提高人力资本含量主要通过以下五种途径即"5-B"模型：

①外部雇佣（Buy）。外部雇佣意味着组织领导人在组织以外寻求工作人员，以便用受过更好教育的应聘者替代现有的工作人员。外部雇佣的优点在于使组织能取得急需的人员，特别是那些起关键性作用的人员。很多想使其组织迅速发生转变的组织领导人往往寄希望于雇佣新的人才，雇佣新的人才能够带来新的思想，可能消除组织原有的文化障碍，通过组织的人事变动迅速获得智力资本。但外部雇佣风险也很大，一种风险是可能找不到工作能力比其内部员工更强的工作人员；另一种风险是大量引入"空降部队"可能使组织失去内部的优秀人才。

②内部培养（Build）。内部培养是指组织管理人员在提高现有工作人员的能力方面进行投资提高他们的素质。内部培养取得效益的前提是高层管理人员要以提高组织价值为目标，把培养人才与工作成就相结合，而不是仅仅与理论相结合，以工作岗位的经验为基础，使学习过程在解决实际问题中进行。内部培养的风险在于，许多组织不是为了建立提高组织价值的智力资本，而仅仅是为了学习而在学习方面进行大量的投入。

③借用外脑（Borrow）。借用外脑意味着组织管理人员求助于独立的咨询公司，让后者把新思想带进组织，引入一些制度和手段，使公司实力得到增强。借用外脑以提高自己的智力资本同样也存在着风险。它包含着花费大量时间与财力而收益甚微的风险；包含着不顾自身实情而过于依赖管理顾问的风险；还包含着没有实现知识向组织内部转移的风险。

④末位淘汰（Balance）。末位淘汰是指管理人员不得不解雇那些达不到标准的人员。这些人员可能本来是合格的，但跟不上组织发展，没有改变自己学习新知识和调整自己的能力。有步骤、有计划地替换那些工作绩效最差的员工，是公

司提高平均智力资本水平的重要举措。它要求必须有明确的绩效考核标准和考核手段，使那些留在组织的人知道组织对他们的期望，使那些离开的人知道自己为什么离开。

⑤维系人心（Bind）。维系人心在公司的各个层面都非常重要。留住有见解、有管理能力和称职的高层管理人才对一个成功的组织来说至关重要。留住专业人才和一般管理人员同样重要，因为培养一个优秀员工的投资往往需要经过多年之后才能得到回报。应注意的是，不能只是专注于员工的工作能力，还应注意员工的工作责任感和工作热情，激发工作热情是公司把员工的感情和注意力转向公司自身的过程，工作热情则反映在工作人员的相互关系和他们对待公司的态度一致上。

此外，还要对人力资本价值进行评估。首先应该意识到人力资本很特别：第一，人力资本天然归属个人；第二，人力资本的产权权利一旦受损，其资产可以立刻贬值或荡然无存；第三，人力资本总是自发地寻求实现自我的市场。人力资本的产权特性使直接利用这些经济资源时无法采用事前全部讲清楚的合约模式（周其仁，1996）。这就使包含确定人力资本价值的合约呈现期间性，其价值的确定要借助市场机制来配套完成，大多数情况下需要社会中介机构的介入。

在对知识人员的管理过程中完全可以套用人力资本的管理方法。预测、分析人力资本的市场供给情况和组织对人力资本的需求情况；制定与人力资本引进相配套的物质资本的筹集措施；确定人力资本的价值评估和报酬；计算人力资本的筹集成本；考虑构建人力资本介入下的资本结构等。

8.1.2　知识管理的内涵与理论模型

1. 知识管理的内涵

（1）国外学者观点

美国生产和质量委员会（American Productivity & Quality Center，APQC）认为知识管理应该是组织有意识采取的一种战略，它保证能够在最需要的时间将最需要的知识传送给最需要的人。这样可以帮助人们共享信息，并进而将其通过不同的方式付诸实践，最终达到提高组织业绩的目的。

"知识管理之父"斯威比（Karl Eric. Sveiby）从认识论的角度对知识管理的定义是：知识管理是利用组织的无形资产创造价值的艺术。

巴斯（Laurie Bassi）认为，知识管理是指为了增强组织的绩效而创造、获取和使用知识的过程。

美国的维娜·艾利（Verna Allee）认为，知识管理是帮助人们对拥有的知识进行反思，帮助发展支持人们进行知识交流的技术和企业内部结构，并帮助人们获得知识来源，促进他们之间进行知识的交流。

欧勒锐（Daniel E O'Leary）认为，知识管理是将组织可得到的各种来源的信息转化为知识，并将知识与人联系起来的过程，知识管理是对知识进行正式的管理，以便于知识的产生、获取和重新利用，这种解释着重阐明了信息、知识和人在知识管理过程中的不同角色。

阿比克（Andreas Abecker）认为，知识管理是对企业知识的识别、获取、开发、分解、使用和存储。

马斯（E Maise）认为，知识管理是一个系统地发现、选择、组织、过滤和表述信息的过程，目的是改善雇员对待特定问题的理解。

维格（Karl Wiig）认为，知识管理主要涉及四个方面：自上而下地监测和推动与知识有关的活动、创造和维护知识基础设施、更新组织和转换知识资产、使用知识以提高其价值。

奎达斯（Paul Quintas）等将知识管理看作是一个管理各种知识的连续过程，以满足现在和将来出现的各种需要，确定和探索现有和获得的知识资产，开发新的机会。

法拉普罗（Carl Frappuolo）认为，知识应有外部化、内部化、中介化和认知化四种功能。外部化是指从外部获取知识，并按照一定的分类将它组织起来，其目的是让想拥有知识的人拥有通过内部化和中介化而获得的知识；内部化和中介化所关注的分别主要是可表述知识和隐含类知识（或称为意会知识）的转移；而认知化则是将通过上述三种功能获得的知识加以应用，是知识管理的终极目标。

美国的管理大师彼得·F·德鲁克（Peter F. Druker）认为，知识管理是提供知识，去有效地发现现有的知识怎样能最好地应用于产生效果，这是我们所指的知识管理。

达文波特教授（Thomas H Davenport）指出，知识管理真正的显著方面分为两个重要类别：知识的创造和知识的利用。

比尔·盖茨在《未来时速》一书中多处谈及知识管理，他认为作为一个总的概念——搜集和组织信息、把信息传播给需要它的人、不断地通过分析和合作来优化信息——知识管理学是很有用的。但是就像它之前的添加再设计一样，知识管理学变得歧义百出，任何人想给它添加上什么意义都可以。……假如新闻记者跟一家数据库公司交谈的话，就会发现知识管理是数据库中最新的事物。假如记者跟一家群件公司交谈的话，就会发现知识管理的意思是下一代群件。知识管理是个手段，而不是目的。

在莲花（Lotus）公司于 1998 年 1 月发表的"Lotus、IBM①和知识管理"战略白皮书中，把创新、反应能力、生产率和技能素质作为特定商业目标和知识管理的基本内涵，以帮助公司自身适应知识管理的活动要求。

克里斯·马歇尔（Chris Marshall）和拉里·普鲁萨克（Larry Prusak）等认为，知识管理远非仅限于资料的利用、信息的储存和控制，它还要求努力认识深藏于组织成员个体大脑里的个人财富的内涵，并通过杠杆作用将其转化成能够为公司决策者获取和运用的组织财富。

美国 BRINT 知识库的创建人和知识总监马荷特拉（Yogesh Malhotra）认为，知识管理是在日益加剧的不连续的环境变化下服务于组织适应、生存和能力等关键问题的活动，其实质在于，它具体包容了信息技术处理数据与信息的能力以及人们创造和创新的能力有机结合的组织过程。同时他还指出，知识管理是一个大的框架，在这一框架之下，组织把其所有过程视为知识过程，因而，包括知识的创造、传播、更新和应用等一切商务过程，其都与组织的生死存亡息息相关。

（2）内涵小结

总之，目前，在知识管理认识上，存在两种理解：一种认为知识管理是以信息管理为基础，用信息管理的模式建构知识管理的对象和内容，作为信息管理的延伸与发展，如面向全球互联网的信息资源的优化管理与知识共享，就是一种信息管理的知识管理模式。另一种理解认为，知识管理基于人的知识创新过程与组织，重视人的创新思维与能力的开发和培养，重视从体制与组织上建立可持续发展的创新环境，重视人才结构与使用的优化管理。事实上，两者都应该属于知识管理的范畴与体系。

关于知识管理目前还没有一个标准的、清晰的定义。但有一点，却得到了大家的共识，那就是知识管理不是任何传统意义上的对人的管理，也不是真正地对知识的管理。知识管理更倾向于知识共享、信息系统、组织学习、智力资本管理、绩效管理和加强。

从上面这些不同的定义来看，至少可以说明人们对知识管理的认识还不够深入，对其内涵和外延还有些不够了解的地方。但是这些定义中也有一些共同点，那就是都强调了以知识为核心和充分发挥知识的作用。

2. 知识管理的理论模型

目前，在知识管理领域提出了一些理论模型来研究和解释其相关的活动过程。

---

① http：//www.gdrc.org/kmgmt/lotuskm.pdf

（1）"知识之轮"模型

蓝凌管理咨询支持系统有限公司（以下简称 LANDRAY）在理论分析和实践经验的基础上，总结提出了"知识之轮"模型。

任何组织中的知识都存在知识"沉淀"、"共享"、"学习"、"应用"、"创新"等环节，这些环节组合成一个螺旋上升的闭环，称之为"知识之轮"。"知识之轮"符合事物发展的客观规律，隐藏于各种各样活动的背后。知识管理需要通过运用集体的智慧提高应变能力和创新能力，知识管理就是要找到驱动知识之轮的法则，一般企业都需要通过"技术"、"管理"、"文化"三个方面来保障"知识之轮"的高速运转。

吴庆海等人指出，对于"知识之轮"，核心要把握如下三个层面：（吴庆海，夏敬华，2006）

1）何谓核心的知识管理对象？企业知识管理是企业对其所拥有的知识资源进行管理的过程，其核心的管理对象是知识。一般来说，企业知识领域可以分为外部知识和内部知识两大类。外部知识主要指存在于企业外部与企业经营有关的信息，通常是一种静态的知识，属于对事实的描述。企业外部知识的分类可以根据企业外部利益干系人的种类来建构。企业内部知识是企业在日常活动、工作流程中产生的知识，包括工作流程、管理制度、个人经验等，通常是一种动态、程序化的知识。企业内部知识的分类通常参考价值链模型来建构。这样，综合企业内部和外部知识，就形成了整体的企业知识体系，还可以在企业知识体系的基础上，对每一个知识领域进行分解和细化，形成子知识领域、子子知识领域等。

为提高投入产出比，按照帕累托 80/20 法则，企业要找出那些能够产生 80% 的价值的 20% 的知识。针对不同的企业，必须有科学的方法和工具来进行分析和研究，根据企业的战略找出企业需要重点关注和管理的核心知识领域。例如那些实施差异化战略的企业，研发知识、产品知识等往往是需要重点管理的核心知识；而那些实施最低成本战略的企业，采购知识、配送知识、生产知识等则是需要重点管理的核心知识。

假设已经筛选出了需要重点关注的这些对象，对于这些知识还需要从如下 3 个维度进行分析，如图 8-1 所示。）

掌握度（Proficiency）：是组织对该知识的最高掌握水平，一个企业高手的技能不一定被企业所有人知道，而这一两个高手可能决定了企业在该知识领域内的水平。像有的球队往往有一两个明星一样，有明星就可以拿金牌。企业也要有明星式的人才，他们往往代表着企业在这个领域内的最高水平。

扩散度（Diffusion）：是指组织需要应用该知识的人中大多数人对该知识的掌握水平，它反映了知识传播与扩散的程度。例如，某部门中 5 个人，1 个人是

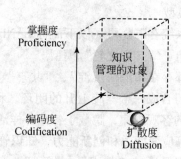

图 8-1　知识的 PDC 模型

资料来源：www. CBINews. com

入门水平，3 个人是初级水平，1 个人是专业水平，则其扩散度为初级水平。大到对于一个跨地域的集团性企业，如何实现关键知识在集团总部和各个分子公司间的互动就是很多企业头痛的一个课题；而同样，小到一个部门、科室内部，如何实现有经验老员工的知识在内部传播也非常重要。

编码度（Codification）：是用来衡量知识显性化的程度，知识的显性化是指对平时的经验、感受、领悟等进行总结和归纳，总结和归纳的结果通过文字、音像等形式记载下来的过程。

2）何谓知识之轮？让知识沉淀、知识共享、知识学习、知识应用、知识创新等运转环节（简称为"知识之轮"）循环运转，才能使知识指导行动，不断地产生价值。

以知识扩散度为 X 轴，以知识编码度为 Y 轴，建立如下坐标系再进行深入分析，如图 8-2 所示。我们可以发现：

首先，知识编码度提高意味着知识显形化程度的提高，这其实就是知识在"沉淀"这一环节状况的改进；

其次，知识扩散度提高意味着知识得到了更大范围的传播，这其实是知识在"共享"这一环节状况的改进；

如果高扩散度的知识通过个体与组织的学习和应用，吸收内化成为隐形知识，则是知识在"学习和应用"这一环节状况的改进；

最后，通过不断地外部扫描及内部创新，组织掌握了更多独到知识，知识在"创新"这一环节状况得到改进，通过创新获取外部新知识或提升内部知识层次，从而改善知识掌握度，这正好就是垂直于 XOY 平面的 Z 轴。这样知识经过沉淀、共享、学习和应用、创新四个环节的循环之后，实现了螺旋式上升。

经过上面分析，发现任何知识都符合上面的运转规律。"沉淀"、"共享"、"学习和应用"、"创新"四个关键的知识运转环节组合成一个螺旋上升的闭环，即称之为"知识之轮"。

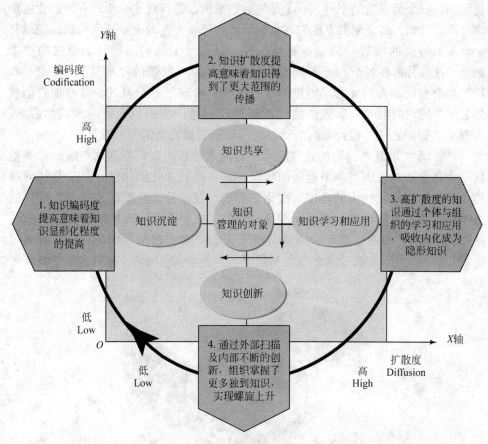

图 8-2 知识运转不同环节之间的关系

资料来源：www.CBINews.com

　　企业的业务状况千差万别，业务运转形式不一。如果能够找到驱动知识之轮的法则，挖掘知识运转的规律，对企业各项业务及承担各项业务的个人都大有裨益。

　　3）如何驱动知识之轮？许多企业都存在着一些有意识或者无意识的实践活动，如企业里面定期的周例会（或月例会），会议上大家对过去工作的回顾总结、问题的分析、未来的计划其实是知识的"沉淀"；开会时大家的交流沟通是知识的"共享"；每个人听别人的思考、感悟、经验时，如果能够内化吸收进自己的大脑并应用于今后的工作，那么这其实是知识的"学习和应用"；如果大家在相互的思想碰撞中激发出新的灵感，形成更好的工作方法，这其实就是知识的"创新"。

　　此外还有其他方面好的实践案例，如有的企业销售人员规定每月递交两个分析案例，一个是成功的案例，一个是失败的案例，进行对比分析；有的企业定期举办高层沙龙，请高层共享他们各自领域里的经验；有的企业开发数据库记录每一个员工过去的项目经验、专业特长等，以便员工遇到问题时知道能向谁求助……这些分散在各个企业不同部门的做法好像一颗颗的"珍珠"，每颗"珍珠"都有自己动人的光彩。可惜的是，这些"珍珠"是分散的，没有把它们收集起来并把它们串成一条完整的"项链"我们还应该根据企业的现状和需求，为驱动"知识之轮"设计新的活动，为"项链"增添新的"珍珠"。

对驱动"知识之轮"的这些活动进行深入分析，我们发现这些活动无非是从三个角度影响知识各环节运转的状况，其一是从文化的角度，其二是从管理的角度，其三是从技术的角度。文化、管理、技术是企业驱动"知识之轮"的三个关键要素。所谓知识管理，即通过管理与技术手段，使人与知识紧密结合，让知识的沉淀、共享、学习和应用、创新这个"知识之轮"循环转动，并通过知识共享的文化，提高企业的效益和效率，为企业创造价值，赢得竞争优势（图8-3）。

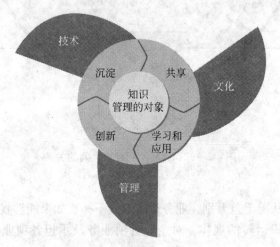

图 8-3　驱动知识之轮

资料来源：www.CBINews.com

企业在"文化"（shared values）要素上的表现，主要指"知识之轮"各个环节上大家普遍的习惯、组织共有的价值观、高层的支持度等；

企业在"管理"要素上的表现，则主要体现在为了驱动"知识之轮"所涉及的组织和制度上。如知识管理的组织及其结构（包括一些虚拟的社区）、知识管理运行制度、知识管理考核制度、知识管理激励制度等。

企业在"技术"（technology）要素上的表现，主要体现在"知识之轮"各个环节需要的 IT 应用系统及工具的具备及应用情况上。

借助"文化"、"管理"、"技术"三个轮片的默契配合，知识的涡轮才能高速运转，带动企业前进。而知识资源是可持续利用的，而且用之不竭，相比传统资源有强劲优势，将逐渐成为企业"新动力"。

（2）知识螺旋——SECI 模型

日本著名的管理学教授野中郁次郎（Ikujiro Nonaka）和竹内弘高（Hirotaka Takeuchi）认为，知识创造流程的模型必须深入了解知识创造的动态特征并对流程本身进行有效管理，在此基础上，他们提出了 SECI 模型。

在 SECI 模型中，隐性知识与显性知识之间的转化有 4 种模式，即 Socialization（社会化）、Externalization（外化）、Combination（融合）、Internalization（内化）。隐性知识与显性知识的转化过程如图 8-4 所示。

图 8-4　SECI 中知识转化过程

在社会化模式中，隐性知识转化为隐性知识，颇有"只可意会不可言传"的意味。在此过程中，主要是组织成员之间通过观察、模仿、实践等形式传递隐性知识，分享隐性知识，实现知识的表达和传播，从而将他人的隐性知识存储到自己头脑中并逐渐转化为自身的隐性知识。

在外化模式中，隐性知识被转化为显性知识。在此过程中，人们对隐性知识进行系统的整理并将其清楚地表达出来，使这些隐性知识以某种便于他人理解的形式出现，传递给他人，进而实现知识的共享。

在融合模式中，零散的显性知识被聚集到一起，通过分类、重组、分析等手段将各种显性概念组合化和系统化，并从中提炼出新的显性知识。这一过程绝不是简单地积累和叠加知识，而是在知识不断聚合的过程中产生新的知识。

在内化模式中，显性知识转化为隐性知识，典型的过程就是边学边干（即"干中学"：learning by doing），这是一个学习知识、消化知识、吸收知识的过程。

人们通过共享知识，吸取他人的经验，转化为自身知识的一部分，从而进一步完善自身知识结构，将知识转化为个人能力，为今后的学习、研究、创新等活动打下坚实的基础。

SECI 所显示的知识转化过程，并不是单一的 4 点，也不是由这 4 点构成的单一的循环周期，而是呈螺旋向上的模式。在这种"知识螺旋体系"中，明晰知识与隐含知识相互作用，相互更替，不断增值，如图 8-5 所示。

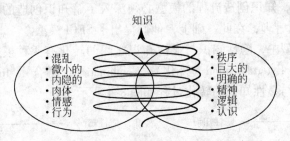

图 8-5　知识的螺旋形创造（个人层面）

资料来源：Ikujiro et al.，2000

如果有更多的人参与，知识增值的增幅会更大。知识水平也就从个人水平上升至科、部、事业部、组织水平，甚至跨越组织上升至更高水平。有效的知识转换过程需要不同层面间高频次的相互作用和 4 种方式的共同作用，如图 8-6 所示。

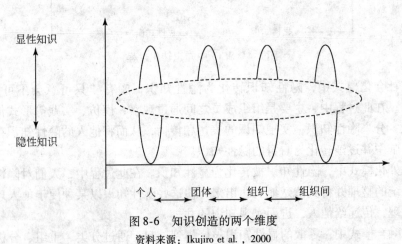

图 8-6　知识创造的两个维度

资料来源：Ikujiro et al.，2000

另外，野中郁次郎还引入了"场"（Ba）的概念。他将"场"（Ba）定义为："知识创造、共有、活用所共有的环境"（ba is here defined as a shared context in which knowledge is shared, created and utilized. In knowledge creation, generation and regeneration of ba is the key, as ba provides the energy, quality and place to perform the individual conversions and to move along the knowledge spiral) (Nonaka, 1995)。它源于日语中的哲学词汇, 既是指物理的场所, 如办公室、商务会馆等; 也可以指虚拟的场所, 如电子邮件、电话会议等; 还可以指精神场所, 如共享经历、观念和理想; 它甚至还可以指某种人际关系或人们之间的共同目标等。其基础性作用如图 8-7 所示。

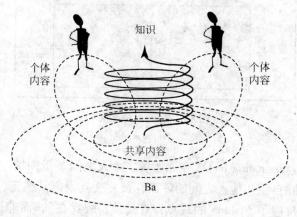

图 8-7　场 (Ba) 的基础性作用

资料来源: Ikujiro et al. , 2000

场与知识的 4 种转化模式社会化、外化、融合和内化相对应, 存在原始场、对话场、系统场、对话场 4 种类型, 如表 8-1 所示。

表 8-1　场与知识

从 \ 到	隐性知识	显性知识
隐性知识	社会化 (socialization) 原始场	外化 (externalization) 对话场
显性知识	内化 (internalization) 练习场	融合 (combination) 系统场

每个场分别提供一个基地, 以利进行某一特定阶段的知识转化程序, 并使知识的创造加速进展。将 4 个场的知识转化程序前后加以连贯起来, 就构成一系列不断自我超越的程序, 同时也随之显现了知识转化的螺旋式演进。场的四种类型如图 8-8 所示。

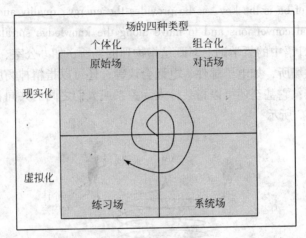

图 8-8 场的四种类型

资料来源：Ikujiro et al.，2000

1）原始场（originating ba）。在原始场，个人之间基于同情，或彼此相爱相惜，因而得以排除自我与他人之间的障碍，彼此交互表露其感觉、情绪、经验与心态。在此场所反应了 Nishida 的观点："我爱，故我在"，而非迪卡儿的说法："我思，故我在。"因此，从原始场展现出关怀、爱心、信任与承诺。

原始场是知识创造过程中之起点，属于社会化阶段。个人之间亲身的面对面的接触经验对隐性知识的移转与转化十分重要。因此，应强调开放式组织设计，使员工能充分接触顾客，以便个人之间的直接交谈及沟通。

2）对话场（interacting ba）。将拥有特殊知识与能力的一些人组成一个计划小组、特案小组，或跨越业务单位之小组。让这些小组的成员在互动场所彼此交换想法，同时也对他们自己本身的想法加以反省及分析。对话场代表外化阶段（the externalization process），大家以开放态度，彼此充分对话，将隐性知识转变为显性知识，以便创造新知识及价值。

3）系统场（cyber ba）。系统场代表组合阶段（the combination phase），利用虚拟世界而非实际的空间与时间，来进行互动。在组织内部将新的显性知识与现有的资讯与知识组合，以便再产生更新的显性知识，并使之系统化。利用"线上网路"、文件与资料库等资讯来强化这项知识的转化程序。笛卡儿的逻辑在此获得充分的发挥。

4）练习场（exercising ba）。练习场代表内化阶段（the internalization phase），能促使显性知识转化为隐性知识。在资深教师与同事的指导下，以观摩或实际演练等方式不断地练习，而非只坐着听教师讲授分析性教材，能应用实际生活上或模拟的显性知识，并持续将这些知识内化。

上述 4 种场各自的不同特征将有助于新知识之创造。在每个场中所产生的知识终将成为组织的知识基础而归大家共同来分享。然而，组织内的各个场所不仅是累积各种不同的资讯而已。这些场具有动态性，能将隐性知识转化成显性知识，然后再进而将显性知识转化成隐性知识，并借此一周期循环而持续的创造新知识。

到目前为止，SECI 模型堪称是对企业知识生产过程进行的最深入的探究，其对知识转化过程的描述也是最详尽的。SECI 知识转化模型的理论价值主要在于：

1）准确地揭示了知识生产的起点与终点，即始自高度个人化的隐性知识，通过外化化、融合和内化，最终升华成为组织所有成员的隐性知识。

2）清晰地辨识了知识生产模式的常规类别，即"隐性—隐性"、"隐性—显性"、"显性—显性"和"显性—隐性"，并相应地描述了每种类别所对应的具体过程和方法。

尽管 SECI 模型有着较强的解释力，但在实际应用过程中我们依然发现其有较大的缺陷，主要有以下几点：

1）尽管 SECI 模型详尽地阐释了知识由隐性到显性、由个人到组织之间的多次转化，但并没有揭示这一转化是如何带来企业内在效率的差异，即企业如何通过知识管理拥有竞争优势的。

2）SECI 模型着重强调了高度个人化的隐性知识是知识创造的源泉。但实际上，来自企业外部的社会知识对于企业知识生产也有非同寻常的价值。尤其是在信息技术高度发达的今天，任何企业都必须善于快速学习社会知识、快速做出反应，所以 SECI 模型所揭示的仅仅是企业知识形成过程的一部分，远非全部。

3）SECI 模型认为企业核心知识的载体是组织全体成员。但实际上，很多企业的员工流动速度极其频繁、流动幅度也相当大，比如经济严重衰退时许多大型制造企业如波音、通用电气等纷纷采取大规模裁员来降低风险，却并不影响其在核心技术上的优势地位。这也说明组织知识的存储和作用过程相当复杂，SECI模型尚无法完满解释有关企业知识生产过程的很多关键问题。

（3）知识创新模型

知识创新是如何通过具体活动为企业获得核心能力和竞争优势的，Leonard·Barton 的知识创新与核心能力框架给出了解释，模型中包含了核心能力的 4 个维度和 4 个知识创新活动（图 8-9）。围绕企业核心能力有 4 种知识创新活动，即解决共享和创造问题（用于生产当前产品）、实现和集成新的方法和工具（用于提高内部运作的效率）、实验和模型化（用于创造未来的能力）、从外部导入新知识和技术。确定核心能力的四个维度是物理系统（如数据库、机械、软件等素材），管理系统（管理程序、教育、奖励、激励系统等），员工的知识和技能，以及价值系统和标准（确定新知识创造的目标和种类）。企业通过四项知识创新活动，目的是为了保持企业的核心能力，从而使企业具有持续的竞争优势。该模型的提出将知识创新活动进行了具体化，并确立了知识创新是企业核心能力形成和保持的关键。

1. 物理系统
2. 管理系统
3. 员工知识和技能
4. 价值和标准

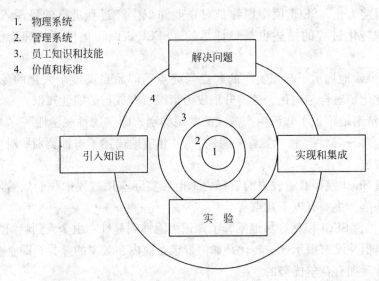

图 8-9　知识创新与核心能力框架

在 SECI 模型的基础上，Scharmer 通过对知识创新的最终源泉和驱动力的研究认为，隐性知识可以细分为两种类型：物化的隐性知识和自我超越的知识（Scharmer，2001）。把原有的 SECI 概念分解成两个部分，即 SECI1（显性知识和物化的隐性知识的相互转化）和 SECI2（显性知识和自我超越的知识的相互转化）。SECI1 过程是显性知识和物化的隐性知识的相互转化：物化的隐性知识到物化的隐性知识；物化的隐性知识到显性知识；显性知识到显性知识；显性知识到物化的隐性知识。SECI2 过程是显性知识和自我超越的知识的相互转化：自我超越的知识到自我超越的知识；自我超越的知识到显性知识；显性知识到显性知识；显性知识到自我超越的知识。知识在三种类型的知识之间相互转换成为知识创新的源泉。这样，知识创新在野中郁次郎的知识螺旋的基础上提出了知识创新的双重螺旋模型（如图 8-10 所示）。

日本学者野村恭彦（Takahiko Nomura）针对知识创新的工作环节，结合企业实践的角度提出了 360° 的 "ba" 的设计模型（图 8-11），认为 "ba 的设计必须充分考虑三个方面：①知识创新战略。ba 应当依据企业的知识创新战略来进行设计，因为企业竞争优势的源泉来自知识的创新，而且知识战略和知识需求的目标对于参与者必须是清晰明确的。②参与者的工作方式。ba 的设计应当按照参与者的工作方式进行设计。由于每个知识工人都无意识地用他们自己的方式去创造新知识，因此创建多种类型的 ba 对于促进知识工人之间的内部交流和沟通是非常必要的。③综合多种因素。ba 的设计不仅仅只是去建立特殊的部分，比如IT 系统或者物理场所，而应当将公司的计划、结构的改革和人力资源参与综合考虑进行设计，野村恭彦从 IT 观点、工作空间观点、人和组织观点与过程观点四种角度对其进行了总结。（Nomura，2002）

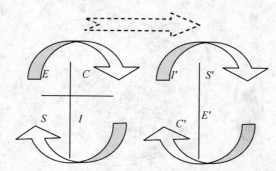

图 8-10 知识创新的双重螺旋模型

图 8-11 360°的 ba 的设计

布莱恩柏克（Malin Brannback）在知识创新 SECI 过程以及相应的四个 ba 的基础上，经过改进提出了知识创新过程的网络 ba 模型（Brannback，2003），该模型认为在成功的知识创新过程中，ba 扮演了一个必不可少的重要角色。当知识在个体、小组、组织之间进行知识的 SE2CI 转换过程中，每个层次的各种类型的 ba 为其提供了各种各样的物理或虚拟的"空间"，各种各样的 ba 中也会形成一种独有的文化，而这种文化可能在其他的小组团队间难以被接受，这就会给参与各种 ba 的成员和小组间的知识共享与创新造成障碍。因此，ba 之间的联结必须引起重视，建立网络 ba，从而在各类 ba 之间建立"通道"，这种"通道"从某种意义上来说也可以说是一种 ba，用来促进个体、小组之间的合作和共享，将会对知识创新的成功提供重要的支持。如图 8-12 所示，其中 A 表示个体间的 ba，B 代表小组间的 ba，C 代表企业间的 ba。

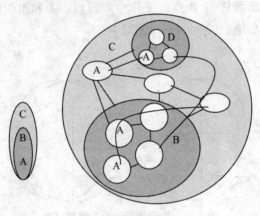

图 8-12　网络 ba 模型

8.2　组织知识管理的主要流程

8.2.1　知识过程

知识管理在某种程度上就是要取得知识生产、知识分享、知识应用以及知识创新这四种活动之间的平衡（图 8-13）。（夏敬华，2004）

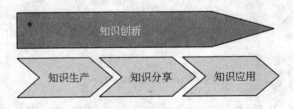

图 8-13　四种知识过程

资料来源：AMT—企业资源管理研究中心

1. 知识生产

知识生产过程就是指对现有知识进行收集、分类和存储的过程。知识来源主要有两类：一类是零散在个人组织以及企业内外的各种资料和文档等显性知识，在这方面需要首先进行知识调查、确认，然后将其分类、整理并加以存储；而另一类是隐性知识，它们需要经过一定的知识表示和挖掘手段才能显性化，还可以通过建立专家目录的方式，并借助专家定位的手段使这种个人化的经验性知识能为更多的人分享。

2. 知识分享

知识分享过程指通过知识交流而扩展企业整体知识储备的过程。一般来讲，企业可以通过以下几种交流方式来分享知识：第一种是人与人直接交流的方式，这是最传统的知识交流和学习方式，如研讨会、学习会、企业培训等；第二种是通过网络进行交流的学习方式，如讨论组、聊天室、电子会议、电子邮件等；第三种是利用利用知识库进行学习的方式，如传统的利用图书馆的学习以及现代的 E-learning 等。

3. 知识应用

知识应用过程主要是指利用知识生产过程而得到的显性知识去解决问题的过程。这一方面表现为利用已有的知识，在工作中形成新的知识产品，如企业的财务部门综合不同部门的信息和知识最终形成财务报告就是这样的一种过程；而另一方面，随着员工将生产出来的显性运用到实践中，能够得到不同的体验，这常常可以导致员工自身知识储备的拓展。比如，销售人员在现有的知识基础上，利用智能分析软件就能找到扩大销售额和产品组合的最佳方案，并可以由此迅速地拓宽、延伸和重建自己的知识系统。

4. 知识创新

知识创新过程是指产生各类新知识如新的产品知识、新的业务过程知识等的过程。可以说，知识创新是知识管理的最高境界，它可以帮助企业实现整体知识规模的拓展以及知识质量的提升，某种程度上它更是一种质的改善过程。知识创新过程并不是一个单独的环节，而常常是知识生产、分享以及应用三个过程相互作用的结果。

8.2.2　知识管理的核心流程

知识管理的核心流程是知识管理导入过程关键的步骤，包括知识创造、知识分类、知识储存、知识分享、知识更新和知识价值。

1. 知识创造

知识创造是集体互动和个体认知的综合结果，它是新知识代替旧知识的过程，包括隐性知识的创造、显性知识的创造和两者的转化。

隐性知识和显性知识的转化过程，主要有：

（1）社会化过程

社会化过程，是隐性知识转化为隐性知识的过程，通过分享经验而转化隐性知识。

（2）外化过程

外化过程，是隐性知识转化为显性知识的过程，隐性知识通过隐喻、模拟、假设、模式等表现出来。

（3）融合过程

融合过程是显性知识转化为显性知识的过程，是将观念加以系统化而形成知识体系的过程，牵涉到结合不同的显性知识体系。

（4）内化过程

内化过程是显性知识转化为隐性知识的过程，往往通过语言、故事传达知识，或将其制作成文件手册，均有助于将显性知识转换成隐性知识。

知识创新的源头并非仅局限在组织内部，组织应建立一个广纳内部、外部知识，以及组织之间知识来源的机制。

2. 知识分类与储存

知识有可能会被组织遗忘，所以必须把知识储存在组织成员、文档、行动惯例、文化、信息系统中，以便检索、传播和继承。知识可以分成显性知识和隐性知识。显性知识不仅仅局限于文件档案的储存与管理，还应包括个人的核心专长，如训练、著作、专利、证照的储存，也应包括将思考化成文字的知识社群机制。而文件档案，也不只是文本文件，还要包括简报文件、影像文件、声音文件、图形文件等。对于隐性知识，需要对其进行适当显性化，以便记录和保存下来。

3. 知识分享

知识分享大多借由信息媒介来进行的知识移转。知识传送者将知识传送给知识接收者，而知识接收者将本身已知的知识再经过新取得的知识进行阐释，这样的互动过程就称之为知识分享。知识经过大量传播后，才能产生价值，因此组织必须建立开放性的知识社群与在线学习机制。

4. 知识更新

我们处在知识经济时代，知识的更新速度日益加快。如果不及时更新知识，那么将落后于时代。因此，建立能让宝贵的经验与知识不断更新的组织智库和知识顾问团队，是组织保持知识鲜活的重要机制。此外，还要通过不断的学习和创新来更新知识。

5. 知识价值

透过正确的行动方案与专业的知识营销，将知识分享给有需要的个人或企业，才能让知识的价值真正产生，进而协助企业创造知识利润。

知识管理的导入，必须充分结合最新的信息科技应用，同时为了迅速协助企业取得竞争优势，运用虚拟团队运作与资源整合，可让企业在最短时间取得最专业的趋势领导地位。

8.3　知识管理与组织变革

8.3.1　学习型组织

1. 学习型组织的含义

学习型组织（learning organization）是美国麻省理工学院教授 Peter Senge 在其所作《第五项修炼——学习型组织的艺术与实务》（the Fifth Discipline：the Art and Practice of the Learning Organization）中首倡，现在学习型组织已经作为一种全新概念与重大趋势在西方管理界引起强烈反响并被付诸实践，也深刻地影响当今政府和各类教育组织。

学习型组织的真谛可以概括为三个方面。

（1）学习型组织是全体成员全身心投入并有能力负担学习的组织

按学习型理论，企业竞争说到底是学习力的竞争。因此，需要让员工开展学习活动，并且努力使员工自觉自愿地积极学习，从而更新知识、激发创新活动。

（2）学习型组织是让成员体会到工作中生命意义的组织

人的需求是多层次的，最低的是温饱，然后是安全感，其次是归属感，更高的需求是实现自身价值。企业只有解决了他们温饱、安全及归属的需求，员工才能有更高的追求。作为管理层，要尊重员工、公平对待员工，否则，员工就不会认真工作。企业要成功，就要让员工贡献脑。

对于企业来说，必须注意企业的发展和员工的发展并重。一个只注意企业发展而不注意员工发展的企业是不会成功的；作为员工来讲，既要注意到个人的发展，又要想到企业的发展。因此，组织的各层领导，要让员工体验到工作中生命的意义。

（3）学习型组织是通过学习创造自我、扩大未来能量的组织

一个组织整天学习而不创造那就不是一个学习型组织，而是一个形而上学的组织。学习型组织强调把学习转化为创造力。

学习型组织最本质的特征是组织学习。企业应建立起一个有利于学习的环境；同时应发挥人的主观能动性，有目的、创造性地学习。这是知识管理的重要方法和手段，它涵盖知识生产、传播、交换、利用的全过程。因此，学习型组织是通过培养整个组织的学习气氛、充分发挥员工的创造性思维能力而建立起来的一种有机的、高度柔性的、扁平的、符合人性的、能持续发展的组织。这种组织具有持续学习的能力，具有高于个人绩效总和的综合绩效。

2. 学习型组织的特点

学习是学习型组织的本质。正如人需要学习一样，组织也需要学习。事实上所有的组织确实也一直在学习，不管他们认识到没有，当然有的企业做的较好，如国际著名的企业3M、施乐公司等在单环式学习、双环式学习和反思式学习方面都很有建树。

通过对一些国外大公司的观察和研究，从思维方式上，学习型组织有以下特点：一是组织成员拥有一个共同的愿景；二是在解决问题和人事工作时，摒弃旧的思维方式和常规程序；三是作为相互关系系统的一部分，成员对所有的组织过程、活动、功能与环境的相互作用进行思考；四是人们之间坦率地相互沟通（跨越纵向和水平界线），不必担心受到批评或惩罚；五是人们摒弃个人利益和部门利益，为实现组织的共同构想一起工作。学习型组织的思维方式的特性实际上强调了三个方面的内容：首先它认为传统的专业分工，处于隔离状态且相互独立、冲突的组织结构显然无益于双环学习；其次，不应该过分强调竞争，而应该强调双方的协作、合作和信息的共享；最后，我们的注意力不应都放在解决问题上，而应更关注开发和创新能力。

从组织结构上，学习型组织具有以下几个特点。

（1）扁平式结构

传统的企业组织结构是金字塔式的垂直组织结构，上下级之间是决策输送和信息反馈的逆转传递，上情下达或下情上达都同样要经过中间的层层结构传递，这导致了诸如信息损耗大、传递成本高、传递速度慢等不良后果。另外，企业内

部的不同职能部门，往往形成部门职员之间沟通与合作的障碍。但是经济发展的现实是经济信息化和全球化根本改变了企业生存的内外环境，要求企业从内部到外部建立合作、协调、高效的机制，改变大规模生产观念为灵活生产，变分工和等级为合作，调动职工积极性，协调外部经营环境，这就是对企业边界改革的呼唤。

学习型组织结构是扁平的，即从最上面的决策层到最下面的操作层，中间相隔层次极少，最大可能地将决策权向组织结构的下层移动，让最下层单位拥有充分的自主权，并对产生的结果负责。如美国通用电器公司目前的管理层次已由 9 层减少为 4 层，只有这样的体制，才能保证上下级的不断沟通，下层才能直接体会到上层的决策思想和智慧光辉，上层也能亲自了解到下层的动态，吸取第一线的营养。只有这样，企业内部才能形成互相理解、互相学习、整体互动思考、协调合作的群体，才能产生巨大的、持久的创造力。

（2）组织由多个创造性个体组成

企业的工作有两类，一类是反映性的，一类是创造性的。反映性工作最多能帮助维持现状。企业的发展是创造性的工作，缺乏创造性的企业会被淘汰。在电子技术日益发展的今天，重复性工作将越来越多地由计算机处理，人的工作是创新和关心他人，这是计算机所不能做到的。

（3）自主管理

自主管理是使组织成员能边工作边学习，使工作和学习紧密结合的方法。通过自主管理，可由组织成员自己发现工作中的问题，自己选择伙伴组成团队，自己选定改革进取的目标，自己进行现状调查，自己分析原因，自己制定对策，自己组织实施。自己检查效果，自己评定总结。团队成员在"自主管理"的过程中，能形成共同愿景，能以开放求实的心态互相切磋，不断学习新知识，不断进行创新，从而增加组织快速应变、创造未来的能量。但实行自主管理，必须拥有高素质的员工，这就需要学习。

（4）善于不断学习

善于不断学习是学习型组织的本质特征。主要有四点含义。

1）强调"终身学习"。组织中的成员都要养成终身学习的习惯，这样才能形成组织良好的学习气氛，促使成员在工作中不断学习。

2）强调"全员学习"。企业组织的决策层、管理层、操作层都要全心投入学习，尤其是经营管理决策层是决定企业发展方向的重要阶层，因而更需要学习。

3）强调"全过程学习"。学习必须贯彻于组织系统运行的整个过程之中。学习型企业要把学习和工作结合起来，应强调边学习边准备、边学习边计划、边学习边推行。

4）强调"团队学习"。不但重视个人学习和个人智力的开发，更强调组织成员的合作学习和群体智力（组织智力）的开发。在学习型组织中，团队是最基本的学习单位，团队本身应理解为彼此需要他人配合的一群人。组织的所有目标都是直接或间接地通过团队的努力来达到的。

（5）适应项目工作

当员工从静态工作转向解决一系列问题时，他们将工作组织成项目，每个项目都需要一个跨部门的小组，这些小组随着项目的进展而一起学习。组织中的成员不仅要掌握本岗位上的工作技能，而且要学习了解其他岗位工作的能力。只有这样，工作才能顾全大局、相互协作、高效，做到组织精简。

3. 学习型组织的修炼

建立学习型组织，需要进行五项修炼，即自我超越、改进心智模式、建立共同愿景、团队学习和系统思考，其中系统思考是五项修炼中的核心技术。

（1）自我超越

自我超越是指突破极限的自我实现和获得娴熟的技艺的过程。能够自我超越的人，能够不断实现他们内心深处最想实现的愿望，全心投入，不断创造和超越，这是一种真正的"终生学习"。整个组织的学习意愿和能力来源于组织中每个成员的学习意愿和能力。

自我超越的修炼包括以下一些内容。

1）建立个人愿景，即树立远大理想和宏伟目标；

2）保持创造性张力，即不断地从个人愿景与现实之间的差距中创造学习与工作的热情与动力；

3）解决结构冲突，即排除阻止个人追求目标和迈向成功的结构性心理障碍；

4）运用潜意识，即发展潜意识与意识之间的默契关系，增强意志力。

（2）改进心智模式

心智模式是根深蒂固于心中、影响人们认识周围世界以及如何采取行动的许多假设、成见和刻板印象。改进心智模式就是组织成员和组织自身打破既成的思维定式，解放思想，进行创造性思维活动的过程。

改进心智模式的修炼，包括以下一些内容：

1）辨认跳跃式的推论，即认真分析自己是如何从粗浅的、直接的观察，跳到概括性的结论。

2）摊出对事物的假设；即对自己所经历的事件以及处理方式坦诚地写出内心深处的隐含假设，找出其中不合理的地方。

3）探询与辩护，也就是在多人之间进行开诚布公地探讨活动。一方面允许人们对自己的观点进行辩护，另一方面允许他们对未知或不明的情况进行询问。

4）对比拥护的理论和使用的理论，即对自己拥护的理论（通常是口头表示的）与实际使用的理论（反映在实际行动中的）之间的差距进行分析，并加以改进。

（3）建立共同愿景

这是组织成员树立共同的远大理想和宏伟目标的过程。通过建立共同愿景，把全体成员团结在一起，当共同愿景深入人心以后，每个组织成员都会受到共同愿景的感召和鼓舞。

建立共同愿景包括以下一些内容。

1）鼓励个人愿景，即鼓励个人设计自己的未来；

2）塑造整体图像，即培养组织成员的集体观念，从集体利益出发分担责任；

3）融入企业理念，即将共同愿景融入理念之中；

4）学习双向沟通；

5）忠于事实，并从事实与共同愿景之间的差距中产生组织的创造张力。

（4）团队学习

团队学习是发展团体成员互相配合、整体搭配与实现共同目标能力的过程。通过团体学习，可以获取高于个人智力的团体智力，形成高于个人力量的团体力量；在团体行动中，达到一种运作上的默契和形成一种流动的团体意识。

团体学习的修炼需要运用深度会谈与讨论两种不同团体沟通方式。深度会谈要求团体的所有成员摊出心中的假设，暂停个人的主观判断，自由而有创造性地探究复杂的议题，以达到一起思考的境界。讨论则是提出不同的看法，并加以辩护的沟通技术。通常团体用深度会谈来探究复杂的问题，用讨论来形成对事情的决议。

（5）系统思考

系统思考是五项修炼的核心，它教会人们运用系统的观点来看待组织的生存和发展，进而将组织成员的智慧和活动融为一体。系统思考能引导人们从事件的局部到综观整体；从事件的表面到洞察其变化背后的深层结构；从孤立地分析各种因素到认识各种因素之间的互动关系和动态平衡关系。

系统思考与自我超越结合在一起，就会促进个人更好地学习它的内容包括以下四个方面。

1）将个人的灵性与理性结合起来；

2）将自己与周围的世界视为一体；

3）发展出对别人的同情心；

4）形成对整体利益的使命感。

系统模式对于有效地改进心智模式非常重要。因为，后者专注于暴露隐藏的假设，而前者则专注于如何重新构造假设以体现事物本身内在的本质联系。以系统的观点来审视心智模式，将全面地找出其中的瑕疵，并有助于改变人们的思考方式。

系统思考对于建立共同愿景有重要意义。系统思考能认识到共同愿景的坚实基础是个人愿景的互动与整合，并能客观地分析实现愿景的坚实基础是个人愿景的互动与整合，并能客观地分析实现愿景的各种力量。

系统思考对于团体学习同样具有重要意义。系统思考使团体成员认识到团体的进步与发展需要大家的共同努力；在团体行动中，每一位成员都要非常留意其他的成员，并且相信人人都会采取互相配合的态度和行为。

五项修炼的每一项都呈现三个层次，即演练、原理和精髓。其中演练是指具体的练习，原理是指导练习活动的基本理论，而精髓则是指修炼纯熟的个人或团体所自然地体现到的境界，这种境界往往只可意会，而难以用语言或文字来表达。

圣吉认为，五项修炼是有机的整体，缺一不可，并且要坚持不懈。只有这样，才能保持组织持续学习的精神，及时铲除发展道路上的障碍，保持组织持续发展的态势。

五项修炼将创造出有利于组织成员自我激励、自我管理和自我评价的组织环境；造就整体搭配、互相配合的团队精神；形成"输出资源而不贫、派出间谍而不叛"的群体整体功能；达到管理的人性化和制度化之间的平衡，以及员工个人事业发展与组织发展之间的协调一致。这些都是现代企业的管理者孜孜以求的。

4. 学习型组织的专业智能管理

真正的专家需要知识，并不断地加以更新。组织的专业智能表现为四个层次：

1）认知知识（知道是什么）；2）高级技能（知道是怎样，即诀窍）；3）系统理解（知道为什么）；4）自我激励的创造力（关心为什么）

（1）开发专业智能

最有效率的专业型组织是以良好的智能管理为核心的。开发专业智能可以从以下几方面着手。

1）雇用最优秀的员工。综合利用智能可以获得神奇的效果，只需少数几个高水平专家就能创建一个成功的组织，或使一个经营状况一般的企业繁荣发展。例如，比尔·盖茨（Bill Gates）和保罗·艾伦（Paul Allen）创建了微软；赛吉·布林（Sergey Brin）和拉里·佩奇（Larry Page）创建了谷歌（Google）；阿尔伯特·爱因斯坦（Albert. Einstein）使普林斯顿研究所闻名世界。然而，即使是上述一流的企业或组织，也必须寻找并吸引出色人才。微软在招聘每个关键的设计人员时，都要对上百名备受推崇的应征者进行严格的选拔，不仅要测试应征者的认知知识，还要测试他们在巨大压力下考虑问题的能力。有的公司经常在面试了几十名候选人之后才能确定一个人选。人才和责任心是事业成功的关键，因此，有的公司在选拔网罗人才上所花的时间，甚至同进行项目分析所花费的时间一样多。

2）加强早期开发。只有通过不断接触复杂的实际问题，才有可能迅速开发专业诀窍。因此对大多数专业人员来说，学习曲线很大程度上有赖于与顾客的交往。一些知名企业安排新来的专业人员在有经验的专家的指导下与顾客进行接触。如微软公司将新聘用的软件开发人员每3~7人分成一组，让他们在辅导教师的指导下，参加满足用户需求的复杂新型软件系统的设计。

岗培训、指导和同事之间的竞争，都会推动专业人员组织掌握前沿知识。尽管施加的压力过大可能会出现问题，但许多研究仍表明，不论是在法律界，还是在飞机驾驶领域，严格要求和反复锻炼对高级技能的培养都至关重要。

3）不断增强专业挑战。当专业人员能够主动迎接一系列挑战时，其智能水平的增长最为迅速。世界优秀企业的领导者们通常追求完美，想象力丰富，同时无法忍耐任何三心二意的行为。他们经常设立几乎不可能实现的"极限目标"，如惠普公司的威廉姆·休利特（William Hewlett）将公司绩效提高了50%；英特尔公司的高登·摩尔（Gordon Moore）每年将芯片上的元件数目翻一番。有些专业人员会因为无法达到这样的要求而被淘汰，另外一些专业人员则会为自己确立更高的标准。优秀的企业会不断地推动专业人员超越书本知识、仿真模型以及可控实验室等范畴，引导他们步入更复杂的智能领域，去面对活生生的顾客、实际操作系统、高度差异化的外部环境以及文化差异等多种因素。平庸的组织则想不到这样做。

4）评价与淘汰。专业人员乐于接受评价、参与竞争，希望知道自己比同行更出色。不过，他们希望评价是客观公正的，而且由所在领域的专业权威进行。因此，在杰出的组织中，普遍存在激烈的内部竞争、定期进行的绩效考核和反馈，以及人才的优胜劣汰，例如微软公司也在尝试每年从精心聘到的人才中淘汰5%业绩最差的员工。所有杰出的组织都是不留情面的英才机构；而有些大公司之所以日渐没落，往往是因为忘记了优胜劣汰的重要性。

（2）发挥专业智能的潜力

多年来，许多组织只能通过两种方法来充分发挥智能的潜力；要么督促员工接受比竞争对手更严格的培训或工作日程，要么为专业人员增加协助其工作的"助手"。在法律界、会计行为以及咨询业，后一种做法得到认可。

1）使专业人员能够在系统和软件中获取知识，提高他们解决问题的能力。许多金融组织（如美林证券）的核心智能，存在于负责收集、分析投资决策数据的专业人员和系统软件之中。通过与其他专家和"火箭科学家"的塑造者的紧密接触，以及大量交易数据的收集，少数在总部工作的金融专家能够充分发挥其高超的分析技能。专用软件模型和数据库发挥了这些专业人员的智能，使他们能够进市场、证券和经济趋势的分析，否则这种分析根本无法进行。软件系统随后将得出的投资建议分发给经纪人，再由经纪人将来自总部的建议客户化，以满足特定委托人的需求，进一步创造价值。如果把这个组织看成中心连接着许多节点上的顾客，那么，专业智能的潜力就在于它所创造的知识能随着使用知识的节点的增加而增加。

2）鼓励专业人员共享信息。智能资产与有形资产不同，智能资产的使用非但不会减少价值，反而会使价值有所增加，因此信息共享非常重要。如果引导得当，知识和智能得到共享，其价值会呈指数增长，所有的学习曲线和经验曲线都具有这样的特征。通信理论的一项基本原则表明，一个网络的潜在收益，会随着节点数量的增加而成指数增长。不难看出这种增长是如何产生的。如果两个人互相交流知识，双方都可以取得信息和经验的线性增长。但如果随后他们都与其他人共享新知识，其他人就会提出疑问，作出解释或提出修正意见，收益便会呈指数增长。那些善于向外部组织，特别是顾客、供应商、设计公司或软件公司学习的企业，所获得的收益无疑更大。这种指数增长的战略影响深远。

3）围绕智能进行组织。过去，大多数企业期望通过对房地产、工厂及设备等有形资产的投资提高企业收益。当管理的中心任务是综合利用这些有形资产时，命令——控制型组织结构是很有效的。例如，制造设备生产力的高低主要取决于高级管理人员在本设备、标准化、产品线宽度以及能力使用方面的决定。而在智能资产成为关键因素的时候，管理的中心任务是使各个专业人员对不断涌现出来的新问题提供顾客需要的解决方案。

（3）组织转型

企业的管理人员提供支持服务，以发挥本领域专家的潜能。当专家个体具备足够的技能，能够独立工作并独立满足具体顾客需求时，反转的组织是适用的。许多医疗保健人员、技术攻坚部门以及高校便是这种类型的组织。

反转的组织给管理带来一些特殊的挑战。对以往的线性管理人员来说，权威的丧失显然是一个打击。而一线员工一旦被授权，就有可能表现得越来越像带有严格"专业"观点的专业人士，反对任何组织规则或企业规范，一旦有了这种趋向，若再缺乏具有约束力的软件，一线员工在详细地了解了组织自身复杂的内部系统之后，通常很难安于现状。企业技术系统中的授权如果不具备足够的信息和控制，就会变得非常危险。

（4）创建专业智能网络

反转型组织，再加上适当的软件和激励，在提供给专家所需的自主权的同时，提高了生产力。在其他企业中，只有解决那些超出单个员工能力范围的问题的时候，才去考虑专业智能问题。当问题变得更加复杂或很难进行界定时，没有一个组织可以确切地说出这到底意味着什么，关键问题在哪里，谁可能知道解决办法。

为了解决这样的问题，并最大限度地利用本企业的智能资产，许多企业正在采用一种自组织的网络形式，借用"蛛网"（spiders web）这个词来把这种结构与其他类似网络的组织形式区分开。"蛛网"将员工迅速地汇集到一处解决某个问题，一旦工作结束，员工又迅速地解散。这种内部交流的力量极大，即使只有为数不多的独立专家进行合作（如8～10人），"蛛网"也能成百倍地发挥智能的潜力。

"蛛网"的形成是为了执行一项特殊的任务，任务完成后专家就解散。当知识在为复杂的顾客问题提供合作方案的各个专家间传播时，"蛛网"这种形式便很适合。许多咨询公司、投资银行、研究机构以及医疗诊断小组都采用这种组织形式。

由于每个"蛛网"的目标、形式和组织的权力关系都各不相同，无法形成某种"最佳方法"对之进行管理。对于很多项目，可能没有一个单一的权力中心。如果目标、问题或解决方案已足够明朗，且各方也同意，便可通过非正式过程做出决策。如果需要多个中心高度合作，如当分布在各地的研究人员提出一项合同建议的时候，他们会指派一位承担暂时领导责任的项目负责人。其他情况下，组织可任命某个人担任领导，以便执行决策或作出最后的判断——就像保险公司或投资银行等面临最后期限时那样。

群体沟通的方式和自愿沟通的内容，与每个中心拥有的先进知识同样重要。然而，不管目的如何，鼓励培养共同兴趣、共同价值观以及形成各方都满意的解决方案，对综合利用这些结构中的知识非常重要。研究表明，为了完成这个目标，网络经理应当做到，鼓励网络成员交叉参与不同的小组，以增加相互间的接触，共同学习和非正式信息共享；有意识地打破原有的等级关系；不断更新和提高项目目标；避免在给各节点分配利润方面制定过细的规则；开发用新企业外部环境信息的持续机制；请顾客和同行参与本组织的绩效评估；给予节点成员个人及团体报酬，感谢他们的参与，等等。这种精心设计的管理方法可以减少许多常见的失误和挫折。

蛛网中的另一个关键因素是技术。与以往相比，电子方式使得更多具有不同专长、地理间隔很远、智能领域有别的人才能够一起合作，进行某个项目的研究。由于公共通信网络使随时随地的相互沟通成为可能，软件便成为有效网络系统的关键。软件可以为沟通提供一种共同的语言和数据库，其中包含关于企业外部环境的关键性实际数据，能帮助成员找到知识的来源，以便相互沟通、帮助解决问题。每个节点都会有自己的专门的分析软件，但是网络、群体、交互软件以及共享的文化和激励机制，却是这些系统成功的关键。

8.3.2 组织的知识网络

目前知识管理领域正在发生的一切变化基本表明了知识网络在知识管理中越来越重要，正如克里斯琴·赫格伯格（Christian Hogberg）所指出，为了利于今后的生存，企业应该需要知识网络，由它来获取与存储所有已经创建的知识和新观念，并把这些知识传递给适当的人，以便这些知识可得到再利用和创造更多的价值。（Christian Hogberg, 1998）

1. 知识网络的概念与特点

（1）知识网络的概念

拉图（Bruno Latour）从资源的角度认为，"知识网络资源"的含义是一个"相互联结"（inter-linked）的"结点和节点"（knots and nodes）之网，装载了分散在一个较大的空间中的资源集（concentration of resources），而这个空间就组成这个学科的研究领域。知识网络被看做是一个存储包含了各个部分的大量的、复杂的专业技术、经验和知识积累的知识库，内部和外部的人员都可以使用这个知识库。因此，知识网络这样形成："结点和节点"（knots and nodes）中装载了知识资源，当需求产生时，这些"结点和节点"（knots and nodes）间开始产生交叉联系（cross-cutting ties）和链接（linkages）（Podolny et al., 1996），这些联系（ties）使得知识资源相互补充和丰富，反过来，不管是对每个网络成员还是整个网络来说，这种联系使得每个功能更加强大、广泛和深化。（Etemad, 2003）

贝克曼（M. J. Beckmann）提出了知识网络的经济学模型，认为知识网络是进行科学知识生产和传播的机构和活动。知识的运用即知识的消费方面没有被予以考虑，这是因为消费可以发生在任何形式的经济活动中；将知识网络的概念限制在纯学术范围内，不考虑工业对知识的生产和传播。

小林潔司（Kiyoshi Kobayashi）提出了知识网络及市场结构模型，认为公司是知识网络的节点，它通过研发活动扩大其知识存储量，并主要研究了知识渗透（spillover）对市场结构的影响，每一节点的研发最优政策以及与知识生产技术和知识可获得性。

美国科学基金会[①]（National Science Foundation，NSF）认为知识网络是一个社会网络，该网络提供知识、信息的利用等。知识网络是由学术专家、信息、知识组成的复合集被聚集成一个"凝聚集体"，用来分析一些特定的问题。知识网络关注跨越时间空间的知识整体。在这种背景下，一个知识网络可以被定义为是对生产、共享和利用一个共同知识仓库的这些个体的合作。

我们认为：知识网络就是知识的空间结构的集合。知识网络是由众多的知识节点与知识关联（外联）构成的集合。其中，知识因子由概念或事物组成，从不同的认识角度也可称为"知识元"、"知识点"、"知识单元"等不同的称谓。知识关联可分为知识内联关联和知识外联关联两种。知识内联关联构成知识个体，链接知识的内涵联系；知识外联关联是知识个体间的外延联系，也就是构成知识网络的各种关联链接。

（2）知识网络的特点

1）广义知识网络的特点。①能够创建与传播新知识，促进创新；②能给网络用户提供明显的、可识别的、直接的利益；③是正式组织起来的，具有明确的管理结构；④能够进行基于价值标准的合作；⑤具有完善的通信机制；⑥能够超越部门间界线进行可持续发展。

2）狭义知识网络的特点。①资源数字化；②存取网络化；③服务知识化；④利用共享化。

2. 组织的知识网络结构

（1）组织知识的网络结构

组织的知识网络不但分布在组织边界内，还延伸到组织外部。组织成员、工具和任务相互联结，形成组织的内部知识网络；它们与组织外部的知识载体进行物质和信息交换，形成了组织的外部知识网络。

张龙采用网络约束系数（network constraint index）对网络闭合性和结构洞进行测量（张龙，2007），其描述网络中某个节点与其他节点直接或间接联系的紧密程度. 网络约束系数越高，网络闭合性越高，结构洞越少（Butt，1992）。计算某个节点 i 的网络约束系数包含两个步骤（Butt，2000）：

第一步，计算节点 i 和节点 j 的关联程度，

$$c_{ij} = \left(p_{ij} + \sum_q p_{iq} p_{qj} \right)^2 \tag{8-1}$$

[①] http：//www.usf.gov/

其中，$q \neq i$，j，p_{ij} 为 i 花费在 j 上的时间（精力）占其总时间（精力）的比例。当 j 是 i 的唯一连接节点时，C_{ij} 取最大值 1；当 j 不通过其他节点与 i 间接相连时，C_{ij} 取最小值 p_{ij}^2。

第二步，计算节点 i 的网络约束系数：

$$C_i = \sum_j c_{ij} \tag{8-2}$$

如图 8-14 所示，四个网络图具有不同的网络闭合性。圆形虚线是组织内、外知识网络的分界线，A 中内部网络节点的网络约束系数的均值为 0，外部网络节点的网络约束系数的均值为 0.67；B 中内部网络节点的网络约束系数的均值为 1.12，外部网络的网络约束系数的均值为 0.67；C 中内部网络节点的网络约束系数的均值为 1.12，外部网络节点的网络约束系数的均值为 0；D 中内、外部网络节点的网络约束系数的均值都是 0（张龙，2007）。

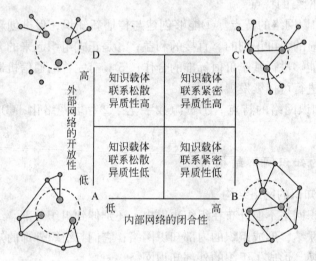

图 8-14　组织知识网络结构

资料来源：张龙，2007

根据组织知识网络的闭合性，知识网络的结构划分为 4 种类型：①类型 A，内部网络闭合性低，外部网络开放性低（闭合性高）；②类型 B，内部网络闭合性高，外部网络开放性低（闭合性高）；③类型 C，内部网络闭合性高，外部网络开放性高（闭合性低）；④类型 D，内部网络闭合性低，外部网络开放性高（闭合性低）。

（2）基于知识网络的知识管理策略

有效的知识网络将促进组织创新活动，从而提高组织效率，增强竞争力。但并非任何知识网络都能自动地进行知识创造和知识转移。因此，需要在知识网络的基础上开展知识管理活动。

1）知识载体网络化。知识网络在知识资源数字化的基础上，通过计算机网络系统和高速数字通信网络，将世界各国的知识资源和无数台计算机联为一体，使知识信息的传递交流和检索突破时间、空间的限制，从而加快信息交流与反馈的速度。

2）知识网络模块化。组织可以引导组织成员、工具和流程结合形成相对独立的模块，并与知识网络中的其他模块进行及时交流。这样就实现了知识载体的有效组织，为成员反复沟通提供了良好条件，有利于隐性知识的转移。

3）利用共享化。通过知识网络实现真正意义上的跨地域、跨国界的知识资源共享。在组织内部共享经验和教训，逐渐形成组织知识，并加以存储。在组织之间及时进行沟通和交流，从而实现知识共享。

【案例 8-2】

施乐公司的最佳实践分享网络：随着施乐公司的各种新型复印机推向市场，客户服务人员不但需要熟悉新机型，还要掌握各种维修诀窍，依靠客服人员间的非正式沟通改善这一困境的效果并不明显，为此，公司建立了客服人员最佳实践网络，到 2000 年，网络掌握的产品维修技巧达 30000 个之多。

知识创造能力是组织竞争优势的重要来源。如何促进组织内的知识创造是组织知识管理的关键问题。基于组织知识网络结构的分析表明，内部知识网络闭合性和外部知识网络开放性对组织绩效具有正面效应；知识载体网络化、知识网络模块化以及利用共享化等管理策略能够优化组织知识网络结构，改善组织绩效。

8.3.3　CKO 知识管理体制

1. 知识主管的兴起

知识主管（chief knowledge officer，CKO）是指在一个公司或企业内部专门负责知识管理、知识资本管理工作的行政官员，是近年随着知识管理的发展而在企业内部出现的一种新型高级管理职务。

目前，知识正取代资金、自然资源和劳动力而成为最基本的经济资源，成功的组织必须能够不断创造新知识，有效地在组织内部传播知识，并将知识与技术、产品和服务结合起来。知识管理的实质是对组织的知识、经验、能力进行管理，促进知识共享和知识价值的实现。在这一过程中，确定知识战略制定与实施的负责人是需要探索的一个重要问题，组织逐渐意识到设立 CKO 的必要性。

在当今社会知识"大爆炸"的环境下，西方国家一些大公司为尽快获得、掌握和保存最有价值的知识，专门设立了新的高级经理职务，即 CKO 或者"智力资本主管"。这些人给公司提供的不仅仅是数据，而是经过提炼和创造的智力资本。2000 年对出席某会议理事会（conference board）的 158 个大型跨国公司的 200 位主管人员做的调查表明，至少有 50% 的美国公司及多达 72% 的海外公司拥有某种知识管理规划（高社淑，2000）。一些著名的大公司，如波士顿银行、可口可乐、通用电器、安达信咨询公司、加拿大皇家银行等都聘有 CKO，并为之提供高薪。

2. CKO 的作用与地位

许多公司已经通过设立 CKO 来率先开展知识管理实践，来完成知识审计工作。

（1）CKO 的作用

CKO 的作用有以下几点：第一，绘制知识地图和在各种专业知识间建立广泛联系的制图师；第二，是在特定领域演练和应用工具的地质学家；第三，唤醒变革需求意识的火花；第四，设计物质和文化环境的建筑师。典型的 CKO 会寻找方法利用团体的知识来帮助团体的成长发展，了解知识团队的技能和资格，创造一个有力的团队文化氛围，使团队具有共同的价值观、信息能有效的流动，并能相互交流信息和知识的意义。

CKO 在组织的各个层次都赢得了合作；在工作中必须鉴别和利用不同的技巧和专业知识，并且在商业中展示知识管理的价值。在许多组织，如世界银行的主席将知识管理作为其战略任务的一部分。总之，为了将一个企业转换为"知识型企业"，CKO 将发挥主要作用。

（2）CKO 的地位

不同组织中的 CKO 可能拥有不同的地位，但多数 CKO 原为组织内高级管理团队成员，具有丰富的管理经验，了解所在组织的经营与文化，在成为 CKO 之后一般仍继续拥有较高的地位。一般可能出现以下几种情况：

1）CKO 是独立的高级管理人员职位，直接向首席执行官汇报，具有较大的影响和权力，这是最理想的情况。在企业知识和信息的传播中起着重要的作用，CKO 必须与信息主管和人力资源主管保持经常、及时的联系和沟通。

2）CKO 直接对人力资源主管（human resource officer，HRO）负责，协助 HRO 确定员工的权力，并向员工传播知识。

3）CKO 的职责与信息技术有关时协助信息主管的工作。信息技术专业技术人员往往对有关信息的实际内容毫无兴趣，而对信息加以分析并有效利用是 CKO 的一项重要任务。

CKO 能否充分发挥作用在一定程度上取决于其在组织中的地位。当 CKO 直接对 HRO 负责时，由于 HRO 还有其他职责，难以兼顾传播、管理知识的责任。而当 CKO 的职责与信息技术有关时协助信息主管的工作时，会不知不觉地把知识管理工作的重点放在技术和信息开发上，往往会忽略知识创新和激发创造力上。当 CKO 作为独立的高级管理人员时，可以从全局出发进行战略性思考，对组织的知识管理现状和问题有全面的了解，进行跨部门的知识共享工作，有利于对知识管理的规划、领导和督促。

3. CKO 的主要职责

不同组织对知识管理的要求、对 CKO 的期望都不相同，导致 CKO 职责存在着很大的差异，但 CKO 的主要职责基本上是围绕着知识管理实质内容展开的。

（1）创建知识管理框架

目前来说，知识管理缺乏工作标准，因此，CKO 必须从组织机制和技术手段等方面，对知识管理的分类体系、基础系统、管理程序、交流机制等内容提出建议，并制定相应的工作目标、流程等，其涉及知识采集、知识存储、知识创新、知识共享、知识利用等多方面的内容。

（2）创建知识管理愿景

CKO 必须详细理解组织的内外环境，充分理解组织的知识需求，在发现组织领导层对知识管理的模糊的愿景，将其明晰化，并确定相应的知识管理发展战略，制定实施步骤，最终获得领导层的肯定，从而保证知识管理活动的成功实施。

（3）建设知识管理环境

CKO 要通过对物理空间如办公室和休息场所进行设计，建立学习中心，创造一种能够激发、促进和方便员工进行交流的环境，使他们能够轻松地进行沟通和交流。

CKO 还要为企业建立一套知识管理的信息基础结构，包含综合的技术基础结构，如技术支持环境的建立、知识管理工具的选择、内联网的构建等；人力基础结构，如人力资源的发展机制、智力知识库的建立和维护等；环境基础结构，如联结于国际商业环境的知识网络和知识组织等，并通过工作日历、组织机构图、讨论区等多种形式为员工提供便捷的交流渠道。由 IBM 公司与其客户联合进行的对 CKO 职位的一项调查表明，对于 KM（knowledge management，知识管理），营造沟通软环境比建设技术硬环境更为重要，因为相当多的知识，尤其是隐性知识是通过非正式交流得到的。有的 CKO 认为 KM "20 % 是技术成分，80 % 是文化成分"，即 CKO 作为环境建设者的角色要比他们在技术方面的角色重要得多。

（4）培育知识管理文化

CKO 要有知识管理的理念，使员工对知识管理的概念、性质、意义有充分的认识，促进知识流通与合作，将知识管理融入组织文化和组织流程之中。CKO 必须配合企业的高级管理层出台一系列激励机制，逐渐培育有利于知识共享和知识创新的组织文化，使每个人都认识到知识共享的好处，并为企业的知识库作贡献。

（5）制定知识政策

CKO 需要把各部门的知识集中收集、加工、存储，这就需要制定统一的知识政策来约束知识管理活动，设计知识管理绩效评估体系，制定知识管理成果评价、奖励和应用的流程，建立有效的激励机制，从物质上和精神上激励员工贡献分享知识，并运用知识解决问题，实现知识创新的飞跃。

（6）领导知识管理工作

CKO 全面负责知识管理工作，必须从以下方面着手：

1）明确知识管理概念体系。CKO 要明确知识管理理念，使不同部门的员工可以意识到知识管理的重要性，理解知识管理的要点，促进知识交流与协作，激励员工积极投入到知识管理活动中来；

2）设计知识收集、加工、存储、利用的方法，确定整个组织的知识存取技术标准，规范工作用语、技术术语词表，将分散孤立的知识整合起来，促进组织内的知识生产、交流与共享活动，从全局出发对各部门的隐性知识进行管理，对应该共享的知识加以整合和明晰化；

3）促进与外部环境的知识交流，适时引进各种知识，支持在组织内外查找、传播知识的项目；

4）提供决策支持，充分利用知识库和专家系统，通过分析判断为组织决策出谋划策；

5）帮助员工成长，确定员工必要的知识基础，制定相应的知识共享和学习交流制度，使员工尽快地融入组织知识管理活动中；

4. CKO 的能力

CKO 的工作要求其拥有四个方面的能力：

（1）精通技术

CKO 必须了解哪些技术有助于知识的获取、储存、利用的共享。CKO 的第一步工作往往是以信息技术为基础的，如创建知识目录、发展知识共享组件、建设企业内部网络、开发知识共享信息应用系统（如记录经验和观点的组件、同步自动更新的数据库）。CKO 经常要与信息技术主管合作共事。因此，CKO 必须掌握一定的信息技术，充分理解知识管理对技术的要求。

（2）战略眼光

知识管理活动对于组织来说是一项全局性的战略活动，要求组织领导层把组织知识开发、共享和创新视为竞争优势的支柱，对所有知识资源进行综合决策，实施全面知识管理。CKO 能够明白利用知识管理进行组织改革的含义，不仅能考虑做事的新方法，而且注意其实现的结果。CKO 其实是在整个组织内部开展知识管理工作，需要用他们的影响力、说服力和演示证明获得其他组织成员的信任，使他们意识到知识可能带来的机遇，有针对性、战略性地制定知识管理规划。

（3）了解环境

CKO 需要充分理解组织内外的环境，对内要发现知识空白，对外要发现可获得的知识源。在此基础上，才能制定相应的知识管理策略。而且为了促进知识共享活动，CKO 还需要注意办公室、休息场所的设计，学习活动中心的布置，设计绩效考核体系，更重要的是将组织内所有的培训计划、流程管理活动与知识管理紧密结合起来，从而提高对知识创新的重视程度。

（4）勇于创新

CKO 需要具备创新精神，因为他们的工作本身就是一种创新活动，毫无先例可循。知识管理活动其实对于组织来说就是一场变革，存在着风险。CKO 作为知识管理活动的领导者需要坚持不懈、勇于创新，积极探索知识管理的发展道路，寻求知识管理与组织发展的契合点。在知识管理推进过程中，难免会遇到挫折和困难，遭遇怀疑和反对，这时，创新精神对于 CKO 来说就尤其重要。

8.4　知识管理方法与工具

8.4.1　知识发现

知识发现是指从数据库中发现有用知识的整个过程。它采用有效的算法，从大量现有或历史数据集合中发现并找出最初未知，但最终可理解的有用知识，并用简明的方式显示出来，从而帮助人们更好地了解数据库中所包含的知识信息。知识发现表现了从低层数据抽象高层知识的整个过程。通过数据库中的知识发现，人们可以从数据库中数据的相关集合中抽取有用的知识、数据的规律性和高层次的信息。知识发现的主要技术和方法包括人工神经网络技术、决策树方法、规则归纳法、各种聚类技术等。其主要知识形式为数据间依赖性知识、分类规则、关联规则、聚类规则、描述性知识、概要性知识和变化与偏差知识等。知识发现技术一开始就是面向应用的，它不仅要完成特定数据的检索、查询、调用，而且要对这些数据进行统计、分析、综合和推理，以指导实际问题的求解，发现事件和其他事件的相互关联，甚至利用已有的数据对未来的活动进行预测。当然，这里所说的知识发现，不是要求发现放之四海而皆准的真理，也不是要去发现崭新的自然科学定理和纯数学公式，更不是计算机定理证明。所有发现的知识都是相对的，是有特定前提和约束条件且面向特定领域的。

8.4.2 知识地图

知识管理活动，需要有技术和工具的支持，而知识地图被认为是一种有效的知识管理工具。目前很多大型公司都在使用知识地图，比如微软公司1995年就开始制作知识地图，西门子公司也将知识地图作为其知识管理系统的重要组成部分。50%以上的知识管理项目都要用到比目前的企业公共网站复杂得多的知识地图（D'Alnore，2000）。

知识地图是用于帮助人们知道在哪儿能够找到知识的知识管理工具。和企业现在面临的信息过量一样，企业将来也会同样面临知识过量的问题。即使为使用者提供高效率的搜索引擎，也不能使使用者摆脱寻找知识过程中的混乱状态，需要有一个指引使用者的工具。

1. 知识地图的类型

知识地图可分为静态知识地图和动态知识地图。静态知识地图主要是绘制组织在当前状态或未来状态的信息和知识及其相互关系。动态知识地图具有随时更新和扩展的特点，利用信息技术绘制，不仅显示知识层次及其相互关系，还提供图形化用户界面的地图，为组织内外的多种复杂知识资源提供连接，包括各种模型、数据库、软件、专家等。

知识地图也可以分成概念型（conceptud）、流程型（process）和职称型（competency）知识地图。概念型知识地图只包含了叙述性知识，依据主题或概念组织而成。流程型知识地图包含了叙述性知识与程序性知识，依据活动流程所组织而成。职称型知识地图也包含了叙述性知识与程序性知识，依据人员与知识间的关系所组织而成。其中，叙述性知识（declarative knowledge）主要描述某个事实或概念，是know-what知识。程序性知识（procedural knowledge）主要描述某件事的处理过程，属于know-how知识。概念型知识地图的知识来源多为显性知识，流程型知识地图的知识来源包含了显性知识、隐性知识以及专家知识，职称型知识地图的知识来源多为专家知识。

2. 知识地图的功能

知识地图是一种合理使用组织中知识的工具，因此在知识管理中占有重要的地位。

（1）导航功能

知识地图可以指示知识资源的位置，引导人们寻找到需要的知识，如微软公司把每个人员的能力和特定工作所需知识制作成地图，让员工与团队的配合更加默契。

（2）有利于知识共享

知识地图不但可以指示显性知识资源的位置，而且可以指示隐性知识资源的位置。在知识地图的构建过程中，需要组织成员的大力支持，而这种支持在很大程度上取决于企业文化是否推崇这样一种知识共享的观念。知识地图可以帮助人们找到知识所在的地方，比如数据库、文档或是专家，在人们利用知识的过程中可以进行知识共享。另外，知识地图有助于发现知识孤岛，并在它们之间建立联系，以促进知识共享。

（3）揭示隐性知识

隐性知识难以名状，往往存在于人脑中，找到拥有知识的人，也就找到了需要的隐性知识。在组织内有哪些人从事过哪些项目，有什么知识背景和经验等，通过人力资源知识节点联系在一起。知识地图还可以将专家的知识、专家资源纳入地图中。

（4）促进知识创新

知识地图为人们获得知识提供了便捷有效的途径，有利于知识共享。特别是在人们与隐性知识拥有者进行交流时，往往会有思想火花的迸发，有利于知识创新活动的发生。

知识地图类似于数据库，可以在某种程度上独立于应用程序而获得对资料或者知识的独立性。但知识地图通过在应用程序之外去确定和管理知识的语义信息而获得语义的独立性，而数据库模式通过建立规范及对应用程序之外存储的数据元素的管理获得资料的独立性。

（5）有利于提高效率

知识地图有助于知识的重复利用，从而有效地防止知识的重复生产，节省知识的获取时间。知识地图可以协助组织成员快速地获取所需的知识，并辅助新来的成员或到新岗位上的成员明确自身在组织中的地位，明晰职责，及时找到可以使用的知识资源，从而更快更好地融入组织之中。

（6）评估组织的知识资产

知识地图在某种程度上可以作为组织的知识资产清单，可以评估组织的知识现状，显示可以利用的知识资源，同时也帮助发现空白或不足的地方。而且，在知识地图中使用频率较高的知识容易识别出来，有利于确定组织的重点知识资源，引起关注，从而进一步地增强竞争力。

3. 知识地图的构建

（1）知识地图的构建原则

1）直观信息量尽可能少。要考虑知识地图的动态性和扩充性，将其设计成灵活的分布式输入输出结构，以反映知识的不断增长和更新。

2）以需求为导向。知识地图包含的信息数量以及链接的建立，应围绕用户的需求，确保界面友好、方便实用。

3）应预先确定知识地图的设计特性、构成、节点关系的定义、链接的处理方法等基础结构。尽可能包括所有的知识类型，如显性知识和隐含知识，正式知识和非正式知识，内部知识和外部知识，编码化知识和个人经验，瞬时知识和永久知识等。

4）避免过于细致，在知识地图中包含最少的信息量。在知识地图中包含过多的细节知识，只会使知识地图过于繁琐而损害它的导航功能。

5）确立长远的维护发展策略。为了满足用户不断变化的需求，知识地图需要进行不断地更新和维护，从而保持时效性。

6）高度重视组织结构与组织文化及奖励制度，并重视及时性、共享性及相关法律如专利法、商标法等。组织文化与知识地图的成败息息相关，知识地图在构建过程中要保持风格与组织文化的匹配。

（2）知识地图的构建步骤

知识地图的构建包括知识的识别与组织、知识分级、建立联系和展现知识地图等4个步骤。

1）知识的识别与组织，主要包括3种活动：知识的识别、组织和审查。使用形式化的方法，按概念、属性、关系来对知识进行识别；按语义联系来组织知识；重点审查知识资产及其来源，确定关键知识，从而了解所缺乏的知识，掌握经常使用的知识、专业术语、关键工作的相关知识、知识的使用频率等情况。

2）知识分级，指的是将职位知识、用户知识、创造性知识分级，然后对每个人的知识进行分级。微软"知识地图"采用多级知识评估标准，将员工已具备和应具备的技能显著地标示出来。

3）定义知识节点，也就是从知识库中提取知识并对它们加以描述。

4）建立联系，包括建立索引、知识配置和个性化，将显性知识和隐性知识连接起来，如 IBM 的知识地图将人、场所、事件关联起来，其索引机制记录何时、何地、何人使用何种知识。

5）展现知识地图。将知识分类到不同的范畴中，并标示它们之间的关系，运用可视化技术将其展现出来。

6）验证与改进。在展现整个知识地图后，还需要对其进行最终验证，以便查缺补漏和不断改进完善。

（3）知识地图的构建技术

从技术上讲，知识地图的实质就是知识目录的总览，并允许对企业知识资源进行处理、浏览和形象化。知识目录，是指组织知识库或企业知识资产的分类典藏登记表，是在知识资源评测基础上形成的一个数据库，收藏组织知识资源的著录信息，能揭示各知识款目之间的关系，并提供相应的链接服务。

在知识目录中，对组织运作具有重要意义的信息和知识，根据某种分类体系进行分类和典藏，包括各种文件、Internet 和 Extranet 上的网页、文档管理系统、最佳实践记录、数据库、数据仓库及数据市场、专家知识、商业规则、工作流图、工艺手册、配方、图表和地图等。元数据的数量可能很庞大，并要求经常性地存取更新。因此，知识目录必须基于数据库平台并能够在全组织范围内提供多项服务功能，如知识内容的维护和保护、对企知识资源的快速检索等。

由于协作是知识管理的一个核心问题，因此知识地图必须成为组织协作工作的一个重要组成部分。可以利用电子邮件或是其他协同技术来引导知识共享。

目前，知识地图的有关技术包括描述语言和辅助构建工具：

1）描述语言。知识地图的描述语言有多种，如自然语言、框架和逻辑语言等。自然语言用于构建的初期或者在文档中进行描述，是非形式化的表示方法，自然语言描述直观，易于理解，但描述限制较多，形式过于单一，往往无法满足多种任务的需要。框架是由若干个结点和关系（槽）构成的网络，框架由框架名和一些槽组成，槽值含有如何使用框架信息、下一步可能发生的信息等，使用框架和槽值可以将概念、概念的属性、概念之间的关系清晰地表示出来，这种描述方式比较自然形象，但推导能力较弱。逻辑语言把知识通过引入谓词、函数来加以形式描述，获得有关逻辑公式，简单自然，但对用户要求高，而且表达能力有限，其推导机制则较强。常用的描述语言有：

①Ontolingua，是一种基于 KIF（knowledge interchange format）提供的统一的规范格式来构建知识地图的语言，提供了对类、关系、函数、对象和公理进行定义的表示形式，它使用 Frame 支持二阶关系的表示。由 Ontolingua 构造的知识地图可以很方便地转换到各种知识表示和推理系统，能很好地适应不同的系统，以

及进行系统之间的移植。

②CycL，是 CYC 系统的描述语言，它是一种体系庞大而非常灵活的知识描述语言。该语言在一阶谓词演算的基础上，扩充了等价推理、缺省推理等功能，而且具备一些二阶谓词演算的能力。在该语言的环境中配有功能很强的可进行逻辑推理的推理机。

③OIL（Ontology Inference Layer），综合了三个方面的特性：描述逻辑提供的形式语义和有效的推导支持、框架提供的建模元语和 Web 提供的为句法交换标记所提供的标准。OIL 能为开发者提供大量基于框架的知识地图的建模元语，对知识地图的描述具有描述逻辑的简单、清晰、良定义的语义，并能提供进行自动一致性检测和包含性确认。（陈强等，2006）

④OWL（web ontology langauge，Web 本体语言）是用来定义和实例化 web 上的知识地图，使用 RDF/XML 的语法形式定义。一个 OWL 包含描述类、属性以及它们的实例。OWL 定义的知识地图之间是相互联系的。一个知识地图能够显性地引用其他的知识地图或知识地图中的信息。

由于不同的语言其特点不同，它们各有适用范围。Ontolingua 易于转换，更适合在知识层次上表示知识。OIL 和 OWL 跟 Web 上一些标准表示相结合，主要用于 Web 上的知识地图的表示。

2）辅助构建工具。

有一些知识地图编辑工具可以辅助知识地图的构建工作：

①Ontolingua Server 是典型的协作式的知识地图构建工具，可以辅助知识地图的协作式开发，对知识地图进行浏览、创建、编辑、修改和使用，还可以通过 web 来发表、浏览、创立和编辑存储在 Ontolingua Server 上的知识地图。

②OntoEdit 是知识地图工程环境，集合了基于方法学的知识地图开发以及协调推导能力。从方法学角度主要注重知识地图开发中的需求规范、精化和评价。

③Chimaera 是基于 web 的知识地图浏览环境，可以接受超过 15 种指定的输入形式的选择，如 KIF、Ontolingua、Protégé、CLASSIC 等，同时还有其他 OKBC 兼容的形式。它能将多个知识地图合并起来，并对单个或者多个知识地图进行诊断。

知识地图作为一种新的知识组织方式，不同类型的知识地图，适用于不向的工作性质：概念型知识地图，用于协助搜寻检索、主题学习、分类编目等工作；流程型知识地图，用于实务的确认、制造作业、工程设计等工作；职称型知识地图，用于协助企业组成项目团队、线上社群、远距教学等。

目前，关于知识发现、动态知识地图的自动构建技术、多种形式的知识地图的呈现等方面的研究还将进一步深入，对弱结构化的在线信息资源的访问、获取和维护将是知识地图的核心问题。

第9章 企业信息资源管理

9.1 企业信息化与企业管理变革

企业信息化是指企业利用现代信息技术，通过对信息资源的深化开发和广泛利用，不断提高企业生产、经营、管理、决策的效率和水平，进而提高企业经济效率和企业市场竞争力的过程。这一概念包含了以下四层含义：①企业信息化建设是以信息技术与先进管理思想的结合应用为基础；②企业信息化是依赖信息技术对企业内、外部信息资源进行优化配置和集成的信息系统；③企业信息化是一个长期持续改进的动态过程；④企业信息化的最终目的是提高企业的经济效益和市场竞争力（冯继永等，2007）。

9.1.1 企业信息化内涵

信息化是一场技术革命，正在极大地拉动、提升生产力内部结构的各种要素，将引起新的产业革命。信息化对传统产业的改造，不仅是技术性或技术层面上的改造，而且是经济性、社会性、体制性的全面改造。"信息化"并非只是一种技术，更是一种经济、社会形态。企业信息化在改造企业管理模式，企业生产方式和企业竞争方式都有着深刻的影响（陈渝中等，2005）。因此，结合企业信息化的概念，企业信息化的内涵包括以下8个方面（卢新德，2001；含笑和原野，2008）。

1）以把握企业自身主体特征为前提。企业是信息化建设的主体，自上而下的政府主导推动机制应该与自下而上的市场需求调节机制相结合，在规划、选型和实施过程中企业必须掌握应有的主动权。尽管信息化建设在技术上有统一的标准，但没有固定的实现模式。不同行业、不同规模、处于不同发展阶段的企业各有不同的具体特点，应视企业的特点、需求和条件而确定相应的解决方案。

2）以提高企业效益、增强企业竞争力为目标。树立信息化要"有用并有效"的观念，它和企业的发展战略、生产经营活动紧密相连，是通过信息化切实提高企业竞争能力。无论是资源管理层面上的信息化（如 ERP、CRM、VRM、BI）还是业务层面上的信息化（如 CAD/CAM、CAPP、CIMS、SCM），信息化战略都必须服从企业发展战略,从企业所面临的长期目标着眼,从当前所急需解决的问题着手,将信息化作为业务战略的一部分进行规划和实施。

3)以业务流程优化为基础。企业信息化通过运用信息技术突破企业的管理瓶颈,是企业管理的一场变革。因此要对企业实际进行透彻的管理分析,促使企业进行流程的改进、重构或组织变革。如果以现有的管理模式为标准,不重视研究信息化背景下的管理模式,将原来的手工业务原样照搬到计算机上,在流程不完善、制度不规范甚至趋向劣化的情况下,追求信息化必败无疑。

4)以企业信息的控制与集成为核心。借助信息化提高企业竞争力的集中体现,在于企业能对其内外部信息进行充分的共享和有效利用,确保生产经营活动各个环节的管理人员能及时获得相关信息,对各种变化作出快速反应,强化企业整体协同能力。信息化规划必须重视企业运行过程中的内外部信息的有效控制和集成,避免在分步实施过程中形成信息孤岛。

5)以信息服务的社会化为方向。企业信息化不仅仅是基础设施和应用系统的建立、维护与技术扶持,还应该包括规划与控制、资源协调与管理、业务流程改进和需求分析、运营评估等涉及整个组织的高层事务。实践证明,传统的“企业——软硬件提供商”模式在企业信息化建设中有很大缺陷。从专业性、经济性和时效性出发,企业信息化建设应该在明确企业主体特征的前提下,充分利用社会专业分工的优越性,从外部寻找技术资源、信息资源和人力资源甚至信息平台,借助信息化咨询、专业技术、工程监理等机构把相关业务外包,以信息化实施过程中的内生需求推动信息产业的发展。

6)企业信息化以动态管理为理念。企业信息化是一个过程,不可能一朝一夕就完成。企业信息化需要若干阶段。最初,仅仅是利用计算机来提高部门或再生产某方面、某环节的工作效率;进而在设计、生产、营销、管理等分系统上运用信息技术;在充分做好组织与技术准备之后,再采用 CIMS、MRP Ⅱ 等系统实现信息化。另外,企业信息化的过程还依赖社会公共信息基础设施的建设,没有健全的外部网络,企业信息化也很难顺利推进。因此,企业信息化是一个公共信息基础设施不断完善、企业内部逐步应用信息技术并相应进行改革和调整的过程。

7)以提高企业整体素质为根本。人员素质的提高是企业信息化建设的根本性问题。必须强化全体员工的主体意识、管理意识、信息意识和创新意识并贯穿于信息化建设全过程,通过信息化过程促成全体员工思维与行为的共同转变,在使管理者的发展观念得以充分体现、员工的技能与创造力得以充分发挥的基础上,使企业整体素质得以同步提高。

8)以互联网环境下的协同为前景。面对经济全球化的趋势,企业信息化必须考虑到互联网环境下企业制造模式所导致的管理模式的改变。基于企业联盟的"敏捷制造"使企业流程发生在多个组织内部，企业必须从以"组织内协同、紧密型组织、固定流程"为标志的静态管理模式向"跨区域、跨组织、跨系统间协同、敏捷型组织、可变流程"的动态管理模式转化，以"实时管理、动态应变和开放延伸"为特征的协同已成为企业信息化的新趋势。它主要包括企业内部的协同、企业与供应链的协同、企业与相关部门的协同（丁德臣，2007）。

9.1.2　信息化所引致的企业管理变革

企业管理信息化的内涵：它是指通过信息管理系统把企业的设计、采购、生产、制造、财务、营销、经营、管理等各个环节集成起来，共享信息和资源，同时利用现代的技术手段来寻找自己的潜在客户，有效地支撑企业的决策系统，达到降低库存、提高生产效能和质量、快速应变的目的。主要应用层面包括企业资源规划（ERP）系统、供应链管理（SCM）系统、客户关系管理（CRM）系统和辅助决策支持（DSS）系统（李文海等，2008）。

1. 对企业信息化与管理的认识

企业管理的信息化程度高，企业管理中的物质资本地位则相对下降而人力资本地位相对上升，这是信息技术、知识经济社会条件下的企业管理发展的必然趋势（冯继永等，2007）。

（1）企业信息化是引进信息技术与更新管理思想

企业信息化离不开信息技术应用的层面。美国波士顿大学的教授约翰·C·亨德森和N·温卡特拉曼认为："怎样才能最好地获得信息技术的价值？这是一个创造适合于信息时代的新管理思想和新管理方法的问题，并非简单地把信息技术加在原有的企业经营模式上面。"我们大谈科学技术对经济的贡献时，必须要保持清醒的认识：技术只有在思想的支配下，才会发挥威力。企业信息化只有融入先进的管理思想，才能真正发挥出信息技术的作用。从这个意义上说，企业信息化应该是先进的管理思想与现代信息技术相结合的应用过程。

（2）信息化是全方位的企业变革

企业信息化的实施，不应该只是一项工程的实施。信息系统是企业的神经枢纽，收集、存储、传递企业的信息；它是企业进行生产经营活动的平台，为企业构造了不再受空间、时间限制的生产经营环境。因此企业信息的实质就是在信息技术的支撑下，使管理决策者能够及时地收集、加工和利用信息资源，及时把握市场机会，更好地组织企业的人、财、物等资源。由于信息技术在企业各个方面的渗透，企业信息化的实施涉及企业的战略发展、组织机构、协调控制、管理制度、企业文化等，企业信息化的实施必须与企业的制度创新、组织创新、管理创新以及文化建设等结合起来。因此，企业信息化不是一个个的技术方案，而应该是全方位的企业变革。

（3）企业信息化必须以人为中心

在知识经济时代，人的主动性和创造性是企业创新和发展的源泉。在企业信息化的过程中，人始终起着决定作用。从长期来看，企业信息化不在于某个项目的引进与否，而在于通过坚持不懈的努力，创建适合企业未来发展的经营管理环境，获取长远的竞争优势。因此，能否改变人的思想观念以适应信息时代的召唤，能否培养出一批信息人才队伍，将是决定企业实施信息化成败的关键。企业信息化不是企业细枝末节的变革，而是企业的根本性变革，用"信息革命"形容它，一点也不过分。企业信息化的切入点应该是企业的经营和管理。

2. 信息技术条件下的企业管理变革

信息技术的广泛应用，改变了企业生存的内外部环境，使得传统企业的组织结构、生产管理方法、产品营销模式、人力资源管理理念，以及管理内容等发生了深刻的变革。主要表现在以下几个方面（沙勇忠，2002）。

（1）业务流程的变革

信息技术的应用打破了企业传统分工理论基于职能部门通过分工和串接来完成整个工作过程的模式，产生了业务流程重组的主张，即必须从根本上转变观念，对企业内部原有的经营管理方式和业务流程进行改造和重组，寻求以最直接、最便捷的方式满足顾客需求。

在传统分工理论的指导下，企业过分强调分工精细和专业化、追求内部业务流程的完美性，虽然使每一道工序的工作简单化了，但也导致企业整体作业过程和对过程的监控日益复杂。一方面，生产经营环节的增多使管理成本增加，企业整体效率低下；另一方面，各分工部门和环节过分注重自身效率，又易导致忽视企业整体效益，忘记顾客的真正需求。因此，要克服传统分工作业的局限，必须对企业流程进行根本性的重组。信息技术的应用正好满足了这一需求。并行工程（concurrent engineering，CE）就是对业务流程进行重组的一种系统方法。它以加速产品开发为目的，集成、并行地设计产品及其相关过程（包括制造和支持过程），取消生产过程中一切不产生附加价值的环节，建立直接服务于顾客的工作组，使工作单元由面向职能型转变为面向过程型。J. H. Davenport 和 J. E. Short 从一般意义上总结了基于信息技术的业务流程重组的五个步骤：①建立业务远景和目标过程；②辨识再设计的过程；③理解和测度现有过程；④挖掘信息技术推动力；⑤设计过程原型。根据他们的实证分析，信息技术在企业流程重组过程中发挥了重大的推动作用。

需要指出的是，早期业务流程重组的焦点一直围绕信息技术，强调信息技术的设计及应用应以企业流程为中心，将整个组织视为一个整体的流程。随着信息技术尤其是网络技术的发展，业务流程重组的范围由企业内部扩展到企业与企业之间，跨组织信息系统（Inter-org-anizational Information system，IOS）受到重视，信息技术已不再是焦点，人们更倾向于将它视为与组织管理同等重要的协同因素。

（2）管理组织的变革

1）组织结构的变革。信息系统的应用使组织中的信息传递由单向的"一对多式"向双向的"多对多式"转换，最高决策层能同最基层的执行单位直接联系，使一些中间管理层失去存在的必要，组织结构的扁平化将成为一种趋势。如德鲁克（P. F. Drucker）所指出的："20年以后，企业的管理层次将比今天的企业减少一半以上，管理人员将不会超过今天的三分之一，未来的企业组织形态可能会很像医院、大学、交响乐团。"但另一些学者对"组织结构扁平化"表示怀疑，A. Pinsonneault 和 K. L. Kraemer 的统计研究结果表明：信息技术与组织中层规模的相关性是不确定的，当组织采用集权结构时，信息技术支持并减少中层管理规模；而当组织采用分权结构时，信息技术支持中层管理规模的增加。可见，信息技术对企业组织结构的影响并非是单一的，所谓"扁平化"也有管理幅度扩大和结构分散两种可能，并且不同侧重的信息技术对企业的影响也不尽相同。

2）组织规模的变革。西方学者应用交易费用理论系统地分析了信息技术对企业规模的影响，表明信息技术对组织规模的影响是双重的。从生产角度看，一方面，信息技术减少组织协作费用和生产费用，企业可能保留较多的生产能力和生产层次，使工艺流程间的垂直联合能够在同一企业中实现，增加组织垂直规模；另一方面，信息技术如电子商务和电子市场减少市场协作和交易费用，企业可借助外部资源（如原材料、零部件、技术等）发展核心产品和核心竞争力，获得像大企业一样的广度经济效益和合成效益，增加组织的水平规模。企业规模的选择条件是生产费用、组织协调费用和市场协调费用最小。一般来说，企业内部信息化程度高，则企业规模扩大；市场信息化程度高，则企业规模缩小。当代企业规模两种发展趋向共存的现象为信息技术的这种双重影响提供了注释。

3）组织边界的模糊。信息网络的应用为企业在更大范围的合作提供了可能性，企业的经营活动打破时间和空间的限制，出现了新型的企业组织形式——虚拟企业（virtual enterprise）。虚拟企业是由一些独立的厂商、顾客，甚至同行的竞争对手，通过信息技术联结成临时网络组织，以达到共享技术、分摊费用以及满足市场需求的目的。企业的虚拟化可使一个企业的某一种要素或某几种要素与其他企业系统中某一种或某几种要素相结合，形成新的生产力，企业的传统边界出现模糊。

（3）管理决策的变革

信息技术的应用从决策目标、决策权力结构、决策者及其理性、决策手段和决策方法等方面影响了决策过程和结果，提高了决策的有效性和效率。①决策目标不再是单一的、固定的，而是多元的、变化的。信息技术的应用使市场结构、消费观念发生变化，企业必须对市场做出敏捷反应，实现多品种、小批量的快速生产。②决策权力结构由集权制向分权制转化。高度集中的单一决策中心组织逐渐改为适当分散的多中心决策组织，企业的宏观规划、市场预测等经营活动一般通过跨部门、跨职能的多功能小组来制定，提高了企业的灵活性和应变能力。③改善决策者的有限理性。信息技术的应用使决策者能够在适当的时间获得适当的信息，提高了决策的科学性和合理性。④不断开发性能良好的信息系统，为有效决策提供了先进的手段和工具。网络环境下的集成信息系统，如 MIS，SIS 等，可支持非结构化的决策和群体决策。同时，信息系统的应用与进化提升了信息管理在现代企业管理中的地位，导致首席信息经理（chief information officer，CIO）这一高级管理职位在企业的兴起，CIO 对决策的参与直接强化了企业的决策能力。

（4）企业文化的变革

信息技术作为一种文化载体，不仅自身代表了一种先进的文化理念，其在企业管理中的应用也从多方面直接或间接地促进了企业文化的提升。

1）重视信息和知识的价值，崇尚知识创新。在知识经济时代，知识和信息成为企业真正的资本与首要的财富。企业的利润主要来自对知识和智力大量投入所带来的递增收益，知识创新的能力被视为决定企业生存与发展的关键因素。如默克公司首席执行主席 Roy Vagtlos 博士所指出的："低价值的产品任何人在任何地方都可以制造，而当你拥有别人不能获得的知识时，那就有了非凡的力量。"因此，崇尚知识和知识创新成为企业新的价值观，成为企业文化的灵魂。

2）追求民主和平等。亨德里克·房龙曾指出，在信息割断的"无知山谷"里，只有家长制的延续。在新的企业文化中，发达的信息媒介和畅通的沟通渠道使领导者与员工、员工与员工之间可以进行充分的信息交流，共商企业发展大计，民主与平等得到重视和强调。比尔·盖茨曾这样表白："对我来说，大部分的快乐一直来自我能聘请到有才华的人并与之一道工作。我乐于向他们学习请教。如果微软能够利用他们睿智的眼光，同时广纳用户的忠言，那么，我们就还有机会继续独领风骚。"字里行间，我们可以触摸到微软公司民主与平等的企业氛围，这种和谐的氛围是企业持续发展不可或缺的润滑剂。

3）尊重人的价值，高扬团队精神。在知识经济时代，知识工作者尤其是具有"以处理编码化知识（explicit knowledge）的能力形式表现的隐含经验类知识（tacit knowledge）"能力的知识工作者，其工作的热情和努力的程度以及他们对企业的忠诚构成了企业的核心能力。新的企业文化重视人的价值，员工的个性和兴趣得到充分的尊重，崇尚合作与团队精神。每个员工能共享企业远景目标，关心企业的命运，企业领导由工作监督者和控制者转变为企业目标、组织设计、企业文化的营造者和团队学习的教练，考核和奖励从观察员工的单一活动到观察其整体活动的结果。Helios 公司的总裁 I. M. Booth 这样解释公司取得的成就："原因在于实验室的团队精神。我们的研究人员，并不比别人更聪明，但当他们并肩作战的时候，他们能够在瞬间利用每一个人的才智。"员工的才智与团队精神是企业形成知识资本的前提，是与时代同构的企业文化的重要内容。

（5）管理理论的变革

信息技术的应用不仅推动了管理实践的发展，也引发了管理理论的更新。20世纪90年代以来，国际上盛行的管理理论，如"再造工程"、"虚拟企业"、"学习型组织"、"知识管理"等，都与现代信息技术的应用和推动紧密相关。

1）再造工程（reengineering）。由美国学者哈默（M. Hammer）提出，主张重新设计管理业务流程，反对只就按现行管理业务流程所建立的机构和聘用的人员进行改良的做法。他对再造工程的定义是；将组织的作业流程作根本性的重新思考和彻底翻新，以便在成本、品质、服务和速度上获得戏剧性的改善。其中心思想是以服务顾客为宗旨，对作业流程进行根本性变革。

2）虚拟企业。其概念最早由美国艾柯卡（Iacocca）研究所提出，经美国企业家霍普兰德等人极力推荐而风行于世。该理论主张为了顺应日益动荡的市场形势以尽快抓住转瞬即逝的市场机遇，由不同企业为某一特定的任务灵活组织"联合"性企业。虚拟企业有以下四个特征：①卓越性。虚拟企业中的每一项功能或流程都尽可能是最佳的，不是某一企业可以单独达到的。②机会性。虚拟企业中的每一成员可以为一个特定的市场机会而与其他成员快速有效地结合。③相互依赖。虚拟企业中的成员以价值链整体利益为目的互补不足，成功植根于彼此之间的相互依赖与合作。④无边界。虚拟企业是一种网络组织，很难定义出成员之间的界限。

3）学习型组织（learning organization）。由美国麻省理工学院圣吉（P. M. Serge）教授提出，主张企业需要通过连续性学习进行自我调整和改造，以适应迅速变化的环境，求得生存和发展。学习型组织由一些学习团队组成，具有核心价值观和远景目标，通过整体搭配、互相配合的团队精神，造就实现共同远景的能力，勇于挑战成长极限及过去成功的模式，保持组织的持续发展。建立学习型组织，需要进行五项"修炼"，即自我超越、改进心智模式、建立共同远景、团队学习、系统思考。五项修炼是有机的整体，系统思考是其核心。

4）知识管理（knowledge management）。知识管理概念和理论的提出不但和信息技术的影响和推动有关，而且也和上述新的管理思潮和理论的发展和催化有关。1994年，彼得·德鲁克凭其对管理实践的深刻理解，指出"管理的本质不是技术和程序，管理的本质是使得知识富有成效"。事实上，上述新的管理理论都有一个共同的特点，即对知识这一新资源的关注。他们既是知识管理的前期准备，又是知识管理的重要内容。知识管理的兴起代表了知识经济时代企业管理发展的新方向。知识管理主要侧重于两个方面：一方面是促进有价值的个人未编码知识的产生与共享，形成组织知识；另一方面则是实现组织集体知识的商品化。在第一方面，知识管理主要关心的是创造一个有利于创造性知识产生与共事的环境，通过组织安排和制度安排保证个人有价值知识的最大化和个人知识转化为组织知识的最大化。在第二个方面，知识管理则更多关心如何使更多的组织知识转化为有市场价值的商品和服务，继而转化为企业市场价值。从根本上来说，知识管理的上述两个方面是相互促进、相辅相成的。通过知识共享、运用集体的智慧提高企业的应变和创新能力，从而实现企业的可持续发展，是知识管理的本质追求。

9.2　企业信息资源管理的组织结构

9.2.1　信息资源管理部门设置模式

过去我们一直讲信息化是"一把手工程"。强调"一把手"的领导作用无疑是必要的，这对推动全局性的信息化工作颇为重要。但是对于一个组织机构来说，在推进本单位信息化时，由于出现了上述的一些新特点，仅仅有"一把手"挂帅、有领导小组的存在，就显得不够了，必须有专职的、参与决策的、有协调权力的信息主管机制，包括信息主管职务以及相应的组织结构。因此，当一个组织机构信息化发展到战略地位时必须考虑信息主管机制的建立，在这个阶段，信息化是"一把手工程＋企业信息主管（chief information officer，CIO）"工程（高新民，2008）。基于以上的考虑并结合现在一些成熟的模式（马费成等，2002），我们认为一个企业信息资源管理的部门设置情况应该如图9-1所示。

基于"一把手＋CIO"这样的管理理念，我们设计了以上的部门设置情况图。首先总裁无疑是充当"一把手"的角色，他的地位是最高的。在他的建议和直接领导下，成立专门IRM委员会，并设置专门的协调和执行者——CIO，这

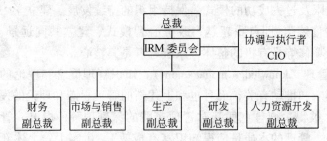

图 9-1   企业信息资源管理的部门设置情况

样 CIO 在企业信息资源管理中就占据了很高的地位，并起到协调和具体执行者的作用。从图 9-1 可以看出，CIO 不依附于任何一个机构，是具有独立行政权的部门，这样才能够使其作用淋漓尽致的发挥，否则这一职务很有可能形同虚设。

9.2.2   企业信息主管（CIO）

CIO 即"信息主管"也译作首席信息官、总信息师或信息总监。美国《CIO》杂志将其归结为"在公司（企业）内部拥有很高地位，精通公司的业务流程，负责公司信息技术和系统领域的高层管理者"。CIO 的职责主要是：负责企业技术规划的制定及协调实施，做好 IT 项目规划，确保项目的运行，保证投资有效；负责企业内部的信息技术运用；负责外部资源的有效运用并协调企业与客户、供应商等利益相关者的关系。

从 20 世纪 80 年代开始，CIO 即信息主管的地位和作用就逐渐被人们认识和接受。据安达信公司 80 年代中期对全美 500 家最大的公司企业的调查，已经有 40% 的公司设立了 CIO 的职位，到 1988 年底，世界排名前 500 家的最大企业中有３０％以上实行 CIO 体制。进入新世纪以来，互联网引发的知识经济更加蓬勃发展，CIO 的地位也日益凸显出来。我国的企业信息化建设虽起步较晚，但已经引起了许多企业领导的重视。以下对 CIO 在国内外企业中的地位进行了介绍（陈继红，2005）。

（1）CIO 在国外

1）负责开发综合的技术战略，一项价值数百万美元的系统转换项目，拓展公司网站和基于网络的功能；

2）负责组织间信息技术的管理、规划、开发等各个方面；

3）负责保持公司作为全球最佳 B2B 站点的地位；

4）为关注商业的 IT 专业人员提供极佳的担任战略和战术领导的机会；

5）控制公司信息和技术系统，管理大约 35 名员工；

6）负责世界各地的技术要素、预算、人员和设施管理。

上述阐述比较全面地反映 CIO 在国外企业中的地位，可以看出，目前国外企业中的信息主管所承担的工作还是以技术性工作为主，负责公司运作中的具体技术，有人把其工作形象地比喻为"为企业这台电脑装上一种又一种硬件"。另外，从素质要求来看，国外企业对应聘 CIO 者提出了技术能力、商业头脑、管理技能和从业经验等多方面的要求。近年来，CIO 在企业中的决策地位有所上升，这表明 CIO 的职能已开始转变，朝着更加宏观的战略方向发展。

（2）CIO 在中国

在中国，就像电话、电脑、互联网以及信息基础设施的普及率依然较低一样，在国内企业中，信息化普及率目前也处于较初级的阶段。据对国家重点企业的调查，尽管 80% 以上的企业已建立了办公自动化系统（OA）和管理信息系统（MIS），70% 以上接入了互联网，50% 以上建立了内部局域网，但上述投资仅占企业总资产的 0.3%，与发达国家大企业在信息化上的投入占总资产 8% ~ 10% 的水平相距甚远。汉普咨询公司张后启先生曾介绍说，"虽然目前国内很多企业都配了电脑、联了网，但在应用层次来讲，大多数企业还停留在办公自动化的水平上"。"很多人有一种想当然的思维：各办公地点、各人的信息化设备在物理上是连在一起的，就认为信息的共享、工作的协同可以很好地实现。实际上，硬件、网络设施的购买只是企业信息化诸多工作中容易做到的事情，因为这只要有了钱就能做得到"。（王宏亮等，2008）

的确，在如何实现企业信息化方面，大部分企业的理解还很初级。在国内不少企业中，领导对 IT 的作用、效果却远不是那么清楚。多数领导只是重视硬件，不重视软件和服务。信息化误区多数源于企业管理思想的滞后。信息系统的建设首先是一个管理思想的建设。这里管理思想包括了多个层面，它既包括了领导层的宏观管理思想，也包括了具体业务人员的微观管理思想（工作流程）。而相关软件只是实现或实施这些管理思想而已。

鉴于国内这样的环境，CIO 的地位与职责便可想而知，其所发挥的作用也是及其有限的。但可喜的是，随着知识经济的发展，CIO 的概念已越来越多地被国内企业所重视，已成为推动整体企业管理及运作的重要手段之一。可以说，在中国，"信息化带动工业化"的时代已经来临。在信息环境时代，我们的企业面对着市场经济环境下的激烈竞争。中国加入 WTO 后，竞争与机遇并存，科学的信息化管理系统是立足于市场、立足于竞争环境的基础，而 CIO 则是这个过程中的重要一环，我们必须加以重视。

9.3 企业信息资源管理的技术架构

对于企业信息资源管理的技术构架，学者有着不同的认识。有的从企业信息资源管理的发展历程角度来看，认为该技术框架在过去就是管理信息系统

（MIS），而在今天就是企业组织内部网（intranet）（马费成等，2002）。而有的在此研究基础上，进行了功能细化和描述，并且加入了知识发现和专家系统等新形式下的模块（吴齐林，2006），使得企业信息资源管理的技术构架更加完整，更加具有时代特色。我们比较认同后者，其基本结构和具体解释如下文。

9.3.1　企业信息资源管理的技术架构图

如图 9-2 所示，数据库、事务处理系统（TPS）以及管理信息系统（MIS）与面向业务操作的信息资源管理紧密相关。数据仓库以及决策支持系统（DSS）与面向决策分析的信息资源管理紧密相关。知识库以及基于知识的系统与知识资源的管理和利用紧密相关。

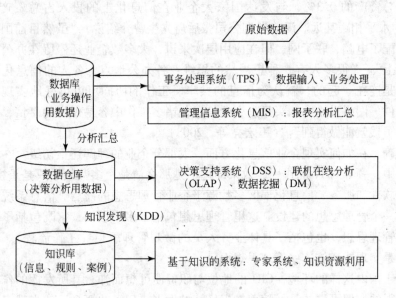

图 9-2　企业信息资源管理的技术框架图

9.3.2　技术构架中的构成要素

（1）业务数据

企业中的业务数据主要来源于客户订单、采购合同、工时卡片、生产记录、入库记录、发票、收据、工资单、出库记录以及财务报表等在企业基本业务中产生的各种单据、记录和报表。这些业务数据通过事务处理系统输入到数据库中，成为企业的数据资源。

（2）事务处理系统（TPS）

TPS 的主要目的是支持企业内各种基础业务活动。这些系统不需要综合或复杂的处理，但需要大量的数据输入和输出。基于计算机的 TPS 包括数据收集、数据编辑、数据修改、数据操作、数据存储和文档生成等处理功能。从信息资源管理的角度来看，TPS 起着获取详细业务数据、确保业务数据的完整性、准确性和及时性的作用。

（3）管理信息系统（MIS）

MIS 的主要目的是为企业各个业务领域的管理者们提供信息支援，以便使他们能够更好地把握日常业务，对日常业务进行有效的管理。MIS 人多基于汇总后的分析报表，这些报表对事务处理数据库中的详细数据进行筛选和分析、向管理者提供有意义的信息。从信息资源管理的角度来看，MIS 起着将事务处理数据库中的详细数据转换成管理者所需的管理信息的作用。

（4）决策支持系统（DSS）

DSS 的主要目的是帮助企业的高级管理者解决在经营决策时所面临的特殊问题。在当今的技术条件下，决策支持系统主要是基于数据仓库、联机数据分析和数据挖掘技术。从信息资源管理的角度来看，DSS 起着对数据和信息资源的深层次利用的作用。

（5）基于知识的系统（knowledge-based System）

基于知识的系统是人工智能应用的一个分支。与决策支持系统不同，基于知识的系统可以扩展管理者解决问题的能力。最常见的基于知识的系统是专家系统。专家系统可以看做是用启发式的形式来表示专家知识的计算机程序。迄今为止，专家系统中的专业知识主要来源于对象问题领域中的专家。这里我们强调随着知识发现（KDD）技术的不断成熟，从数据仓库的大量数据中发现知识和规律将成为专家系统获取知识的另一有效途径。

（6）数据库（database）

数据库是以多个应用程序的数据共享为目的，存储在计算机媒体上的数据文件的集合。

数据库概念的基本目标是减少数据冗余和增加数据的独立性。数据冗余是指数据间的重复，也就是说同一数据存储在不同的数据文件中的现象。可以说减少数据冗余和增加数据的独立性是大规模信息系统以及企业范围信息资源管理获得成功的前提条件。从信息资源管理的角度来看，数据库不仅是面向业务操作的信息资源的核心，也是对整个企业的信息资源进行管理的基础。

（7）数据仓库（data warehouse）

数据库概念的基本目标是减少数据冗余和增加数据的独立性。数据仓库概念则是对数据库概念的进一步深化，它提供可以用更直观的方式对数据进行操作的数据源。这个数据源就是数据仓库，它通常包含大量的、经过提炼的、面向主题的数据。在目前的技术条件下，数据仓库可以有效地处理数百十亿字节（giga-bytes）以上的数据。

（8）联机在线分析（OLAP）和数据挖掘（DM）

联机在线分析（OLAP）和数据挖掘（DM）都是与数据仓库技术紧密相关的术语。其中，OLAP 是在数据仓库的基础上，针对特定问题的联机数据访问和分析。DM 则表示在数据中寻找用户未知的潜在关系的过程。DM 可以帮助用户发现数据中的相互关联，并以直观的方式表现这些关联。

（9）知识发现（KDD）

知识发现（KDD）可以看做是用以概括从大量的、复杂的数据中寻找某种规律的所有活动的术语。一般而言，知识发现过程可以分为几个步骤。尽管这些步骤之间存在着一定的逻辑顺序，但在实际应用中 KDD 是一个直到用户满意为止的迭代过程。KDD 的基本步骤如下 7 步。

1）定义数据：由用户、数据库管理员和系统分析员一同针对特定的问题领域，定义所需的数据；

2）获取数据：根据数据需求，收集数据并将其存入数据仓库中；

3）整理数据：对数据进行编辑、实现数据的标准化；

4）假设和模型：由用户和系统专家提出有关数据特征的假设，建立用以辅助分析的数学模型；

5）挖掘数据：利用分析模型来检验假设，探索数据中新的规律和知识；

6）测试和验证：通过预测模型来确认所选择的数据对用户目标的支持程度；

7）解释和利用：由用户对分析结果作出解释，并针对解决的问题做出必要的决策。

9.3.3 技术构架中各部分的关联

首先，TPS 在减轻业务人员的负担、确保业务的准确性和稳定性方面起这关键的作用。在信息资源管理的框架中，TPS 和业务和数据库既是数据资源管理的核心，也为 MIS、DSS 以及基于知识的系统提供基础数据。

另外，从企业经营管理的角度来看，决策问题可以分为三种类型：①结构化问题：是常规的、有一定之规可循的问题。对于这类问题可以通过设计适当的算法和规则，由计算机加以解决；②非结构化问题：非常规的、没有一定之规可循的各种问题。对于这类问题通常无法用普通的计算机程序加以解决；③半结构化问题：介于结构化问题和非结构化问题之间各种问题。

MIS 主要用来针对结构化问题提供程序化的决策支持。MIS 起着将相关的各种 TPS 连接在一起，实现进一步的价值增殖的作用。在信息资源管理的框架中，

MIS 的作用是将来自 TPS 的详细业务数据换成面向管理者的综合信息；DSS 主要用来针对半结构化问题提供决策支持。与 MIS 不同，DSS 不是基于面向业务操作的数据库，而是基于面向分析的数据仓库。在信息资源管理的框架中，DSS 的作用是对数据和信息进行深层次利用；基于知识的系统主要被用来处理非结构化问题，包括数据仓库、OLAP 和 DM 在内的 KDD 技术的发展为基于知识的系统带来了新的生机。同时 KDD 也为促使企业的信息资源向知识资源转化提供了一个可行的技术方向。

9.4　企业信息资源管理典型应用系统——ERP

9.4.1　ERP 的内涵

企业资源管理计划（enterprise resources planning，ERP）是在先进的企业管理思想的基础上，应用信息技术实现对整个企业资源的一体化管理。ERP 是由美国著名的计算机技术咨询和评估集团 Garter Group 公司提出的一整套企业管理系统体系标准，是指建立在信息技术基础上，以提高企业资源效能为系统思想、为企业提供业务集成运行中的资源管理方案。由此，我们可以给出 ERP 如下的定义：它是指建立在信息技术基础上，以系统化的管理思想，为企业决策层及员工提供决策运行手段的管理平台。ERP 是一种可以提供跨地区、跨部门甚至跨公司整合实时信息的企业管理信息系统。它在企业资源最优化配置的前提下，整合企业内部主要或所有的经营活动，包括财务会计、管理会计、生产计划及管理、物料管理、销售与分销等主要功能模块，以达到效率化经营的目标。ERP 不仅仅是一个软件，更重要的是一个管理思想，它实现了企业内部资源和企业相关的外部资源的整合。通过软件把企业的人、财、物、产、供、销及相应的物流、信息流、资金流、管理流、增值流等紧密地集成起来，实现资源优化和共享，这就是ERP。ERP 也是企业市场营销的重要组成部分，通过实施 ERP，可以取得如下效果：①系统运行集成化，软件的运作跨越多个部门；②业务流程合理化，各级业务部门根据完全优化后的流程重新构建；③绩效监控动态化，绩效系统能即时反馈以便纠正管理中存在的问题；④管理改善持续化，企业建立一个可以不断自我评价和不断改善管理的机制（纵横软件，2008）。

9.4.2　ERP 的核心内容

ERP 自 20 世纪 90 年代后期从美国传入，为我国的企业体制改革注入的新的活力，ERP 已成为大型现代企业管理中不可或缺的有力管理工具，是企业现代化和信息化程度的重要标志。ERP 项目是一个企业管理系统工程，而不是一般意义上的企业管理信息系统工程或者是企业信息化建设工程，这是因为整个管理系统不但基于 ERP、系统工程和信息技术等现代科学技术的思想、原理和方法，而且还从本质上充分地体现了企业应用 ERP 与开展企业管理创新、推进企业管理现代化和提高企业竞争力的必然关系①。在企业中，一般的管理主要包括四方面的内容：生产控制（计划、制造）、物流管理（分销、采购、库存管理）、财务管理（会计核算、财务管理）和人力资源管理模块。具体介绍如下。（冯伟民，2006；百度文档，2007）

（1）财务管理模块

在企业中，清晰分明的财务管理是极其重要的。所以，在 ERP 整个方案中它是不可或缺的一部分。ERP 中的财务模块与一般的财务软件不同，作为 ERP 系统中的一部分，它和系统的其他模块有相应的接口，能够相互集成，如它可将由生产活动、采购活动输入的信息自动计入财务模块生成总账、会计报表，取消了输入凭证繁琐的过程，几乎完全替代以往传统的手工操作。一般的 ERP 软件的财务部分分为会计核算与财务管理两大块。

1）会计核算。会计核算主要是记录、核算、反映和分析资金在企业经济活动中的变动过程及其结果，它由总账、应收账、应付账、现金、固定资产、多币制等部分构成。

2）财务管理。财务管理的功能主要是基于会计核算的数据，再加以分析，从而进行相应的预测、管理和控制活动。它侧重于财务计划、控制、分析和预测。

（2）生产控制管理模块

这一部分是 ERP 系统的核心所在，它将企业的整个生产过程有机地结合在一起，使得企业能够有效地降低库存、提高效率。同时各个原本分散的生产流程的自动连接，也使得生产流程能够前后连贯地进行，而不会出现生产脱节，耽误生产交货时间。生产控制管理是一个以计划为导向的先进的生产、管理方法。企业首先确定它的一个总生产计划，再经过系统层层细分后，下达到各部门去执行，即生产部门以此生产，采购部门按此采购等。

1）主生产计划。它是根据生产计划、预测和客户订单的输入来安排将来的各周期中提供的产品种类和数量，将生产计划转为产品计划，在平衡了物料和能力的需要后，精确到时间、数量的详细的进度计划，是企业在一段时期内总活动的安排，是一个稳定的计划，是以生产计划、实际订单和对历史销售分析得来的预测产生的。

---

① http://blog.sinn.com.cn/slblog_4a2b85b1010009zr.html.

2）物料需求计划。它是在主生产计划决定生产多少最终产品后，再根据物料清单把整个企业要生产的产品的数量转变为所需生产的零部件的数量，并对照现有的库存量，得到还需加工多少、采购多少的最终数量，这才是整个部门真正依照的计划。

3）能力需求计划。它是在得出初步的物料需求计划之后，将所有工作中心的总工作负荷与工作中心的能力平衡后产生的详细工作计划，是用以确定生成的物料需求计划是否是企业生产能力上可行的需求计划。能力需求计划是一种短期的、当前实际应用的计划。

4）车间控制。这是随时间变化的动态作业计划，它将作业具体分配到各个车间，再进行作业排序、作业管理、作业监控。

5）制造标准。在编制计划中需要许多生产基本信息，这些基本信息就是制造标准，包括零件、产品结构、工序和工作中心，都用唯一的代码在计算机中识别。

(3) 物流管理模块

ERP 下的物流管理除供应链的物流外，还有物料流通体系的运输管理、仓库管理，在线物料信息流等。主要可分为原材料及设备采购供应阶段（即采购物流）、生产阶段、销售配送阶段，这三个阶段便产生了企业横向上的三段物流。

1）供应物流。将采购的原材料、零部件由供应商处运入厂内，包括由销售点回收〔采购〕容器，以重复使用的回收物流。

2）生产物流。将所采购的原材料和零部件入库、保管、出库。将其生产的产品（商品）运到物流中心、厂内或其他工厂的仓库。物流中心、工厂仓库的这种将产品进行入库、保管、出库等一系列的产品流动称为厂内物流，厂内物流还包括在物流中心和工厂仓库进行运输包装、流通加工等。

3）销售物流。将商品从工厂、物流中心或外单位的仓库送到批发商、零售商或消费者手中的运输、配送称为销售物流。销售物流还包括将商品送到外单位仓库的运输和配送。

4）退货物流。与已售出商品的退货有关的运输、验收和保管。

5）废弃物回收物流。有关废弃的包装容器、包装材料等废弃物的运输、验收、保管和出库。

(4) 人力资源管理模块

以往的 ERP 系统基本上都是以生产制造及销售过程（供应链）为中心的。因此，长期以来一直把与制造资源有关的资源作为企业的核心资源来进行管理。但近年来，企业内部的人力资源开始越来越受到企业的关注，被视为企业的资源之本。在这种情况下，人力资源管理作为一个独立的模块，被加入到了 ERP 的系统中来，和 ERP 中的财务、生产系统组成了一个高效的、具有高度集成性的企业资源系统。它与传统方式下的人事管理有着根本的不同。

1）人力资源规划的辅助决策。对企业人员、组织结构编制的多种方案，进行模拟比较和运行分析，并辅之以图形的直观评估，辅助管理者做出最终决策。制定职务模型，包括职位要求、升迁路径和培训计划。根据担任该职位员工的资格和条件，系统会提出针对本员工的一系列培训建议，一旦机构改组或职位变动，系统会提出一系列的职位变动或升迁建议。进行人员成本分析，可以对过去、现在、将来的人员成本作出分析及预测，并通过 ERP 集成环境为企业成本分析提供依据。

2）招聘管理。人才是企业最重要的资源，优秀的人才才能保证企业持久的竞争力。招聘系统一般从以下几个方面提供支持：进行招聘过程的管理，优化招聘过程，减少业务工作量；对招聘的成本进行科学管理，从而降低招聘成本；为选择聘用人员的岗位提供辅助信息，并有效地帮助企业进行人才资源的挖掘。

3）工资核算。能根据公司跨地区、跨部门、跨工种的不同薪资结构及处理流程制定与之相适应的薪资核算方法。与时间管理直接集成，能够及时更新，对员工的薪资核算动态化。回算功能：通过和其他模块的集成，自动根据要求调整薪资结构及数据。

4）工时管理。根据本国或当地的日历，安排企业的运作时间以及劳动力的作息时间表。运用远端考勤系统，可以将员工的实际出勤状况记录到主系统中，并把与员工薪资、奖金有关的时间数据导入薪资系统和成本核算中。

5）差旅核算。系统能够自动控制从差旅申请、差旅批准到差旅报销的整个流程，并且通过集成环境将核算数据导进财务成本核算模块中去。

相关链接 9-1：爱立信的企业信息战略与信息架构规划

（1）基本概念

1）企业信息战略规划：主要是基于企业的经营战略，拟定出所需要的信息化能力（IT capability）的目标及信息化策略机会（IT initiative）的方向，然后据此定义出所必须进行的信息化项目（IT project），以及必须具备的信息技术能力（IT competency）与资源（IT resource）。此项规划的结论可作为信息架构规划的基础。具体示例如图 9-3 所示。

2）企业信息架构规划：企业信息架构规划是为了满足企业的营运需求，定义出相关的信息技术架构（IT architecture），其包含应用架构（application architecture）与系统架构（system architecture）。应用架构包含应用系统蓝图及信息组件架构。系统架构包含网路架构以及软硬件架构。具体示例如图 9-4 所示。

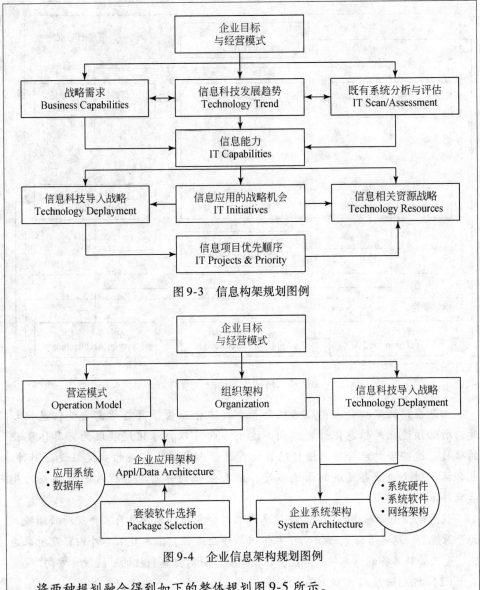

图 9-3　信息构架规划图例

图 9-4　企业信息架构规划图例

将两种规划融合得到如下的整体规划图 9-5 所示。

其中涉及的一些重要概念解释如下。

企业战略需求：为有效实现企业战略（corporate strategy），企业所必须具备经营能力（business capability）的需求。

信息能力：为了强化企业的经营能力，企业所需要具备的信息化程度（也就是信息化的目标），包含了新信息科技的采用程度、业务流程信息化程度、信息仓库及网路架构效率程度，以及企业内部人员信息技术能力、组织、流程。

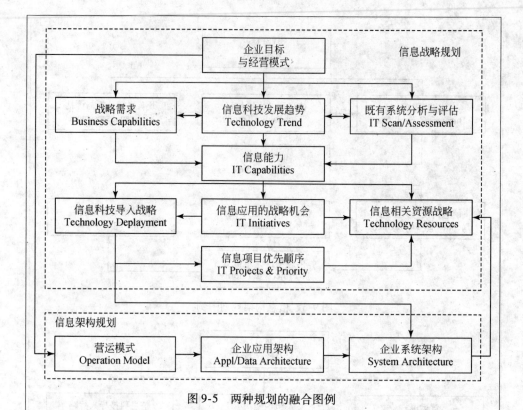

图9-5 两种规划的融合图例

信息应用战略机会点：战略机会点在描述企业为了具备所需要的信息化程度，所必须遵循的信息化开发方向。这个方向可以再深化发展成为可具体实施的项目。这些项目包含项目进行的目标、进行内容以及实施的前提假设。同时，也会根据对企业业务发展的影响程度，以及企业内部的准备程度进行实施的先后顺序。

信息化相关资源战略：为实现信息战略机会点及信息化项目，企业所必须投入的资源规划，这些资源包含信息技术组织与作业流程、信息技术委外内容及对象遴选、企业必须具备的信息科技职能，以及财务上针对信息科技的可能投资方向。

（2）规划进展时间规划表和任务进程

爱立信对项目进展的时间进行了科学和严格的规定，从而确保项目保质保量且按时完成，具体示例如图9-6所示。

将图9-6的内容进一步细化如图9-7所示。

（3）交付内容

1）业务体系架构分析：包括经营模式图示、信息技术发展趋势研讨会、企业信息现况分析报告、未来企业战略信息能力、项目阶段方法实施总结；

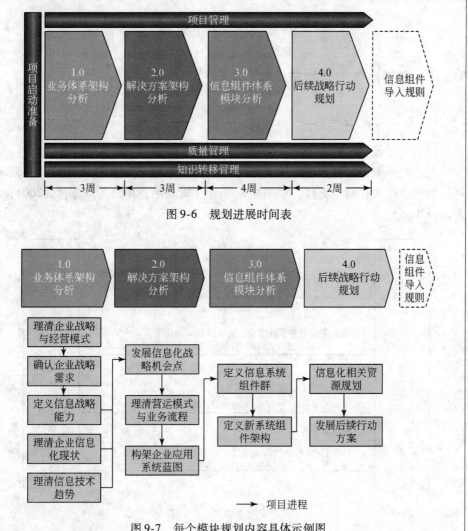

图9-6 规划进展时间表

图9-7 每个模块规划内容具体示例图

2）解决方案构架分析：包括企业信息化战略机会、营运模式/高阶业务流程图示、企业应用系统蓝图、项目阶段方法实施总结；

3）信息组件体系模块分析：包括企业信息系统组件应用模组架构、企业信息基础架构蓝图、项目阶段方法实施总结；

4）后续战略行动规划：包括后续战略行动，具体又包括企业信息战略行动方案、阶段目标与负责人员、实施时程与配合条件；企业信息战略执行之配套考察与建议，具体又包括信息技术自有核心能力发展方向、委外与联盟战略发展方向；项目总结简报与会后讨论及汇整。

9.5 电 子 商 务

9.5.1 电子商务的结构与功能

1. 电子商务的结构

（1）电子商务的应用框架

电子商务框架是指实现电子商务的技术保证和电子商务应用所涉及的领域，可分为三个层次和两个支柱，如图9-8所示（胡玫艳，2003；万守付，2004；邓顺国，2006）。

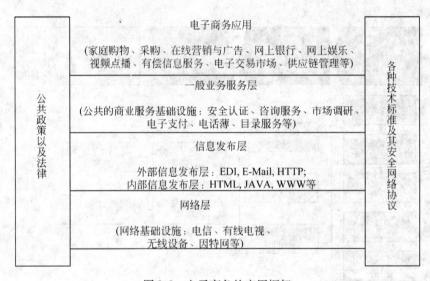

图9-8　电子商务的应用框架

1）网络层。网络层是实现电子商务最底层的部分，是电子商务的硬件基础设施，它可通过电信、有限电视、无限设备等工具提供电子商务的网络平台，包括因特网、增值网、远程通信网、有限电视网和无限通信网。整个网络是由局域网、城域网、骨干网层层搭建的，这样才能使任何一台联网的计算机能够随时与因特网连接。

2）信息发布层。它又包含了两个部分：内部信息发布层和外部信息发布层。

内部信息发布层：HTML作为全球信息网中主要的信息内容出版与制作的工具，可以容纳文字、图形、动画和音效等多媒体内容，并将其组织成易于检索和富有表现力。也能够用JAVA可使之更方便地适用于各种网络、设备、操作系统及各种界面等。WWW 是最常用的信息发布方式，使用 HTML 或 JAVA 将多媒体内容发布在 WEB 服务器上，然后通过一些传输协议将发布的信息传送到接受者。

外部信息发布层：信息传输工具提供了两种交流方式，非格式化的数据交流，如 E-MAIL 和 FAX 等，它主要面向人；格式化的数据交流，如 EDI 的传递和处理都可以是自动化的，无须人工干预，主要面向机器，订单、发票、装运单都比较适合于格式化的数据交流。HTTP 则是因特网上最广泛使用的通信协议。

3）一般业务层。一般业务层是为了方便商务活动所提供的通用的基础业务服务，如身份的确认、认证、安全加密、电子支付、商品目录和价格表服务等。

4）政策法律支柱。政策法律是电子商务应用框架的社会人文性支柱，它是指与电子商务相关的政策与法律，涉及政策法律和隐私权的问题，包括隐私权的保护、电子签名法律、信息定价和信息市场规范等。

一般情况，政策都需要政府来制定。美国政府在不久前发布的"全球电子商务的政策框架"中，在法律方面作了专门的论述，俄罗斯、德国、英国等国家也先后颁布了多项有关法规，1996 年联合国贸易组织通过了"电子商务示范法"。所以政府这一角色在电子商务的政策法律的制定中起着非常重要的"指挥棒"作用。另外，众所周知，因特网是一个跨国界的网络，建立其上的电子商务活动必然也具有跨国界的特点。如果各个国家只按照自己的交易方式运作电子商务，必然会阻碍电子商务在本国甚至世界的发展，所以必须建立一个全球性的标准和规则，以保证电子商务的顺利实施。各国支付在遵循电子商务的国际准则的基础上，对电子商务活动应予以支持并做好服务，而不是控制和干预。

法律维系着商务活动的正常运作，违规活动必须受到法律的制裁。电子商务活动有其独特性，买卖双方很可能存在着地域差别，如果没有一个成熟的、统一的法律体系进行仲裁，电子商务纠纷就不可能解决。尤其是在网上进行消费的客户的隐私是否能得到保护以及交易双方在网上的电子签名能否作为诉讼依据两个方面，非常重要。针对前者，各国政府都要求实施电子商务的网站必须对客户的隐私予以保护，不得向第三方透漏有关客户的任何信息；而针对后者，许多国家的政府都制定了与电子商务或电子签名相关的法律，以保障电子签名能够和手写签名一样为法律所认可。我国首部《电子签名法》于 2005 年 4 月 1 日开始正式实施，以保障网上交易各方的利益。

5）技术标准支柱。技术标准定义了用户接口、传输协议、信息发布标准等技术细节。就整个网络环境来说，标准对于保证兼容性和通用性是十分重要的。正如有的国家是左行制，有的国家是右行制，会给交通运输带来一些不便；不同国家 110 伏和 220 伏的电器标准会给电器使用带来麻烦，我们今天在电子商务中也遇到了类似的问题。目前许多的厂商、机构都意识到标准的重要性，正致力于联合起来开发统一标准，比如：一些像 VISA、Mastercard 这样的国际组织已经同业界合作制定出用于电子商务安全支付的 SET 协议。

（2）电子商务系统的组成

一个完整的电子商务系统应该由以下几个部分构成。

1）网络平台。网络平台（包括计算机等基本软硬件系统）是电子商务系统得以运行的技术基础，电子商务必须在一定的网络平台上运行。因特网、增值网等都能够作为电子商务运行的平台。在基于 INTERNET 的电子商务系统中，网络平台的功能一般由 ISP 承担。随着电子商务的发展，也出现了专门为电子商务提供网络平台服务的提供商，提供从网络空间、信息交流到商务管理甚至交易服务等不同层次的电子商务平台服务。

电子商务系统赖以运行的网络，涉及电子商务活动的全过程和电子商务系统的各个角色、各个部件。因此，一个完善的电子商务系统的网络应该具有以下特点。①连接性：包括企业内部互连和企业外部互连。②协同性：不仅要求在物理上互连，更为重要的是电子商务系统的各个角色之间的协同工作，实现真正的互连。③安全可靠性：由于电子商务系统的网络一般较为复杂，因此要求易于管理、安全可靠。④多选择性：电子商务系统的网络技术平台和网络产品的多种选择性。⑤适应性：随着电子商务系统对网络的需求不断变化、信息技术产品的发展与换代，需要制定电子商务系统的网络过渡策略，并提供相应的技术。

2）电子商务网站。电子商务网站也就是电子商务系统的前台部分，作为电子商务人机交互平台和信息流的界面平台，其主要功能就是发布商务信息、接收客户需求。

当客户进入电子商务系统的网站时，看到的是前台铺面。在消费类电子商务系统中，前台就是网站、网上商店或者网上商品目录。网上商店中摆放的商品及目录，向客户提供有关产品和服务的信息。客户将商品放入虚拟购物车中就形成了订单。网站的商品信息可以按客户的要求，通过交互方式准确地传送给客户。这种因人而异的定向广告和个性化的销售方式，是一种全新的、针对性强的个性化营销方式，有助于促销产品和服务。通过由多个网上商店组成的"网上商城"，便于客户从一个网上商店方便地进入另一个网上商店。

3）客户服务中心。客户服务中心就是电子商务系统的后台部分，它提供交易过程中的服务平台，其主要功能就是处理和满足客户需求。

后台系统负责将通过网站得到的订单进行安全可靠的处理。如果支付手段可靠，后台系统就把来自网站的订单转到企业的订单录入和处理系统，并计算相关费用。此外，还应具有数据内容动态更新、跟踪记录、统计报表、数据仓库和按不同需求定价等功能。后台系统应该同已有的企业管理信息系统相连接，便于订单处理、库存管理和更新财务信息等相关数据，并和外部贸易合作伙伴进行电子数据交换。

电子商务系统的后台和前台是相互联系、相互支持的两个部分，它们共同构成电子商务的有机整体。对于企业电子商务来说，不仅要重视开发前台的电子商务网站，也要重视提高后台系统的集成水平。

4）支付网关。支付网关提供资金流平台，其功能是为电子商务系统中的采购者、供应者等提供资金支付方面的服务。该功能一般由网上银行承担，包括完全在网上运作的纯网上银行和提供网上银行业务的传统银行。支付网关应该具有以下功能：提供网上支付服务，自行查询和管理账户，全天 24 小时服务，保证支付安全等。一旦客户发生了订单，安全的支付网关就要验证支付方法，确保客户、企业和银行之间实现网上安全支付，使客户可以通过使用安全的网上支付手段或者非在线方式来支付货款。

5）认证中心。认证中心提供交易双方的信用保障，它是一些不直接从电子商务交易中获利的法律认证的权威机构，负责发放和管理数字证书，使网上交易的各方能够相互确认身份。

6）物流中心。物流中心提供物流平台，它主要接受供应者的送货请求，组织将无法从网上直接传送的有形商品送达顾客，并跟踪商品的流向和动态。

（3）电子商务的主要模式。电子商务的基本模式按交易主体的不同，可以分为以下几种（冯连波，2005）。

1）企业—企业（B to B）。企业与企业间的电子商务是一种基于 Internet，以企业和企业为交易主体、以银行电子支付和结算为手段、以企业数据为依托的商务模式。在这种电子商务模式中，由于企业与企业之间的交易规模比较大，而且企业与企业之间开展电子商务的条件也比较成熟，因此，企业与企业之间的电子商务模式将是我国电子商务初级发展阶段中的重头戏。在这种模式中，按买方和卖方在交易中所处的地位不同，又可以将这种模式分为以卖方为主的企业—企业电子商务，及以买方为主的企业—企业电子商务两种形式。

①以卖方为主的企业—企业电子商务模式是一种最普通的电子商务模式。在这种模式中，提供产品或服务的企业即卖方企业占据主动地位，它先上网公布信息，然后等待买方企业上网洽谈、交易。目前我国已有许多这方面的成功案例。

②以买方为主的企业—企业电子商务。在以买方为主的企业—企业这种电子商务模式中，需要产品或服务的企业占据主动地位，买方企业先上网公布需求信息，然后等待卖方企业来上网洽谈、交易。这种交易方式类似于现在企业常用的项目招标方式。中国信息技术商务网（www.itecn.com）就是采用这种模式通过网上招标来取得商品或服务。

2）企业—消费者（B to C）。企业与消费之间的电子商务是以 Internet 为主要服务提供手段，实现公众消费和提供服务，并保证与其相关的付款方式电子化的一种模式。它是随着 WWW 的出现而迅速发展的，可以将其看作是一种电子化的零售。目前，在 Internet 网上遍布各种类型的商业中心，提供从鲜花、书籍到计算机、汽车等各种消费品和服务。从长远来看，企业对消费者的电子商务将取得长足的进展，并将最终在电子商务领域占据重要地位。但是由于各种因素的制约，目前以及未来比较长的一段时间内，这种模式的电子商务还只能占比较小的比重。这种商务模式主要分为卖方企业—买方个人的电子商务以及买方企业—卖方个人的电子商务两种模式。

①卖方企业—买方个人。卖方企业—买方个人的电子商务是商家（零售商）出售商品和服务给消费者个人的电子商务模式。在这种模式中，商家首先在网站上开设网上商店，公布商品的品种、规格、价格、性能等，或者提供服务种类、价格和方式，由消费者个人选购，下订单，在线或离线付款，商家送货上门的电子交易方式。卖方企业—买方个人的电子商务模式中所涉及的网上商店与传统商店相比有很大的不同，它不需要昂贵的店面，不需要雇用太多的人手，不必有很多库存，而且当网上商品丰富起来和上网购物的人多了起来后，网上购物可以获得更多的商业信息，买到价格较低的商品，节省购物的时间，足不出户就可以通过"货比千家"来购买商品。当然这种电子商务模式的发展需要低成本、高效率的物流体系的协助。谁也不想通过快捷的点击鼠标方式订购的产品迟迟拿不到手中。这种方式中比较典型的代表就是全球知名的亚马逊（Amazon）网上书店（www. amazon. com）。

②买方企业—卖方个人。买方企业—卖方个人的电子商务是企业在网上向个人求购商品的一种电子商务模式。这种模式应用最多的就是企业用于网上招聘人才。如许多企业在中国人才盟网（www. jobs. com. cn）上招聘各类人才。在这种模式中，企业首先在网上发布需求信息，后由个人上网洽谈。这种方式在当今人才流动量大的社会中极为流行，因为它建立起了企业与个人之间的联系平台，使得人力资源得以充分利用。

3）消费者—消费者（C to C）。C to C 模式，是消费者个人对消费者个人的电子商务模式。其本质是网上拍卖，它的主要特点是：平民之间的自由贸易，通过网上完成跳蚤市场的交易，从而沟通了个人之间商品的流通（特别是二手商品），而且要出售商品的个人将要出售物品的图片和详细资料放在拍卖网站上，供那些想买东西的人挑选。该模式可分为以卖方为主的消费者个人—消费者个人电子商务和以买方为主的消费者个人—消费者个人电子商务两种模式。

①以卖方为主的消费者个人—消费者个人。以卖方为主的消费个人—消费者

个人这种电子商务模式，是一种由出售商品的个人在网上发布消息，由多个买者竞价，或与买者讨价还价，最终成交的模式。这种模式的代表有易趣（eachnet）、雅宝（yabuy）等拍卖网站。

②以买方为主的消费者个人—消费者个人。以买方为主的消费个人—消费者个人电子商务模式，是一种由想购买商品的个人在网上发布求购信息，由多个卖者竞卖，或与卖者讨价还价，最终达成交易的电子商务模式。这种模式的代表有商贸港（trade.21cn.com）等拍卖网站，在这类网站中，求购二手商品的人，与欲出售相同二手商品的人进行洽谈、交易。

4）企业—企业—消费者（B to B to C）。B—B—C 电子商务模式是 B—B 和 B—C 两种电子商务模式的整合。这种模式的思想是以 B—C 为基础，B—B 为重点，将两个商务流程衔接起来，从而形成一种新的电子商务模式。产生这种模式的原因是由于在 B—C 这种商务模式中，零售的特点决定了商家的配送工作十分繁重。同时个体消费者又不肯为了原本低额的商品付出相对高额的配送费用。这种特性使得 B—C 模式面临着巨大的挑战。面对这种现实，在 B—C 这种模式中引入 B—B 模式，即把经销商作为销售渠道的下游引进，从而形成了 B—B—C 电子商务模式。这种模式一方面可以减轻配送的负担，另一方面也能减轻库存问题所带来的压力，从而降低成本，增强网上购物的快速、低价格的优势。

2. 电子商务的功能

电子商务可提供网上宣传、网上交易、网上支付和管理等全过程的服务，也就是说，从寻找客户开始，一直到洽谈、订货、在线（收）付款、开具电子发票以至到电子报关、电子纳税等通过 Internet 一气呵成，利用 Internet 将信息流、资金流和部分物流完整地实现。其具体功能体现在广告宣传、咨询洽谈、网上订购、网上支付、电子账户、服务传递、意见征询、交易管理等方面。

（1）信息发布与广告宣传

电子商务可利用 ISP 的或企业的 Web 服务器在 Internet 上传播各类商业信息。这对于企业来说，是利用网上主页（home page）和电子邮件（e-mail）等手段在全球范围内作了广告宣传；对用户来说，则可利用浏览器及网上的检索工具，迅速找到所需商品信息。当然，商家的宣传可与产品相关也可以与产品完全不相关，如可以对企业的整体形象、经营理念、企业文化和企业精神进行宣传，起到塑造、倡议、服务、影响、激励以及解释等作用。与传统各类广告相比，网上广告成本低、覆盖范围广，给顾客的信息量最为丰富。

（2）咨询洽谈

电子商务可在网上提供多种方便的异地咨询和洽谈手段，它超越了人们面对面交流的限制，使企业和客户借助非实时的电子邮件（e-mail）、新闻组（news group）和实时的讨论组（chat），了解商品信息、相互咨询沟通、洽谈交易事务等，同时，利用网上的白板会议（white board conference），还可以进一步交流即时信息。

（3）网上订购

电子商务借助 Web 页面以及电子邮件交互传送信息，实现网上订购。企业为方便客户操作，通常在介绍产品的 Web 页面上提供友好的订购交互对话框，帮助客户完成订购过程，有时还提供订购提示信息，向客户实时提供网上订购情况。当客户填完订购单后，系统回复确认信息单，通知客户订购信息的收悉。为使客户和商家的商业信息安全交流，订购信息往往采用加密的方式进行。利用网上订购，企业的销售活动可以得到密切跟踪，经营管理活动会更加迅捷、有效。

（4）网上支付

电子商务的重要环节是在网上直接进行交易。客户和商家之间，可使用智能卡、电子资金转账、信用卡账户、电子现金、电子钱包以及电子支票等，通过银行实施支付。在网上直接采用电子支付手段可节省交易中很多人员的开销，但是，值得注意的是，网上支付将需要更为可靠的信息传输安全性以及可靠性控制，以防止欺诈、窃取、修改、假冒和否认等非法行为。安全问题得不到保证，用户不可能放心，电子商务也就不可能有大发展。

（5）电子账户

网上支付必须要有电子金融来支持，即银行或信用卡公司及保险公司等金融单位应该提供网上金融服务，电子账户管理是网上金融管理最基本的组成部分。信用卡号或银行账号都是电子账户的一种标志，一些必要技术措施，如数字凭证、数字签名、加密隐藏等通常用于保证电子账户操作的安全。

（6）服务传递

客户付款后，商家应尽快地将其所订购的货物传递到他们的手中。一些信息产品，如软件、电子读物、信息服务等适合在网上直接传递，可以直接从电子仓库中将其发送到客户端。而对于那些必须经过实际运输的商品，服务传递还应包括货物及运输工具、班次的调配、商品的发送管理及运输跟踪。为了搞好运输服务，海、陆、空运企业之间应该联网，此时，商家可利用电子邮件等服务在网络中协助进行物流的调配，客户可通过信息网络及时了解自己所购商品的运送情况及到达时间。

（7）意见征询

利用网上的信息交换，商家可提供产品和服务的细节、产品使用技术指南，征询和回答顾客的意见，了解市场和商品信息，使生产者和消费者之间的距离缩短。电子商务过程中，商家可采用网页上的"选择"、"填空"等对话框收集客户对销售服务的反馈意见，这些反馈意见不仅能提高企业售后服务的水平，更能使企业获得改进产品、发现市场的商业机会，使企业的市场运营形成良性循环。

（8）交易管理

交易管理将涉及人、财、物以及企业和企业、企业和消费者、企业和政府及企业内部等各方面的协调与管理。因此，交易管理实际上是涉及商务活动全过程的管理，如市场法规的制订、税务的征管、交易纠纷的仲裁等。在电子商务的过程中，只有提供了高效可靠的交易管理的网络环境及方便安全的应用服务系统，才能保障电子商务获得更广泛的应用。

9.5.2　电子商务的三流统合

电子商务网络没有时间和空间的限制，是一个不断更新的系统，无论是供求信息的更迭、还是商品和资金的流转，对于买卖双方来说，每一时刻都预示着有新的商机和新的竞争出现，只有做到物流、资金流和信息流在高速流动中，从技术和管理上实现三流的高度统一，才能使电子商务相对于传统商务具有不可比拟的强大生命力。完整的电子商务是"三流"——信息流、资金流，物流的和谐统一、良性互动。近年来中国的电子商务虽然迅速发展，但全面融合信息流、资金流、物流的完整的电子商务应用几乎还没有，尤其是资金流、物流的发展严重滞后，如不及时协调，势必影响电子商务的长足发展。力促"三流"的良性互动、推进电子商务的健康发展，就成为我国发展电子商务的重大课题。

1. "三流"的概念和特点

我们首先对电子商务的"三流"——信息流、资金流和物流的概念和各自特点进行简要介绍（王学东，2005；杨路明等，2006）。

（1）电子商务信息流

定义：指在电子商务活动中，信息生产方同信息用户之间的交流，包括信息的收集、处理、存储、检索、利用以及反馈的过程。

其特点包括：

1）数字化。在电子商务环境下，各种信息几乎都是依托于计算机技术、网络技术和通信技术以数字化的形态在网络媒体上自由流动，其外在表现形式就是二进制的数字代码。

2）全球化。在企业电子商务活动中，信息通过网络可以在全球范围内自由高效地流动，从而突破了时空的束缚。

3）标准化。电子商务中的各种数字化信息能在网络中自由流动的前提条件就是有一套标准技术规范的支持。从目前的实际情况来看，信息的标准化问题成为制约电子商务发展的重要瓶颈。

4）直接化。通过各种网络技术、通信技术以及虚拟技术进行交流能大大减少信息在企业和客户间流动的环节，使得信息交流更加直接，同时也减少了信息的失真率。

5）透明化。具体表现就是电子商务信息流动的各个环节的透明度非常高，如企业电子商务活动中的信息发布、信息检索、交易洽谈、签订协议、支付结算等整个信息流程都在网上公开进行。这样就大大减少了信息不对称和信息不完全所带来的各种福利损失。

（2）电子商务资金流

定义：指在电子商务活动中，企业财产物质的货币表现就是资金，而这些资金总是处于不断的运动之中，包括资金的流入和流出。

其特点包括：

1）资金周转速度快。在电子商务支付平台得支撑下，由于企业、银行、税务机构、消费者等都在网上有自己的平台，信息传递速度和办理交易与结算手续速度快，从而会使资金周转速度加快。

2）资金流通范围广。在电子商务环境下，电子贸易的发展必将促进资金在世界范围内的流动，并且加快世界货币统一的形成。世界货币的产生又会反过来促进资金在全球范围内流动，从而推动世界经济朝全球化方向发展。

3）资金支付轻便、成本低、安全性高。与电子环境下的电子货币相比，一些传统的或比如纸质货币和硬币则愈发显示出其不足。在美国，每年搬运有形货币的费用高达 60 亿美元，英国则需要 2 亿英镑，而世界银行体系之间的货币结算和搬运费用占到全部管理费用的 5%。由于我国的电子支付比例更低，货币结算和搬运费用就更多了。有了电子商支付平台的支持，资金支付的成本很低，很多公司都从中受益。而且，电子商务的支付协议充分借用了尖端加密与认证技术，设计细致、安全可靠，交易双方不会被非法支付、抵赖或者是冒名顶替。

（3）电子商务物流

定义：首先"物流"是指物质资料在生产过程中各个生产阶段之间的流动和从生产场所到消费场所之间的全部运动过程，包括运动过程中的空间位移及与之相关联的一系列生产技术性活动。而电子商务物流就是指服务于电子商务活动的物流。与其他物流不同的是，它更强调物流的电子化、第三方物流、第四方物流以及物流配送。

其特点包括：

1）信息化。在电子商务物流的实际运作过程中，条码技术、数据库技术、电子订货系统、电子数据交换、企业资源计划、供应链管理等技术与观念得到了普遍的应用，所有电子商务物流的一个首要特点就是信息化。其外在表现就是物流信息的商品化、物流信息收集的数据库化和代码化、物流信息处理的电子化和计算机化、物流信息传递的标准化和实时化、物流信息存储的数字化等。

2）自动化。电子商务物流的第二个特点就是自动化。在电子商务物流运作过程中，各种自动化的设施也得到了充分的应用，如条码/语音/射频自动识别系统、自动分拣系统、自动存取系统、自动导向车系统、货物自动跟踪系统等。这些设施有效地扩大了物流作业能力、提高了劳动生产率、减少了物流作业的差错等。物流自动化的基础是物流信息化，其核心是机电一体化、外在表现是无人化。

3）网络化。电子商务物流网络化有两层含义：一是电子商务物流配送系统的计算机通信网络，包括物流配送中心与供应商或制造商的联系要通过计算机网络，另外与下游客户之间的联系也要通过计算机网络通信，如物流配送中心向供应商提出订单这个过程，就可以使用计算机通信方式，借助于增值网上的电子订货系统和电子数据交换技术来自动实现，物流配送中心通过计算机网络收集下游客户的订货的过程也可以自动完成。二是电子商务物流组织的网络化，即通过企业内联网、外联网以及互联网实现全球运筹式的产销模式，按照全球客户的订单组织分散式的生产，调动全球的网络资源为企业所利用，然后通过全球物流网络将产品发送出去。

4）柔性化。在电子商务活动中，企业往往需要根据客户需求的变化来灵活调节生产工艺，没有配套的柔性化的电子商务物流系统是不可能达到目的的。早在 20 世纪 90 年代，国际生产领域纷纷推出柔性制造系统、计算机集成制造系统、制造资源计划、企业资源计划以及供应链管理的概念和技术，这些概念和技术的实质是要将生产、流通进行集成，根据需求端的需求组织生产，安排物流活动。如今，这些概念和技术在电子商务物流领域得到了广泛的应用，使得电子商务物流充分满足了企业柔性化生产的需求。从而，电子商务物流外在的表现为柔性化。

2. "三流"互动模型

因为电子商务中，信息流便捷、快速、实时，客观上要求资金流可靠、安全、准确，物流快速、同步和顺畅。否则，电子商务无法真正实现。可以这样说，信息流是电子商务的首要标志和特征，资金流是电子商务的实现手段和方式，物流是电子商务的物质基础和完成。成熟完善的电子商务不仅通过快捷便利的信息流来表现，而且需要发达安全的资金流来支持，同时更需要综合可靠的物流来完成。实践中一个典型的电子商务系统（网络经济中的基本单元）都是"三流"互动的，如图9-9所示（张慧芳等，2002）。

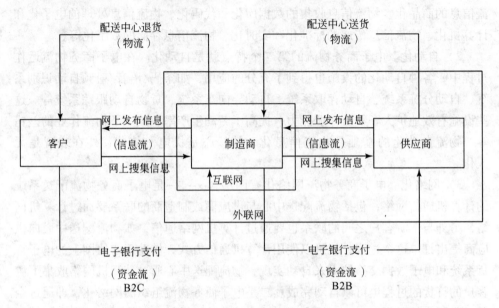

图 9-9　典型电子商务系统的"三流"互动模型

图9-9中首先表现为信息流，供应商在网上发布商品和服务的信息，顾客则从网上搜索想要购买的商品和服务信息。在这一过程中，供应商和顾客通过 Internet 进行交互式的信息反馈，当双方在细节问题上达成一致后，顾客填写电子订购单，商家收到订单后立即向顾客发送包括单价、数量、应付款、税额、运费等购物账单，完成信息流和商流。其次是资金流，顾客对供应商的购物单确认后，输入其电子信用卡号及密码，加密后发送到电子银行，电子银行检验有效后通知双方支付有效。最后，只有当物流配送中心将货物送到客户手中时，整个过程才算结束。在整个过程中，顾客与商家之间发生的是信息流和商流，资金流借助于电子银行在顾客、商家和物流企业之间进行，物流则通过物流企业在顾客和商家之间进行。

由此可见，电子商务的发展离不开信息流、资金流和物流的良性互动。

1）快捷方便的信息流是电子商务的最大优势。信息技术和互联网在信息流方面有着得天独厚的优势，它可以以极低的成本获取和发布众多的信息，供应商通过 Internet 与顾客实现即时的互动沟通，并及时地了解顾客的意见和要求，可随时与顾客、厂商联系为其提供个性化的服务，甚至使商品生产达到"度身定做"的程度。市场快速反应系统的建立，缩短了满足顾客需求的时间；全天候的服务，打破了传统零售商固定不变的交易时间；多媒体技术可以全方位地展示商品和服务，为顾客提供全面及时的市场信息和销售指导；交易双方超越了时空的限制，足不出户就可以随时达成交易意向。

2）电子支付的资金流是电子商务的关键环节。电子支付是电子商务的关键环节，也是电子商务得以顺利进行的基础条件。这不仅要求成熟完善的信用制度，而且要求银行系统的网络化、电子化，这样才能缩短支付时间，促使交易尽快实现。1998 年 6 月 30 日 IBM 联合波士顿银行、美洲银行和美国金融服务技术联合会签发了世界上第一张电子支票，使流通周期从传统支票的两周缩短为几小时。美洲银行、Transport、Netscape 等公司相继启动了网上查询并支付账单的业务，人们不必再挨个公司查阅其账单，只需点击以上公司的站点，即可查阅其所有账单，并完成支付。西方国家电子商务的快速发展并非单纯由于网络技术所引起的快捷方便的信息流，其主要原因在于其信用制度起步早、发展快，银行电子化早已融入居民生活。微软 HP、IBM 等大公司针对网络交易安全系统的一系列软件开发，加速了电子支付的扩展，给网络营销带来无限生机。

3）顺畅高效的物流是电子商务的物质保障和最后终结。"电子"只是电子商务实现的手段，其实质和核心是"商务"——实物的交割。即商品从生产者经由物流环节到达消费者手中，网络营销的信息流、商流、资金流和物流是高度分离的，网上交易只是完成交易的信息流、商流、资金流，并未实现物流，货物的交付则由物流环节完成。所以，网上交易能取代物流，无论是 B2C 或 B2B，电子商务都是鼠标加水泥（信息流加物流）在"倍速"的网络经济中，与先进高效的信息流、商流和资金流相适应，物流必须快速、同步和顺畅，即通过电子化、信息化、综合化、社会化、多功能化实现物流的高度现代化，没有现代化的物流，任何轻松、快捷、方便的信息流、资金流都将退化为空洞的形式，电子商务这种便捷先进的贸易方式将变成无米之炊、空中楼阁。国际上很多从事电子商务的成功企业，都是得益于其先进的物流系统而在网络竞争中抢占了获胜的制高点。如 Dell 计算机公司，由于先进的物流系统工程能够对客户的需求做出快速反应，其用于库存、交货等方面的流动资金成本仅占全部收入的 15%，卓越的物流管理系统，使其网上交易额每年都以 35% 的增长率发展。可见，电子商务能降低交易费用，提高流通效率，减少中间环节并获得最终成功，其关键在于是否拥有高效发达的物流配送系统。只有高度现代化的物流系统才能与高度发达的信息流、资金流协调匹配，才能在"三流"的良性互动中促进电子商务的最终完成，从而实现电子商务"以顾客为中心"的营销理念。

3. 推进"三流"良性互动的方法

认识"三流"在电子商务中的地位和作用，发现我国目前"三流"存在的问题并不难，难点和重点在于认识"三流"的相互关系以及如何促进它们之间的良性互动，推动我国电子商务健康发展。从现状和未来发展看，信息流相对处于优势，但应弥补其缺陷，以更好地发挥其作用；而资金流和物流严重滞后，在很大程度上削减了信息流的优势，成为我国发展电子商务的两大重要障碍。要实现我国电子商务高效发展，必须采取积极措施促进信息流、资金流和物流协调发展、良性互动。

（1）继续加快信息化进程，充分发挥其在电子商务中的优势

要加大网络营销宣传力度，提高全社会信息意识。扩大信息流的影响范围，广泛推广电子商务的优越性，通过信用制度的建立和政策法规的支持，提高人们对电子商务的信心，激发广大企业和消费者对电子商务的投入热情，扩大信息传输的能力，营造电子商务发展良好的软环境。要加强网络基础设施建设，创造顺畅、快速、高效信息流的硬环境。首先，国家应加大对信息传输网络建设、信息传输设备研制和信息技术开发的投资，大力发展计算机网络软硬件产品。构造我国的主干网，疏通网络主动脉。其次，统筹规划，打破行政分割管理体制，提高信息传输能力和利用率，建成高速、大容量、高水平的国家信息传输通道，实现信息资源的共享，提高信息资源的利用率。最后，改革现行信息资费制度，降低价格，提高人们接受网络信息的承受能力，扩大信息流的传播范围。要积极引导消费者和企业上网。信息传播范围的大小取决于上网主体的数量和规模。引导广大消费者和企业上网。特别是着力推进企业信息化，是目前电子商务中解决信息流快速、及时、同步传递的主要问题。为此，企业应尽快建立内部网并同 Internet 连接，实现内外信息的广泛交流与传播。同时加强企业的域名管理，保护企业的品牌信息和形象信息。

（2）尽快解决"电子支付"问题，降低资金流对信息流的束缚

金融电子化是解决"电子支付"问题的根本途径，是资金流安全、快速、同步促进信息流实现的关键环节。要逐步建立全国性的金融网络，尽快实现各银行系统的互联互通。形成金融电子网，真正实现"一卡通"。中央银行应积极为网上在线电子支付提供制度保障，使电子支付规范安全。

（3）着力推进物流现代化，促进信息流、资金流的真正实现

物流现代化内涵丰富，它包括：①物流信息化、电子化，这是实现"三流"协调互动的关键。政企应当通力合作，政府要在信息网络、高速公路、铁路、航运等方面加大投资，保证信息流和交通流的通畅，形成一个覆盖全社会的信息网

络和交通网络。物流企业应投资于现代物流技术，通过信息网络、物流网络加快物流企业信息化进程，尽快实现物流信息收集的数据库化和代码化，物流信息处理的电子化和网络化，物流信息传递的标准化和实时化，物流信息存储的数字化，促进物流与信息流的融合共进。②物流社会化。通过自建、联建、代建等异种途径建立区域性、全国性甚至国际性的物流中心。把分散在千家万户的物流由合理布局的社会物流网点集中组织，实现物流的规模经济效益。减轻和分担企业的供应压力，实现"JIT"（零库存）生产，保证电子商务交易准确、及时、安全的实现。③ 物流自动化。通过语言、条码、自动分拣系统，自动导向系统等实现物流现代化。以节约劳动（活劳动和物化劳动），扩大物流作业能力，提高物流效率，做到物流的及时、快速、便捷，从而降低物流对信息流、资金流优势的抵消作用，促进电子商务的顺畅完成。完整的电子商务是信息流、资金流、物流的辩证统一，"三流"相互依存、相互影响、相互制约。缺少其中任何一个，电子商务将难以顺利进行。同时，"三流"又必须协调并进、良性互动，才能以双赢的结果促进电子商务的长足发展。

9.5.3　电子商务客户关系管理

1. 客户关系管理的内涵

客户关系管理（customer relationship management，CRM）最早由 Gartner Group 提出，是指在企业与客户之间建立的管理双方接触活动的信息系统。通过该系统告诉企业谁是对它最有利的客户，并激发其制定保留老客户的市场战略以及吸引新客户。在电子商务环境下的客户关系管理是利用现代信息技术手段，在企业与客户之间建立一种数字的，实时的，互动的交流管理系统。CRM 是一种新的经营管理哲学，是一种对以客户为导向的企业营销管理的系统工程。具体包括以下几个层面的内涵（王华，2006）。

（1）CRM 是一种管理思想

它的核心思想是通过完善的客户服务和深入分析客户需求，从而向客户提供满意的产品和服务，达到客户满意的目的，这样一个过程也是企业与客户建立长期、稳定、相互信任关系的过程。在 CRM 新理念新模式下，企业不可避免地要改变原来的管理方式，并通过企业组织架构、工作业务流程重组等方法来加以实施。

（2）CRM 是一种改善企业与客户之间关系的管理机制

它实施于企业的市场营销、销售、服务与技术支持等与客户相关的领域，通过企业从市场营销到销售到最后的服务和技术支持的交差立体管理，使他们能够协同建立和维护起一系列与客户和生意伙伴之间卓有成效的"一对一关系",从而使企业得以提供更快捷和周到的优质服务,提高客户满意度,吸引和保持更多的客户,从而增加营业额;通过信息共享和优化商业流程来有效地降低企业经营成本。

(3) CRM 也是一种通过先进的信息技术实现统一客户资源管理,帮助企业建立良好客户关系的先进管理技术

它将最佳的商业实践与数据挖掘、数据仓库、一对一营销、销售自动化,以及其他信息技术紧密结合在一起,为企业的销售、客户服务和决策支持等领域提供了一个业务自动化的解决方案,从根本上提升企业的核心竞争力,使企业在当前激烈的市场环境中立于不败之地。

(4) CRM 是一种企业商务战略

电子商务通过 CRM 实现了客户和企业双赢,它把"双赢"作为关系存在和发展的基础,供方提供优良的服务、优质的产品,需方回报以合适的价格,供需双方形成长期稳定互惠互利的关系。

2. 客户关系管理系统的组成

尽管 CRM 是一个具有几十个模块的软件包,但从整个系统的功能来说,它是由集成的在线销售自动化、在线客户服务台和支持、电子商务应用软件、电话中心应用软件、市场营销等若干个功能应用组件构成的(甘嵘静等,2006)。

(1) 在线销售自动化

这是一项全面的销售自动化解决方案,其设计目标是提高销售的有效性。一般包括以下 4 个组件。

1)销售(sales):该组件是销售套装应用软件的基础,它的设计目标是帮助决策者们管理其销售运作。它包含的关键功能为额度管理、销售队伍管理和地域管理。

2)现场销售(field sales):该组件是专为在现场工作的专业人员而设计的,它包含的功能有联系和账户管理、销售机会管理、日程表、佣金预测、报价及报告和分析功能。

3)电话销售(tele sales):对于内部销售代表,tele sales 包含报价生成、订货单创建、联系与账户管理等特性。它还包含一些专门针对电话商务的特性,如电话路由、来电屏幕提示、潜在客户管理以及回应管理等。

4)销售激励(sales compensation):它是 sfales 套装解决方案的最后一个组件,它允许销售经理创建和管理销售队伍的奖励和佣金计划的实施。该组件的设计还可使销售代表形象地了解各自的销售业绩。

(2) 在线客户服务台和支持

该组件包含 4 个集成的应用软件, 他们集中在与客户支持、现场服务和仓库修理相关的商业流程的自动化和优化上, 其应用套装软件如下所示。

1) 服务 (service): 它是服务应用系统的核心。它包含现场服务派遣、现有客户管理、客户产品全生命周期管理和地域管理等特性。此外, 它与企业资源计划 ERP 应用系统的集成可提供管理和运行期间服务机构所必需的功能, 其中包括集中式的雇员定义、订单管理、后勤、部件管理、采购、质量管理、成本追踪、发票和会计管理。

2) 合同 (contracts): 从名称上看, 该组件的设计目标是帮助创建和管理客户服务合同, 从而确保客户能获得与他的花费相当的服务水平和质量。Contracts 使各企业能够跟踪保修单和合同的续订日期, 并且利用 contracts 提供的事件功能表安排预防性的维护行动。

3) 客户关怀 (customer care): 该组件是客户与其他供应商机构联系的通路。它的设计目标是使客户能够对自己的问题以日志式记录并予以解决。Customer care 包含有联系人管理、动态客户档案、任务管理以及基于规则解决关键的方案。

(3) 市场营销应用软件

该 CRM 软件的设计目标是使市场营销专业人员能够对直接市场营销活动和战役的有效性加以计划、执行、监视和分析。市场营销 (marketing) 还可向市场营销专业人员提供分析其市场营销行动有效性的功能。Marketing 套装应用软件的特性有:

1) 这些应用软件使市场营销部门有能力执行和管理通过多种渠道进行的多个市场营销活动, 同时还能对活动的有效性进行实时跟踪。

2) 帮助市场营销机构管理其市场营销材料库存的宣传品、列表生成和管理、授权和许可、预算、回应管理等。

3. 客户关系管理与电子商务

20 世纪 90 年代以来, 随着互联网技术、信息技术和通信技术的日趋成熟, 电子商务在社会经济的各个领域得到了广泛的应用和普及。电子商务的信息化、虚拟化、全球性特点决定了它与客户关系管理之间密不可分的关系。首先, CRM 形成于传统商业, 又广泛运用于电子商务, 先进的 CRM 应用系统必须借助 Internet 工具和平台实现同步精确地管理各种客户关系, 并支持电子商务发展的战略; 其次, CRM 是电子商务平台的重要组成部分, 它承担着电子商务中市场营销、销售、电话服务、交互式网络联系和售后服务等方面的用户信息集成。总之, 电子商务平台是融合了企业管理层次、媒体沟通、产品业务等各种动作模块的立体管理信息系统，CRM 在此基础上专注于与客户密切相关的业务领域，如呼叫中心、服务自动化、销售自动化等，使企业从客户关系中获得更大的利益（王学东，2005）。

（1）电子商务对 CRM 的要求

优良的客户关系管理系统有助于实现企业内部信息资源的综合利用，对提高电子商务的效益起到了巨大的推动作用，而电子商务特殊环境下的 CRM 必须具备以下的条件。

1）支持电子商务的信息同步化。成功的 CRM 系统必须注重客户信息和数据同步化，使企业的客户关系管理系统实现不同部门对客户信息的同步传递和共享。现代电子商务为客户和企业提供了网上交流的环境，然而，分散的客户信息很大程度上降低了企业为客户提供的整体服务的质量。有时，当销售人员询问客户的个人资料时，客户早已将基本情况通过网上订单的形式提交给了企业，重复询问势必会引起客户的不满，而造成这种局面的原因就是供销售人员查询的销售自动化系统与网络后台的数据库互不相关，同一客户的资料被分别存在不同的信息系统中，这种 CRM 系统必然是失败的。因此，CRM 系统必须保证企业的工作人员能够从即时更新的数据库中全面获得并随时查询到客户的所有信息和历史记录，真正实现电子商务活动中客户信息的同步化。

2）支持电子商务的互动性。基于互联网的电子商务活动在交流和交易中赋予客户端更多的方便和自由，企业将客户关系管理中更多的控制权让渡给客户，以便加强工作流程中员工与客户的互动。例如，按照客户需要的信息和服务类型来架构交互的方式。尽管 CRM 系统的发展是基于信息技术、网络技术的成熟，然而 CRM 系统的设计与基于互联网的售前、售后服务总存在不和谐的地方，其个性化的营销也没有得到尽善尽美的程度。因此，构建基于互联网电子商务的 CRM 产品必须要将互动的观念融入 CRM 设计理念中，在操作时充分符合电子商务互动特点，才能满足企业全面电子化运营的需要。

3）支持电子商务的开发。CRM 应用系统中的整套电子化解决方案，不仅要提供对电子商务的接口、还要全面支持电子商务的开发。①在销售模式中，CRM要支持电子商务所有的交易方式，包括 B2B、B2C、B2G 等。②在客户服务方面，CRM 的自助式客户支持应用软件使客户在线提交服务请求，请求被传递到交流中心并保证有所答复，以此营造一种闭合的客户支持环境。③在页面中创建电子店面以支持企业开展一对一电子商务营销环境。④在支付方面，要支持客户各种在线支付方式，并提高互联网中 C/S 服务方式的应用能力。另外，CRM 系统还应针对银行、保险、电信等对 CRM 系统要求较复杂的重点行业提供行业解决方案，提供特定的电子商务支持模块。

（2）电子商务环境下的客户关系管理——eCRM

1）eCRM 产生的背景。随着 CRM 在大客户群和大服务量的企业中的应用，与客户互动的人工渠道由于传统交流方式的局限而出现了瓶颈。而在进一步发展的电子商务和网络经济时代，唯一能把企业与竞争对手区分开来的不是技术，也不是产品，而是与客户的关系——企业除非和客户建立了良好的关系，否则在网络经济的激烈竞争中是不可能取胜的。举例来说，今天银行业的竞争已日趋白热化，如果一家银行开发出了一种非常好的业务品种，那么可以断定，几乎用不了多久，众多竞争对手就会仿效推出类似的，甚至更优惠的业务。这表明，一家银行的竞争优势已不是首先体现在业务的独一无二上，而在于这家银行是否非常了解自己的客户，是否与客户建立了稳定的关系，是否能利用这一点为其目标客户提供最周到、最合适的服务。

电子商务的主要渠道是网络交易，因此每个电子邮件、Web 站点上的每次点击、自助设备上的每次交易或查询，对于企业来说都是十分珍贵的。以电子形式存在的信息资源都可以用来服务客户或发现客户。但要想达到这一目的，企业必须对所有接触点上产生的大量信息进行数据化、合理化，必须把所有的数据转变成可以用于建立客户关系的知识。在这样的背景下，有人把基于 Internet 平台和电子商务战略下的客户关系管理系统称作"电子客户关系管理"或"eCRM"。

2）eCRM 的内涵。"eCRM"从应用系统的角度来界定其内涵，应当是一种以网络为中心，全面沟通客户关系渠道和业务功能，实现客户关系同步化的方案。它将集中解决企业急需回答的下列问题：创造和充实动态的客户交互环境；产生覆盖全面渠道的自动客户回应能力；整合全线的业务功能并实时协调运营；专为拓展和提高客户交互水平并将其转化为客户知识的客户关系技术；将 CRM 的运行划分为执行型与处理型两类工作以提高系统效率，前者执行系统管理和战略实现功能，后者是适应各类客户使用的支持和决策工具。

Internet 和电子商务的发展，将客户关系管理的功能和价值都提高到了一个新的水平。eCRM 既能够由内到外地为企业提供自助服务系统，又可以自动地处理客户的服务要求，实现"任务替代"，这样原本由人工渠道提供的服务可以通过自助功能模块来处理，不仅节省了人力、降低了运营成本，更使企业可以将人力资源集中于更具有挑战性和更高价值的业务中；由外到内带来的低成本优势，满足了客户的实质性要求。自助服务提高了响应速度和服务的有效性，从而增进客户的满意程度，进而帮助企业扩大市场份额、提高获利能力。

3）eCRM 的驱动因素。在当今全球处于激烈竞争的环境下，客户对"产品与服务的种类、获得的时间、地点以及方式"具有完全支配的权利。随着竞争压力的不断加剧，企业必须以"互联网的速度"听到客户的心声并作出及时的回应，从而才能保持好与客户原来的关系。在这样的背景下，我们可以看到应用eCRM主要的驱动因素包括（百度文库，2010）：①通过网络提升客户体验；②实施自助系统用以提升服务质量，从而能在增加客户满意度和客户忠诚度的同时又能降低营销成本、销售成本以及客户服务成本；③为协作型服务质量管理数据库，整合各个渠道客户交互的每一个方方面面，其中包括电子化渠道或其他的一些传统渠道，将这些整合的信息汇总到一个集中的数据库产生一个完整的客户观察数据库。

4）eCRM 的三种应用程序结构。①程序外挂型（网上型）：应用程序连接到网上主页，适用于在已有 C/S 结构上实现 eCRM 系统；②浏览器增强型：指利用内置于浏览器的技术如动态 HTML 来实现更多的程序功能；③网络内置型（网络增强型）：指需要借助操作系统和虚拟机的功能，以及动态 HTML、ActiveX、Java 等技术来满足应用程序的要求。

第10章 政府信息资源管理

政府信息资源管理是信息资源管理在实践中的重要应用领域之一，特别是在打造电子政府、信息技术不断深入政府行政过程之中，政务信息不断"阳光"等因素的作用下，对政府信息资源加强管理，就成为信息管理界、行政管理界以及信息技术界日益关注的一个重要课题。

10.1 政府信息资源管理的产生与发展

现代信息资源管理的相关理论最早就是政府为解决其内部记录爆炸式增长以及由此带来的记录利用效率低和决策效率低的问题而提出来的。20世纪90年代以来，随着现代信息技术的发展，政府信息资源管理开始进入Internet时代，打造"电子政府"、开展"电子政务"受到了各国的普遍重视，从而使政府信息资源管理迈入了一个新的历史时期。

10.1.1 政府信息资源管理的产生

记录是对各种社会组织业务活动情况的记载，包括关于组织在过去一段时间里的职能、政策、决策、程序、运作和其他活动以及对未来所作的安排和打算等信息。它产生于组织内部，主要是为了内部使用。早期的记录主要以纸张为载体，后来随着信息技术的发展，磁带、磁盘、光盘、硬盘等各种新型存储介质开始出现，并和纸张一起，成为记录的主要存储介质。

1. 政府关注记录的起因

在任何时代的任何国家，各级政府部门在业务活动中都会产生大量的原始记录，这些记录在数量有限时，即使不经过信息组织，使用中也不会产生问题。但随着记录的积累和政府职能的拓展、工作节奏的加快以及社会发展对政府管理要求的提高，记录生产与利用就产生了严重的矛盾和冲突。

从历史上看，最早系统地生产、保存和管理记录的是美国联邦政府。1889年，为提高记录处理的效率，美国国会制定了《通用记录处置法》；1921年通过了《预算和会计法案》，该法案要求设立预算局，并授权联邦机构控制所产生的记录数量；1943 年，又通过了《记录处置法》，授权美国国家档案馆制定记录处置计划。据统计，1887～1982 年近 100 年间，美国国会先后成立了 8 个专业委员会负责对联邦政府的记录管理情况进行调研并提出具体措施。

2. 政府信息资源管理地位的确立

与现代信息资源管理相比，记录管理从管理内容到管理手段都存在很大的局限性。此外信息组织技术的落后也是重要的原因之一。但无论如何，记录管理的历史地位不可动摇，已被公认为现代信息资源管理特别是政府信息资源管理的起源。

（1）美国的文书削减法案

1975 年，美国国会联邦文书委员会成立，该委员会对人们抱怨联邦文书负担过重问题进行了为期两年的调查研究，先后向美国国会递交了 37 份报告，建议对卫生、教育、能源等领域中的记录明确保管要求，削减强加在联邦、州、地方政府身上的文书及官样文章负担。受该委员会工作的影响，1980 年，美国国会为了促进联邦政府的信息收集、传递、使用与维护，通过了《文书削减法》，该法案旨在使联邦政府收集、维护、使用和传播信息的费用减至最低，使收集到的信息得到最充分的利用。正是在这部法案中明确提出了"信息资源管理"的概念及实施的具体框架，包括简化文书工作、数据处理和通信、统计、记录管理、信息共享和公开、信息政策和监督、组织发展和管理这七个方面，并将记录管理的对象从单纯的记录扩展到文件、报告和记录中的信息。同时，授权设立"信息和调节事务办公室"（OIRA）负责监管依据该法案在每一政府部门和机构新任命的"高级文书削减和信息管理官员"，这类官员实质上已具有首席信息官（CIO）的某些特点，可以看做是政府 CIO 的起源。1984 年，格雷斯委员会（Grace Commission）通过详细调查，建议在不同级别的政府部门（包括总统办公室）设立 CIO 职位，从而推动了政府 CIO 的发展。

从信息管理的角度来看，美国联邦政府信息管理的起源是联邦文书委员会。联邦文书委员会的目标是调查研究政府信息资源管理的问题，以便用最经济的方式管理政府信息，从而解决日趋严重的文书和文牍问题。《文书削减法》具体地提出了制定和实施联邦信息资源管理政策，并促使政府立法部门、行政部门和司法部门这三个政府机构确立了一个共同的目标：削减联邦文书负担，提高政府信息资源管理的效率和效益。

1986 年美国国会通过《文书削减重新授权法》，对 1980 年《文书削减法》作了修订，重新定义了信息资源管理，解决了人们对该概念的理解和实施方面所存在的疑问。1995 年再次对《文书削减法》作了修正，其目的在于减轻公众向政府报告的负担，授权联邦管理与预算局制定政府信息政策。

（2）A-130 通报

1985 年底，在《文书削减法》颁布之后，美国联邦管理与预算局发布了著名的"A-130 号通报"，即《联邦政府信息资源管理》，它和《文书削减法》一起组成了美国政府实施信息资源管理的最重要的政策工具。"A-130 号通报"首次从政府的角度将信息资源管理定义为"与政府信息相关的规划、预算、组织、指挥、培训和控制"，在 1996 年和 2000 年又进行了修订，完善了原来信息资源管理的定义。信息资源管理是指"为了完成机构的使命而管理信息资源的过程。这个术语既包括信息本身，又包括诸如人员、设备、资金和技术之类相关资源"。并且认为政府信息资源是政府活动所涉及的信息资源的集合，包括信息内容资源以及收集、处理、传输、发布、使用存储信息内容的技术、设备、资金、人力等资源。这不但将"信息资源"理解为广义的，而且它还引入了法约尔创立、孔茨发展起来的管理过程学说，认为信息资源管理就是管理信息资源的全过程，大大扩充了信息资源管理概念的内涵与外延。

除了对信息资源管理进行界定之外，最新的"A-130 通报"还对在中国和世界其他国家（包括美国）经常容易与"信息资源管理"引起误解、混淆的"信息管理"一词给出了具体的定义，并对其与"信息资源管理"进行了辨析。它认为，信息管理是"对整个信息生命周期中的信息进行的计划、预算、处理和控制"，"信息生命周期"则是指"信息所经过的阶段，其中几个最主要的阶段是生产或收集、处理、传播、利用和存储"。从政府运作和管理的角度看，任何信息的价值都具有时效性。从经济学中的成本效益分析看，任何政府都不可能去收集、处理、存储和传播所有的信息。在生物学中，这就是生命周期的概念。信息管理中的信息生命周期需要揭示的正是信息也有产生和废止的时候，这说明信息活动也遵循经济学的理性原则。"信息管理"这一术语强调的是"管理"而不是"信息"，它是将一般管理中的计划、预算和控制等方法运用到信息这一客体之上。事实上，按照管理的要求，在整个信息生命周期中的每个阶段都需要进行计划、预算和控制工作，只有这样才能确保信息活动能够满足政府的信息需求。而信息资源管理是为了完成机构的使命而管理信息资源的过程。事实上，对信息生命周期中每个阶段的管理，都不仅是对信息本身进行计划、预算和控制，还需要对相关资源进行计划、预算和控制。从更一般的意义上讲，信息管理是一项贯穿于人类活动始终的活动，而信息资源管理则只是信息管理发展中的一个特定阶段。世界著名的信息管理专家 D. A. 马尔香等人对信息管理活动发展的过程已经指出了这一点。

信息管理和信息资源管理是两个既有联系又有区别的概念。信息资源管理引入了资源管理、集成管理、系统管理等思想，关注的是对信息资源的集中控制。从政府的角度看，这种控制主要是通过宏观的政策手段来实施的。信息管理则把重点放在微观层面，强调要运用一般管理的原理、方法和手段确保信息活动的有序化。但是，信息管理要在信息资源管理的政策指导下进行，而且必然要动用诸如人员、资金、设备和技术之类的相关资源。事实上，对信息生命周期中每个阶段的管理，都不仅是对信息本身进行计划、预算和控制，还需要对相关资源进行计划、预算和控制。

《文书削减法》的问世和"A-130 号通报"的发布，确立了政府信息资源管理的地位，也标志着现代信息资源管理思想的正式形成。

10.1.2 政府信息资源管理的发展

随着全球信息化的浪潮，自 20 世纪 80 年代以来，以政府首席信息主管（CIO）的出现为标志，政府信息资源管理进入了一个新的发展阶段。

1. CIO 与政府信息资源管理

《文书削减法》的问世不仅确立了政府信息资源管理的地位，标志着现代信息资源管理思想的正式形成，而且造就了 CIO 这一重要职位。CIO 是一个组织（企业或政府部门等）中负责组织的战略信息管理活动的高级行政管理人员，负责制订组织的信息政策、标准并加以规划、协调和实施，他们通过谋划和指导信息技术资源的最佳利用来支持组织的目标，这就决定了 CIO 不是普通的信息专业人员或技术专家，而是组织核心层次（负责战略与决策）的高级管理专家。作为职位的 CIO 出现于 20 世纪 80 年代，1984 年，为了从组织机构上保证和加强联邦政府各部门的信息资源管理活动，直属美国总统领导的格雷斯委员会在调查的基础上，建议在不同级别的政府部门包括总统办公室设立 CIO 这一新的职位，从比较高的层次上全面负责本部门信息资源的管理、开发和利用，直接参与最高决策管理，政府 CIO 自此成为一种正式职位。CIO 的出现有效地改善了美国政府部门宏观层次的信息资源管理。其成功经验促使一些大型企业和公司也将这一新的职位和管理模式运用于企业的信息资源管理过程中，企业 CIO 也应运而生。目前，世界上已有 100 多个国家和地区确立了 CIO 制度，全球 500 强企业也全部设立了 CIO 职位。CIO 虽然源于政府部门，但无论在数量、职能、活动范围、知名度等方面，企业 CIO 都已超越了政府部门的 CIO。不过，近年来随着全球性政府信息化的兴起，CIO 又开始呈现出向政府领域"回归"之势。

CIO 的出现，标志着现代信息管理已进入了一个由分散到集成、由低层到高层、由零乱到规范、由配角到主角的信息资源管理阶段，信息管理实务从操作层、执行层上升到决策层；同时，也标志着信息资源已成为一种等价于资本和人力的战略资源，信息能力已成为一个组织的核心能力。现代 CIO 对当事人本身有着很高的要求，一个合格的 CIO，要有管理的知识、IT 的相关知识和所在机构主要业务的专业知识，三条缺一不可。政府 CIO 与企业 CIO 的相同之处在于，他们工作的核心都是信息技术的规划与管理，都必须为组织战略服务、为组织内部的管理者和员工服务、为组织的竞争优势服务；其不同之处在于，企业是一个盈利性组织，企业的信息技术规划、信息系统的开发维护和信息技术的更新换代，最终目的是利用信息化手段实现利润最大化，而政府 CIO 的直接使命是为政府部门的管理和控制服务，间接使命是为公众服务，活动范围不限于一个组织，往往会扩大到一个行业或一个地区，宏观成分更多一些，其核心使命是为政府决策提供信息支持，为公众了解政府行为提供信息渠道和为政府与公众的交流提供平台。概言之，企业 CIO 的主要任务是使信息技术融入企业并成为新的核心竞争力的来源，政府 CIO 的主要任务则是使信息技术为政府部门的领导人和管理人员使用，从而更好地为公众服务。政府 CIO 虽然是一个职位、一个角色，但是实际上更是一个团队。

1996 年，美国国会通过了《信息技术管理改革法》的修订案，明确规定每个联邦机构都要设立 CIO 职位，它同时还规定了 CIO 的地位，即 CIO 是一个高层官员，这使政府 CIO 进了入规范化的发展道路。通过 CIO 的发展演变过程，我们可以看到 CIO 对政府信息资源管理发展所起的不可替代的促进作用。

2. 社会信息化与我国政府信息资源管理的发展

随着社会信息化的快速推进，政府信息资源管理也在各种新型信息系统和信息资源网络的基础上不断发展和完善。

20 世纪 90 年代以来，在国外政府信息资源管理热潮影响下，我国的政府信息资源管理从政府系统信息化建设开始，朝着信息资源数字化、传输网络化、应集约化的方向迅速发展，管理手段逐步提升，开发应用不断深化，成效日益显现。

政府信息化是指政府部门为更加经济、更加有效地履行自身职责，为社会提供更优质的服务而广泛应用信息技术、开发利用信息资源的活动过程，电子政务就是政府信息化的最终结果。其实质主要是指政府工作、政府事务、政府活动的电子化与网络化，解决方案主要基于 Intranet 和 Internet。其具体内容包括建立政府网站、政府部门内部办公自动化、网上交互办公、实现资源共享等方面。

我国的电子政务正式起步于 1993 年，以"金卡"、"金桥"、"金关"工程的启动为标志。1996 年 5 月 27 日，由 20 多个部委领导组成的国务院信息化工作领导小组成立，标志着中国政府的信息化工作产生了最高领导机构（2001 年，国家信息化领导小组成立，替代了国务院信息化工作领导小组的职能）。1999 年，由中国电信总局和国家经贸委经济信息中心主办，联合了 40 多家部委（办、局）信息管理部门共同倡议发起的"政府上网工程启动大会"在北京召开，从而拉开了 1999 年我国"政府上网年"的序幕，使我国的电子政府与电子政务建设不断加快，目前，所有国家部委和省市都建立了自己的网站。2006 年国家信息化领导小组颁布了《国家电子政务总体框架》，提出了"十一五"期间电子政务的发展目标，即期望政府门户网站可以成为政府信息公开的重要渠道，50% 以上的行政许可项目能够实现在线处理，电子政务的公众认知度和满意度进一步提高。据中国互联网络信息中心统计，截至 2010 年 6 月 30 日，gov. cn 的域名数达 5. 2 万个，占到了 CN 域名总数的 0. 7%。

但是，目前我国政府信息资源开发和利用都很不充分，在信息的采集、处理、利用、交换等环节都不同程度的存在问题，与美国、加拿大、英国、德国、澳大利亚等先进国家相比，我国政府的信息资源管理还处于初级阶段。

10. 2　政府信息资源管理的组织结构

组织与人员是政府信息资源管理的关键，根据发达国家的经验，科学有效、运转良好的管理组织架构是做好政府信息资源管理的必要保证。随着我国电子政务工程建设的深入，政府信息资源管理组织日益成为研究的热点，人们的认识也不断深化。如美国和加拿大，都设立了首席信息官制度来保障政府信息资源管理活动的顺利进行。

10. 2. 1　政府内部的信息资源管理组织

组织是保证计划实现所必需的手段，它的职能是设计一种组织结构，使参与政府信息资源开发与利用活动的人员明确自己在活动中的位置，了解自己在相互协调的系统中的作用，自觉地为实现政府信息资源开发管理的目标而有效地工作。

1. 政府机构与政府职能

（1）政府机构

国家机构是一定社会的统治阶级为实现其统治职能而建立起来的进行国家管理和执行统治职能的国家机关的总和。它包括立法机关、行政机关、审判机关、检察机关和军事机关等。国家机构的本质取决于国家的本质，国家机构实际上是掌握国家权力的阶级实现其阶级统治的工具。而政府机构在广义上指中央和地方的全部立法、行政、司法和官僚机关。狭义上仅指中央和地方的行政机关、官僚机关。西方国家实现立法、行政、司法三权分立的体制，议会享有立法权，政府享有行政权，法院享有司法权，三权分立，相互制衡。在我国，国家机构以行使职权的地域范围为标准，可分为中央国家机构和地方国家机构两种。可见，中央国家机构是国家机构中的重要组成部分。现阶段我国中央国家机构由全国人民代表大会及其常务委员会、国务院、国家主席、中央军事委员会、最高人民法院、最高人民检察院组成。国家行政机关和国家权力机关、审判机关、检察机关、军事机关同是人民民主专政的国家机构组成部分。其中，国家权力机关在国家机构中居于核心地位，是直接体现人民当家做主的国家立法机关。国家行政、审判、检察、军事机关等则从属于国家权力机关，从而形成以国家权力机关为主的、议行合一的国家机构体制。

（2）行政组织结构

行政组织是指政府的组织结构和组织活动过程，它是政府行政管理的主体，具有政治性、社会性、服务性、整体性、适应性和法制性等特点。行政组织结构是指构成行政组织各要素的排列组合方式，主要有纵向结构（层次结构）和横向结构（部门结构）两类。

1）纵向结构。即行政组织结构的层级化。从上到下，一级管理一级，下级对上级负责，从上到下，管理范围逐渐缩小，管理的事务也越来越具体。我国现行政府行政纵向组织结构分为五级，由国务院、省、市、县、乡组成，不同层次的政府，履行的政府职能和管理方式不同。

2）横向机构。即行政组织结构部门化。指同一层级的政府存在不同的建制类型，如决策部门、执行部门、监督部门等，他们形成政府行政结构的横向组合，在行政组织中、相互联系、相互配合、相互作用，保证行政过程不断周转。

（3）政府职能

政府职能，亦称行政职能，是国家行政机关依法对国家和社会公共事务进行管理时应承担的职责和所具有的功能。政府职能反映着公共行政的基本内容和活动方向，是公共行政的本质表现，具有公共性、法定性、执行性、动态性、扩张性等属性。其主要包括政治职能、经济职能、文化职能、社会职能等方面。

1）政治职能。亦称统治职能，是指政府为维护国家统治阶级的利益，对外保护国家安全，对内维持社会秩序的职能。我国政府主要有四大政治职能：①军事保卫职能；②外交职能；③治安职能；④民主政治建设职能。

2）经济职能。是指政府为国家经济的发展，对社会经济生活进行管理的职能。随着我国计划经济体制向社会主义市场经济体制的转变，我国政府主要有三大经济职能：①宏观经济调控职能；②提供公共产品的服务；③市场监管。

3）文化职能。是指政府为满足人民日益增长的文化生活的需要，依法对文化事业所实施的管理。它是加强社会主义精神文明、促进经济与社会协调发展的重要保证。我国政府的文化职能主要是：①发展科学技术；②发展教育；③发展文化事业；④发展卫生体育。

4）社会职能。是指除政治、经济、文化职能以外的政府必须承担的其他职能。这类事务一般具有社会公共性，无法完全由市场解决，应当由政府从全社会的角度加以引导、调节和管理。目前，政府的社会职能主要有：①调节社会分配和组织社会保障的职能；②保护生态环境和自然资源的职能；③促进社会化服务体系建立的职能；④提高人口质量，实行计划生育的职能。

实现政府职能的基本手段有行政手段、经济手段、法律手段、纪律手段和思想政治教育手段等。

2. 政府 CIO

20 世纪 80 年代初，CIO 的概念就已经在信息资源管理的理论中出现。1981年，美国波士顿第一国民银行经理 Williamr·Synnott 和坎布里奇研究与规划公司经理 Williamh·Grube 二人在一部著作《信息资源管理：80 年代的机会和战略》中首先给 CIO 下了一个明确的定义："CIO 是负责制定公司的信息政策、标准、程序的方法，并对全公司的信息资源进行管理和控制的高级行政管理人员。"作为管理岗位的 CIO，则出现于 20 世纪 80 年代中期的美国，1984 年，美国总统负责的委员会收到一份有关信息差距的报告，认为政府中无人去协调和管理信息的选择和流通，以至于"政府拥有太多的错误信息，太少的正确信息"。该委员会为此提出在政府的每一级机构中设立一名主管信息资源的高级官员，在较高的层面上全面负责本部门信息资源的管理、开发与利用，直接参与最高决策管理。自此之后，美国、加拿大等国政府中增设了"信息部长"一职，并开始在政府各部门中设立 CIO 职位，目前，世界上已经有 100 多个国家和地区确立了 CIO制度。

在我国，随着中国信息化进程的加快，CIO 的地位和作用也越来越受到政府部门的重视，1996 年 5 月，中国第一次召开了由各大部委高级信息主管参加的"CIO 国际研讨会"；1998 年 12 月在上海召开了由信息产业部、科技部批准的"CIO' 98 信息主管商业会议"；1999 年 11 月在北京召开了"企业信息化研讨交流会"；2001 年 9 月 14 日，由国家信息中心主办的"2001 年中国 CIO/信息主管高峰会议"在上海正式拉开帷幕；2004 年 3 月 27 日"中国杰出 CIO 圆桌会议"在北京中国人民大会堂召开，这次会议汇聚了中国 CIO 群体中最为优秀的代表，他们共同探讨了中国 CIO 的成长发展，明晰了其在管理变革中的角色，对中国信息化发展进行了深入的思考和热烈的讨论。凡此种种，都表明我国政府主管部门和理论界正在不断地思考和探讨 CIO 设置的重要性，从而促进了 CIO 在我国的长足发展。但与发达国家相比，仍然存在很多问题。与国外日趋红火的信息化大环境相比，中国 CIO 们却似乎总是处在一个很难用语言描述的尴尬境地。中国的 CIO 在各类企业和政府机构中仍然不够普及，已有的 CIO 也没有充分地发挥作用，促进 CIO 队伍成长、成熟的内外部环境还有待改善。甚至有人认为政府 CIO 属于"高危职业"，这是因为政府信息资源管理越来越重要，相关的招标采购投资数目巨大，涉及金额与公司众多，价格千差万别，极易造成权力寻租等"猫腻"现象发生。因此，中国 CIO 有必要吸收国外 CIO 发展的成功经验，并以此为借鉴，大力发展本国的 CIO 事业。

3. 政府信息资源管理的组织建设

（1）明确一把手责任制

世界各国高度重视政府信息资源管理的组织建设，实行一把手责任制，其实质就是强调由一把手挂帅推动信息资源管理与信息化建设，以便把握总体，在关键时刻为信息化建设扫清障碍。但一把手不可能把全部精力用于信息资源管理工作，同时由于信息资源管理与信息化建设的复杂性，需要信息资源管理的主持者既通晓信息技术、现代管理技术，还要熟悉具体的业务流程，具有一定的工程经验，这也并不是所有一把手都具备的。所以，为促进信息资源管理与信息化建设的顺利进行，应设立 CIO 岗位，由处于管理高层的专门人员来全面负责制定组织的信息技术应用规划和信息资源的开发与利用规划。

目前，各国积极推进的电子政务实际上是"一把手 + 政府 CIO"工程。在电子政务发展较成熟的国家，其领导人一般都对开展电子政务具有强烈的政治意愿和有力的领导，并且通过政府 CIO 制度具体落实相应的实施部门和所需的资源。美国就明确规定，政府各部门的第一把手必须对本机构信息资源管理负有首要责任，如要求商务部长制定和发布联邦信息处理标准与准则，保证对信息技术高效、有效地获取与利用。美国政府信息资源的主管部门是行政管理和预算局，所有政府机构都设立了直接向部门主要领导报告工作的 CIO 和办事机构，并成立了政府信息主管协会，协调政府机构之间信息资源管理、预算等方面的工作。各个部门的信息主管依据法律，执行本机构的信息资源管理职能。

我国也遵循"一把手责任制"的思路，加强了政府信息资源管理的组织建设。1996 年 1 月 13 日，国务院信息化工作领导小组及其办公室成立，时任国务院副总理的邹家华任领导小组组长。1999 年 12 月 23 日，国家信息化工作领导小组成立，国务院副总理吴邦国任组长，并将国家信息化办公室改名为国家信息化推进工作办公室（后来变更为信息产业部信息化推进司），以更好的统筹规划和领导信息资源的开发和利用。政府信息资源管理的主要责任者是各个机构的第一把手，其主要职责是：对本机构的信息资源管理负有首要责任，并保证正确执行国家的信息政策和信息规划，制定本机构的信息化计划和信息工作步骤，负责本机构信息网络的运行和维护，向国家提出改进信息资源管理的意见建议等。

（2）提升政府公务员的信息能力

政府公务员是组织建设最活跃的因素，因此，政府公务员信息能力的高低直接影响着政府信息资源管理的质量和效果，我国在《2006～2020年信息化发展战略》中明确规定要"强化领导干部的信息化知识培训，普及政府公务人员的信息技术技能培训"。信息能力首先是信息思维的培训，然后是信息技能的培训。通过政府公务员信息能力的培训与开发，提高公务员的信息素质，提高他们利用现代信息技术对信息资源进行收集、筛选、分析的能力，规范他们在信息活动中应遵守的道德。

信息思维是建立在信息生产力基础上的思维形态，是信息意识的主要表现形式。信息意识激发人们主动地、积极地按照信息运动的规律去思考、决策和行动。信息思维的主要特征表现在注重信息传播与交流、注重利用信息对事物作科学预期、注重知识吸收、追求终身学习。有了信息意识与信息思维，我们对所处的环境就能保持一个敏锐的感知力，就能自觉地利用各种信息资源来高效地完成各项活动。

政府公务员的信息技能至少由四个方面构成，即信息采集技能、信息处理技能、信息利用技能和信息交流技能。信息采集技能是政府人员准确、及时和完整地获取所需要的数据和信息的技能，具体要求了解各种信息的来源，如各类网站和数据库等。政府公务员应当掌握基层数据调查的基本方法和数据库的信息检索、数据挖掘技能。信息处理技能则包括存储、加工和分析利用各种数据的能力。在电子政务环境下，政府公务员需要掌握各种办公软件及各种数据分析软件，以满足政府决策所需的数据处理与分析。信息交流技能则是指利用网络与同事、领导、兄弟部门以及社会公众自如地进行信息交流的能力，如邮件收发、网站维护、论坛管理等。

10.2.2 国家层面的信息资源管理组织

现代信息资源管理已经发展到了社会化和产业化的层面，主要由信息使用部门、信息供应部门、信息处理部门、信息咨询部门和信息管理部门等五种职能部门组成。其中信息管理部门处于核心的地位，它负责协调各部门之间的关系，使之能够合理有效的开发和利用信息资源。但是现在，信息资源工作往往分布于不止一个部门，有的部门既是信息供应者，又是信息处理和信息应用者。因此信息管理部门应当从综合部门的高度协调各业务部门做好信息资源管理工作。

1. 国家层面的信息资源管理体系

（1）信息管理组织体系

1）信息主管部门。根据发达国家的经验，信息主管部门应当逐渐从组织机构中的某一部门独立出来，要么与其他部门并列置于最高领导层的领导之下，要么把信息管理部门置于整个管理层次的顶层，充分发挥其管理和协调的职能。而且，决不能把信息主管部门与"信息中心"、"网络中心"、"计算中心"等相混淆，它们只是专门的技术部门，没有管理和协调的职能。信息主管部门的工作人员，不仅要了解技术，更重要的是要懂得管理，将学习技术手段与管理方法结合起来，相互作用，保证该部门在组织中发挥作用。

2）信息化委员会。信息资源管理要有长期的、独立的职能机构，除负责信息系统建设外，还应当有一个有效的工作小组，能把组织体制变革与信息资源开发利用紧密结合起来。比较流行和有效的做法是：单独成立一个"信息化委员会"之类的领导小组，组织的最高层领导和其他部门的负责人均为该委员会的成员，委员会下面再设若干部门，指导信息资源管理工作。比如我国的"国家信息化领导小组"由中共中央政治局常委、国务院总理温家宝担任组长，国务院副总理等担任副组长。领导小组成员包括中央、国务院和军队有关部门的主要负责人。下设国务院信息化工作办公室，具体承担领导小组的日常工作。工业和信息化部部长李毅中兼任办公室主任，办公室再下设综合组、政策规划组、推广应用组、网络与信息安全组、电子政务组、国家信息化专家咨询委员会秘书处等机构。

（2）信息主管（CIO）与信息工作者

设立 CIO，由处于管理高层的专门人员来全面负责制定组织信息资源的开发与利用规划是保障信息资源管理顺利进行的有效措施。关于 CIO 的由来发展等问题，在 10.1.2 节中已有相关论述，这里对信息工作者作一重点讨论。

在信息社会实践中，信息人才是最重要、最活跃的因素。信息机构就是由各类信息人才组成的，对于组织机构而言，只有拥有一定数量和不同层次的信息工作者，才能实施有效的信息资源管理。

1）组织信息工作者。由于信息最初在生产力诸要素中不属于主要因素，所以从事信息管理的人员处于配角地位。随着社会信息化的深入，信息的作用越来越显得重要，信息管理工作者的职业地位也就相应地发生着变化。在手工管理时期，信息管理人员的地位是一般工作人员，不可能进入管理层和决策层。20世纪 50 年代，信息管理到达数据处理阶段，信息管理人员开始成为基层管理者；60 年代至 70 年代，信息系统和信息网络的出现，信息管理的作用越来越大，信息管理人员在中层管理者中已占有一席之地；80 年代，到了信息资源管理阶段，CIO 职位开始出现，信息管理人员开始进入高级管理阶层。实际上，除了像 CIO 这样战略层次的高级信息资源管理人才之外，大量操作层次的技术型信息资源管理人才也为社会所急需。也就是说，组织信息管理工作中除 CIO 外，必须组织一支 CIO 领导下的专门队伍，才能有效地开展信息资源管理工作。

2）社会信息工作者。从事信息管理的人员可称之为信息从业者，包括图书馆、情报机构的社会信息工作人员、企事业信息人员、信息技术人员、信息服务人员等。近几年来，又出现了"知识管理"的概念，从事知识管理的人员被称为知识工作者。知识工作者要运用信息进行工作，并将信息加工为产品。一名合格的知识工作者能够确定需要哪些信息，知道如何获得和在哪里获得这些信息。一旦收到信息，能够正确理解信息的含义，并能在理解的基础上采取适当的行为。

2. 国家层面的信息资源管理框架

（1）国家信息化发展战略及政策

世界发达国家在信息化过程中积累了相当多的经验，我们应当研究国际上信息资源管理的进展与趋势，梳理本国信息资源管理的现状与问题，认识现代信息技术发所带来的机遇和挑战，制定中长期国家信息化发展战略，确定信息化的优先领域。2006 年 5 月，中共中央办公厅、国务院办公厅联合印发了《2006～2020 年国家信息化发展战略》这是我国信息化发展史上首次出现的全国性的中长期发展规划，也是左右未来十五年信息化建设趋势和走向的一个纲领性文件，具备以下起点高、覆盖广、重点突出等鲜明特点，对我国未来信息化发展具有重要的意义。

（2）信息资源管理相关法律和法规

法律法规是保证信息化得以顺利进行的重要手段，信息资源管理核心的问题就是"管什么"、"谁来管"、"怎么管"，这些问题必须以国家法律和政府法规的形式予以回答并固定下来。而且，在信息资源管理过程中，往往会涉及部门之间、地区之间的利益冲突，这些问题也需要通过法律法规予以协调和处理。与信息资源管理相关的法律法规所涉及的范围相当的广泛，随着社会信息化的不断深入和现代信息技术的不断进步，新的问题一定会层出不穷，新的法律空白也会不断涌现，有关法律法规的制定与更新也必将是一个伴随社会信息化全程的过程。

（3）信息基础设施的管理

国家信息基础设施建设必须与国家信息化发展战略相一致，必须与信息技术的发展趋势相一致。既要从长远出发，又要避免设备的闲置与浪费。因而需要充分论证，审慎规划，加强管理，合理利用投入的巨额资金。网络时代的到来，使每一个国家的信息基础设施都面临着开放性与安全性的矛盾。开放固然有利于为社会公众提供服务，但也会带来一系列信息安全上的问题。如何解决好这些矛盾，是国家信息基础设施建设与管理必须首先考虑的问题。

（4）应用信息系统的管理

信息化主管部门应当负责组织统一的电子政务网络平台和信息安全基础设施，为各级政府部门和企事业单位提供服务。在此基础上加强应用信息系统建设，建立科学的管理模式，逐步实现标准化、模块化，最大限度地实现应用信息系统的共享，从而节省资源、利于维护更新、加快社会信息化的进程。

（5）信息技术的管理

国家信息化所采用的信息技术，有必要通过政府的技术政策、技术规范和技术标准加强管理，保证政府信息应用系统的可共享性、可兼容性、安全性与先进性。政府信息化的技术政策，应当对一些关键问题进行明确规定，如政府信息系统可以采用哪些信息技术，不可以采用哪些信息技术；软硬件设备的生命周期；政府信息系统的标准与规范等。另外，政府也可以通过技术政策保护民族信息产业的发展。

（6）信息安全的管理

做好信息的安全保密工作是进行信息资源管理的重要内容之一。信息安全管理是一个综合的复杂问题，首先要明确信息安全的职责范围，对每一类甚至每一个重要的信息，都必须对其安全性作出定义，划分出安全级别。同时，对危害信息安全的主要因素，应进行分析评估，制定出相应的防范措施，如技术措施、保密制度等。政府应当制定统一的"信息安全标准"，并加强安全保密技术的自主开发，力争拥有自主的知识产权关键技术，摆脱对外国的依赖。

（7）信息人力资源的开发

信息人力资源的开发也是信息资源管理的重要内容之一。信息化成功的关键在于政府部门的领导，应当充分发挥 CIO 在信息化工作中的核心作用。CIO 的制度设置至关重要，CIO 应当从较高层次上把握信息资源开发利用的规划、协调、运作、服务等工作，有效地改善宏观层次上的信息资源管理。另外，用户培训也是信息人力资源开发的重要一环，也应当给予一定的投入和足够的重视。

10.3　政府信息资源整合与增值服务

10.3.1　政府信息资源整合

《2006～2020 年国家信息化发展战略》把政府信息资源的整合列为电子政务

建设的首要战略行动，这表明政务信息资源整合将在未来若干年内持续成为电子政务的战略重点和建设热点。政府信息资源整合是指在电子政府环境下，为了某种应用目的对政府业务和信息资源进行梳理、分类、组织、标准化，以满足政府业务协同对政务信息资源共享需求的过程。它不只是一个技术过程，更重要的是一个建立政信息资源共享和管理机制与规则的过程。这就需要各级政府部门、企事业单位以及广大的社会公众等多个主体相互合作，共同参与政府信息资源建设，并共同拥有政府信息获取权与获取条件。其价值在于将零散的要素组合在一起，并最终形成有价值有效率的一个整体，其本质是站在机制创新的高度提出和解决政府信息资源建设的问题。

1. 基于目录体系的政府信息资源整合

目录是"目"和"录"的总称，是著录一批相关文献，按照一定次序编排组织而成的一种揭示和报道文献信息的工具，具有检索、报道、导读等基本社会职能。目录也是整合、开发、共享政府信息资源的有效工具。《国家信息化领导小组关于我国电子政务建设指导意见》中指出："为了满足对政府信息资源的迫切需求，国家要组织编制政府信息资源建设专项规划，设计电子政务信息资源目录体系与交换体系。"

（1）政府信息资源目录体系

政府信息资源目录体系是按照统一的标准规范，对分散在各级政府部门、各领域、各地区的政府信息资源进行整合和组织，形成逻辑上集中、物理上分散、可统一管理和服务的政府信息资源目录，为使用者提供统一的政府信息资源发现和定位服务，实现政府部门间信息资源共享交换和信息服务的政府信息资源管理体系。

通过政府信息资源目录体系可以解决政务信息资源管理的基本问题，即What——有什么政务信息资源？Where——需要的信息在哪里？Who——谁提供？谁使用？How——如何发布？如何查找？如何使用？

政府信息资源目录一般由政府信息资源分类目录和信息资源目录组成。政府信息资源分类目录由按不同应用主题建立的信息分类体系组成。政府信息资源目录有基础信息目录、部门信息资源目录、应用共享信息资源目录等，通常由描述信息资源的名称、主题、摘要或数据元素、分类、来源、提供部门等元数据组成。政府信息资源包括业务职责、政策法规、规章制度、业务流程、业务系统信息资源、业务数据库信息资源和其他信息资源等。

政府信息资源目录遵循相应的信息资源描述标准规范编制，如描述网络资源的都柏林核心元数据 DC、美国政府信息资源元数据 GISL、《政务信息资源目录体系》（GB/T21063.1-2007 ~ GB/T21063.6-2007）等标准规范，主要包括政府信息资源分类标准、唯一标识符编码、核心元数据等。

我国国家信息化领导小组从 2002 年开始就对政府信息资源目录体系与交换体系的工作作出了一系列的部署。《国家信息化领导小组关于我国电子政务建设指导意见》（中办发〔2002〕17 号文件）中，提出要"研究和设计电子政务信息资源目录体系与交换体系"。2004 年 12 月 12 日，中共中央办公厅、国务院办公厅出台的《关于加强信息资源开发利用工作的若干意见》再次提出："依托统一的电子政务网络平台和信息安全基础设施，建设政务信息资源目录体系和交换体系，支持信息共享和业务协同。"

2006 年，国家信息化领导小组发布《国家电子政务总体框架》（国信〔2006〕2 号）把政务信息资源目录体系与交换体系进一步定位为国家电子政务总体框架的基础设施，提出政务信息资源开发利用是电子政务建设的核心，今后我国电子政务建设的一项重要工作就是依托政务信息资源目录体系与交换体系，实现信息资源横向共享和纵向汇聚，逐步实现政务信息按需共享。

（2）基于目录的政府信息资源整合

在进行政府信息资源整合前，需要研究信息整合的依据、整合机制、整合方法、整合标准等难点问题，需要摸清谁是相关政府信息资源的产生者、谁是需要共享的部门、资源现状如何等情况，提出信息整合的依据、方法和机制，建立信息整合的标准等。

从政府信息资源的特点和应用需要来看，政府信息资源与政府活动密切相关，政府信息资源产生于政府活动的各个环节和部门。在政府的政务活动中，政务部门在履行职能、办理业务和事项中随时都需要和产生政府信息资源，它的存在和分布是跨行业、跨部门、跨地域的，并且大部分政府信息资源随着政府业务的开展不断产生和变化，是一种与政府活动相关的动态信息资源。所以，政府信息资源的整合应体现政府信息资源与政府业务之间的关联性和动态性，建立以业务需求为依据，整合政府信息资源的机制，以满足协同业务对信息资源共享的需要。

政府信息资源与业务密切相关的特点要求政府信息资源整合方法应适应政府业务和信息的动态产生和变化。政府信息资源目录体系就是从业务应用出发，梳理业务办理的流程、职责、依据等，编制信息资源目录。如针对企业登记注册业务，需要通过调查和梳理相关的业务环节和部门，根据业务流程，梳理和分析业务相关的信息，并且根据相关的政府信息资源描述规范和分类规范描述以及标志信息资源，编制面向业务的政府信息资源分类目录和共享目录，在目录体系的基础上进行政府信息资源整合。这样的整合方法为政府信息资源的动态有机整合建立了基础，可以适应政府信息随业务处理而动态变化的特点，同时通过目录编制明确了资源提供者和共享部门，为政府信息资源的整合和共享建立长效机制提供了依据。

基于目录体系的政府信息资源整合，可以根据业务需要，依靠政府信息资源目录以各种方式整合政府信息资源。政府信息资源目录描述和记录了政府信息资源的名称、业务属性、主题、分类、来源、提供部门等各种属性，即信息资源的元数据，通过元数据描述协同政府流程的上下环节关系和信息资源共享的需求。据此，既可以通过信息资源元数据（资源目录）直接查询和定位政府信息资源，也可以在业务运行的过程中通过交换服务目录由交换体系实现政府信息的动态交换和整合，保证共享的信息资源是最新的和准确的。两种方式都可以避免信息资源机械集中时产生的过时数据。

根据协同政府信息共享的需要，基于目录体系的政府信息资源整合还可以在政府部门内部进行全面的业务梳理和信息资源调查，编制部门政府信息资源目录，对部门信息资源进行全面整合，同时可以根据某个应用主题，站在跨部门的角度进行业务梳理和信息资源调查，根据业务需要明确部门间的信息共享需求，建立政府应用信息资源共享目录，如应急指挥、领导决策等信息资源目录，为实现跨部门的按需整合和共享政府信息资源提供依据和基础。

针对主题应用的政府信息资源整合，需要在梳理各政府部门职责和业务的基础上，分析应用主题的关键要素，提出与该应用主题相关的信息指标体系，围绕信息指标调查、收集和编制信息资源应用共享目录，依据目录整合相关政府信息资源。如领导决策信息资源的整合就需要分析领导决策的信息需求，通过梳理各政府部门的核心业务和了解领导工作的重心，设计领导决策信息指标，围绕信息指标收集政府信息资源和编制目录，在此基础上对政府信息资源进行有机的整合，可以为领导决策提供相对全面、准确、及时的信息支持。

综上所述，基于目录体系的政府信息资源整合具有业务驱动、按需整合、满足信息整合整体性原则及标准化的优势，可以支持在协同政府中的政府信息资源整合和共享需求，同时可以适应政府信息资源随业务动态变化的特点，保证整合的政府信息资源及时准确，是实现政府信息资源整合和共享的先进手段，是政府协同建设的基础设施。

2. 基于门户网站的政府信息资源整合

政府门户网站，是政府用以在网络上展示形象、发布信息、受理事务、提供服务的总入口网站。政府门户网站有唯一性、综合性和交互性等特点，它不仅是政府部门发布信息的总平台，也是政府部门集中对外提供服务的总平台。为了顺利地发挥以上作用，必须进行最大限度的整合。因此，政府网站平台也成为政府信息资源整合的平台。

（1）政府门户网站的信息资源整合功能

政府门户网站能够通过广泛的信息集合，有效增强政府的信息资源获取能力。门户网站在获取信息资源方面具有极强的便捷性，能够突破时空限制，使用户通过检索服务快速查找到所需信息。通过建立在政府部门间合理的信息采集分工负责制度，基于门户网站能够建立适应新情况的信息采集制度，充分发挥各政府部门、非政府机构和社会公众在信息采集方面的作用。

政府门户网站的灵活互动功能能够增强政府信息资源的再利用能力。门户网站所具备的互动论坛、信息查询等功能，增强了信息的再利用能力。通过建立政府部门间的信息交换制度，能够促进政务信息在相关部门间的交流，使各部门能获得更及时、更准确、更完整的信息，提高行政效率，避免信息的重复采集、重复加工，减少信息资源的重复建设和资金浪费。

政府门户网站的信息沉淀功能能够增强政务信息资源的积累能力。通过建立政务信息资源的备份存储制度，能够发挥网站强大的信息沉淀和积累功能，对已经电子化、数字化、网络化的政务信息资源进行备份和集中存档管理，避免分散在各部门的信息资源由于条件局限而遭到破坏或散失，在部门或地方出现"数据灾难"时能以最快的速度实现数据恢复。

（2）政府门户网站的信息资源整合策略

后台整合是政府门户网站区别于其他网站的关键所在。政府门户网站具有两种"前台—后台"的关系。其一是政府门户网站与其他政府网站的关系，其二是政府门户网站与具体政府业务办理程序之间的关系。无论是哪一种"前台—后台"的关系，都需要对后台业务与政府信息资源进行整合。常用的整合策略如下：

1）制定统一的标准和规范。①指导标准。政府管理部门应制定各级门户网站所应遵循的共同准则，如建立各部门通用的身份确认方法等。②政府门户网站标准。即政府门户网站应该包括哪些内容、以怎样的形式表现等。③元数据标准。描述政务服务语境中的基本对象。④业务技术规范标准。制定供大家共同遵循的相关技术标准和规范，如各应用系统和各信息产品提供者、技术支持方等提供并开放自己产品的接口规范和标准。⑤信息服务资源目录体系。以某种标准的形式登记和标引各级政府的信息服务资源，提供全局的索引、导航服务。

2）创新服务内容和信息发布方式。①设置信息分类导航，按照应用对象和应用主题进行分类。一方面，细化用户对象，针对特定用户人群确定服务主题；另一方面，按照应用主题的不同，对包含的海量信息进行人性化的整合。将在线服务作为服务主体，设计服务框架，使服务内容覆盖到社会生活的方方面面。②增强网上信息的可读性，丰富信息发布内容和形式。打破单一的网页文本信息形式，提供从文字、图片到流媒体等各种信息格式。在信息终端和接入手段方面，充分拓展为手机、电话、信息亭、电视等途径，推动手机、电话、电视、电脑四网融合。

3）完善现行法律法规，认真落实执行。贯彻执行好《国家行政许可法》、《政府信息公开条例》，完善国家政府信息公开、政务信息资源整合和共享等方面的法律法规，为整合政府信息资源提供法律保障。

4）推进机构重组和流程再造。在对现行机构和职能进行整合和调整，对政府为社会公众服务的内容和业务流程进行梳理的基础上，建立一个面向社会的政府统一服务窗口机构，由该机构承担业务查询、受理、分解、告知和跨部门政务信息资源整合等相关职能，明确该机构同相关职能部门的工作关系。

5）建立公众服务技术体系。政府门户网站以服务公众为中心，是建设服务型政府的内在要求。建立起以资源共享、协同办公为基础的公众服务技术体系，使公众在一次性地将办理业务所需的证明材料或其他文件传递给一个政府业务处理入口后，政府内部通过计算机网络和各应用系统，根据各部门的职能和职责，将要处理的业务以并行协同办公的方式自动推送到政府相关工作人员的计算机上进行处理，实现"一站式"服务。

6）构建统一的系统平台。政府系统是一个涵盖政府主网站和政府所有部门子网站的统一的组织体系，有稳定的经济支撑和一致的利益取向，易于实现电子政务建设规范和标准的统一，这种统一的平台以门户网站为基础界面，具有集成性和实用性，可以防止重复建设和资源浪费。主网站和子网站要按照政府门户网站建设的总体规划和具体规范要求组织实施，采用"统一规划、协同建设、分级管理"的模式，为政府各部门提供统一的系统平台。

3. 政府信息资源整合的深度与效能

政府信息资源整合是一件从认识、技术实现到操作实施都有相当难度的事情，可以从整合的深度与效能两个方面把握政府信息资源整合的状况。

（1）整合的深度

目前，政府信息资源整合有多种形式，如建门户网站，实现网上服务的"一站式"；建综合办证服务大厅，把政府系统终端放到一起，提供集中服务；建设集中式平台，实现数据存储和交换的大集中；对某个部门或领域的信息系统进行统一的规划、改造，实现统一的运营管理……这些都是不同形式、不同程度、不同方面的政府信息资源整合。从整合深度出发，可以分为以下几个层次。

第一个层次是"界面"的整合。把操作终端、系统链接等"物理"资源都集成到一个大厅里或一个网页上，便于识别和进入。但业务系统之间的衔接和流转，还是主要通过人工方式进行，存在大量的数据重复采集，没有实现整个流程的自动化和数字化。这些资源并没有形成服务的合力，政府管理或服务活动的效率并没有多少改观。

第二个层次是信息和技术的整合。运用一些集成技术，实现或部分实现了信息的共同采集、集中管理，实现或部分实现网络的互通和信息的数字化、自动化传递。但没有形成有效的全局性支撑平台，对信息资源和业务流程不能进行按需配置和优化，标准化程度不高，没有开放性。

第三个层次是全面的整合。在特定领域或管理范围内（通常是跨部门的）有总体规划，且与业务、项目、技术、基础设施等实现较好融合，形成明显的、一致的技术架构，实现信息的无重复采集、充分共享、统一管理和综合利用，有支持面向决策的跨部门、跨系统业务协同与优化的信息化手段，形成基于标准规范体系的开放性平台，支持决策型业务等。

当前的政府信息资源整合，不少是停留在较浅的层次。比如，很多政府门户网站和"办事大厅"，首先实现的就是一种"界面"层次的整合。一些重要的电子政府项目建设，虽然在项目伊始提出要"统一规划"、"整合资源"，但在实际进行中，使系统能"跑起来"往往成为实际上的最高甚至是唯一的目标。为了使系统尽快"跑起来"，往往无暇顾及周围的信息资源环境而采用一些"权宜之计"。比如协调不了信息的共享，那就以我为主，再采集一次；业务流程不想变化，那就任由先进的信息技术与落后的人工处理犬牙交错、和平共处等。这些临时性的做法，往往使得最初的信息资源整合成为一句空话，相反还更进一步恶化了信息资源环境，为真正的整合留下难啃的"骨头"。

（2）整合的效能

第一，形成信息化的"杠杆效应"。在一个信息资源整合较好的范围内，信息化项目不是随意可以添加的，而是与范围内的业务总体规划相一致；网络、数据库、应用系统也不应该随心所欲地建设，而是要融合到一个一致的架构中，形成一个业务、技术和管理互相支持、互相促进的整体，并且提升——至少不能破坏——该架构的内在关联，在新的水平上形成一个更和谐的整体。这个过程也就是信息资源的不断有序化的过程。在此环境中，信息化会呈现出一种"加速"和"减速"的趋势，即在信息资源有序积累达到一定水平后，信息化项目的难度会越来越小、建设速度会越来越快、"消耗"会越来越少，而信息化投入的杠杆作用会越来越明显。

第二，没有信息的重复采集。信息的重复采集，实际上从一个层面反映了信息资源整合程度不高。新加坡在设计政府信息化应用时，是以在整个国家范围内、整个人或企业的生命周期中避免重复信息采集为重要原则的，即一项信息在所描述对象发生变更之前只进行一次采集，然后在各管理部门按需共享——这是目标导向的、真正完全的"以人为本"。反观我们的政府应用，则是在部门化、条线化的"自采自用"基础上发展起来的，然后才全面进入信息资源整合的"阶段"，甚至现在还有很多为采集而采集的现象。

彻底的信息资源整合包含了一套信息采集、共享和管理的规则，帮助我们杜绝信息的重复采集。当然，前提是在要整合的范围内，这套规则被广泛接受和严格遵守。

第三，业务协同顺畅，没有效率瓶颈。信息资源的整合不仅仅是静态信息对象的集中存储和管理，也不仅仅是简单的应用系统之间的集成，而是包含着更广范围内的业务集成和优化。在更高层面上来考察信息化所支撑的业务，如果在业务条块间有"断层"或者效率上有明显的瓶颈，则说明信息资源整合的程度还不够，还没有把信息处理过程与它所支撑的业务进行紧密的综合。

以当前政府热点应用"应急联动系统"为例。目前很多建成或在建的应急联动系统项目，采用了一种"界面集成＋人工衔接"的模式，即把相关的专业资源调度功能集中到几张指挥台上，实现统一指挥和调度。但在联动单位的分系统与联动系统之间，还是以人工的信息传递为主，通过"人"这一智能性枢纽来实现联动。这种模式一方面利用了指挥员个人的协调能力和判断能力，但另一方面，又过分依赖相关人员的个人素质和效率，并没有充分利用信息技术精确、高效、无限的特点来对这种协调和判断进行有效支撑。这种模式显然不可能消除效率瓶颈、连接信息孤岛、解决应急联动中"效率"与"专业化"的矛盾。

第四，形成具有一定开放性的信息化环境，支持动态的系统整合。信息资源整合与单纯的"建大系统"的最大区别，在于后者可以是相对封闭的，而信息资源整合应该具有一定的开放性。整合信息资源是一个长期的过程。随着政府服务重点的转移和服务方式的转变，信息系统之间的联系不是一成不变的。良好的信息资源整合环境，应该具有一定开放性：只要是符合一定的技术标准，就允许根据业务的需要，动态、快速、方便地建立信息系统之间的联系，而不需要专门搭建一个新的系统。

仍以"应急联动"系统为例。为了避免一些信息共享的问题，或者因为暂时认识不到一些业务的联系，一些应急联动系统倾向于自主建设网络、数据库和应用系统。殊不知，应急联动系统的一个重要特性是它的应变能力。不仅仅单个紧急事件会发生事件状况和信息需求的变化，一个地区的应急管理工作也会发生工作重点的转移。如果没有一个开放性的、标准化的环境，支持相关系统的动态

"接入"，系统的生命力是不够强的。

开放的基础是"标准化"，因为标准是不同系统间"对话"的"共同语言"。如果在一个业务领域范围内，相关的信息系统都遵守一定的工业标准，如 SOAP，以及特定的应用标准和应用服务标准（如信息服务标准和信息交换标准），杜绝以"私下"约定的方式来设计系统间接口，实现该领域内应用系统的"即插即用"将不是一件很难的事。

10.3.2　政府信息资源增值服务

政府信息资源属于公共物品的范畴，在市场经济条件下具有可增值性。政府信息资源增值的实质是服务供给者在特定形势下，向信息用户提供已经增值的政府信息资源的一种深层次政府信息服务。

1. 政府信息资源增值服务概述

通俗地讲，政府信息增值服务就是政府信息资源"再利用"后对公众提供服务。它是指政府将可开发利用的信息资源通过不同的渠道和方式进行整合，提供给公众利用的服务过程。政府信息增值服务在各国有不同的称谓，在国外，政府信息增值服务被称为"政府信息资源的再利用"；在我国被称为"政府信息资源的再利用"、"政府信息资源的内容服务"或"政府信息资源的市场化服务"等。现在，为了规范政府信息资源的再利用，学界统称为"政府信息增值服务"，并逐渐为其他领域所采用。

2. 政府信息资源增值服务模式

政府信息资源增值服务模式包括服务内容、实施主体、服务对象、服务理念等方面的因素。

（1）政府信息增值服务内容

政府信息增值服务内容是政府信息增值服务的核心，是政府开展信息增值服务的原始要素和基本内容。政府信息内容服务业主要信息产品形式是数据库、网上栏目和产品、纸介质产品（期刊、杂志等）以及其他。由于职能与工作的需要，国家机构收集与积累了大量的信息资源。这些资源一方面来自政府的统计调查，另一方面来自政府行政管理工作中积累的工作与业务资料，还有通过政府机构以其他各种方法、技术获得的资料，如地理空间数据、自然资源数据、市政建设数据等。政府有责任向社会提供的信息内容不仅包括统计数据、计划数据、政策、法规、国际协议数据、管理统计数据等，还应包括政府的意图，希望取得社会支持与合作的内容。上述这些政府信息，都是政府信息增值服务的内容。

（2）政府信息增值服务的实施主体

政府信息增值服务实施主体主要包括：政府相关职能部门和信息内容服务企业。

政府信息增值服务的政府主体。目前，我国还处在政府信息增值服务初级阶段，因此，政府职能部门还扮演着政府信息增值服务主要主体的角色，以便于政府信息的增值开发，为社会公众提供便捷的信息服务、有价值的信息产品。随着政府信息资源开发利用的深入，政府主体的弊端日益显现。如由于技术、资金的局限，政府缺乏创新机制，难以适应和满足社会公众需求。

政府信息增值服务的企业主体。由于政府信息资源与社会公众多样性的需求之间差距较大，有些信息内容甚至需要进行专业的分析与研究，大多数用户无法直接利用政府提供的原始政府信息资源，而信息内容服务企业的增值服务业务在某种程度上缩小需求与供给之间的差距。经过筛选、组织、再加工而生成的政府信息将会更接近用户需求，更便于决策者使用。企业主导的政府信息增值方式不仅为企业带来利润，也为社会带来效益，政府应当积极支持这项工作。这样，也适应建立便捷、高效的服务性政府。

（3）政府信息增值服务对象

政府信息增值服务面向各种用户，主要为国内政府、企业、其他社会组织与个人提供服务。根据政府信息增值服务利用对象的不同，可将我国政府信息增值服务对象分为内部用户和外部用户。

1）内部用户。政府信息增值服务面向的内部用户不仅限于政府机关的信息内容采购用户，还包括有政府经费支持的诸多机构，包括学校、研究机构以及政府下属的事业单位。这些机构的信息内容采购，通常都是以政府的项目费和行政事业费来支持的，都是来源于财政拨款。因此，政府信息增值服务的内部用户实际上是指政府以及由政府财政支持的下属机构。

2）外部用户。政府信息增值服务的外部用户，主要是相对于政府机构而言的其他社会公众。社会公众对政府信息质量的需求与要求的提高是政府信息增值开发的重要原因之一。根据目前我国对信息内容服务业的相关调查发现，社会公众对增值信息内容的需求已占有一定的比例。这说明，社会公众是高质量增值信息的潜在用户，政府信息一旦被大规模增值开发，社会公众便得以方便利用。

（4）服务理念

政府信息增值服务对作为内部用户的政府机构而言，是为了提高办事效率；对外部用户而言，则是满足社会公众高质量的信息需求。因此，政府信息增值服务理念无论对内部用户，还是外部用户实际上是相同的，即为信息内容用户提供高质量的信息内容，提供快速、便捷的服务方式，使信息内容用户得到最优的服务。

综上所述，明确不同用户的增值信息需求，从而提供有针对性的服务，对于如何有效地增值开发是十分必要的。这里需要明确指出的是，政府、企业甚至个人既可以是政府信息增值服务的开发主体，也可以是政府信息增值服务的用户。

10.3.3　政府地理空间信息资源管理与共享服务

政府地理空间信息资源是一类特殊的政府信息资源，它不仅承担着所有政府信息资源空间位置框架的重要职能，而且作为电子政务建设的重要数据源，其战略意义非常重大，在政府部门存在非常巨大的应用潜力和应用空间。它与不断发展的地球空间信息技术一起在政府管理中得到广泛的应用，其管理、共享服务以及深层利用日益成为政府信息资源管理的关键环节。

1. 政府地理空间信息资源概述

（1）政府地理空间信息资源概念

政府地理空间信息资源是指与地球上空间位置直接或间接相关的政府信息资源。它是地理空间信息资源与政府信息资源的交集，兼有两者的特性，这也是区别于其他类型信息资源的关键所在。

可从不同的维度对同一个信息资源进行多重分类，如果按照信息自身的空间特性进行划分，可划分为地理空间信息资源及非地理空间信息资源两类。通常信息资源中至少有80%的信息资源与空间位置有关；而按照信息的来源渠道进行划分，可以划分为政府信息资源和非政府信息资源（非政府机构拥有的，包括由非政府机构收集和生产的信息）两类。其中80%～90%的信息资源是政府信息资源。由此，在从两个纬度对信息资源进行定位分析研究的时候，即可衍生出这类特殊的信息资源——政府地理空间信息资源。

政府地理空间信息资源首先是地理空间信息资源，因此具有一定的地理空间特性，如直观可视性、多维性、海量丰富性、基础性、战略性等；同时政府地理空间信息资源来源于政府工作，因此具有一些独特的数据需求特征和应用特性，如权威性、共享性、现势性、标准性、集成性、安全性等。正是由于政府地理空间信息资源具有双重属性，因此，在其管理、共享、服务以及应用等多方面均有着很多区别于传统意义上"地理空间信息资源"的明显特征。

（2）政府地理空间信息资源分级

与政府信息资源相比，政府地理空间信息资源在共享分级上存在一定的特殊性，造成这一特殊性的根本原因是由其自身地理空间特性决定的。政府地理空间信息资源的空间位置属性对整个国家安全来说至关重要，国家相关管理条例中对这类数据的公开有着严格的审核制度。因此，目前在电子政务实际应用中对于政府地理空间信息资源的公开、共享还存在一些限制。为了在充分考虑安全性的前提下更好地促进资源共享，将部门共享再细分为基础共享类和主题共享类，综合考虑信息资源的保密级别、共享服务的需求程度等因素，就可将政府地理空间信息资源分为政务公开类、基础共享类、主题共享类和政务专用类4级。

1）政府公开地理空间信息资源。政府公开地理空间信息资源，是指以适当的方式向人民群众和社会公开的不涉及党和国家机密的行政事务、社会公共事务类的政府地理空间信息资源。这类资源具有广泛的社会公开共享、明确的空间可视特性等特点。

2）政府基础共享地理空间信息资源。政府基础共享地理空间信息资源，是指可给所有政府部门履行行政职能和业务应用需要提供共享使用的那一类基础性政府地理空间信息资源。这类资源最大的应用特点是可以在政府部门间无偿共享，为政府部门提供统一的地理空间框架，在基础地理空间框架上增加可共享政务属性特征。目前，此类信息资源是最有开发潜力的一类政府地理空间信息资源。

3）政府主题共享地理空间信息资源。政府主题共享地理空间信息资源，是指按照政务实际应用需要横向提取的，针对部分政府部门共享请求，向其提供共享的一类跨部门、面向某一主题的地理空间信息资源。与政府基础共享地理空间信息资源相比，它的共享范围是有限的，但这种适度共享机制，恰恰满足了部分政府部门跨部门之间的业务需求。

4）政府专用地理空间信息资源。政府专用地理空间信息资源，是指部门业务依法专用的地理空间信息资源，以及业务部门不需要公开或者有特殊需要不能公开的那部分信息。这种信息资源是随着各级政务部门间信息共享意识的提高动态变化的。

2. 政府地理空间信息资源的管理与共享服务体系

（1）总体框架

政府地理空间信息资源管理与共享服务体系是在《国家电子政务总体框架》指导下，对政府地理空间信息资源进行开发利用的理论框架，其实质是《国家电子政务总体框架》在实际空间应用领域中的一个"缩影"。

按照《国家电子政务总体框架》的要求，政府地理空间信息资源管理与共享服务体系由服务、业务与应用系统、政务地理空间信息资源、基础设施、体制机制、法律法规与标准化体系等方面内容组成（图10-1）。

图 10-1　政府地理空间信息资源管理与共享服务体系框架

其中，服务是宗旨，是业务和应用的体现；应用是关键，是业务的信息化实现。因此，要以政府业务为依托、以地理空间信息技术为手段、以电子政务空间业务应用系统为技术支撑，实现政府业务的空间可视化管理和辅助智能空间决策。政府地理空间信息资源开发利用是主线，是开展业务活动的核心。基础设施是支撑，是应用系统运行的基本载体，对于政务地理空间信息资源来说，测绘基准设施的建设对整个体系起到了重要支撑作用。法律法规、标准化体系、管理体制是保障，贯穿于基础设施、信息资源、应用与服务的各个层面，尤其在体制机制建设中，要明确组织领导、建立管理体制、摸清服务机制、培养人才队伍、注重技术创新，这样在具体项目实践中才能发挥整个体系的巨大应用潜力和实际价值。

（2）技术框架

政府地理空间信息资源管理与共享服务体系的技术框架，是从技术实现角度阐述政府地理空间信息资源管理与共享服务体系总体构成以及各个组成内容之间的关系，它既明确了政府地理空间信息资源管理与共享服务工作在技术上的总体发展方向和未来蓝图，又为城市相关部门规划、设计和建设相关政府地理空间信息资源应用提供了技术参考模型。

从技术实现角度，政府地理空间信息资源管理与共享服务体系的技术框架可划分成基础设施、政务地理空间信息资源、政务地理空间信息资源目录、政务地理空间信息资源共享服务平台、业务应用系统以及门户与渠道等六大内容层面和政策法规与标准规范体系、信息安全体系两大支撑手段保障（图10-2）。

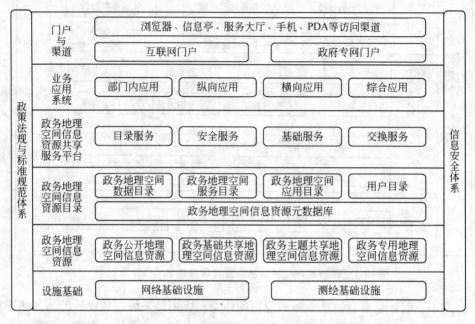

图10-2　政府地理空间信息资源管理与共享交换服务体系技术框架

其中，六大内容层面依次构成体系建设的阶段性目标，两大支撑手段是贯穿整个体系顺利建设、应用以及推广的重要保障机制。

（3）体系的多级架构

政府地理空间信息资源管理与共享服务体系是一个应用于各个政府部门的横向体系，这一体系通常由一个服务应用中心、多个信息分中心构成。在国家、省（市、自治区）、区（县）以及乡镇（街道办）的多级纵向行政体制中，这一体系同样适用于每个应用层面，因此，整个体系构成了"三级应用中心、服务四级应用"的多级架构（图10-3）。

政府地理空间信息资源管理与共享服务应用中心是整个体系的中转枢纽，负责为其他信息分中心提供政府地理空间信息资源的应用服务，具备政务基础和政务主题共享地理空间信息资源的管理、共享、交换职能。信息分中心是实现政务地理空间信息资源管理、共享、服务以及应用的基本单元，与应用中心互联互通，具体负责本部门政务地理空间信息资源的管理、共享以及与其他部门的资源交换。

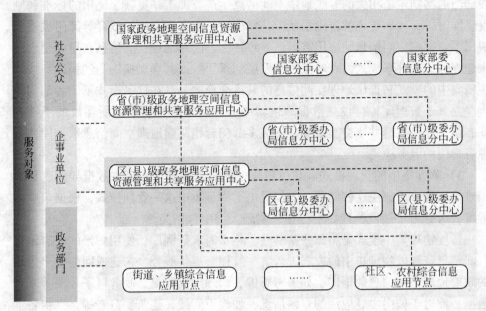

图 10-3　政府地理空间信息资源管理与共享服务体系的多级架构

3. 政府地理空间信息资源的管理模式与服务模式

（1）政府地理空间信息资源的管理模式

政府地理空间信息资源作为一类重要、特殊的政府信息资源，其资源建设与更新、运营维护等管理模式脱离不了政府信息资源的共性。根据电子政务发展的不同阶段，可以分为物理分散、逻辑集中、物理集中等不同的管理模式。

1）物理分散的管理模式。在电子政务的初级阶段，政府部门对地理空间信息资源的认识比较有限，政府地理空间信息资源的生产和应用仅限于少数专业部门，如测绘、国土、规划等单位。此阶段政府地理空间信息资源的内容相对单一，多集中于基础测绘方面，更多的是从空间上描述地表地物类型，如居民地、道路、水系、山脉、植被等信息，其属性和相关社会经济信息缺乏，无法满足用户更深层次的应用需求。另外，这一阶段政府地理空间信息资源的应用模式更多的是采用单机模式或者仅面向应用部门自身内部开放的业务系统模式，与其他部门相隔离，并且其应用领域较为狭窄，主要体现在信息浏览查询、辅助空间定位等方面，应用水平较低。

2）逻辑集中的管理模式。随着政府各部门对地理空间信息资源认识和应用的深入，特别是一些重点应用部门（如测绘、国土、规划、交通等部门）在应用过程中积累了大量的专题地理空间信息，相关业务系统的功能也日趋完善，并在部门内部制定了相关的专题地理空间信息生产、加工、更新、使用的标准和制度。同时，一些非传统的应用领域中，如统计、水务、卫生、教育等部门也逐渐提出了对地理空间信息的应用需求，导致各部门间对地理空间信息共享的要求越来越强烈，其共享模式由点对点逐渐发展到基于数据共享交换中心的模式，按照逻辑集中的模式来提供地理空间信息的共享交换服务。在这一模式下，各部门分别建立其子数据库，再设立数据库逻辑中心整合区域内各部门所建设的子数据库，统一提供数据共享交换服务，形成多部门合作共建地理空间信息数据库，支撑各部门的业务应用。

3）物理集中的管理模式。在逻辑集中的管理模式中，存在数据异构、集成困难等问题。为解决这些问题，人们提出了物理集中这一管理模式，根据集中的程度，可分为"适度物理集中"和"物理大集中"两类。

适度物理集中模式是将那些基础性、共享需求范围广、使用频繁的政府地理空间信息资源以物理集中的方式进行统一管理和提供服务，构建成面向整个区域的政府地理空间信息数据库，如遥感影像、地理编码数据、政务电子地图等基础数据。而对于偏向主题应用的专题信息，如地下管线、建筑物分布等，则由各业务部门或主题应用牵头部门负责运行管理和提供服务。

物理大集中模式是按照"完全物理集中建设，提供共享服务"的原则，整合各部门的业务需求，统一建设。此模式是一种理想化的建设模式，在实践中，往往受制于某一地区的行政协调能力而显得可操作性不强。

（2）政府地理空间信息资源的服务模式

政府地理空间信息资源的服务模式大致可分为物理拷贝模式、普遍共享模式、交换服务模式和系统交互模式四种。

1）物理拷贝模式。物理拷贝模式就是利用数据存储介质如光盘、硬盘等通过硬拷贝方式来实现数据共享服务的模式。采用该模式的现实环境主要有以下几种情况：一是数据用户与数据提供者之间存在着网络互联互通的障碍，导致无法通过网络实现数据共享服务；二是某些涉密或敏感信息，为了确保数据安全而采用物理拷贝方式共享数据；三是现有网络共享模式无法满足用户要求，只有通过物理拷贝的方式来进行。如遥感影像等海量数据共享等。

2）普遍共享模式。普遍共享模式是指基于网络通过建立面向用户的资源共享服务应用系统，为用户提供一系列资源展示、功能分析等应用的数据共享服务方式。该模式最主要的特点是人机交互，通过对用户主体"人"的服务达到实现资源共享的目的。它充分体现了数据提供者或生产者在数据共享服务方面的人性化、个性化特征，突破了单纯的数据内容服务模式，将用户对资源的查询定位、统计分析等功能服务也纳入了数据共享服务范畴，大大拓宽了服务内容。

3）交换服务模式。此类服务模式包括纸介质交换模式、点对点交换模式、平台交换模式三种。其中纸介质交换模式已经基本退出历史舞台；点对点交换模式尚普遍存在，但其效率低、成本高前景已不被看好；平台交换模式已经成为当前数据交换服务的一个主要发展方向。平台交换模式是在一定区域所统一搭建的资源共享交换平台基础上，按照事先约定的交换工作机制，利用一定技术实施手段，向各部门异构系统提供统一支撑服务。这一平台可以是区域统一组织建设的政府信息资源共享交换平台，也可以是仅仅面向政府地理空间信息资源的数据共享交换平台。利用平台交换模式实现政府地理空间信息资源服务，首先应在信息需求部门与信息提供部门之间建立交换协商机制与安全保密机制等工作机制，在此前提下，方可借助信息化技术手段予以实现。

4）系统交互模式。系统交互模式是通过系统与系统之间的交互模式来实现数据的共享服务，在数据共享过程中对数据的访问都是依托中间件进行，应用部门需要针对中间件提供的接口进行二次开发来建设自身的业务应用系统。这种模式有较高的服务效率，但对中间件的要求较高，中间件需完成数据协议转换、元数据及其他相关信息查询检索的协议转换，还要提供坐标转换、叠置分析、区域统计等特定空间信息处理功能的服务。系统交互模式是一种较高层次的数据共享服务模式，它在数据共享获取到最终业务系统应用这条道路上进一步缩短了与用户最终目标之间的距离，是未来数据共享服务的重要发展方向。

10.4　政府信息的公开与保密

政府信息是行政机关在履行职责过程中制作或者获取的，以一定形式记录、保存的信息。行政机关应当遵循公正、公平、便民的原则，及时准确地公开政府信息，建立健全政府信息发布协调机制。政府信息公开对于提高政府工作的透明度，促进依法行政，充分发挥政府信息对人民群众生产、生活和经济社会活动的服务作用，实现公民的知情权，具有十分重要的意义。但是，过度的信息公开有可能导致信息滥用，危害国家安全和其他社会公共利益；也可能对公民个人隐私权构成侵害。因此，如何正确处理政府信息公开与保密中的各种利益关系，妥善平衡各种利益冲突，就成为社会关注的一个热点。

10.4.1　政府信息的主要类型

据统计，全社会有 80% 以上的信息资源被掌握在行政机关手中，这些信息涵盖了政治、经济、法律等社会生活的方方面面，类型多样，根据不同的划分角度，可将政府信息分为若干不同的类型。

1. 按信息的来源与流向

(1) 上级信息

是指来源于上级机关、部门的信息。包括：党中央制定的路线、方针、政策、指令、指示；党和国家领导人及上级主管部门负责人的带有指导性意义的讲话；上级党政机关制定的政策性指令，印发的文件、报刊、简报等内部刊物等。上级信息所提供的信息一般政策性较强，且具有一定的指导意义。

(2) 平行信息

是指平行机关之间往来的信息，包括同级部门的工作动态、工作措施、政策规定、经验交流和情况通报，以及相互之间的批评、建议和要求等。财政、工商等综合性比较强的部门，纵向处于承上启下的中间管理阶层，横向处于经济链条上的核心环节，信息渠道多，密度大，工作接触面广，信息灵敏度高，往往汇集大量的平行信息。

(3) 下级信息

是指来源于下级机关、部门的信息。内部信息是指组织内部产生的信息，包括组织中的各部门，如人事部、组织部、纪检委等，这些部门在工作中形成大量的诸如文件、报告、情况反映、工作活动、统计报表等有用信息，供领导分析组织的当前状况，以用于决策。

(4) 外部信息

是指在组织外部为组织活动提供信息，组织自身的职责和外部环境密切相关，如同级政府部门、司法部门和其他有关的社会组织等所产生的信息资源。这些外部组织在政治、经济、文化、教育、科学技术等方面的新情况、新问题、新经验、新成果都是外部信息。各级政府可以通过外部信息进行横向比较、借鉴，找出自己的不足，制定新的政策措施，进一步做好本地区、本系统的各项工作。

(5) 社会信息

是指为广大人民群众提供多方面服务，反映他们的呼声、意见、要求以及各种社会形态的信息，包括各类调查材料、群众来信来访、各级政府机关提供的反映社会各方面情况的信息。

(6) 国际信息

是指来自国外的，与我们有关的政治、经济政策、情况、管理信息、科技信息等。它包括世界政治、经济的现状与动向，国际市场信息，国外先进管理经验、先进技术和重大科技成果等。

2. 按信息的内容

从信息内容出发，在宏观上可分为指示信息、经验信息、动态信息和问题信息等。指示信息主要指政策、法规、指令、通告、公告等信息。经验信息是根据以往政府活动总结出的统计数据和一般规律。动态信息主要指一些不断发生变化、更新的信息。问题信息是指提出一些存在的问题的信息。

在微观上还可以分为人事信息、经济信息、贸易信息、法规信息、统计信息、外交信息、国防信息等。

3. 按信息的形成过程

可分为两大部分：第一部分是传统政府部门在政府管理活动中形成的各种历史记录和文件信息，包括各级政府颁布的法律法规、政策、各种统计信息等。这部分信息虽然在传统政府管理活动中产生，但是可以转化为数字化格式，成为电子政府信息资源的组成部分。第二部分是在电子政府环境下政府部门在各种政府活动中形成的各种电子化、数字化政府信息。以中华人民共和国中央人民政府网站（http://www.gov.cn）为例，可以看到国家相关法律、法规、条例、统计公报等，这些信息在传统政府活动中产生，属于前一类型的信息；而通过电子政府系统产生、传递的政府信息，是直接以数字化形式存在的信息，另外网上直播、公众留言、在线访谈、网上调查等栏目产生的信息也属于后者。

4. 按信息的重要性和敏感性

可分为保密信息、受限制的信息、内部信息和非保密信息等。

（1）保密信息

是指泄漏后会使公共利益遭受损害或造成对个人隐私侵犯的政府信息，根据可预见的由于信息的泄漏而产生危害的程度，又可把保密的政府信息分为绝密信息、机密信息和秘密信息三类。

（2）受限制的信息

是指传播范围受限，不宜大范围公开的政府信息，与保密信息的区别是该类信息泄漏后不会损害政府组织的最高利益。如统计部门掌握的涉及商业机密而不宜公开的企业数据、公安部门掌握的案件侦查信息等。

（3）内部信息

是指在政府机关内部不需保护，可根据需要使用的信息，如政府组织内部的电话记录、政府机构内部交流资料、政府工作人员通讯录等。

（4）非保密信息

是指不需保护，可以向全社会公开的政府信息，如国务院组织机构、政府工作报告、国务院公报等。

10.4.2 政府信息公开

政府信息公开，是指政府行政机关依照法定程序，以法定形式公开与社会成员利益相关的信息，允许社会成员通过查询，阅览，复制，摘录，下载等方式予以充分利用。

1. 政府信息公开的意义

政府信息作为一种重要的公共资源被依法公开是现代行政的基本理念。在当今信息社会，能否公平合理地利用信息资源，使人人都能及时地获得决策所需要的信息，是衡量一个国家发展程度与文明程度的重要标志，也是实现政府公开和政府信息化建设的基本要求，同时也是公民知情权的体现、民主政治和廉政建设的要求，更是促进公民参与国家管理和决策的需要。

所有国家，政府都是最大的信息拥有者和控制者。据统计，我国有用信息的80%由政府所掌握，但这些信息大多不对外公开，严重制约了经济的发展。如信用缺失、市场秩序混乱、交易成本过高等现象的存在，一个重要的原因就在于民众无法获得确切的政府信息。一旦真实的政府信息对民众公开，各种欺诈现象也就失去了藏身之所。政府信息如同银行货币，只有加速其流动，才能创造巨大的效益，促进经济的增长。

2. 政府信息公开的历程

政府信息公开已经有了几百年的历史。最早实行信息公开的国家是瑞典，大概是17世纪，距今已有200多年的历史。一半以上的国家是最近几年才开始加大信息公开力度的。目前，各国政府都不同程度地公开他们的政府活动，包括美国、加拿大、英国、日本等国在内，超过50个国家已经制定了信息公开方面的法律法规，另外还有30多个国家正在进行这方面的努力。

以美国为例，具有代表性和示范意义的美国《信息自由法》规定，除涉及国家安全、公民隐私、商业秘密等九项信息外，所有的政府信息均应公开。即使属于豁免公开的事项，政府机构仍然有权决定是否公开。在美国的《阳光下的政府法》中第二条这样论述到，"宣告美国的政策如下：公众有权取得关于联邦政府制作决定过程的最充分的可以使用的情报。本法的目的是：向公众提供此种情报，同时保护个人的各项权利和政府履行其责任的能力"。1994年12月，美国"政府信息技术服务小组"提出利用信息技术协助政府与客户间的互动，以提供更多的取得政府法规政策和各种信息的机会与途径，1996年克林顿明确提出建设电子政府的口号，到2000年1月美国政府面向公众的主要服务项目已基本实现电子化。可见美国政府对于信息公开的重要性认识比较深刻，并且积极地实施了各种有力的措施。

3. 我国政府信息公开现状

我国政府职能转变发展的趋势要求各级政府和各个部门必须加强政府信息公开的力度，在发布政府信息的多种形式中，网络媒体以覆盖范围广、传播速度快、存储容量大、检索查询方便等特点成为政府信息公开的主渠道。2004 年，深圳开始实行《深圳市政府信息网上公开办法》，成为我国第一个网上公开政府信息的城市。2006 年 1 月 1 日，"中国政府网"（www. gov. cn）的正式开通，极大地推动了各级地方政府信息公开实践的进展。2008 年 5 月 1 日正式施行的《中华人民共和国政府信息公开条例》在国家层面上正式统一规范了政府信息公开的政策，意味着政府在信息公开方面将承担起更多的责任，标志着我国政府信息公开工作迈入了一个新的时期。范围的明确化、公开方式的多样化都使得这部专门为政府信息公开而制定的法规特色鲜明，在建设公开透明的政府，保障公众知情权、监督权方面也将带来深刻影响。据了解，目前除中央政府门户网站在第一时间对外发布中央政府的重要信息外，全国 80% 的县级以上政府和政府部门都建立了门户网站。此外，74 个国务院部门、单位和 31 个省（区、市）政府还建立了新闻发布和发言人制度。

但从整体来说，我国的政府信息公开程度还远远落后于发达国家和部分发展中国家，制约政府信息公开的因素还普遍存在，如传统文化的羁绊、公民对于"知情权"认识的不足、相关法规的不健全、信息化水平的限制等，这些因素都严重制约着政府信息公开的深度和广度。

10.4.3　政府信息保密

在推行政府信息公开的同时，还必须注意政府信息的保密工作。从政府信息的保密关系到国家安全、政府运作及公民隐私，做好政府信息保密也是政府信息资源管理的重要内容之一。需要着重指出的是，随着现代网络信息技术的飞速发展，必然使未来的保密与窃密、窃密与反窃密的斗争愈演愈烈。

首先，政府信息保密是一个综合的复杂问题，要明确政府信息保密的职责范围。对于每一类甚至于每一个重要的政府信息，都必须对其安全性作出定义，划分安全级别。同时，还要制定政府信息保密的相关规范和措施。比如《中华人民共和国政府信息公开条例》就明确规定了"行政机关应当建立健全政府信息发布保密审查机制，明确审查的程序和责任"。在"国务院办公厅关于施行《中华人民共和国政府信息公开条例》若干问题的意见"中又对发布政府信息的保密审查问题作了更加详细的规定。

其次，政府还应当制定统一的"政府信息安全标准"，这个标准不仅要包括政府信息基础设施的物理安全、数据信息安全、系统安全，还应该有一套可操作的安全评估标准和程序，任何政府信息系统在投入使用之前必须通过这套标准的检验。

最后，加强信息安全保密技术的自主开发。21世纪初，美国战争防御体系从"四维"空间开始扩展到信息通信领域，在2009年美国成立了网络司令部之后，"信息战"、"网络战"俨然已经变身为新战争模式。在网络已经成为连接各个国家信息互通的公共通道的背景下，利用互联网进行国家之间的入侵、攻击成为可能，互联网的控制权也就成了战争争夺的新"战场"。信息安全、网络安全已经成为国家安全的一部分，它不仅控制着有关民生基础设施，而且成为国家稳定的基本要素。制信息权已经成为制海权、制空权、制太空权后，现代战争中指挥官关心的核心问题。信息不同于其他产品，在数字化的世界中，信息表现为无介质性与时效性。无介质是指信息被读取或拷贝后，信息本身看不到任何变化，只有等到泄密后结果显现才被发觉；时效性是指得到信息的时间要合适，太早了对方可能改变，太晚了就可能失去应有的价值。方寸之间，对信息的把握绝对不能马虎。但国内目前在入侵检测、漏洞利用、木马创新等技术上都还很落后。网络安全人才的培养还十分薄弱，没有人才的保障，即使偶尔技术上的领先，也会很快被超越。国内网络安全目前仍处于基础建设时期。在经历过网络建设、应用开发、数据集中、存储整合等IT建设大潮后，网络内容丰富起来，人们日益体会到网络安全的重要，但人们对安全的认识还比较初级，很多人认为"防火墙+防病毒"就是网络安全，对监控与审计还很陌生，还没有认识到体系化的安全措施、完善的安全管理的效能。随着国家等级保护标准、涉密分级保护标准的颁布，开始对涉及国家重要基础设施的网络系统强制性保护，人们将逐渐加深对网络安全的理解。

在信息战日益激烈的形势下，政府信息保密工作需要更为长远的目标，在信息安全保密技术方面应当早日摆脱对外国的依赖，推进我国信息安全产业的自主发展。

10.5 电子政府

电子政府（E-Gov）作为信息技术的产物，从理论上讲，它会带来无与伦比的高效率和低成本以及社会和政府的全方位交流，会极大地增强政府管理社会事务的能力，并有效地防范公共权力的异化，因而世界各国政府都将电子政府作为

"信息高速公路"建设中的核心工程。早在 20 世纪 90 年代初期，新加坡就开始实施 EDI（无纸化贸易计划），计划到 2000 年时所有的新加坡家庭通过 ISDN（电信部门的综合数字业务网）实现与政府的 EDI 中心互联，在网上实现政府对商贸业务的服务与管理。2006 年，欧盟委员会发布了《"i2010"电子政府行动计划：加速欧洲电子政府，使所有人受益》。该项计划是欧盟信息化总体战略"i2010"所确定的工作目标之一，其发布实施标志着泛欧层次的电子政府建设步入系统化发展的轨道。我国"十一五"电子政府建设的目标是：到 2010 年，基本建成覆盖全国的统一的电子政府网络，初步建立信息资源公开和共享机制。政府门户网站成为政府信息公开的重要渠道，50% 以上的行政许可项目能够实现在线处理。电子政府要在提高公共服务水平和监管能力、降低行政成本等方面发挥更大的作用。

10.5.1　电子政府的基本模式

1. 电子政务与电子政府

电子政务与电子政府是两个密切相关但有所不同的概念。电子政务的核心是通过在传统政府中应用现代信息技术，使政府的存在形式发生重大变化，造就一个实在与虚拟相结合的跨平台网络政府。它与传统政府最大的区别在于它的虚拟性，即与传统的实体政府相比，电子政务在传统的实体政府之外，还存在一个不受时空限制的虚拟政府。这意味着政府体系建构在电子化基础之上，意味着政府组织、结构相对于传统政府体制的变革，甚至触及整个政治体系的革新。电子政府就是在实现政府电子化的基础上，并主要由于政府过程电子化、网络化的影响和推动，促使政府机制和体系重组而形成的适应电子化、信息化需求的政府结构形式，即一个突破时间、空间限制、24 小时在线的、主要存在于电子环境中的、依赖信息技术手段的、虚拟的、高效率的政府。与传统政府形态相比，电子政府的政府行为手段和方式从传统的人工简单机械方式到电子化、网络化方式，而这只是两种形态最直观的差异。除此之外，从本质上传统政府组织体制的根本可以简单地概括为两点：集权与科层制。而电子政府将实现的是——扁平化网络结构、分权化（参与互动及责任本位）、无缝隙的政府。电子政府则是政府机构应用现代信息和通信技术，将管理和服务通过网络技术进行集成，在互联网上实现政府组织结构和工作流程的优化重组。超越时间、超越空间与部门分隔的限制，全方位地向社会提供优质、规范、透明的管理和服务。

电子政府首先是政府，政府是电子政府的主体内容，即政府日常管理事务、政府行政事务，以及政府在处理各种各样政府的过程中所不得不涉及的有关政府内部工作流程、体制形式、权利关系以及官员间所形成的公务性和私人性的关系模式。其次是电子化、网络化和信息化的基础设施和手段，即电子政府不同于普通政府的地方是，电子政府所赖以存在和运行的环境是虚拟化、信息化和网络化的。由于任何一项政府最终必会产生一定的、真实的、物质化的输出结果，因此电子政府的本质在于：通过使用电子和信息手段，扩大了政府活动的领域，使政府活动从原先单一实体环境延续到另外的虚拟环境，从而增加了政府行政的空间和资源，使政府行政输出从原来直接的实体输出增加为实体输出和虚拟输出两个通道。

电子政务与电子政府的联系在于：电子政府的建设是以一系列电子政务的实现为前提的，如果没有大量政府工作的电子化、网络化，电子政府就是空中楼阁。从这个意义上讲，电子政府的建设必须以电子政务的发展为基础。

电子政务与电子政府的区别在于：电子政务是指一个个具体政府工作的信息化，如网上纳税、网上申请申批等，而电子政府则是指整个政府管理的信息化。在实践中，有的政府机构在某些领域或某些政府活动中实现了电子化和网络化，但这并不意味着电子政府的建立。但只要建立了电子政府，其主要的政府工作必然都实现了电子化和网络化。

2. 电子政府的应用模式

目前，与电子政府直接相关的行为主体有政府、组织和公民个人。因此，电子政府的业务活动也主要围绕着这三个行为主体展开，形成电子政府如下四种应用模式。

（1）E2E 模式

即政府部门内部的应用。指政府部门的办公自动化，包括基于电子化与网络化的公文流传、人事管理、档案管理、财务管理、业绩评价、培训等。

（2）G2G 模式

即政府与政府之间的应用。包括中央政府与地方政府之间、政府的各个部门之间、政府与社会组织之间、国家与国家之间、国家与国际组织之间、国际组织与国际组织之间电子化、网络化的互动与交流。其主要内容包括公文流传、司法档案、财政管理、统计信息、各种紧急情况的通报、处理和通信等。

（3）G2B、B2G 模式

即政府与企业之间的应用。指政府基于网络为企业提供信息服务、采购与招标等各种公共服务；企业通过网络进行税务申报、证照办理、质量认证、填报统计信息等事务。

（4）G2C、C2G 模式

即政府与公民之间的应用。指政府基于网络为公民提供信息服务和事务办理，如政策法规咨询、教育培训、医疗保险、交通管理、证照税务、户口管理等。公民通过网络表达民意，参政议政，促使政府工作的不断完善。

3. 电子政府的建设模式

电子政府的建设模式是指电子政府解决方案的实现途径，包括筹资、建设、运营和管理方式等方面。电子政府建设有两种基本建设模式：自建和外包。

（1）自建模式

指政府通过投资建设自己的主服务器和电子政府信息系统来实现内部业务或公众服务电子化的一种建设模式。在该模式中，电子政府系统一般通过招标的方式委托第三方建设；政府自己（也可能委托第三方）参与维护、管理和更新；系统的产权属于政府。

（2）外包模式

指政府以租赁方式获得第三方（应用服务提供商，ASP）服务，进而实现内部业务或公众服务电子化的一种建设模式。在这种模式中，从硬件平台到应用软件，不是发生在政府本地的设施上，而是由所委托的 ASP 提供，并由 ASP 进行维护、管理及更新；政府和公众通过网络获得服务。建设费用由政府按租赁方式向 ASP 支付。

（3）两种建设模式的比较与选择

1）资金投入比较与分析。以公众服务电子化为例，如果采用自建模式，政府必须包揽硬件、软件、培训、升级等方面的所有投资，因而将面临巨大的资金压力。也许中央政府可以勉强承担，但对于财政本来就困难的地方政府来说，这是无能为力的，到最后很可能出现"启动轰轰烈烈，之后悄无声息"的局面。如果采用外包模式，则政府可以在少投入或不投入的情况下为公众提供电子服务，因为这种模式政府给了 ASP 一个巨大的增值服务市场。ASP 的收益包括部分有偿的公众服务向公众直接收费，免费的公众服务由政府的代理服务费支付（政府没有增加投资，传统方式提供公共服务时这笔费用本来就有的）。更重要的是，政府可以将所掌握的信息资源作为投入与 ASP 合作为公众开发增值服务。这样，不仅可以获得良好的社会效益，而且可以获得可观的经济效益。这笔收益可用来向 ASP 支付月租费，也可用来投入到内部政府的电子化建设中。IT 行业的工资水准远高于公务员的工资水平，高水平的 IT 专业人员很少留在政府机关，因此政府 IT 人才十分短缺，难以满足自建模式的需要。外包模式则不同，ASP 充足的高级 IT 人才资源可使政府摆脱自身 IT 人才缺乏的困境。另外，ASP 在提供支持电子政府需要的 IT 基础设施方面也具有很强的优势，一些 ASP 甚至有能力为电子政府提供可与财富 500 等顶尖企业相媲美的数据仓库和服务器能力。

2）服务更新能力比较与分析。采用外包模式，政府能够在最短的时间内享受 ASP 提供的最新应用服务。ASP 某项新的业务一经推出，如果政府或公众需要，政府只需在客户化上作少量投资，便可马上获得该项目服务。ASP 为政府提供一项这样的服务一般只需数日或数周（因客户化程度不同而异），而自建模式则往往需要数月甚至数年。因此在外包模式中，借助 ASP 与技术发展保持同步的优势，政府可以实现以花费更少、历时更短、风险更小的方式推动信息技术在电子政府中的应用，不断改善政府的服务。

3）安全比较性能分析与分析。电子政府的安全可以分为信息安全和计算机网络安全两个方面。信息安全可以通过 PKI、CA、安全认证协议、安全认证技术以及加密来实现；计算机网络安全可以通过物理隔离、防火墙、代理服务器、入侵监测等工具来实现。显而易见，自建模式比外包模式有更高的安全性。但不能把安全问题绝对化，应本着实事求是的原则，根据不同的情况分别处理。一般来说，中央政府安全性要求高，地方政府安全性要求相对较低；内部业务安全性要求高，公众服务安全性要求相对较低。

实际上，在电子政府建设中，世界各国政府，特别是各国的地方政府在能力上面临着种种制约，如 IT 人才缺乏、基础设施不足、资金压力过大和服务升级能力有限等。如何应对这些挑战是每个政府必须解决的问题。单纯依靠政府的力量（自建）是难以保证电子政府建设的可持续发展的，市场机制（外包）应成为电子政府建设的基本机制，但安全问题也是必须考虑的。一般来说，中央政府以自建为主，地方政府以外包为主；内部业务以自建为主，公众服务以外包为主。

美国政府，特别是美国地方政府的电子政府建设则成功采用了外包模式。美国政府大量进行 IT 外包。联邦机构、各州政府和市政府都雇用专业 IT 公司承担专门的系统集成项目以外的许多工作，如将桌面系统、LAN 管理和 WAN 管理等日常 IT 系统的维护外包出去。一些公司将主要的 IT 功能转向社会服务。五年前，IT 在政府内是一个支持者的角色，如今却发挥着越来越重要的作用。2002 年，美国联邦政府 IT 外包费用为 66 亿美元，2007 年预计 150 亿美元，以年均 18% 的增长率剧增。布什政府 2004 财年的 IT 预算为 593 亿美元，这意味着需要雇用和培训 IT 人员来管理 5000 个数百万美元的技术项目。美国政府部门通过这种服务改善了 IT 系统的运营环境，以最短的时间、最小的投资得到了高质量的服务。在美国，无论大项目还是小项目，越来越多的机构和部门将其非核心业务以服务合同的方式外包出去，以寻求优质的专业服务提高工作效率。美国人将这种外包服务称为"可管理的服务"，委托方通过单一的合同方可以获得多种 IT 服务。不论是对政府还是企业，这都是一种新的服务方式，这种服务可以将委托方从信息系统的运行与维护中解放出来，使他们能够集中精力完成自己的核心业务。如果没有这种服务，美国海军要花 20 年时间建成由一大堆分立系统组成的内联网。不仅劳民伤财，而且几乎不可能使系统建成并投入应用。与此同时，美国各方面积极为电子政府外包服务提供相应的法规环境。2002 年 12 月，布什总统签署电子政府法案。法案鼓励 IT 业务外包，新法案将使政府机构朝使用节余的外部方向发展，即承包方使用委托方利用 IT 业务所带来的节余。建设一个大规模的软、硬件结合的系统，购买支持设备来运行这个系统，不仅需要花费大量的一次性投资，而且需要建立一支费用昂贵的专业队伍，还需要每年投入大量的运行费用。而外包服务不仅可以节约大量的初始投资，而且像使用水、电、煤气、道路交通等公用设施一样方便，委托方购买的是一种服务。

10.5.2　电子政府的框架体系

电子政府建设一般都包含三个层次的要素。第一层次是支撑要素，也就是电子政府建设的基础平台支持，它是一国电子政府建设的起点和基石，具体包括发展战略规划、法律法规保障、信息基础建设、网络安全控制与信息技术教育等构成内容；第二层次是主体要素，通常包括政府、企业、公众等三个行为主体，它们之间的互动是电子政府在实践中发挥作用的主要内容与实现途径；第三层次是目标要素，也就是电子政府建设中政府与政府、政府与企业、政府与公众之间实现互动的具体措施与方式方法，通过这些目标要素，三个主体之间的互动得到了充分的体现。

1. 我国政府现行的机构框架

在探讨电子政府的框架体系前，应该先了解我国现行的基本架构。我国是单一制的中央集权国家，按照中央政府统一领导、全国地方各级政府分级管理的原则管理国家事务。在中央政府之下，形成了金字塔结构形式的地方政府结构，即形成了由上级到下级并逐级下降的管理层级。而政府通常由以下机构组成，即领导机构、综合协调机构、部门机构、监察监督机构和社会保障机构。其中领导机构（或称统率机关）在整个行政组织系统中起统率作用，如中央人民政府和地方人民政府，是各级政府的指挥决策中心，其中心任务是对职权内的各项行政工作进行领导和指导，以贯彻执行党和国家的路线、方针、政策，执行国家的法律法令，完成国家和本地区、本部门、本单位的各项行政管理任务；综合协调机构其主要任务是协助领导机关首长处理专门事项，综合协调政府各行政部门工作，管理政府机关各项具体事务，如市政府办公厅作为市政府领导机关的直接服务机构，是市政府领导、指挥全局，推动各部门工作运转的枢纽；部门机构（或称执行机关）是在行政领导机关之下，具体负责组织、领导和管理某一方面行政事务的工作机关，对职能机关的要求是：对上必须贯彻执行领导和领导机关的决议、决定和指示，对下组织领导并在业务上指导相应职能机关的各项业务工作；监察监督机构是对行政机关和工作人员以及行政工作进行监察和监督，如审计局、监察局等；社会保障机构是指保障人民生命和财产安全、保障社会生活秩序、保障公共秩序的政府机构。根据中国宪政结构的规定，一级人民政府的工作部门代表本级政府执行某一方面的公共行政事务，同时又是上级人民政府相应工作部门的下属工作部门。各级政府工作部门之间的关系有两种，一是领导关系，二是业务指导关系。省、自治区、直辖市人民政府各工作部门受人民政府统一领导，并且依照法律或者行政法规的规定受上级人民政府主管部门的业务指导或领导。这种双重领导和业务指导关系，实际上体现了上级对下级在工作上的决策和执行的关系，工作监督与被监督的关系。

从以上分析可知，我国政府的结构、功能乃至运作方式和西方国家有很大的不同。例如，西方国家政府管理基本上不是划分成条条块块，中央和地方政府彼此相对独立，在功能上基本不直接参与经济活动等。而我国中央政府和地方政府间，中央部门和地方部门间，它们存在上下级的关系，当前政府部门还参与着大量的经济活动。这些差异决定了我们不能照搬西方的模式和经验，必须从我国的国情出发，探索富有中国特色的电子政府框架体系。

2. 政府信息流程分析

政府信息是指行政机关在履行职责过程中制作或者获取的，以一定形式记录、保存的信息。构建电子政府必须了解政府工作中的信息是如何表示、如何获取、如何处理和如何传递的。否则，所构建的电子政府就有可能成为信息设施的简单堆积。

（1）信息表示

政府信息是人类信息或社会信息范畴的一部分，它是对行政管理活动和管理对象的产生、发展、变化情况及行政管理活动与其他管理活动联系的反映，是以文字、图像、声音、数据、图表等的表示形式存在于政府一切行政活动之中。如国家行政机关公文主要是以文字的方式传达贯彻党和国家的方针、政策，发布行政法规和规章，施行行政措施，请示和答复问题，指导、布置和商洽工作，报告情况，交流经验等；政府的各种会议（包括电视电话会议）主要是以声音或图像的方式传达贯彻党和国家的方针、政策，部署工作，交流信息，沟通情况等；政府的各种统计公告则主要是以图表或数据等的形式反映社会的经济政治运行状况等。

（2）信息获取

在政府工作中，信息的获取方式，一般说来可以概括为以下三种方式：第一种是通过阅读文件、报纸杂志等方式获取；第二种是通过参加会议、听取汇报等方式获取；第三种是通过视察工作、调查研究等方式获取。信息的获取渠道主要来自于两个，一个是正式渠道，另一个是非正式渠道。所谓正式渠道即正式组织渠道或有关明文规定的渠道，它包括两个方面：一方面是纵向渠道，即政府的上下级机关，如上级机关向下级机关下发的文件等以及下级机关向上级机关提出的工作总结、请示、报告等；另一方向是横向渠道，即政府的各个直属部门，如各局、委、办等，这些纵向横向的机构组成了政府信息的主要节点。非正式渠道则是指通过个人口头或书信等方式传递信息。

（3）信息处理

政府运行过程中，行政人员必须掌握一定量的信息，对其进行分析、加工、归纳、整理，根据最后的信息处理结果进行预测、制订计划和做出决策，然后再执行决策，即做出行政管理活动，同时将执行结果以文字、图表、音像等形式反馈回来，以便进入下一个决策程序。如此循环往复，完成行政管理活动。

（4）信息传递

政府信息在政府活动中进行着上下左右的传递而形成政府信息流，可分为纵向流动和横向流动两大方向。纵向流动是指上下级之间的信息流动和沟通，如中央人民政府的政策成为各职能部、委、办的决策方针，这些职能部门的决策将成为省级职能部门的决策方向，以此逐级向下传递，形成纵向的信息流。横向信息流是指政府各平行职能部门之间的信息交换，如部、委、办、局之间的信息交流。政府机构内这种横向与纵向的信息流构成了政府内部信息流网络，而每一个层次的职能部门就是这个网络上的节点。当然，在信息传递过程中，既有正向传递，也有负向传递，负向传递即为信息反馈。

3. 电子政府的基本框架体系

（1）网络结构框架体系

国家保密局 2000 年 1 月发布的《计算机信息系统国际联网保密管理规定》规定：涉及国家秘密的计算机信系统，不得直接或间接地与国际互联网或其他公共信息网相连接，必须进行物理隔离。《我国电子政府建设指导意见》也要求：电子政府网络分为内网和外网，两者之间物理隔离，外网与 Internet 逻辑隔离，各层网络应采取隔离措施，必需的数据转接应采用安全数据网关。因此，在我国，电子政府的基础架构一般包括三层的网络，如图 10-4 所示。

第一层是外网，与 Internet 连接，面向企业和社会公众提供信息发布和一般

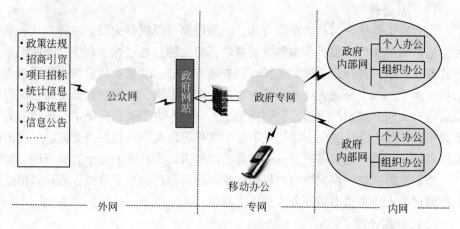

图 10-4 电子政府框架示意图

应用服务，包括各类公开信息和一般的、非敏感的社会服务。如政府信息发布，包括会议、外交、人事变动、法律法规等；各类公用服务信息，如税务信息、保险信息、劳动保障信息的发布查询等；还有面向社会的证照申请、户口变更、结婚登记、信访、建议等。

第二层是专网，支持政府内部的各类非公开应用，在业务范围内与内网有条件互联，并以此为基础建立无纸化办公平台，包括公文传输、一般涉密信息以及政府部门之间的各类信息流，这些信息必须依据政府内部的不同层次的管理权限进行传输和处理，防止来自外部或内部的非法入侵。其主要应用包括：上下级政府或同级政府之间的公文审核、签发、传递、反馈、视频会议等，实现政府部门内部之间的信息资源共享。

第三层是内网，指政府内部的核心数据应用系统和各类关键业务管理系统。涉及的应用有各类个人办公自动化辅助工具、内部各类专项业务管理系统、事务管理系统、面向不同层次的统计分析系统，以及统一的数据资源平台、机要信息系统、领导事务管理与决策支持等。

（2）政府信息资源规划

政府各工作部门的信息大致可以分为两大类，一类是公开信息，即直接向社会公开，为公众服务的信息，如政府的普发文件、各项规定及通知公告等。另外，还包括政府可直接面向社会公众开展的政府业务，如教育、卫生、医疗、保险、纳税、就业、招标、招商、投诉、企业注册登记、政府采购、政府电子信箱等。所有这些都可以通过政府的外网来实现。也就是说政府外网的建设为实现政府的服务职能提供了基本的手段和途径。另一类是内部信息，包括涉密信息。这类信息主要是直接为政府各级领导、各部门及政府工作人员服务，以提高政府机关的工作效率和工作质量，如内部电子邮件系统、内部信息发布系统、CA 身份认证系统、涉密信息发布系统、电子公文交换系统、各部门办公自动化系、电视电话会议系统等，所有这些都可以通过政府的内网来实现。也就是说政府内网的建设为政府及各职能部门实现宏观管理和调控职能提供了基本的手段和途径。当然，对于涉密信息必须通过对信道及信息内容进行加解密才能在内网上进行传递、发布和查阅。

（3）信息安全策略规划

基于计算机操作系统及网络安全设置等方面的论述很多，这里不再展开讨论。下面仅就电子政府中涉密信息的安全保密问题作一简述。电子政府中的涉密信息造成泄密除人为因素外，在技术层面上有两个方面要特别注意，一方面是涉密信息的存储；另一方面是涉密信息的传递。在存储上，可通过对涉密信息的内容采用加密处理后再进行存储和管理；在传递上，可在传递涉密信息之前，对信息内容进行第二次加密处理，再在计算机网络上传递。这样，在技术上基本上能保证电子政府中的涉密信息不会轻易泄密。当然，对于涉密人员存取涉密信息，可利用电子政府中的 CA 身份认证系统，通过对用户的身份进行授权或识别来决定对涉密信息的加解密处理，以实现对涉密信息的存取和查阅。

10.5.3 电子政府的发展阶段

电子政府建设是一个非常复杂的系统工程，不可能一步到位，包括发达国家的电子政府建设，也是一个不断发展和完善的过程。以政府与用户的交互为标准，电子政府的发展可分为四个阶段，即文档电子化阶段、政府与用户的单向互动阶段、政府与用户的双向互动阶段、网上事务办理阶段。

1. 文档电子化阶段

这是电子政府建设的初级阶段，也是电子政府发展早期较为普遍的一种服务形式。在此阶段，政府的努力都集中在对政府信息的分类和把这些信息展示在网页上，如将文档电子化，将所办理事务以目录形式呈现在网络上等，政府各个部门间没有数据往来，只为政府内部提供电子政府服务，不考虑其他部门的数据交换和业务。它是早期电子政府的应用模式，是"孤岛式"的计算机系统。在本阶段末期，政府大都根据公民的需要通过网站发布静态信息，如法规、指南、手册、政府机构设置及其职责介绍等。政府建建立索引目录或通过局域网组织一些分散的电子文档，以便公众更好地了解政府信息。但这个阶段，政府与用户是"被动/被动"的关系，二者在网上互不联系，也不通过其他方式交流和沟通。当时，人们把实现办公自动化（OA）视为电子政府，这只是对电子政府的狭义认识。事实上，电子政府不仅要实现办公自动化，更重要的是要解决"信息孤岛"的问题，为政府提供统一管理的信息平台，对数据进行集成与整合，并综合地表现和分析。

2. 政府与用户的单向互动阶段

在这个阶段，政府与用户开始实现网上的互动，但政府是主动的，用户是被动的。政府通过网络发布有关信息，提供某种服务，但政府却不在网上回答用户的询问。比如用户可以从政府网站下载为获取政府的某种服务所需要填写的表格（如申领驾驶执照、报税单等）。在这个阶段，电子政府不单单是提供信息服务，而使用户享受到某种程度的政府服务。

3. 政府与用户的双向互动阶段

这个阶段，政府与用户的互动继续扩大，用户可以在网上与政府部门进行通信，政府部门也可以通过网络对用户的需求和询问做出应答。比如用户在网上取得报税表，在线填写后通过网络及时发送至政府相关部门，政府相关部门给予及时的响应。另外，在这个阶段，政府也可以根据需要，随时就某个项目、某件事情或某个活动在网上征求公众的意见，使公众参与政府管理。企业和公众也可就自己关心的问题向政府提出意见和建议，并与政府进行讨论和沟通。

4. 网上事务处理阶段

这是电子政府发展的成熟阶段。在这个阶段，政府与用户之间所发生的相关事务的整个过程都可以通过网络来实现。用户不再需要亲自到政府部门，足不出户就可以享受政府通过网络提供的各种服务。这个阶段必然导致政府运行方式的本质变化，原来政府与用户的"接口"是在办公室，现在则移到计算机屏幕了。因此，原有的某些政府部门需要裁减撤销，另外一些新的部门及新的岗位则需要增强或新设。这正体现了电子政府不是简单地将现有的政府电子化，而是将原有的政府改造为一个电子政府。

10.5.4 中国电子政府的建设策略

1. 中国电子政府建设现状

起源于20世纪的网络信息技术革命，对人类社会产生了深远的影响，因特网对国际国内政治、经济和社会事务的影响力，迅速引起了各国政府和政治家们的普遍关注，作为人类社会的重要内容之一的政府管理也以此为契机，发起了一场巨大的变革。自 1999 年政府上网工程正式启动以来，我国电子政府的发展已经走过了十年的历程。如果追溯到自 1993 年开始的"三金工程"，则这个历程已经有 16 年的时间。如果从更早的政府机关办公自动化算起，电子政府实践已有超过 20 年的历史。总的来看，我国的电子政府建设大体可分为以下四个阶段。

第一阶段（1984～1992 年），我国提出实现办公自动化的目标。当时认为实现办公自动化就是实现了政府的信息化，这只是对电子政府的表面认识，虽不能称为真正意义上的电子政府建设，但可作为我国电子政府建设的起点。

第二阶段（1993～1998 年），以 1993 年 12 月提出的"三金工程"（金税、金关、金卡）为标志的政府在经济领域实施信息化建设。1996 年，国务院信息化工作领导小组成立，制定了我国信息化发展的规划。这是中央政府主导的以政府信息化为特征的系统工程，重点是信息化的基础设施建设。

第三阶段（1999～2000 年），我国正式提出建设"政府上网工程"，并将 1999 年确定为"政府上网年"。其为政府体制内部各部门之间的沟通提供了技术手段，也为与国际社会的交往提供了更多的机会，对提升政府整体的动作管理水平产生了积极的影响，象征着我国电子政府建设开始步入发展阶段。各级政府已经初步建成标准统一、功能完善和安全可行的政府信息网络平台。到 2000 年实现了 80% 以上的部委和各级政府部门上网，建成政府网站 3400 多个。

第四阶段（2000 年至今），2000 年 10 月，电子政府被列为"十五"计划的重要内容，标志着电子政府建设进入新的时期。在这个阶段，我国提出了电子政府建设与应用的核心，即"三网一库"（办公业务网、办公业务资源网、政府公众信息网和电子信息资源库）。

根据 CNNIC 第 26 次中国互联网络发展状况统计报告，截至 2010 年 6 月 30 日，中国 .CN 下 .GOV.CN 的网站总数为 2.3 万个，占 .CN 下网站总数的 1.1%。各政府网站上发布了大量信息用于社会共享，各地政府网站已成为承载当地政府信息的主流网站。

另外，我国电子政府建设在中央和地方各级政府的高度重视下，其发展环境也得到了逐渐完善，颁布出台了信息公开条例、数字签名立法、17 号文件、34 号文件等一系列相关的法律、法规，初步建立了较为完备的互联网网络法律体系、信息产业促进政策体系、市场竞争法律体系、信息安全法律体系和强有力的知识产权保护法律体系，为电子政府的发展奠定了强有力的政策支持和制度保障。

调查数据表明，目前我国省、市级政府网站建设已经达到 99% 的水平，县级政府网站建设近两年也大幅增加。这表明我国电子政府的信息基础设施建设已经相当完善，省市级政府部门的办公自动化水平已经很高。但是在基层政府以及较低层次的政府下属机构中，由于资金缺乏、领导不重视等原因，仍然存在着硬件设备老化、网络办公条件落后、应用软件简陋、人员素质低下等问题，但是这些部门也往往是与用户直接打交道的部门，这些问题的存在不但影响政府内部办公效率，也影响了为公民服务的水平。

自2006年以来，顶层规划思想引入我国，加上由政府主导的每年一次的官方评价排序活动，对地方政府网站的建设起到了极大的激励作用，促进了我国政府网站的建设。目前我国政府网站的建设水平有了大幅提高，在信息公开栏目建设、网上办事服务项目、地方特色建设、多语种与国际化建设、网站更新速度与安全建设方面都有了较大的改善，信息构建（IA）的思想与"以用户为中心"的理念正越来越明显地运用到政府网站的建设之中。

随着政府网站信息公开、网上办事功能的不断完善，我国公民对于电子政府的认知度、利用率和满意度都在逐年提高。来自天津、上海、哈尔滨等地的电子政府公众满意度的研究数据表明，公众对政府网站的满意度不仅受到政府网站的技术功能、安全水平的影响，也受到公民自身的因素如职业、受教育水平的影响。目前，我国从中学阶段开始设置信息技术课程，宁夏等省份的农村地区还为农民举办信息技术培训班，这些都在一定程度上提高了公民的信息素养，有利于促进电子政府的实际应用。

2. 中国电子政府建设的对策

（1）缩小数字鸿沟，加强信息网络基础设施建设

数字鸿沟在世界各国普遍存在，在我国则更为突出，相当多的人仍然没有能力、没有机会去认识和享受现代科技所带来的新鲜事物，所以在我国加强信息基础设施建设显得尤为重要。政府要创造机会消除数字鸿沟，加大信息公共设施的投资力度，加强对公众进行电脑使用的培训，使大多数公民都能够自由上网，更方便、更快捷和更公开地利用政府网络的信息。在电子政府建设中也要加强统筹规划，充分利用已有的网络资源，尽快形成相对完善的国家基础信息网络。与此同时，要大力发展宽带接入网建设，实现将宽带接入网作为普遍服务的基础目标。

（2）加强信息安全技术研发，完善配套法律建设

信息安全问题是关乎电子政府建设能否健康发展的关键问题。我国网络技术的落后和对外国技术的依赖，严重制约我国的电子政府建设。由于电子政府涉及国家利益，因此，电子政府系统工程的安全保障需要各种有自主知识产权的信息安全技术和产品，全面推动自主研发和创新这些技术和产品是电子政府安全的迫

切需要，这就要求我们要围绕电子政府网络安全所需的关键技术进行攻关，形成自主的知识产权，建立技术创新体系和产业孵化体系，加强政府网络的安全建设，构建电子政府安全技术防御体系。另外，建设电子政府，不可避免地会出现法律空白和同已有的法律法规相冲突的地方。因此，要清理、修改与此冲突、相悖的现有法规和法律并在原有法律的基础上，进一步完善配套法律，特别是与电子政府直接相关的法律法规。如美国就有《政府信息公开法》、《美国联邦信息资源管理法》、《个人隐私权保护法》等一系列法律、法规。我国也相应出台了《中华人民共和国政府信息公开条例》、《互联网信息服务管理办法》、《中华人民共和国计算机信息系统安全保护条例》等法律、法规，但还不够完善。目前，我国仍没有一部法律或者行政法规专门系统地规定电子政府。而且，现行电子政府的规定大多属于部委规章或者地方立法，效力层级比较低，不利于树立电子政府的法律权威，应尽快建立一套法规保障体系，以适应电子政府建设和电子政府的发展。

（3）关注公众需求，深化政府信息公开，强化网站服务能力

各级电子政府建设，应当以用户为中心，而不应仅仅以上级行政管理部门为中心，关注服务对象如公民、企业、非营利组织、政府职员与其他政府部门的具体需求，完善政府网站的表格下载、办事、网上支付等多种功能，加强网站的互动交流管理，完善门户网站的信息资源整合功能，加快"一站式"服务步伐，真正提高网站的服务水平。

同时，还应在现有基础上，进一步深化政府信息公开工作、加强金融监管、健全企业信息公开制度。对于社会普遍关心的信息公开问题，如官员收入公开、政府采购工程项目的监管与审计、上市公司信息披露等，应该多方听证，尽快出台符合法理、操作性强的管理办法，使一些处于"深水区"、"敏感区"或"模糊地带"的政府信息公开落到实处。

（4）促进集成整合，加强政府信息资源共享，提高协同办公能力

目前，我国电子政府资源整合与系统集成能力，无论是在数据级、系统级还是在元数据级、SOA级上都比较低，尤其是在我国实施"大部制"行政管理体制改革后，需要整合现有部门职能，减少交叉，提升服务能力，信息资源的整合管理与共享就成为一个重要的问题。这就需要各级政府建立完善的信息资源共享制度，采用成本低而效果好的集成整合技术，加强电子政府后端系统的整合，提高协同办公与"一站式"服务能力，从制度建设、系统集成、数据集成、元数据互操作、网站集成、架构整合等多个方面保证信息资源的共享。

（5）重视电子文件管理，建立健全政府信息资源的长期保存与开发利用制度

在纸质办公环境下，政府信息资源的管理与开发利用都受到极大的限制。在

电子政府环境中，电子文件管理将成为政府信息资源管理的核心内容，电子文件的管理应遵循文件生命周期理论与文件连续体理论所揭示的规律，重视政府信息数据库的建设，加快电子文件元数据标准的建设，建立健全政府信息资源的长期保存与开发利用制度，为政府信息资源长远价值的发挥奠定基础。

（6）发展移动政府，完善立体化电子政府服务体系

电子政府是普遍性的公共服务基础设施，获取电子政府服务是公民的基本权利。完善的电子政府服务体系，应当能够最大可能地保障各个地区、各种职业、各种生存方式的公民获取电子政府服务的权利。最新统计数据表明，中国网民已经超过4亿，这意味着非网民占总人口的比例仍然不小，加之中国农村地区、边远地区电子政府建设的困难、流动人口的逐年增加，移动政府的发展势必成为新的发展方向。移动政府具有成本低、灵活性高、针对性强等优点，在适时信息公开、危机预警与管理、非网民管理方面具有难以替代的作用。如在广东某地区，由于地处山区，农民居住分散，在政府投入大量资金实施电话"村村通"工程以后，到年终发现许多家庭当年通话次数为零。但是，移动通话量却在不断增加，这意味着移动政府具有良好的应用前景。目前，中国是移动用户最多的国家，有大量的手机用户。可以预见，移动政府具有良好的发展前景，将在我国"三网合一"的立体化电子政府服务体系中发挥越来越重要的作用。

参 考 文 献

奥兹·谢伊. 2002. 网络产业经济学. 张磊等译. 上海：上海财经大学出版社

百度百科. 2010-05-25. 信息系统规划. http：//baike. baidu. com/view/1856005. htm/2010-05-25

百度百科. 2010-11-15. 教育信息化. http：//baike. baidu. com/view/44151. htm/2010-11-15

百度百科. 2010-11-17. 国际档案理事会. http：//baike. baidu. com/view/94472. htm/2010-11-17

百度文档. 2007-12-12. ERP 系统在物流领域的应用及分析. http：//www. examda. com/wuliu/
　fudao/20071212/101359581. html

百度文库. 电子商务客户关系管理. http：//wenku. baidu. com/view/a11733160b4e767f5acfce5f.
　html

包颖. 2006. 美国：农村公共服务信息画在地图上. 中国社会报，（7）：1-3

比尔·盖茨. 1999. 未来时速——数字系统与商务新思维. 蒋显，姜明译. 北京：北京大学出
　版社

蔡红. 2004. 网络环境下信息组织技术及信息服务模式. 情报资料工作，年刊：194-202

蔡连玉. 2007. 信息伦理：概念内涵与特征. 情报杂志，（7）：94-96

蔡智澄. 2006. 基于网络的信息安全技术概述. 网络安全技术与应用，2006（1）：37-39

曹洪，夏丽萍. 2004. 捆绑定价策略探析. 价格月刊，（3）：20-21

曹联养. 2001. 网络与网络经济的一般分析. 西安：陕西师范大学

陈春. 2004. 电子商务技术和应用. 北京：科学出版社

陈继红. 2005. CIO：互联网时代企业信息资源的守望者. 通信世界，12：28

陈建宏. 2006. 日本科技信息政策及其事业的发展综述. 情报科学，24（3）：461-467

陈小磊，郑建明，万里鹏. 2006. 信息化水平测度指标体系理论研究述评. 图书情报知识，
　（5）：65-70

陈渝中，施庆华，栾玉琴. 2005. 论企业信息化的内涵. 机械，32（8）：46-49

陈禹. 1998. 信息经济学教程. 北京：清华大学出版社

程妮，崔建海，王军. 2005. 国外信息过滤系统的研究综述. 现代图书情报技术，（6）：30-38

程书华，卜国清. 2002. 资本新形式：知识资本. 合作经济与科技，1：20-21

程万高. 2009. 政府信息资源开发利用. 北京：科学出版社

褚征. 2006. 网络消费与企业盈利模式研究，济南：山东大学

从敬军. 2002. 关于信息伦理学研究的思考. 情报学报，21（3）：334-338

崔光耀. 2005. 信息安全产品技术的下一个节点. 信息安全与通信保密，（10）：2

党跃武. 1999. 信息文化简论. 情报资料工作，（5）：1-4

邓顺国. 2006. 电子商务概论. 北京：清华大学出版社，北京交通大学出版社

邓志鸿，唐世渭，张铭，等．2002．Ontology 研究综述．北京大学学报（自然科学版），38（5）：730-738

丁德臣．2007．企业信息化的最新趋势——协同商务综述．科技创业月刊，2：109-111

丁峻．2007．图书馆伦理层次研究．图书馆学刊，（6）：18-20

丁元竹．2005．对美国社会管理体制的考察．中国改革，（11）：70-72

董焱．2003．信息文化论：数字化生存状态冷思考．北京：北京图书馆出版社

杜栋．2007．信息管理学教程．北京：清华大学出版社

杜海静．2004．OOIE 方法在公安系统中的研究与应用．大连：大连海事大学

杜燕．1997．社会信息化测度初探．情报杂志，（11）：17-19

樊萍．2004．基于 Honeypot 技术的网络信息安全研究．西安：西北工业大学

方卫国，陈凤荣．2005．信息技术价值评估．北京航空航天大学学报（社会科学版），（2）：20-25

冯继永，李庆军．2007．企业信息化带来的企业管理变革．商场现代化，1：55-56

冯磊．2007．让摩尔定律继续伟大．信息系统工程，（3）：88-90

冯连波．2005．中国电子商务模式的发展研究．经济师，9：134-135

冯伟民．2006．ERP 功能模块简介．企业技术开发，（5）：61-62，74

弗兰克·梯利．1987．伦理学概论．何意译．北京：中国人民大学出版社

付立宏．2001．论国家网络信息政策．中国图书馆学报，27（2）：32-36

付立宏．2002．论国家网络信息伦理．中国图书馆学报，（1）：28-31

傅静坤．2000．电子商务法概要．深圳大学学报（人文社会科学版），17（4）：29-34

甘利人，朱宪辰．2003．电子政务信息资源开发与管理．北京：北京大学出版社

甘嵘静，陈文林．2006．电子商务概论．北京：电子工业出版社

甘绍平．2002．应用伦理学前沿问题研究．南昌：江西人民出版社

高复先．2002．信息资源规划——信息化建设基础工程．北京：清华大学出版社

高富平．2002．电子商务法．北京：北京大学出版社

高社淑．2000．谈企业的 CRO（资源主管）现象．情报资料工作，3：41-43

高新民．2003．信息化建设离不开 CIO 机制的建立和实施．http：//www．linkshop．com．cn/web/Article_Cinfo．aspx？ArticleId=3227［2008-6-12］

顾微微，袁卫芳．2000．试论信息法与信息政策的关系，18（8）：717-719

桂学文，娄策群．2006．信息经济学．北京：科学出版社

郭峰．2001．论网络伦理的构建．杭州：浙江大学

郭丽芳．2002．网络信息资源类型研究．图书馆理论与实践，（4）：34-35

含笑，原野．2006．必须深刻理解企业信息化的内涵．http：//fshwqiang．bokee．com/viewdiary．10616547．html［2008-6-5］

何建中．2004．国内外网络管理的信息政策法规差异．现代情报，24（8）：214-216

何露．2006．湖南省国税系统网络信息安全体系研究与实现．长沙：中南大学

侯放．2007．国家信息政策与法规：发达国家的经验及其借鉴．毛泽东邓小平理论研究，（10）：77-81

胡冰. 2003. 网络信息资源组织方法综述. 情报科学, 21 (4): 434-437

胡昌平. 2001. 信息管理科学导论. 北京: 高等教育出版社

胡开忠. 2003. 知识产权法典化的现实与我国未来的立法选择. 法学, (2): 55-59

胡克瑾, 刘义理. 2004. 信息资源管理. 上海: 同济大学出版社

胡玫艳. 2003. 电子商务教程. 广州: 华南理工大学出版社

胡荣. 2008. 完善我国网络立法的必要性及思路. 晋中学院学报, 2008 (1): 77-79

华丽. 2006. 国内外网络信息发展与应用比较. 现代情报, 26 (8): 23-25

黄纯元. 1997. 图书馆与网络信息资源. 中国图书馆学报, 23 (6): 13-19

黄纯元. 1998. 信息政策的体系结构. 情报资料工作, (5): 8-13

黄寰. 2003. 网络伦理危机与对策. 北京: 科学出版社

黄先蓉, 吴楣. 2006. WTO 规则与我国信息政策法规的关系及模式研究. 图书馆杂志, 25 (12): 9-12

黄先蓉. 2002. 试论国家信息政策与法规体系. 情报学报, 21 (6): 742-750

黄晓斌, 邱明辉. 2004a. 图书馆网络信息过滤问题研究. 中国图书馆学报, 30 (2): 30-33

黄晓斌, 邱明辉. 2004b. 网络信息过滤系统研究. 情报学报, 23 (3): 326-332

黄志文, 王伟, 邓坤烘. 2004. 信息伦理论纲. 武汉: 湖北人民出版社

霍国庆, 杨英. 2001. 企业信息资源的集成管理. 情报学报, (1): 2-9

霍国庆. 2002. 信息资源管理思想的升华. 图书情报工作, (4): 26-39

霍国庆. 2010. 四个层面构成我国信息资源管理战略框架. http://www.soft6.com/tech/5/55942.html/ [2010-11-25]

蒋颖. 1998. 因特网学术资源评价: 标准和方法. 图书情报工作, (11): 27-31

焦豪, 邬爱其, 张样, 等. 2008. 企业信息技术能力度量与功效——本土模型的构建和实证研究. 科学学研究, (3): 596-603

靖继鹏. 2005. 信息经济学. 北京: 清华大学出版社

卡尔·夏皮罗, 哈尔·瓦里安. 2000. 信息规则_ 网络经济的策略指导. 张帆译. 北京: 中国人民大学出版社

凯西·施瓦贝尔. 2009. IT 项目管理. 杨坤译. 北京: 机械工业出版社

堪章俊. 2004. Ontology 技术在 Web 中的应用. 情报杂志, 23 (9): 63-64

柯平, 高洁. 2002. 信息管理概论. 北京: 科学出版社

赖茂生, 王芳. 2006. 信息经济学. 北京: 北京大学出版社

赖茂生. 2006. 信息资源管理教程. 北京: 清华大学出版社

蓝曦. 2003. 网络信息资源的类型及其评价. 现代情报, (9): 73-74

李宝山, 刘志伟. 1998. 集成管理——高科技时代的管理创新. 北京: 中国人民大学出版社

李纲. 1999. 信息资源配置的理论问题探讨. 情报学报, 18 (4): 333-339

李国鑫, 王雅林. 2006. 基于技术与组织适应性的信息技术绩效模型探讨. 自然辩证法研究, (6): 65-68

李杰, 李晓霞. 2007. 试论信息文化及其特征. 北京理工大学学报 (社会科学版), 19 (2): 102-105

李军，彭凯．2009．政务地理空间信息资源管理与共享服务应用．北京：北京大学出版社

李伦．2002．鼠标下的德性．南昌：江西人民出版社

李明，郝晓玲，张嵩．2007．公开密钥基础设施体系脆弱性及其对策分析．哈尔滨工业大学学报，39（4）：665-668

李文海，王茶生．2008．企业信息化的内容及对策分析．商场现代化，1：259

李贤民．2000．美国政府的信息政策对其因特网发展的影响．国外社会科学，（3）：43-47

李小霞．2006．数字化文献传播中的法律控制．晋图学刊，（1）：11-13

李绪蓉，徐焕良．2005．政府信息资源开发与管理．北京：北京大学出版社

李彦旭，巴大志，成立．2002．网络信息安全技术综述．半导体技术，27（10）：25-29

李雨峰．2005．知识产权法典化论证质评．现代法学，（6）：152-157

理查德·A·斯皮内洛．1999．世纪道德——信息技术的伦理方面．北京：中央编译出版社

梁成华．2000．电子商务技术．北京：电子工业出版社．34

梁俊兰．1997．对美国信息政策的分析．情报资料工作，（3）：43-45

梁俊兰．2000．加拿大的因特网与信息政策．情报资料工作，（4）：38-41

梁士伦，刘新飞．2005．电子政务．北京：机械工业出版社

廖声立．2000．论信息政策的概念及研究内容．情报探索，（2）：10-11

刘承瑞，毕杰．2005．中日两国信息政策对比及启示．农业图书情报学刊，17（7）：32-34

刘德良．2001．论电子商务法的涵义、调整对象．河南师范大学学报（哲学社会科学版），28（6）：35-37

刘德良．2002．论电子商务法．东南大学学报（哲学社会科学版），（4）：50-53

刘芳．2000．论信息产业的管理机制．图书馆学研究．3：45-47

刘凤勤，李振福，靖继鹏．2001．机械工业企业信息化建设水平测度方法．情报学报，（1）：46-53

刘海涛．2006．网络伦理建设研究．武汉：中南民族大学

刘建立．2001．关于网络信息管理的法律研究．上海高校图书情报学刊，11（4）：7-10

刘进军．2005．中美信息资源管理体制比较研究．情报杂志，（6）：118-119

刘林．2007．浅析政府信息公开与保密工作的关系．中共乌鲁木齐市委党校学报，4：49-52

刘胜题．2004．信息法律关系的概念与要素．上海理工大学学报（社会科学版），26（3）：17-19

刘伟成，焦玉英．2002．网络信息过滤的方法与相关技术研究．现代图书情报技术，（3）：48-50

刘湘宁．2005．论行政伦理的监督机制．长沙大学学报，（5）：12-14

刘彦尊．2004．美日两国中小学信息伦理道德教育比较研究．长春：东北师范大学

刘耀东，高复先．2004．信息资源管理基础标准．企业标准化，（8）：21-23

刘昭东．2001．美国的信息服务机构与信息服务业．中国信息导报，（7）：44-46

柳胜国．2005．网络信息过滤方法与技术．情报杂志，（9）：33-34

卢巧云．2003．XML：数字图书馆信息组织的基础技术．情报科学，21（9）：960-962

卢泰宏．1992．信息人与信息管理．情报业务研究，9（2）：78-81

卢泰宏，沙勇忠．1998．信息资源管理．兰州：兰州大学出版社

卢新德．2001．论企业信息化的内涵和特点．青岛行政学院学报，2：13-15

卢益清，李忱．2006．我国电子政务信息资源的基本类型与模式分析．情报杂志，12：7-12

陆宝益．2002．网络信息资源的评价．情报学报，21（1）：71-76

吕耀怀．2002．信息伦理学．长沙：中南大学出版社

罗曼．1994．信息产业发展的三大规律与启示．情报科学，15（4）：26-29

罗曼．2004．美国联邦政府信息资源管理体制．图书情报工作，48（2）：81-83

罗曼．2005a．信息政策．北京：科学出版社

罗曼．2005b．国外信息政策研究解析．情报杂志，（9）：107-110

罗体承．2002．企业信息技术投资价值评价方法．当代经济，（11）：50-51

马费成．2002a．网络信息资源管理．山西：山西人民出版社

马费成．2002b．信息管理学基础．武汉：武汉大学出版社

马费成．2009．信息资源开发与管理．北京：电子工业出版社

马费成等．1997．信息经济学．武汉：武汉大学出版社

马费成等．2001．信息资源管理．武汉：武汉大学出版社

马费成等．2002．信息资源管理．武汉：武汉大学出版社

马费成等．2005．信息经济分析．北京：科学技术文献出版社

马海群．2002．信息法学．北京：科学出版社

马海群等．2009．信息资源管理政策与法规．北京：科学出版社

马金刚．2006．基于向量空间的信息过滤关键技术研究．济南：山东师范大学

马民虎，李江鸿．2007．我国信息安全法的法理念探析．西安交通大学学报（社会科学版），27（3）：74-80

迈克尔·波特．2005．竞争优势．北京：华夏出版社

麦侨生．2008．印度政府信息政策对其信息化建设的影响．情报科学，26（2）：205-209

工业和信息化部电子科学技术情报研究所美国公布 2005 财年《电子政务法》实施报告．http://www.etiri.com.cn/resreach/article_show.php?id=-18927027189/［2010-5-28］

孟广均，沈英，郭志明，等．2000．信息资源管理导论．北京：科学出版社

孟广均，霍国庆，罗曼．2003．信息资源管理导论（第二版）．北京：科学出版社

欧阳效辉．2004．信息产品的版式定价策略．石油大学学报（社会科学版），20（1）：24-26

派卡·海曼．2002 黑客伦理与信息时代精神．李伦等译．北京：中信出版社

裴成发．2008．信息资源管理．北京：科学出版社

彭晨曦，尹锋．2007．国外网络信息资源管理政策法规建设及其启示．情报理论与实践，30（1）：26-28

彭峰．2008．信息产品差异化定价策略研究．软科学，22（2）：61-63

彭赓，霍国庆．企业信息系统进化中的信息集成轨迹．管理评论，2004（1）：596-603

齐爱民．2006．论信息法的地位与体系．华中科技大学学报（社会科学版），20（1）：39-44

邱均平．2000．信息计量学（一）：第一讲 信息计量学的兴起和发展．情报理论与实践，23（1）：75-80

邱晓琳 . 2002. 我国信息政策与法规的国际兼容性研究 . 图书情报知识，(6)：11-13

任皓等 . 2003. 论企业知识资源的组织 . 情报学报，2：211-216

任立肖等 . 2005. 网络内容分析研究 . 情报理论与实践，28 (5)：523-526

沙勇忠 . 2002a. 网络信息政策的国际发展趋势 . 武汉大学学报（哲学社会科学版），55 (2)：237-241

沙勇忠 . 2002b. 信息技术与现代企业管理变革 . 兰州大学学报（社会科学版），30 (1)：148-154

沙勇忠 . 2003. 国外信息伦理学研究述评 . 大学图书馆学报，(5)：8-13

沙勇忠 . 2004a. 信息伦理学 . 北京：北京图书馆出版社

沙勇忠 . 2004b. 论信息伦理的四维构架 . 情报学报，23 (4)：484-489

沙勇忠 . 2004c. 图书馆职业伦理研究 . 中国图书馆学报，(4)：20-24

沙勇忠，王晓鸿 . 2004. 论信息伦理的决策模式 . 情报理论与实践，(4)：369-373

沙勇忠，牛春华 . 2007. 网络伦理学的兴起及其知识范畴的形成 . 图书与情报，(3)：44-52

尚娟娟 . 2006. 政府在信息资源配置中的有效性 . 长沙：中南大学

尚克聪 . 1998. 信息组织论要 . 图书情报工作，(11)：1-4

沈光亮 . 2006. 图书馆伦理内容研究 . 图书馆建设，(1)：4-6

沈海云，王国龙 . 1997. 信息人教育浅论 . 上海农学院学报，15 (1)：19-20

盛宝忠，邹红 . 2002. APQC 与知识管理（上）. 上海质量，8：37-38

史云峰 . 2002. 网络伦理学初探 . 郑州大学学报（哲学社会科学版），(3)：63-66

世界发达国家最新名单 . 2008. http：//ibbs.chinalabs.com/53636.html [2008-5-18]

司有和 . 2001. 信息产业学 . 重庆：重庆出版社

宋爱萍 . 2004. 我国电子政务建设研究 . 郑州：郑州大学

宋锦洲 . 2005. 公共政策：概念、模型与应用 . 上海：东华大学出版社

宋玲 . 2001. 信息化水平测度的理论与方法 . 北京：经济科学出版社

宋新曲，关勇，胡晴欣 . 2007. 论构建信息伦理社会调控机制之基本原则 . 长春市委党校学报，(1)：22-23

宋媛媛 . 2005. 信息过滤在数字图书馆中的应用 . 北京：中国科学院研究生院

苏瑞竹 . 2006. 美国社区图书馆信息服务简介 . 科技情报开发与经济，(5)：25-26

苏新宁，孔敏，俞华，等 . 2003. 电子政务理论 . 北京：国防工业出版社

苏新宁，吴鹏等 . 2005. 电子政务案例分析 . 北京：国防工业出版社

苏选良，刘俐伶 . 2004. 企业电子商务战略探讨，1：56-57

孙昌军，郑远民，易志斌 . 2002. 网络安全法 . 长沙：湖南大学出版社

孙建军 . 2003. 信息资源管理概论 . 江苏：东南大学出版社

孙瑾 . 2005. 网络信息资源评价研究综述 . 大学图书馆学报，23 (1)：7-13

孙石康 . 2003. 美国《信息权利法》简介 . 全球科技经济瞭望，(8)：8-10

孙思 . 2007. 信息商品捆绑定价策略研究 . 时代经贸，(4Z)：8-9

汤姆·L·彼切姆 . 1990. 哲学的伦理学 . 北京：中国大百科全书出版社

唐晓波 . 2005. 管理信息系统 . 北京：科学出版社

陶鑫良，袁真富．2005．知识产权法总论．北京：知识产权出版社

田文英，宋亚明，王晓燕．2000．电子商务法概论．西安：西安交通大学出版社

托马斯·H·达文波特，劳伦斯·普鲁萨克．1999．营运知识：工商企业的知识管理．江西：
    江西教育出版社

童天湘．1998．高科技的社会意义．北京：社会科学文献出版社

万守付．2004．电子商务基础．北京：人民邮电出版社

汪传雷．2001．美国信息政策的演变．情报探索，2：44-46

王刚．2002．2001年美国会计总署信息管理评价报告．中国审计，(2)：82

王冠玺，李筱苹．2005．我国知识产权法律与国家发展政策的整合，(6)：105-115

王宏亮．2008．CIO批注信息化误区（上）．http：//home．donews．com/donews/article/1/
    12775．html［2008-6-12］

王华．2006．电子商务环境下的客户关系管理实施探讨．商场现代化，8：158-159

王辉．2001．美国国家技术信息服务中心．全球科技经济瞭望，(12)：46-47

王剑．2007．网格计算技术及其发展趋势．大众科技，8：75-76

王静静．2006．美国网络立法的现状及特点．传媒，(7)：71-73

王敏．2007．论我国政府信息公开立法的必要性．河套大学学报，3：70-72

王素梅．2005．对我国信息法律体系建设的思考．河北科技图苑，18(1)：41-45

王学东．2005．电子商务管理．北京：高等教育出版社

王媛媛，王广宇，王娟娟．2007．从机构设置谈国家信息资源管理制度．情报杂志，(10)：
    146-149

王正兴，刘闯．2002．美国国有数据与信息共享的法律基础．图书情报工作，(6)：60-63

王志国．2007．网络信息资源配置方式对比分析．科技情报开发与经济，17(35)：77-79

王志荣，马晓军．2002．网络信息法律责任初探．情报资料工作，170-171

王志荣．2003．信息法概论．北京：中国法制出版社

魏钢，代金平，陈纯柱．2007．信息文化的涵义和特征探析．重庆邮电大学学报（社会科学
    版），19(02)：60-65

乌家培，肖静华，谢唐．2002．信息经济学．北京：高等教育出版社

吴根平．2003．我国政府信息公开的意义、问题及对策．湘潭工学院学报，5(6)：35-37

吴海燕，石磊，李清玲．2005．网络信息安全技术综述．电脑知识与技术论坛，(4)：55-57

吴齐林．2006．企业信息系统管理．合肥：安徽人民出版社

吴潜涛，葛晨虹．2003-08-08．伦理学研究热点扫描．人民日报，第9版

吴庆海，夏敬华．2006．好好学习：企业知识管理，从认知到实践．北京：中国铁道出版社

吴文钏．2010．专家解析：信息系统规划过程．http：//www．enet．com．cn/article/2006/0303/
    A20060303508005．shtml/［2010-05-06］

吴小龙．2001．用户隐私：媒体网站诚信有几分？赛博风中华伦理学网邮件列表．http：//www．
    chinaethics．com

夏敬华．2005．知识管理成熟度模型说明．http：//manage．org．cn/article/200509/17012．html
    ［2005-9-28］

夏敬华.2007.知识管理还得管知识过程.http：//www.3722.cn/listknowhow.asp? articleid = 9301 ［2007-12-15］

夏义堃.2007a.公共信息资源市场配置的实践与问题.中国图书馆学报，4：68-72

夏义堃.2007b.美国公共信息资源管理体制结构分析.图书情报知识，（5）：97-101

相丽玲，张洪亮.2000.论网络环境中知识产权法的法律效力.情报学报，（3）：220-224

项目管理协会.2009.项目管理知识体系指南（第4版）.王勇，等译.北京：电子工业出版社

萧成勇，张利.1996.计算机伦理学及其本质问题略论.科学技术与辩证法，（3）：27-30

肖莉虹.2004.信息人及其培养.现代情报，（9）：207-209

肖秋慧.2006.20世纪90年代以来俄罗斯国家信息政策综述.图书情报工作，50（5）：139-143

肖群忠.1999.规范与美德的结合：现代伦理的合理选择.西北师范大学学报（社科版），（5）：93-95

肖希明.1997."信息人"与信息资源开发利用.图书馆工作与研究，（2）：5-7

肖震.2006.信息产品定价问题研究.武汉：武汉理工大学

肖志宏，赵冬.2007.美国信息安全法研究.北京电子科技学院，15（3）：19-23

谢康，张海波，黄林军.2005.信息技术影响企业绩效的机制研究.价值工程，（3）：62-65

信息产业部.2005."十五"时期我国信息产业发展情况

信息资源管理工具IRA2000简介.2010.http：//bbs.topoint.com.cn/showtopic.aspx? topicid = -3908/ ［2010-05-23］

徐锦程.2006.IT战略规划——实现IT目标与企业目标的战略集成.价值工程，（3）：73-75

徐立春，黄艳娟.2004.对我国网络信息政策法规建设的思考.图书馆学研究，（3）：1-5

徐荣花.2007.美日中网络信息政策比较研究.武汉：华中师范大学

徐绍敏.2007.信息法框架与体系研究.杭州：浙江大学出版社

许春芳，靖继鹏.2007.网络信息商品定价策略研究.现代情报，27（4）：89-91

许春芳.2007.网络经济发展规律与网络信息商品和服务定价理论研究.长春：吉林大学

许晓东，刘苓玲.2006.基于组织绩效的企业智力资本评估方法.集团经济研究，6：54

鄢游华.2006.企业信息化的关键在于管理变革.景德镇高专学报，21（3）：19-21

严耕，陆俊，孙伟平，等.2002.网络伦理.北京：当代中国出版社

严丽.2006.信息伦理析义.情报科学，24（6）：823-828

阎维杰.2002.美国和挪威对中小企业的信息服务.中国中小企业，（12）：33

颜祥林，朱庆华.2005.网络信息政策法规导论.南京：南京大学出版社

燕金武.2006.网络信息政策研究.北京：北京图书馆出版社

杨德明.2000.国外网络立法比较.国外科技动态，（8）：11-13

杨京英，熊友达，姜澍.2009.2009年中国信息化发展指数（IDI）研究报告.北京邮电大学学报（社会科学版），（12）：7-12

杨莉.2005.网络伦理及其技术考量.社科纵横，（4）：68-84

杨路明，薛君，胡艳英.2006.电子商务概论.北京：科学出版社

杨绍兰 . 2005. 美国信息政策对其信息化发展历程的影响 . 现代情报，(2)：50-51

杨松才 . 2007. 论美国知识产权法的域外适用 . 法学杂志，(05)：111-113

杨晓光 . 2004. 信息素养内涵剖析与评价 . 情报资料工作，(5)：263-266

杨晓娟 . 2005. 浅谈电子商务法 . 黑龙江对外经贸，(2)：53-54

杨兴国 . 2007. 信息管理学 . 北京：高等教育出版社

杨义先，钮心忻，杨放春 . 1999. 论电子商务的安全性 . 世界科技研究与发展，(3)：66-69

姚燕 . 2007. 档案信息伦理问题的提出与原则构建

殷黎 . 2008. 网络环境下图书馆伦理建构略论 . 图书馆，(1)：74-75

游振辉 . 2008. 21 世纪网络法展望 . http：//judge. bitown. com/fnsx2/fnsx1926. htm ［2008-04-05］

余芳 . 2007. 我国信息资源管理体制研究 . 中国信息导报，(11)：38-40

袁建宏 . 2001. 电子政府 . 北京：中国致公出版社

袁仁能 . 2007. 政府信息公开与保密中的利益平衡 . 行政论坛，6：52-54

岳剑波 . 1998. 论信息管理学的进化 . 中国图书馆学报，(3)：20-28

岳剑波 . 1999. 信息管理基础 . 北京：清华大学出版社

曾纯青 . 2007. ERP 技术发展过程、特点及趋势 . 特区经济，(10)：303-306

曾燕，霍国庆 . 2002. 信息成本研究的视角 . 中外管理导报，11：23-27

查先进 . 2007. 信息经济学 . 北京：清华大学出版社，北京交通大学出版社

张爱华 . 2006. 网络信息安全社会问题研究 . 武汉：华中科技大学

张楚 . 2000. 电子商务法初论 . 北京：中国政法大学出版社

张春玲，李国锋 . 2002. 国外信息产业管理介绍 . 山东经济，4：59-61

张光博 . 2004. 国外网络信息立法对我国的启示 . 现代情报，24 (9)：54-57

张广钦 . 2005. 信息管理教程 . 北京：北京大学出版社

张宏山 . 2004. 谈信息文化的特征及带给人们的变化 . 经济师，(3)：15-17

张慧芳，文启湘 . 2002. 三流互动与电子商务的发展，2：33-36

张凯，宋克振，周朴雄，等 . 2005. 信息资源管理 . 北京：清华大学出版社

张亮，崔京玉 . 2007. 虚拟网络技术关键及发展趋势 . 中国人民公安大学学报（自然科学版），
  13 (1)：76-79

张龙 . 2007. 知识网络结构及其对知识管理的启示 . 研究与发展管理，2：86-91，99

张鹏翥 . 2006. 信息技术 . 上海：上海交通大学出版社，

张晓林，李宇 . 2002. 描述知识组织体系的元数据 . 图书情报工作，(2)：64-69

张燕飞，严红 . 1998. 信息产业概论 . 武汉：武汉大学出版社

张洋，邱均平，文庭孝 . 2004. 网络链接分析研究进展 . 图书情报知识，(6)：3-8

张宇，唐小我 . 2006. 在线信息产品定价策略综述 . 管理学报，3 (2)：239-252

张雨声 . 1998. 论"信息人" . 上海大学学报（社会科学版），5 (4)：109-112

张智雄 . 1999. 美国克林顿政府信息政策的几个原则 . 图书情报工作，(9)：54-57

赵娟 . 2007. 论图书馆信息伦理问题及其对策 . 图书馆学刊，(4)：27-29

赵蓉英，张洋，邱均平 . 2007. 网络信息计量学基本问题研究 . 中国图书馆学报，33 (5)：
  59-62

郑建明，王育红．2000．中国社会信息化进程测度报告．情报科学，（10）：865-870

郑金帆．2004．信息文化探析．情报探索，（6）：35-39

郑万青．2005．知识产权法律全球化的演进．世界知识产权，15（89）：57-60

郑文晖．2007．我国政府网站政务信息公开的现状及对策分析．现代情报．12：19-22

植草益．1992．微观规制经济学（中译本）．北京：中国发展出版社

中国宏观经济经济信息网．2008．信息产业发展的国际比较．http：//www．macrochina．com．cn/xsfx/xspd/20060421078073．shtml［2008-04-12］

中国互联网协会反垃圾邮件中心．2008．2008 年第一次反垃圾邮件报告．http：//www．anti-spam．cn/ShowArticle．php？id=8161［2008-05-13］

中国互联网信息中心．2007．中国互联网络发展状况统计报告（2007 年 7 月）http：//www．cnnic．net．cn/uploadfiles/doc/2007/7/18/113843．doc［2008-03-15］

中国互联网信息中心．2008．中国互联网络发展状况统计报告（2008 年 1 月）http：//www．cnnic．net．cn/uploadfiles/doc/2008/1/17/104126．doc［2008-03-15］

周成彦．2005．产权制度对资源配置效率的影响．上海商业．1、2 合刊：35-37

周宏仁．2010．政府信息资源管理．http：//qmgs．gov．cn/news_nr．asp？w_id=100002960&lbbh=104112&lbid=104/［2010-5-28］

周黎明，邱均平．2005．基于网络的内容分析法．情报学报，24（5）：594-599

周丽霞，赵建平，王霆，等．2008．中外网络法规比较研究．情报科学，26（2）：306-310

周其仁．1996．市场里的企业：一个人力资本与非人力资本的特别合约．经济研究，6：71-80

周庆山．2003．信息法．北京：中国人民大学出版社

朱红，王素荣．2006．信息资源管理导论．北京：国防工业出版社

朱水林．2005．电子商务概论．北京：北京交通大学出版社

朱祥德．2007．信息技术投资回报分析．商场现代化，（6）：274-275

朱银端．2002．网络中的伦理问题、原因与对策．杭州：浙江大学

朱战备．2004．IT 规划．北京：机械工业出版社

朱珍．2003．信息成本及其现实意义．现代情报．5：22-25

纵横软件．2008．什么是 ERP．http：//www．szerp．com/studycentre．htm［2008-6-13］

左美云．2004．CIO 必读教程：CIO 知识体系指南．北京：电子工业出版社

左艺，赵玉虹．1999．国际互联网上信息资源优选与评价研究方法初探．情报学报，18（4）：340-343

Ake Gronlund, et al. 2006. 电子政府：设计、应用和管理．陈君，白大勇等译．北京：清华大学出版社

Abecker A, Bernardi A, Sintek M. 1999. Proactive Knowledge Delivery for Enterprise Knowledge Management//SEKE-99: Proceedings of the 11th Conference on Software Engineering and Knowledge Engineering. Germany: Kaiserslautern

Allee V. 1997. The Knowledge Evolution: Expanding Organizational Intelligence. Boston. : Butterworth-Heinemann

Allen G, Goodale T. 2003. Enabling Applications on the grid: a gridlab overview. International Journal of High Performance Computing Applications, 17 (4): 449-466

Arrow K J. 1970. Economic Welfare and the Allocation of Resources for Invention. Reading in the Economics of Industrial Organization. New York: Holt, Rinehart & Winston

Barney J. 1991. Firm resources and sustained competitive advantage. Journal of Management, 17 (1): 99-120

Bassi L. 1997. Harnessing the power of intellectual capital. Training & Development, 51 (12): 25-30

Beanmont J R, Sutherland E. 1992. Information Resources Management. Oxford: Butterworth Heinemann

Beckmann M J. 1995. Economic models of knowledge networks. Networks in Action. Springer-Verlag Berlin: 159-174

Belkin N, Croft B. 1992. Information filtering and information retrieval: two sides of the same coin? Communications of the ACM, 35 (12): 29-38

Bennis W G. , Spreitzer G M , Cummings T G. 2001. The future of leadership: today's top leadership thinkers speak to tomorrow's leaders. San Francisco, CA: Jossey-Bass: 41-58

Bjorneborn L, Ingwersen P. 2004. Toward a basic framework for webometrics. Journal of the American Society for Information Science and Techonology, 55 (14): 1216-1227

Brannback M. 2003. R&D collaboration: role of Ba in knowledge creating networks. Knowledge Management Research & Practice, (1) : 28-38

Brooking A. 1996. Intellectual Capital: Core Assets for the Third Millennium Enterprise. London: Thomson Business Press

Brooks M J, Horn B K P. 1985. Shape and Source from Shading. Proceedings International Joint Conference on Artificial Intelligence: 932-936

Bruno Latour. 2007. Reassembling the Social: an Introduction to Actor-Network-Theory. Cambridge: Oxford University Press

Brynjolfsson E. 1993. The Productivity Paradox of Information Technology. New York: Communications of ACM

Burt R S. 2000. The network structure of social capital. Research in Organizational Behavior, 22: 345-423

Butt R S. 1992. Structural Holes. Cambridge: Harvard University Press

Craglia M, Annoni A, Masser I. 2008. Geographic Information Policies in Europe: National and Regional Perspectives. http: //www. ec-gis, org/ginie/doc/Gipolicy99. pdf [2008-3-11]

D'Alnore R, Konchady M, Obrst L. 2008. Knowledge Mapping Aids Discovery of Organizational Information. http: //www. miter. ore/news/the_ edge/april_ 00/damore. html [2008-01-17]

Das A. Naramsimhan R. 2001. Process-technology fit and it's implications for manufacturing performance. Journal of Operations Management, (19): 521-540

Davenport T H, Prusak L. 2000. Working Knowledge. 2Rev Ed edition. USA: Harvard Business School Press

Dedrick J, Gurbaxani V, Kraemer K L. 2003. Information Technology and Economic Performance: A

Critical Review of the Empirical Evidence. ACM Computing Surveys：1-28

Dempsey L, Russell R. 1999. A utopian place of criticism？Brokering access to network informa-tion. Journal of Documentation, 55（1）：33-70

Dempsey L. 1999. From files to landscapes：network information management at UKOLN. Journal of Documentation, 55（1）：1-5

Druker P F. 1968. The Age of Discontinuity. New York：Harper & Brothers

Edvinson L, Sullivan P. 1996. Developing a model for managing intellectual capital. European Manage-ment Journal, 14：356-364

Eppler M J. 2001. Making Knowledge Visible through Intranet Knowledge Map：Concept, Elements, Cases. USA：Proceedings of the 34th Hawaii International Conference on System Sciences

Etemad H, Lee Y. 2003. The knowledge network of international entrepreneurship：theory and evi-dence. Small Business Economics, 20（1）：5-23

Finden-Brown C, Long, J. 2005. Introducing the IBM Process Reference Model for IT：PRM-IT Se-quencing the DNA of IT Management. IBM Global Services

Frappuolo C. 1998. Defining knowledge management. Computer World：3218

Graham A, Pizzo V. 1996. A question of balance：case studies in strategic knowledge manage-ment. European Management Journal, 14（4）：338-346

Guptill S C, Eldridge D F. 1998. Spatial Data Policy and Pricing in the United States. D. R. Fraser Tay-lor. Policy Issues in Modern Cartography. Oxford：Pergamon

Harold C. 2008. Federal government information policy and public policy analysis：a brief over-view. Library & Information Science Research, 30：2-21

Hernon P. 1996. Government information policy in New Zealand：businesslike but evolving？Gover-ment Information Quarterly, 13（3）：215-228

Hogberg C, Edvinsson L. 1998. A design for futurizing knowledge networking. Journal of Knowledge Management, 2（2）：81-92

Horton F W. 1979. The Information Resources Uanagement：Concepts and Cases. Cleveland：Associa-tion for System Management

Hudson W. 1993. Intellectual Capital：How to Build it, Enhance it, Use it. New York：John Wiley

Hui K L, Patric Y K, Chau. 2007. Pricing Strategies for Digital Information Goods and Online Services on the Internet. http：//www. mba. ntu. edu. tw/- jtchiang/StrategyEC/eee/reportl/reportl. htm ［2007-12-23］

Hyun-Hee Kim, Chang-Scok Choi. 2000. XML：how it will be applied to digital library system. The Electronic Library, 2000（3）：183-189

Ingwersen P. 1998. The calculation of web impact factors. Journal of Documentation, 54（2）：236-243

Itami H. 1987. Mobilizing Invisible Assets, Cambridge：Harvard University Press

Ikujiro N R, Ryoko T, Noboru K. 2000. SECI, Ba and Leadership：a Unified Model of Dynamic knowledge Creation. Long Range Planning, 33·（2000）：5-34

Johnson, D. 1999. Do IT Professionals Need a Code of Ethics. Business World

Jorgensen D W. 2001. Information technology and the U. S. economy. American Economic Review, 91: 1-32

Kenneth D. 1995. Copyright law and information policy planning: public rights of use in the 1990s and beyond. Journal of Government Information, 22 (2): 87-99

Kingna B R. 1996. The Economics of Information: a Guide to Economic and Cost-Benefit Analysis for Information Professionals. Englewood: Libraries Unlimited, Inc

Kobayashi K. 1995. Knowledge network and market structure: an analytical perspective, networks in action. Berlin: Springer-Verlag: 127-158

Leydesdorff L, Curran M. 2000. Mapping university-industry-government relations on the internet: the construction of indicators for a knowledge-based economy. Cybermetrics: International Journal of Scientometrics, Informetrics and Bibliometrics. (4): 2-18

Maise E. 1998. Knowledge management takes industry's center stage. Computer Reseller News. (16): 55-57

Malhotra Y. 1998. Knowledge management for the new world of business. Journal for Quality and Participation, 21 (4): 58-60

Marchand D A. 1985. Information management, Strategies and tools in trausition. Information Management Review, 11: 27-34

Marshall C, Prusak L, Shpilberg D. 1996. Financial risk and the need for knowledge management. California Management Review, 38 (3): 77-101

Masatsugu T, Jong-Il C. 2004. An ordered probit analysis of factors promoting a regional information policy: the case of Japanese local governments. Mathematics and Computers in Simulation, 64: 203-212

McGraw G, Morrisett G. 2000. Attacking malicious code: a report to the infosec research council. IEEE Software, 17 (5): 33-41

Moor J H. 1985. What is computer ethics ? Metaphilosophy, 16 (4): 266-275

Mostafa J, et al. 1997. A multilevel approach to intelligent information filtering: model, system and evaluation. ACM Transaction on Information Systems, 15 (4): 368-399

Nomura T. 2002. Design of 'Ba' for successful knowledge management-how enterprises should design the places of interaction to gain competitive advantage. Journal of Network and Computer Application, (25): 263-278

Nonaka I, Takeuchi H. 1995. The Knowledge-Creating Company. New York: Oxford University Press

Nonaka I. 1994. A dynamic theory of organizational knowledge creation. Organization Science, 5 (1): 15

Nonaka I. 1995. The Knowledge-Creating Company: How Japanese Companies Create the Dynamics of Innovation. New York: Oxford University Press

OLeary D E, Studer R. 2001. Knowledge management: an interdisciplinary approach. IEEE Intelligent Systems, 16 (1): 24-25

Pira International Ltd. 2000. Commercial Exploitation of Europe 's Public Sector Information-Final Report. http：//www. cordis. lu/econtent/ studies/studies. htm ［2010-4-27］

Podolny J M, Stuart T E, Hannan M T. 1996. Networks, knowledge, and niches：competition in the worldwide semiconductor industry, 1984- 1991. The American Journal of Sociology, 102（3）：659-689

Polanyi M. 1966. The Tacit Dimension. London：Routledge and Keoan

Quintas P, Lefrere P, Jones G. 1997. Knowledge management：a strategic agenda. Long Range Planning, 30（3）：385-391

Richards K. 1999. Network based intrusion dection：a review of technologies. Computer & Security, 18：671-682

Rousseau R. 1997. Sitations：an exploratory study. Cybermetrics：International Journal of Scientometrics, Informetrics and Bibliometrics, 1（1）：1-7

Rowlands I. 1998. Some compass bearings for information policy orienteering. Aslib Proceedings, 50（8）：230-237

Russell R, Dempsy L. 1998. A distributed national electronic resource? The Electronic Library, 16（4）：231-236

Scharmer C O. 2001. Self-transcending knowledge：sensing and organizing around emerging opportunities. Journal of Knowledge Management,（5）：137-150

Senge P M. 1990. The fifth Discipline：Mastering the five Practices of the Learning Organization. New York：Doubleday

Shapira B, et al..1997, Information filtering：a new two-phase model using stereotypic profiling. Journal of Intelligent Information Systems, 8：155-165

Solow R. 1987. we'd better watch out. Newyork Times Book Revieco, 12：36

Swith A N, Medley D B. 1987. Information resource management Cincirnnati：South-Western Pub co

Stewart T, Ruckdeschel C. 1997. Intellectual Capital：The New Wealth of Organizations. New York：Doubleday Currency

Sveiby K E. 1989. The Invisible Balance Sheet. Stockholm：Ledarskap

Synnott W R. 1987. The Energing Chief Information Officer. Information Management Review, 3（1）：21-35

Teece D J, Pisano G, Shuen A. 1997. Dynamic capabilities and strategic management. Strategic Management Journal, 18（7）：509-533

The Mission of the Library of Congress. 2010. http：//www. loc. gov/about/mission/ ［2010-5-28］

The Public Information Resource Reform Act Of 2010-5-28. http：//www. nclis. gov/govt/assess/appen11. pdf ［2010-5-28］

Ulrich D. 1998. Intellectual Capital = Competence x Commitment. Sloan management review, 39（2）：15-26

Vail E F. 2002. What is A Knowledge Map. http：//www. kmreview. com ［2002-08-29］

Van Bon J. 2009. IT 管理框架. 刘向晖译. 北京：清华大学出版社

Wecket J, Adeney D. 1997. Computer and Information Ethics. Santa Barbara：Greenwood Press

Wiig K. 1997. Integrating intellectual capital and knowledge management. Long Range Planning, 30 (3): 399-405

Wilson, Alan. 2010. Knowledge Power. USA: Taylor & Francis

Zurkowski P. 1974. The Information Service Environment. Relationships and Priorities. Related Paper No. 5. Washington, D. C